Gerda Hagenau

Jan Sobieski
Der Retter Wiens

Amalthea

© 1983 by Amalthea Verlag, Wien – München
Alle Rechte vorbehalten
Schutzumschlag: Wolf Bachmann unter Verwendung eines Fotos
aus dem Bayerischen Hauptstaatsarchiv, München
Lektorat: Helga Ermacora
Gesamtherstellung: Welsermühl, Wels
Printed in Austria 1983
ISBN 3-85002-158-0

Inhalt

VORWORT.................................. 9

ERSTER TEIL
ZUM HELDEN GEBOREN UND ERZOGEN

1 Die Geburt in Olesko........................ 15
2 Die Familie................................ 22
3 Kinderjahre in Żółkiew...................... 43
4 Schulzeit in Krakau......................... 53
5 Die Stellung der Familie Sobieski............ 66
6 Die Kavalierstour........................... 75

ZWEITER TEIL
IN DEN FÄNGEN DER LIEBE UND DER POLITIK

1 Erste soldatische Erfahrungen................ 119
2 Am Hofe der Königin Ludwika Maria............ 134
3 Marysieńka.................................. 153
4 Der Herr Kronbannerträger................... 158
5 Konfitüren.................................. 180
6 Keine Süße ohne Bitterkeit.................. 205

DRITTER TEIL
DER LÖWE VON LECHISTAN

1 Melancholie................................. 239
2 Jakubek..................................... 249
3 Enttäuschungen.............................. 258
4 Königswahl in Polen......................... 269

5   Spannungen zwischen Jan und Marysieńka   279
6   Ruhm statt Liebe   300
7   Der türkische Krieg   313
8   Vom Pferderücken auf den Königsthron   351
9   Joannes Tertius   388

VIERTER TEIL
SALVATOR CHRISTIANITATIS

1   Das österreichisch-polnische Schutz- und Trutzbündnis   421
2   Mit dem polnischen Salvator gegen
    die Heiden vor Wien   438
3   Der 12. September 1683   482
4   Die Begegnung zwischen Kaiser und König   513
5   »... dann wählen wir uns eben einen anderen König« .   529
6   Die Heimkehr   548
7   Gloria mundi   557
8   Sic transit gloria mundi   564

Nachwort   587
Anmerkungen   593
Bildnachweis   616
Namenregister   617

Vorsatz: Polen Ende des 17. Jahrhunderts
Nachsatz: Stammtafel der Familie Żółkiewski
          Stammtafel der Familie Sobieski

»Was Menschen ein Reich nennen,
ist nichts als weltweiter Hader
und endloser Krieg!
Die einzige Freude dieser Welt
liegt im Frieden.
Ach, ihn gewinnt nur der Einsiedler!«

Süleyman der Prächtige

Vorwort

Gedenkjahre haben es an sich, daß man sich bestimmter hervorragender Persönlichkeiten oder besonderer Ereignisse erinnert. Darüber hinaus geben sie uns aber auch die Möglichkeit, so manche festgefahrene Meinung und durch die Überlieferung zementierte Klischees zu revidieren. Dies möchte die vorliegende Arbeit versuchen.

Vor hundert Jahren schrieb ein polnischer Historiker, der Krakauer Geschichtsprofessor Franciszek Kluczycki: »Es könnte fürwahr schon das Märchen aufhören, König Johann III. wäre zwar ein tüchtiger Krieger, aber ein schlechter Staatsmann gewesen, und dies wohl deswegen, daß er nicht den Weg der französischen Politik betrat, daß er damals, als der Türke den Kaiser zu würgen sich anschickte, sich nicht gegen Schlesien oder Brandenburg wandte.« Sondern bekanntlich Kaiser Leopolds Hilferuf Folge leistete, nach Wien ritt und mit seinen polnischen Reitern entscheidend dazu beitrug, daß die osmanische Gefahr vom Abendland abgewendet wurde.

Ich möchte heute hinzufügen: Es könnte nun, nach rund dreihundert Jahren, auch endlich ein anderes Märchen sein Ende finden: nämlich jenes vom Affront des hochmütigen und undankbaren Kaisers Leopold gegenüber dem edlen und selbstlosen Polenkönig Jan Sobieski, der dem Kaiser Krone und Reich edelmütig gerettet und nur Undank dafür geerntet hatte. Bei näherer Betrachtung entpuppt sich jener »Affront«, daß der Kaiser seinen Hut nicht vor dem Königssohn Jakub gelüftet hatte, als »viel Lärm um nichts«, als ein kleines, zeremoniebedingtes Mißverständnis, dem man zum Zeitpunkt des Geschehens nicht viel Bedeutung beimaß und das erst später aufgebauscht und tendenziös zu einer Staatsaffäre hinaufstilisiert wurde. Wenn man zum Beweis dafür Jan Sobieskis

Brief an seine Frau, die Königin, zitierte, in dem er den Vorfall schildert und auch später noch ab und zu sich über die »Undankbarkeit« des Kaisers beklagt, so besagt auch das nicht viel, denn man übersah, daß Jan Sobieski sich in seinen zahlreichen Briefen an seine Frau – die bisher, abgesehen von denen vom Wiener Feldzuge, noch niemals in deutscher Sprache auch nur auszugsweise erschienen oder auch nur näher erwähnt worden sind – sehr häufig über Undank beklagte, am meisten über jenen des französischen Königs, Ludwigs XIV., und nicht minder über den seiner polnischen Souveräne. Wer also jene kleine Episode, die sich nach dem Entsatz von Wien bei Schwechat zwischen Kaiser und Polenkönig abspielte, nach dreihundert Jahren noch immer als »Affront« und quasi nationale Beleidigung der Polen kolportiert, hat sich niemals näher mit dem Menschen Jan Sobieski und dessen Charakter beschäftigt, sondern sich kritiklos weiterhin zum Sprachrohr jener tendenziös vergröbernden und aufhetzenden französischen Propaganda von anno dazumal gemacht. Ich erinnere mich an eine sehr bezeichnende kleine Anekdote aus meiner Schulzeit im Vorkriegspolen, die man uns im polnischen Geschichtsunterricht mit sichtlicher Schadenfreude erzählte: Als es zu der Begegnung zwischen Kaiser und König bei Schwechat kam und die beiden Monarchen aufeinander zuritten, hob Jan Sobieski langsam seine rechte Hand. Der Kaiser glaubte, der polnische König wolle seinen Hut vor ihm ziehen, weshalb er ebenfalls rasch die rechte Hand hob, zum Hute griff und ihn höflich zum Gruße schwenkte. Jan Sobieski hatte sich aber zunächst einmal nur den schönen Schnurrbart gestrichen, dann erst zog er seinen Hut. Nach dem Kaiser. Der schlaue Polenkönig hatte den stolzen und hochmütigen Kaiser überlistet. Recht war dem undankbaren Habsburger geschehen!
Wie aber staunte ich, als ich gute vierzig Jahre später die gleiche Geschichte haargenau so von einem jungen Polen hörte, der seinen Geschichtsunterricht im kommunistischen Nachkriegspolen erhalten hatte. Ressentiment und Schadenfreude hatten alle gesellschaftlichen und weltpolitischen Veränderungen unbeschadet überdauert. Ebenso wärmen manche Publikationen, die zum heurigen Gedenkjahr erscheinen, diese alten Geschichten wieder auf.

Heute tendiert man dazu, »Helden« ihrer Pose eher zu entkleiden denn sie noch dichter darein zu hüllen; um hinter der glorifizierenden Fassade nach dem *Menschen* Ausschau zu halten. Diesen Weg versuchte ich mit vorliegender Arbeit zu gehen. Anhand von zeitgenössischen Quellen, Diarien, Memoiren, Botschafterberichten, Instruktionen, Aufzeichnungen und Briefen (vor allem den Briefen Jan Sobieskis, von denen es eine große Menge gibt, die noch niemals eine eingehende Exegese erfuhren) habe ich mich bemüht, den »Salvator Christianitatis«, den »Retter des Abendlandes« als Menschen vor dem Hintergrund seiner Zeit und seines Landes dem westlichen Leser näherzubringen und verständlich zu machen. Je mehr wir ihn nämlich aus der Folie des »edlen Helden« herausschälen, desto liebenswerter wird dieser Haudegen und zugleich sensible Psychosomatiker, der durch seine oft bis ans Tragikomische grenzende Liebe zu seiner »Marysieńka«, der bildschönen französischen Hofdame der polnischen Königin, sich hoffnungslos in den Netzen der Politik verhedderte, wider Willen Krongroßmarschall, Krongroßhetman und schließlich König von Polen wurde, der jedoch bis unmittelbar vor der Thronbesteigung im Solde des französischen Königs stand und ständig auf dem Sprunge war, seinem Vaterland ade zu sagen und sich in Frankreich niederzulassen.

Da man heute weiß, wie entscheidend für die Entwicklung eines Menschen die ersten Kinderjahre sind, habe ich diesen wie auch dem Elternhaus, den Eltern, den Vorfahren, der Schulzeit und der Kavalierstour verhältnismäßig viel Platz eingeräumt, worauf selbst polnische Historiker bisher nur wenig Gewicht legten. Außerdem ist es mir anhand von Aufzeichnungen der Mutter gelungen, endlich Jans Geburtsdatum genau festzustellen, das bis heute noch von manchen Autoren falsch angegeben wird.

Daß ich in relativ kurzer Zeit aus vielen noch teilweise unerschlossenen Quellen schöpfen konnte und durfte, dafür möchte ich an dieser Stelle folgenden Persönlichkeiten und Institutionen meinen Dank aussprechen: S. K. H. Herzog Albrecht von Bayern, mit dessen freundlicher Genehmigung ich im Geheimen Hausarchiv der Wittelsbacher vor allem in die Korrespondenz des Kurfürsten

Max Emanuel mit Therese Kunigunde, geborener Sobieska, Einblick nehmen konnte; Fürst Heinrich von Starhemberg, in dessen Sammlungen in Schloß Eferding ich ein Porträt des Verteidigers von Wien fand, das meines Wissens noch niemals publiziert wurde; Herrn Doz. Dr. Tomasz Szarota in Warschau, mit dessen Hilfe es mir gelang, wertvolles Material von der Polnischen Nationalbibliothek Warschau noch knapp vor Ausrufung des Kriegszustandes in Polen an die Universitätsbibliothek Wien überstellt zu bekommen; den Akademien der Wissenschaften von Wien, Warschau und Berlin-Ost sowie den diversen Geheimen Haus-, Hof- und Staatsarchiven. Mein Dank gilt auch Herrn Dipl.-Architekt Sándor Belcsák, dem Präsidenten der Österreichischen Astrologischen Gesellschaft, einem Spezialisten für historische Horoskope, der nach den von mir gefundenen Angaben der Mutter das Geburtshoroskop Jan Sobieskis fast minutengenau errechnete, deutete und mit demjenigen von Kaiser Leopold verglich.

An dieser Stelle möchte ich nicht zuletzt auch allen jenen danken, die mir bei der technischen Bewältigung dieser Arbeit halfen, angefangen vom Verlag, dessen Lektorin, Frau Helga Ermacora, mich eigentlich erst dazu brachte, diese Biographie zu schreiben. Mein Dank gilt auch Frau Irene Schuller, die mit größter Geduld das umfangreiche Manuskript ins reine schrieb.

Zuletzt möchte ich noch erwähnen, daß alle Zitate aus dem Polnischen, vor allem die Briefe Jan Sobieskis und die seiner Frau, von mir ins Deutsche übersetzt wurden. Die einzige Ausnahme bilden die Zitate aus den »Denkwürdigkeiten des Wohlgeborenen Herrn Pasek«, die hier in der ausgezeichneten Übersetzung von Günther Wytrzens wiedergegeben wurden.

Wien, im Februar 1983   Gerda Hagenau

ERSTER TEIL

Zum Helden geboren und erzogen

I

Die Geburt in Olesko

Am Morgen des 17. August im Jahre 1629 ging ein heftiges Gewitter über Olesko nieder. Der Donner krachte, Blitze zerrissen den Himmel. In das Furioso der Natur mischten sich Gewehrsalven, detonierende Minen, Pferdegewieher und Geschrei: Eine Tatarenhorde rannte gegen das wehrhafte Schloß an, wurde immer wieder von der polnischen Besatzung, unter der sich der junge Chmielecki befand, zurückgeschlagen.
Im Schloß lag die zweiundzwanzigjährige Tochter der Schloßherrin in den Wehen. Es war Theophila Sobieska, geborene Daniłowicz, die hier bei ihrer Mutter Sophia, geborener Żółkiewska, ihr zweites Kind zur Welt bringen sollte. Marek, der Erstgeborene, war vor einem Jahr und drei Monaten, am 24. Mai 1628, in Złoczów, dem Hause ihres um neunzehn Jahre älteren Ehegatten, Jakub Sobieski, geboren worden. Daß die Wöchnerin ihrer zweiten Entbindung nicht zu Hause bei ihrem Manne, sondern bei ihrer Mutter entgegensah, hatte seinen Grund darin, daß Herr Jakub, Starost von Krasnostaw, zu diesem Zeitpunkt in Staatsgeschäften unterwegs war. Schon im Juli hatte er nach Warschau reisen müssen, wo er zum wiederholten Male von der Szlachta[1] zum Marschall des Sejms[2] gewählt worden war.
In Europa tobte seit elf Jahren der später als Dreißigjähriger in die Geschichte eingegangene Krieg. Gustav Adolf, der streitbare protestantische Schwedenkönig, kämpfte nicht nur für Luthers Lehre, sondern besetzte auch sämtliche Häfen an der Ostseeküste, was die sonst zerstrittene polnische Szlachta veranlaßte, ausnahmsweise einmal die Sejmberatungen rasch und klaglos vonstatten gehen zu lassen und sogar die erforderlichen Mittel zur Kriegführung zu bewilligen.

Jetzt ging es nämlich nicht nur um die nationale Ehre, sondern um den eigenen Beutel. Der gesamte Getreideexport, Vieh- und Holzhandel der polnischen Szlachta wurde über die Ostseehäfen abgewickelt, und der war nun durch die schwedische Besatzung ernstlich gefährdet.
Polens König, Zygmunt III., ein Wasa, wie sein Cousin Gustav Adolf, hatte überdies noch einen weiteren Grund zum Groll: Er selbst beanspruchte nämlich ebenfalls den schwedischen Königstitel für sich und seine Söhne. Trotzdem sollten in Altmark Waffenstillstandsbedingungen ausgehandelt werden. König Zygmunt III. bestimmte als einen der Unterhändler Jakub Sobieski. Schweren Herzens mußte dieser nordwärts reisen, während seine junge Frau im Südosten des polnischen Reiches, unweit Lemberg in der Ukraine, in den Wehen lag.
Es war ein Freitag. Gegen 9 Uhr 22 Minuten[3] ertönte der erste Schrei des neugeborenen Knaben, der den Namen Jan erhielt, nach seinem vor Jahresfrist verstorbenen Großvater Jan Daniłowicz.
»Als das Kind entbunden und gewaschen war, wurde es auf einen Marmortisch gelegt, der in diesem Augenblick wie durch einen Donnerschlag in zwei Teile zersprang. Dieses ungewöhnliche Ereignis erschreckte alle, bis endlich der anwesende Pater Ziemiaszko die eingetretene Stille mit den Worten zerriß: Man sieht, daß dieser Säugling aus der Hand des Allmächtigen Ruhm empfangen hat, der in der ganzen Christenheit sein Gewicht haben wird.«[4] Diese Notiz fand man im Meßbuch des Klosters der Basilianer bei Podhorce, wo man noch im Jahre 1883 jenen berühmten Tisch mit der zersprungenen schwarzen Marmorplatte zeigte.
Als Jan Sobieski bereits als Türkenbezwinger und »Erretter der Christenheit« in die Geschichte eingegangen war, wurde die Inschrift dahingehend ergänzt, daß man nach dem Worte »Säugling« einschob: »der in Zukunft als Bezwinger der ottomanischen Übermacht gelten sollte«.[5] Noch ein paar Jahre später wurde jedoch bereits hinzugefügt: »Dieser großartige Ruhm wird aber in späteren Zeiten vergehen und für die Nation schädlich werden.«[6]
Jan Sobieski hat später, als er bereits König war und der päpstliche

Nuntius ihn bat, ihm über seine Familiengeschichte zu berichten, eigenhändig in einem umfassenden Lebenslauf folgendes über seine Geburt geschrieben: »Ich bin in Olesko geboren, einem Schloß auf einem hohen Berge, eine Meile weit entfernt von Biały Kamień, wo auch König Michał[7] geboren wurde. Während meiner Geburt tobte ein heftiges Gewitter, so daß der Schneider meiner Mutter von den Donnerschlägen ertaubte und taub blieb bis zu seinem Tode. Die Tataren überfielen zu jener Zeit auch gerade das Schloß; aber der tapfere Chmielecki schlug sie zurück.«[8]

Eine Geburt, die von so ungewöhnlichen Zeichen begleitet war, mußte bei allen Anwesenden und vor allem im Herzen der jungen Mutter bange Besorgnis auslösen, obwohl die Mutter eine durchaus resolute Person war, an Schlachtenlärm, schwirrende Pfeile und Pulverdampf gewöhnt, die nicht zögerte, schon als junges Mädchen gemeinsam mit ihrer Mutter Sophia eigenhändig bei der Verteidigung mitzuhelfen, und die mit dem Gewehr recht gut umzugehen verstand.

Aber es war doch etwas anderes, greifbare Feinde vor sich zu haben oder die unheimlichen Gewalten der Natur oder gar furchterregende Zeichen des Himmels. Neben aller Kirchenfrömmigkeit hatte Aber- und Wunderglaube einen festen Platz in der meisten Polen Herz. Überdies war im Zuge des Humanismus auch die Astrologie aus dem Orient über Griechenland und Rom nach Europa gekommen und hatte in den reichen Aristokraten- und Magnatenhäusern Polens Eingang gefunden. Es war also naheliegend, daß Mutter und Tochter, bar des männlichen Schutzes, bei einem Astrologen Rat suchten.[9]

Ob dies sofort oder erst später geschah, wissen wir nicht. Auf jeden Fall hatte Theophila Sobieska eigenhändig die Geburt ihres zweiten Sohnes, so wie vorher ihre Verehelichung und die Geburt des ersten Sohnes, festgehalten. In ihren lapidaren Eintragungen: »Zur Erinnerung, wie ich geheiratet habe und wie meine Kinder geboren wurden«, steht an dritter Stelle: »Mein Sohn Jan wurde mir im Jahre 1629 am 17. August zwischen vierzehn und fünfzehn Uhr, einem Freitag, dem letzten Tag des Monats, am nächsten Tag war Neumond, in Olesko geboren.«[10]

Diese Angaben sind so genau, daß sie noch heute überprüfbar sind und es wunder nimmt, daß Jan Sobieskis Geburtsdatum bis heute oft falsch angegeben wird.[11]
Was jener Astrologe den beiden Frauen gesagt hatte, wissen wir heute nicht mehr, denn das Horoskop ist nicht erhalten. Wenn der Mann aber nur halbwegs sein Geschäft verstand, muß ihm natürlich sofort die außergewöhnliche Konstellation der Geburtsstunde aufgefallen sein, denn die Sonne stand an diesem Tag in ihrem Domizil im Löwen im exakten Gleichstand mit dem »Königsstern« Regulus im Löwen, und das ist eine Position, die nur an einem Tag im Jahre möglich und ein Indiz für eine »königliche Geburt« ist. Außerdem waren alle Voraussetzungen für eine militärische Laufbahn gegeben, wie z. B. ein exakter Marsaspekt zum Aszendenten (Waage) und zur Sonne.
An jenem 17. August, der ein Freitag war, spielten die Tierkreiszeichen Stier und Waage, deren Herrin die Venus ist, eine wichtige Rolle; Venus ist auch der Planet Polens, da Polen traditionsgemäß dem Tierkreiszeichen Stier zugeordnet wird. Außerdem fiel die Geburt in eine Saturnstunde. Schließlich stand der Mond unter der Disposition der Sonne, was als Symbol für weltliche Macht gilt. Ferner ließ der Mond infolge seiner Position erkennen, daß im Leben Jans die Frauen einmal eine dominierende Rolle spielen würden, er wies aber auch darauf hin, daß der Neugeborene eines Tages nicht frei sein würde von Eitelkeit, Gefallsucht, daß er zugänglich für Schmeicheleien sein würde, daß er eine hitzige Natur mitbekommen hatte, die sich manchmal bis zur Maßlosigkeit und Verblendung würde steigern können.
Saturn wiederum deutete darauf hin, daß der eben Geborene vielleicht einmal eine geschichtliche Bedeutung erlangen würde, ja daß seine Geburt eine historische Notwendigkeit war.
Wenn eine Mutter ein Kind mit solch außergewöhnlichen Konstellationen zur Welt bringt, wie reagiert sie dann? Spürt sie etwas, ahnt sie etwas? Befällt sie Angst? Oder erfüllt ihr Herz Stolz?
Wir wissen nichts von den Reaktionen Theophila Sobieskas aus jener frühen Zeit. Daß ihr Sohn militärische Begabungen für die Zukunft versprach, wird sie vielleicht als Selbstverständlichkeit

RADIX JAN SOBIESKI

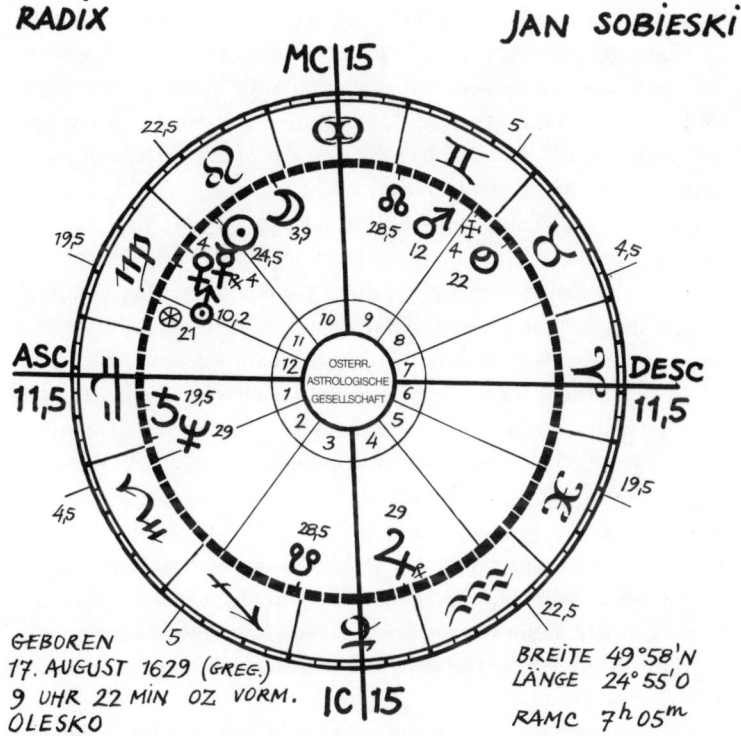

Jan Sobieskis Horoskop

zur Kenntnis genommen haben, schließlich war sie die Enkelin des Krongroßhetmans Stefan Żółkiewski, dessen Erinnerung noch lebendig in ihr fortlebte. Soldatentum und Heldentum vor dem Feind gehörten in jenen exponierten südöstlichen Grenzgebieten Polens zu den größten und auch selbstverständlichsten Tugenden. Türken, Tataren und Kosaken stießen immer wieder sengend und plündernd bis zu den befestigten Burgen und Schlössern vor, ließen Dörfer und kleinere Städte in Rauch und Flammen aufgehen, verschleppten die Bevölkerung oder machten sie nieder. Die polnische Herrenschicht mußte in ständiger Abwehrbereitschaft stehen. Daß die Frauen hier nicht zimperlich sein durften, bestätigt auch Jan Sobieski in seinem späteren Lebenslauf, in dem er von seiner Mutter sagt, sie habe »kein weibisches, sondern ein mannhaftes Herz« gehabt und habe »die größte Gefahr für nichts erachtet«. Vielleicht war es aber gerade dies »mannhafte« Herz, unter dem der kleine Jan litt? Fest steht, daß Jan in seinen frühesten Kindertagen der wärmenden Mutterliebe entbehrte, ein Mangel, der zeit seines Lebens nicht mehr ganz auszugleichen war.

Als Herr Jakub Sobieski endlich zusammen mit den anderen Kommissaren den Waffenstillstand von Altmark am 26. September 1629 für die Dauer von sechs Jahren abgeschlossen hatte, eilte er aller Wahrscheinlichkeit nach auf schnellstem Wege nach Olesko, um seinen Zweitgeborenen in Augenschein zu nehmen. Ob er schon zu diesem Zeitpunkt oder erst nach dem Sejm, der am 27. November in Warschau stattfand – auf dem Jakub Sobieski diesmal jedoch keinen Beifall für den abgeschlossenen Waffenstillstand erntete, da die Szlachta der Meinung war, man sei den Schweden zu weit entgegengekommen –, Theophila mit sich nach Złoczów zurücknahm, entzieht sich leider der Kenntnis. Jedenfalls dürfte sie unmittelbar nach der Entbindung wieder schwanger geworden sein, denn sie trug schon am 19. März des nachfolgenden Jahres in Złoczów die Geburt einer Tochter Sophia ein, die jedoch bald darauf gestorben sein dürfte.

Jan aber blieb bei der Großmutter in Olesko zurück; vielleicht übersiedelten sie auch später zeitweise oder für ganz nach Żółkiew, was aus den Aufzeichnungen nicht klar ersichtlich ist. Jedenfalls blieb Jan bis zum Tod Sophias im Jahre 1634 in deren Obhut.

Warum Theophila ihren zweitgeborenen Sohn nicht mit sich nach Złoczów nahm, können wir nur ahnen: Möglicherweise war es für die junge Frau zu anstrengend, zwei kleine Buben angesichts einer neuerlichen Schwangerschaft großzuziehen, vielleicht aber fiel auch schon in jene Zeit die schwere Krankheit Mareks, von der er nur wie durch ein Wunder geheilt wurde. Wir wissen aus den späteren Instruktionen des Vaters, daß Marek an jedem Fronleichnamstag im Gebet für seine wunderbare Errettung vom Tode danken sollte.

Marek, der Erstgeborene und Erbe, war ein gefährdetes Kind. Falls Theophila bei seiner Geburt ebenfalls einen Astrologen befragt

Wappen Janina der Familie Sobieski (gebuckelter Schild)

haben sollte, mußte ihr das schmerzlich bewußt gewesen sein. Von engelhafter Schönheit, sanfter als der ungebärdige Jan, anschmiegsamer und sicher konstellationsmäßig harmonischer mit der Mutter aspektiert als Jan, war er Theophilas Liebling, was Jan mit heftiger Eifersucht schon frühzeitig wahrnahm.

2
Die Familie

Den Vater sah Jan nur selten, denn Herr Jakub hatte durch die Heirat mit Theophila Daniłowicz, der Enkelin des unvergeßlichen vor Cecora gefallenen Krongroßhetmans, endlich jene Stellung bei Hofe erreicht, die ihm großen Einfluß auf den König und das Reich einräumte.

1588 als ersehnter Stammhalter – nach fünf vorhergehenden Töchtern – dem Marek Sobieski und dessen Gattin Jadwiga Snopkowska geboren, hatte Jakub eine für seine Zeit ungewöhnlich gründliche Ausbildung genossen. Sein Vater Marek hatte aus eigener Erfahrung gewußt, daß nur eine gefestigte finanzielle Position und eine gediegene Bildung einem Manne in Polen hohe Würden verschaffen könne. Als im Jahre 1594 die von Jan Zamoyski – dem »Tribun der polnischen Szlachta«[12] – begründete Akademie in Zamość ihre Pforten öffnete, schickte Marek Sobieski sofort seinen sechsjährigen Sohn Jakub dorthin und vertraute ihn der Obhut des bekannten Dichters Szymon Szymonowicz an.

Im Prinzip nahm man an dieser Akademie, die bald zu den bekanntesten Europas zählte, sechs- bis siebenjährige Knaben für die Dauer von zehn Jahren auf. In den ersten fünf Jahren wurden ihnen im sogenannten »niedrigen Kurs« die Grundbegriffe in polnischer Sprache, Orthographie, Griechisch, Latein, Grammatik, Rhetorik und Dialektik beigebracht. In den folgenden fünf Jahren kamen im »höheren Kurs« Mathematik, Philosophie, Ethik, Politik, Medizin, Jus und Beredsamkeit hinzu. Aristoteles und Cicero standen hoch im Kurs. Jakub war ein besonders aufgeweckter und begabter Schüler; er absolvierte das gesamte Pensum in nur acht Jahren. Ab 1604 kam er für zwei Jahre an die Krakauer Akademie. Während Jakub in Zamość perfekt die lateinische

Sprache erlernte und halbwegs Griechisch und Französisch, kämpfte sein Vater Marek an der Seite des Kanzlers und Hetmans Jan Zamoyski in der Moldau und Walachei. Diese und Siebenbürgen wollte Zamoyski für Polen erobern, um aus ihnen Pufferstaaten gegen das Osmanische Reich zu machen. In der Schlacht an der Telesina (Telczyna) beim Dorfe Bukow am 20. Oktober 1600 zeichnete sich Marek zusammen mit dem Feldhetman Stanisław Żółkiewski besonders aus, da sie durch einen von ihnen ausgearbeiteten Angriffsplan endlich den Sieg an die polnischen Fahnen hefteten. Marek Sobieskis Attacke, bei der er von den Zaporoger Kosaken unterstützt wurde, entschied die Schlacht und brachte ihm großen Ruhm und dazu zahlreiche Güter in Podolien ein. Inzwischen zum Wojewoden von Lublin avanciert, stieg Marek in den Rang eines Senators auf und erfreute sich der Gunst König Zygmunts III. Wasa.

Im Alter von nur fünfundfünfzig Jahren verstarb Marek Sobieski und hinterließ seinem siebzehnjährigen Sohn Jakub ein reiches Erbe, das Pielaskowice, Sobieszyn, einige Dörfer rund um Sobieska Wola, Giełczew sowie Złoczów umfaßte, dazu noch einige weitere kleinere Besitzungen in Podolien.

Obwohl Jakub bereits mit einem Jahr seine leibliche Mutter verloren hatte, war ihm das Glück zuteil geworden, in seiner Stiefmutter, einer geborenen Tęczyńska, einen vollen Ersatz für alle mütterliche Liebe und Wärme zu finden; sie überwachte und lenkte seine Kindheit und Jugend treu und fürsorglich.

Sie war es, die den jungen Wojewodensohn nun für ganze sechs Jahre zu weiteren Studien ins Ausland schickte. Sie rüstete ihm einen kleinen Hofstaat aus, und nachdem Szymon Szymonowicz nach eingehender Korrespondenz mit einem der führenden Humanisten jener Zeit, dem Italiener Isaak Casaubon, zu der Überzeugung gekommen war, daß nur Paris der geeignete Ort für seinen Zögling sein könnte, brach die kleine Reisegruppe, aus zwölf Personen bestehend, im Jahre 1607 von Krakau auf. Jakub Sobieski wurde von zwei polnischen Edelleuten begleitet, von denen wir uns vor allem Herrn Sebastian Orchowski merken müssen. Natürlich durften weder Koch noch Stallmeister, noch

Pferdeknechte und einige bewaffnete Knechte fehlen. Einige Wagen waren voll bepackt mit Lebensmitteln, Pferdefutter, Bettzeug, Zelten – nicht immer fand man dazumal selbst in Westeuropa zum Übernachten ein gastliches Wirtshaus vor –, Kochgeschirr, Eßbestecken, Zaumzeug und Ersatzsätteln und natürlich auch Waffen, denn mit Wegelagerern und Räubern mußte man immer und überall rechnen.

Das Kostbarste jedoch, das der junge Wojewodensohn mit sich führte, waren die eigenhändigen Empfehlungsbriefe König Zygmunts III. an den französischen König Heinrich IV., den Papst und andere Persönlichkeiten.[13]

Im Frühling des Jahres 1613 kehrte Jakub nach sechsjähriger Abwesenheit nach Hause zurück.

Er übernahm nun selbst die Verwaltung der Güter aus den Händen seiner Stiefmutter, die bestens für alles während seiner Abwesenheit gesorgt hatte und die aus den Erträgnissen der erwirtschafteten Summen seine Studienreise finanziert hatte, was gewiß eine kostspielige Angelegenheit gewesen war. Das herzliche Einvernehmen zwischen Stiefmutter und Stiefsohn blieb weiterhin bestehen.

1616 wurde Jakub zum Landboten von Lublin für den Sejm in Warschau gewählt. Diese Gelegenheit benützte er, um sich persönlich dem König vorzustellen und für dessen Empfehlungsschreiben zu danken. Zygmunt III. empfing zwar den Sohn des um das Königshaus höchst verdienstvollen Lubliner Wojewoden, Marek Sobieski, wohlwollend, bot ihm aber zu dessen größter Enttäuschung kein Amt bei Hofe an.

Dennoch fand sich bald eine Aufgabe für Jakub.

Da der Krieg mit dem Moskowiterreich noch fortschwelte, beschloß der Sejm neue Steuern zur Fortsetzung dieses Krieges und ermächtigte den König, das allgemeine Aufgebot (pospolite ruszenie) auszurufen und Władysław nach Moskau zu entsenden, um sich dort mit Gewalt sein Recht auf den Zarenthron zu erkämpfen. Da der Prinz aber noch sehr jung war, gab man ihm Ratgeber, »Kommissare«, zur Seite, ohne die der Prinz keine selbständigen Entscheidungen treffen durfte.

Man war darauf bedacht, »daß der Prinz mehr auf das Wohl des Vaterlandes achte als auf seinen ritterlichen Ehrgeiz«.
Einer der Kommissare war Jakub Sobieski. Sehr zum Mißfallen der jungen Herren rund um den Prinzen Władysław hielt sich Jakub, obwohl doch selbst noch jung, fern von deren Vergnügungen und benützte seine Zeit zum Schreiben eines »Diariums über die zweijährige Moskauer Expedition des Prinzen Władysław«.[14] Die jungen Herren verdächtigten ihn, schlecht über sie zu schreiben, um sie beim König anzuschwärzen. Deshalb entwendeten sie die Aufzeichnungen und übersandten sie dem König, sich bitter darüber beklagend, daß sie bespitzelt würden. Ungelesen warf Zygmunt III. das Notizbuch ins Feuer und tadelte seinen Sohn, daß er in fremden Aufzeichnungen herumschnüffle. »Wenn ich in fremden Schatullen herumkramen wollte«, schrieb er ihm, »was wer über mich schreibt, würde ich mein Königreich und meine Gesundheit einbüßen.«[15] Angeblich soll der junge Władysław wegen dieses Vorfalls noch lange Jakub Sobieski gegrollt haben; und vielleicht hat er es ihm nie ganz verziehen.
Im Mai 1617 hatte die polnische Armee Warschau verlassen, Ende September traf sie erst vor Moskau ein. Zaporoger Kosaken stellten Hilfskontingente. Am 11. November wurde versucht, Moskau zu stürmen. Jakub war dabei. Polnischen Mineuren gelang es zwar, in die Stadt einzudringen, der Sturm auf den Kreml wurde jedoch abgewiesen. Viele Polen fielen im Kampfe. Jakub wurde verwundet. Die polnischen und Zaporoger Truppen mußten unverrichteter Dinge abziehen. Unterwegs verwüsteten sie so schrecklich das Land, daß Moskau zu Verhandlungen bereit war. Um die Jahreswende 1618/19 kam es in Dywilino (Deulino) zum Waffenstillstandsabkommen. Michael Romanow wurde als Zar anerkannt, aber Władysław hielt trotzdem an seinen Zarenplänen weiterhin fest. Doch von der von Stanisław Żółkiewski mit den Bojaren nach dem Sieg von Kłuszyn ausgehandelten Personalunion Moskaus mit Polen unter Władysław war jetzt keine Rede mehr. Polen hatte eine große Chance vertan. Es erhielt nun zwar Smoleńsk, Sewerien mit Nowgorod Sewersk und das Czernihower Land zugesprochen und hatte damit noch einmal – zum letzten Mal

– eine gewaltige Ausdehnung nach dem Osten erreicht, die, nie mehr überboten, nur noch für einige Zeit gehalten wurde, nachher aber langsam und stetig abbröckelte.
Die kurzsichtige Szlachta bereitete Jakub Sobieski, der von Władysław vorausgeschickt worden war, Ovationen wegen dieses günstigen Waffenstillstandes, denn sie interessierten die dynastischen Pläne der Wasa herzlich wenig. In ihrer Überheblichkeit waren sich die Herren Brüder der polnischen Szlachta, die traditionsgemäß auf die Moskowiter geringschätzig herabblickten, wohl kaum bewußt, welch gigantisches Projekt ihnen da durch ihre Unbekümmertheit entgangen war: Die Union mit Moskau unter polnischer Oberhoheit! Ein slawisches Reich von ungeheuren Ausmaßen, umfassend Russen, Ruthenen und Polen, ein panslawistisches Reich von dominanter westslawischer Prägung bis zum Ural hin. Doch so weit dachten die wenigsten der Sejmabgeordneten – abgesehen von jenen, die im Osten und Südosten begütert und beheimatet waren. Das Gros wollte Ruhe, Frieden und goldene Freiheit bis zum Exzeß.
Des Königs Zorn, der all seine hochfliegenden dynastischen und missionarischen Pläne – Moskau Rom zu unterwerfen und auf den alleinseligmachenden Weg zurückzuführen – zerronnen sah, ergoß sich über Jakub Sobieski, der die königliche Ungnade sehr handfest zu spüren bekam, indem seine Karriere gestoppt und sozusagen auf Eis gelegt wurde.
Enttäuscht und verbittert kehrte Jakub auf seine Güter zurück, verlegte seinen Wohnsitz nach Złoczów und schaute sich nach einer Frau um. Immerhin war er inzwischen zweiunddreißig Jahre alt geworden.
Er fand die passende Ehegattin in Gestalt der Tochter Marianna des Fürsten Konstantin Wiśniowiecki. Das junge Mädchen war zwar kränklich, blaß und von Angesicht und Gestalt nicht besonders ansehnlich; umso ansehnlicher war jedoch die Morgengabe: Zborów, die Stadt, und mehrere zwanzig dazugehörige Dörfer in Podolien, ganz zu schweigen von der Ehre, die eine Verbindung mit diesem mächtigen und hochangesehenen Magnatengeschlecht bedeutete.

Die erste Tochter aus dieser Ehe starb bald nach der Geburt. Die Zeiten waren unruhig. 1620 brach der türkisch-polnische Krieg aus.

Im 16. Jahrhundert waren die Beziehungen zwischen Polen und der Pforte noch durchaus korrekt, wenn nicht gar freundschaftlich-wohlwollend gewesen.

Im 17. Jahrhundert kam es aber an den Grenzen immer häufiger zu Übergriffen: Kleinpolnische Magnaten mischten sich in der Moldau ein, die dem Osmanischen Reich botmäßig war; die Kosaken vom Dnjepr dehnten wiederum ihre Streifzüge bis an die Küsten des Schwarzen Meeres oder gar bis zum Bosporus aus, mit einem Wort, an der Südostgrenze Polens gab es andauernd Unruhe.

Im September 1617 hatten sich zwar beide Seiten im Abkommen von Bussa verpflichtet, Ruhe zu halten, doch als der junge unternehmenslustige Sultan Osman II. den Thron bestieg, flammten die Grenzkämpfe im Jahre 1618 sofort wieder auf.

Als nun gar noch der Hospodar der Moldau, Graziani, im Sommer 1620 die Polen um Hilfe gegen den Fürsten von Siebenbürgen, Gabriel Bethlen, bat, kam es zum Krieg. Polen fürchtete nämlich, die Protestanten könnten sich mit den Türken verbinden.

Seit zwei Jahren tobte in Europa der Dreißigjährige Krieg, an dem König Zygmunt III., obwohl so betont katholisch und mit den Habsburgern verbündet und verschwägert, nicht offiziell teilnahm – er stellte dem Kaiser nur die von Moskau her berühmt-berüchtigten »Lisowczyki«, Hilfstruppen, nach ihrem Anführer Lisowski benannt, zur Verfügung –, denn die polnische Szlachta verübelte den Habsburgern, daß sie gegen die aufständischen Böhmen und Ungarn vorgingen, und zum zweiten lehnten sie es ab, sich wegen der schwedischen Königskrone für ihren König zu schlagen. Ihrer Meinung nach sollte er sich mit der weitaus würdigeren und älteren polnischen Königskrone zufriedengeben.

Als es jedoch zum Krieg mit den Türken, diesen »Heiden«, kam, da war die Szlachta sofort bereit, ins Feld zu ziehen. Der bald dreiundsiebzigjährige Krongroßhetman Stanisław Żółkiewski stellte sich persönlich an die Spitze seiner Truppen, begleitet vom

Kronfeldhetman Koniecpolski, und überschritt die moldauische Grenze.

Am 18. und 19. September 1620 kam es zu der unglückseligen Schlacht bei Cecora (rumänisch: Tetora), in der das polnische Heer vernichtend geschlagen wurde. Beim überstürzten Rückzug kam es am 6. Oktober bei Mohylew zum Gefecht, die Reiterei floh, ließ ihren greisen Großhetman im Stich, der hier im Kampf den Tod fand. Es war Jan Sobieskis Urgroßvater.

Zu allem Unglück überrannte zu dieser Zeit auch noch eine Tatarenhorde das Land. In einem zeitgenössischen Bericht heißt es: »Ein derartiges Entsetzen hatte sich der Krone bemächtigt, daß alles, was lebte, selbst bei Krakau, floh und in den wenigstens halbwegs befestigten Schlössern und Städten Zuflucht suchte.«[16] In diesen schrecklichen Zeiten absorbierten die öffentlichen Angelegenheiten in besonderem Maße Jakub Sobieski. Im Herbst eilte er nach Warschau, wo der Sejm zur Verteidigung des bedrohten Vaterlandes diesmal nicht nur hohe Steuern bewilligte, sondern eine Armee von 60 000 Mann aufzustellen bewilligte.

Außerdem schickte man zu den Zaporoger Kosaken eine Delegation wegen militärischer Unterstützung. Überdies wandte man sich an alle europäischen christlichen Höfe mit der Bitte um Hilfe gegen die heidnischen Türken, mit denen es früher oder später zu einer großen Auseinandersetzung kommen mußte.

Das Kommando in diesem Feldzug übernahm der Großhetman Jan Karol Chodkiewicz. Ihm zur Seite stand ein aus elf Personen bestehender Kriegsbeirat, darunter Jakub Sobieski, der befugt war, eventuelle Verhandlungen mit den Türken zu führen oder sogar Verträge zu unterschreiben.

Jakub Sobieski besaß zu dieser Zeit bereits das uneingeschränkte Vertrauen des niedrigen Adels, der kleinen Szlachta, die ihn zu ihrem Vertreter wählte.

Nach Beendigung des Sejms begab sich Jakub auf seine Güter und stellte seine berühmte goldene Husarenrotte auf, mit der er im Frühjahr 1621 in den Krieg ausrückte.

Nicht alle Magnaten und Herren Brüder der polnischen Szlachta waren so großzügig und gewissenhaft wie Herr Jakub Sobieski.

Überall haperte es an Geld, Soldaten, Verpflegung; die Organisation klappte nicht. Die Soldaten wiederum, unbesoldet, zogen plündernd durch das eigene Land, und statt der stolzen 60 000 Mann waren knapp 30 000 auf die Beine gekommen. Zum Glück hatten die Zaporoger Kosaken ein Hilfskontingent gestellt. Im August 1621 überschritten die polnischen Truppen den Dnjestr und bezogen Stellung vor Chocim (Hotin).
Am 2. September zog eine fast 100.000köpfige Armee unter Sultan Osman II. zum Entsatz von Chocim heran.
Jakub Sobieski, der als Kommissar nicht an den Kämpfen teilnahm, sondern nur beobachtete, führte abermals auf das gewissenhafteste Tagebuch, das er später zu Hause in Ruhe zu dem bedeutenden Werk »Commentatorium chotimiensis belli libri tres« ausarbeitete, das erst zehn Jahre nach seinem Tode, im Jahre 1656, in Danzig im Druck erschien.
Am 24. September starb mitten während der Kämpfe der litauische Großhetman Jan Karol Chodkiewicz. Prinz Władysław, der ebenfalls vor Chocim anwesend war, lag schwerkrank zu Bett. Am 29. September begannen mit den Türken, die auch schwere Verluste hatten, die Waffenstillstandsverhandlungen. Und hier schlug Jakub Sobieskis große Stunde.
Zusammen mit dem Kastellan von Bełz, Stanisław Żórawiński, wurde er zu Verhandlungen ins türkische Lager geschickt.
Der ausgehandelte Vertrag sah vor, daß Polen die Kosaken von ihren ständig wiederholten Einfällen in das Osmanische Imperium abhalten sollte, andererseits die Türkei die Tataren von ihren Einfällen nach Polen. Jährlich sollte Polen dafür dem Tatarenchan Geschenke übersenden. Chocim war der Moldau zurückzugeben, außerdem mußte sich Polen verpflichten, sich nicht in die inneren Angelegenheiten der Moldau, Walachei und Siebenbürgen einzumischen, da diese drei Länder in die Einflußsphäre der Türkei fielen. Dafür unterlagen die Grenzen Polens keiner Änderung. Und das war nur dem militärischen Erfolg von Chocim zuzuschreiben, der die osmanischen Eroberungspläne durchkreuzt hatte. Polen hatte damit seine Unabhängigkeit gegenüber der damals stärksten Militärmacht in Europa behauptet.

Als Jakub Sobieski mit den übrigen polnischen Delegierten nach Unterzeichnung des Vertrages dem Sultan, Osman II., diesem jugendlichen Heißsporn auf dem Throne, ihre Aufwartung machte, ahnte noch keiner, daß eben dieser Osman II., der, wütend wegen des in seinen Augen schmählichen Vertrages mit Polen, kaum heimgekehrt, seine Elitetruppen, die Janitscharen, beschimpfte, ein Jahr später von eben diesen seinen Janitscharen gestürzt und ermordet werden würde.

Die Polen wiederum, die beim Anblick der abziehenden Türken in ein jubelndes Te Deum einstimmten, ahnten nicht, daß ihnen ihr Sieg nicht gar so überwältigend vorgekommen wäre, wenn sie gewußt hätten, wie schwach das noch immer als stärkste Militärmacht gefürchtete Osmanische Reich im Inneren bereits war. Herr Jakub wurde als Hauptbeteiligter des zustandegekommenen Friedens mit den Türken in Warschau gefeiert und gelobt, obwohl er selbst das Resultat dieses Kriegs nur einen »halben Sieg« nannte. Für kurze Zeit konnte Jakub nach Złoczów zurückkehren. Im nächsten Jahr mußte er abermals nach Warschau, wo er einstimmig zum Sejmmarschall gewählt wurde, was nicht ganz im Sinne des Königs war. Zygmunt III. wollte nämlich vom Sejm Mittel für den Krieg gegen Schweden, gegen seinen Cousin Gustav Adolf, der den Chocimer Krieg dazu benützt hatte, sich Riga und Livland anzueignen; doch die Szlachta und mit ihr Jakub Sobieski lehnten diese Mittel rundweg ab; mehr noch, Jakub Sobieski tadelte in der Funktion als Marschall des Sejms in scharfen Worten den König, daß dieser seinem zehnjährigen Sohn Albrecht das Bischofsamt von Ermland übertragen hatte und der Königin Constantia erlaubt hatte, die Starostei von Żywiec für bares Geld käuflich zu erwerben. König Zygmunt III. war im höchsten Maße verärgert und dachte gar nicht daran, diesem unbequemen »Wojewodzic« (Jakub war noch immer nur »Sohn des Wojewoden«) irgendein Amt zu übertragen oder eine Würde im Staate zu verleihen.

Enttäuscht zog sich Jakub Sobieski auf seine Güter zurück. Aber auch dort erwartete ihn bald ein schwerer Schlag: Seine Frau Marianna starb, und er blieb als kinderloser Witwer zurück. Als im Jänner 1626 abermals der Sejm in Warschau einberufen wurde, eilte

Jakub trotz der früheren Enttäuschungen hin und wurde auch wieder einstimmig von der Szlachta zum Marschall gewählt. Diesmal befürwortete Jakub Sobieski die Bereitstellung von Geldmitteln für den Krieg mit Schweden, und es gelang ihm, seine Herren Brüder der Szlachta zu überzeugen, daß die polnische Ehre dies verlange, war es doch Gustav Adolf gelungen, die unvorbereitete litauische Armee zu schlagen und fast ganz Livland und Samogitien zu beherrschen.

Ein paar Monate nach diesem Sejm landete Gustav Adolf in Pillau und begann die Unterwerfung beider Preußen. Jakub Sobieski aber nahm nicht an diesem Krieg persönlich teil. Er schaute sich vielmehr nach einer neuen Frau um. Und fand sie in der blutjungen Theophila Daniłowicz. Ihr Vater war Wojewode der Rus (Ruthenien), ihre Mutter Sophia Tochter des bereits öfter erwähnten Krongroßhetmans Stanisław Żółkiewski.

Diese Ehe konnte nur über Dispens des Papstes geschlossen werden, da das Brautpaar vierten Grades miteinander verwandt war, und zwar über die Familie Herburt.

Diese Familie stammte aus der Gegend um Troppau[17] aus Schlesien und gehörte dem Geschlecht der von Füllstein an, ehemals Ministerialen des Bischofs von Olmütz. Um 1400 wurde einer von ihnen, ein Herbord, durch Władysław von Oppeln, »iure hereditario« in der Rus[18] angesiedelt, wo der schlesische Piastenfürst eine großzügige Kolonisierungsaktion startete.

Ein Enkel dieses Herburt – wie die Familie bald genannt wurde – erheiratete sich bereits durch seine Frau Anna das wehrhafte Schloß Olesko. Dieser frühe Ahnherr Jans zeichnete sich durch besondere Tapferkeit im Kampfe mit den ständig ins Land einfallenden Tataren aus.

Hervorstechendste Eigenschaft der Herburt war jedoch ihre Gelehrsamkeit. Die meisten von ihnen studierten im Ausland, manche, als eifrige Katholiken, in Dillingen, andere, als Protestanten, in Wittenberg.

Ein Jan Herburt, Kastellan von Sanok, war in der zweiten Hälfte des 16. Jahrhunderts bereits ein überaus gelehrter Historiker und Jurist, dessen gemäßigte Einstellung gegenüber den Litauern viel zum Gelingen der »Union von Lublin« im Jahre 1569 beigetragen hatte, die das Königreich Polen mit dem Großherzogtum Litauen in Personalunion zu einem großen Staatengefüge zusammenfaßte. Dieser Jan Herburt war dann auch nach dem Ableben des letzten Jagiellonen zur Ausarbeitung der »Henricianischen Artikel«[19] und der »Pacta conventa«[20] herangezogen worden, die für das spätere Wahlkönigtum die rechtliche Grundlage bildeten. Als Autor war er vor allem durch sein Werk »Statuta Régni Poloniae in ordinem alphabeti digesta« bekannt geworden, da es in ständigem Gebrauche war und noch in den folgenden Jahrhunderten immer neue Auflagen erlebte. Schließlich hatte er noch in Anlehnung an Marcin Kromers bekannte Geschichtsstudie »Polonia« eine mehr populäre »Chronica sive historicae Polonicae compendiosa descriptio« im Jahre 1571 herausgebracht.

Der Sohn dieses gemäßigten und gelehrten Jan Herburt, Jan Felix Herburt, war bereits ein Aufrührer und Konspirator gegen König und Staat; er wurde sogar zum Tode verurteilt und nur durch einen Gnadenakt des Königs vor der Hinrichtung bewahrt. Der Möglichkeit beraubt, aktiv am politischen Leben teilzunehmen, stürzte er sich in seine schriftstellerische Produktivität – und er war ein sehr begabter Autor! – und legte in seinem Schloß Dobromil eine Druckerei an, in der er vor allem revolutionäre Autoren druckte, die sich gegen die Magnaten wendeten.

Beide Familien, die Sobieski und die Żółkiewski, verschwägerten sich mit dem Magnatengeschlecht der Herburt durch die Heirat von zwei Schwestern: Regina Herburt heiratete Stanisław Żółkiewski und Teresa einen Sobieski.

Die Familie Sobieski stammte aus der Gegend von Sandomierz. Dem polnischen Drang nach dem Osten folgend, zog sie weiter nach Podolien und besiegte dort in harten Kämpfen die heidnischen Jazyges und rotteten sie mit Stumpf und Stiel aus. Auf jene Zeiten mag noch die von Jan in seinem späteren eigenhändigen Lebenslauf geäußerte »gleichsam vererbte und von Haus aus angeborene Antipathie gegen Heiden« zurückgehen.

Janina ist der Wappenname, den außer den Sobieski auch andere Familien trugen. Das Wappen stellt einen gebuckelten Schild dar.

Schloß Dobromil der Familie Herburt

Übrigens gibt es eine Ortschaft Janina in Mazedonien; ob sie mit dem Wappennamen in irgendeinem Zusammenhang steht, wäre des Nachforschens wert.

Der erste datenmäßig belegbare Vorfahre ist Sebastyan, bereits Pächter von Pielaskowice, Besitzer von Giełczewska Wola und königlicher Hofbeamter.

Dessen Enkel Marek, der Großvater väterlicherseits, über den Jan stolz berichtet, daß er so stark und unerschrocken war, daß er gegen einen Bären, der während einer Jagd König Stefan Bathory angefallen hatte, mit bloßem Degen losging und auch »die gräßliche Bestie« erlegte. Von diesem Großvater hatte Jan, wie sich in seinem späteren Leben zeigen wird, viel mehr geerbt als sein zarter Bruder Marek, der zu Ehren jenes tollkühnen Mannes seinen Namen bekommen hatte.

»Ex linea materna«, berichtet Jan weiter, »hat mein Urgroßvater, Stanisław Żółkiewski, viele Siege in Kämpfen mit den Feinden davongetragen.

Bei Busza schloß er den berühmten Frieden mit den Türken, in dem er nec palman terrae dem Feind abtrat; das ganze Moskowiterreich unterwarf er (nachdem er die ruhmreiche Schlacht bei Kłuszyn gewonnen hatte) mit nur 4000 Husaren, 200 Heiducken, zwei kleinen Geschützen und zwei Fähnlein leichtbewaffneter Hofleute gegen 40 000 Moskowiter und 8000 Ausländer, für König Zygmunt; er eroberte die Hauptstadt mit allen Schätzen, und den Zaren selbst und dessen Bruder warf er dem König vor dem Sejm in Warschau vor die Füße; den Kronprinzen Władysław setzte er den Moskowitern als Zaren vor, und selbst wurde er zum Prawitel, das heißt zum Regenten oder Vize-König, des ganzen Zarenreiches gewählt.«

Tatsächlich war Stanisław Żółkiewski Jan Sobieskis Vorbild, dem er sein ganzes Leben nacheiferte. Zu dessen Kult ihn aber auch seine Eltern erzogen hatten.

Während die Familiensitze der Herburt wehrhafte Schlösser waren, auf steilen und schwer zugänglichen Bergen gelegen, wie Dobromil und Olesko, befand sich im Nordwesten von Lemberg die Residenz der Żółkiewski, ein prachtvolles Renaissanceschloß.

Stanisław Żółkiewski, fest verwurzelt im östlichen Polen, war tolerant und voll Verständnis für die ukrainische griechisch-katholische Bevölkerung; vielleicht hatte die Familie früher sogar selbst dieser Glaubensrichtung angehört.

»Nicht die Türken, nicht die Schweden waren damals die Hauptfeinde, weniger schreckten auch Habsburger und Hohenzollern die Polen. Die Moskauer Frage stand auf dem ersten Plan«, charakterisiert ein später Nachfahre der adeligen Linie, der namhafte Historiker Wacław Sobieski, zu Beginn des 20. Jahrhunderts Polens Situation im 16. und beginnenden 17. Jahrhundert.

Zwei diametral entgegengesetzte Programme wurden damals von Polen verfochten: Das eine von Haß, Hochmut und Revanchegelüsten diktiert, das andere auf Verbrüderung und Union ausgerichtet. Als nach König Stefan Bathorys Tod am 12. Dezember 1586 eine neue Elektion Polen ins Haus stand und unter den zahlreichen Bewerbern um den polnischen Thron auch ein Moskowiter zur Diskussion stand, stellte sich vor allem Königin Anna Jagiellonka, Gattin des verstorbenen Königs und Schwester des letzten Jagiellonen, Zygmunt August, vehement mit folgender Argumentation gegen eine solche Kandidatur: »Von Geburt an ist und muß er der Feind dieser Staaten sein. Denn kann sich Wasser mit Feuer vertragen? Licht mit Dunkel? Die Natur kann sich eine Weile zurückhalten, aber niemals sich ganz entwurzeln. Ein Neger kann schwerlich seine Farbe ändern. Auch hält ihn sein Verstand davon ab, denn kein Kluger begibt sich in eine freiwillige Gefangenschaft. Uns hält sogar von ihm unsere Anständigkeit (die Ehre) und die menschliche Gesinnung zurück, sich zum Herrn einen barbarum, einen schismaticum, haereditarum inimicum zu nehmen, was eine so gefährliche Sache ist, wie sich von dem schändlich ermorden zu lassen, dem du Säbel und Schwert mitsamt seinem unsterblichen Ruhm aus der Hand geschlagen hast und ihn zwangst, um Frieden zu bitten.«[21]

Die Befürworter einer Elektion des Moskauer Zaren auf den polnischen Königsthron versuchten wiederum zu beweisen, daß praktisch eigentlich kein Unterschied zwischen dem russisch-orthodoxen und dem römisch-katholischen Glauben bestehe.

Zu Beginn des 17. Jahrhunderts war es nicht anders. Einerseits wurde der Ruf nach Verständigung und Vereinigung immer lauter, andererseits wurde er übertönt von den gehässigen Protesten derjenigen, die zu beweisen versuchten, daß eine unüberbrückbare Kluft diese zwei slawischen Völker trenne, eine allzu große »dissimilitudo morum«.

Polen wurde erst so richtig in die Moskauer Wirren durch das Auftauchen des Falschen Demetrius hineingezogen.

Offiziell griff aber erst die polnische Republik ein, als Zar Szujskij im Februar 1609 mit Karl IX. von Schweden ein Bündnis schloß, denn nun fürchtete Zygmunt III. um die Vorherrschaft Polens im Osten.

Die litauischen Magnaten drängten zum Kriege, denn sie konnten den Verlust ihrer Güter nicht verschmerzen, die zusammen mit Smoleńsk und Sewerien 1513 Moskau an sich gerissen hatte.

Der König und sein Feldhetman, Stanisław Żółkiewski, verfolgten dabei allerdings zwei diametral entgegengesetzte Ziele, und durch die Intrigen der Magnaten scheiterte letztlich dieses ganze Unternehmen, das Polen zu einer der führenden Mächte Europas hätte machen können.

Als im Frühjahr 1609 der polnische Zug nach Moskau beschlossen wurde, hieß es in einem »Diskurs über den gerechten Krieg mit Moskau«: »Aus Moskau selbst, und zwar aus den Reihen der führenden Persönlichkeiten, gibt man uns zu wissen, daß man eine Vereinigung mit der Krone und die Herrschaft S. M. K. sich wünschen würde, da man eine bessere Regierung und eine Befriedung des Vaterlandes und eine Befreiung von der Tyrannei wünsche; denn sowohl Boris Godunow als auch jetzt Szujskij sitzen ihnen im Genick. Die reine Menschlichkeit verlangt, daß man unterdrückte Menschen errette.«[22]

Als Zygmunt III. die Grenzen des Moskowiterreiches bei Orsza überschritt, legten Jesuiten am 4. September 1609 den Grundstein zu einer Kirche, und der König entwickelte vor dem päpstlichen Nuntius Simonette einen atemberaubenden Plan »zum Anbau eines Weinberges Gottes des Herrn in den weiten moskowitischen Landen«.

Dem Papst konnte ein solcher Eifer nur recht sein.

Dieser späte »Kreuzzugskönig« hatte nichts Geringeres vor als jene großen Träumer in alter und neuester Zeit: über Moskau nach dem Orient vorzustoßen.

Zygmunt III. wollte jedoch außerdem über Moskau nordwärts vordringen, um das ihm von seinem Onkel, Karl IX. von Südermann, entrissene Schweden wieder zurückzugewinnen und zu rekatholisieren, denn er wollte »die päpstliche Fahne nicht nur auf dem Kreml, sondern auch in Stockholm hissen«.[23]

Auch wollte der König nichts davon wissen, seinen erstgeborenen Sohn, den damals 15jährigen Władysław, den er als einzigen von Anna von Habsburg hatte, als Zaren nach Moskau zu schicken. Zar wollte er selbst sein. Und zwar kein Wahlkönig, wie in Polen, mit nur sehr beschränkten Rechten, sondern unumschränkter Selbstherrscher, wie es die Rurikiden gewesen waren.

Ganz anders sah Stanisław Żółkiewski die Moskauer Frage. »Salus Reipulicae suprema lex esto« – war sein oberster Leitsatz. Nicht der König, nicht die Dynastie, nicht die Ideale der Regalisten, nur das Wohl der Republik lag ihm am Herzen, und zwar der demokratischen Republik, mit einem Wahlkönig an der Spitze.

So war es Żółkiewskis Anliegen, der Krieg mit Moskau möge sich zum Wohle der Rzeczpospolita auswirken, nicht jedoch, um des Königs Macht zu stärken oder gar König Zygmunt III. zur absoluten Herrschaft zu verhelfen. Deshalb forderte er, der Sejm müsse über den Kriegszug entscheiden.

»In Liebe und Eintracht ohne Turbationen« regieren, war seine Parole; als er endlich mit seinem Heer ostwärts gegen Moskau zog, stand er von allem Anbeginn im Gegensatz zu den Plänen des Königs, der mit Waffengewalt den Zarenthron für sich und seine Dynastie erobern wollte, während es ein Anliegen Żółkiewskis war, den so lange geknechteten Moskowitern »die goldene polnische Freiheit« zu bringen.

Diese seine Menschlichkeit und Toleranz waren es, die dem Feldhetman Żółkiewski die Herzen der moskowitischen Bojaren gewann und ihn so populär machten.

Am 23. Juni 1610 kam es zwischen dem Zaren Szujskij und Żółkiewski zur Schlacht. Bei Kłuszyn stießen die aufeinander losmarschierenden Heere zusammen. Und Żółkiewski, des noch ungeborenen, späteren Königs Jan III. Sobieski Urgroßvater, errang hier den größten Sieg, der jemals Polen über Moskau beschieden war. Er schlug den Zaren Szujskij vernichtend.

Nach dem Sieg bei Kłuszyn kapitulierte die Festung Carowo Zajmiszcze, und die Besatzung legte den Eid auf den »Zaren« Władysław ab, wovon eine 50köpfige Delegation den König unterrichtete.

Die ganze Besatzung der Festung ging zu Żółkiewski über und marschierte gemeinsam mit ihm gegen die Hauptstadt.

Und nun geschah das Unglaubliche: Die Moskauer Bojaren stürzten den Zaren Szujskij, legten den Eid auf Zar Władysław ab und öffneten weit die Tore der Hauptstadt.

Während König Zygmunt III. vergeblich Smoleńsk belagerte, zog sein Feldhetman Żółkiewski wie ein Triumphator in Moskau ein, dessen sich »eine solche Freude bemächtigte, wie schon lange nicht mehr, und die Bojaren sagten, nun würden für sie die goldenen Jahre wiederkehren, wenn sie erst den Königssohn Władysław zum Herrn haben würden«.[24]

Am 5. August begann Żółkiewski in Moskau seine Verhandlungen über die Bedingungen für die Thronbesteigung. Vor Smoleńsk und in Wilna ließ man bereits alle Glocken läuten und das Te Deum anstimmen, denn man war sicher, daß alles glattgehen würde. Aller Augen richteten sich auf den 15jährigen Władysław, dem man »eine glückliche Herrschaft in jener Monarchie« wünschte.
Aber im gleichen Augenblick trat auch schon wieder die leidige Glaubensfrage in den Vordergrund. Beschwörend schrieb der Hetman aus Moskau, der dort zur Beruhigung der Gemüter fast nur griechisch-orthodoxe polnische Unterhändler zu den Moskauer Bojaren schickte, nach Smoleńsk, die Religion müsse unangetastet in Moskau erhalten bleiben, das sei das Wichtigste. Die polnische Geistlichkeit, und vor allem die Jesuiten, erhoben ein großes Geschrei, und der König schickte seinem siegreichen Feldhetman einen strengen und wenig freundlichen Brief. Umsonst drängte Żółkiewski, der eben mit den Bojaren die »pacta conventa« aushandelte, der König müsse sich endlich entscheiden, der Augenblick sei günstig, denn sonst könnte der Patriarch von Moskau die Oberhand gewinnen und eine Revolution vom Zaune brechen.[25]
Am 28. August fand die feierliche Vereidigung auf die Artikel und die Wahl Władysławs in Moskaus statt. Die ganze Hauptstadt küßte das Kreuz auf den Namen des polnischen Königssohnes, die Kanonen donnerten, die Glocken läuteten, Gottesdienst wurden abgehalten.
Am 8. Oktober 1610 zog der polnische Feldhetman Stanisław Żółkiewski kampflos im Kreml ein und quartierte dort, im Herzen von Moskau, eine polnische Besatzung ein, und zwar mit Wissen und Willen der Bojaren. Polen, dieses merkwürdige Gebilde einer Republik mit einem König an der Spitze, der von seinen adeligen Untertanen weitgehend abhängig war, stand auf dem Höhepunkt seiner Macht und Möglichkeiten für eine noch weit bedeutendere Zukunft.
Als die Nachricht von der Besetzung des Kremls durch polnische Truppen nach Smoleńsk gelangte und der Verwandte des Feldhetmans, Herburt, dem König den Moskauer Vertrag überreichte, soll

der König voller Wut dieses »sündhafte« Dokument zerrissen haben, gewillt, diesen Vertrag umzustoßen und nicht zu akzeptieren.
Um sein Werk zu retten, mußte Żółkiewski selbst nach Smoleńsk eilen. Er ließ nur eine polnische Besatzung unter seinem Stellvertreter Gosiewski im Kreml zurück und machte sich selbst auf den Weg. Als er am 30. Oktober 1610 Moskau verließ, »begleiteten die vornehmsten Bojaren den Herrn Hetman, und als er durch die Stadt ritt, lief das ganze Volk in den Straßen zusammen und verabschiedete sich von ihm und segnete ihn«.
Als Gefangene führte Żółkiewski die beiden Szujskij, den Zaren und seinen Bruder, mit sich.
Ab März 1611 kam es zur nationalen Erhebung in Moskau und zum Sturm auf die polnische Besatzung im Kreml. Zwei Tage wüteten schwere Straßenkämpfe zwischen Polen und Moskowitern, in deren Verlauf Moskau in Flammen aufging. »Vom Zeitpunkt dieses Niederbrennens Moskaus trennte ein unauslöschlicher Haß diese beiden Völker für ewige Zeiten. Noch im Jahre 1831 hielt Puschkin anläßlich der Einnahme Warschaus durch russische Truppen den Polen jenes Niederbrennen der Moskauer Hauptstadt vor. Von jetzt an gab es keinen Platz mehr für eine Versöhnung.«[26]
Im Lager von Smoleńsk kehrte sich der Zorn gegen die Abgesandten der Bojaren, und es trat das Ungeheuerliche ein: Die Bojaren, die den Status von Botschaftern genossen, wurden von den Polen gefangengesetzt. Damit war dem Recht ins Gesicht geschlagen worden.
Seit jener Zeit sah man in Moskau – neben den Tataren – in den »eroberungssüchtigen und hochmütigen Polen« die eigentlichen und gefährlichsten Feinde.
Żółkiewski suchte nur noch nach einem plausiblen Grund, das Lager vor Smoleńsk zu verlassen, und fand ihn in der Bedrohung der südlichen Grenze Polens durch Gabriel Bethlen.
Der König ergriff ebenfalls die Gelegenheit, den unbequemen Feldhetman loszuwerden, und hielt ihn nicht zurück.
Am 16. März 1611 verließ Stanisław Żółkiewski das Feldlager von Smoleńsk und zog über Orsza, Mohilew und Kijew nach Süden.

Als der junge Sultan Osman II. den Thron bestieg, flammten die Kämpfe abermals auf und weiteten sich zu einem Kriege aus.

Da Polen eine protestantisch-türkische Koalition fürchtete, zog ein starkes polnisches Heer unter dem zweiundsiebzigjährigen Krongroßhetman Żółkiewski und dessen Schwiegersohn, dem Kronfeldhetman Stanisław Koniecpolski, in die Moldau. Am 18. und 19. September 1620 kam es bei Cecora zu der unglückseligen Schlacht und der schändlichen Flucht des polnischen Heeres, das seinen Krongroßhetman im Stiche ließ; und am 6. Oktober folgte die Katastrophe bei Mohylew; das ganze polnische Heer wurde aufgerieben, und der greise Feldherr fand den Heldentod. »Er starb dort auf dem Felde der Ehre«, berichtet sein Urenkel Jan III., »wie es stando einem Imperatur ziemt. Er besprengte mit seinem Blut die Felder der Walachei, dessen immer noch exstat memoria auf einer Marmorsäule, die bis auf den heutigen Tag jene christlichen Völker mit ihren Tränen benetzen. Und als sein Sohn, selbst verwundet, mit seinem Vetter, dem Schwiegersohn des Hetmans, auf einem Wagen liegend, sein sehr wendiges und erfahrenes Pferd ihm schickte, damit er sich salviere und meliori fortunae abwarte, antwortete er: Wo die Schafe umkommen, da muß dies auch der Hirte tun; denn sonst würde man ihn fragen, wo hast du deine Schafe gelassen?«

Aber nicht genug, daß Stanisław Żółkiewski in dieser Schlacht fiel. »Sein Sohn, Jan Żółkiewski, Starost von Rubieszów, geriet mit dieser scincr großen Verletzung in die Hände der Tataren; und Lukas Żółkiewski (ein Neffe des Hetmans), der Starost von Kałusk, in die der Türken.«

»Die Frau des Kanzlers und Hetmans«, berichtet Jan Sobieski weiter, »nun dessen Witwe, eine geborene Herburt, unternahm die ersten Versuche wegen des Kopfes ihres Mannes, der bis nach Konstantinopel gebracht worden war. Nachdem sie ihn für viel Geld zurückerhalten hatte, bestattete sie ihn zusammen mit dem Körper in der Basilika von Żółkiew, die von ihnen gestiftet worden war. Ihren Sohn hingegen, also Jan Żółkiewski, den Starosten von Rubieszów, mußte sie um eine ungeheure Summe Geldes aus den Händen der Tataren loskaufen. Da diese enormis war, denn so ungefährt zweimalhunderttausend Taler, erlaubte es die Respublica, in Żółkiew eine Münzanstalt zu eröffnen und diese Summe aus dem Silber, an dem damals der dortige Schatz reich war, zu schlagen.«

Die Leichenrede am Grabe des gefallenen Krongroßhetmans in Żółkiew hielt Jakub Sobieski, damals primo voto mit Marianna Wiśniowiecka verheiratet. Diese und andere Trauerreden Jakub Sobieskis wurden so berühmt, daß sie später dedruckt wurden.[27]

Jan Żółkiewski, der einzige Sohn des Krongroßhetmans, starb an der bei Cecora empfangenen Wunde im Jahre 1623. Ein Jahr später, also 1624, folgte ihm seine Mutter Regina, geborene Herburt, ins Grab.

In der Kirche von Żółkiew wurde auch sie zur ewigen Ruhe bestattet. Nach dem Tode der Mutter und des Bruders ging nun das gesamte riesige Vermögen auf die einzige am Leben gebliebene Tochter Sophia über. Diese hatte im Jahre 1605 einen der getreuesten Gefolgsleute ihres Vaters, Jan Daniłowicz aus Żurowo des Wappens Sas, geheiratet.

Die Familie Daniłowicz war reich begütert in der Ukraine, war durch Heiraten mit den mächtigsten Magnatengeschlechtern verschwägert und hatte einige hochgebildete Sprößlinge hervorgebracht. Außerdem war sie im andauernden Kampf mit Tataren, Türken und Kosaken gestählt worden.

Jan Daniłowicz, Theophilas Vater, nach dem Jan Sobieski seinen Vornamen erhalten hatte, war auf die Jagd von Heiden, vor allem auf Tataren spezialisiert.

Nach dem verheerenden Desaster von Cecora bereitete er energisch alles in der Ukraine vor, um einen Vorstoß der Türken aufzuhalten und das Land vor einem Überfluten durch die Tataren zu bewahren.

Bis zu seinem Tode im Jahre 1628 – also ein Jahr vor Jans Geburt – war seine größte Sorge die Verteidigung der südlichen Landstriche und Grenzen, denn die Tataren stießen ja bekanntlich bis zu seinen Besitzungen bei Olesko vor.

Seiner Ehe mit Sophia waren drei Kinder entsprungen: Stanisław, Theophila – Jans Mutter – und Dorota.

In diese Familie[28] heiratete im Jahre 1627 Jakub Sobieski ein, als er in zweiter Ehe Theophila, Tochter Jans und Sophias, mit päpstlicher Dispens, zur Frau nahm. Und in diese Familie wurde Jan an jenem stürmischen 17. August 1629 hineingeboren.

»Aus diesem so tapferen Blut also, das so viele heroes in beiden Linien hervorgebracht hatte, erzeugte uns unser Vater, vier Brüder und drei Schwestern«, schreibt Jan III. Sobieski in seiner Familiengeschichte. »Diese unsere Eltern also, procreati fortes ex fortibus, denn auch unsere Mutter hatte kein weibisches, sondern ein mannhaftes Herz, die die größten Gefahren für nichts erachtete, haben uns von Kindheit an dazu erzogen, daß wir nicht degeneres ihrer Vorfahren wären, indem sie uns, als wir noch im Kindesalter waren, deren großen Ruhm, Tapferkeit und Begeisterung für Gottes Kirche und das Vaterland zu kämpfen, vor Augen stellten, und sie befahlen uns, gleich mit dem ABC zugleich jenen Vers, der auf dem Grabstein unseres Urgroßvaters stand, auswendig zu lernen: ›O quam dulce et decorum pro patria mori!‹« (O wie süß und rühmlich, für das Vaterland zu sterben!)

3
Kinderjahre in Żółkiew

Bis zum Jahre 1634 blieb Jan unter der Obhut seiner Großmutter Sophia, während seine Mutter, Theophila, mit Marek und den nachfolgenden Kindern bei ihrem Mann, Jakub, lebte, und zwar in Złoczów.
Es handelt sich also um die ersten fünf so wichtigen, wenn nicht gar entscheidenden Jahre bei einem Kinde, die Jan nicht innerhalb der engsten Familie, also bei Vater, Mutter und Geschwistern, verbrachte, sondern bei der Großmutter.
Diese Sophia, älteste Tochter des Krongroßhetmans Żółkiewski und der Regina Herburt, nach dem Tod ihres Bruders einzige Erbin des riesigen Familienbesitzes, hatte die Energie und Umsicht ihrer Mutter geerbt. Persönlich kümmerte sie sich um alles. Da die Stadt Żółkiew ihr Besitz war, nahm sie Einfluß auf die Besetzung der städtischen Ämter, kontrollierte die Gerichtsurteile, regulierte die Beziehungen der einzelnen Gilden untereinander, ingerierte, wo notwendig, in den Vermögensangelegenheiten der Bürger, erließ Verfügungen, die Personen, die eine Gefährdung der öffentlichen Moral bedeuteten, aus der Stadt wiesen, und schrieb energische Briefe an die Ratsherren. Aber sie kümmerte sich nicht nur um die öffentlichen Verwaltungsangelegenheiten, sondern im gleichen Maße wachte sie auch darüber, daß der Letzte Wille ihrer Vorfahren, vor allem ihres vergötterten Vaters, pünktlichst eingehalten wurde. So nahm sie sich zu Herzen und befolgte, was der alte Hetman energisch in seinem Testament von seinen Erben verlangt hatte: »Achtgeben auf das Schloß, damit es nicht verfällt. Man braucht nichts anderes, nur achtgeben, daß es nicht hereinregnet, und wenn irgendwo ein Dachziegel kaputtgeht, ist es nicht schwer, ihn durch einen anderen zu ersetzen.«[29]
Im alten Polen hatte man ursprünglich sowohl für Häuser als auch

wehrhafte Schlösser und Burgen hauptsächlich als Baumaterial Holz verwendet, gab es doch dies in so unvorstellbar großen Mengen, daß man mehr als sorglos damit umging. »Deshalb findet man auch selten in Polen ein Haus, das zur Gänze dreißig Jahre stehenbleibt; fast alle brennen ab, dann baut man sie eben wieder auf.«[30]

Erst im 16. und vor allem zu Beginn des 17. Jahrhunderts setzte eine rege Bauperiode ein, in der in kurzer Zeit die prachtvollsten Schlösser und Burgen aus Stein und Ziegeln errichtet wurden.

Waren rein wehrhafte Burgen, wie Olesko, meistens nur aus rohem Stein und völlig schmucklos, so waren die großen, natürlich ebenfalls wehrhaften Residenzen der Magnaten nicht nur Meisterwerke der Fortifikation, sondern ebenso der Architektur. Die Baumeister holte man sich meistens aus Italien, die weder an Marmor, Alabaster, Skulpturen, Malerei noch Stukkatur sparten.

Da man in Polen jedoch gern alles noch größer, noch kostbarer, noch prunkvoller machte als im Westen, ging der Luxus so weit, daß man sogar die Helme der Schloßtürme mit feuervergoldetem Kupfer überzog, wie zum Beispiel am Schloß von Żółkiew. Ein Pole notierte verächtlich im Jahre 1636 in seinem Reisetagebuch: »Alle Schlösser der österreichischen Herren ähneln mehr Fabriken, Austerias oder altmodischen Klöstern denn Palästen.«

Daß solche Prachtentfaltung oftmals die Mittel der Magnaten überstieg, war die Kehrseite der Medaille. Oft fehlten nämlich nachher die bescheidensten Mittel, um diese Pracht auch zu erhalten.

Drei Tage nach Jans fünftem Geburtstag starb die Großmutter. Welch unauslöschlichen Eindruck mußte dieses traurige Ereignis samt dem prunktvollen Begräbnis in dem leicht erregbaren und empfänglichen Gemüt des Knaben hinterlassen haben! Zu dieser Erschütterung kam noch der Abschied von der vertrauten Umgebung, denn die Eltern nahmen nun Jan mit sich nach Złoczów. Und am schwersten fiel dem kleinen Jan gewiß der Abschied von der liebsten Person, die er hatte: von seiner Tante Dorota, an die er sich mit der ganzen Heftigkeit seines kleinen heißen Herzens geklammert hatte. Dorota war Theophilas Schwester und Nonne im Benediktinerinnenkloster in Lemberg. Sie war es, die dem Schwesterkind warme Mutterliebe entgegengebracht hatte, was ihr Jan zeit seines Lebens nicht vergaß. Zwei oder drei Jahre später erschütterte ein neuerlicher Tod das Haus Sobieski-Daniłowicz. Und wie stark diese Erschütterung gewesen sein muß, spiegelt sich noch in der gut vierzig Jahre später niedergeschriebenen »Gesta« König Jans wider. Es handelt sich um den tragischen Tod Stanisław Daniłowicz', Theophilas einzigem Bruder und Haupterben des Żółkiewski-Daniłowicz-Erbes.

Da Stanisław »das Feuer, das die großen Taten seiner Vorfahren in ihm entfachten, nicht unterdrücken und vor allem das Blut seines Großvaters und seines Onkels rächen wollte, also das des Kanzlers und Hetmans Stanisław Żółkiewski und das des Jan Żółkiewski, Starosten von Rubieszów, seines Onkels, stürzte er sich zusammen mit den Kosaken und mit den von ihm auf eigene Kosten aufgestellten Einheiten auf die Tataren, um sie zu vernichten, die sich bis weit in den ›Dzikie Pola‹, bis zu unseren Gütern hin, auszubreiten und sich dort häuslich niederzulassen begannen. Ein paarmal besiegte er sie glücklich. Tandem riß ihn eine so ungehemmte Lust fort, wozu ihn wahrscheinlich das fatum, vielleicht sogar gegen seinen Willen, hinzog, daß er sich so sehr von seiner Tapferkeit und seinem Glück verleiten ließ, daß ihn weder seine Freunde noch die Soldaten, noch die Kosaken davon abbringen oder gar zurückhalten konnten. Dort kam es einmal zu einem Zusammenstoß mit ungleichem Kräfteverhältnis, und als er sich mitten unter den zu Pferd und zu Fuß sich retirierenden Kosaken befand, wollte er nicht fliehen, sondern legte sein ganzes Vertrauen in seine Tapferkeit; als aber sein Pferd unter ihm getötet wurde, geriet er in die Hände der Heiden. Von dem Ältesten der Tataren, Netsza Murza, gegen den er gekämpft hatte, wurde er auf wunderbare Weise, und auch dort noch, bei ihm zu Hause, mit geradezu christlicher Menschlichkeit empfangen. Aber Kantimir, dessen Name blutiges Eisen bedeutet, der Älteste in diesem Hause und über allen Horden und Truppen stehend, die sich in den

Feldern ausbreiteten und über die Grenzen Polens einfielen, berühmt, weil er mit dem Chan persönlich gekämpft, sich dann von dessen Oberhoheit losgesagt und sich unter das Protektorat der Pforte begeben hatte, der später von der Pforte über das Silistrische Reich gesetzt wurde; dieser also befahl, den Gefangenen vor sich zu bringen, und verlangte, ohne seinen Rausch ausgeschlafen zu haben, von seinem Sohn und Bruder dessen, der bei Uście gefallen war, ihm den Kopf abzuschlagen. Doch der wehrte sich lange, weil er nüchtern und barmherziger war; als ihm aber der Vater drohte, er würde ihn nicht mehr als Sohn ansehen, falls er nicht das Blut seines Bruders rächen und eine solche Schlange auf das Haupt seines Volkes loslassen würde, da schlug er mit ängstlicher Hand zu, auf den Hals, aber ungefährlich; den sich Quälenden durchbohrte dann mit einem Stich der Stallmeister. Und so hatte auch dieser Stanisław mit seinem Blute reichlich das heidnische Land getränkt, für den christlichen Glauben, das Vaterland und den Ruhm des Hauses seiner Ahnen. Den Leichnam nahm dieser erste menschliche Murza an sich und ließ ihn ehrlich durch Rzeszowski, den Diener, der bei dem Tode anwesend war, nach Żółkiew zu seiner leiblichen Schwester, meiner Mutter, bringen. Dort wurde er in das Grab zum Großvater und Onkel gelegt.«

Vielleicht war den beiden Buben, Marek und Jan, acht und sieben Jahre alt, zum ersten Mal in diesen feierlichen und erschütternden Augenblicken der Beisetzung des von den Heiden ermordeten Onkels durchdringend die Bedeutung jener Worte bewußt geworden, die auf dem Grabmal des Hetmans und seines Sohnes auf Befehl Sophias, der Großmutter, in den Marmor eingemeißelt waren: »Exoriare aliquis nostris ex ossibus ultor!« Wie oft hatte es ihnen die Großmutter vorbuchstabiert und übersetzt: »Möge aus unseren Gebeinen der Rächer erstehen!« Nun, da auch der Onkel Stanisław nicht mehr lebte, gab es nur noch zwei Rächer: Marek und Jan.

Im Bewußtsein dieser Ehrenpflicht hielten sie ihren Einzug im Schloß von Żółkiew, das nun ihrer Mutter, Theophila, als der einzigen und letzten Erbin zugefallen war.

Hier besuchten sie voller Ehrfurcht die »Heiligtümer«, nämlich die privaten Wohngemächer des Hetmans, die unangetastet in dem Zustand belassen waren, wie sie von Żółkiewski bewohnt worden waren. Hier wurden, wie in einem Museum, seine Waffen, sein Brustpanzer, seine Gewänder, seine Feldherrenkeule, die so heiß ersehnte »buława«, pietätvoll aufbewahrt; in seinem Schlafgemach brannte, seit seine Witwe Regina Kopf und Leichnam aus Konstantinopel heimgeführt hatte, über dem einfachen Soldatenbett, das von keinerlei Draperien umschmeichelt war, in einer goldenen Ampel das Ewige Licht vor dem Bild der Schwarzen Muttergottes von Tschenstochau. Neben dem Bild aber hingen der blutgetränkte, von Säbelhieben zerfetzte Hetmansmantel sowie der Feldherrnstab und jenes Schwert, dessen Griff mit Edelsteinen reich verziert war, das ihm der Papst nach dem Siege von Kłuszyn übersandt hatte.

Tagtäglich mit diesem Kult konfrontiert, von der Mutter aufgerufen und beschworen, eines Tages das teure Blut zu rächen, wurde einerseits die Kampflust, andererseits der Haß gegen die Heiden in den Knaben geweckt.

Für ein Ventil für die also geschürten Aggressionen war auch vorgesorgt. Es war in jenen Zeiten üblich, daß die Söhne aus großen Häusern von frühester Kindheit an zu kämpfen lernten. Im Hofe waren »Feinde«[31] aus Holz aufgestellt, an denen die jungen Herren mit ihren Kindersäbeln, der »szabelka«, dem »Säbelchen«, ihre ersten Hiebe und Stiche ausprobierten. Da die Feinde in jenen Gegenden vor allem Türken und Tataren, also Heiden, waren, ist anzunehmen, daß Marek und Jan mit ihren Säbeln auf solche Holzheiden losgingen und an ihnen ihre Wut ausließen, an ihnen den Tod des Urgroßvaters und aller anderen Opfer der »Heiden« rächten. Die »Antipathie gegen Heiden« mußte ja wachgehalten werden.

Die Kinder der adeligen Polen wurden natürlich auch von frühester Kindheit an dazu angehalten, sich auf Pferden zu tummeln – und sich auf den Krieg, oder wie man zärtlich sagte, auf ein »Kriegchen«, »wojenka«, vozubereiten.

Das Diminuitiv wird in Polen mit Vorliebe gebraucht, nicht nur für Vornamen, z. B. Marek – Maraś, Jan – Jaś, sondern, wie man sieht, selbst bei so todbringenden Dingen wie Säbel und Krieg angewandt. Es ist bezeichnend für die Adelsrepublik der Polen.

Für Jan bedeutete es das größte Vergnügen, sich draußen in der freien Natur herumzutummeln und bald überflügelte er den langsameren, zarteren älteren Bruder im Reiten und in allen anderen Körperübungen.

Beide Buben waren wohlgeraten, die Eltern konnten stolz auf sie sein: Marek, von geradezu engelhafter Schönheit, ernst veranlagt, von unendlich liebenswürdigem Wesen, der Mutter Liebling; Jan, hübsch, eher derb, sinnlich, aufgeweckt, wild, unbeherrscht und jähzornig; eifersüchtig, herrschsüchtig.

Zu seinem eigenen großen Zorn stand er im Lernen zunächst dem Bruder nach, dafür war er im Reiten, Fechten, Kämpfen, Jagen dem langsameren Marek überlegen.

Eines ist gewiß, daß er schon von klein auf an seiner Zweitgeburt litt und dem Bruder die Erstgeburt neidete. Überall mußte er Marek den Vortritt lassen, überall wurde der Ältere dem Jüngeren vorgezogen, denn jener war der Erbe und wurde in jeder Beziehung darauf vorbereitet. Es ist anzunehmen, daß dieser Umstand Jan zornig machte, vielleicht schon vom ersten Tag ihrer Übersiedlung nach Żółkiew an, denn schließlich war er, Jan, hier aufgewachsen, hier war er zu Hause gewesen, geliebt und verwöhnt, nicht nur von der Großmutter und der Tante, sondern auch von den Dienern, Ammen, von den »familiares« und Hausangestellten. Der spätere Jan III. schreibt, daß er von diesen »familiares«, die es noch selbst erlebt hatten, auch die wundersamen Geschichten über seinen heldenhaften Urgroßvater, den Krongroßhetman, erfahren habe.

Er schreibt: »Aus Anlaß meiner Geburt sollte man auch das erwähnen: Als Stanisław Żółkiewski, der Kanzler und Großhetman, noch ein Kind an der Brust seiner Amme war, ging diese, als sie mit ihm etwa eine Meile entfernt auf dem Gutshof Turzy weilte, vom Kinde weg, das allein auf dem Rasen, in großer Sommerhitze, zurückblieb; als sie zurückkam, sah sie, wie auch andere, wie ein Vogel über dem Kinde hing und es mit seinen Flügeln vor der

Sonne schützte. Und während jenes so berühmten Sieges von Kłuszyn sah man auf Seinem Pferd, hinter Ihm sitzend, einen kleinen weißen Vogel; und als er zu seiner letzten Expedition ausrückte, während der er sein Leben mannhaft für das Vaterland opferte, sah man am Himmel über Żółkiew feurige Heere, wie sie miteinander kämpften; als man den Hetman weckte und ihm das zeigte, schaute er hin und sagte: Das bezieht sich auf meinen Kopf, denn schon früher einmal, als er noch jung war und durch ein gewisses Dorf ritt – und das hatten viele Leute von ihm selbst gehört –, zog ihn eine alte Frau zur Seite, die ihn aufmerksam betrachtete und ihm dann all sein Glück und auch seinen Tod voraussagte. Wir hatten das öfter aus dem Mund jener gehört, die damals noch am Leben gewesen waren, nämlich von seinen Familiares und Hausangestellten.«

Vergleicht man die Horoskope der beiden Brüder[32], ersieht man daraus, daß sie einander in herzlicher Liebe zugetan waren und innig aneinander hingen; was jedoch nicht ausschloß, daß es wohl auch öfters zu heftigem Streit, wenn nicht gar Prügeleien zwischen ihnen kam, denn sonst hätte der Vater nicht so streng in seinen Instruktionen dem Erzieher eingeprägt, auf die »brüderliche Liebe« der beiden zu achten. Vielleicht befürchteten die Eltern schon damals, was der erste Biograph König Jans III. aussprach: daß Marek, wäre er am Leben geblieben, das Los des Esau hätte teilen müssen, nämlich daß der Ältere dem Jüngeren untertan geworden wäre.[33]

Żółkiew war, ähnlich wie andere Schlösser jener Zeit, nicht nur großartig von außen anzusehen, sondern auch kostbar von der Inneneinrichtung her. Die Magnaten bezogen aus Danzig die prachtvollen, weithin berühmten Schränke und Kredenzen, aus schwerer Eiche kostbar geschnitzt; sie ließen ihre Sessel mit goldgeprägtem Leder beziehen, ebenso zierten die Wände goldgeprägte Danziger Tapeten. An Brokat und Samt herrschte überall verschwenderischer Überfluß. Die Kamine waren aus Marmor, an den Decken hingen die damals hoch in Mode stehenden Leuchterweibchen. Fast ausschließlich deutsche Handwerkskunst zierte die Schlösser. Kamen Möbel und Goldtapeten aus Danzig, wurde das

Silber, oftmals feuervergoldet, von den berühmten Meistern aus Nürnberg und Augsburg bezogen. In unvorstellbaren Mengen, kistenweise, hortete man in den Schlössern das Silber, und natürlich nahm man auch entsprechend viel an Tafelsilber – denn nur davon speisten die Magnaten – mit, falls man auf Reisen ging, privat oder zu einem »Kriegchen«. Als Stefan Potocki in die Walachei gegen die Türken zog, hatte er rund 22 Kisten mit Silberbesteck, alle natürlich von feinster Arbeit, 10 Behälter für Silberlöffel, 40 große Kannen, an die 200 Pokale und Umtrunkgefäße, alles aus schwerem Silber, im Keller versteckt, falls es Tataren oder Türken einfallen sollte, während seiner Abwesenheit sein Schloß zu plündern.

Neben Silbergeschirr, das man zum Repräsentieren und Demonstrieren des splendor familiae brauchte, hortete Jakub Sobieski, dieser umsichtige Hausvater, in den Kellergewölben von Żółkiew in Tonnen Gold- und Silbermünzen für seine Söhne und die Aussteuer seiner Töchter.

Wie überall auf den Magnatensitzen herrschte auch auf Żółkiew ein reges Leben; Gäste kamen und gingen, d. h. sie kamen mitsamt ihrer Gefolgschaft zu Besuch, oft für Wochen und Monate. Und jeder Gast war willkommen, brachte er doch Neuigkeiten mit sich aus der Welt, denn das Leben in den Weiten Südostpolens, wo die Schlösser und Burgen wie Inseln aus unübersehbaren Wäldern und Feldern herausragten, wo es nur wenige Städte gab, war einsam und eintönig.

Auf Żółkiew verkehrten die vornehmsten Familien Polens, die fast allesamt auf irgendeine Weise durch verwandtschaftliche oder freundschaftliche Bande mit den Sobieski und Daniłowicz verknüpft waren, so daß Marek und Jan schon als Kinder jene Männer kennenlernten, die eine Rolle in Polen spielten.

Entsprechend groß und geräumig mußten daher die Empfangsräume sein, vor allem der Speisesaal, der, wie dazumal üblich, der größte und prächtigst eingerichtete Raum im ganzen Schlosse war, denn hier fanden die üppigen Bankette und Trinkgelage statt, hier wurden große Reden geschwungen und manchmal auch das Säbelchen aus der Scheide gezogen, wenn sich die Gemüter gar zu sehr an den kräftig gewürzten Speisen und feurigen Ungarweinen erhitzten.

Berühmt war im Saal von Żółkiew ein riesiger Tisch, der mit Silberblech überzogen war. An den Wänden entlang liefen Bänke, mit kostbaren orientalischen Teppichen bedeckt. Aber es gab noch etwas anderes auf Żółkiew, das es nicht auf allen Schlössern in so erlesener Auswahl gab: eine große Bibliothek. Herr Jakub und seine Vorfahren, vor allem die Herburt, aber auch die Daniłowicz, waren gebildete Leute, die im Ausland studiert hatten, die mit berühmten Persönlichkeiten ihrer Zeit korrespondierten, selbst schrieben oder gar, wie auf Dobromil, sich verlegerisch betätigten und eine Druckerei betrieben.

Herr Jakub liebte über alles seine Bücher, und er benützte jeden freien Augenblick für die Lektüre.[34] Die Liebe zu den Büchern und zum Lesen hatte Jan von ihm geerbt. Später, als er bereits König war, gehörte seine Bibliothek zu den kostbarsten und berühmtesten von ganz Polen.

Hatte schon die Mutter den Buben anhand der Grabinschriften das Buchstabieren beigebracht – »o quam dulce et decorum pro patria mori« und »Exoriare aliquis nostris ex ossibus ultor« –, so führte sie der Vater, so wie es nur seine Zeit zuließ, nun in die Staatskunde und Geschichte ein. Ausgehend von der Familiengeschichte, vielleicht Teile seiner berühmten Reden dazu verwendend, erzählte er ihnen über die Angelegenheiten der Polnischen Rzeczpospolita, über die Verfassung, das Wahlkönigtum, die Rechte und Pflichten der Szlachta, den Sejm, den Senat, die Kriege, die Feinde, die Schwierigkeiten, die sie einmal als Bürger dieses Staates erwarteten, über die Heldentaten der Vorfahren und Landsleute, vielleicht auch über die Fehler und Untugenden so mancher Adeliger, die sich immer wieder nur allzu gerne zu Verschwörungen und Aufständen zusammentaten.

Während dieser kurzen drei Jahre, die Marek und Jan vor ihrem Schulantritt in Krakau auf Żółkiew zubrachten, versuchte der Vater, ihnen das Gefühl für Recht und Gesetz, Anstand und Ehre, Vaterlandsliebe und Königstreue beizubringen.

Es ist überliefert, daß er seinen Söhnen Themen stellte, die sie vor ihm, gleichsam wie vor dem versammelten Sejm, zu verteidigen und zu beweisen hatten,[35] und er legte besonderen Wert darauf, daß seine Söhne es lernten, sich gewählt und gewandt auszudrücken. Hier auf Żółkiew wurde ein dritter Sohn am 29. März 1638 geboren, der den Namen Stanisław erhielt, von der Mutter zärtlich »Staś« genannt, der aber bald darauf starb; ebenso der am 16. September 1641 geborene vierte Sohn, wieder ein Stanisław, auch im zartesten Kindesalter verstorben. Mutter Theophila hatte nachher zu dieser ihrer gewissenhaften Eintragung hinzugefügt: »mein Letzter«.

Herr Jakub hatte nur einmal während jener drei Jahre nach Warschau zum Sejm reisen müssen. Es war dort zu heftigen Angriffen auf König Władysław gekommen; Jakub hatte auf seiten des Königs gestanden und ihn gegen die Szlachta verteidigt. Er wurde daraufhin zum Kommissar bestellt, der dem Heer in Ruthenien den ausstehenden Sold auszahlen sollte, was er gerne übernahm und zur Zufriedenheit aller durchführte.

Wenn auch Marek und Jan wahrscheinlich bereits auf Żółkiew ihren ersten Hausunterricht genossen, lesen, schreiben und rechnen gelernt hatten, so fand es Herr Jakub doch an der Zeit, im Jahre 1640 seine Söhne nach Krakau in die Schule zu schicken, und zwar an die berühmte Akademie, die auch er besucht hatte. Es mußte ein kleiner Hofstaat für die Kinder zusammengestellt, die richtigen Begleiter und ein »Direktor« mußten bestellt werden; Frau Theophila sorgte für Kleidung, Bett-, Leib- und Tischwäsche, Tafelsilber und so weiter. Alles mußte gründlich vorbereitet und wohlbedacht werden.

4
Schulzeit in Krakau

Der Herr Wojewode Sobieski aber setzte sich an seinen Schreibtisch und verfaßte eine Instruktion für die Schuljahre seiner Söhne in Krakau. Diese Instruktion war eigenhändig von Herrn Jakub niedergeschrieben und trug den Titel: »Instruktion des wohlgeb. Herrn Jakub Sobieski, Wojewoden von Bełs, Starosten von Krasnostaw, gegeben an den wohlgeb. Herrn Orchowski als dem Direktor der wohlgeb. Herrn Marek, Jan, Sobieski, der Wojewodensöhne von Bełs, als er sie zu Studien nach Krakau schickte, in Punkten aufgeschrieben.«[36]
Zunächst beachte man im Titel: Der Herr Wojewode und der Herr Direktor werden beide als wohlgeb. Herren bezeichnet. Es gibt keinen Unterschied in der Rangbezeichnung, beide sind von Adel, Herr Jakub zwar bereits der Magnaterie, Herr Orchowski sicher nur dem niedern Adel angehörend. Vor dem Gesetz und dem Adelsrecht jedoch waren beide gleich.
In dreizehn Hauptpunkten mit vielen Unterpunkten und einer Zusammenfassung legt Herr Jakub dar, wie er sich den Aufenthalt seiner Söhne vorstellt und wünscht.
Der *erste* und zugleich umfassendste Punkt betrifft den Gottesdienst und beginnt mir rhetorischem Schwung folgendermaßen: »Nicht erst der König und Prophet, der hl. David, hat in einem seiner Psalmen das Axium aufgestellt: Initium sapientiae timor Domini: Aller Weisheit Beginn ist die Furcht Gottes; und diese soll auch die Richtschnur für alle Studien, alles Leben und alle Taten eines christlich-katholischen Menschen sein, geboren und erzogen in sinu unserer Mutter, der Römisch-Katholischen Kirche.«
Er gliedert für Herrn Orchowski auf, was seine Söhne an religiösen Pflichten zu beachten haben. Besonders dringend legt er ihnen ans Herz, »nicht nur jetzt in Krakau, sondern ihr ganzes Leben lang

keinen Tag vergehen zu lassen, ohne eine heilige Messe zu hören«. Marek jedoch soll darüber hinaus jeden Donnerstag Gott für seine wunderbare Rettung von schwerer Krankheit danken.
Punkt zwei befaßt sich mit der Gesundheit.
2do »... ich möchte nicht, daß sie verzärtelt und verpäppelt aufgezogen werden, sondern ich wünsche, daß ihr Magen sich an gröberes Essen gewöhnt, was ihnen, so Gott will, dann im Krieg zugute kommen wird. Mir selbst hatte das auch den Magen verdorben, daß man mich in meiner Jugend, als dem einzigen Sohne, der meinem Vater verblieben war, verzärtelt aufgezogen hatte.« Mit welcher Selbstverständlichkeit der Vater daran denkt, daß seine Söhne eines Tages in den Krieg ziehen werden! Welch ein Land! Die Kinder lernen, noch bevor sie lesen und schreiben können, mit Kindersäbelchen auf Holzheiden loszugehen, und kaum daß sie die Schulbank zu drücken beginnen, werden sie mit dem Gedanken an Tod und Krieg als etwas ganz Selbstverständlichem vertraut gemacht! Wir erfahren etwas über den Gesundheitszustand der Buben: »Beide haben es an sich, daß es ihnen angeboren ist, daß sie oft bluten; deshalb ist es erforderlich, daß sie sich vor Übermut und violenta exercitia in Acht nehmen.«
»Gott verhüte, daß sie krank werden, principis obstandum: Sofort zu den besten Doktoren gehen, uns aber nichts darüber berichten, außer es wäre etwas, was Gott verhüte, periculosum; denn sie können ja interim längst wieder gesund sein, bis die Nachricht zu uns kommt, und wir würden uns nur unnötig grämen.«
Der *drittte Punkt* bezieht sich auf die Sitten, und hier droht Herr Jakub sogar mit der Rute, falls die Söhne sich da etwas zuschulden kommen lassen sollten: »Diese (die Sitten) sind für jeden jungen Mann besonders wichtig, bei uns und überall; und mit Recht lacht man bei uns in Polen über einen solchen, der in Latein klug ist, aber in Polnisch ein Dummkopf.«
Es folgt an Herrn Orchowski der Auftrag, darauf zu achten, daß die Söhne stets den Platz einnehmen, der »ihnen jetzt, zu dem Zeitpunkt, da sie von zu Hause wegfahren, durch Gottes Gnade gebührt«. Dazu aber sei es notwendig, daß sie die guten Sitten beachten, die man ihnen in Żółkiew beigebracht habe, daß sie sich

auch immer höflich und »schön« verbeugen, daß sie bei Tisch nicht geistesabwesend seien, man müsse streng darauf achten, daß sie sich nicht gehen lassen. Wenn das aber alles nicht helfen sollte, dann möge Herr Orchowski ihm, dem Vater, dies mitteilen, und er würde dann schon wissen, was dazu zu sagen sei, nämlich: »Die Rute ist dazu da, daß die Jungen unter ihr wachsen.«
Punkt vier befaßt sich mit der Reinlichkeit: »Zweimal in der Woche sollen die weißen Tücher gewechselt werden. Achtgeben, daß die Leintücher weiß sind und die Betten schön gemacht. Achtgeben, daß sie in publicam ordentlich gekämmt und in gut gebürsteten Kleidern sind. Eine Wanne ist zu kaufen, damit sie wenigstens zweimal im Monat sich in der Wanne waschen, außerdem ist eine Badestube zu bestellen, entweder bei Ordensbrüdern oder bei einem Bürger, es darf keine öffentliche sein, dort sollen sie sich alle sechs bis acht Wochen waschen.«
Herr Orchowski solle weiters darauf achten, daß sie nicht in geflickten oder gar zerrissenen Kleidern und Schuhen in der Stadt herumlaufen, er solle rechtzeitig bekanntgeben, wenn man etwas brauche, oder »sogar auf Borg« kaufen, die Eltern seien ja »nicht hinter den Bergen«. Außerdem bekäme man in Krakau die Stoffe billiger zu kaufen als in der Gegend von Żółkiew.
Punkt fünf handelt von der »brüderlichen Liebe«: »Diese wird der Herr Orchowski am meisten überwachen, damit die Brüder einander von frühester Jugend an lieben, ohne Eifersucht, ohne Zänkereien: Der Jüngere soll den Älteren achten, der Ältere soll den Jüngeren lieben. Wenn Herr Orchowski auch nur das mindeste merkt, ermahne und schelte er sie; wenn aber, was Gott verhüte, sich zwischen ihnen Streitereien und Nichtliebe häufen sollten, dann gebe er mir sofort Nachricht, denn solchen Sachen muß man beizeiten vorbeugen.«
Punkt sechs rührt an den für den empfindlichen Jan heikelsten Punkt: die »rechte Hand«, die »rechte Seite«, wer diese wem überlassen dürfe oder gar müsse, und wem diese zu verweigern sei. Es geht um die Etikette, um den Platz, den jeder nach seiner Geburt und dem damit verbundenen Recht einzunehmen hat. Es beginnt wieder mit allgemeinen Richtlinien über die »Konver-

sation«, also das gesellschaftliche Zusammenleben: »Über diesen Weg bettet man sich, was Gott verhüte, zum Bösen, oder zum Guten, denn nicht umsonst heißt es: cum bono bonus eris, cum perverso perverteris.

Ich wünsche, daß sie neben aller Gefälligkeit und Höflichkeit, gegen jedermann ihren adeligen animus ihrer Geburt und ihrem Vermögen entsprechend hervorkehren; es ist erforderlich, daß sie ihren Stand, in dem sie der Herrgott haben wollte, verteidigen, besonders wenn sie mit ihren Mitschülern, anderen Herrensöhnen, oder in der Kirche oder an irgendeinem anderen Orte weilen, daß sie ihren Platz kennen und sich nicht irgendwohin setzen lassen und sich nicht die rechte Hand nehmen lassen, nur von höheren Wojewodensöhnen, als sie selbst es sind.«

»In ihrer Herberge aber sollen sie jedem Herrensohn und jedem Szlachcic, der sie besuchen kommt, die rechte Hand und den ersten Platz geben, und jedem sollen sie bis zur Tür entgegengehen, und wenn sie gehen, sollen sie sie wieder bis zur Tür begleiten. In der Schule hingegen gibt es keine primos accubitus nach Geburt und Titeln, sondern dort geht es nur nach dem Lernen; wie man sie dort setzt, so sollen sie sitzen.«

Erst *Punkt sieben* beschäftigt sich mit dem Lernen: »Darüber braucht man nicht viel zu schreiben, denn dazu fahren sie ja hin, damit sie lernen«, denn dumm zu sein, sei für einen Adeligen (Szlachcic), ganz gleich, aus welchem Vaterland er komme, schändlich. »Die Wissenschaft ziert überall die Menschen, sowohl im Krieg als auch bei Hofe, zu Hause oder in der Rzeczpospolita; wir sehen es ja, daß die Leute einen armen gelehrten Schlucker mehr schätzen als einen großen Herrn, der ein Dummkopf ist, auf den sie mit Fingern weisen.«

Punkt acht handelt vom Studium der Fremdsprachen, die Herr Jakub mit besonderer Dringlichkeit seinen Söhnen ans Herz legt, denn er hatte ja aus eigener Erfahrung erlebt, wie hinderlich es sein kann, wenn man sich nur auf Dolmetscher verlassen muß.

»Wenn um etwas, so bin ich besonders besorgt, daß sie sich in den Sprachen üben, was für Kavaliere und tüchtige Menschen von großer Wichtigkeit ist, die im Heer, am Hofe der Monarchen et in administranda Republica beschäftigt sind. Latein werden sie in der Schule lernen, et stilum exercendo, aber dazu ist auch noch lateinische Conversation nötig, denn alle Sprachen lernt man am schnellsten durch Conversation. Deshalb sollen sie zu Hause, wenn keine Fremden dabei sind, mit Herrn Rozenkiewicz und dem Sohn des Herrn Wydżga in dieser Sprache reden.

Die deutsche Sprache ist für uns Polen sehr wichtig, wenn sie diese entgegen meinem Willen und meiner Intention nicht in Krakau erlernen sollten, müßte ich sie deswegen extra nach Deutschland schicken, was aber mein Konzept sehr durcheinanderbringen würde, das ich, gebe es Gott, für ihre Auslandsreise habe. Deshalb bitte ich Herrn Orchowski sehr, daß er eifrig darauf achte, daß sie serio und ex professo deutsch lernen.«

Man muß sich vergegenwärtigen, daß damals die bedeutendsten Städte, wie Krakau, Danzig, Thorn, Bromberg, Elbing und viele andere mehr, eine überwiegend deutsche Bevölkerung hatten, wie das Bürgertum in Polen jener Zeit überhaupt besonders stark von Deutschen repräsentiert wurde.

Für den umfangreichen Handel, den Herr Jakub Sobieski mit den Erträgnissen seiner riesigen Latifundien vor allem mit Danzig, aber auch mit schlesischen Städten tätigte, war es ungeheuer wichtig, daß man die deutsche Sprache beherrschte.

Aber fast noch wichtiger war die Kenntnis der wohlgepflegten deutschen Sprache, falls man am Königshofe Karriere machen wollte, denn die Umgangssprache war dort seit Zygmunt III. die deutsche. Erstens war Zygmunt in Schweden deutsch erzogen worden, zweitens hatte er zwei Habsburgerinnen nacheinander geheiratet, und König Władysław hatte ebenfalls eine Habsburgerin zur Frau. Drei Österreicherinnen saßen also nacheinander auf dem polnischen Thron, was natürlich das Hofleben beeinflußte, denn zum großen Teil setzten sich auch die Hofdamen aus Österreicherinnen oder Deutschen zusammen. Nicht nur, daß bei Hofe die deutsche Sprache die Umgangssprache war, es herrschten auch deutsche Mode und deutsche Unterhaltung vor. Eine der beliebtesten Lustbarkeiten war »Wirtschaft-Spielen«, ein typisch deutsches Spiel.

Neben Deutsch sollten seine Söhne aber auch noch Türkisch in Krakau lernen, und er begründete es folgendermaßen: »Die türkische Sprache ist, wenn für jemanden, so für uns wichtig; und vor allem für die Szlachta, die hier in der Rus lebt, in ihrer unmittelbaren Nachbarschaft, bei diesen ständigen Botschaften, Kriegen, Streitigkeiten, die wir mit ihnen haben, weil ja diese unsere ruthenische Wand rings von ihnen umgeben ist.«

Punkt neun betrifft »die Briefe nach Hause«:
»Es wird sich schon, so Gott will, ordentlich einrichten lassen, daß meine Söhne von uns und wir von ihnen häufig Nachricht erhalten werden.« Einmal im Monat sollen sie eigenhändig an die Eltern schreiben, »an mich lateinisch, an die Mutter polnisch«. Weder Herr Orchowski noch Herr Rozenkiewiecz dürfen den Söhnen beim Briefeschreiben helfen oder Fehler ausbessern oder gar deren Phantasie beflügeln, denn der Vater will sich anhand der Briefe ein Bild vom geistigen Fortschritt seiner Söhne machen.

In *Punkt zehn* lernen wir alle Teilnehmer der »Perignation« kennen und welche Funktionen ihnen oblagen.
»Herr Orchowski wird der Vorgesetzte sein und meine väterliche Gewalt, die ich ihm anvertraue, über meine Söhne haben. Er wird auch der Vorgesetzte für alle jene sein, die mitfahren. Er wird auch die Aufsicht über das Haus und das Geld haben, das man ihm mitgeben und hinschicken wird; er wird auch unter seiner Aufsicht das Tafelsilber haben, das ihm laut Register mitgegeben wird, ebenso die Kleinodien der Kinder. Er wird ordentlich die Ausgaben im Register aufschreiben und uns alle Vierteljahre übersenden, also viermal im Jahr. Meine Söhne jedoch verpflichte ich durch meinen väterlichen Befehl und Segen, daß sie ihm an meiner Statt in allem gehorsam seien, denn ich werde nicht hinter dem Meere sein und, Gott gebe es, werde ich alles über sie wissen, wenn auch von woanders, und Gott verhüte, daß sie entgegen meinem Befehl etwas tun, sie würden ihrer Strafe nicht entgehen.«

Punkt elf trägt die Überschrift: »Der Tisch.«
»Wie in allem, so wünsche ich auch beim Essen, daß meine Söhne nicht Vergeudung und Luxus lernen; doch will ich, daß sie ihrem Stande gemäß, in dem sie der Herrgott haben wollte, leben; da sie

auch hier bei mir zu Hause, Gott sei es gedankt, menschlich essen gelernt haben.« Man soll ihnen zu essen geben, worauf sie Appetit haben, Wild, Geflügel, aber: »Ich wünsche nicht, daß sie Zecher und Schmauser werden, denn sie fahren dort zur Schule, zum Lernen; ich will aber auch nicht, daß sie wie Einsiedler ohne Gesellschaft essen«, also soll man häufig an Sonn- und Feiertagen Professoren einladen, so daß man bei Tische nicht unnützes Zeug schwätzt, sondern ernsthafte Diskurse mit Professoren und gelehrten Leuten halte, »damit meine Söhne auch noch während des Essens etwas für ihren Geist profitieren, für die Sprachkenntnisse und den guten Stil«.
Ferner kümmert sich Herr Jakub auch um die Getränke, die Waschfrau, das Holz »für den Winter zum Heizen von zwei Öfen, in der Stube der jungen Herren und in der Stube des Gesindes, und auch für die Küche«.
Schließlich gibt noch Herr Sobieski seine Anweisungen für Schuster, Schneider und Barbier.
»Der Barbier soll (bei meiner Gnade befehle ich das dem Herrn Orchowski) mir da nichts mit den Haarschöpfen ausdenken, keinerlei heidnischen Kopfputz auf ihnen anbringen, sondern er soll sie so schneiden, wie sie sie jetzt geschnitten haben.[37] Der Schneider soll sich auch nichts anderes ausdenken, nichts Persisches, nichts Tscherkessisches anstatt der Gewänder der polnischen Szlachta, er soll ihnen solche Kleider anfertigen, wie die, in denen sie jetzt nach Krakau kommen.«
Zum Schluß kommt Herr Jakub nochmals auf die Kosten zu sprechen; Herr Orchowski soll beizeiten bekanntgeben, falls es an irgend etwas mangele; »aber die Zufälle gehen nicht über die Berge, sondern mit den Menschen; so kann immer einmal etwas schiefgehen, es kann derjenige, den man mit dem Geld schickt, krank werden oder sterben, oder er kann erschlagen werden.«
Selbst Überfälle, Raub und Totschlag hatte Herr Jakub einkalkuliert. Wahrhaftig, ein umsichtiger Hausvater! Ob seine Söhne, vor allem der jüngere, ihm nachgeraten würden? Diese bemerkenswerte Instruktion schließt mit den Worten: »So trete ich nun zurück und stelle alle Erfolge meiner Söhne, ihre Gesundheit, ihre

Gottesfurcht, ihre guten Sitten und all ihr Lernen und Üben Gott anheim und lasse sie fortziehen nach dem Willen des Herrgotts selbst; ich stelle sie unter das patricinium der Allerheiligsten Jungfrau, meiner und meines ganzen Hauses ganz besonderen Patronin und Wohltäterin; und nach ihr empfehle ich das alles den getreuen, liebenswerten, eifrig-beflissenen und freundlichen Bemühungen und der Fürsorge des Herrn Orchowski persönlich, indem ich ihn verpflichte, daß er in allem die Punkte einhalte, die ich zur Genüge beschrieben habe. Und ich verspreche, ihm dafür Genugtuung zu verschaffen mit meiner Gnade ihm gegenüber und meinem niemals aufhörenden Affekt.«

Nun war alles bereit für die Abreise: Die Kisten auf den Wagen verladen, der kleine Hofstaat reisefertig. Zum letzten Mal gingen Marek und Jan durch die Räume des Schlosses, durch den Park, vielleicht ritten sie auch noch einmal durch die Stadt. Es hieß Abschied zu nehmen, vom Vater, von der Mutter, den beiden Schwestern und den Familiares, dem Gesinde.

Es wird nicht an Ermahnungen gespart worden sein. Es war ja keine Kleinigkeit, halbwüchsige Jungen für ein paar Jahre in die Fremde ziehen zu lassen.

Die Abreise erfolgte entweder im Spätherbst 1639 oder zu Beginn des Jahres 1640, jedenfalls finden wir die beiden Schüler bereits im Februar 1640 im »Album der Akademie« von Krakau eingetragen. Marek zählte damals 11 Jahre und 9 Monate, Jan 10 Jahre und 6 Monate. An sich war für die Aufnahme in die Akademie ein Alter von 14 Jahren vorgeschrieben: Aber bei so vornehmen Sprößlingen drückte man ein Auge zu und rechnete ihnen auch wahrscheinlich den in Żółkiew genossenen Hausunterricht an. Bei der Immatrikulation hatten die beiden Sobieski-Söhne, wie alle anderen Zöglinge auch, einen Eid ablegen müssen, der, bedenkt man das sehr jugendliche Alter der »Studenten«, ebenfalls ein interessantes Licht auf die Zustände und das Temperament der jugendlichen polnischen Herren wirft. Nach den üblichen Eingangsfloskeln über Gehorsam dem Rektor gegenüber und dem Versprechen, den Ruhm der Akademie zu vermehren, heißt es dort: »Ich N. schwöre, daß ich ein Unrecht, das mir angetan wurde, nicht auf

diese Weise rächen werde, daß ich den Gegner verwunde oder verunstalte oder ihn mit der Waffe überfalle, sondern daß ich mich in dieser Angelegenheit zum Rektor begeben werde; desgleichen, daß ich nicht die Lehren des verdammten Gotteslästerers Hus noch seiner Nachfolger noch anderer verdammter und wieder neu auftauchender gotteslästerlicher Lehren bekennen werde. Dazu verhelfe mir Gott und dieses Sein hl. Evangelium.«
Der Umgang mit der »Szabelka« von Kindesbeinen an war den Halbwüchsigen anscheinend schon so zur Gewohnheit geworden, daß ihnen der Säbel so locker in der Scheide saß, daß man ihnen einen Eid abnehmen mußte, nicht mit der Waffe auf die Schulkollegen loszugehen.
Und die große Besorgnis wegen der Häretiker! Man muß sich vergegenwärtigen, daß es die Zeit der Gegenreformation war und die Jesuiten um jede Seele kämpften, um nur ja nicht wieder an Terrain zu verlieren.
Die Sobieskis waren zwar gute und treue Katholiken, aber keine Fanatiker, hatten sie doch in ihrer Familie, was nicht zu leugnen war, selbst zahlreiche Häretiker gehabt, Protestanten, wie die Firlej und vor allem die Herburt, und Griechisch-Orthodoxe bei den Żółkiewskis. In Krakau jedoch versuchte man, die Schuljugend zu fanatisieren; Niederschläge davon werden wir später auch bei Marek und Jan finden.
Fünf Jahre, bis zum Sommer 1645, verblieben die Sobieski-Söhne an der Akademie, und alles verlief so, wie von Herrn Jakub geplant, vorausberechnet und verlangt.
Marek und Jan durften nach dem Eingangsexamen die Klasse der »Grammatik« überspringen und kamen gleich in die »Poetik«. Die Zahl der Schüler betrug damals an der Akademie 1046, im darauffolgenden Jahr sogar 1154. In der Klasse der Poetik dürften sich etwa 300 befunden haben. Unsere beiden Wojewodensöhne genossen, wie auch einige andere wohlgeborene Söhne aus adeligem Hause, das Vorrecht, in Schulbänken mit Armlehnen und Pulten sitzen zu dürfen, während die »pauperi« und »mendicantes«, also die »Armen« und »Bettelnden« der Mitschüler, sich wie eine Hühnerschar auf quer durch den Klassenraum gelegten Balken

zusammendrängten, auf den Knien vor sich die Hefte, in die sie die Aufgaben oder Übungen schrieben.

Der Unterricht dauerte von sieben Uhr früh bis halb zehn und von vierzehn bis siebzehn Uhr nachmittags. Es wurden die Aeneis von Vergil gelesen, die Oden des Horaz, die Satiren des Persius Flaccus. Man übersetzte den Claudius; außerdem wurde ein bißchen Geschichte und Arithmetik unterrichtet, und die Schüler mußten sich darin üben, Gedichte in polnischer und lateinischer Sprache zu verfassen.

Jeden Samstag fanden Prüfungen über den während der Woche durchgenommenen Lehrstoff statt. Der Katechismus und die zehn Gebote wurden während des Religionsunterrichtes erklärt und anschließend auswendig gelernt.

In den Jahren 1641/42 sowie 1642/43 durchliefen Marek und Jan die Rhetorik-Klasse, in der sich noch immer ungefähr 220 Schüler befanden, die nun bereits alle in Bänken saßen. Anschließend folgte die Dialektık-Klasse, in der sie nur mehr 70 Mitschüler hatten, die nun schon alle gleichberechtigt waren. Der Unterricht in diesen Klassen dauerte viereinhalb Stunden, und der Unterrichtsstoff umfaßte: Cicero, Lukians »Pharsalia«, Geschichte, meistens nach Justinus, etwas Geographie, Rhetorik, die Grundsätze der Dialektik, das Alte Testament, Computus Ecclesiasticus und sehr viele Übungen in lateinischer und polnischer Sprache. Herr Jakub hatte übrigens in seiner Instruktion auch genau angegeben, welche Fächer er für notwendig, welche für entbehrlich oder gar schädlich erachtete. So hatte er großen Wert auf »die politior Literatur, das heißt den täglichen stilus oratorius gelegt, auf die historici, moralis philosophia«. »Dialektik wünsche ich, daß sie nur so viel davon hören, als sie zur Rhetorik brauchen; nachher auch Physik, man soll ihnen aus dem Compendium des Jacobi Carpentarii vorlesen. Mit Logik und Metaphysik sollen sie sich nicht einlassen, das will ich absolut nicht; denn diese Lehren sind hominum otiosorum, oder nur für solche, die Theologie studieren, aber meine Söhne muß man ad capessendam Rempublicam üben. Später werden sie auch die iurisprudentia brauchen, auch die mathesis.«

Sicher haben diejenigen recht,[38] die behaupten, daß die Summe des

Wissens, das man aus solch einem Unterricht ziehen konnte, nicht sehr bedeutend war. Immerhin lernten die Jungen, sich fließend und mit rhetorischer Ambition in ihrer Muttersprache und in Latein auszudrücken, und das war gewiß von Bedeutung für ihr späteres Leben.

Es ist überliefert, daß sowohl Marek als auch Jan in der Kirche, da sie ja Mitglieder der Bruderschaft der Unbefleckten Empfängnis Mariens waren, an ihre Mitschüler Ansprachen richteten. Und als die Akademie aus ihrem alten Gebäude in das neue, noch heute bestehende neben der St.-Annen-Kirche umzog, es war an einem 2. Juni im Jahre 1643, da hielt Marek eine lange lateinische Dankesrede an König Władysław – der allerdings nicht persönlich anwesend war – ausgeschmückt mit vielen Zitaten klassischer Autoren; Herr Jakub hätte seine Freude daran gehabt. Jan, natürlich auch bei dieser Gelegenheit wieder an zweiter und unbedeutenderer Stelle, durfte den Anwesenden dafür danken, daß sie so zahlreich erschienen waren.[39]

Hielten die vornehmen Schüler Dankesreden an den König, die Professoren, die Gäste und Mitschüler, so schrieben die Professoren wiederum panegyrische Gedichte für ihre wohlgeborenen Schüler, widmeten ihnen manchmal sogar wissenschaftliche Abhandlungen, wahrscheinlich als Dank für die im Namen ihrer Eltern überreichten »Portugale« (Goldmünzen) und vergoldeten Silberkannen sowie für den freien Mittagstisch, Bier, Wein und andere gute Dinge mehr.

Schon im zweiten Schuljahr, 1642, überreichte Jan Cynerski, Redner und Poet, unserem Jan eine Moralabhandlung unter dem Titel »Der Lieblingsjünger Christi«, was eine Anspielung auf den Namen Jan = Johannes und eine Aufmerksamkeit zum Namenstag war. Im Vorwort werden aber nicht nur Jans, sondern auch Mareks Tugenden und hohen Gaben gepriesen; übrigens wird hier Marek bereits als Starost von Krasnystaw tituliert, wenig später Jan als Starost von Jaworów. 1643 erhielt Marek von dem Akademiker Jan St. Jakszan ein panegyrisches Gedicht, betitelt »Der Helikon des jungen Sarmatien«.[40]

Natürlich ging auch der Wohlgeborene Herr Wojewode Jakub

Sobieski nicht leer aus, denn schließlich war er ja der Spender aller guten Dinge. Der in den Instruktionen ein paarmal genannte Pfarrer Opatovius dedizierte ihm im Jahre 1644 ein theologisches Werk. Im gleichen Jahr widmete Andrzej Abrek von der berühmten Zamoyski-Akademie in Zamość dem Starosten von Krasnystaw, Marek, und dem Starosten von Jaworów, Jan, eine panegyrische Schrift unter dem Titel »Der Tag des 10. Oktober oder Ein Denkmal des Heldentums und des Ruhmes der Krone Polens«. Sie war den Söhnen des Mannes gewidmet, der an jenem denkwürdigen Sonntag im Jahre 1621 allen Widrigkeiten zum Trotz und unerschrocken vor der Übermacht der Türken, es fertigbrachte, die Osmanen zu einem günstigen Waffenstillstandsvertrag bei Chocim zu bewegen, und das war niemand anderer gewesen als Herr Jakub Sobieski!

Obwohl Marek der ernstere, gesetztere von den beiden Brüdern war, der anscheinend sogar einen Anflug von Genialität besaß, weiß man verhältnismäßig wenig über ihn, während über Jan sogar schon aus der Schulzeit einige Anekdoten überliefert sind, wahrscheinlich deshalb, weil er der beweglichere, lebhaftere, der lautere war. Bildhübsch, hochaufgeschossen, mit ganz besonderem Charme von der Natur ausgestattet, gewann er sich die Herzen seiner Mitmenschen im Nu. Es wird erzählt, daß einmal der dazumal berühmte Mathematikprofessor, Mikołaj Żórawski, in den Anblick der »martialischen« Gesichtszüge seines Schülers Jan versunken, ausgerufen haben soll: »Aut rex aut prorex!«, was zu deutsch heißt: »Entweder wird er einmal König oder Vizekönig!« Natürlich werden solche Ausbrüche der Bewunderung unserem eitlen Jan schon damals geschmeichelt und seinem immer wieder auf den zweiten Platz zurückgesetzten Ehrgeiz wohlgetan haben.

Aber es spricht für sein gutes Herz, daß sein ausgesprochener Lieblingsprofessor der etwas unbeholfene Pfarrer Dąbrowski war, Professor für Rhetorik, zeitweilig auch Rektor der Akademie. Da ist folgende hübsche Geschichte überliefert: Einmal fiel dem hochwürdigen Herrn Professor Dąbrowski während des Rhetorik-Unterrichts das Barett vom Kopf, worauf die Klasse in brüllendes Gelächter ausbrach. Jan warf den schadenfrohen Mitschülern einen

so drohenden Blick zu, daß sie verstummten; dann beugte er sich rasch nieder, hob das Barett auf und überreichte es mit seinem bezaubernden Lächeln dem verwirrten Rhetorik-Professor, worauf dieser angeblich derart gerührt war, daß er in die prophetischen Worte ausbrach: »Non moriar, donec videro diadema in capite tuo!«, was zu deutsch heißt: »Ich werde nicht sterben, ehe ich nicht die Krone auf deinem Haupte gesehen haben werde!«[41] Angeblich soll Jan, als er schon längst König war und 1683 von Krakau aus zum Entsatz Wiens aufbrach, seinen inzwischen uralten, in einer Zelle des Kollegiums lebenden Rhetorik-Professor Dąbrowski besucht haben, der voller Rührung seinen ehemaligen Schüler gesegnet und ihm den Sieg über die Türken vor Wien vorausgesagt haben soll, allerdings auch, daß er selbst am Tage des Sieges sterben werde, was auch tatsächlich eingetroffen sein soll.[42]
Während Marek und Jan in Krakau die Schule besuchten und ihre Köpfe mit Latein, Deutsch, Türkisch, Rhetorik, Dialektik etc. vollstopften, ging auch das Leben in Żółkiew weiter. 1641 gebar Theophila Sobieska ihren letzten Sohn Staś, der bald starb.
So waren jetzt nur die beiden Töchter, Katarzyna, 1634 geboren, und die um zwei Jahre jüngere Anna, bei ihr, denn die unmittelbar nach Jan geborene Zofia war ebenfalls im zartesten Kindesalter verstorben.
Herr Jakub, der sich bereits dem fünfundfünfzigsten Lebensjahr näherte, der, wie sein Vater Marek, sehr korpulent geworden war, dessen Haar bereits ergraute, verwaltete nach wie vor seine Latifundien, schickte Getreide und Holz auf dem Flußweg nach Danzig, ließ sein Vieh zum Verkauf nach Schlesien treiben, kümmerte sich um alles und war eifrig bemüht, seinen Besitz zu mehren, der durch die Erbschaft nach dem Tod des Schwagers Stanisław ohnedies schon zu einem der bedeutendsten in Polen gehörte.

5
Die Stellung der Familie Sobieski

Durch den Tod des Bruders war an Theophila und damit an Jakub das Vermögen des Krongroßhetmans und Wojewoden von Kijew, Stanisław Żółkiewski, gefallen, das neben dem Stammsitz Żółkiew eine Herrschaft von über 50 Dörfern und Ortschaften umfaßte, mit einer Gesamtoberfläche von gut 1000 Quadratkilometern; dazu noch jenseits des Dnjepr das Gut Boryspol südöstlich von Kijew, das ungefähr 700 km² umfaßte, dazu noch zweitausend Bauernwirtschaften sowie eine Menge kleinerer Güter in Rotreußen (Russia Rubra) und in der Gegend von Bracław. Zusätzlich zu seinen eigenen ererbten Gütern hatte Herr Jakub noch in Podolien das von den Tataren arg verwüstete Städtchen Pomorzany und die dazu gehörende Herrschaft mitsamt 14 Dörfern erworben. Die Grundlage des Sobieski-Besitzes waren jedoch die ruthenischen Güter, die insgesamt acht Städtchen, über 150 Dörfer und an die 30 000 leibeigene Bauern und Städter umfaßten.

Vorwerke hatte Herr Jakub hier verhältnismäßig wenige, da der größte Teil des Bodens den Bauern zur Nutznießung überlassen war. Auf einem Vorwerk arbeiteten durchschnittlich fünf bis sechs Personen, vor allem Hirten. Die meisten Vorwerke betrieben Viehzucht. Da jedoch die Erde hier fett, schwarz und fruchtbar war, spielte auch der Getreideanbau eine immer größere Rolle, der hier hohe Ernteerträgnisse verhieß. Die Nähe des Bug, der nur 40 km von Żółkiew entfernt vorbeifloß, ermöglichte den Transport auf dem Wasserwege nach Danzig.

Fleisch und Speck wurden in Złoczów meistens an armenische Händler verkauft; ganze Viehherden oftmals auf dem Landwege bis nach Schlesien getrieben.

Während die Magnaten – meistens Polen, denn sie stellten in diesen entlegenen östlichen Grenzgebieten zum größten Teil die Herrenschicht – auf ihren feudalen Gütern und ihren hochherrschaftlichen Burgen und Schlössern in verschwenderischem Überfluß und Luxus hausten, lebten die Tagelöhner und das Gesinde meistens in kleinen Holzhäuschen mit zwei oder vier Wohnungen darin, deshalb »dwojaki« bzw. »czworaki« genannt.

Die Entlohnung bestand in einem kleinen Entgelt in Form von Geld, das vor allem für den Ankauf von Kleidern gedacht war. Da aber auch damals schon die Preise ständig stiegen und das Geld rar war, zahlten sehr häufig die Herrschaften ihren Tagelöhnern in Naturalien den Lohn aus. So gab es Leinen für Hemden, Tuch für Anzüge, Strümpfe, die damals gerade in Mode kamen, Mützen, Pelze und Stiefel.

Den Hauptanteil stellten natürlich die Lebensmittel dar: Mehl, Brot, Grütze, die »kasza«, Bohnen, Bier, Gemüse, Fische, ab und zu Fleisch, Eier und Butter.

Von der Gutsherrschaft wurden auch der Arzt und der Henker bezahlt; letzterer weniger zum Henken von Delinquenten als zum Knochen»brechen«, also zum Einrenken von Knochenbrüchen und Verstauchungen. Die Herrschaft trug auch die Kosten für Arzneien, Beerdigungen und Hochzeiten.

Die leibeigenen Bauern auf den Gütern der Familie Sobieski bestritten ihren Lebensunterhalt zu 80 Prozent vom Ackerbau, außerdem durch Viehzucht, Fischfang und Imkerei. Überdies übten die meisten zusätzlich noch ein Handwerk aus. Die rotreußischen Bauern waren verhältnismäßig wohlhabend, denn sie hatten das Nutzrecht von einer halben bis zu einer ganzen Hufe Ackerbodens; sie durften auch eigene Viehherden halten. Doch schon zu Lebzeiten Herrn Jakubs wurde die Anzahl der größeren Bauernhöfe immer kleiner, dafür gab es immer mehr landlose Tagelöhner und Häusler. Dieser Umstand wirkte sich für die Latifundienbesitzer äußerst günstig aus, gewannen sie dadurch doch noch mehr billige Arbeitskräfte für den Frondienst. Und so wuchs ihr Reichtum, während die Armen noch ärmer wurden.

Im allgemeinen waren die Bauern zu drei bis vier Tagen Frondienst in der Woche verpflichtet. Darüber hinaus hatten sie Abgaben in

Naturalien, eine Herdsteuer zugunsten des Staates und die Kirchensteuer zu entrichten.
Die Leibeigenen mußten ihr Getreide in den herrschaftlichen Mühlen mahlen – die Sobieskis besaßen davon über zehn – sowie den Schnaps in den Schenken, die ebenfalls der Gutsherrschaft gehörten, konsumieren, was auch wieder große Erträgnisse brachte, denn die Polen tranken auch damals schon gerne über den Durst.
Herr Jakub besaß überdies in seiner Herrschaft Złoczów vierzig Fischteiche, fast ebenso viele in Pomorzany, und diese Fischzucht warf große Einnahmen ab. Alle Arbeiten an den Teichen, wie das Säubern, das Ablassen des Wassers, das Aufschütten von Dämmen usw., mußten die Leibeigenen im Frondienst verrichten. Die Fische wurden dann nach Lemberg an die Kaufleute verkauft, und diese verteilten sie wiederum an die Händler in ganz Rotreußen und Podolien. Die Weihnachtskarpfen in jenen Landstrichen kamen also fast ausschließlich aus den Teichen des Herrn Wojewoden von Reußen bzw. der Rus, denn diese Würde hatte Herr Jakub im Jahre 1641 erlangt, während er schon 1638 Wojewode von Bełs geworden war. Riesige Gewinne warf auch die Forstwirtschaft ab, denn die Wälder waren unendlich. Das Holzfällen besorgten ebenfalls leibeigene Bauern. Die schönsten hochgewachsenen Stämme wurden über Bug und Weichsel nach Danzig geflößt, wo sie besonders gern von Holländern, Engländern und Franzosen für den Schiffsbau gekauft wurden.
Ausgedehnte Obst- und Gemüsegärten sowie die Bienenzucht brachten Herrn Jakub noch stets gern eingestrichene zusätzliche Gewinne.
Herr Jakub war ein umsichtiger und sparsamer Hauswirt und Gutsherr. Als er das fast völlig zerstörte Pomorzany kaufte, baute er das Städtchen in kurzer Zeit wieder auf, und zwar holte er sich dazu alte Veteranen vom Chocimer Krieg und siedelte sie in den umliegenden Dörfern an. Indem er ihnen besondere Freiheiten und Vergünstigungen bot, zogen bald aus ganz Polen Bauern und Siedler auf seine Besitzungen. Durch diese ließ er große Obstplantagen anlegen. Dann erbaute er das Schloß Złoczów.

Als er aber Żółkiew erbte, befolgte er nicht nur getreu das Testament des alten Hetmans und hielt alles in Ordnung, sondern er fügte dem massiven Bau vier Ecktürme hinzu, die berühmten mit den vergoldeten Dächern, wobei man nicht weiß, wer diese Dächer vergolden ließ. Solch eine Verschwendung sähe eher dem fast orientalisch prunkliebenden späteren Jan III. ähnlich. Herr Jakub war indessen auch, ähnlich wie seine Schwiegermutter Sophia, um die Bildung seiner Untertanen besorgt, und so gründete er in Pomorzany die erste Schule.

Dank seiner Energie, Umsicht und Wirtschaftlichkeit blühten die verwüsteten Gebiete im Verlauf von nur zehn Jahren auf und waren nicht wiederzuerkennen.

Dieser beachtliche Reichtum hob nicht nur Herrn Jakubs materielles Ansehen unter den Magnaten, zu denen er sich nun selbst zählen durfte, sondern auch der König mußte dem politisch einflußreichen Manne Rechnung tragen.

Der bis dato viermal zum Marschall der Landbotenstube gewählte Herr Jakub Sobieski hatte fortan nicht mehr seinen Platz im Sejm unter den Herren Brüdern der Szlachta, sondern im Senat unter den Herren Senatoren, den Magnaten und allerhöchsten Würdenträgern des Staates.[43]

Wiewohl Jakub eigentlich erst seit seiner Generation zu den Magnaten gehörte und er sein rasches Avancement vor allem der Gunst Władysławs IV. verdankte, wiewohl er keineswegs zu dessen kritiklosen Anhängern gehörte, zog ihn der König dennoch gerade zu vielen sehr wichtigen und schwierigen Aufgaben heran, sich auf die Diplomatie und Erfahrenheit Sobieskis verlassend.

Dazu gehörte zweifellos die Reise nach Wien im Jahre 1638. Władysław IV. hatte am 9. August 1637 seine Cousine Cäcilie Renate, Tochter Ferdinands II. und Schwester Ferdinands III., geheiratet, getreu der Tradition seines Vaters Zygmunt III., nur Habsburgerinnen zu ehelichen. Cäcilie Renate war eine für ihre Zeit hochgebildete junge Dame, die die polnischen Brautwerber – 2000 Mann unter der Führung von Władysławs Stiefbruder, Jan Kazimierz, der die Braut per procuram in der Augustinerkirche zu

Wien angetraut bekam – durch ihre hervorragenden lateinischen Sprachkenntnisse und ihre Gewandtheit, sich darin auszudrücken, in Verwunderung und Bewunderung versetzte.
König Władysław hatte gehofft, durch diese Ehe, die noch ein polnisch-österreichisches Bündnis besiegelte, eines Tages wieder die schwedische Königskrone zurückzugewinnen.
Frankreich hatte mit allen Mitteln versucht, dieses Bündnis zu hintertreiben und Władysław mit großen Gebietsgewinnen in Schlesien für sich zu ködern, doch war der junge Wasa der Habsburg-freundlichen Politik seines Vaters treugeblieben, und die meisten Magnaten unterstützten ihn auch darin. Jakub Sobieski allerdings, geprägt durch die Freundschaft seines Vaters Marek mit Jan Zamoyski, der gegen Österreich war, und auch durch die Moskau-orientierte Einstellung des Hetmans Stanisław Żółkiewski, stand eher auf seiten der polnischen Szlachta, die panische Angst vor dem österreichisch-habsburgischen Absolutismus hatte und fürchtete, ihr König könnte sich daran »infizieren« und auch eines Tages am »absolutum dominium« Geschmack gewinnen, was natürlich ihre eigene »goldene Freiheit« eingeschränkt hätte.
Als Władysław im Sejm 1638, weil er eine Hofpartei »Die Ritterschaft des Ordens der Unbefleckten Empfängnis« gründen wollte, heftig angegriffen wurde, verteidigte Jakub Sobieski nur sehr lahm seinen König. Trotzdem bat ihn dieser kurze Zeit darauf, nämlich im August dieses Jahres, ihn und Cäcilie Renate auf ihrer Reise nach Österreich zu begleiten.
Der Zweck dieser Reise, die mit großem Gefolge stattfand, war ein hochpolitischer: nach außen jedoch war sie als harmlose Badereise zur Kur nach Baden bei Wien getarnt.
In Wirklichkeit wollte Władysław mit seinem Vetter und zugleich Schwager, Kaiser Ferdinand III., unter vier Augen sprechen.
Am 22. Oktober kam es zu der von Władysław so heiß ersehnten und mit großen Hoffnungen verbundenen Begegnung, zwar nicht in der Kaiserstadt, sondern bei Nickolsdorf; doch hier erfolgte sogleich die zweite und größere Enttäuschung. Die beiden gekrön-

ten Häupter trafen einander auf offenem Felde, noch dazu bei strömendem Regen. Der Kaiser lud zwar seinen königlichen Vetter und Schwager freundlich zur Weiterfahrt in seine Kutsche ein, aber hier erfolgte die dritte und schmerzlichste Enttäuschung: der Kaiser überließ dem Gast nicht den Ehrenplatz rechterhand, sondern nahm diesen seelenruhig für sich in Anspruch; sein Vetter war ihm, dem Kaiser, nicht ranggleich: er war ja nur ein Wahlkönig.

Jakub Sobieski notierte: »Der König fühlte sich diese Nacht nicht wohl wegen seiner Steine, aber wahrscheinlich auch wegen der Melancholie darüber, daß der Kaiser ihm, dem Gast, in seinem Lande die rechte Hand verweigert hatte, so daß er wie der erste beste dastand, kein bißchen königlich.«

In einer ähnlichen Situation wird sich Jan im Jahre 1683 befinden, nämlich in Schwechat bei Wien; ebenfalls auf freiem Felde – nur daß es diesmal nicht regnete.

Es ist anzunehmen, daß Jakub Sobieski zu Hause in Żółkiew im Familienkreise mit allen Details die Reise nach Wien geschildert und sicher auch keinen Hehl aus seiner Empörung über die »schlechte« Behandlung König Władysławs durch Kaiser Ferdinand gemacht hat, was das empfängliche und lebhafte Gemüt Jans gewiß registrierte und speicherte.

Verärgert kehrte Władysław nach Polen zurück, denn ihm war klargeworden, daß der Kaiser nicht daran dachte, seine schwedischen Kronansprüche mit Waffenhilfe zu unterstützen, wohl aber weiterhin mit seiner Neutralität im (Dreißigjährigen) Krieg rechnete und auf seine Mitwirkung an dem für später geplanten »Kreuzzug« gegen die Türken hoffte. Władysław war so sehr Sohn seines Vaters, daß er selbst sogar für diese Idee weitreichende Pläne entwickelte.

Die Wien-Reise hatte aber nicht nur den König enttäuscht. Beleidigt fühlten sich auch die adeligen polnischen Herren mit ihrem so leicht verletzlichen Ehrgefühl durch den »Hochmut« des Kaisers und der Kaiserin; letztere hatte nicht einmal geruht, mit einem Kopfnicken oder Handaufheben für die ihr dargebrachten ehrfürchtigen Verbeugungen zu danken! Dieses Verhalten forderte

Vergleiche mit dem eigenen König heraus, der sich viel höflicher gegen seine Polen benahm, »der immer vor uns und unseren Damen den Hut zog«, notierte Jakub Sobieski und unterließ es nicht, in der Folge davon zu berichten, mit wieviel Neid die österreichischen Würdenträger auf ihre polnischen Standesgenossen blickten, als sie sahen, mit welcher Hochachtung der von ihrem Kaiser so von oben herab behandelte »Wahlkönig« seine eigenen Senatoren behandelte. Herr Jakub bezeichnete denn auch die österreichischen Würdenträger schlicht und einfach als »Sklaven«. Wie wohl muß es den, so gern als »edel« apostrophierten, polnischen Herzen getan haben, sich mit eigenen Augen überzeugt zu haben, wie himmelhoch die polnische Adelsrepublik über diesem kaiserlichen Absolutismus stand. Dieses Gefühl der Überlegenheit hob noch das polnische Selbstbewußtsein und schmeichelte dem eigenen Hochmut, der hüben wie drüben nur zu oft zu Überheblichkeit verführte.

Diese Wiener Reise hatte sich noch zu der Zeit abgespielt, als Marek und Jan zu Hause in Żółkiew weilten, und man darf als sicher annehmen, daß sie begierig den Erzählungen des Vaters über jenes große Ereignis lauschten und unbewußt seine Sympathien und Antipathien übernahmen und zu ihren eigenen machten.

Das Urteil der Familie hatte ein größeres Gewicht als alle Tribunalgerichte, Landtage und Reichstage zusammen. Ein »infamis«, also ein Geächteter, konnte es eher wagen, der Öffentlichkeit zu trotzen und mit ihr sein Spiel zu treiben, als die Schwelle seines anständigen Vaterhauses zu überschreiten. Hier war seinem Übermut Halt geboten. Leichter konnte ein Mann zweifelhaften Charakters im öffentlichen Leben eine Rolle spielen, als sich an einem anständigen Herd niederzulassen; es war sogar für einen solchen eher möglich, ein öffentliches Amt zu erlangen, als in eine gute und reputierte Familie einzuheiraten.

Jakub Sobieski, der einen untadeligen Ruf besaß, konnte deshalb gleich zweimal Gattinnen aus den hervorragendsten Familien ehelichen.

Wenn das einzige und entscheidende Kriterium der Sittenkultur die Stellung der Frau wäre, dann gebührte dem adeligen Polen wahrscheinlich in dieser Hinsicht die erste Stelle unter den Völkern.[44]

Marek und Jan drückten inzwischen in Krakau weiterhin die Schulbank, bildeten ihren Geist, übten sich in schöner und geschliffener Rede, nahmen an Gottesdiensten teil, gelegentlich wohl auch zusammen mit anderen Scholaren an Ausschreitungen gegen protestantische Gotteshäuser – die Gegenreformation war ja in vollem Gange, und die Jesuiten versuchten, die Jugend zu fanatisieren; Jakub Sobieski verwaltete seine Latifundien, schickte Getreide und Holz auf Schaluppen nach Danzig, Viehherden auf dem Landwege nach Schlesien, er verkaufte und kaufte und hortete in den Gewölben seiner Keller in Tönnchen das Gold, damit es seinen Söhnen in Zukunft an nichts mangele; er selbst hatte an Leibesfülle zugenommen und fühlte sich nicht mehr recht gesund; der verwitwete König hingegen hielt Ausschau nach einer neuen Frau.

Es wäre wohl das Naheliegendste gewesen, sich abermals eine Habsburgerin zu holen; das geschah jedoch nicht. Vielleicht saßen die Enttäuschung und der Groll von der letzten Wiener Reise noch immer als Stachel in Władysławs Herzen.

Seine Gedanken nahmen eine andere Richtung. Seine neunzehnjährige Cousine Christine, Tochter des 1632 bei Lützen in der Schlacht gefallenen Königs Gustav Adolf von Schweden, eine hochgebildete junge Dame, hatte freimütig erklärt, die Ehe sei »das beste Heilmittel gegen die Liebe« und ihrem polnischen wahlköniglichen Vetter einen Korb gegeben. Ein Seufzer der Erleichterung entrang sich der Brust Richelieus und bald auch Mazarins, als König Władysławs Auge auf dem ihm zur Ansicht übersandten Bildnis der reichen Louise Marie Gonzaga-Mantua Herzogin von Nevèrs länger zu verweilen geruhte und dann seine Brautwerber nach Nevèrs aufbrachen.

Diese Louise Marie Gonzaga hatte nämlich durch ihre diversen Affären immer wieder für Aufregungen gesorgt. Als Neunzehnjährige hätte sie um ein Haar Gaston von Orléans, den Bruder des Königs, dazu gebracht, sie zu heiraten. Nachher kam diese unmögliche Affäre mit dem um zehn Jahre jüngeren, überaus feschen Cinq-Mars; und dann die Amouren mit Condé! Man würde Gott auf Knien danken, wenn es gelang, diese unmögliche und höchst unbequeme Dame unter eine standesgemäße Haube zu bringen, am besten möglichst weit weg von Frankreich. Polen lag, Gott sei Dank, schon fast außerhalb der Welt.

Louise Marie, der recht stürmischen Familie Gonzaga-Mantua entstammend, lebte als Herzogin von Nevèrs in Frankreich und unterhielt rege Beziehungen zu den hervorragendsten Astrologen ihrer Zeit. Und aus den Sternen wußte sie, daß ihr eine Krone verheißen war.

Am 27. September 1645 wurde der Ehekontrakt unterzeichnet, und am 5. November fand in Paris die Hochzeit per procuram statt; den polnischen König vertrat dabei der Wojewode von Posen, Krzysztof Opalinski. Am 27. November trat die neue Königin mit ihrer Begleitung den weiten Weg nach Polen an. Die Königinmutter, Anna von Österreich, begleitete höchstpersönlich Louise Marie, die sie »comme sa fille« verheiratet hatte, zusammen mit ihrem Sohn, dem kleinen König, Ludwig XIV., der später einmal eine so große Rolle in der Politik Europas und auch Polens spielen sollte, von Paris bis St. Denis. Zu beiden Seiten der Chaussee drängten sich neugierige Menschenmassen, die den glänzenden Hochzeitszug staunend begafften. Die polnischen Reiter waren aber auch gar zu prächtig anzusehen. Ihre Pferde hatten rotgefärbte Mähnen, die Sättel strotzten von Gold und edlen Steinen, die Gewänder der gutaussehenden Männer waren farbenprächtig und kostbar, durch und durch exotisch aber wirkten die glattrasierten Köpfe, die nur am Scheitel einen Haarschopf aufwiesen.

Die Reise ging langsam und gemächlich vonstatten; sie dauerte fast vier Monate. Man ließ sich Zeit.

6

Die Kavalierstour

Und dieser Umstand kam sicher dem vielbeschäftigten Herrn Jakub Sobieski sehr gelegen, denn er war eben dabei, seine beiden Söhne, Marek und Jan, auf ihre Auslandsreise vorzubereiten. Die Schulzeit in Krakau ging zu Ende. Dort hatten sie gelernt, was es dort zu lernen gab. Nun sollten sie im Ausland ihren Horizont erweitern und aus praktischer Anschauung fremde Länder und Menschen kennenlernen.

Abermals setzte sich Herr Jakub an seinen Schreibtisch und verfaßte eigenhändig: »Instruktion meinen Söhnen für Paris«.[45] Diese Instruktion gibt mit ihren Warnungen, Befehlen, Beschwörungen, Hinweisen und Ratschlägen einen so tiefen Einblick in die damaligen Verhältnisse Europas, daß die wichtigsten Punkte hier wenigstens kurz zusammengefaßt werden sollen.

»Meine lieben Söhne«, beginnt Herr Jakub, »jeder von Euch wird ein Buch in Folio mit blankem Papier mitbekommen, in das Ihr alle Wege Eurer Peregrination einschreiben werdet, und zwar vom Tag Eurer Abreise an bis zur Heimkehr, so Gott will, nach Hause. Ihr werdet in diesem Büchlein die Notabilia in den Städten und Königreichen notieren, in denen Ihr Euch gerade befindet, was immer geschieht, wo Ihr Euch befindet, mit einem Wort Eure ganze Peregrination, auch die distantias locorum und Eure Wege, wo immer Ihr sein werdet, so wie ich es auch tat, vor allem werdet Ihr Euch die Könige, Monarchen und unabhängigen Fürsten notieren, die Ihr sehen werdet, die ingenia, qualitates, Principum et procerum aulae, auch den Status eines jeden Hofes, an dem Ihr weilen werdet; wenn Ihr durch Städte reitet, fragt, wessen Stadt diese sei, sub cuius regimine, welche praesidia (Besatzungen) und was für municia (Festungswerke) sie haben. Merkt Euch, was für eine Lage sie haben, schreibt alles in Eurem Büchlein auf.«

Schon aus diesen ersten Sätzen der Instruktion ist zu ersehen, worauf es Herrn Jakub bei der »Peregrination«, also der Kavalierstour, seiner Söhne vor allem ankam: sie sollten mit offenen Augen durch die fremden Länder und Städte reiten, sollten aus eigener Anschauung sich ein Bild über Land und Leute, Fortifikationen, Lage der Städte und Festungsanlagen, sogar über deren Besatzung und Bewaffnung machen.

»Jetzt ist es Winter«, fährt der Vater fort, »aber auch später werdet Ihr darauf achten, daß Ihr nicht übers Meer fahrt, wo es zu Lande möglich ist, wie es schon der alte Cato sagte. Jetzt werdet Ihr Euch zuerst nach Stettin begeben und von dort auf geradem Wege nach Frankreich über Lübeck, Hamburg etc., wie man eben heute während der unruhigen Zeiten nach Frankreich reist.«

Dieser Absatz bezieht sich auf die immer noch unruhigen Zeiten des Dreißigjährigen Krieges. Überall flammten andauernd Kämpfe auf, überall trieben sich marodierende Soldaten und Landsknechte herum, aber auch reguläre Truppen konnten einem plötzlich gegenüberstehen. Daß Wegelager und Räuberbanden die Lande unsicher machten, versteht sich von selbst. Deshalb führte jeder Reisende Waffen mit sich.

»Wenn Ihr, so Gott will, in Paris angekommen seid, wünsche ich, daß Ihr dort bleibt und Euch eine Herberge in der Nähe der Universität sucht. Und zwar deshalb, weil es dort ruhig ist und es dort nicht so viele Polen und Ausländer gibt wie sonst überall; vor allem in der Vorstadt St. Germani, wo sich jetzt am meisten Polen und Ausländer aufhalten, sollt Ihr Euch nicht aufhalten.« Auch »alavile« (was »à la ville« heißen soll) »solltet Ihr Euch nicht aufhalten, da dort am meisten Höflinge und Herren sind, mit denen Ihr, solange Ihr die französische Sprache noch nicht erlernt habt, unmöglich Conversation führen könnt, denn sie contemnunt (verachten) die lateinische Sprache, und selbst wenn sie diese beherrschen, so contemnunt sie diese dennoch und schämen sich, sie zu sprechen. Und deshalb wünsche ich nicht, daß Ihr, bevor Ihr nicht die französische Sprache geübt habt, Bekanntschaften bei Hofe sucht; aus diesem Grunde habe ich mich auch zurückgehalten, den König um Briefe für Euch an den König und die Königin intercessiales et commendatitias zu erbitten, nur einen Generalpaß habe ich für Euch erwirkt. Es wird noch genügend Zeit wegen der Briefe haben, sowohl von der Königin, unserer künftigen Herrin, als auch vom König, wenn ich, so Gott will, von Euch die Nachricht erhalte, daß Ihr nun halbwegs Konversation bei Hofe führen könntet. Und deshalb wünsche ich, daß Ihr, bevor Ihr nicht die französische Sprache richtig erlernt habt, nur von weitem den Hof beobachtet, das heißt, daß Ihr in die Kirchen geht, welche der König und die Königin besuchen, und wenn irgendwo ein publicus actus stattfindet oder irgendeine solenne Legation, oder ein Ballett, so sollt Ihr Euch das alles ansehen, was eben sehenswert ist.«

In manchen Biographien[46] liest man fälschlich, daß Marek und Jan bereits einigermaßen Französisch konnten, als sie nach Frankreich reisten. Das stimmt nicht, wie die Instruktion des Vaters eindeutig beweist. Weder in Krakau noch zu Hause in Żółkiew hatten die jungen Wojewodensöhne französischen Sprachunterricht erhalten. Es war ausdrücklich Herrn Jakubs Wille, daß sie diesen erst in Frankreich erhielten. Er, der selbst so lange in Frankreich geweilt hatte, der die Franzosen sehr gut kennengelernt hatte, versäumte nicht, seine Söhne auf gewisse nationale Eigenheiten dieses Volkes aufmerksam zu machen und sie eindringlichst davor zu warnen:

»Wegen der Conversation mit den Franzosen warne ich Euch als Vater und bitte Euch per omnia sacra, daß Ihr damit wie mit dem Feuer umgeht, wie sie dort sagen, denn es ist ein leichtsinniges Volk, wankelmütig, plerumque nicht aufmerksam, in der Conversation allzu redselig, es bleibt nicht bei Offerten, wenn es um die Sache geht; es ist nicht schwer bei denen, in einer Minute einer einzigen Stunde von Gnade zu Zorn zu kommen, die kleinste Sache, die keinen Schilling wert ist, beleidigt sie, jedes Wort fassen sie gleich als Ehrenbeleidigung auf, und sofort wollen sie dafür sterben und sich duellieren. Und was das Schlimmste ist, Alte und Junge sind sich da ganz gleich. Sich einem Duell nicht zu stellen, ist eines Cavaliers, der einen Degen an der Seite trägt, nicht würdig, sich jedoch zu stellen, bedeutet, mit seinem Halse zu spielen, denn dafür gibt es dort harte Strafen, und auch mit seinem Gewissen zu spielen, denn unsere Mutter, die heilige Kirche, exkommuniziert dafür; jemanden im Duell zu töten heißt, den Henkershänden nicht zu entgehen oder stracks in die weite Welt entfliehen zu müssen, Gott verhüte ein solches Unglück, denn was brächte solch ein Tod für einen Ruhm, nicht einmal ein kirchliches Begräbnis wird dafür in Frankreich gewährt. Am besten also, sich weitab von denen zu halten, sie weder contemnere (verachten), noch sich zu sehr mit ihnen anfreunden, denn sie vernarren sich rasch in einen Menschen, und im nächsten Augenblick lassen sie ihn wieder fallen. Verwünschen sollte man sie, nicht nur nicht ihren großen Flüchen, Schwüren und Gotteslästerungen zuhören. Ursache zum Streit mit ihnen findet sich sehr leicht, wegen der kleinsten Nichtigkeit. Am meisten muß man sich aber bei ihnen vor zweierlei in acht nehmen: vor dem Kartenspiel und dem Fechten. Deshalb rate ich Euch, die exercitium corporis im Fechten für Italien aufzuschieben; aber auch dort in Italien, wie überall, muß man sich vor ihnen hüten und jede unnötige Conversation vermeiden; wenn Ihr Euch mit zweien oder dreien vom Königshofe anfreundet, haltet mit ihnen familiaritatem (Freundschaft), doch traut keinem, wenn er auch noch so schön tut.«

Weit mehr noch als vor den Franzosen warnt Jakub Sobieski jedoch seine Söhne vor den eigenen polnischen Landsleuten: »Was aber die Conversation (den Verkehr) mit unseren Polen betrifft, so bitte ich Euch schon nicht nur um meiner väterlichen Liebe, sondern um Gottes willen, der Himmel und Erde erschaffen hat, ja, ich befehle und beschwöre Euch bei meinem väterlichen Segen, daß Ihr mit denen wie am vorsichtigsten seid, und ich bitte den Herrgott und werde ihn immer weiterhin bitten, daß wie am wenigsten Polen dort sein mögen, wo Ihr sein werdet, denn die Unseren lieben es ganz einfach, Streit zu suchen, und sie hetzen nur zu gerne einen gegen den anderen auf, verbreiten einer über den andern Gerüchte, jeder hängt dem anderen etwas an, einer verdirbt den anderen durch sein böses Beispiel, durch die schlechten Sitten, sie überreden einen zum Bösen, hetzen gern gegen Ältere auf, es ist nicht schade um sie; selten gibt sich einer von denen dort mit etwas Gutem ab. Und außerdem sind sie durch ihre polnische Sprache

sehr hinderlich für das Erlernen fremder Sprachen. Aber das soll nicht heißen, daß es nicht manchmal auch bescheidene und höfliche Jünglinge unter ihnen gibt, mit denen man ruhig verkehren kann.«
Und dann fügt Herr Jakub noch aus seinen eigenen Erfahrungen hinzu: »Ich bin auch sechs Jahre durch fremde Länder gezogen, überall waren Polen, aber ich muß gestehen, der Herrgott verzeihe mir die Sünde, daß es überall mehr schlechte als gute gab, mehr solche, über die man sich ärgern mußte, als daß man sich hätte freuen können; so wie ich sie dort als Taugenichtse kennenlernte, so waren sie auch hier, als ich sie in Polen wiedersah. Mit Guten aber, mit Bescheidenen und solchen, die ihre Zeit nicht unnütz vertrödeln, wünsche ich Euch Freundschaft und Umgang.«
Er empfiehlt ihnen nun einen jungen Polen, der sich in Paris aufhält und der fleißig sein soll. Aber sogleich folgt abermals die Warnung: »Ich warne Euch davor, daß sich unsere Polen beleidigt fühlen werden, wenn Ihr mit ihnen nicht Umgang pflegen werdet; sie werden Euch vor anderen Polen lächerlich machen, Euch hochmütig nennen, geizig, Jesuiten, Pennäler; beachtet das gar nicht, zeigt ihnen die Feige. So habe ich es gemacht; die damals so geredet haben, sind heute Dummköpfe in Polen, aber ich, Gott sei Dank, ein Mensch.«
Dieses »ein Mensch sein« bezieht sich gewiß darauf, daß Herr Jakub eine respektable gesellschaftliche Position in Polen, sowohl unter seinen Herren Brüdern der Szlachta als auch am Königshofe, einnahm. Und eine solche Position strebte er natürlich auch für seine Söhne in Zukunft an. Deshalb nochmals die Mahnung, unbedingt fleißig Fremdsprachen zu lernen: »Die wichtigste Frucht einer solchen Peregrination durch fremde Länder ist es: fremde Sprachen zu erlernen. Es ist die Zierde eines jeden polnischen Edelmannes und rühmenswert unter allen anderen lobenswerten Eigenschaften: Sprachen zu beherrschen. Und zwar nicht nur für einen jeden polnischen Edelmann, sondern für jeden hominis politici; das kommt einem sowohl am Königshofe als auch bei verschiedenen Legationen der Republik sehr zustatten; und wenn es selbst nichts anderes wäre als nur dieses, unter Fremden, von denen es in Polen wimmelt, nicht stumm dazusitzen und

ständig andere fragen zu müssen: Mein Herr, was hat der Mensch da gesagt? Allerdings verschiedene Sprachen können, und keine davon richtig, dann ist es schon besser, gar keine erst zu lernen.« Hier kommt eine typische Eigenschaft Herrn Jakubs zum Vorschein, nämlich seine Gründlichkeit, die ernste Arbeit, das Bemühen, eine Sache wirklich zu beherrschen, die er seinen Söhnen weitergeben wollte.

Herr Jakub, der nicht einfach etwas befahl, sondern der wollte, daß man auch verstehe, was er von jemandem forderte, begründete auch sogleich, warum es für Marek und Jan so wichtig sei, die französische Sprache an Ort und Stelle in Frankreich möglichst perfekt zu erlernen.

»Und da Ihr jetzt nach Frankreich fahrt, sollt Ihr wissen, daß so wie jetzt die Arma Gallica in Christianitate praecedunt, et Gallum fortuna, so auch die Gallica Lingua; in allen fremden Armeen und Heerlagern ist es jetzt voll von dieser Sprache; in den ganzen Niederlanden, in Spanien und Holland, alle sprechen dort diese Sprache. Sogar im Deutschen Reich, bei den Kurfürsten und den deutschen Fürsten und unter den Civitatibus Anseaticis ist sie so verbreitet, daß man sie in Deutschland so eifrig lernt wie bei uns in Polen Latein, und es gibt dort kaum einen Edelmann mehr, der nicht Französisch könnte. Sie haben sogar ihre eigene Sprache verunstaltet, indem sie Französisch darunter mischen. Aber auch durch unsere künftige Herrin wird unser polnischer Hof zur Hälfte französisch werden.«

Während Herr Jakub diese Instruktionen für seine Söhne niederschrieb und sie wohl auch immer wieder ihnen, die wahrscheinlich den Winter bereits zu Hause in Żółkiew verbrachten, einprägte, reiste Louise Marie Gonzaga, als Königin von Polen nun Ludwika Maria genannt, langsam und gemächlich durch die Niederlande und Deutschland, wo sie beinahe noch in die Wirren des allmählich zu Ende gehenden Dreißigjährigen Krieges geraten wäre. Alle größeren Städte gaben der polnischen Königin zu Ehren Empfänge und veranstalteten Festlichkeiten, die sich auf polnischem Boden zu solcher Pracht entfalteten, daß der die Königin begleitende Franzose Laboureur bewundernd notierte: »Alles, was die

Griechen über die Reichtümer und den Luxus der alten Perser geschrieben haben, verblaßt vor dem, was wir hier zu sehen bekamen.« Ja, die Polen, überboten einander wieder einmal an Pracht, Gastlichkeit und Phantasie. Die Tische bogen sich unter der Vielfalt der Speisen, die jedoch nach östlichem Brauch so stark gewürzt waren, daß die Franzosen, deren Gaumen an delikatere Kost gewöhnt waren, nur so taten, als ob sie äßen.
Währenddessen schrieb der alles im voraus bedenkende Herr Jakub weiter an seiner Instruktion: »Mein Wille ist es daher, daß Ihr sogleich, wenn Ihr ankommt, Euch um einen guten Meister bemüht, fragt nach einem guten, fleißigen Subjekt, mit dem Ihr nachmittags, außer an Feiertagen, zwei Stunden lang täglich mit diesem Studium zubringt, das heißt, daß er Euch die linguam Gallicam lesen, schreiben und sprechen lehrt, daß er Euch aus Büchern vorliest, etwa der Historiam Gallicam des Joannis de Seres. Zweifachen Nutzen werdet Ihr von diesem Autor haben: Ihr lernt die Geschichte Frankreichs und dazu eine sehr schöne Sprache. Irgendwelches dummes Zeug laßt Euch nicht auf französisch vorlesen.«
Möglicherweise dachte Herr Jakub bei diesem »dummen Zeug« an die eben sehr in Mode kommenden sentimentalen französischen Schäferromane. Davor konnte er jedenfalls seinen jüngeren Sohn Jan nicht bewahren. Wir werden sehen, welch großen Einfluß gerade die Lektüre solch »dummen Zeuges« später auf Jan haben sollte. Vielleicht hatte sogar der gewissenhafte Vater mit seiner Ermahnung, auch privat fleißig zu lesen, unbewußt gerade diese Leseleidenschaft seines Jüngsten, der über eine überaus lebhafte Phantasie verfügte, ganz im Gegensatz zu dem nüchtern-prosaischen, ausgesprochen pädagogisch begabten Vater, angefacht. Hatte doch Herr Jakub sehr kategorisch gefordert und mit Beispielen aus der Familiengeschichte erhärtet: »Mein Wille ist es auch, daß Ihr die privatam lectionem nicht verabsäumt, sondern daß Ihr sie für tota Vita Vostra beibehaltet. Ihr werdet dann an mich denken, daß ich es Euch als Euer liebender Vater väterlich geraten habe. Diese private Lektüre hat Jan Zamoyski so groß gemacht, und auch Euern Urgroßvater Żółkiewski, und ich bereue

es nicht, daß auch ich jetzt, so wie ich nur einen Augenblick freie Zeit habe, das Buch nicht aus den Händen lasse.« Und er zählt weiterhin alle Mitglieder der Familie und Bekannte auf, die allesamt dadurch »magna nomina« im Vaterland sind und hohe Würden erlangt haben. »Deshalb bitte ich Euch per amorem meum paternum, daß Ihr Euch angewöhnt, auch privat zu lesen, und daß Ihr jeden Tag mir zu Liebe eine halbe Stunde der privaten Lektüre opfert. Und wenn Ihr erst einmal Geschmack daran gefunden haben werdet, wird man Euch gar nicht mehr von den Büchern wegbringen können.« Wir werden sehen, daß diese Ermahnung nicht ungehört verhallt war. Der gute Hauswirt, der dafür sorgt, daß nichts verdirbt oder verschwendet wird, meldet sich in folgender Ermahnung zu Worte: »Da man aber das, was man einmal gelernt hat, weiter bewahren muß, so wünsche ich dringend, daß Ihr Euch in Paris einen deutschen Jungen sucht, der immer mit Euch deutsch spricht, damit Ihr nicht per negligentiam die deutsche Sprache vergeßt, die Ihr so lange gelernt habt. Es wird dort leicht sein, einen deutschen Jungen zu finden, der dann auch noch zu anderen Diensten verwendet werden kann. Da Paris Treffpunkt aller Ausländer ist, wird man nur nach einem solchen zu fragen brauchen.«
Da es für jeden polnischen Edelmann eine Selbstverständlichkeit war, sich von frühester Kindheit an auf Pferden zu tummeln und sich im Gebrauch der Waffen zu üben, darf es nicht verwundern, daß Herr Jakub auch über die Körperertüchtigung in seinen Instruktionen Anweisungen gab, die wiederum ein bezeichnendes Licht auf Frankreich werfen: »Exercitia corporis non sunt negligenda; ich empfehle Euch aber nur das französische Ballspiel, vor allem an Feiertagen und an Wochentagen, gegen Abend, wenn Ihr dazu Lust verspürt. Was jedoch die exercitia corporis betrifft, die sie dort ex Professo und Academica unterrichten, denn sie nennen das dort Acadmien, wie Reiten, Fechten und Springen, so wünsche ich nicht, daß Ihr das Fechten in Frankreich lernt, eben wegen der Franzosen, denn dabei entsteht am raschesten ein Streit; auch in Italien maioris floris haec ars, die Ihr dann dort, so Gott will, wenn Ihr dort sein werdet, ein oder zwei Monate lang lernen sollt. Was

das Springen betrifft, so gefällt mir dort am besten das Voltigieren, wo man an einem hölzernen Pferd das Aufspringen lernt; es ist das sowohl ein exercitium agilitatis als auch ad rem militarem aprime necessarium; es ist schon eine große Sache, wenn man im Notfall auf ein Pferd aufspringen kann.«

Immer und immer wieder denkt Vater Jakub Sobieski an Krieg und Kampf; er will seine Söhne darauf vorbereiten, ihnen alles beibringen, daß sie gute Streiter für das Vaterland werden, aber auch alles, damit sie sich wehren und schützen können in einem Treffen mit dem Feind. Deshalb ist Fechten, Reiten, aber auch Fortifikationskunst, »Architecturam Militarem«, die sie in den Niederlanden – Herr Jakub schreibt »Inderlande« – lernen sollen, so wichtig.

Viel weniger Gewicht legt Herr Jakub auf die gesellschaftliche Politur, abgesehen davon, daß sie sich stets höflich benehmen sollen, was er ihnen schon für ihren Aufenthalt in Krakau eingeprägt hatte. Allerdings: »Was das Tanzen anbelangt, so wünsche ich, weil ja jetzt die französische Königin bei uns sein wird, daß Ihr dort die französischen Gaillardes und alle anderen wichtigen Tänze des Hofes erlernt, damit Ihr später auch hier, wenn Ihr an unserem Hofe weilen werdet, wenn Ihr, so Gott will, erst wieder zurück sein werdet, Euch darin frei bewegen könnt, getreu jenem alten lateinischen Sprichwort: Quacunque arte placera potest, placeat. Was mich betrifft, so halte ich nichts davon; ich meine, Ihr werdet, so Gott will, genug auf Euren Pferden herumtanzen, wenn Ihr Türken und Tataren jagt, was ich Euch wünsche.« Noch als König zitierte Jan diese Stelle aus der Instruktion des Vaters in seinem Lebenslauf für den Papst.

Wieder also die Türken und die Tataren! *Das* Trauma der südöstlichen Grenzgebiete Polens! Mit der Muttermilch eingesogen, erst auf dem Totenbette ausgehaucht. Selbst beim fröhlichen Tanz denkt Herr Jakub an den Todestanz mit den Heiden. Aber er ist klug genug, obwohl er diese höfische Kunst für überflüssig hält, sie seine Söhne erlernen zu lassen, damit sie bei Hofe auch darin glänzen und ihren Mann stellen können.

Überhaupt ist Herr Jakub so weise, neben seiner Meinung auch andere Meinungen gelten zu lassen. So vergißt er nicht, auch dieses seinen Söhnen auf den Weg mitzugeben: »Sich der Welt anzupassen, schadet nie; wenn also einer von Euch Lust haben sollte, das Lautenspiel zu erlernen oder irgendein anderes Instrument, so überlasse ich das Eurem freien Willen, falls einer von Euch Begabung dazu haben sollte; aber ich bekenne, daß mir die Zeit leid täte, die Ihr für solche Narreteien vertrödelt. Ihr werdet Euch, so Gott will, hundert eigene Subjekte halten können, um die Musik zu pflegen; besser, daß jene für Euch aufspielen, als daß Ihr es selbst tut. Aber um mit Pfarrer Kuropatnicki zu reden: wie Ihr es selbst wollt.«

Nun, seine Söhne verspürten auch zu diesen »närrischen« Künsten und Unterhaltungen Lust; zumindest wissen wir es vom Jüngsten, dem munteren und inzwischen bildhübsch gewordenen Jan, daß er ganz brav die Laute zu zupfen verstand und die Flöte spielte. Ob er auch das Malen oder zumindest seine Liebe dazu in Frankreich entdeckte oder schon früher in Krakau, das wissen wir leider nicht. Der Vater schließt seine Instruktion mit der nochmaligen Warnung vor den Polen: »Und dann möchte ich Euch noch Paterno affectu davor warnen, Euch niemals im Widerspruch zu den Gesetzen wegen eines Verlustes mit anderen Polen, diesen Bestien, herumzustreiten; wenn Euch der Herrgott Gefängnis bestimmt hat, so werdet Ihr es für das Vaterland erdulden, aber nicht wegen der Schulden, so wie viele unserer Polen, die in französischen Martern wegen ihrer Schulden verreckt sind, zur großen Schande unseres ganzen Volkes. Ganz einfach sumptus ne superet censum. Dummköpfen soll man nicht widersprechen, soll, wer da will, zu seinem eigenen Schaden ein Narr sein. Es ist keine Neuigkeit mehr dort im Ausland, wenn dort ein Pole solch ein Narr ist, daß er erzflott dahinlebt, über seine Verhältnisse praßt, daß ihn dann die anderen sofort ausnehmen wollen; aber solche Verschwender sperrt man in Frankreich ins Gefängnis, und in Italien excommuniziert man sie, vor allem in Rom; und daher kommt dann viel Leid und Schande für die Eltern und Verwandten.«

Auf die Reputation seines Hauses achtete Herr Jakub sehr, denn er war sich vollauf der Verantwortung gegenüber den glanzvollen seiner und seiner Frau Vorfahren bewußt. Deshalb auch die ständige Sorge darum, den Söhnen dieses Familienbewußtseins stets vor Augen zu halten. »Was nun uns Eltern betrifft, so haben wir Euch in Krakau Eurem Stande gemäß durch Gottes Gnade zur Genüge honorifice erzogen, und so wird es Euch auch in der Fremde an nichts mangeln. Doch Ihr selbst sollt, da Ihr jetzt bereits, Gott sei Dank, erwachsen werdet, daran denken, daß zu Hause noch zwei Schwestern sind, die man nicht mit irgendeiner Kleinigkeit abfinden kann, was sowohl die Lex Divina noch die Lex Naturae, noch die Ehre unseres Hauses zulassen würde. Ich muß auch auf die dignitatem Senatoram bedacht sein, was sehr viel kostet; und ich muß Euch gestehen, daß ich es vorziehe, hier vor den Augen unseres Herrn und des ganzen Vaterlandes für Euch zu sorgen, als mich wegen Verschwendung im Ausland zu übernehmen, so daß Ihr nachher in Polen selbdritt herumlaufen müßtet, was Gott verhüte.

Was die Gewänder betrifft, wünsche ich, daß Ihr auch hierin nicht verschwenderisch seid, zumal nicht in Frankreich, wo sie an einem Tag in Gold herumlaufen und am anderen Tage nicht einmal eine schwarze Schnur an sich tragen dürfen.«

Es wäre nicht Herr Jakub, wenn er in dieser seiner Instruktion vergäße, seine Söhne auf Gott hinzuweisen: »Womit ich hätte anfangen sollen, damit ende ich nun, damit es Euch magis memoriae inhereat auf allen Euren Wegen. Habt stets die Furcht Gottes und die Gebote Gottes vor Augen, auf daß ich nicht mit unwürdiger Feder hier die Worte des Erlösers gebrauche: Quaerite primum Regnum Dei et iustitiam eius, et haec omnia adicentur Vobis.

Wählt Euch zur Patronin die Allerheiligste Gottesgebärerin, die Jungfrau Maria, unter deren sacro sancto Patricinio ich Euch von frühester Kindheit gestellt habe. Ich verstehe es, daß jeder von Euch auch noch seinen eigenen Patron hat, wendet Euch an ihn. Die Heilige Messe so oft wie nur möglich hören, keinen Tag sie versäumen, so wie ich es für Krakau verordnet hatte, so auch jetzt, an jedem Tage Gottes einen unserer polnischen Złotys aus Euren Händen für die Armen, der eine einen halben und der andere einen

85

halben Złoty. Lernt es, Euch durch den Mammon Freunde zu gewinnen, die Euch am die illa magna aus der bösen Flut erretten mögen.«

Endlich noch der allerletzte Auftrag. »Ich gebe Euch meinen Dienstältesten[47] als meinen Stellvertreter mit, gehorcht ihm in allem, wie mir selbst, und haltet ihn immer in Ehren. Und zum Schluß bedenkt stets, daß Ihr Euch auf dieser langen Peregrination so verhaltet, wie es Eurer Geburt entspricht, die Euch der Herrgott von seiten beider Eltern zuteil werden ließ.

Über den Rest Eurer Peregrination und Eurer Vergnügungen werde ich Euch Mitteilung machen, bevor Ihr ins Vaterland zurückkehrt, wenn mich der Herrgott noch so lange auf dieser Welt erhält, bevor ich Euch befehle, Paris zu verlassen.«

Unter dieser Instruktion, über die sich manche polnischen Historiker lustig machen, da sie ihnen zu hausbacken und fromm scheint, stand die eigenhändige Unterschrift: »Jakub Sobieski, Wojewode der Rus, Euer Euch liebender Vater.«

Während auf Żółkiew die Reisevorbereitungen für die beiden jungen Herren Sobieski getroffen wurden, die diesmal viel umfangreicher als seinerzeit für die Schulzeit im immerhin verhältnismäßig nahegelegenen Krakau sein mußten, zog die neue polnische Königin mit ihrem kleinen französischen Hofstaat und ihrer polnischen Begleitung in einem einzigen Triumphzug von einer deutschen Stadt zur anderen und ließ sich von den jeweiligen Bürgermeistern und Bürgern gebührend feiern. Maria Ludwika führte auf Anraten ihres Botschafters in Warschau, des schon genannten Marquis de Brégy, in ihrem Gefolge eine ganze Anzahl »hübscher Gesichtchen« mit sich, nämlich blutjunger Ehrenhofdamen, eine hübscher als die andere, allesamt jedoch nur mit eben diesen Gaben der Natur reich ausgestattet, während der materielle Reichtum bei allen sehr zu wünschen übrig ließ, was man jedoch mit Gottes und der Königin Hilfe in Polen wettzumachen hoffte. Unter diesen Desmoiselles fiel jedoch ganz besonders ein knapp vierjähriges Kind auf, die kleine Marie-Casimire d'Arquien de la Grange.

Marie Gonzaga, wie die nunmehrige Königin Ludwika Maria bis

jetzt meistens genannt worden war, hatte in Frankreich keineswegs nur Freunde zurückgelassen, und wie man weiß, haben böse Zungen oft schnellere Beine als die rassigsten Kutschpferde. Sie erreichten denn auch König Władysław just in dem Augenblick, als er sich am 12. Februar 1646 gerade auf den Weg machen wollte, seine ungeduldig erwartete Braut in Danzig persönlich in Empfang zu nehmen. Nun kehrte er auf halbem Wege um und befahl, die Königin habe Danzig nicht zu verlassen, sondern dort auf weitere Weisungen zu warten. Man munkelte bereits in Warschau, das den Tratsch wie alle Hauptstädte der Welt liebte und kultivierte, daß es gar nicht so sicher sei, ob die Königin jemals in ihrer neuen Hauptstadt werde eintreffen oder ob sie nicht werde heimkehren müssen.

Abgesehen von allen Liebschaften und Affären, die man Marie Gonzaga nachsagte, war der Hauptstein des Anstoßes eben jenes vierjährige Mädchen, dessen Augen so merkwürdig denen der Königin ähnelten. Offiziell war Marie-Casimire das jüngste Kind der ehemaligen Gouvernante Maries, einer gewissen Françoise de Châtre, verehelichte d'Arquien. Ihr Mann war Henri de la Grange d'Arquien, Gardeoffizier bei »Monsieur«, dem Bruder des Königs. Angeblich hatte sich die Königin nur ihrer Gouvernante gegenüber erkenntlich erweisen wollen und ihr die Erziehung des jüngsten Kindes abgenommen, auch versprochen, für dessen Zukunft Sorge zu tragen.

Um es vorwegzunehmen: bis heute ist nicht eindeutig geklärt, wer Marie-Casimires Vater und Mutter waren. Der Vater: der große Condé oder der fesche Cinq-Mars? Kaum Henri d'Arquien. Und die Mutter nicht die brave Gouvernante Françoise, sondern die liebestolle Marie?

Diese letztere war erwiesenermaßen eine leidenschaftliche Dame, sie wird kaum bis zu ihrem 34. Lebensjahr ihre Jungfräulichkeit für den König von Polen aufgespart haben.

Auf jeden Fall war der Skandal groß, wenn auch nur hinter vorgehaltener Hand. Der Eklat wäre jedenfalls nicht auszudenken gewesen, hätte Władysław seine Drohung wahrgemacht und tatsächlich Marie heimgeschickt. Staatspolitische Bedenken muß-

ten des Königs Verärgerung zum Schweigen bringen; hatte doch die französische Königinmutter persönlich die Prinzessin »wie ihre Tochter« verheiratet. Man versuchte, den langen unfreiwilligen Aufenthalt in Danzig damit zu entschuldigen, daß noch vermögensrechtliche Sachen zu klären wären.
Die reiche Hansestadt Danzig ließ sich nicht lumpen. Bürgermeister und Bürger waren bemüht, die Königin nach besten Kräften zu unterhalten. Fünfhundert Neger mußten bei Trommeln und schrillen Pfeifen vor ihr tanzen; ein eingeseifter Baumstamm wurde aufgerichtet und am Wipfel ein kompletter Anzug als Preis für denjenigen, der bis zur Spitze hinaufkam, aufgehängt, in dessen Taschen angeblich die Königin 100 Taler hatte stecken lassen, was sich jedoch als falsch erwies, wie ein gewissenhafter Zeitgenosse, der dabei war, notierte.[48]
Während Ludwika Maria und ihr Hofstaat, darunter die kleine Marie-Casimire, sich in Danzig amüsierten und die noch immer nicht gekrönte Königin weiterhin ihrem guten Stern vertraute, der ihr eine Königskrone verhieß, bestiegen Marek und Jan, sowie ihr kleines Gefolge, in Żółkiew ihre Pferde und sagten den Eltern, Verwandten und Familiares Lebewohl, um in das ferne Frankreich zu reiten, um dort die Sprache und Tänze ihrer neuen Königin zu erlernen und sich die weite Welt mit eigenen Augen anzusehen. Die ihnen vom Vater so sehr ans Herz gelegten leeren Büchlein blieben jedoch leer – jedenfalls ist uns kein Blatt von Mareks oder Jans Hand erhalten. Dafür aber das komplette Diarium ihres Reisebegleiters, des Herrn Sebastyan Gawarecki. Und dieses Diarium ist eine Kostbarkeit, denn daraus kann man fast Tag um Tag der nächsten zwei Jahre rekonstruieren, und so erfährt man, was die jungen Herren Sobieski auf ihrer Kavalierstour besichtigten, was sie erlebten, was sie besonders beeindruckte, was sie lernten, manchmal sogar, was sie aßen und wo sie schliefen.[49]
Wie es sich für einen guten Katholiken gehörte, fing Herr Gawarecki seine Aufzeichnungen beim Namen Gottes an: »In Dei Nomine Amen. Laudetur SS^{um} Sacramentum. Abreise aus Żółkiew zur Peregrination in fremde Länder mit den Herren Sobieski, Söhnen des Wojewoden der Rus, Anno Domino Mille-

simo Sexcentesimo Quadragesimo Sexto, mensis Februarii die Vigesima Prima.
Diarium von der Reise kurz beschrieben von mir Sebastyan Gawarecki.«
Am 21. Februar 1646 also begann das große Abenteuer. »Von Żółkiew wendeten wir uns nach Zamość, Krasnystaw, Lublin, Kazimierz, Radom, Kalisz, Krotoszyn. Hier verbrachten wir zwei Sonntage bei Herrn Jakub Rozrażewski. Am 19. März kamen wir in Posen an, dort wohnten wir eine Woche lang, um die weitere Reise vorzubereiten.«
Wie seltsam doch das Schicksal jetzt und hier die Fäden zweier Menschen miteinander zu knüpfen begann!
Am 15. März dürften sie noch in Krotoszyn geweilt haben; und an eben diesem selben Tage hielt die neue polnische Königin, Ludwika Maria, ihren Einzug in Warschau, und mit ihr neben dem übrigen Hofstaat auch die kleine Marie-Casimire. Nur etwa zweihundert Kilometer lagen in diesem Augenblick zwischen diesen beiden Menschen, die ein Menschenalter später gemeinsam die Geschicke nicht nur Polens, sondern in gewissem Sinne des ganzen Abendlandes mitbestimmen sollten.
Im Namen des Königs begrüßte Herr Jakub Sobieski in seiner würdevollen Art in wohlgesetzter Rede Königin Ludwika Maria und hieß sie in Polen willkommen. Gleichzeitig drückte er den heißen Wunsch König Władysławs aus, seine Braut oder besser, seine ihm per procuram angetraute Gattin endlich persönlich zu sehen und zu begrüßen.
An diesem 15. März 1646[50] fand in der St.-Johannis-Kathedrale die erste Begegnung der Brautleute statt, und diese soll derart frostig ausgefallen sein, daß Ludwika Maria abermals an ihren Sternen hätte zweifeln müssen, wenn sie ihnen nicht so felsenfest vertraut hätte.
Als sie nämlich vor dem König niederkniete, ließ dieser sie endlos lange knien, betrachtete sie kritisch, würdigte sie keines Wortes, gab ihr auch kein Zeichen aufzustehen, geschweige denn, daß er ihr dabei behilflich gewesen wäre. Angeblich soll, wie Madame Mottville aus dem Hofstaat der Königin nachher kolportierte, der

König nach vollzogener Zeremonie zum französischen Botschafter enttäuscht gesagt haben: »Und das soll die Schönheit sein, die Ihr mir so sehr angepriesen habt?«[51]
Endlich, am 8. April, konnte die Hofdame, Madame de Guébriant, triumphierend berichten, der König habe das Schlafgemach der Königin betreten und das Lager mit ihr geteilt.[52]
Nach diesem 8. April befanden sich unsere Reisenden bereits in Leipzig und aßen zu Mittag bei dem schwedischen Generalissimus Dorstenson, wo sie auch den berühmten Generalleutnant Wrangel kennenlernten, was gewiß auf Jan und seinen Bruder einen großen Eindruck machte, waren doch die Schweden damals die meistbewunderten Kriegsleute!
»Doch schon am 25. Martii«, notierte Gawarecki im Diarium, »legten wir französische Kleidung an. Ipso die cum benedictiones Dei ritten wir, nachdem wir Frühstück gegessen hatten, von Posen ab, neun Personen, jeder mit einem Gewehr bewaffnet.«
Bemerkenswert ist, was Gawarecki über den Grenzübertritt notiert: »27. Martii. Von Międzyrzec ritten wir, zusammen mit dem Fuhrwerk, dreieinhalb Meilen, in einem Dorf an der Grenze noch in Polen hielten wir Mahlzeit, nachher überquerten wir, eine halbe Meile von diesem Dorfe entfernt, die Grenze Polens. Das Kennzeichen der Grenze waren eine Furche im Feld und ein gemauerter Gutshof linkerhand am Walde. Nachdem wir in deutsche Lande eingeritten waren, hielten wir unser Nachtlager in einem Dorf drei Meilen entfernt von der polnischen Grenze.«
Kein Mensch nahm von den polnischen Herrensöhnen Notiz. Unbeachtet ritten sie über eine »Furche im Feld« und befanden sich schon »in deutschen Landen«.
Am 28. März allerdings, als sie samt scheuenden Pferden und Gepäck in einem Boot glücklich die Oder überquert hatten und vor den Toren Frankfurts an der Oder angekommen waren, wurden sie angehalten und mußten sich ausweisen. Man wollte wissen, wer sie seien, woher sie kämen und wohin sie wollten. Dann durften sie endlich in die Stadt hinein, wo sie die von den Schweden arg zerschossenen Mauern bestaunten. Prompt trafen sie auf einen polnischen Landsmann, der sich in Verlegenheit befand, nämlich

»beinahe im Gefängnis«; da er früher einmal bei den Sobieski in Diensten gestanden hatte, lösten sie ihn aus und schickten ihn heim.
Am 30. März, als sie vergnügt durch Felder und Wälder ritten, unvermittelt in eine Wildschweinherde gerieten und überall viel Wild sahen, legte Herr Gawarecki ungeniert an und schoß Wildenten zum Schmaus herab. Deswegen hätte es um ein Haar einen unliebsamen Zusammenstoß und großen Ärger gegeben. Die polnischen Herren mußten sich erst allmählich an die anderen Zustände in fremden Ländern gewöhnen. Immerhin gelangten sie schon am Abend dieses Tages heil nach Berlin, das ihnen aber kaum einen großen Eindruck gemacht haben dürfte.
Obwohl Herr Jakub ursprünglich gefordert hatte, daß sie auf kürzestem Wege nach Paris reisen sollten, konnten sie nicht widerstehen, Berlin, Leipzig und sogar Wittenberg, die Stadt des Ketzers Luther, aufzusuchen.
»Drei Tore führen in die Stadt Wittenberg. Man zeigte uns auch die Akademie, an der es damals 700 Studenten gab, und die Stube von Martin Luther, in welcher Stube, wie man sagt, der böse Geist mit einer Kerze nach ihm geworfen hat; und dort hat er auch sein Leben beendet in einer dürftigen Kammer, aber jetzt liegt er in der großen Kirche neben dem Schloß. Sein Grabmal ist rechts vom Altar, sie haben ihn, auf der Kanzel stehend, gemalt, aber unseren hl. Vater peinigen die bösen Geister in der Hölle. Links ist das Grabmal von Philipp Melanchthon, er war ein condiscipulus Martins«, notierte Gawarecki.
Von Wittenberg ritten sie nach Leipzig, das ihnen aus der Ferne uninteressant erschien, »aber als wir hinkamen, da war was zu sehen! Mächtige Fortifikationen der Schweden, und dort trafen wir Dorstenson, den Generalissimus des Heeres, und auch Wrangel, der Generalleutnant ist, und andere schwedische Fürsten ... und auch tüchtige Offiziere der schwedischen Artillerie.«
Als Marek und Jan mit ihrem Gefolge am 12. April Leipzig verließen, gab ihnen der Generalissomus Dorstenson schwedische Geleitpässe und einen Trompeter mit, der vor ihnen herritt und laut trompetete, um marodierende Soldaten zu verscheuchen.
Auf halbem Weg nach Halle besuchten sie das Schlachtfeld von

Lützen. »Man zeigte uns, wo Gustav Adolf gefallen war und wo sich die Schlacht abgespielt hat. Dort soll es an diesen Stellen spuken, sagt man, und Teufel sollen sich in den verschiedensten Gestalten zeigen und die Menschen schrecken, irgendwelche phantasmata, die in der Nacht dort vorüberreiten.«

In der Stadt Braunschweig bewunderten sie die gewaltigen Kanonen, in deren Mündungsrohren »bequem ein Bauer aufrecht sitzen konnte«, sowie die große Löwenstatue vor dem Schloß.

Von Braunschweig aus schickten sie den schwedischen Trompeter wieder zu dem Generalissimus Dorstenson samt Dankesbriefen zurück und ritten nun, ohne Trompetengeschmetter, weiter nach Lüneburg, wo sie wiederum nach dem gleichen Schema das Wichtigste besichtigten.

Am 22. April ritten sie von Lüneburg ab und kamen bereits am Abend in Hamburg an. Flut und Ebbe – eine niegesehene Sensation für unsere Binnenlandbewohner aus der Ukraine – beeindruckten sie besonders.

In Hamburg stiegen sie auf den höchsten Kirchturm, bewunderten von oben den Rundblick und verewigten ihre Namen auf der Mauer.

Am 25. April verkauften sie ihre Pferde »mit allem, Sätteln, Flinten, sehr billig«, notierte Gawarecki. Sie wollten am nächsten Morgen mit einer Barke über die Elbe nach Buxtehude reisen. Bevor sie abreisten, kühlten sie aber erst noch ihr Mütchen am Wirt »Zum Löwen«, wo sie gewohnt hatten, der ihrer Meinung nach »ein großer Halsabschneider« war. »Aus Rache, da wir ihm sonst nichts anhaben konnten, mißhandelten wir die beiden Bilder von Martin Luther und seiner Frau, jeder so, was er sich nur auszudenken vermochte, bevor wir abreisten; als wir dann sehr frühzeitig aufstanden, sperrten wir die Stube, in der sich die Bilder befanden, ab, und die Schlüssel von der Stube versteckten wir auch, und dann liefen wir so schnell wie nur möglich zur Barke, damit uns der Wirt nicht deswegen irgendeine Unannehmlichkeit bereite.« Und in Jans Handschrift steht im Diarium noch die zusätzliche Bemerkung: »Denn wenn es bemerkt worden wäre, hätte es einen großen Lärm gegeben.«

Von Hamburg reisten sie per Barke drei Meilen weit nach Buxtehude, und am 28. April fuhren sie mit einem Fuhrwerk vier Meilen weit bis »Bremenferd«, wie Gawarecki das arg zerstörte »Bremervörde« schrieb. Acht Tage vor ihrer Ankunft hatten es die Schweden im Sturm genommen, jetzt war es wie ausgestorben und sehr zerschossen.

Die Zerstörungen müssen in Deutschland so groß gewesen sein, daß die jungen polnischen Herren, die doch von ihren Grenzfestungen her an Tataren- und Türkenüberfälle gewöhnt waren, von deren Ausmaß hier doch sehr stark berührt waren. Sie fuhren am gleichen Tage weiter, fanden aber vor Nachteinbruch keine andere Herberge als eine elende Bauernkate, in der sie zusammen mit dem Vieh und den Pferden übernachten mußten.

Am nächsten Morgen überquerten sie die Weser und setzten ihre Fahrt nach Oldenburg fort. Dort besichtigten sie wiederum alles, und Gawarecki notierte sogar die Sage von dem Grafen und der Jungfrau im Walde und dem Horn, das sie ihm schenkte, das fortan als kostbarer Schatz im Schloß aufbewahrt wird; »es ist von sehr feiner und kostbarer Arbeit, und darauf ist Oldenburg abgebildet«. In Jans Handschrift ist Gawareckis Bericht hinzugefügt: »Und manchen Ausländern zeigen sie es, was auch mir widerfuhr, es zu sehen und daraus zu trinken.«

Am 4. Mai schifften sie sich ein und fuhren mit einer kleinen Barke nach Amsterdam.

»Wir fanden bei der Stadt Schiffe aller Nationen und an kleineren Barken ungefähr 20 000. Der Hafen ist sehr groß, und die ganze Stadt fast nur auf dem Wasser. Die Häuser und Paläste sind sehr kostbar und schön. Die Sauberkeit sehr groß auf den Straßen. Sehr viele Menschen. Man sagt auch, daß es sehr viele Glaubensbekenntnisse dort gebe, ungefähr vierzig, die öffentlich ihre Gottesdienste abhalten dürfen, nur den Katholiken ist es nicht erlaubt publice, sondern nur in privaten Häusern; und immer in einem anderen halten sie ihre Gottesdienste, weil sie streng verboten sind, sie passen auf, wo sie von einer Messe hören, und belegen dafür mit hohen Strafen, und die Priester werfen sie ins Gefängnis; und trotzdem sollen, wie man sagt, mehr als 50 000 Katholiken dort sein.«

Als eine verkehrte Welt mußte den Jesuitenzöglingen aus Krakau diese Stadt vorkommen, wo Katholiken die Verfolgten waren, ganz im Gegensatz zu ihrem polnischen Vaterland.
Jedenfalls dürfte diese Umkehrung der gewohnten konfessionellen Gegebenheiten ihr stärkstes Erlebnis gewesen sein, daß es Gawarecki an erster Stelle berichtet. Dann aber folgen die weltlichen Eindrücke: »Wir sahen kostbare Fontänen und jede Woche Comödien, auch Personen, die ad vivum den Kaiser, die Könige und den Gustav vorstellten, jeden in seinem Gewand, sie gingen einer hinter dem anderen, 14 Personen, und verneigten sich, nachher setzten sie sich, und das waren aus Wachs gemachte Figuren. Dort sahen wir auch die ganze passionem Christi ad vivum präsentiert. Wir waren auch im indischen Haus, wo es immer die verschiedensten Gewürze gibt, und am meisten Muskatnüsse und bei allen Sachen überall die größte Ordnung.«
Dies versetzte die jungen polnischen Herren, die an die heillose Unordnung und den Schmutz in den kleinen ostpolnischen Städtchen gewohnt waren, in das größte Staunen. Sogar in einem Narrenhaus, »wo nur Verrückte drin sind«, auch dort »wunderschöne Ordnung«. Dann besichtigten sie einige »sehr ordentliche Spitäler, mit allen Bequemlichkeiten für die Kranken, wo über 1000 Leute lagen«.
Sogar Judenschulen besichtigten sie, »wo sie vieles lernen, und in ihrem Tempel waren wir ebenfalls. Auch auf verschiedenen Märkten, wo man stets die verschiedensten Dinge zu kaufen bekommt, was sich ein Mensch nur auszudenken vermag, sie sagen, man kann alles leicht bekommen, wenn man nur genug Geld hat. Unter anderem gibt es auch einen Markt, wo man nur Hunde zu kaufen bekommt, große und kleine, Meerkatzen und die verschiedensten Vögel. Man sagt auch, daß es in Amsterdam 20 000 Brücken über die Kanäle gibt.«
Am 18. Mai passierten sie die Grenze nach Brabant und fuhren nach Antwerpen, wiederum ein Trompeter voran, der so laut vor der Stadt trompetete, daß man ihn auf eine Entfernung von einigen Pfeilschußlängen hörte, was zum Ärger mit den betrunkenen

Posten am Stadttor führte, die den Trompeter nur mit verbundenen Augen die Stadt betreten ließen.
Bei der Abreise von Antwerpen ereignete sich ein kleiner Zwischenfall, der endlich einmal auch Marek ein bißchen ins Rampenlicht hervorholte: Er hatte in der Herberge einen kostbaren Diamantring liegengelassen. Große Aufregung. Herr Rudolf Klainfeld mußte zurückreiten, und glücklicherweise fand er auch den Ring und brachte ihn zurück. Aber den Umstand, daß der junge Herr Marek, der Erstgeborene, zum zweiten Mal auf dieser Kavalierstour etwas verloren hatte – denn gleich zu Beginn der Reise hatte er, kaum daß sie in Deutschland waren, sein Gewehr irgendwo liegengelassen –, nahmen die Historiker gern als Beweis für Mareks Verträumtheit, Gedankenverlorenheit, sie warfen ihm sogar Schwerfälligkeit und Langsamkeit vor.
Am 1. Juni brachen sie zur letzten Etappe ihrer Reise nach Paris auf, das sie am 9. Juni erreichten.
Unter dem 9. Juni steht bei Gawarecki, daß sie sich im »Eisernen Kreuz« eineinhalb Wochen aufhielten. Also muß diese Eintragung erst nach diesem Zeitpunkt nachgetragen worden sein.
Aber dafür würde selbst der strenge Herr Jakub Verständnis gehabt haben. Denn zuerst mußten sie sich ja in Paris umsehen und zurechtfinden.
Vom 20. Juni bis zum 9. Juli gibt Gawarecki nur eine summarische Übersicht über alles, was sie erlebt und gesehen hatten.
Gawarecki versucht eine Beschreibung dieser »Hauptstadt von ganz Frankreich«, wo der König seine Residenz hat und ebenso alle wichtigsten Senatoren, Herren und auch die Residenten und Botschafter aller Nationen. Diese Stadt und alle Ausländer, die sich dort tummeln, zu beschreiben, sei jedoch unmöglich, und deshalb verweist er auf eine »gedruckte Historie«, in der man alles nachlesen könne.
Sehr beeindruckt waren die polnischen Reisenden von der Größe des Schlosses, in dem »die englische Königin, die aus England nach Frankreich geflohen war, zusammen mit ihrem Sohn, dem Prince de Galles, lebte«.
Merken sollten wir uns diese unglückliche Königin und ihren

Sohn, die ganze englische Familie der Stuart, denn sie wird eines Tages in der Familiengeschichte unseres Jan, der jetzt noch als Siebzehnjähriger gaffend und staunend durch Paris zog, eine Rolle spielen.

In Paris war es ein offenes Geheimnis, daß der italienische Kardinal nicht nur die Staatsgeschäfte für den minderjährigen König, Ludwig XIV., führte, sondern zugleich auch der intimste Berater und Freund der Königin-Witwe, Anna von Österreich, war.

Als die Sobieski-Söhne mit ihrem Gefolge in Paris eintrafen, war Marek gerade kurz vorher, nämlich am 24. Mai, als sie in Brüssel weilten, achtzehn Jahre alt geworden; Jan zählte noch nicht ganze siebzehn Jahre, und Ludwig XIV. war noch keine ganzen acht Jahre alt. Zum Entzücken der Pariser sah man manchmal den kleinen König in goldbestickter Kleidung auf einem weißen Pony durch die Stadt reiten. Ob Marek und Jan ihn auch gesehen haben, hat Gawarecki nicht extra vermerkt. Vielleicht schien ihnen aber auch dieser junge König nicht interessant genug, um ihm besondere Aufmerksamkeit zu schenken. Jedenfalls ahnte keiner von ihnen, Jan ebensowenig wie die anderen, daß eben dieser »kleine König« Ludwig im Leben unseres Jan einmal eine so überaus wichtige Rolle spielen sollte.

Erschauernd besichtigten sie in St. Cloud den Palast, in dem König Heinrich III. von einem in sein Zimmer eingedrungenen Dominikanermönch mit einem Messer erdolcht worden war. Dieser Heinrich III. von Valois war niemand anderer als der erste polnische Wahlkönig Henryk Walezy, auf den die Henricianischen Artikel zurückgingen, an denen der Vorfahr Herburt gearbeitet hatte und auf die seit jener Zeit jeder neugewählte polnische König seinen Eid ablegen mußte. Dieser Besuch im Mordzimmer des polnischen Exkönigs wird vielleicht im jungen Jan eine Ahnung heraufdämmern lassen, daß Königtum nicht nur mit Glanz und Würde, mit Reichtum und Macht verbunden ist, sondern mit Kummer und Sorgen, mit Gefahr und Todesängsten. Denn gleich anschließend besichtigten sie auch das Palais Bonde de Vincent, wo der Bruder des gegenwärtigen polnischen Königs Władysław IV., nämlich Prinz Jan Kazimierz, eine Zeitlang als Gefangener des französischen Königs zugebracht hatte. Was hat ein polnischer Prinz in einem französischen Gefängnis zu tun? Nun, im Jahre 1638 reiste Jan Kazimierz auf dem Seeweg nach Portugal, wo er zum Vizekönig ernannt werden sollte; als er bei Marseille an Land ging, wurde er von der französischen Regierung angehalten und für drei Jahre festgehalten; erst am 25. Februar 1640, also vor sechs Jahren, war er in Vincennes freigelassen worden und konnte nach Polen zurückkehren. So rüde ging man in jenen Zeiten manchmal mit seinen Standesgenossen um.

Während Jan also bereits den ersten eiskalten Schauer von Glanz und Elend der Mächtigen dieser Erde verspürte und wahrscheinlich froh war, daß er so unbeschwert durch die Welt reisen konnte, ritt der kleine Ludwig auch noch fröhlich und unbeschwert auf seinem weißen Pony durch die Gassen von Paris und häufiger noch durch die herrlichen Parks seiner Schlösser, aber auf ihm, dem knapp Achtjährigen, lastete bereits die ihn als »eine sichtbare Gottheit« oder als »das Sinnbild Gottes« anhimmelnde Bewunderung seiner Untertanen und spornte ihn an auf seinem Weg, der ihn immer weiter bis zum Alleinherrscher und absoluten »Sonnenkönig« emportrug.

Nach diesen berauschenden ersten Pariser Wochen langten die ersten Briefe aus Polen ein, die allerdings wie eine Bombe einschlugen. Bei Gawarecki finden wir nur drei Zeilen darüber verzeichnet:

»9. Julii. Die ersten Briefe aus Polen trafen ein, daß der Vater unserer jungen Herren Kastellan von Krakau geworden sei sowie von dessen Abgang von dieser Welt, worüber eine klägliche Trauer anhob.«

Was war geschehen?

Am 15. März hatte, wie wir gehört hatten, Herr Jakub Sobieski in seiner Funktion eines ersten Senators der Republik Polen Königin Ludwika Maria vor den Toren Warschaus mit wohlgesetzter Rede begrüßt.

König Władysław hatte aus Liebe oder Zuneigung keineswegs diese zweite Ehe geschlossen, sondern aus rein staatspolitischer Räson. Marie Gonzaga war eine vermögende Dame und brachte dem König eine reiche Mitgift ein, die Władysław dringend zum Kriegführen brauchte. Denn König Władysław IV. war, wie alle Wasas, ein kriegerischer Herr, nicht nur persönlich tapfer im Kampf, sondern er hatte auch weitreichende kriegerische Pläne.

Sehr zu seinem Leidwesen war die Zarenkrone haarscharf an seinem Haupt infolge des katholischen Übereifers seines Vaters, des Zeloten Zygmunt III., vorbeigegangen; um die ererbte schwedische Königskrone zurückzugewinnen, fand er keine Bundesgenossen; allein war er zu schwach, denn vom polnischen Adel wurde er in seinen dynastischen Ambitionen nicht unterstützt.

Nun lockte den König, der einen strategisch geübten Blick hatte, ein anderes Kriegsabenteuer, und zwar ein Abenteuer ohnegleichen. Władysław war nicht entgangen, daß im Südosten seines Reiches das bisher so gefährliche Osmanenreich innerlich durch die ständigen Janitscharenrevolten geschwächt war, so daß man einen Kriegszug wagen konnte, um die Macht dieses Kolosses zu brechen. Ähnlich wie Stefan Bathory hatte Władysław ein geniales Gespür, wo ein Krieg erfolgreich und noch dazu landgewinnbringend sein konnte.

Und jetzt wäre der geeignete Augenblick gewesen, gegen das Osmanische Reich vorzugehen. Es wurden auch viele Verhandlungen diesbezüglich geführt, mit den Habsburgern, mit Venedig, das selbst in schwere Kämpfe mit der Pforte wegen seiner Insel Kreta verwickelt war, und sogar mit dem Zaren Michail Romanow, den man ebenfalls für die Antitürkenliga zu gewinnen hoffte. Ludwika Maria Gonzaga hatte nun das nötige Geld mitgebracht. Die Magnaten der Ukraine, die sich einen Zugang zum Schwarzen Meer erhofften, unterstützten den König. Eine große Kreuzzugsbegeisterung gegen die Türken begann sich allmählich auszubreiten, für die König Władysław sogar die Kosaken gewann. Der Plan bestand darin, daß die Kosaken einen Partisanenkrieg gegen die Türken beginnen sollten, womit sie die Türken zu einem Angriffskrieg provoziert hätten, so daß die Polen dann den Anschein eines Abwehrkampfes für sich in Anspruch hätten nehmen können.

Die Dnjeprkosaken waren ursprünglich freie Grenzbewohner gewesen, deren Aufgabe darin bestanden hatte, die Tataren abzuhalten. Ein Teil von ihnen stand seit Ende des 16. Jahrhunderts in polnisch-königlichem Sold und war in den sogenannten »Registern« erfaßt. Seit dem Ende des 16. Jahrhunderts unternahmen jedoch die Kosaken immer häufiger Züge in die Moldau, und in den zwanziger Jahren des 17. Jahrhunderts dehnten sie ihre Streifzüge einmal sogar bis nach Istanbul aus, was zu großem Ärger mit der Pforte führte, die energisch von Polen die Auflösung der Kosakenverbände forderte. König und Sejm erließen auch offiziell entsprechende Verfügungen, doch die Kosaken hielten sich nicht daran. Zudem flüchteten immer mehr Bauern aus der Ukraine und suchten bei ihnen in der Steppe einen Unterschlupf; manchmal schlossen sich ihnen sogar polnische Kleinadelige an. Istanbul reagierte immer gereizter auf die ständigen Übergriffe auf türkisches Territorium. Zum Zweck einer besseren Kontrolle war im Jahre 1635 von Polen jenseits der Stromschnellen des Dnjepr die Festung Kudak errichtet worden, deren Besatzung polnisch war. Doch nun häuften sich erst recht die Aufstände der Zaporoger Kosaken in den Jahren 1635 und 1637. Der Sejm beschloß darauf, das »Register« auf 6000 Mann zu reduzieren; außerdem verbot er die freie Wahl eines Kosakenhetmans und setzte an dessen Statt einen polnisch-königlichen Kommissar ein, was sehr viel böses Blut unter den Kosaken machte.

Diese unruhigen, unzufriedenen Kosaken versuchte nun der König, heimlich und ohne Wissen des Sejms, mit Versprechungen pro futuro für sich zu gewinnen, falls sie bereit wären, mit ihm gemeinsam gegen die Türken loszuschlagen. Die Kosaken waren mit Begeisterung dabei, ja, sie setzten alle ihre Hoffnungen auf den ritterlichen und kriegstüchtigen König Władysław Wasa und den geplanten Türkenkreuzzug, der ihnen nicht nur reiche Beute, sondern endlich auch eine wenn schon nicht Gleichstellung, so doch wenigstens Besserstellung innerhalb der polnischen Adelsrepublik sichern sollte. Es war in Aussicht gestellt worden, daß die Kosaken auch ihre Vertreter im Sejm und Senat haben sollten.

Oft und oft fanden nach jenem denkwürdigen 15. März, da Ludwika Maria die Stadttore Warschaus passiert hatte, hinter verschlossenen Türen in den Privatgemächern des Königs heimliche Beratungen mit den vertrautesten Ratgebern statt. Auch der päpstliche Nuntius Magni und der Botschafter der Republik Venedig, Giovanni Baptista Tiepolo, waren häufig dabei. Zuversichtlich versicherte ihnen Władysław, daß sich bereits ein großer Teil der Zaporoger Kosaken für den Kreuzzug zu rüsten beginne und in freudiger Erregung darauf brenne, gegen die Ungläubigen ins Feld zu ziehen, desgleichen die Magnaten der südöstlichen Grenzbereiche, denn diese waren es müde, in ständiger Bedrohung feindlicher Überfälle leben zu müssen.

Der König war so sehr von seinen Kreuzzugsplänen absorbiert, daß er sogar das prunkvolle Hofleben mied, das er ansonsten sehr schätzte, vor allem die Musik und das Theater, auch die Oper; gerade was die Musik anbelangt, war er ein echter Habsburger. Es galt nun vor allem, Sejm und Senat ebenfalls für seine Kreuzzugsidee zu gewinnen.

Aber hier erlebte König Władysław IV. eine herbe Enttäuschung: Die Szlachta und die Herren Senatoren sagten: Nein. Ganz besonders stellte sich Jakub Sobieski, dessen Wort als ranghöchster Senator durch seine Würde als Kastellan von Krakau ganz besonderes Gewicht hatte, gegen seinen König. Er hielt diese Kreuzzugsidee für ein abenteuerliches Kriegsprojekt, schädlich für den Wohlstand und die Ruhe der Rzeczpospolita, zudem den Ausgang dieses vom Zaun gebrochenen Krieges wie den eines jeden Krieges für ungewiß; außerdem wünschte sich die Szlachta nichts sehnlicher als Ruhe und Frieden.

Während einer Besprechung kam es zwischen dem König und seinem ranghöchsten Senator, der wahrscheinlich durch seine wohlgesetzte und pathetische Redeweise erst recht den militanten König rasend machte, zu einer heftigen Auseinandersetzung, in deren Verlauf Władysław den Kastellan von Krakau, den wohlgeborenen Herrn Senator Jakub Sobieski, der jetzt sogar die Anrede Durchlaucht für sich in Anspruch nehmen durfte, schlicht und einfach einen Parvenue nannte, der keine Ahnung davon habe, was da für Polens glorreiche Zukunft auf dem Spiele stand.

Tief gekränkt und in höchstem Maße erregt, verließ Jakub

Sobieski das Königsschloß und begab sich zurück auf seine Besitzungen und zu seiner Familie nach Żółkiew.
Der König, der seinen Lieblingsplan an der Sturheit der in engen Grenzen denkenden Szlachta scheitern sah, hatte sich in seinem heftigen Temperament hinreißen lassen, einen seiner treuesten Paladine und Ratgeber tödlich zu beleidigen und zu kränken, was ihm vielleicht in der nächsten Minute bereits leid tat, aber nicht mehr ungeschehen gemacht werden konnte. Władysław sah Jakub Sobieski nie wieder.
Herr Jakub hatte in den letzten Jahren enorm an Leibesumfang zugenommen. Er war schon immer von hünenhafter Gestalt gewesen und hatte eine gewaltige Stimme, mit der er oftmals die randalierende Szlachta im Sejm niederbrüllte; sosehr auch ein gewichtiger Leibesumfang das Renommee eines Magnaten hob, so schadete er jedoch ganz bestimmt der Gesundheit.
Kurz und gut, der hochgeachtete Herr Kastellan kehrte zutiefst niedergedrückt und krank in sein prächtiges Schloß von Żółkiew zurück. Die erlittene Demütigung fraß an ihm. Vielleicht kam ihm sogar die Frage, ob des Königs Beleidigung noch eine späte Rache wegen der leidigen Tagebuchaffäre während des Moskauer Feldzuges sein könnte. Auf jeden Fall wird er an einem Gefühl der Bitterkeit gewürgt haben, denn er war sich seines Rufes als einer der gewiegtesten Parlamentarier und Diplomaten der Adelsrepublik Polen sehr wohl bewußt. Wie viele Dienste hatte er doch im Laufe der Jahre dem Vaterland und beiden Königen, Vater und Sohn, geleistet. Und nun diese Undankbarkeit und Beleidigung.
In diesem aufregenden und ihn über das Maß erregenden Wochen fand Herr Jakub nicht einmal Zeit, Muße und Kraft, seinen Söhnen nach Paris zu schreiben. Er konnte die Kränkung nicht überwinden. Am 11. Juni 1646 traf ihn in Żółkiew der Schlag. Gerade um die Zeit, als seine so innigst geliebten Söhne, Marek und Jan, ihre ersten Schritte in Paris taten, starb er, erst 58 Jahre alt.
Groß muß der Schock für die beiden Jünglinge gewesen sein; nun war Marek mit einem Schlag das Oberhaupt der Familie und Jan ihm noch mehr »untertan« als zuvor, so wollte es die Familiensitte.

Aber nicht nur für die Söhne, auch für deren Gefolge war der Schock über den Tod ihres Herrn und Brotgebers groß, am tiefsten betroffen war gewiß Herr Orchowski, dieser getreueste »Älteste« des Herrn Jakub.

Das Durcheinander nach der Trauernachricht aus Polen war jedenfalls so groß, daß Gawarecki es sogar unterließ, seine täglichen Aufzeichnungen fortzuführen. Die nächste Eintragung ist erst vom 10. August und lautet: »Die Exequien für den Verewigten rühmlichen Gedenkens bei den Dominikaner-Vätern à St. Jaque abgehalten. Der päpstliche Legat hielt die Messe, und es waren viele ehrenwerte Menschen dabei.«

Am 17. August beging Jan seinen siebzehnten Geburtstag als vaterlose Halbwaise.

»Am 13. September kam Herr Poniatowski mit Briefen von Ihrer Wohlgeborenen aus Polen zu unseren Wohlgeborenen hier an.« Leider ist dieser Brief der Mutter nicht bekannt, es ist aber anzunehmen, daß er neue Instruktionen enthielt, denn bereits am 18. September heißt es bei Gawarecki: »Unsere Wohlgeborenen sind in ein anderes Haus au Faubourg St. Germen à la rue de Sene à la flor de lis umgezogen. Hier haben sie sofort den Unterricht bei dem Kalvakator Monsieur Foristie aufgenommen und den mit Degen bei Monsieur Xientainge, einem Italiener.«

Wieso nun auf einmal doch Fechtunterricht in Paris? Der Vater hatte es doch ausdrücklich verboten. Sollte die Mutter bereits den Plan, die Söhne nach Italien zu schicken, aufgegeben haben?

Am 5. November berichtet Gawarecki, daß ihr Begleiter, Herr Lisowski, irgendeine Beleidigung von einem Arzt, einem gewissen Doktor Lewonicz, erfahren habe; am 26. Dezember vermerkt er, daß der Prince de Condé, der Alte, in Paris verstorben sei, und am 2. März: »Ich erhielt einen Stoß mit dem Degen von uns überfallenden Halunken und Scharlatanen wegen des P. L., doch nach vier Sonntagen war ich, Gott sei Dank, wieder geheilt.«

Und am 7. März: »Fürst Radziwiłł kam unerkannt aus Brüssel hier an, brieflich hatte er den Monsieur Conte Derieur zum Duell mit Degen gefordert, das sich am nächsten Morgen à la Place Royale abspielen sollte, aber da sein Feind dieses den Herzog von Orleans

hatte wissen lassen, gab man sehr darauf acht, und als frühzeitig der Fürst herauskam, sprang sofort die Wache auf ihn zu, zerrte den Fürsten in einen Wagen und brachte ihn in die Bastille, in der er nur eineinhalb Tage sitzen mußte.«
Nun war also genau das eingetreten, wovor der gute Vater Jakub seine Söhne so eindringlich gewarnt hatte.
Vielleicht waren sie allesamt froh, als sie am 1. Mai Paris verlassen konnten, um eine ausgedehnte »Peregrination durch Frankreich« anzutreten.
Am 1. Mai 1647 begann, wieder zu Pferd, die »Peregrination« durch Frankreich. Ihr Weg führte sie zuerst nach Orléans, wo sie auf der Brücke die Statuen des knienden Königs Karl VII. und der Jungfrau von Orléans bewunderten. Dann kamen sie nach Blois – und Jan ahnte nicht, daß dieses Schloß einmal die letzte Zufluchtsstätte seiner Frau Marysieńka sein würde, die vor knapp einem Jahr als Vierjährige ihren Einzug in Polen gehalten hatte.
Im kleinen Städtchen Richelieu besuchten sie den Palast des einst allmächtigen Kardinals, »der die Krone stark und die Magnaten schwach« machen wollte, ein Vorhaben, das ganz gewiß zu jenem Zeitpunkt noch die Mißbilligung unserer polnischen Magnatensöhne fand, auch Jans, der später, als er König war, vielleicht in seinem Herzen dem Kardinal recht gab.
Sie kamen auch durch das damals wegen seiner vom Teufel besessenen Priorin berühmte Loudun und hatten sogar Gelegenheit, diese Nonne samt den schwarzen Malen an ihren Händen, die angeblich die Teufel beim Ausfahren aus ihrem Leib hinterlassen hatten, mit eigenen Augen zu sehen, was ihnen, diesen abergläubischen Hinterwäldlern aus der tiefsten Ukraine, einen Schauer des Grusels über den Rücken jagte.
Für die religiöse, kindlich naive Art der Frömmigkeit der jungen Herren aus Polen ist es ja auch bezeichnend, daß Gawarecki über alle Mirakel, Legenden und Reliquien genau berichtet. So versäumt er denn auch nicht, in seinem Diarium festzuhalten, daß sie in einer Kirche in Angers »mit eigenen Augen den Krug, in dem der Herr Jesus in Canaa in Galiläa Wein aus Wasser gemacht hat«, gesehen haben.

Marek und Jan samt ihrer Begleitung atmeten erleichtert auf, als sie aus den verketzerten Zonen und in Toulouse wieder in treukatholische Lande hineinkamen, wo es »Gott sei Dank, keinen einzigen Calvin noch Luther gab«; Gawarecki führt zwei Seiten lang voller Begeisterung alle Reliquien auf, die diese »Tholosa sancta« oder »Tholosa docta«, wie Toulouse auch genannt wurde, in ihrer Kirche barg, nämlich die Leiber der hl. Apostel und vieler Heiliger. Am 4. Juli ritten sie nach Carcasonne. Querfeldein und über viele Hügel auf und ab, in der Ferne vor sich die schneebedeckten Pyrenäen, vier Meilen weiter entfernt jedoch bereits Olivenhaine und Lavendelfelder. Immer weiter ging es, immer querfeldein nach Narbonne, wo sie Rosmarinfelder, Olivenhaine und Lavendelfelder und auch viele wunderschöne Frauen sahen.

Immer wieder fällt uns bei dieser Reise durch das gesegnete Südfrankreich das Wort »fröhlich« auf. Wahrhaftig, unsere Jünglinge, vor allem Jan, der im rauhen Klima Polens andauernd unter Schnupfen und Erkältungskrankheiten litt, waren hier glücklich. Am 27. Juli ritten sie in den Papststaat ein, »ein fröhliches und fruchtbares Land, mit sehr kostbarem Obst, wie uns denn auch ein Hirte den Weg verstellte und jedem von uns zwei oder drei Morellen, groß wie Äpfel, schenkte«. In Avignon aber gab es eine Wirtin, »die sich sehr höflich benahm; als wir Wein bestellten, wollte sie nichts für den Wein, den wir getrunken hatten, nehmen. Ein merkwürdig fröhliches Land.«

In Avignon fällt ihnen aber noch etwas anderes auf: »Hier gibt es sehr viele Juden, die die gleiche Tracht tragen, wie ich sie am ersten Tag erwähnte: gelbe Hüte oder Barette; sie haben hier auch ihren Tempel.« Und in Cavaillon sogar eine Schule, »denn in Frankreich kann man sie nirgends leiden«, notiert Gawarecki.

Daß Gawarecki besonders die Tatsache hervorhebt, daß es hier Juden gibt und sie sogar ihre Tempel und Schulen haben, ist darauf zurückzuführen, daß unseren Polen, die aus Żółkiew an den täglichen Anblick von Juden gewöhnt waren, wo sich ja auch die berühmteste Synagoge befand, es seltsam vorkam, daß sie bisher auf ihrer Reise durch Frankreich noch nicht auf diese vertrauten Gestalten gestoßen waren.

In Avignon besichtigten sie die Kirche der Benediktiner. Dort sahen sie auch das Bildnis des polnischen Königs Kazimierz und darunter die Inschrift: »Poloniae rex in Galliam...«[53], die zu deutsch besagt, daß dieser polnische Piastenkönig, nachdem er im Kloster von Cluny Zuflucht gesucht hatte, hier als Bruder Carolus gelebt, daß er später Diakon war und nach dreijährigem Aufenthalt wiederum den polnischen Thron bestieg, wozu er vom Papst die Dispens erhalten hatte, allerdings nur unter folgenden Bedingungen, welche die Polen zu erfüllen gelobten: »1. Die Polen werden an jedem Mittwoch fasten und nur eine Speise zu sich nehmen. 2. Alle Polen werden sich die Haare nach Art der Mönche schneiden lassen.« Usw. Dieser letzte Punkt scheint der wichtigste, denn wir erinnern uns, daß Herr Jakub in seiner Instruktion für den Schulaufenthalt in Krakau Herrn Orchowski streng anwies, darauf zu achten, daß seine Söhne Marek und Jan die Haare nach polnischer Art schneiden lassen sollten und nicht nach irgendeiner neuen Mode. Daß ein ganzes Volk einem so alten Gelübde – jener Kazimierz, Sohn Mieczysławs I., hatte im Jahre 1040 den polnischen Thron bestiegen! – durch so viele Jahrhunderte die Treue hielt, ist bezeichnend für Polen und seine Romtreue. Jan wird bis an sein Lebensende dieser polnischen Haartracht treu bleiben und auch seine Söhne zunächst diesen »mönchischen Haarschnitt« tragen lassen.

Am 30. Juli verließen sie wieder den päpstlichen Staat und überquerten die Grenze nach Orange, »das dem Fürsten von Oranien gehört, der in Holland General ist«, wie Gawarecki notiert, und am nächsten Tag konnten sie kurz vor Valencia große Maulbeerbaumpflanzungen und Seidenraupen bestaunen, auch wie in einem Bauernhaus Seide gewebt wurde.

Unter dem 7. August hören wir zum ersten Mal von einer Erkrankung Jans. Sie dürfte aber schnell vorbeigegangen sein, denn am Nachmittag ritten sie bereits weiter.

Über elende, steinige Straßen, die manchmal so schlecht waren, daß man die Pferde am Zügel führen mußte, Marek und Jan sich sogar nach Landessitte in Stühlen von einheimischen Burschen herabtragen ließen, ging es weiter. Endlich kamen sie wieder auf eine

gute Straße, ließen »die schändlichen« Berge hinter sich und überquerten wieder die Grenze nach Frankreich.
In Lyon hatten sie am 9. August ein aufwühlendes Erlebnis: Sie waren in der Herberge à l'escu d'or abgestiegen, und als sie die Gästebücher durchblätterten, stießen sie auf eine Eintragung, die ihnen die Augen übergehen ließ. Gawarecki notierte: »Hier fanden wir in den Büchern des Gasthauses unter den Unterschriften der Reisenden, die hier in dieser Herberge abstiegen, auch die Unterschrift des verewigten Vaters – Gott hab ihn selig! – unserer wohlgeborenen jungen Herren, der mit seiner eigenen Hand zuerst ein Gedicht und dann seine Unterschrift hier verewigt hatte: Fugiendo in media ruitur fata, Anno D. 1611 die 13. Augusti. Jacobus de Sobieszyn Sobieski, Pallatinides Lublinensis Haeres in Złoczów et Zborów.«
Fliehend stürzten wir mitten in das Schicksal hinein – welch ein Sinnspruch des jungen Herrn Jakub, des Wojewodensohnes aus dem fernen Polen! Und welch ein Sinnspruch für seine Söhne!
Über Lyon ging die Reise weiter nach Decize, wo bereits »das Reich unserer polnischen Königin« begann. Hier beging Jan seinen 18. Geburtstag, und es ist vielleicht schicksalhaft, daß er an der Schwelle zum Mannestum gerade hierher in das Reich seiner Königin kam, die in seinem Leben einmal eine so überaus dominierende und entscheidende Rolle spielen wird, »es ist ein sehr fröhliches Land, vor allem die Weinberge...«, notierte Gawarecki. Selbstverständlich wurde die Hauptstadt Nevers der neuen polnischen Königin besonders genau besichtigt, es würde ihnen zustatten kommen, wenn sie nach ihrer Rückkehr sich am Hofe würden vorstellen. Wie angenehm würde es dann sein, mit der Königin über ihre Heimatstadt reden zu können.
Per Schiff wollten sie weiter nach Orléans, doch es kam ein so starker Wind auf, daß sie es vorzogen, zu Fuß bis ins nächste Dorf zu laufen und sich dort einen Karren zu mieten, während sie nur Herrn Orchowski mit dem Gepäck im Boot ließen, das von Bauern an Seilen gezogen wurde, und nach Paris vorausschickten.
Sie selbst ritten wie berauscht dahin, sahen unterwegs das neuerbaute Schloß des vielbewunderten, in so jungen Jahren

bereits so berühmten »Prince Condé« und besichtigten auch Fontainebleau, die Sommerresidenz des jungen Ludwig XIV.
Die jungen polnischen Herren nützten ihre letzten Pariser Wochen weidlich aus. Nicht nur, daß sie endlich »bei Hofe vorgestellt« wurden, wenn auch nur während einer öffentlichen Audienz für den Landgrafen von Hessen, dem sie sich anschlossen.
Gawarecki: »Der Landgraph de Hessen hatte seine öffentliche Audienz beim Königspaar, zu der auch unsere Wohlgeborenen Herren waren; der Landgraf war hier mit einem großen Hof, und seine Dienerschaft trug farbenprächtige Kleidung, er wurde sehr liebenswürdig vom Königspaar empfangen, und mehrere Sonntage lang war er Gast des Königspaares, und jeder Tag kostete, wie man sich erzählte, für den Hof und dessen Verköstigung tausend Taler und an Fischtagen zwölftausend Taler.«
Diese Eintragung ist deshalb wichtig, weil sie die Behauptungen widerlegt, daß die Sobieski-Söhne am französischen Hofe verkehrt hätten, daß sie mit Condé befreundet gewesen und in den ersten Salons von Paris ein und aus gegangen wären. All das gehört in das Reich der Phantasie.
Geblendet und berauscht von all dem Glanz, dem Luxus, den Festivitäten, werden Marek und vor allem Jan mitgenascht haben, wo sie nur konnten. Und da sie nun längst keine Kinder mehr und unter der wärmeren Sonne Frankreichs längst zu jungen Männern herangereift waren, werden sie auch kaum den schönen Frauen in Paris und anderswo widerstanden haben. Von Jan wird eines Tages der leibhaftige Beweis jener wie im Rausch zugebrachten Tage und Nächte auftauchen und ihm viele schlaflose Nächte, allerdings nicht des Rausches, sondern des Kummers, bereiten.
Am 27. September nahmen sie endlich Abschied von Paris und reisten mit der Postkutsche Richtung Rouen ab. Über Dieppe und Amiens fuhren sie nach Calais, wo sie am 9. Oktober eintrafen, von wo aus sie, am Strand entlangreitend, bis nach England hinübersehen konnten. Und da der Wind günstig war, beschlossen sie, sich nach England zu begeben.
»Am 12. Oktober nahmen wir die gewöhnliche Postbarke, die zweimal in der Woche von England nach Frankreich, das heißt

nach Calais, und von Calais wieder nach England fährt, die immer sicher ankommt, auch von Räubern frei ist. Und da sie gewöhnlich zu ihrer bestimmten Stunde abgeht, obwohl der Wind aus der entgegengesetzten Richtung kam, versäumten wir sie um ein weniges, so daß wir mit einem kleinen Boote eine halbe Meile weit bei großem Sturm ihr nacheilen mußten«, notierte Gawarecki. Immerhin erreichten sie ihre »Fregatte und stiegen ein; als wir dann aber auf den offenen Ozean hinausfuhren, wurde uns allen übel; wir fühlten uns sehr schlecht. Obwohl wir Gegenwind hatten, verbesserte sich der Wind gegen Abend, so daß wir von Calais neun Stunden Wasserweg hatten; und so kamen wir mit Gottes Hilfe glücklich im ersten englischen Hafen an, nämlich in Dover.«
Soweit Gawarecki. Da sie nachts ankamen, blieben sie gleich in der erstbesten Herberge.
Bei ihrer Fahrt in der Postkutsche am nächsten Tag fiel ihnen immer wieder die große Ordnung auf, aber auch besondere Schafarten und prachtvolle Rinderherden.
Über Rochester kamen sie endlich nach London, dessen Lage und Größe sie in ehrliches Erstaunen versetzte. War ihnen seinerzeit schon Krakau groß vorgekommen, hatte ihnen Paris die Rede verschlagen, was sollten sie jetzt zu London sagen? Krakau zählte damals ganze zwanzigtausend Einwohner, Amsterdam 105 000, Paris 250 000 und London gar 300 000!
Andrerseits: War ihr Vaterland nicht tausendmal besser als Frankreich oder gar England? Wo man Könige wie Heinrich III. ermordete oder wie hier in England Karl I. gefangenhielt? So etwas wäre in Polen undenkbar. Außerdem: England war zwar ordentlich und sauber, aber man konnte nicht einmal richtig, und wie es sich gehörte, zu seinem Herrgott beten. Heimlich mußten unsere polnischen Kavaliere am privaten katholischen Gottesdienst beim spanischen Botschafter teilnehmen.
Sechs Tage später, am 28. Oktober, fuhren sie sogar zum gefangenen König »nach Hamptoncourt, wo die Parlamentarier den König gefangenhielten. Wir kamen etwas zu spät an, indem wir angenommen hatten, daß der König noch nicht vom Tisch aufgestanden sein würde, den unsere Wohlgeborenen publice

speisen sehen wollten, wie er immer zu speisen pflegte; damit nun ihre Fahrt nicht umsonst wäre, benützten sie jenen Engländer, der gut Französisch verstand, dazu, es zuwege zu bringen, den König noch einmal in ein Zimmer herauszulassen, wo er ansonsten auch manchmal Audienz erteilte, damit ihm alle die Hand küssen konnten. So also konnten unsere Wohlgeborenen ihn tatsächlich begrüßen, und nachdem er eine halbe Viertelstunde verweilt hatte, ging er wieder fort, wir aber weiter unseres Wegs, ziemlich weitab vom Schloß, wo wir auf Befehl des Gouverneurs die Palais und die kostbaren Zimmer besichtigten. Hier unter anderem auch einen Baldachin mit dem Wappen des Königs, aus teuren Perlen und Steinen gestickt, und da war vor allem ein gewaltig funkelnder Diamant, groß wie eine Haselnuß.«
Keiner der damaligen Beteiligten konnte ahnen, daß eines Tages im Blute des allerletzten Stuart auch das Blut einer Sobieski-Enkelin fließen würde.
Sie fuhren auch nach Windsor, besuchten die »Kirche oder Kapelle, in der die englischen Könige, Fürsten und anderen würdigen Herren einen Orden verleihen, nämlich den Hosenbandorden«.
In Oxford besichtigten sie die berühmten »altertümlichen Akademien, von denen es 18 gibt, sowohl in der Stadt als auch außerhalb der Stadt... jede hat eine bestimmte Anzahl von Meistern und Studenten zur Erziehung nach einer bestimmten Ordnung«. Dort trafen sie zu ihrer Freude auch einen Studenten aus Danzig. Ganz besonderen Eindruck machte auf sie die große Bibliothek mit Büchern in fast allen Sprachen der Welt.
Anfang November erlebten sie noch die Einführung eines neuen Bürgermeisters in London, was mit großen Festivitäten und vielen Böllerschüssen verbunden war.
Schließlich besuchten sie noch Greenwich, und am 15. November traten sie die Rückreise an. Zunächst gab es Ärger mit den Zöllnern, die in ihnen Schmuggler vermuteten und deshalb ihre Sachen genauestens durchwühlten.
Froh, wieder festen Boden unter den Füßen zu haben, fanden sie in Zeeland bereits ihren Koch samt dem Gepäck und den Hunden vor. Trotz der eben erst überstandenen stürmischen Überfahrt über

den »Ozean«, wie Gawarecki den Ärmelkanal nannte, gingen sie am Nachmittag sofort wieder auf Stadtbesichtigung. Neben der Sauberkeit und Ordnung der Häuser fielen ihnen hier besonders die mit Ziegelsteinen schön und gleichmäßig gepflasterten Straßen sowie die mit Bäumen bepflanzen Chausseen auf.

Am 18. November fuhren sie mit einer Barke nach Rotterdam und sahen in der Ferne die holländische Flotte, 40 Schiffe stark, nach Brasilien gegen die Portugiesen auslaufen.

Dann reisten sie über Delft weiter nach Den Haag, wo sie sich länger aufzuhalten gedachten. Kaum in ihrem neuen Quartier eingezogen, wurde Marek schwer krank und blieb es vier Wochen lang.

Das neue Jahr, 1648, begann damit, daß der wiedergenesene Marek und Jan bei dem bekannten Meister der Mathematik Stampian, der in Diensten des Herzogs von Oranien stand, ab 2. Januar Fortifikationsunterricht nahmen. Endlich also nach dem langen Herumzigeunern durch halb Europa wieder eine geregelte Tätigkeit: Ausbildung in der Kunst des Befestigungsbaus und der Erstürmung eben solcher Kunstwerke der Technik. Dieser Unterricht dürfte den beiden jungen Starosten Spaß gemacht haben, es war ein Metier, das ihnen von Kindheit an nicht unbekannt war. Freilich, der Lerneifer der beiden jungen polnischen Herren war bei weitem nicht so groß und verbissen wie derjenige des jungen russischen Zaren Peter, der ein Menschenalter später inkognito als Zimmermann auf den Werften von Holland das Handwerk von der Pike auf lernte. Marek und Jan genossen nämlich in vollen Zügen nebenbei endlich das gesellschaftliche Leben auf höherer Ebene. Was ihnen in Paris als den Wojewodensöhnen versagt war, wurde ihnen nun hier als den Söhnen des ranghöchsten weltlichen Würdenträgers in reichem Maße zuteil. Es machte nichts, daß der Vater nur wenige Monate diese Würde bekleidet hatte und nun schon längst verstorben war, dieser Rang konnte Marek und Jan nicht mehr genommen werden; sie waren nun einmal die Söhne des Kastellans von Krakau, und als solche waren sie hoffähig geworden. Wenn auch hier in Holland nur am Hofe einer Exilkönigin, aber immerhin.

In Den Haag lebte nämlich seit ihrer Vertreibung aus Prag nach der mißglückten Schlacht am Weißen Berge Königin Elisabeth von Böhmen, Schwester des gefangenen englischen Königs Karl I. und Gattin Friedrichs V., des »Winterkönigs«, den sie seinerzeit dazu überredet hatte, sich an die Spitze der böhmischen Protestanten zu stellen und sich gegen den katholischen Kaiser, Ferdinand II., zu erheben. Übrigens hatte sich ihr Bruder, Karl I., früher sehr bemüht, seine Nichte Elisabeth, die älteste Tochter des Winterkönigs, dem polnischen König Władysław IV. zur Frau zu offerieren, weil er gehofft hatte, dadurch den Einfluß des katholischen Österreich auf Polen zu schwächen, was ihm allerdings nicht gelungen war.

Außer am Hofe der Exkönigin Elisabeth verkehrten Marek und Jan auch am Hofe Wilhelms von Oranien, dessen Frau Maria ebenfalls eine gebürtige Stuart war. Sie lernten dort auch den berühmten Admiral der siegreichen holländischen Flotte Tromp kennen, der 1639 die Spanier bei Dünkirchen geschlagen hatte; ebenso den Fürsten Moritz, der erst kürzlich aus Brasilien zurückgekommen war, und noch viele andere mehr.

In Den Haag begegneten sie einem gewissen Herrn Hage, der, aus der Türkei kommend, in Żółkiew abgestiegen und von Herrn Jakub mit großen Ehren empfangen worden war.

Da war nun plötzlich alles wieder ganz nahe: Żółkiew, der Vater, die Türken, Polen. Die Heimat warf ihre Schatten voraus. Und dann überstürzen sich die Ereignisse. Am 4. Februar des Jahres 1648 starb plötzlich der getreue Herr Orchowski in Den Haag. Das war ein harter Schlag. Nach dem Vater nun auch dieser väterliche Erzieher und rechtschaffene Gouverneur der jungen polnischen Herren. Lapidar notiert Gawarecki: »Ultima Februarii Tod des Herrn Orchowski, Gouverneurs Ihrer Wohlgeborenen, dessen Begräbnis am 3. Martii in der kalvinistischen Kirche publice nach der Gewohnheit dieser Nation abgehalten wurde.«

Nicht einmal ein römisch-katholisches Begräbnis wurde dem guten Herrn Orchowski zuteil. In der Fremde, in einer Ketzerkirche mußte er zur letzten Ruhe beigesetzt werden. Der »Älteste« des Herrn Jakub, der getreueste aller seiner Getreuen, konnte nun auch nicht mehr über den jungen, ungestüm heranwachsenden Söhnen des verewigten Herrn Kastellans wachen. Jetzt standen sie plötzlich allein mit ihren jungen Reisebegleitern in der Fremde da. Man merkt es auch sofort an den Eintragungen Gawareckis, der ab jetzt nur noch sporadisch und dann auch meistens nur zusammenfassend berichtet.

Am 1. Mai traf die Nachricht ein, daß Neapel wieder an den spanischen König zurückgefallen war; am 4. Mai verzeichnet Gawarecki die Nachricht, daß Jakob, der Herzog von Windsor, Sohn des gefangenen englischen Königs Karl I., aus dem englischen Gefängnis geflohen und heil in Holland gelandet sei. Diesen Jakob müssen wir uns merken, er wird im Leben der Familie Sobieski noch eine Rolle spielen.

Das Wichtigste, das Aufregendste, das Sensationellste geschah jedoch zwischen dem 2. und 15. Mai: In Münster wurde der Westfälische Friede geschlossen und aller Welt bekanntgegeben. Nur bis Mitte Mai hält der Lerneifer in Fortifikationskunde an. Dann fahren Marek und Jan samt Begleitung nach Brabant. In Leyden treffen sie viele polnische Herren, sie bewundern die wunderschönen baumgesäumten Straßen und immer wieder die große Sauberkeit. Schließlich sehen sie dort auch etwas ganz besonders Aufregendes: »einen Wagen auf vier Rädern, auf dem bequem fünf Personen Platz finden könnten, bei einem Müller, der damit selbst fährt, ganz ohne jede Arbeit, er dreht nur eine Kurbel wie an einem Spinnrad, und dann fährt er, wohin er will, und dann wieder zurück; manchmal fährt er 10 Meilen am Tag, wohin er will«.

Ein selbstfahrender Wagen im Jahre 1648 — das war gewiß eine Sensation.

Mit einer bequemen Barke fuhren sie weiter nach Rotterdam, von dort nach Antwerpen. Am 1. Juni nach Brüssel. Und am 5. Juni feiern sie mit der gesamten Bevölkerung das große Freudenfest des Friedensschlusses, der endlich den Dreißigjährigen Krieg beendete. Am 7. Juni trägt Gawarecki in sein Diarium ein: »Am Abend begannen die Friedenstriumphe, so daß die ganze Stadt wie im Feuer stand, denn vor jedem Haus, vor jeder kleinsten Hütte wurden Feuer in Pechtonnen abgebrannt. Zuerst wurde aus Kanonen geschossen, nachher die ganze Nacht durch bis zum Morgen aus Handfeuerwaffen, Raketen ließ man steigen, auf den Straßen Musik, Bankette, alles wurde getan, was man nur zum Vergnügen tun kann. Und das Tag für Tag, drei Nächte lang, aber am meisten zum Schluß, da haben sogar alle Orden Feuer abgebrannt und sogar auch von den Türmen.«

Auf diesen Freudentaumel folgte am 12. Juni die kalte Dusche: »Eine unglückselige Nachricht kam vom Brandenburgischen Kurfürsten an den Fürsten Radziwiłł über das Ableben des Königs, unseres Herrn Władysław des Vierten; in Merecz, am 20. Mai, als er aus Litauen zurückkehrte, ereilte ihn dortselbst der Tod.« Das war eine böse Nachricht. Der König tot. Sein einziger Sohn, den er aus seiner Ehe mit der Habsburgerin Cäcilie Renate hatte, war bereits am 9. September des vergangenen Jahres gestorben, und die Ehe mit Ludwika Maria war kinderlos geblieben. Wer würde nun König werden? Eine königslose Zeit war immer eine schreckliche Zeit in Polen. Das Tauziehen um die polnische Königskrone würde beginnen und damit eine unruhige Zeit. Daheim die verwitwete Mutter allein.

»Am 20. Junii. Nach solch trauriger Nachricht traf eine noch schrecklichere ein, nämlich daß unser Viertelsheer mit beiden Hetmanen und einer großen Anzahl tapferer Ritter und Herren am 27. Mai in der Ukraine von den rebellierenden Kosaken, die sich mit den heidnischen Tataren verbündet hatten, total aufgerieben worden war, als Anführer haben sie sich einen gewissen Chmielnicki· genommen: eine unerhört schwere und große Plage des Herrn kam über uns in rascher Folge, indem uns zuerst unser König genommen wurde und dann beide Hetmane zusammen mit dem Heer in Gefangenschaft gerieten.«

»21. Junii. Ihre Wohlgeborenen legten Trauer nach dem König an.«

»24. Junii. Überall auf den Straßen werden Feuer abgebrannt und Raketen, es ist der Tag des hl. Johannes.«

»Bei Ostende wurden die Franzosen aufs Haupt geschlagen und 1200 gefangengenommen.«

»Aus Polen treffen immer unerfreulichere Nachrichten ein.« Trotz dieser schlechten Nachrichten konnten die jungen Leute nicht widerstehen, an dem Freudentaumel teilzunehmen, der die ganzen Niederlande erfaßt hatte.

Am 5. Juli reisten sie vier Meilen weit nach Malines, wo sie der berühmten Prozession zu Ehren des hl. Ducas beiwohnten und den Jahrmarkt und die Kirche besuchten. Und da gab es wahrhaftig genug zu staunen: Triumphbögen waren über die Straßen gespannt, mit prachtvollen Emblemen geschmückt; ein Kriegsschiff glitt durch die Straßen, die Segel geschwellt, die Kanonen darauf wurden abgefeuert. Die ganze Stadt war auf den Beinen, alle Männer im Kriegsdienst ausgebildet, prachtvolle Burschen, geschmückt und herausgeputzt, zogen durch die Straßen den ganzen Tag lang, und dabei schossen sie immerzu. Doch dieser Freudentaumel sollte nicht lange währen.

»Am 16. Julii. Briefe von Ihrer Wohlgeborenen Frau von Krakau, darin sehr viel unerfreuliche Nachrichten. In diesen votiert sie, daß die Herren Starosten nach Polen zurückkommen sollen.«

Damit fand die Kavalierstour ein abruptes Ende, die so gemächlich begonnen hatte, als sie, hoch zu Roß, einfach eine Furche im Feld durchquerten und sich schon im Ausland befanden, die sie durch halb Europa geführt hatte und die sie noch viel weiter hätte führen sollen, nach Italien, nach der Türkei, nach Kleinasien, vielleicht sogar bis nach Asien. Nur noch ein paar wenige Tage verblieben unseren Weltenbummlern.

Am 24. Juli erfolgte die Abreise nach Brüssel. Über Holland ging es zurück nach Polen.

Alle anwesenden Freunde begleiteten Marek und Jan zum Schiff, manche waren extra von Löwen herübergekommen, um Abschied zu nehmen. Mit der Nachtbarke fuhren sie nach Antwerpen, mußten unterwegs mitsamt allem ihrem Gepäck fünfmal umsteigen, was äußerst mühsam und unbequem war.

Von Antwerpen ging es am 25. Juli nach Rotterdam, von dort nach Breda.

»26. Julii. Wir kamen um elf Uhr vormittags vor der Stadt an. Da aber die Kalvinisten die Gewohnheit haben, vor allem an Sonn-

tagen während der Predigt in den Kirchen die Stadttore so lange geschlossen zu halten, bis ihr Gottesdienst zu Ende ist, so mußten wir bis zwölf warten. Als dann die Tore geöffnet wurden, fuhren wir durch fünf Tore in die Stadt ein. Wir stiegen am Marktplatz im Gasthof au trois oranges d'or ab, ein angenehmer Gasthof.«
Hier bricht Gawareckis Tagebuch ab. Die letzten fünf Seiten des 61 Seiten umfassenden »Büchleins« blieben weiß und leer und unbeschrieben.
Über die Rückreise nach Polen wissen wir nichts. Nur so viel, daß sie mehrere Monate dauerte, bis gegen Ende September oder gar Anfang Oktober.
Unterwegs, irgendwo, hatte Jan am 17. August seinen 19. Geburtstag begangen, gewiß nicht gefeiert, weil in Polen nur der Namenstag gefeiert wurde.
In Polen ging es unterdessen drunter und drüber. Wie ein Schiff ohne Steuermann schlingerte die Rzeczpospolita, dieses territorial so ausgedehnte Land, in die Katastrophe.
Während König Władysław IV. beigesetzt und der Konvokationsreichstag vorbereitet wurde, flammte der Kosakenaufstand auch in den Wojewodschaften Kijew, Bracław und Podolien auf und breitete sich bis nach Wolhynien aus.
Es waren wohl drei »Regimentari« eingesetzt worden, um den Kosakenaufstand unter Kontrolle zu halten, doch diese drei Herren erwiesen sich als total ungeeignet, weshalb man diese Kommandeure nachher verächtlich »Federbett«, »Kind« und »Latein« nannte.
Am 23. September 1648 kam es zu der schmachvollen Niederlage bei Piławce; die drei kläglichen »Regimentari« hatten schmählich ihr Heer im Stich gelassen und Fersengeld gegeben, das Heer folgte seinen Anführern, so daß die Kosaken und Tataren fast kampflos das ganze reiche Lager mit unendlichen Reichtümern an Gold und Silber, kostbaren Gewändern und Waffen erbeuten konnten.
Für Kosaken und Tataren gab es nun kein Halten mehr. Wie eine Sintflut ergossen sie sich bis weit nach Polen hinein, raubend, sengend, plündernd, mordend, vergewaltigend, Entsetzen verbreitend; Feuerschein und Jammergeschrei erfüllten die Tage und

Nächte. Die polnischen Herren verließen fluchtartig ihre stolzen Burgen und Schlösser, die bisher so trutzig die Grenzen zum Osten beherrscht hatten, und retteten sich in das Innere Polens. Hinter ihnen her stürmten Kosaken und Tataren. Über Lemberg stießen sie beinahe bis nach Krakau vor, kamen bis Zamość, und sie hätten auch über die ungeschützt daliegenden Wege bis nach Warschau vordringen können, doch unterließen sie das aus irgendwelchen unbegreiflichen Gründen.

Auch Frau Theophila war mit ihren Töchtern geflüchtet und hatte bei ihren Verwandten in Zamość Zuflucht gesucht und gefunden. In diesen für alle Polen so schrecklichen und demütigenden Tagen gelang es Marek und Jan, samt ihrem kleinen Gefolge bis nach Zamość durchzudringen und auch in die belagerte Stadt hineinzukommen.

Nach zwei Jahren Abwesenheit fielen sie der Mutter zu Füßen, und Frau Theophila mit dem »mannhaften« Herzen stieß ihre berühmt gewordenen Worte hervor:

»Ich würde Euch nicht als meine Söhne anerkennen, wenn Ihr jemals so schmählich eine Schlacht verließet wie jene!«

Die Söhne nahmen es sich zu Herzen und richteten sich danach.

ZWEITER TEIL

In den Fängen der Liebe und der Politik

I

Erste soldatische Erfahrungen

Nun war man also wieder in Polen. Fern die liebliche Provence, fern die »fröhlichen Wege«, die Weingärten, die Olivenhaine, die duftenden Lavendelfelder.
Rauh begann der polnische Herbst. Der Krieg tobte im Land, in Warschau tagte der Konvokationssejm. Wer würde König werden? Und man war wieder im Bannkreis der strengen Mutter. Zwar nicht im heimatlichen Żółkiew, sondern als Flüchtling in Zamość, dennoch waren die heldenhaften Ahnen erdrückend nahe.
»O quam dulce et decorum pro patria mori!« – Da stand wieder der Spruch vom Grab des Urgroßvaters Żółkiewski, nun schon als fordernder Imperativ, Marek und Jan vor Augen, waren sie doch inzwischen zu jungen starken Männern herangewachsen, fähig, eine Waffe zu führen. Und es war nun auch eingetroffen, was der Vater prophetisch vorausgesagt hatte: »Ihr werdet genug mit den Tataren herumzutanzen haben.«
»Und unsere Mutter«, schrieb Jan III. Sobieski später in seiner Familiengeschichte in Rückerinnerung an jene Tage in Zamość, »sagte, als wir nach des Vaters Tod aus den fremden Ländern heimkehrten, eben während der Wahl König Kazimierzs und nach jener unglückseligen Pilawecker Schlacht, nicht nur einmal zu uns: Wenn einer meiner Söhne jemals aus einer Schlacht derart flüchtete, würde ich ihn nicht als meinen Sohn anerkennen, und auf unser Wappen deutend, erinnerte sie an jene Spartanerin, die, als sie ihre Söhne zu ähnlichen Kämpfen fortschickte, auf die Schilde wies und sagte: vel cum hoc, vel super hoc.«
Viel hatte sich in Polen, seit Marek und Jan es vor zweieinhalb Jahren verlassen hatten, geändert.
Fast unbemerkt von der Allgemeinheit der Szlachta hatte sich zunächst einmal am Hofe eine stille Revolution vollzogen.

Herr Jakub hatte auch hierin »prophetico«, wie sich Jan ausdrückte, vorausgesehen, daß durch die französische Königin auch französische Sitten bei Hofe einziehen würden.

Gewiß, man hatte beim Einzug der neuen Königin sofort registriert, daß ihr kleiner Hofstaat sich nach französischer Mode kleidete: Die Damen tief dekolletiert, was man bis dato in Polen nicht kannte, denn hier verdeckten Jungfrauen und Matronen züchtig ihren Busen, und die meisten Männer trugen noch den mönchischen polnischen Haarschnitt, während Ludwika Marias Höflinge in langen Allongeperücken daherstolzierten.

Aber ansonsten spürte man von diesen Fremden im Augenblick noch nicht allzuviel. Ludwika Maria stand völlig im Schatten König Władysławs, der als wirklicher Souverän auftrat, dessen Hof glanzvoll war, selbst im Ausland berühmt, vor allem wegen der Oper. Wie alle Habsburger hatte auch Władysław die große Liebe für Musik und Theater durch seine Mutter Anna geerbt. Ballette, Feerien, Opern, mit allem Drum und Dran, wie Flugmaschinen für Götter, Schiffe, Wagen, Wellenmaschinen, mechanische Tiere etc. waren eine Selbstverständlichkeit am Warschauer Hof. Auch die Kapelle, die sich hauptsächlich aus Italienern zusammensetzte, war europaweit berühmt. So blieb es auch noch nach Cäcilie Renates Tod eine Weile; des Königs ganzes Sinnen und Trachten richtete sich aber immer mehr auf die große Auseinandersetzung mit den Türken. Doch der Tod riß ihn aus den Kriegsvorbereitungen. Und die ungeduldigen, enttäuschten Kosaken rächten sich nun an den hochmütigen polnischen Herren, indem sie sich mit deren Erbfeinden, den Tataren, verbündeten und sich wie eine Sturzflut über die polnischen Lande ergossen, das ohne den königlichen Steuermann hilflos dahintrieb.

Die Königin, Ludwika Maria, die Fremde, die scheel Angesehene, sie hatte nichts zu sagen. Sie war nur die Witwe des verstorbenen Königs und mußte jeden Augenblick gewärtig sein, aus dem Lande hinauskomplimentiert zu werden.

Wäre Ludwika Maria eine weniger starke und sternengläubige Persönlichkeit gewesen, hätte sie jetzt an ihrem Schicksal verzweifeln müssen. Aber sie war eben eine starke und auch sternengläubige Persönlichkeit, deshalb glaubte sie weiterhin an die ihr verhießene Krone und befahl sich selbst, Ruhe zu bewahren. Während Kosaken und Tataren im Inneren Polens schrecklich wüteten, Lemberg und Zamość belagerten, gingen die Beratungen des Konvokationsreichstages in Warschau weiter. Wer sollte neuer König werden?

Am 20. November wurde der jüngere Stiefbruder Władysławs, Jan Kazimierz, Sohn König Zygmunts und der österreichischen Constanzia, eben jener Jan Kazimierz, der in Frankreich zwei Jahre lang gefangengehalten worden war und dessen Spuren Jan und Marek in Frankreich verfolgt hatten, zum König gewählt; er mußte sich verpflichten, seine verwitwete Schwägerin, Ludwika Maria, zu heiraten. Auf diese Weise war die Königin versorgt, und die Rzeczpospolita sparte sich eine Menge Geld. Am 30. Mai 1649, ein Jahr nach Władysławs Tod, läuteten die Hochzeitsglocken zum zweiten Mal für Marie Gonzaga in Warschau.

Fühlte der junge Jan, eingeschlossen in der von Kosaken und Tataren belagerten Stadt Zamość der befreundeten Familie Zamoyski, den Anhauch des Schicksals? Kaum. Aber sowohl er als auch sein älterer Bruder Marek brannten darauf, so schnell wie nur möglich selbst in den Kampf hinauszuziehen. Dazu fand sich bald Gelegenheit.

Jan Kazimierz, der neue König, der zwar als junger Mann einige militärische Erfahrungen auf dem Feldzug nach Smoleńsk gesammelt hatte, dem dann jedoch das Kriegshandwerk zu anstrengend geworden war, der in österreichisch-kaiserliche Dienste getreten war, der von den Franzosen verhaftet worden war, der nachher, kaum daß ihn sein königlicher Bruder mit viel Mühe aus den französischen Kerkern befreit hatte, Jesuit wurde, später, verärgert über Rom, das ihm die königliche Anrede verweigerte, nach der roten Robe des Kardinals verlangte und sie auch bekam, dieser Jan Kazimierz also, ein intelligenter, phantasiereicher, doch unbeständiger Mann, vielleicht schon ein bißchen degeneriert, ein von Unschlüssigkeit geplagter Neurastheniker, leicht lenkbar und beeinflußbar, er sah sich nun gleich zu Beginn seiner Regierung mit einer derart schwierigen Situation in seinem Reich konfrontiert.

Zunächst versuchte er auf dem Verhandlungsweg den siegreichen Kosakenhetman Chmielnicki, der zu Weihnachten jenes denkwürdigen Jahres 1648 wie ein Souverän in Kijew seinen Einzug hielt, zu stoppen. Doch nicht nur für Polen war dieses Jahr 1648 durch die Schrecken des Kosakensieges denkwürdig; dem Westen hatte es nach dreißig Jahren endlich den Frieden gebracht und dem schrecklichen Gemetzel ein Ende gesetzt.
Ludwig XIV. war damals gerade zehn Jahre alt geworden, der spätere Kaiser Leopold I. acht und Karl V. von Lothringen fünf. Mit Mühe und Not gelang es Jan Kazimierz und seinen Ratgebern, mit Chmielnicki im Januar des darauffolgenden Jahres, also 1649, einen Waffenstillstand bis Ende Mai zu erreichen. Beide Seiten benützten die paar Monate zu fieberhaften Rüstungen.
Gleich nach der Trauung von König Jan Kazimierz und Ludwika Maria am 30. Mai 1649 begannen abermals die Feindseligkeiten. Und nun waren die beiden Sobieski-Söhne auch schon dabei. Marek, Starost von Kransostaw, nahm an der Verteidigung Wolhyniens teil. Unter dem Kommando von Jeremi Wiśniowiecki schlossen sich die Polen, unter ihnen Marek, im befestigten Zbaraż ein und hielten über einen Monat lang, vom 10. Juli bis zum 22. August, dem weit überlegenen Heer der stürmenden Kosaken und Tataren stand.[54]
Während die Lage im eingeschlossenen Zbaraż allmählich verzweifelt wurde, nahte König Jan Kazimierz mit einem Entsatzheer, bei dem sich Jan Sobieski, Starost von Jaworów, befand. Beim Übergang über den Fluß Strypa wurde jedoch der König mit seinem Heer von dem zahlenmäßig weit überlegenen Feind bei Zborów, das den Sobieskis gehörte, eingekreist und lahmgesetzt. Das geschah am 15. August; zwei Tage später wurde Jan 20 Jahre alt. In diesem gefährlichen Augenblick gelang es, den Tatarenchan, Islam Girej, dem Chmielnicki allmählich zu mächtig wurde, auf die polnische Seite hinüberzuziehen. Solch ein Wechseln der Fronten war dazumal nichts Seltenes.
Inzwischen nahte von Litauen eine Entsatzarmee, und so stimmte Chmielnicki dem Abkommen von Zborów vom 15. August 1649 zu. Polen hatte zwar die Kosaken nicht besiegt, aber es war doch

wenigstens das lähmende Entsetzen gewichen, das die Nation erfaßt hatte. Das stark angeschlagene Selbstgefühl war aus den Kämpfen gestärkt hervorgegangen. Erleichtert nahm man zur Kenntnis, daß Kosaken und Tataren nicht unüberwindlich waren. Das Abkommen von Zborów war für die Kosaken ein Triumph. Es bestätigte Bogdan Chmielnicki Rang und Würde und vor allem die Befehlsgewalt eines Hetmans in der Ukraine am Dnjepr, mit den Wojewodschaften Kijew, Czernihow und Bracław. Das Kosakenregister wurde auf 40 000 Mann erhöht. Dem Zaporoger Heer wurden Rechte und Freiheiten zugebilligt; andererseits aber auch der polnischen Szlachta die Rückkehr auf ihre fluchtartig verlassenen Güter garantiert, was wiederum die dortigen Bauern, die sich gegen ihre polnischen Grundherren erhoben und zu den Kosaken übergelaufen waren, erboste. Überdies garantierte der König den Griechisch-Orthodoxen in den genannten Wojewodschaften Glaubensfreiheit, und schließlich erhielt der Metropolit von Kijew sogar einen Sitz im polnischen Senat. Dafür sollten Juden und Jesuiten aus diesen Gegenden ausgewiesen werden.

Auch mit dem Tatarenchan Islam Girej schloß Jan Kazimierz ein Abkommen, das allerdings die Republik Polen eine große Summe Geldes kostete, nämlich 40 000 Taler Lösegeld und 200 000 polnische Złoty jährlichen Tribut, der als »Geschenk« deklariert wurde.

Dieses Abkommen von Zborów barg so viele strittige Punkte in sich, daß beide Seiten vorsichtshalber weiter zum Krieg rüsteten. Chmielnicki gelang es bald, die Tataren wiederum auf seine Seite hinüberzuziehen. Außerdem gewann er die Protektion der Pforte, die ihm für den Fall seiner Unterwerfung die Oberhoheit über die Moldau in Aussicht stellte. Trotzdem war das Jahr 1650 ein ziemlich ruhiges; so daß Theophila Sobieska der Hochzeit ihrer ältesten Tochter, Katarzyna, mit dem Fürsten Władysław Dominik Zasławski-Ostrogski, Wojewoden von Krakau, zustimmte. Der einundzwanzigjährige Marek Sobieski trat zum ersten Mal in der Rolle des Familienoberhauptes auf. Seine Schwester, die Braut, war erst sechzehn Jahre alt.

Angesichts der Tatsache, daß die Familie in Polen eine so große Rolle spielte, dürfen wir annehmen, daß auch diese Ehe mit allem nur möglichen Aufwand vollzogen wurde.

In diesem Jahr der relativen Ruhe setzte jedoch Bogdan Chmielnicki seine Wühlarbeit fort, indem er die Dissidenten in Polen und Litauen sowie die Bauern gegen die Szlachta aufhetzte. Bis nach Großpolen, Masovien, bis nach Krakau und sogar Schlesien stießen seine Emissäre vor und verbreiteten antifeudalistische Parolen.

Bogdan Chmielnicki, ein Kleinadeliger, lebte ursprünglich ruhig und zufrieden auf den von seinem Vater geerbten Wirtschaften, bebaute seine Felder und fügte seinem eher bescheidenen Besitz noch ein paar kleine Mühlen hinzu. Diese Ruhe wurde plötzlich empfindlich durch den polnischen Szlachcic Jasiński, dem der Wohlstand Chmielnickis ein Dorn im Auge war, gestört. Als es ihm nicht gelang, sich dessen Wirtschaften anzueignen, brannte er die Mühlen nieder; es kam zu bösen Übergriffen mit Vergewaltigungen und Mord. Chmielnicki, dem sich einige andere Bedrängte anschlossen, führte Klage in Warschau, doch gelang es ihm nicht, bis zu König Władysław vorzudringen. Kurz und gut, die Rechtsbrüche und Gewalttaten des polnischen Adeligen blieben ungesühnt.

Also holte sich Chmielnicki, kaum daß der König die Augen geschlossen hatte, selbst sein Recht, indem er sich an die Spitze der Kosaken stellte und mit ihnen in Polen einbrach, nun selbst entsetzlich hausend, mordend, sengend, vergewaltigend, plündernd, katholische Nonnen und Priester zur Eheschließung gewaltsam zwingend.[55]

Im Vorkarpatenland kam es im Juni 1651 unter Aleksander Kostka Napierski, einem Offizier der Kronstreitkräfte, zu einem Aufstand. Er erließ Manifeste und rief die Bauern zum Aufstand gegen die adeligen Herren und Unterdrücker auf. Die Truppen des Krakauer Bischofs belagerten die Festung Czorsztyn, in der sich Napierski eingeigelt hatte, und stürmten sie. Napierski und zwei weitere Bauernführer wurden auf das grausamste hingerichtet.

In Großpolen und Masowien hatten die auch dort versuchten

Aufstände weniger Erfolg. Immerhin erlaubten diese Unruhen im Westen des Landes Chmielnicki, der sich abermals mit den Tataren verbündet hatte, im Frühsommer nach Wolhynien und Rotreußen einzufallen.
Doch Polen war inzwischen auch nicht untätig geblieben. Der König hatte das allgemeine Adelsaufgebot ausrufen lassen und rückte nun zusammen mit diesem und dem Kronheer den Kosaken und Tataren entgegen und zwang Chmielnicki, an dem ihm genehmen Ort, nämlich bei Beresteczko, die Schlacht anzunehmen. Dabei verfügte Chmielnicki über eine Armee von etwa 100 000 Mann, der König nur über etwa 57 000.
Vom 28. bis zum 30. Juni tobte die Schlacht. Marek und Jan waren, jeder mit einem eigenen Fähnlein, dabei. Sie kämpften auf dem rechten Flügel unter dem Krongroßhetman Potocki. Beider Fähnlein erlitten große Verluste, und Jan erhielt während der Kämpfe eine schwere Kopfwunde; außerdem wäre er um ein Haar in Gefangenschaft geraten, doch seine Waffengefährten retteten ihn.[56]
Die Schlacht von Beresteczko ging siegreich für die Polen aus. Sie schlugen die Kosaken und die Tataren in die Flucht. Gebrochen war dadurch aber Chmielnickis Macht noch lange nicht.
Beunruhigt durch die Bauernaufstände im Karpatenvorland und in Großpolen, eilte nach geschlagenem Treffen das Adelsaufgebot wieder nach Hause zurück. Aber schon sammelte Chmielnicki ein neues Heer und warf sich, abermals zusammen mit den Tataren, auf das polnisch-litauische Heer, das nicht einmal mit vereinten Kräften dem Ansturm standzuhalten vermochte. Der Zusammenstoß erfolgte bei Biała Cerkiew (Belaja Cerkov). Marek und Jan waren auch hier mit ihren eigenen Fähnlein dabei.
Da der Kampf unentschieden ausgegangen war, kam es abermals zu Verhandlungen. Bogdan Chmielnicki wurde zu Beratungen im polnischen Lager erwartet. Marek Sobieski und Teodor Potocki, Mundschenk von Litauen, begaben sich als Geiseln für Chmielnickis Sicherheit in das Kosakenlager.
Am 28. September 1651 kam es zum Vertrag von Biała Cerkiew. Doch diesmal schnitten die Kosaken ungünstiger ab: ihr Register

wurde auf 20 000 Mann gesenkt, und es verblieb ihnen nur noch die Wojewodschaft Kijew.

Es folgte nun ein Jahr des relativen Friedens, in dem zwar weiter gerüstet wurde, es aber keine direkten militärischen Auseinandersetzungen gab.

Es ist anzunehmen, daß nun Theophila mit ihren Söhnen nach Żółkiew zurückkehrte. Erschüttert werden Marek und Jan die Gruft ihres Vaters in der Kirche besucht und vor seinem Porträt gestanden haben, das ihn, kurz vor seinem Tode, als Kastellan von Krakau darstellt.

Ob zur gleichen Zeit auch das Porträt Theophilas entstanden war oder ob es Jan erst nach ihrem Tode malen ließ, wissen wir leider nicht. Es hing jedenfalls ebenfalls in der Kirche von Żółkiew und stellte Jans Mutter als Kastellanin von Krakau dar, eine vergrämte strenge Matrone in hochgeschlossenen Kleidern, den Kopf bedeckt.

Obwohl das Abkommen von Biała Cerkiew für Polen günstig war, ratifizierte es der Sejm, der im März 1652 in Warschau stattfand, nicht; dafür ereignete sich etwas, das für Polens Geschichte von größter Bedeutung werden sollte. Zum ersten Mal wurde hierbei nämlich durch das »Liberum veto« eines einzelnen Abgeordneten der Sejm »zerrissen«, und damit wurden alle bisher getroffenen Beschlüsse aufgehoben.

Nur kurz währte die Ruhe in der Ukraine, und der Sieg von Beresteczko wurde bald durch die vernichtende Niederlage des polnischen Heeres am Batoh (Bug) wieder aufgehoben. Eine gewaltige Armee war unter Chmielnicki in die Moldau aufgebrochen. Am Batoh stellte sich ihr das polnische Heer unter dem Feldhetman Marcin Kalinowski in den Weg. Marek Sobieski war mit dabei. Am 1. Juni wurde eine Attacke der Kosaken und Tataren zurückgeschlagen, doch am nächsten Tag rückte Chmielnickis Sohn Tomasz mit der Hauptstreitmacht heran. Im polnischen Lager brach Panik aus, und als die polnische Reiterei ohne Befehl ins Feld ausrückte, ließ Kalinowski auf die eigenen Leute schießen. Im nun entstehenden allgemeinen Durcheinander gelang es den Kosaken, in das polnische Lager einzubrechen. Hetman

Kalinowski fiel im Kampfe; etwa fünftausend polnische Soldaten wurden gefangengenommen. Darunter auch Marek Sobieski. Nur eine kleine Gruppe entkam.
Die Wut der Kosaken war so groß, daß Chmielnicki angeblich die Gefangenen den Tataren abkaufte und sie allesamt grausam ermorden ließ. Auch Marek Sobieski.[57]
»Und so geschah es denn auch«, schreibt Jan in seiner Familiengeschichte, »was jedoch nicht ohne den größten Schmerz der Mutter abging, denn er war ihr am allermeisten geliebtes Kind, da er ja ihr primogenitus war: denn nicht nur, daß Marek, der Starost von Krasnostaw, mein älterer Bruder, die unglückseligen Felder der Ukraine mit seinem Blute tränkte; aber auch seine Gebeine carent sepultura, nicht super hoc hierhergebracht, denn er ist zusammen mit seinem Schild dort gefallen; und was das Schlimmste und der größten Consideration und des größten Mitleides würdig ist, daß er niedergemetzelt wurde, nicht erhitzt von der Schlacht, sondern am nächsten Morgen, wie man sagt, bei kaltem Blute, ein Beispiel für die unerhörte Grausamkeit, denn dieses widerfuhr am selben Tage einigen Tausend seiner Mitgefährten in dieser grausamen Tragödie, und zwar von der Hand jenes, gleichsam für den Zweig unseres Hauses Vorbestimmten aus dem Geschlecht des Kantimir, dessen Namen ich schon weiter oben erklärte, daß er nämlich Blutiges Eisen bedeutet.
So sind denn mein Urgroßvater, Großvater, Onkel und Bruder von Heidenhand gefallen; solch ein Beispiel fand man, wie man sagt, nur selten in unseren Ritter- und Soldatenhäusern, aber sie waren durch die Heiden für den hl. Glauben und Gottes Kirche gefallen.«
Und damit wuchs natürlich Jans Antipathie gegen die Heiden.
»Mich hat das Schicksal, oder besser Gottes Wille, vor diesem Untergang bewahrt«, fügt er fast entschuldigend hinzu, »indem es mich zu jener Zeit mit schwerer Krankheit in Lemberg daniederliegen ließ. Dieser erwähnte Marek hat in seiner Jugend schon toga et sago, im Frieden und im Krieg, große Umsicht und Tapferkeit gezeigt. Er hatte bereits ein paarmal als Abgeordneter beim Sejm fungiert; er hatte die Expeditionen bei Zbaraż, Beresteczko, Winnica, Kupczyń, Białocerkiew bei den Husaren mit seinen

eigenen Fähnlein, die er selbst kommandierte und anführte, mitgemacht. Aber die neidischen fata gingen mit ihm so um, wie es irgendwo Job einmal geschrieben hatte: veluti a texente.«[58]
Diese Zeilen aus Jans eigener Feder sind in zweierlei Hinsicht so wichtig für uns, weil sie uns erstens klipp und klar sagen, daß Marek der Lieblingssohn der Mutter war und daß ihn, Jan, das Schicksal vor dem schrecklichen Ende, wie es seinem Bruder bestimmt war, bewahrt hatte.

Für die Mutter war der Tod Mareks der schrecklichste und härteste Schlag, den das Leben für sie bereitgehalten hatte. Für sie war eine Welt – die Welt ihrer Hoffnungen und Erwartungen – zusammengebrochen. Sie konnte gegen Tataren und Kosaken und Türken mit eigener Hand losgehen und sich zur Wehr setzen – gegen das Schicksal war auch diese Frau »mit dem mannhaften Herzen« wehrlos. Und das Schicksal hatte in seinen seltsamen und für den Menschen oft so schwer verständlichen Fügungen nicht nur Marek, den edleren und wertvolleren der beiden Brüder, durch einen so entehrenden und schmachvollen Tod, dahingerafft, sondern hatte den weit weniger würdigen Sohn durch eine in den Augen der Mutter schändliche Tat vor dem Tode bewahrt.

Jan erwähnt eine »schwere Krankheit«, die ihn in Lemberg ans Bett fesselte und nicht am Feldzug gemeinsam mit dem Bruder teilnehmen ließ.

Diese »Krankheit« waren schwere Wunden, die er aus einem Duell wegen irgendeiner Liebesgeschichte mit Michał Pac, dem Angehörigen dieses mächtigen litauischen Magnatengeschlechtes, davongetragen hatte. Es war wohl eine simple Eifersuchtsgeschichte, die beiden Heißsporne duellierten sich angeblich wegen der Tochter des in Holland verstorbenen Herrn Orchowski.

Jan hatte sich nach der Rückkehr nach Żółkiew in das junge Mädchen verliebt, und leidenschaftlich, wie er war, wollte er sie heiraten. Theophila war entsetzt, denn, wie in ihrer Familie üblich, dachte sie an vorteilhafte und standesgemäße Ehen für ihre Söhne. Sie machte der ganzen Affäre ein Ende, indem sie die Tochter Orchowskis an irgendeinen Edelmann der Umgebung rasch verheiratete.

Ein Duell also hatte Jan das Leben gerettet. Das verzieh die Mutter ihrem Sohne Jan niemals. Jan war nun der Alleinerbe des riesigen Familienvermögens. Durch Mareks Tod war Jan schlagartig an die erste Stelle gerückt. Nun war er es, der die »rechte Hand« nicht mehr jedem anderen zu überlassen brauchte, nun war er es, dem der Ehrenplatz gebührte, nun war er das Haupt der mächtigen Familie. Ihm gehörten nun alle Schlösser, Latifundien, Leibeigenen, all das Silber und Gold in den Kellergewölben. Oder es würde eines Tages, wenn die Mutter auch nicht mehr unter den Lebenden weilen würde, ihm allein gehören – denn die Schwestern waren ja ausbezahlt, dafür hatte noch Vater Jakub gesorgt.

Die Mutter allerdings behielt vorerst noch Żółkiew für sich selbst, während Jan seinen Hauptwohnsitz in Jaworów aufschlug, wo er ein anheimelndes Jagdhaus besaß, das er bis an sein Lebensende gern mochte und immer wieder aufsuchte.

Ebenso gewiß, wie die Mutter mit dem Schicksal und mit Jan grollte, war, daß Jan zeitlebens ein schlechtes Gewissen der Mutter gegenüber behielt, während er dem Schicksal oder dem Willen Gottes, wie er es fromm ausdrückte, dankbar war, das ihm das Los Mareks erspart hatte.

Als Jan von seinen Verletzungen genesen war, zog er sofort wieder hinaus in den Kampf. Und das wird gewiß im Sinne der Mutter gewesen sein.

Zuvor machte er aber unliebsame Bekanntschaft mit den Gerichten. Er schuldete aus irgendeinem Grunde einem gewissen Michał Aksamicki 40 000 Złoty. Das Gericht verhängte über ihn die Acht. Das war im damaligen Polen nichts Außergewöhnliches. Als er nach ein paar Monaten die Schuld beglichen hatte, kam er wieder in den Genuß aller seiner Rechte. Immerhin wäre zu denken, daß auch dieser Umstand der sittenstrengen Frau Theophila mißfiel. Übrigens passierte Jan später nochmals eine derartige Panne. Sein Vater Jakub hatte dem Kloster der Barfüßigen Karmeliter in Lemberg eine Summe von 50 000 Złoty vermacht. Diese Summe war nicht ausbezahlt worden. Das Kloster klagte, das Gericht verhing die Acht. Unser reicher Jaś wurde abermals ein Geächteter. Doch da er schnell das Versäumte nachholte, wurde das Urteil abermals

aufgehoben. Immerhin zeugen diese zwei Vorfälle dafür, daß Jan mit dem Geld sorgloser umging als sein gewissenhafter und sparsamer Vater Jakub.
Das Jahr 1653 brachte Veränderungen in der Familie Sobieski. Anna, die jüngste Schwester, trat in das Benediktinerinnenkloster in Lemberg ein, wo sie, dies sei vorweggenommen, zwei Jahre später, erst neunzehn Jahre alt, verstarb.
Theophila Sobieska aber reiste in die Ewige Stadt, wo sie bis 1658 blieb. Was Frau Theophila bewog, nach Rom zu übersiedeln, wissen wir nicht. Vielleicht war es ein Gelübde oder der Schmerz über des geliebtesten Kindes Tod, oder beides zusammen.
Indessen gingen die Kosakenkriege in Polen weiter. Bogdan Chmielnicki hatte aber inzwischen an Ansehen unter seinen Anhängern verloren, da er versucht hatte, seinen Sohn durch eine geschickte Heiratspolitik zum Fürsten der Moldau zu machen.
Im Herbst des Jahres 1653 war Jan bereits wieder in der Schlacht von Żwaniec dabei. Diesmal führte der König selbst seine Armee an. Jan befehligte ein Kosakenfähnlein leichter Reiterei. Das Kronheer wurde alsbald von der weit überlegenen Streitmacht der Kosaken und Tataren, die Chmielnicki anführte, umzingelt; Hunger, Kälte und Regen machten dem eingeschlossenen polnischen Heer zu schaffen und verursachten große Verluste.
Dem Kanzler Ossolinski gelang es in dieser verzweifelten Situation, durch eine Summe von 100 000 Złoty und das Recht, in der Ukraine Kriegsgefangene zu machen und in die Sklaverei zu treiben, die Tataren auf die polnische Seite herüberzuziehen. Dadurch konnte er Chmielnicki zwingen, einen neuen Vertrag, der die alten Bedingungen des Waffenstillstandes von Zborów bestätigte, zu unterschreiben.
Beide Seiten tauschten für die Zeit der Beratungen Geiseln aus. Jan befand sich unter den polnischen Geiseln und verblieb nun für einige Monate im Lager der Tataren. Da er von Żółkiew her ein paar Brocken Tatarisch konnte und von Haus aus eine ausgesprochene Begabung für Sprachen hatte, lernte er rasch, sich mit den Tataren zu verständigen. Auch beobachtete er aufmerksam Sitten

und Gebräuche dieses unberechenbaren Steppenvolkes, was ihm später im Leben noch von großem Nutzen sein sollte.

Am 15. Dezember kam es bei Żwaniec zum Abschluß der Erneuerung des Abkommens von Zborów. Jan kehrte aus dem Tatarenlager zurück. Und da er seinerzeit die Kavalierstour nicht hatte bis in die Türkei fortsetzen können, nahm er im nächsten Jahr die Gelegenheit wahr, sich dem polnischen Botschafter Mikołaj Grzymała-Bieganowski anzuschließen, der mit einem Gefolge von hundert Personen nach Konstantinopel reiste.[59]

Pikante Einzelheit am Rande, die uns Hammer-Purgstall, der sich dabei auf osmanische Quellen stützte, berichtet, ist der Umstand, daß die polnische Gesandtschaft fast drei Wochen warten mußte, bis sie zum Sultan vorgelassen wurde; zu ihrem größten Mißvergnügen wurden die polnischen Herren zusammen mit den kosakischen Abgesandten, die um den Schutz der Pforte ansuchten, empfangen.

Es half nichts, daß sich der polnische Botschafter Bieganowski beschwerte. Der aufgeweckte Jan beobachtete alles genau. Ob er, wie es üblich war, beim Erscheinen des Sultans von den Tschauschen mit dem Kopf zu Boden gestoßen wurde wie die anderen[60], wäre denkbar. Daß eine solche Demütigung Jan nicht geschmeckt hat, ist klar.

Inzwischen bereitete sich ein neuer polnisch-moskowitischer Krieg vor. Als nämlich Chmielnicki nicht genügend Entgegenkommen bei der Pforte für seine dynastischen Pläne fand, versuchte er es, das bisher an den Kosaken wenig interessierte Moskau als Schutzmacht zu gewinnen. Im Januar des Jahres 1654, als Jan nach Konstantinopel unterwegs war, fand in Perejaslaw eine Versammlung der Kosaken statt, die sich für »den östlichen, den rechtgläubigen Zaren«[61] aussprachen. Nach langwierigen Verhandlungen unterstellten sich die Dnjeprkosaken dem Zaren, behielten aber eine weitgehende Autonomie bei.

Dieser Schritt der Kosaken führte zum Krieg. Im Sommer 1654 griffen russische Heere die polnischen Streitkräfte an, die, da sie völlig unzureichend für einen neuen Krieg gerüstet waren, zurückweichen mußten. In ein paar Monaten war der ganze

Nordosten Polen/Litauens wieder in Moskowiterhand, dazu auch die Festungen Smoleńsk, Mohilew und Płock; im Sommer 1655 fielen auch Mińsk und Dünaburg, und im August nahmen die Moskowiter sogar Wilna, die litauische Hauptstadt, ein.

Im Süden Polens führten Stefan Czarniecki und der Kronfeldhetman Stanisław Lanckoroński im Frühjahr und Herbst 1654 schreckliche Strafexpeditionen im Kosakengebiet durch, und ihre an Grausamkeit in nichts den tatarischen und kosakischen nachstehenden Pazifikationen blieben im Gedächtnis der Ukrainer über Generationen bestehen und trugen zum Haß gegen die hochmütigen polnischen Herren bei, in denen man nur die Bedrücker sah. Jan dürfte bei diesen Strafexpeditionen unter Stefan Czarniecki dabeigewesen sein. Ebenso in der Winterschlacht vom 29. Januar bis 2. Februar 1655, in der die polnischen Hetmane Potocki und Lanckoroński den mit den Moskowitern verbündeten Chmielnicki bei Ochmatów schlugen, jedoch nicht auf Dauer besiegten, da sie den Erfolg nicht ausnützen konnten. Smoleńsk, um das König Zygmunt III. so hartnäckig und lange gekämpft hatte, blieb für Polen für immer verloren. Und genau das Gegenteil von dem, was Stanisław Żółkiewski angestrebt hatte, trat ein: nicht Polen dehnte seinen Einfluß auf Moskau infolge der klug vorbereiteten Personalunionspolitik aus, sondern Moskau trat seinen allmählichen, aber unaufhaltsamen Vormarsch gen Westen an.

Jan behagte das Soldatenleben; er fühlte sich wohl inmitten seiner Waffenkameraden und führte das flotte Leben eines jungen reichen Erben.

Faßweise bezog er Wein und zechte halbe Tage lang in lustiger Kumpanei. Fröhlich war er von Natur aus, gesellig obendrein. Daß die Liebe bei solch einem lockeren Leben nicht zu kurz kam, versteht sich von selbst. Kein Tag ohne eine neue Schöne, wie er später selbst gestand.

Er ist der typische polnische Szlachcic, und er bekennt sich aus vollem Herzen dazu. Die goldene Freiheit ist für ihn, genauso wie für seine Herren Brüder, das A und O, sie gilt es zu verteidigen, die Einstimmigkeit und damit das »Liberum veto« ist für sie der Grundpfeiler, der das Gebäude der Rzeczpospolita trägt.

Eine »Geisteskrankheit der Nation«, vor allem der Szlachta, nannten manche diesen extremen Freiheitsdrang der Polen. Nachdem das »Liberum veto«, das zwar auch früher schon öfter ausgesprochen worden war, doch niemals mit so schwerwiegenden Folgen wie auf dem Sejm 1652, vom Marschall dieses Sejms, zwar mit Tränen, aber doch sanktioniert worden war, wurde es nun immer häufiger eingesetzt, oft aus rein privaten Gründen.

Trotzdem verfocht Andrzej Maxymilian Fredro, der Theoretiker, die Maxime, daß eben gerade dieses »Liberum veto« den Fortbestand der freien Republik Polen garantiere, denn es könne verhindern, daß der König, der zum Beispiel über ein tüchtiges Heer, einen vollen Staatsschatz und gefügige Magnaten disponiere, keine unumschränkte Gewalt, kein absolutum dominium – das der polnische Adel wie den Leibhaftigen fürchtete – ausüben könne, da sogar ein einzelner Mann ganz allein die bedrohte Freiheit zu retten imstande wäre, falls auch der Sejm den Intrigen des Königs erliegen sollte. Daß es jedoch von einzelnen mißbraucht wurde, um König, Sejm und die Allgemeinheit zu terrorisieren, ist die tragische Kehrseite der polnischen »goldenen Freiheit«. Ein polnischer König hatte also durchaus keine solche Machtvollkommenheit wie etwa der französische König oder der deutsche Kaiser oder gar der moskowitische Zar.

2

Am Hofe der Königin Ludwika Maria

Eine Königin hatte bisher in Polen überhaupt nichts zu sagen gehabt. Doch nun war Ludwika Maria Gonzaga zum zweiten Mal Gattin eines polnischen Königs geworden, und vom ersten Tage ihrer zweiten Ehe an sorgte sie dafür, daß ihr Einfluß stieg. Jan Kazimierz, der frühere Jesuit und Kardinal, der im Auftrag des Kaisers Reisende und von der französischen Regierung Gefangene, war kein Herrscher vom Format seines Halbbruders Władysław, der genau wußte, was er wollte.
Diesen Umstand machte sich Ludwika Maria zunutze. Langsam, aber stetig, erweiterte sie ihren Einfluß. Dabei sparte sie nicht mit Geld und nicht mit den Reizen ihrer schönen französischen Hofdamen. Gezielt setzte sie diese ein, um auf die vornehmsten und wichtigsten Männer des Doppelreiches Polen-Litauen Einfluß zu gewinnen.
Noch konnte sie vorerst nicht viel in der Politik mitreden, obwohl gerade die Politik ihre große Leidenschaft war; deshalb wandte sie sich zunächst den humanistischen Wissenschaften zu, die sie ebenfalls interessierten. Literatur und Geschichte, Naturwissenschaften, Physik, Astronomie und Astrologie, Medizin und hier vor allem die Hydrotherapie – alles das fand Beachtung am Hofe der neuen Königin.
Sie berief auch namhafte Wissenschaftler. Schon im Sommer 1647 hatte das von P. Walerian Magni durchgeführte Vakuum-Experiment eine europaweite Diskussion hervorgerufen.
In eben diesem Jahre hatte auch ein zweiter Italiener, Titus Livius Burattini, großes Aufsehen durch seine »machine de Pologne« erregt. In Ujazdów bei Warschau hatte er, der sich der Protektion der Königin erfreute, seine Werkstätten für Mechanik und Hydraulik aufgeschlagen und eine Maschine konstruiert, die sich in die

Luft erheben konnte, einen sogenannten »fliegenden Drachen«. Die Nachricht von dieser sensationellen Erfindung verbreitete sich bis nach Paris, die Niederlande und England.
Mit Burratinis Hilfe führte die Königin die neuesten mechanischen Geräte in Polen ein. Als sie 1646 nach Polen einreiste, brachte sie höchstpersönlich eine eben erst von Pascal erfundene Rechenmaschine mit.
Damals begleitete sie auch Pierre Des Noyers, den Mazarin ihr als Sekretär mitgegeben hatte, und dieser Des Noyers war nicht nur ein allgemein gebildeter Mann, sondern korrespondierte auch mit vielen Wissenschaftlern seiner Zeit. So war durch ihn auch Ludwika Maria stets auf dem laufenden über alle wichtigen Neuerungen und Erfindungen außerhalb Polens. Ihr und auch Des Noyers besonderes Interesse galt der Astronomie und der Astrologie. Sie hatte ihren eigenen Hofastrologen mitgebracht, Jean Morin, und dessen Namensvetter, der berühmte französische Jean Baptist Morin, hatte der polnischen Königin sein Lebenswerk »Astrologia Gallica principiis et rationibus propriis stabilita« dediziert.
Des Noyers, der von Pascal als »un homme fort savant« bezeichnet wurde, hat eine umfangreiche Korrespondenz geführt, und seine Briefe sind für uns heute von unschätzbarem Wert, weil er darin einfach über alles, was am Warschauer Hofe passierte, berichtet.[62]
Freilich, diese wissenschaftlichen Neigungen der Königin teilten keineswegs ihre schönen Hofdamen. Noyers beklagt sich später einmal in einem Briefe bitter darüber, daß eben diese hübschen Gänschen bei einem Besuch der Königin und ihres Gefolges im Observatorium des berühmten Astronomen Hevelius in Danzig ihren Spaß daran fanden, ihre Lärvchen in den verzerrenden Konkavspiegeln zu betrachten, wobei sie derart kicherten, daß es unmöglich war, mit dem Gelehrten ein ernsthaftes Gespräch zu führen.[63]
Diesen jungen Damen machte es viel mehr Spaß, wenn die Königin die neuesten literarischen Modewerke aus Paris vorlas, sei es Poesie oder Prosa. Auch machte es ihnen großes Vergnügen, in Theateraufführungen oder Balletten mitzuwirken. Und in dieser Beziehung ging es während Władysławs Regierungszeit lebhaft am

Warschauer Hofe zu; auch noch in den ersten Jahren nach Jan Kazimierz' Thronbesteigung.

Als Jan aus Konstantinopel zurückgekehrt war, stellte er sich bei Hofe vor. Es ging dort, obwohl überall im Lande immer wieder Kämpfe aufflammten, recht munter zu.

Da Jan nun der einzige Erbe des verstorbenen Kastellans von Krakau war, dessen Mutter am Hofe der Königin den ersten Platz eingenommen hatte, wurde Jan entsprechend freundlich von König und Königin und dem ganzen Hofe aufgenommen.

Aber er dürfte, außer daß er durch sein fesches Äußeres und seine guten Manieren angenehm auffiel, vorerst kein größeres Interesse geweckt haben. Er war wohl ein begüterter junger Mann und damit auch eine gute Partie, aber es gab sehr viel reichere Leute als ihn im Lande. Seine ersten militärischen Schritte waren auch noch viel zu unbedeutend, als daß man daraus den künftigen Feldherrn hätte vermuten können.

Am Hofe begegnete Jan der jüngsten Hofdame, der kleinen, knapp vierzehn Jahre zählenden Marie-Casimire d'Arquien. Die kleine d'Arquien war auffallend schön, das berichten einstimmig mehrere Augenzeugen jener Zeit, und der Dichter und Höfling Jan Andrzej Morsztyn besingt sie in seinem panegyrischen Poem »Psyche« auf Königin Ludwika Maria und deren Hofstaat als »erste dem Gesichte nach, obwohl an Jahren die letzte«, in deren »engelhaftem Leib« Witz und Verstand eine »enge himmlische Verbindung eingegangen sind«.

Wo war dieses »engelhafte Wesen« in den letzten zehn Jahren gewesen? Wir erinnern uns des Skandals, den die Tatsache, daß die neue Königin ein vierjähriges Mädchen in ihrem Wagen aus Paris mit sich führte, ausgelöst hatte. Wer war dieses Kind? Wer war die kleine d'Arquien? Offiziell hieß es, die Tochter des verarmten Marquis d'Arquien de la Grange – Offizier in der Schweizer Garde Monsieurs, also König Ludwigs XIII. Bruder – und dessen braver Ehefrau Françoise de la Châtre, mit der er fünf Kinder hatte. Das Gerücht hielt sich jedoch beharrlich, daß sie die heimliche Liebesfrucht irgendeiner leidenschaftlichen Liaison der selbstsicheren, stolzen Marie Gonzaga sei.

Die Fama wisperte, der Vater des bildhübschen Kindes sei Condé oder der wunderschöne junge Cinq-Mars. Die Liebesaffäre Marie Gonzagas mit dem bezaubernden Cinq-Mars war eine Zeitlang Tagesgespräch am Hofe in Paris, und alle Welt amüsierte sich dort über diese romantische Liebesbeziehung, die nach dem Vorbild des damals gerade in Mode gekommenen Romans »Astrée« von d'Urfé wie maßgeschneidert war, die aber als »harmlos« galt.

»Zwischen den beiden entspann sich eine der keuschen und poetischen Idyllen, die ganz im Geschmack des Romans Astrée und des Hotels de Rambouillet verliefen. Das Spiel ergötzte den Hof und schadete merkwürdigerweise dem Ruf der stolzen Hoheit nicht. Doch die Folgen wogen schwer. Wenn auch Maria bei allem echten Gefühl immer Herrin ihrer selbst blieb, so überließ sich Cinq-Mars den Stürmen einer Leidenschaft, wie er sie noch nicht erfahren hatte.«[64] Paris hatte seinen Spaß.

Ob diese Idylle tatsächlich so »keusch« war, bleibe dahingestellt. Jedenfalls wird man nachdenklich, wenn man die Bilder des Liebespaares und der angeblichen d'Arquien-Tochter Marie-Casimire betrachtet. Auch wird es gut sein, sich einige Charakterzüge des jungen Cinq-Mars zu merken. Vielleicht wird dann so mancher Charakterzug auch der kapriziösen Marie-Casimire, in Polen Maria Kazimiera genannt, leichter verständlich.

Wer war nun eigentlich dieser geheimnisvolle Cinq-Mars, der schon als Zwanzigjähriger eine so große Rolle im Leben der reifen neunundzwanzigjährigen Louise Marie Gonzaga spielte?

Er hieß mit vollem Namen Marquis de Cinq-Mars, Henri Coiffier de Ruzé d'Effiat und war der Sohn des Marschalls d'Effiat, des fähigsten Finanzministers Richelieus. Nach dem Tode dieses verdienstvollen Mannes nahm sich Richelieu der Familie an, vor allem des charmanten kleinen Henri, den er schon mit zehn Jahren zum Marquis de Cinq-Mars und Inhaber eines einträglichen Postens in der Touraine machte. Anschließend wurde der Junge zur Vollendung seiner Ausbildung in die militärische Akademie geschickt. Als er sechzehn war, sah ihn Richelieu wieder – »ein griechischer Heros, ungestüm, temperamentvoll und auf alle Freuden des Lebens begierig«.[65] In Richelieus Hirn blitzte es wie eine Offenbarung auf. Er wußte sofort, wozu er die außergewöhnliche Schönheit dieses aufgeweckten Jungen benutzen wollte: für den König. In einer Rekordzeit avancierte der junge Favorit Ludwigs XIII. zum Großstallmeister. Zum Ärger und Gram des Königs interessierte sich Cinq-Mars weiterhin in aller Leidenschaft für das weibliche Geschlecht.

Im September 1640 gab eine neue Liebesgeschichte dem Hofe Anlaß für Klatsch. Monsieur le Grand, der Großstallmeister, der junge hübsche Cinq-Mars, hatte sich Hals über Kopf in Prinzessin Marie Gonzaga, Herzogin von Nevers, verliebt. Er war zwanzig, sie neunundzwanzig, jedoch noch immer unverheiratet.

Momentan machte es der klugen Frau Spaß, mit dem »kleinen« Cinq-Mars zu spielen.

Als Cinq-Mars den König zur Jagd begleiten mußte, war sein Kummer über die Trennung von seiner Angebeteten groß. Er rächte sich damit, daß er den König schikanierte und quälte, so daß dieser vor lauter Kummer krank wurde, nicht mehr schlafen konnte und dabei noch »ein masochistisches Vergnügen daran fand, Demütigungen hinzunehmen, wie sie sonst verliebten Alten von jungen Damen zugefügt werden«.

Kaum mit dem König in Saint Germain zurück, eilte Henri zu seiner geliebten Prinzessin, und bald sprach er von Heirat. Marie Gonzaga, die stolze Prinzessin, was sagte sie darauf? Sie soll nur gelächelt haben. Monsieur le Grand könne ja versuchen, den Standesunterschied zu verringern, indem er sich bemühe, ein Herzogtum zu bekommen und Konnetabel von Frankreich zu werden, also Oberbefehlshaber der Truppen. Dann könne man weiter darüber reden.

Cinq-Mars eilte zu Richelieu, der in seinen Augen noch immer der ihm wohlgesinnte allmächtige Mann Frankreichs war, und bat ihn, sich seiner Ernennung zum Herzog und Pair sowie seiner Heirat mit der Prinzessin Gonzaga nicht zu widersetzen.

Nun erschrak der Kardinal, denn er fürchtete Marie und ihren Haß wegen der mißlungenen Ehe mit Gaston.

Warum war Marie Gonzaga überhaupt auf Henris tollkühnen

Vorschlag eingegangen? Warum hatte sie ihn nicht einfach davongejagt?

War es vielleicht doch keine so harmlose und »keusche« Angelegenheit zwischen der Prinzessin und dem Günstling des Königs gewesen? Machten sich am Ende schon die Folgen dieser »keuschen« Liebesidylle bemerkbar?

Neun Monate nach diesen aufregenden Tagen kam Marie-Casimire am 26. Juni 1641 in Nevèrs zur Welt.

Am französischen Hofe war es ein offenes Geheimnis, daß Louise Marie Gonzaga eben zu dieser Zeit einem Töchterchen das Leben geschenkt hatte, um dessen Vaterschaft sich Cinq-Mars und der Conte Langeron stritten.[66]

Der gedemütigte Cinq-Mars ließ indessen seine Wut und Enttäuschung am König aus, der bekümmert um den Schmerz seines »lieben Freundes« seine Gunst dem Kardinal zu entziehen begann, was diesen wieder auf das höchste beunruhigte.

Zwischen dem verzweifelten Cinq-Mars, den seine ganze Leidenschaft und Liebe zur Prinzessin Marie drängten, und dem ebenfalls verzweifelten König, der von seinem »lieben Freund« nicht lassen konnte und wollte, spielten sich groteske Szenen ab, »als handle es sich nicht um den Allerchristlichsten König und den Groß-Stallmeister von Frankreich, sondern um das Liebespaar einer Komödie«.[67]

Schließlich schüttete der König in seiner Not dem Kardinal sein Herz aus und berichtete ihm über jeden Schritt seines Günstlings. Nun wurde die Situation für Cinq-Mars gefährlich. Aber er hatte in der Dame seines Herzens eine gerissene Intrigantin zur Seite, eine sehr gelehrige Schülerin des Kardinals.

Die Geschichte ging traurig aus. Nachdem sich Cinq-Mars in eine Verschwörung hatte hineinziehen lassen, an der Anna von Österreich, Gaston, der Bruder des Königs, der Herzog von Bouillon und viele andere beteiligt waren, ja sogar der König selbst beinahe mitschuldig geworden wäre, wurde er, als es für die hohen Persönlichkeiten und deren eigene Pläne gefährlich wurde, einfach fallengelassen und verraten. Alle guten Ratschläge der klugen Marie Gonzaga hatten letzten Endes nicht geholfen, denn zum

Schluß war auch sie eine Betrogene – durch die Königin, ihre Freundin, ihre Vertraute, der sie so große Dienste erwiesen hatte, indem sie, guten Glaubens, daß sie zu ihnen gehöre, von den Plänen der Verschwörer unterrichtet hatte. Aber Anna, gepeinigt von der Angst, der König oder, im Falle dessen Todes, Richelieu könnten ihr die Kinder nehmen, kämpfte mit allen erlaubten und unerlaubten Mitteln um ihr Recht als Mutter und als Königin. Und ihr Plan ging auf. Aber der schöne junge Cinq-Mars mußte dafür sterben. Am 12. September 1642 wurden er und sein Freund, François de Thou, in Lyon hingerichtet. Das »Ungeheuer«, Kardinal Richelieu, hatte dem Purpurrot seiner Kardinalsrobe noch kurz vor seinem eigenen Tod das Blutrot zweier junger Menschen geopfert, die nach ihrem Tode in den Augen der französischen Öffentlichkeit eher als Märtyrer denn als Hochverräter dastanden.

Marie Gonzaga allerdings wurde allmählich zu einem Problem für Frankreich. Nach dem tragischen und peinlichen Verlust von Cinq-Mars, der ja immerhin offiziell als Hochverräter hingerichtet worden war, hatte »Mademoiselle Marie«, wie man sie in Paris nannte, Trost bei Condé gesucht, der durch seine in diese Zeit fallenden Siege eben auf dem Wege war, »der große Condé« zu werden.

Richelieu war am 4. Dezember 1642 gestorben, nur knapp vier Monate nach Cinq-Mars, was Ludwig XIII. mit wilder Freude und Genugtuung erfüllte. Doch auch dieser Monarch, der oft als »gekrönte Sphinx« bezeichnet wird, mußte sechs Monate nach seinem bewunderten und gehaßten Minister Richelieu und nur zehn Monate nach seinem heißgeliebten Quälgeist, seinem »lieben Freund« Henri, am 14. Mai 1643 das Zeitliche verlassen.

Anna von Österreich hatte auf der ganzen Linie gesiegt. Sie wurde für ihren damals noch nicht ganz fünf Jahre alten Sohn, Ludwig XIV., ihren »Gottgeschenkten«, ihren über alles auf der Welt geliebten »Dieudonné« Regentin von Frankreich. Um dieses zu erreichen, hatte sie schwere Schuld auf sich geladen, war sie zur Verräterin an treuen Freunden geworden.

Den armen Cinq-Mars konnte sie nicht wieder lebendig machen, ihm nicht sein hübsches Haupt wieder auf den Halsstumpf setzen;

auch Marie Gonzaga konnte sie nicht das leidenschaftlich und heißgeliebte Spielzeug zurückgeben, aber sie konnte alles tun, um endlich die stolze Marie unter die Haube, eine ihr entsprechende Haube selbstverständlich, zu bringen. Die Gelegenheit bot sich, als der verwitwete polnische König Władysław eine neue Frau suchte. Und dann auch, Gott sei Dank, seine Werber nach Paris schickte. In Frankreich griff man mit beiden Händen zu. Anna, die Regentin, verheiratete Marie Gonzaga »wie ihre eigene Tochter«, und Mazarin tat alles, um den Heiratsvertrag so schnell wie möglich abzuschließen. Marie klammerte ihr durch so viele unglückliche Lieben enttäuschtes Herz an die Sterne, die ihr eine Königskrone verhießen und in Aussicht stellten, daß sie eines Tages als große Königin in die Geschichte eingehen werde.
Als der Hochzeitszug mit aller Pracht von Paris in das ferne Polen aufbrach, kursierten Pamphlete in der Hauptstadt, die sich über Prinzessin Louises Stern lustig machten, der sie in ein eisiges Land entführte, wo es nicht einmal Zeug für Schuhe gäbe, keine Betten und keine Hemden.
Kein Wunder, daß die Begleitung, vor allem die verwöhnten Hofdamen der neuen Königin, Angst hatten vor solch einem wilden Lande. So sah man sich denn auch aus dem Gefolge der Königin veranlaßt, bereits im Juli 1647 in der »Gazette« von Paris einen Artikel zu veröffentlichen mit dem bezeichnenden Titel: »Ceux qui doutent encore de la grandeur et magnificence du Royaume de Plogne...«
Und Louise Marie? Aufatmend konnte sie bald nach ihrer Ankunft in Polen an Mazarin berichten: »Der Luxus hier ist außergewöhnlich, alles übersteigt meine Erwartungen.« Aber nicht nur Glanz und Luxus gefielen der verwöhnten Herzogin von Nevèrs; auch der harte und kalte Winter mit seinen rauhreifversilberten Tannen und dem vielen Schnee begeisterte die neue Königin.
Vorsichtig, gewitzt durch ihre unliebsamen Erfahrungen in Danzig, setzte Ludwika Maria ihre ersten Schritte in Polen. Ob sie, um jedem Gerede die Spitze zu nehmen, bald nach ihrer Ankunft die kleine Marie-Casimire wieder nach Frankreich zurückschickte und ihre wirklichen oder angeblichen Eltern erziehen ließ oder sie

nur vom Hofe abseits hielt, ist nicht ganz klar.[68] Wir begegnen ihr erst wieder, als sie knapp vierzehn Jahre zählt und zu einem bildhübschen jungen Mädchen herangewachsen ist.

An diesen Hof der Königin Ludwika Maria kommt also Jan Sobieski zum ersten Mal im Frühjahr 1655. Ob ihm das Leben bei Hofe gefallen hat? Warum nicht? Er war ein gutaussehender junger Mann von 25 Jahren mit einem verwegenen Schnurrbart und glühenden schwarzen Augen im hübschen Gesicht, er war reich, er war munter und aufgeweckt, er hatte schon die ersten kleinen Heldentaten vollbracht – er wird den jungen Hofdamen bestimmt gefallen haben. Und sie ihm auch.

Ob die Königin ihn damals mehr als oberflächlich bemerkte oder gar schon in ihre Pläne einbezog, ist eher unwahrscheinlich. Denn Polen stand bereits wieder ein Krieg ins Haus. Und was jetzt über es hereinbrach, war schlimmer als alles Vorhergegangene.

Der erste Nordische Krieg brachte Polen an den Rand des Abgrundes.

Im Juli des Jahres 1655 brach das Ungewitter über Polen herein. Einer »Sintflut«[69] gleich ergossen sich schwedische Truppen unter ihrem neuen König, Karl X. Gustav, einem Neffen Gustav Adolfs, der, nachdem seine Cousine Christine es vorgezogen hatte, anstatt zu regieren, in Rom gelehrten Studien nachzugehen, den schwedischen Thron bestiegen hatte, über das ganze Land und verheerten es fürchterlich.

Jäh fanden die tändelnden Unterhaltungen am Warschauer Königshofe eine Unterbrechung.

Jan Sobieski eilte zu den Waffen. Ludwika Maria und ihre Hofdamen flüchteten, und der König folgte ihnen bald nach; auf kaiserlichem Territorium in Schlesien suchten sie Schutz in Glogau.

Die Tatsache, daß der König, nachdem er nur ein unbedeutendes Gefecht mit den Schweden gewagt hatte, über die Grenze ins Ausland entwichen war, nahmen seine Heerführer, zumindest einige von ihnen, zum Anlaß, sich dem schwedischen König zu unterwerfen. Jan Sobieski gehörte zu ihnen.

Der Kronbannerträger Aleksander Koniecpolski war Befehlshaber des kleinen, nur etwa 4000 Mann umfassenden Heeres, in dem auch Sobieski eine Art Regiment im Rang eines Obersten kommandierte.

»Die Herren Obersten, vor allem Fürst Dymitr (Wiśnowiecki), Herr Jan Sobieski, Starost von Jaworów, der Feldschreiber Krzysztof Sapieha... (u. a.), sie alle ergaben sich mit ihren Regimentern, ohne zuvor den Rat ihres Hetmans einzuholen, dem schwedischen König; in Krakau, vor Tschenstochau waren sie (wenn auch nicht alle); in Preußen halfen sie dem Schweden gegen den brandburgischen Fürsten; gegen unser Heer kämpften sie dann...«, lesen wir in den Erinnerungen eines Kameraden aus einem gepanzerten Fähnlein.[70] Mit zum Treueschwur für Schwedens König hocherhobener Hand prangt Jan, zusammen mit anderen polnischen Offizieren vor dem General Wittenberg stehend, auf einer alten zeitgenössischen Zeichnung von Dahlberg.[71]
Die Schweden waren für Jan seit seiner Kavalierstour keine Unbekannten, sondern Objekte seiner Bewunderung. Der Großhetman von Litauen, Janusz Radziwiłł, hatte sich übrigens auch den Schweden unterworfen und strebte eine Union zwischen Litauen und Schweden an. Der ehemalige Unterkanzler Hieronymus Radziejowski, der wegen einer privaten Fehde mit dem König das Land verlassen mußte, war sogar Berater Karl X. Gustavs geworden. Er war ein Vetter Jans.
Die harte Zucht im schwedischen Heer tat Jan gut. Auch lernte er dort den Umgang mit der Infanterie und Artillerie, die in Polen neben der Kavallerie eher ein Schattendasein führten.
Den ganzen Winterblitzfeldzug Karls X. machte Jan mit, kreuz und quer durch Polen, von Krakau nach Preußen und von dort wieder die Weichsel entlang bis nach Gołąb und am Ufer des San entlang bis nach Jarosław.
Während Stefan Czarniecki und Jerzy Lubomirski bereits die Szlachta Großpolens um sich scharten und Paweł Sapieha zum Entsatz von Litauen heranzog, marschierte Jan Sobieski immer noch forsch in den Reihen der Schweden mit.
Erst als die Chancen der Schweden zu sinken begannen, wechselten Koniecpolski und Sobieski abermals die Fahnen; sie desertierten

aus der schwedischen Armee und begaben sich reumütig zurück zu ihrem legitimen König Jan Kazimierz.
Drei Monate nach seiner Kehrtwendung ernannte Jan Kazimierz Sobieski mit Dekret vom 26. Mai 1656 zum Krongroßbannerträger, nachdem der bisherige Inhaber dieser Würde, Koniecpolski, zum Wojewoden von Sandomierz avanciert war. Das war die noble »Strafe« für die Verräter.
In diesem Dekret wird immer wieder »die Treue Seiner Liebden des Geborenen Jan Sobieski« und auch die Erinnerung an seinen Vater, den Kastellan von Krakau, dem so getreuen Diener des Vaterlandes, hervorgehoben.[72]
Der Schwedenkönig reagierte längst nicht so huldvoll: er ließ Jan Sobieski und seine Spießgesellen in effigie hängen; nun prangten Jans Name und Bild am Galgen.
Jan trug nun also das Banner vor dem König her. Warschau war gleich zu Beginn der Invasion von den Schweden eingenommen worden. Vom 29. bis 30. Juni tobte der Kampf um die Hauptstadt. Endlich mußte sich die schwedische Besatzung mitsamt ihrem Feldmarschall Arvid Wittenberg – demselben, in dessen Hand Jan und seine Gefährten den Treueschwur auf den Schwedenkönig geleistet hatten – ergeben. Wittenberg starb das Jahr darauf als Kriegsgefangener in Zamość.
Jan Kazimierz zog wieder in seine zerstörte und ausgeraubte Hauptstadt ein. Alles hatten die Schweden als Kriegsbeute aus dem Schloß fortgeschleppt, sogar Marmorsäulen, Statuen, Möbel, Bilder. Jan Kazimierz nahm deshalb seinen Wohnsitz im Kazimierz-Palais.
Auch Ludwika Maria kehrte aus Schlesien mit ihren Hofdamen zurück.
Jan Kazimierz gelang es, die Tataren wieder einmal auf seine Seite zu ziehen. Der Chan, Mehmet Girej, schickte ihm 6000 Tataren, die aller Wahrscheinlichkeit nach unter Jan Sobieskis Kommando standen. Sein Verhältnis zu diesen wilden Reitern war immer gut.
Noch einmal flammte der Kampf um Warschau auf und wurde in großer Erbitterung jenseits der Weichsel in der Vorstadt Praga

ausgetragen. Bei dieser Schlacht um Warschau hatten sich die Tataren besonders hervorgetan und glänzend geschlagen. Sobieskis Name wird zwar nicht genannt, aber es ist anzunehmen, daß er es war, der die wilden Tatarenhorden so gezielt zum Einsatz brachte.

Trotzdem ging die Schlacht verloren, obwohl Stefan Czarniecki und der König selbst unermüdlich im persönlichen Einsatz dabei waren. Dem Feldherrngenie Karls X. waren die Polen nicht gewachsen.

Die heimkehrende Ludwika Maria war mitsamt ihrer Kutsche und ihren drei Hofdamen in das Kriegsgetümmel hineingeraten. Resolut stieg sie aus und befahl, ihre Pferde vor eine Kanone zu spannen. Furchtlos beobachtete sie die Kämpfe und harrte bis zum späten Abend auf dem Schlachtfelde aus: auf einer Trommel sitzend, nahm sie eine bescheidene Mahlzeit ein.

Hier, auf dem Schlachtfeld bei Warschau, hat sich Ludwika Maria als Königin von Polen profiliert. Hier ist die Entscheidung für ihre und Polens Zukunft gefallen: sie wird immer mehr die Zügel der Regierung in die Hand nehmen, und der König wird sich dem stillschweigend fügen.

Es gibt ein Pamphlet aus jener Zeit, das stellt Ludwika Maria als Bärenführerin dar: An einem Nasenring zieht sie einen tapsigen Bären – den König – hinter sich her.

»Ludwika Maria von Gottes Gnaden Königin von Polen und Schweden, Großfürstin von Litauen usw. usw. usw. an Jan Sobieski, Kronbannträger, Starost von Jaworów.« Dieser Brief vom 9. August des Jahres 1659 läßt aufhorchen. Und dann folgt in Ludwika Marias eigener Handschrift ein Nachsatz in französischer Sprache, in dem sie ihn auffordert, ihr in französisch zu schreiben, damit sie sofort alle Neuigkeiten selbst lesen könne.[73]

Seit wann diese Vertraulichkeit zwischen Königin und Kronbannerträger?

Die Aufforderung, französisch an sie zu schreiben, läßt annehmen, daß sie sich inzwischen überzeugt hatte, daß der schmucke Kronbannerträger recht gut ihre Muttersprache beherrschte, was natürlich alles um vieles erleichterte.

Ludwika Maria zählte damals achtundvierzig Jahre; Jan Sobieski knapp dreißig. Sie war eine allmählich verblühende Frau. Es ist anzunehmen, daß ihr Kennerblick wohlgefällig auf dem schmukken Kronbannerträger ruhte.
Ludwika Maria war nach Polen mit einem Hofstaat schöner Mädchen gekommen, diese setzte sie nun gezielt ein, um ihre Position in Polen zu festigen. Als erste hatte sie Amata de Langeron im Jänner 1650 an den Schatzmeister Jan Kazimierz Krasiński, Kastellan von Płock, verheiratet, der bald danach zum Wojewoden avancierte, was ihn dennoch zu keinem bedingungslosen Gefolgsmann der Königin machte. Dafür war die zweite von Maria Ludwika gestiftete Mariage ein Volltreffer: Am 28. Juni 1654 fand im königlichen Gartenpalais, dem späteren Kazimierz-Palais, die Trauung der Hofdame Klara Eugenia Izabela de Mailly-Lascaris mit Krzysztof Pac statt, der von diesem Augenblick an bis zum Tode der Königin ihr eifrigster Parteigänger und Verfechter der französischen Sache in Polen war. Rasch folgten auch seine Avancements: vom litauischen Bannerträger wurde er zum Unterkanzler, und 1658 war er bereits litauischer Großkanzler.
Ihr Name figuriert übrigens häufig neben dem ihres Ehegemahls auf den Listen jener Personen, die von Frankreich als Dank für ihre treuen Dienste große Summen erhielten.
Am 27. April 1659 verheiratete die Königin ihre schottische Hofdame, Katarzyna Gordon, an den Großkronreferendar und Hofdichter Jan Andrzej Morsztyn, der es später bis zum Kronschatzmeister brachte.
Doch die größte Karriere machte die allerjüngste Hofdame: Marie-Casimire d'Arquin, »die letzte im Alter, aber die erste an Schönheit«, wie sie Morsztyn schon als Vierzehnjährige besungen hatte. Nun war sie inzwischen noch schöner geworden. Ein bezauberndes Gesichtchen, von sanftem Oval, wunderschön geschwungenen Augenbrauen über den dunklen Mandelaugen, ein gerades Näschen, ein entzückendes Mündchen, dazu eine Figur, die sich sehen lassen konnte, wohlproportioniert, schlank und doch mit allen erwünschten Rundungen. Dazu eine Fülle schwarzer Locken. Eine

Pracht. So malte sie ein zeitgenössischer Maler: als heilige Maria Magdalena und später ein anderer als »Morgenröte« auf einem Deckengemälde im Schloß Wilanów.

Welche Pläne hatte wohl die Königin mit dieser Schönsten all ihrer Schönen? Hatte sie bemerkt, daß ihrem vierzehnjährigen Liebling der schmucke sechsundzwanzigjährige Kronbannerträger Jan Sobieski ins Auge gestochen hatte? Und wenn schon. Das war nicht ernst zu nehmen. Dieses liebliche Atout mußte man sich für eine ganz besondere Gelegenheit aufbewahren.

Und diese kam bald. Doch nicht in Gestalt des Herrn Kronbannerträgers Jan Sobieski, sondern in der des Herrn Jan Zamoyski. Dieser war dazu ausersehen, der glückliche Gatte der jungen Schönen zu werden.

Enkel des großen Kanzlers und Hetmans Jan Zamoyski, stand der junge Jan Zamoyski in hohem Ansehen in Polen. Außerdem war er einer der reichsten Männer des Landes.

Nachdem Ludwika Marias beide Kinder aus der Ehe mit Jan Kazimierz – Maria Anna Teresa 1650 und der Kronprinz Jan Zygmunt 1652 – gestorben waren und keine Hoffnung mehr auf eigenen Nachwuchs bestand, wurde die Frage, wer nach Jan Kazimierz einmal den polnischen Thron besteigen sollte, immer aktueller, zumal sich der König nicht mehr ganz gesund fühlte. Dieses Problem begann bald Ludwika Maria derart zu beschäftigen, daß daraus die schwerwiegendsten Folgen für Polen entstanden.

Vorerst war es das Natürlichste, sich in der nächsten Nachbarschaft umzusehen und überall zu sondieren. So waren deswegen mit Rákóczy Gespräche geführt worden, und Jan Chryzostom Pasek notierte im Jahre 1657, daß auch der brandenburgische Kurfürst Friedrich Wilhelm an eine Thronfolge in Polen dachte, und es ist nicht uninteressant, was er aus dem Feldzug in Dänemark, an dem auch der kluge Kurfürst teilnahm, schreibt: »Dieser Fürst Wilhelm verhielt sich uns gegenüber sehr höflich, richtete sich nach uns, bewirtete uns, kleidete sich polnisch. Wenn Truppen vorbeizogen, so geschah es sonst wohl immer wieder, daß der eine den, der andere jenen absichtlich übersah; er jedoch trat vor sein Zelt oder auch sein Quartier, wenn er in einer Stadt lag, und behielt den Hut so lange in der Hand, bis alle Fähnlein nacheinander vorbeigezogen waren. Vielleicht hegte er auch die Hoffnung, man würde ihn zum Herrscher berufen nach dem Hinscheiden Kasimirs.«[74]

Auch mit dem russischen Zaren Aleksej hatte man deswegen verhandelt, als es im November 1656 gelang, mit ihm und dem Kaiser ein Bündnis zu schließen. Da die Polen aber nicht ernsthaft daran dachten, den russischen Zaren auf ihren polnischen Thron zu berufen, kam es nachher wieder zum Krieg.[75]

Natürlich wurde in erster Linie ein Habsburger als Thronkandidat in Erwägung gezogen und in diesem Sinne auch ein Abkommen geschlossen. Es war an den Erzherzog Karl Joseph gedacht, der Ludwika Marias älteste Nichte heiraten sollte. 1655 war die Pfalzgräfin Anna, eine jüngere Schwester Ludwikas, gestorben und hatte ihr eine beträchtliche Summe vererbt; Ludwika Maria, die ihren Schwestern gegenüber ein schlechtes Gewissen hatte, da sie die Herrschaft über Nevèrs an sich gerissen hatte, die eine Schwester in ein Kloster gesteckt, die andere an den Pfalzgrafen verheiratet hatte, war nun bemüht, alles wieder gutzumachen, indem sie ihre älteste Nichte Anna zur Königin von Polen machen wollte. Da Österreich ein Bundesgenosse Polens war und im Krieg gegen die Schweden mithalf, war es naheliegend, ein solches Bündnis durch eine Heirat und Thronfolge noch zu vertiefen, schließlich war ja Jan Kazimierz selbst von der Mutter her ein halber Habsburger.

In Ludwika Marias Kopf gingen aber noch ganz andere Kombinationen um. Es gab da zwei Männer in Polen, die Nachfahren der ersten polnischen Königsdynastie, der Piasten, waren, und diese waren zugleich die königstreuesten Gefolgsleute: nämlich der Krongroßkanzler Jerzy Lubomirski und der Kronmundschenk Jan Zamoyski, deren Mütter, geborene Fürstinnen Ostrogski, Urenkelinnen der letzten masowischen Fürsten und damit also »Piasten« waren.[76]

Ludwika Maria, die ihr ganzes Leben lang sich mit Astrologie beschäftigte und stets ihren Hofastrologen zur Hand hatte, mit dem sie alle wichtigen Probleme erörterte, wird gewiß mit dessen Hilfe auch einen Blick in das Horoskop der »kleinen d'Arquien« geworfen haben, deren Geburtsminute vielleicht nur ihr allein bekannt war. Dann wird sie auch gewußt haben, daß auch der kleinen d'Arquien die Sterne eine Krone verhießen.

Als Ludwika Maria nach der Kapitulation Warschaus mit nur drei Lieblingshofdamen aus ihrem Exil in Schlesien zurückkehrte, traf sie mit Jan Zamoyski in der Hauptstadt zusammen, und hier wurde im Juli des Jahres 1657 die Ehe beschlossen. Geheiratet sollte allerdings erst werden, wenn die Zeiten wieder ruhiger und sicherer geworden sein würden.

Am 9. April 1628 geboren – also nur sechzehn Monate älter als Jan Sobieski –, hatte er doch schon sehr viel mehr Verdienste um die Rzeczpospolita und den König als der junge Starost von Jaworów. Schon damals, als Jan und Marek aus der Fremde heimkehrten und ihre geflüchtete Mutter in Zamość trafen, war dies nur deshalb möglich, weil der junge Jan Zamoyski seine Festung gegen alle Anstürme der Kosaken hielt. Und später konnte nur unter dem Schutz Zamoyskis überhaupt der Konvokationssejm in Warschau tagen und Jan Kazimierz zum König gewählt werden. Und abermals hielt Jan Zamoyski, als fast ganz Polen vom König abfiel, als Jan Sobieski und viele andere sich Karl X. Gustav ergaben, mit Bravour seine Festung gegen alle Angriffe der Schweden, die ihn nicht nur mit Kugeln und Kanonen bekämpften, sondern ihn auch moralisch zur Kapitulation verleiten wollten, indem sie ihm sogar die Statthalterschaft über Polen anboten. Die Anekdote überliefert, wie es Sienkiewicz in seinem Roman »Sintflut« erzählt, daß Jan Zamoyski daraufhin dem schwedischen König die Statthalterschaft der Niederlande anbot. Worauf es die Schweden aufgaben, ihn auf ihre Seite hinüberziehen zu wollen.

Zamoyski, der während seiner Studienzeit im Ausland mehr Zeit im Theater und auf Festivitäten als auf der Universität von Padua verbracht hatte, war jedoch ein begeisterter Soldat. Das Kriegshandwerk war Jan Zamoyskis Leidenschaft. Deshalb ließ er sich auch immer in voller Rüstung porträtieren. Er war in Zamość so gut gerüstet, daß sich sogar der König in größter Heimlichkeit von

ihm Kanonen und Soldaten ausborgte. Hinzu kam sein enormer Reichtum – und dazu noch seine Großzügigkeit, die ihn veranlaßte, dem König auch finanziell unter die Arme zu greifen, als dieser seinen Soldaten keinen Sold mehr ausbezahlen konnte. Dieser verdiente Mann also bewarb sich nun endlich offiziell um die Hand der schönen »kleinen d'Arquien«, und Ludwika Maria konnte erleichtert ihrer Freundin, Madame Choisy, in Paris in einem ihrer vielen Briefe über die Ereignisse am polnischen Hofe berichten, daß »le prince Zamoyski est tellement amoureux«. Und sie zählt auf, daß er 700 000 Livre Einkommen beziehe und die schönsten Häuser der Welt besitze, die ganz wunderbar möbliert seien.
Zunächst einmal schickte jedoch »Prinz« Zamoyski, wie er häufig tituliert wurde, obwohl er weder Fürst noch Prinz war, seiner Braut ein kostbares Angebinde. Des Noyers berichtet in seinen »Lettres« unter dem 28. Oktober 1656: »Graf Podlodowski, der Hofmarschall des Fürsten Zamoyski, brachte auf seiner Fahrt zum König von seinem Herrn ein Kreuz mit fünf großen Brillanten für Fräulein d'Arquien, in die der Fürst sehr verliebt ist, dieses Kreuz schätzt man auf zehn- bis zwölftausend Franc.«
Kaum war das Königspaar in Warschau eingetroffen, warb Podlodowski offiziell im Namen Jan Zamoyskis um die Hand von Fräulein d'Arquien. Die Werbung wurde angenommen.
Am Sonntag, dem 3. März 1658, fand die feierliche Vermählung statt. Am Vortag war, nachdem Jan Zamoyski mit zahlreichem Gefolge in Warschau eingezogen war, der Ehekontrakt unterzeichnet worden. Der Bräutigam überschrieb seiner künftigen Frau 600 000 polnische Złoty von seinen Besitzungen, die nicht zum Majorat gehörten, und verpflichtete sich, ihr 12 000 polnische Złoty jährlich für ihre privaten Ausgaben zukommen zu lassen. Brautführer waren Stefan Czarniecki und Michał Radziwiłł. Die Trauung fand am letzten Sonntag vor den Fasten statt. Die Jungvermählten erhielten zahlreiche Geschenke, das kostbarste davon war die Verleihung der Wojewodschaft von Kijew an Jan Zamoyski. Die »kleine d'Arquien« konnte sich von diesem Tage an »Frau Wojewodin von Kiew« titulieren lassen.
»Noch einige Wochen verbrachte das junge Paar bei Hofe. Dann

erst brachte der Fürst die Fürstin, seine Gattin, nach Zamość, wo er ihr einen großartigen Empfang bereitete und wo sie in großer Eintracht miteinander lebten«, berichtet ein Anonymus, der ein sehr farbiges Bild der Hochzeitsfeierlichkeiten in französischer Sprache festgehalten hat.
Die Wirklichkeit sah, abgesehen von den Zeremonien, ganz anders aus.
Als das junge Brautpaar nach all den Festlichkeiten endlich allein war und sich in das Schlafgemach begab, geschah durchaus nicht, was alle erwarteten, am meisten die aufgeregte junge Braut, denn der Bräutigam »schlief auf dem Teppich neben der Frau und legte sich nicht ins Bett«. Und warum das? »Er hatte une grande chaude pisse«, und »das hatte der Verewigte gewußt«, und deshalb »tat er diese Sache nicht, sondern erst in Warka«.
Durch Warka kam das Brautpaar erst vier Wochen nach der Hochzeit!
Woher man das alles weiß?
Aus den Briefen Jan Sobieskis an seine Frau Marysieńka, eben diese Marie-Casimire Zamoyska. Geschrieben am 23. März 1668, also drei Jahre nach dieser Prunkhochzeit, aus Warschau nach Paris. Geschrieben in größter Erregung ein halbes Jahr nach der Geburt seines ersten Sohnes, nach einem Gespräch mit dem Arzt seiner Frau, der, durch Sobieski an die Wand gedrückt und bedroht, zugab, daß »der Verewigte eben an dieser Krankheit gestorben ist«, und als er heiratete, »hatte er es gewußt« und deshalb »diese Sache nicht getan«. Und der Arzt habe ihm auch gestanden: »Ihre Frau kann nicht gesund sein, wenn sie sich nicht in die Hände einiger geschickter Chirurgen begibt.«[77]
Daraus wird begreiflich, warum einige Wochen vor der Hochzeit am Hofe getratscht wurde, daß Herr Zamoyski überhaupt nicht nach Warschau kommen werde. Die »böse Megäre«, Klara de Mailly-Pac, schrieb an Zamoyski nebst ihrem Dank für ihre in Zamość vor den Schweden geretteten Schätze: »Am Hofe geht das Gerücht, daß Sie nicht nach Warschau kommen werden, so wie Sie es doch versprochen haben; alle Ihre Freunde sind der Meinung, daß dies nur Getratsch sei, denn alle wissen sehr wohl, daß sie viel

zu höflich sind, um ein gegebenes Wort nicht einzulösen, das Sie so feierlich gegeben haben. Ich versichere allen, die so reden, daß Sie Ihr Wort zu halten wissen und daß Leute von höherem Zuschnitt, so wie Sie, gar nicht anders handeln können.«[78] Vielleicht hatte Jan Zamoyski schon einige Zeit früher gemerkt, was mit ihm vorging, vielleicht wäre er gerne – aus Anstand – von dieser Ehe mit dem blutjungen Mädchen zurückgetreten. Aber er konnte nicht mehr. Er war gefangen in den Konventionen, in dem Kodex von Sitte und Ehre und der Rücksicht auf die Königin und den König und die ganze Rzeczpospolita.

An diesem Hochzeitstage mit all der Prachtentfaltung, die den Neid unzähliger Menschen erweckte, nahm eine Tragödie ihren Anfang, die gewiß nicht von der klugen Königin Ludwika Maria beabsichtigt war.

Wo aber war Jan Sobieski? Warum hatte er nicht durch eine rechtzeitige Werbung diese Tragödie verhindert?

Bekannt ist nur, daß im Herbst dieses Jahres seine einzige Schwester Katarzyna, verwitwete Ostrogska, zum zweiten Mal heiratete, daß er als Familienoberhaupt übergenug damit zu tun hatte und daß seine Mutter zu dieser Hochzeit, die im Herbst stattfand, aus Rom nach Polen zurückkehrte.

1 Jakub Sobieski, Jans Vater.

2 Theophila Sobieska, geb. Daniłowicz, Jans Mutter.

3 Das wehrhafte Schloß von Olesko, wo Jan geboren wurde.

4 Renaissanceschloß der Familie Żółkiewski, wo Jan seine Kindheit verbrachte.

5 Königin Ludwika Maria.

6 Marysieńka als Königin von Polen, um 1674.

7 Cinq-Mars, Liebhaber Louise Marie Gonzagas und möglicherweise Marysieńkas Vater.

8 Marysieńka als hl. Magdalena.

9 Marysieńka um 1660. (Wahrscheinlich als Frau Zamoyska porträtiert.)

10 Jan Zamoyski.

11 Władysław IV. Wasa, König von Polen. Kupferstich von P. Pontius nach Peter Paul Rubens, 1624.

12 Jan Kazimierz Wasa, König von Polen.

13 Michał Korybut Wiśniowicki, König von Polen. (Ölporträt von Daniel Schultz oder seinem Kreis.)

14 Jan III. Sobieski, König von Polen.

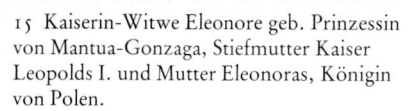

15 Kaiserin-Witwe Eleonore geb. Prinzessin von Mantua-Gonzaga, Stiefmutter Kaiser Leopolds I. und Mutter Eleonoras, Königin von Polen.

17 Eleonore, verw. Königin von Polen, Herzogin von Lothringen. Stich von E. Hamelmann.

16 Karl X. Gustav, Pfalzgraf und König von Schweden.

18 Kurfürst Friedrich Wilhelm von Brandenburg, der Große Kurfürst. Ölbild von G. Fließ, 1653.

19 Marysieńka als Morgenröte. Porträt von Callot im Spiegelkabinett der Königin in Wilanów, um 1681.

20 Jan III. Sobieski um 1685.

21 Marysieńka. Ölporträt um 1685 von J. E. Szymonowicz-Sieminigowski.

22 Jan III. Sobieski. Ölgemälde von Jan Tricius um 1676.

23 Marysieńka als Königin. Ölgemälde von Jan Tricius.

24 Königstafel in Jaworów 1684.

25 Marysieńka mit ihren Kindern als »hl. Familie« um 1684.

26 Jan III. Sobieski im Kreise seiner Familie um 1693. Neben Marysieńka Hedwig Elisabeth von Pfalz-Neuburg mit Töchterchen Maria Leopoldine.

3

Marysieńka

Wer hatte sie so zum ersten Mal genannt? Wer gab ihr, der kleinen d'Arquien, deren richtige Vornamen doch Marie-Casimire lauteten, den Kosenamen »Marysieńka«?
Jan Sobieski nannte sie so. Und als seine Marysieńka ging sie in die Geschichte ein. »Marysieńka« ist das doppelte Diminuitiv von Maria im Polnischen, was im Deutschen etwa »Mariedlchen« entspräche.
Marysia ist eine in Polen sehr gebräuchliche Verkleinerungsform für Maria, und man trifft sie in allen Schichten der Bevölkerung, angefangen bei den vornehmsten Damen bis hin zur ärmsten Gänsehirtin. Bei genauerer Durchsicht der ersten Briefe Marysieńkas an ihren Mann, den Wojewoden Zamoyski, fällt auf, daß sie sich immer und stets auch an alle anderen Adressaten mit beiden Buchstaben ihrer Vornamen unterschreibt, also MC für Marie-Casimire; es folgt ein kleines f für filia, anschließend ein großes D, für De la Grange oder d'Arquien, und zuletzt das große Z für Zamoyska.
Nur einmal, am 13. Dezember 1658, also im ersten Ehejahr, unterzeichnet sie einen besonders zärtlichen Brief nur mit MfZ. Sollte am Ende Jan Zamoyski seine französische Frau auch schon »Marysia« genannt haben? Etwa aus Gewohnheit? Wimmelte es doch bei ihm nur so von Zośkas, Baśkas, Marysias, Jewkas und so weiter, wie es der Dichter Jan Andrzej Morsztyn in dem frivolen Gedicht »Laufpaß für die Huren von Zamość« besungen hat.[79]
Daß Jan Zamoyski ein großer Frauenfreund und dabei nicht sehr wählerisch war, wußte man und amüsierte sich darüber. Als er eheliche Bande zu knüpfen gedachte, begab er sich schleunigst nach Zamość und fertigte seine Schönen ab, großzügig, wie es

seine Art war; keine trug es ihm nach, sie alle hatten ihm gerne gedient.

Nichts weist in den Briefen aus der Brautzeit und den Ehejahren darauf hin, daß Marysieńka etwa zu dieser Ehe gezwungen worden wäre. Im Gegenteil. Sie ist es sogar, die ihren Verlobten mahnt, spätestens bis Donnerstag vor Ostern in Warschau einzutreffen, denn sonst »könnten nicht mehr alle Zeremonien absolviert werden, die gewöhnlich ein solches Vorhaben, wie es uns erwartet, begleiten«.

Acht Briefe Marysieńkas an Jan Zamoyski sind aus ihrer Ehe erhalten und sechs aus der Brautzeit. In ihnen spiegelt sich die ganze Skala von erster Verliebtheit bis zu äußerster Verzweiflung und Erbitterung.[80]

»Allerteuerster und allerliebster Mann«, beginnt Marysieńka ihren Brief vom 23. Mai 1658 aus Płoskie, der ihr von Zamoyski geschenkten Besitzung, »als ich nach Płoskie kam, sagte man mir, daß es eine Gelegenheit gebe, Ihnen zu schreiben, was ich dazu benütze, Ihnen mitzuteilen, daß ich mich besser fühle, seit ich Ihre Briefe erhalten habe, aber jetzt habe ich einen neuen Kummer, denn man sagt hier, daß Sie nicht so bald zurückkehren werden. Ich beschwöre Sie, mein allerteuerstes Herz, kommen Sie wie am schnellsten zurück!«

Zum Schluß dann ein rührendes Geständnis:

»Aus Liebe zu Ihnen habe ich mir angewöhnt, ein bißchen Wein zu trinken; auf Ihre Heimkehr, daß sie wie am schnellsten erfolge, werde ich ein halbes Glas leeren.

Bitte, glauben Sie mir, daß ich, mein teuerstes Herz, Ihre untertänige, gehorsame, treue und zu Diensten ergebene Frau bin

MCfD Zamoiska«

Aus diesem Briefe klingt Sehnsucht; Jan Zamoyski hatte bald nach der Hochzeit seine junge Gattin verlassen müssen, um das ihm übertragene Amt eines Starosten von Kamienic Podolski anzutreten. Auch hatte das junge Paar sich nicht in Zamość niederlassen können, denn in der Nacht von Karfreitag auf Ostersamstag, als in Warschau die Hochzeitsfeierlichkeiten vor sich gingen, brach in der Stadt Zamość eine verheerende Feuersbrunst aus. Zamoyski hatte daher seine junge Frau in das Wasser-Lustschlößchen Zwierzyniec gebracht.

Allerdings bekam die junge Frau Wojewodin sehr rasch Ärger mit den Untergebenen Zamoyskis. Diese, an die Großzügigkeit ihres Herrn gewöhnt und dadurch verwöhnt, ließen nur zu oft alle Fünfe gerade sein. Ein empörter Brief Marysieńkas an den Zamoyskischen Schatzmeister, einen gewissen Herrn Wacławowicz, gibt davon ein Bild:

»Herr Wacławowicz«, herrscht die resolute junge Frau den Schatzmeister ihres Eheherrn an, »bin ich etwa nicht die Herrin, daß man so mit mir umgeht? Was ich befehle, das tut man justament nicht! Warum tut man bei mir nicht, wie beim Gnädigen Herrn? Ich habe befohlen, ein Faß Wein zu schicken, aber man schickt ihn maßweise, und ich werde mich schämen müssen, wenn jemand herkommt. Ich habe einige zehn Scheffel Hafer bestellt, aber man hat nur zwei geschickt! So lange ich lebe, habe ich solch eine Wirtschaft noch nicht gesehen wie hier, man soll sich um Gotteswillen schon endlich ändern!«

Marysieńka war dazumal noch nicht einmal ganze siebzehn Jahre alt; sie muß am Hofe der tüchtigen Ludwika Maria, wie man sieht, nicht nur höfisches Wesen, sondern auch Organisation und Wirtschaftlichkeit gelernt haben. Für Geld und Geldeswert hatte sie eine Begabung von Haus aus, denn schon als Braut hatte sie am 8. November 1657 sehr energisch wegen eines gewissen Kaufmannes Unter an Jan Zamoyski geschrieben: »Er hat dem verstorbenen Wittenberg Geld geborgt, und deshalb eben verwende ich mich für ihn bei Ihnen: es möge nicht erlaubt sein, den Leichnam wegzubringen, ehe dieser Kaufmann nicht schreibt, daß die Schulden des Verstorbenen bezahlt wurden. Bitte, verpflichten Sie mich Ihnen gegenüber, indem Sie alles, was nur möglich ist, tun, damit die Forderungen des Kaufmannes erfüllt werden.«

Bei dem Verstorbenen handelte es sich um den in Zamość gefangenen schwedischen Feldmarschall Wittenberg!

Nach einem Monat kehrte Zamoyski wohlbehalten zurück. Marysieńka feierte ihren siebzehnten Geburtstag, sie wurde schwanger. Und fühlte sich elend.

Im Herbst mußte er zu seinen Regimentern, die bei der Belagerung von Thorn mitwirkten.
Verzweifelt schreibt sie ihm – übrigens immer in französischer Sprache – am 15. September 1658:
»A mon très cher mari
Mein teuerstes Herz, mein allerliebster Mann...« Es folgen Anweisungen, Beschwörungen, Drohungen, etwas, was er ihr versprochen hatte, auch wirklich einzuhalten. Und dann zum Schluß: »Ich bin verzweifelt, daß Sie nicht hier sind bei mir; kommen Sie, bitte, wie am schnellsten zurück und glauben Sie mir, daß ich, obwohl in Melancholie versunken, weiterhin, mein Allerteuerster und Allerliebster, verbleibe als Ihre sehr untertänige und gehorsame, treue Frau
MCf Zamoiska«
Es folgt ein Nachsatz in polnischer Sprache, in entsetzlicher Orthographie und in derben Ausdrücken: »Mein geliebtes Söhnchen Mistfink, wenn Du mir nicht schreiben wirst, was sich bei Hofe zuträgt, und zwar ohne alle Zeremonien, werde ich Dich nicht als Söhnchen ansehen, sondern als Mistfink, Du Schwein, und Du bist dann kein ciacia.«
Ein weiterer Brief läßt schon auf Spannungen in der Ehe Zamoyski schließen. Wahrscheinlich hatte der Herr Wojewode, nachdem er aus Thorn zurückgekehrt war, wieder seine berühmt-berüchtigten Zechgelage mit Freunden und Kumpanen aufgenommen, anstatt sich um seine junge Frau zu kümmern. Auf jeden Fall wollte Marysieńka für den Winter nach Warschau übersiedeln, um ärztliche Betreuung bei der Hand zu haben.
Im letzten Brief vor der Entbindung schreibt sie pikiert aus Warschau: »Ich will mich Ihnen nicht länger mit meinem Schreiben aufdrängen, ich schließe also, und versichere Ihnen, daß ich mit allem gebührenden Respekt verbleibe. Ich werde Sie nicht bitten, daß Sie auf sich aufpassen, denn Sie haben ja niemanden, für den Sie sich schonen müßten, und für mich täten Sie das sowieso nicht. Ich hatte nicht angenommen, daß ich so sehr recht hatte, als ich Ihnen sagte, daß Sie mich nicht lieben. Denken Sie an Ihr Kind, lassen Sie es keine Waise sein – Gott möge es in seinen Schutz nehmen –

vielleicht rührt Sie das wenigstens. Ich verbleibe, Monsieur, Ihre sehr untertänige, gehorsame und getreue Frau, Ihnen zu Diensten ergeben.

MCfZamoiska.«

Marysieńka starb nicht; aber ihr Töchterchen, das sie kurz nach Ostern, das in jenem Jahr 1659 auf den 13. April fiel, geboren hatte, lebte nur etwa vier Wochen. Es hatte zu Ehren der Königin – und Großmutter? – die Namen Ludwika Maria erhalten.

In Warschau tagte der Sejm, die Hofdame Katarzyna Gordon wurde an den Dichter und Kronreferendar Jan Andrzej Morsztyn durch die Königin verheiratet; es herrschte überall reges Leben. Marysieńka, noch geschwächt von den Strapazen der Geburt, konnte nicht daran teilnehmen. Aber kaum fühlte sie sich etwas besser, stürzte sie sich in das Hofleben, das sie in ihrer Einsamkeit in Zamość und Zwierzyniec so sehr vermißt hatte, und genoß es in vollen Zügen.

Erbsengroße Perlen umschlingen den Hals der jungen Frau Wojewodin, die nach dem Kindbett noch schöner geworden war. Voll erblüht, von unendlichem Liebreiz und fraulicher Anziehungskraft, so schaut uns Marysieńka aus den Bildern an, die in den ersten Jahren ihrer Ehe mit Jan Zamoyski entstanden waren.

4

Der Herr Kronbannerträger

So sah sie Jan Sobieski im August des Jahres 1659 wieder.
Mit ihrem Brief vom 9. August 1659 hatte die Königin den Kronbannerträger mit seinem Regiment nach Preußen beordert. Was Jan Sobieski da am Hofe gegenübertrat, war eine berückend schöne, vergnügungssüchtige junge Frau, die anscheinend das Alleinsein nicht ertrug, denn allweil herrschten Jubel und Trubel rund um sie. Da fanden Gesellschaften statt, da spielte die Musik auf, da wurden Gesellschaftsspiele veranstaltet, da spielte man Blindekuh und Karten, man tanzte, man flirtete, man amüsierte sich.[81]
Wie gut doch, daß Jan in Frankreich die modischen Tänze gelernt hatte! Welch prachtvolles Paar sie waren: er, der Prototyp eines schönen Mannes mit heldenhaftem Anstrich und einem prachtvollen Schnurrbart, hochgewachsen, martialisch, temperamentvoll, und neben ihm die zarte kleine Französin, kokett, zierlich, pretiös, lebhaft und dazu noch intelligent.
War es ein Wunder, daß beider Herzen plötzlich schneller zu schlagen begannen?
Der fesche Herr Kronbannerträger konnte leider nur ganz kurz am Hofe verweilen, ihn rief die soldatische Pflicht nach dem königlichen Preußen, wo die Schweden noch immer hausten. Jan Sobieski traf dort mit seinem Regiment am 6. September ein.
Am 22. Oktober verließ auch der Hof die Hauptstadt und begab sich nach Danzig, wo eben polnisch-schwedische Verhandlungen begannen, denn beide Seiten sehnten sich allmählich nach Frieden. Marysieńka kehrte nach der Abreise des Hofes nach Zwierzyniec zurück, von wo aus sie mit ihrem Manne bald nach Danzig nachfolgen sollte und wo sie – wir dürfen es wohl vermuten – Jan Sobieski wiederzusehen hoffte.
Doch es kam anders.

In der Ukraine flammten wieder Kämpfe auf, es begann, unruhig und gefährlich zu werden. Der Kosakenrat hatte den polenfreundlichen Hetman Wyhowski abgesetzt und an seiner Stelle Bogdan Chmielnickis Sohn Jurko zum Hetman der Zaporoger Kosaken gemacht. Dieser schloß gemeinsam mit dem Kosakenrat am 27. Oktober 1659 in Perejasław mit dem Moskauer Abgesandten einen Vertrag, aufgrund dessen die Kosaken sich der Oberhoheit des Zaren unterstellten. Das Resultat war ein neuerlicher Krieg zwischen Polen und Moskau.

Jan Zamoyski konnte und wollte zu solch einem Zeitpunkt nicht sein befestigtes Zamość im Stiche lassen, in dem wiederum Flüchtlinge aus den gefährdeten Gebieten massenweise eintrafen und Schutz suchten.

Marysieńka teilte der Königin mit, daß die gegenwärtige Situation es nicht zulasse, daß sie mit ihrem Manne nach Danzig käme. Ludwika Maria schrieb daraufhin am 1. Dezember 1659 aus Kosobudy an Jan Zamoyski einen lobenden Brief: »Ich lobe es, daß Sie beschlossen haben, Zamość nicht zu verlassen und daß Sie vorhaben, auch an Kamieniec zu denken, diese Festung von so großer Bedeutung; ich habe den König dringlichst gebeten, daß er wegen ihrer Instandsetzung Sorge tragen möge, doch ich fürchte, daß die ewigen Unruhen in Polen sich auch darin, wie in so vielen anderen Angelegenheiten, niederschlagen werden. Inzwischen tun Sie, im Hinblick auf den eigenen Ruhm, alles, was Sie nur können, damit Kamieniec die Feinde in Erstaunen versetzt.«

Nolens volens mußte Marysieńka mit Zwierzyniec vorliebnehmen und auf das angeregte Hofleben in Danzig verzichten, wo es nicht nur auf diplomatischem, sondern ebenso auch auf gesellschaftlichem Gebiete hoch herging.

Marysieńka langweilte sich.

Zum Glück hatte der Herr Kronbannerträger ihr indes Briefe zu schreiben begonnen. Das war ein prickelnder Zeitvertreib. Leider sind diese ersten Briefe Jans an Marysieńka nicht erhalten, dafür aber ihre Antwortbriefe. Und daraus kann man alle Phasen des sich anbahnenden Flirts ablesen. Vorausgeschickt sei, daß Jan Sobieski mit Jan Zamoyski befreundet war. Außerdem waren sie Nachbarn, sein Lieblingssitz, das vom Vater geerbte Pielaskowice lag ganz in der Nähe, und auch Jaworów war nicht weit entfernt. Es war also die natürlichste Sache von der Welt, daß man gutnachbarlich miteinander verkehrte. Gastfreundschaft wurde in Polen großgeschrieben und auf das lebhafteste praktiziert. So war natürlich auch Jan Sobieski öfter zu Gast in Zamość oder Zwierzyniec und nahm an den dortigen Lustbarkeiten und vergnügten Gesellschaftsspielen und diversen Veranstaltungen teil.

Ihr erster Antwortbrief trägt das Datum von Anfang November 1659 und wurde von Zwierzyniec aus expediert, und zwar, wie es Sobieski in seinem Briefe offensichtlich gewünscht hatte, von seinem Kammerdiener, dem er auch seinen Brief an die Frau Wojewodin anvertraut hatte.

Recht spröde und erhaben gibt sich die junge Frau Zamoyska in diesem ersten Brief an den »Monsieur le Chorąszy de la Couronne«, wie sie ihn, halb französisch und halb in verunstaltetem Polnisch, tituliert.[82]

»Ihr Kammerdiener bat mich, als er sich auf den Rückweg machte, um meine Antwort auf Ihren Brief; ich schreibe Ihnen also und danke für die Mühe, die Sie sich um meinetwillen gaben, obwohl alles ganz anders ausfiel, als ich es gewünscht hatte. Aber ich verstoße gegen die Höflichkeit, wenn ich mich beklage – entschuldigen Sie bitte. Der Sattel ist nicht übel, ich reite täglich, und wir fechten nach spanischer Art; mir fehlt nur jemand, der mir im Duell gegenüberträte, bisher fand sich noch niemand.« Dieser erste Absatz des Briefes ist schon sehr typisch für Marysieńka. Für die Mühe, die sich Jan offensichtlich in irgendeiner Sache gegeben hatte, um ihr einen Wunsch zu erfüllen, dankt sie nicht, sondern macht ihm kaum verhüllte Vorwürfe. Die Anspielung auf ein Duell klingt herausfordernd.

Der nächste Absatz wird noch aufreizender:

»Am gleichen Tag, als das Königspaar Warschau verließ, kam Ihr Kammerdiener und brachte ein dickes Paket Briefe für Sie. Da er Sie nicht antraf, übergab er sie mir, worüber ich sehr froh war; ich habe alle Briefe verbrannt. Ich kann mich nicht zurückhalten, Ihnen nicht zu schreiben, wie sehr ich darüber verwundert bin, daß

Sie nicht Sorge dafür tragen, daß ich Nachrichten über meine gute Herrin erhalte; wenn Sie mit anderen ähnlich verfahren, ist es kein Wunder, daß sie Ihnen verärgert zurückschreiben. Ich rege mich darüber nicht auf, denn ich weiß, daß es für Sie keinen Grund gibt, mir eifriger Neuigkeiten zukommen zu lassen, als sonst irgend jemandem. Ich appelliere nur an die Rücksicht, die im allgemeinen Kavaliere auf Personen meines Geschlechtes nehmen, und da ich weiß, daß Sie wegen Ihrer ganz besonderen Liebenswürdigkeit Damen gegenüber bekannt sind, wage ich, als eine dieser Damen die Hoffnung zu hegen, daß Sie mir Ihre Gunst zuteil werden lassen, indem Sie mir die neuesten Nachrichten über das Königspaar zu übersenden geruhen.«

Diese Seitenhiebe müssen gesessen haben. Jan war empfindlich, leicht verletzlich, ehrbewußt. Vorwürfe liebte er nicht, sie trafen seine Eitelkeit. Außerdem brauchte er sich derartige Sticheleien nicht gefallen zu lassen; er hatte genug Anbeterinnen, die ihm jeden Wunsch von den Augen ablasen. Doch Marysieńkas Epistel ging weiter. Es folgten allgemeine, unverfängliche Passagen über die neuen Manöver Chmielnickis, über die Kosaken und Moskowiter, die sich bemühen, die Tataren auf ihre Seite zu ziehen, weshalb sie und ihr Mann eben nicht Zamość und Zwierzyniec verlassen konnten. Geschichte, tägliches politisches und militärisches Geschehen wird plaudernd in diesen so echt weiblichen Brief eingeflochten.

»Ich schreibe Ihnen diese Neuigkeiten, obwohl ich sicher bin, daß Sie über alles unterrichtet sind.«

Und unmittelbar darauf abermals ein Angriff:

»Ich bin froh, daß mein Porträt verloren ging, obwohl ich die Absicht hatte, es einer bestimmten Person zu schicken, die es mehr verdient hätte als Sie.

Ich schicke Ihnen ein Skapulier und ein goldenes Kreuzchen mit einer wunderschönen Reliquie, damit man bei Ihnen ein Zeichen des Christentums finde, falls Sie fallen sollten. Sie sollten dieses Geschenk zu würdigen wissen, nicht im Hinblick auf die Geberin, sondern im Hinblick auf die Reliquie, denn bilden Sie sich nur nicht ein, daß dies ein Beweis meiner besonderen Gunst wäre. Wir wissen beide, daß Sie keinen Wert auf meine Gunst legen, Sie sollten sich auch nicht darum bemühen, es ist dies ganz einfach eine Sache, die ich für jeden täte.« Schon wieder eine Frau, die vom Tode redet. Nun schickt ihm sogar die kapriziöse Französin ein Skapulier, damit er als guter Christenmensch in der Schlacht fallen und in die andere Welt hinübergehen könne. Dazu noch der ausdrückliche Hinweis, daß dieses Geschenk kein Gunstbeweis sei, sondern eine Tat, die sie »für jeden« täte.

Es folgt eine Passage, die aufhorchen läßt, denn anscheinend hatte Königin Ludwika Maria bereits erkannt, welch Unheil sie mit der als so günstig erachteten Heirat über ihren Liebling gebracht hatte. Marysieńka verschanzt sich hinter dem »Willen Gottes«.

»Sie schreiben, daß die Königin bekümmert war, als sie von meinem schlechten Gesundheitszustand erfuhr. Es ist eine große Auszeichnung für mich, daß sich die Königin derart meine Angelegenheiten zu Herzen nimmt, doch durchschaue ich nur allzu leicht die Absicht, mich glauben zu lassen, daß ihre Bekümmerung tatsächlich so groß war, wie Sie mir diese darstellen. Und was das betrifft, daß die Königin die Ursache meiner Leiden sei, so ist das nicht wahr; sie weiß es doch, daß alles Glück meines Schicksals von Gott und von ihr kommt, wenn ich aber zeitweilig infolge von Krankheit leide, so ist nicht sie daran schuld, sondern es ist Gottes Wille, der über allen Menschen steht. Deshalb rate ich Ihnen auch, sich beim nächsten Mal mit Ihren Scherzen zurückzuhalten.«

Sie fährt fort:

»Ich bin Ihnen gram, weil Sie im letzten Brief etwas verlangten, was ich Ihnen ohne Beleidigung nicht gewähren kann. Wenn Sie darüber ehrlich nachdächten, müßten Sie zugeben, daß Sie nicht richtig vorgehen. Ich flehe Sie daher an, keine Forderungen zu stellen, die ich nicht erhören kann, die abzuweisen mir jedoch leid tut. Ich behandle Sie schon genug als mein Kind, da ich Ihnen mein Lieblingsskapulier gebe. Leben Sie wohl, leben wir zufrieden in Tugend.«

Der Herr Kronbannerträger scheint der jungen Frau Wojewodin sehr offenherzige Anträge gestellt zu haben. Sie weist ihn in die Schranken.

»Schicken Sie mir Ihre Briefe zurück und verbrennen Sie die meinen«, verlangt sie am Ende des Briefes.

Sie vergißt auch nicht, zum Schluß Verhaltensmaßregeln gegenüber »Dosia« – das war in der Geheimsprache der beiden der Herr Wojewode Jan Zamoyski und Ehegatte der tugendsamen Briefeschreiberin – zu geben: »Ich bin nicht gut mit ihr. Aber schreiben Sie an sie, als ob nichts wäre; sie weiß nichts davon, daß ich Ihnen das Skapulier schicke.«

So weit waren also schon die Heimlichkeiten zwischen den beiden gediehen.

Der zweite Brief folgte Mitte Januar 1660.[83] Es ist ein langer Plauderbrief, in dem sich Marysieńka für die Neuigkeiten bedankt, gleichzeitig aber die Befürchtungen äußert, sie könne Sobieski lästigfallen mit ihren vielen Fragen.

Mitten im Brief erfahren wir, daß sie krank ist und den Brief im Bett schreibt: »... seit zwölf Tagen stehe ich nicht aus dem Bett auf; Gott hätte Sie mit einem kleinen Brüderchen beschenkt, wenn nicht eine Schlittenfahrt unglücklich geendet hätte, während der ich aus dem Schlitten fiel, was mich in eine Krankheit hineintrieb, von der ich mich noch immer nicht erholen kann.«

Sie hatte also eine Fehlgeburt gehabt. Und vor vier Wochen – erfahren wir weiter – war ihr Mann so schwer krank gewesen, »daß er sich nicht anrühren ließ, man konnte ihn nicht aus dem Bett heben; um es frisch zu machen, mußte man ihn auf dem Leintuch hochheben. Ich habe drei Wochen lang kein Auge zugemacht; ich habe höchstens eine halbe Stunde pro Nacht geschlafen.«

Auch das gehört zu Marysieńkas Wesen, daß sie immer wieder die treue und fürsorgliche Ehegattin hervorkehrt und ihren Verehrer auf den Platz eines »Sohnes« verweist, dem sie eine »ergebene und liebende Mutter« sei und den sie und ihr Mann als einen ihrer aufrichtigsten Freunde betrachteten.

Und wieder die Mahnung, den Brief sofort zu verbrennen. Auch schickte sie ihren Brief an ihn über die Königin, ihren Brief an die Königin wiederum über ihn. Man mußte vorsichtig sein.

Während Jan Sobieski weiterhin in Preußen und Danzig weilte, wurde in Zamość, trotz der Kriegswirren, der Karneval laut und

und rauschend gefeiert. Marysieńka hatte schon in ihrem Brief vom November berichtet, daß sie in Venedig Masken bestellt habe und diese um Neujahr herum erwarte.

In der Fastenzeit fand dann ein historisches Ereignis auf dem Schloß zu Zamość statt: Corneilles »El Cid« wurde in der polnischen Übertragung von Jan Andrzej Morsztyn durch den Rektor der Akademie, Herrn Rudomicz, mit den Zöglingen der Akademie am 12. Februar 1660 zur Aufführung gebracht. Rund ein Jahr vor der Warschauer Aufführung. Jan Zamoyski, der ja ein großer Theaterliebhaber war, und seine Frau wohnten diesem Ereignis bei.[84] Nicht hingegen Jan Sobieski. In Danzig wurden weiterhin Friedensverhandlungen mit den Schweden geführt, deren Abschluß er jedoch nicht mehr abwartete, da er am 19. März vom König die Starostei Stryj erhalten hatte. Er begab sich sofort dorthin, um sie zu übernehmen. Nun stellte sich aber heraus, daß die Witwe des vorigen Starosten, die Wojewodin von Bełs, Frau Koniecpolska, vom König einen Brief hatte, der ihr die lebenslängliche Pacht dieser Starostei zusicherte, worauf sie nicht verzichten wollte.

Der Kronbannerträger reagierte umgehend, und zwar »po szlachecku«, also nach »Adelsart«: er half sich selbst. Er nahm 80 Reiter aus seinem eigenen walachischen Fähnlein (Kompanie), borgte sich dazu noch von seiner Schwester, Katarzyna Radziwiłł, 200 Mann Fußvolk und veranstaltete, ohne sich irgendwelche Gedanken oder gar Gewissensbisse zu machen, einen »zajazd«, einen bewaffneten Überfall, und nahm mit Gewalt die Starostei in seinen Besitz. Vier Tage lang dauerte dieser Sobieskische Privatkrieg, vom 12. bis 15. April 1660.[85]

Solche bewaffneten willkürlichen Gewaltakte waren zwar verboten, wurden aber doch immer wieder praktiziert. Mahnend erhoben sich vereinzelte Stimmen gegen derartige Übergriffe der Szlachta, doch vergeblich; bis in das XVIII. Jahrhundert wurden solche »zajazdy« vom selbstherrlichen polnischen Adel immer wieder inszeniert. Außerdem erhielt Jan den Rang eines »Oberszter« = Oberst, was davon zeugt, daß er in einem Infanterieregiment fremde Söldner unterstellt bekommen hatte.

Marysieńka an Jan Sobieski am 29. April 1660

Bereits vierzehn Tage später, am 29. April, schreibt Marysieńka einen pikierten Brief an den »Monsieur le Chorąszy«, daß sie nicht daran denke, ihm weiterhin zu schreiben. »Ich finde, Sie sind wirklich lächerlich, wenn Sie glauben, man müßte Ihnen schreiben, während Sie sich dem Vergnügen hingeben. Sie irren sich, wenn Sie glauben, daß jemand Ihre Zeitung sein müsse, es ist mir langweilig geworden, und ich teile Ihnen mit, daß ich beschlossen habe, Ihnen nicht mehr zu schreiben. Ich will Ihnen nur noch eines sagen, daß bei mir keine carczema (Schenke) ist, wo man nur für eine Stunde einkehrt.

Was den Fürsten anbelangt, so wird er wahrscheinlich ebenso handeln. Wir warten also auf Sie – der Fürst, wie gewöhnlich, mit dem Glas in der Hand, ich jedoch, um Ihnen zu wiederholen, daß ich bei meinem Entschluß verharren werde.«

Wenn man bedenkt, daß Marysieńka zu jenem Zeitpunkt erst achtzehn Jahre alt war, muß man die Diktion und den Stil ihrer Briefe bewundern. Sie atmen höfische Geschliffenheit und sehr großes Selbstbewußtsein. Da ist, abgesehen von gelegentlichem Kokettieren, nichts Jungmädchenhaftes mehr darin enthalten. Hier tritt bereits eine Dame von Welt dem Kronbannerträger entgegen, die jederzeit auf dem Sprung ist, ihn in seine Grenzen zu verweisen. Bald fand sie dazu Gelegenheit. Ihr Brief vom 1. Juli 1660 ist jedoch noch zutraulich, man merkt direkt, wie sie am Kronbannerträger Halt sucht; sie berichtet ihm von einem der Saufgelage ihres Mannes; um ein Haar hätte Zamoyski in seinem Rausch jemanden in ihrem Schlafzimmer erschlagen, wenn sie nicht resolut nach dem Degen gegriffen hätte. Doch diese Aufregung bezahlte sie nun wieder mit Krankheit. Sie bittet Sobieski, einen Kontrakt durchzusehen und ihr zu schreiben, ob er richtig aufgesetzt sei. Zum Schluß versichert sie abermals: »Glauben Sie mir, daß ich Ihnen ein guttes Mütterlein sein werde, wenn Sie für mich ein gutes Kind sein werden.«

Unverständlich ist daher sein flegelhaftes Benehmen gegenüber der anlehnungsbedürftigen schönen Nachbarin etwa drei Wochen später. Wie so oft kam Sobieski mit seinem Busenfreund Paweł Sapieha am 22. Juli 1660 wieder einmal zu Besuch zu den Zamoyskis. Es kam damals zu einer unangenehmen und sehr scharfen Szene zwischen Marysieńka und Jan; ohne sich zu verabschieden, war Jan in seinem Jähzorn davongeritten und hatte auch Sapieha mitgenommen.

Ob Ludwika Maria bemerkte, in welch mißlicher Lage sich ihr Liebling, die kleine Marie-Casimire, befand? Psychisch und physisch stand es nicht gut um die junge Frau. Der Streit mit Sobieski hatte sie aus dem seelischen Gleichgewicht gebracht; mit ihrem Manne stand sie auf Kriegsfuß. Sie, die kühle und sehr gute Rechnerin, konnte nicht mitansehen, wie Jan Zamoyski sein immenses Vermögen an seine Saufkumpane verschleuderte und verschenkte. Sie war nahe daran, ihn unter Kuratel stellen zu lassen, um selbst die Verwaltung der Güter zu übernehmen. Nur mit Mühe war es dem Freunde Zamoyskis, Żaboklicki, gelungen, sie davon abzubringen.

Außerdem geschah es immer häufiger, daß man böse Pamphlete gegen sie richtete und in ihr Zimmer schmuggelte, aber auch versuchte, diese Sobieski zuzuspielen.

Da Jan Zamoyski am Kriegszug des Königs teilnehmen sollte, wurde beschlossen, daß Marysieńka mit dem Hofe der Königin folgen sollte. Gemeinsam begab man sich nach Sambor. Das war im August des Jahres 1660.

Jan Zamoyski befand sich mit seinen zwei Reiterregimentern in der Division des Großhetmans Potocki, Jan Sobieski mit einem Reiterregiment unter dem Feldhetman Marschall Lubomirski bei der zweiten Division.

Jan hatte, von Jaworów kommend, seine Mutter in Lemberg besucht und stieß am 25. August zu Lubomirski.

Doch zuvor hatte er sich mit Marysieńka ausgesöhnt.

Er hatte ihr seinen Lieblingszwerg Muszka geschickt, der sie entzückte. Unmittelbar danach nahm die Frau Wojewodin wieder ihre Lieblingsbeschäftigung auf: lange Plauderbriefe an den »Monsieur le Korongi de la Couronne« zu schreiben. Insgesamt sind uns siebenundzwanzig Briefe aus ihrer Feder aus dem Zeitraum vom ersten Brief von Anfang November 1659 bis zum letzten dieser Serie vom 27. September 1661 bekannt.

Und immer wieder fällt in diesen Briefen die aufreizende Mischung von Freundlichkeit und Vorwürfen, das erprobte Mittel von Zuckerbrot und Peitsche, auf.

Nachdem sie sich für den Zwerg Muszka bedankt hat, der ihr so große Freude bereitete, schreibt sie: »Ich wünsche Ihnen eine glückliche Reise. Ich nehme an, daß Sie in Lemberg einkehrten, um den für eine solche Expedition notwendigen Segen zu erhalten.[86] Was mich betrifft, so wünsche ich, daß Sie aufrichtiger zurückkommen, als wie sie aufbrachen.« Und nachdem sie ihn noch warnt, allzu vertrauensselig manchen Leuten etwas vorzuerzählen, da die Wahrheit ja doch eines Tages ans Licht komme, endet sie diesen Brief damit, daß sie ihm irgendeine Kleinigkeit, um die er gebeten hatte, nicht abschlagen könne, da sie ohne Bedeutung sei, und erkundigt sich nach dem Skapulier, das sie ihm einmal geschenkt hatte. »Wo immer Sie diesen Rosenkranz beten werden (man trägt ihn über den Händen), mischen Sie unter seine goldenen Tränen Ihre eigenen, die Ihnen die Reue über die Sünden herauspreßt. Ich wünsche Ihnen Besserung, damit Sie sich besser überzeugen können, daß ich Ihre ergebene MCfZ bin.« Es folgen Grüße an den Feldschreiber und Freund Sobieskis, Jan Sapieha, sowie Jabłonowski, scherzhaft »Diablonowski« von ihnen genannt, der ebenfalls zum engeren Freundeskreis gehörte. Sehr bald jedoch begannen in diese charmanten Plauderbriefe hochbrisante politische Botschaften einzufließen.

Bereits im zweiten Brief nach der Versöhnung[87] fügt sie, nachdem sie sich für eine Sendung Obst von ihm bedankt hat, im Nachsatz etwas hinzu, was aufhorchen läßt: »Beim nächsten Wiedersehen werde ich Ihnen sonderbare Geschichten erzählen – nicht nur sonderbare, sondern sogar schreckliche. Aber sprechen Sie, um Gottes Willen, mit niemandem darüber und fragen Sie mich nach nichts brieflich, denn solche Sachen könnte ich keinem Briefe anvertrauen. Darin sind alle verwickelt, sogar der König und die Königin. Ich habe sowieso schon zu viel gesagt, deuten sie niemandem gegenüber auch nicht einmal etwas an, und fragen Sie nichts brieflich: ich warne, man öffnet alle Briefe.«

Diese »schrecklichen« Geschichten bezogen sich auf den seit fünf Jahren diskutierten Plan, noch zu Lebzeiten König Jan Kazimierz' einen Nachfolger zu bestimmen, die heißumstrittene »Wahl vivente rege«.

Zuerst hatte, wie gesagt, ein Habsburger Erzherzog die größten

Chancen gehabt; nachher erwog man, den Zaren von Moskau auf den polnischen Thron zu berufen; es wäre dann zu einer Union mit umgekehrtem Vorzeichen wie seinerzeit mit dem jungen Kronprinzen Władysław gekommen. Nachher hatte Ludwika Maria auch den brandenburgischen Kurfürsten Friedrich Wilhelm ins Kalkül gezogen.[88] Doch nun hatte sie sich auf Frankreich fixiert, nämlich auf den Prinzen d'Enghien, den Sohn des großen Condé. Den wollte jedoch nicht die polnische Szlachta. Es erhoben sich Proteste. Ludwika Maria, das Intrigenspiel von Paris her perfekt beherrschend, änderte ihre Taktik. Heimlich, unter Anwendung von Korruption und Bestechung jeder Art, versuchte sie, Anhänger für ihr französisches Projekt zu gewinnen.
Auf Jan Zamoyski hatte sie von allem Anfang an ein Auge geworfen; aber nun richteten sich ihre Berechnungen immer mehr auf Jan Sobieski. Sie hatte wohl bemerkt, daß der inzwischen einunddreißigjährige, noch immer unverheiratete Kronbannerträger nicht unempfindlich für die Reize der jungen Frau Zamoyska war. Diesen Umstand nützte sie geschickt aus. Marysieńka wurde allmählich zum Postillon der Politik der Königin. Immer häufiger enthalten die launischen Plauderbriefe Mitteilungen der Königin, Anweisungen, dieses oder jenes zu tun, zu beachten oder zu beobachten und ihr mitzuteilen, natürlich nicht direkt an die Königin, für die bereits das Pseudonym »Hamaleon« verwendet wird, sondern an die Adresse Marysieńkas, die zum Umschlagplatz der konspirativen Korrespondenz Maria Ludwikas mit einigen wichtigen Herren der polnischen Szlachta wurde, vor allem mit Jan Sobieski. Aber auch sein Freund Jan Sapieha, der Feldschreiber, wurde allmählich in das feine Intrigengespinst hineingezogen. Über ihn gelingt es ihr auch, den oftmals ungebärdigen Jan Sobieski bei der Stange zu halten.
Er hatte ihr geschrieben, er sei melancholisch. Sie schickt ihm zum Trost – und mit kleinen Sticheleien verbunden – ihr Porträt, scheinheilig diese Geste als nichtssagend abtuend. Sapieha gegenüber rechtfertigt sie sich damit, Sobieski, »der zu raschem Stimmungsumschwung neigt«, die Laune zu verbessern.
Indessen ging der Krieg weiter. Jan Sobieski und Jan Sapieha

waren von Anfang an beim ganzen Feldzug dabei, Zamoyski traf erst mit einiger Verspätung in der Ukraine ein. Alle drei nahmen jedoch an der Schlacht von Słobodyszcze teil, die mit einem eindrucksvollen Sieg der Polen endete. Jan Sobieski, der den rechten Flügel kommandierte, hatte sich mehrfach ausgezeichnet; an einem Tage wurden zwei Pferde unter ihm weggeschossen, er selbst erlegte eine Menge Moskowiter, indem er mit Pfeil und Bogen gezielt in ihre Massen schoß.[89] Am 31. Oktober wurde die Kapitulation bei Cudnow unterschrieben. Bei den Verhandlungen mit Jurko Chmielnicki war auch Jan Sobieski unter den vier Kommissaren, die über die Bedingungen verhandelten. Jan trat in die Fußstapfen seines Vaters Jakub. Chmielnicki wechselte wieder zu den Polen über. Der Moskauer Hetman Szeremietjew sollte bis zur Erfüllung des Vertrages in polnischer Haft festgehalten werden. Da der Zar jedoch niemals diese Kapitulation unterschrieb, blieb er 18 Jahre lang der Gefangene der Polen.

Die polnischen Regimenter bezogen nun die Winterquartiere; aber der Intrigenkrieg der Königin und ihres Schützlings Marysieńka ging munter weiter. Letztere wird zu jenem Zeitpunkt in den französischen Geheimberichten des Diplomaten Chavagnac folgendermaßen charakterisiert: »Sie hängt sehr an ihrem Vaterlande (Frankreich) . . . sie ist eine durchtriebene Frau, sehr geschickt, von Kindheit an zu Intrigen erzogen.«[90]

Wie rührend ist doch der Brief, den sie dem Kronbannerträger am 7. Oktober schreibt, in dem sie in ihrem bestrickenden Plauderton von ihrer Krankheit erzählt, davon, daß ihr Mann sie zwingen wolle, zur Entbindung nach Zamość zurückzukehren, sie fürchte sich aber, ohne ihn dort das zu erwartende Kind zu entbinden, da die Dienerschaft gewiß nur auf ihren und ihres Kindes Tod lauere, sie bitte daher ihn, den Herrn »Korongi« und Herrn Sapieha, auf Zamoyski einzuwirken, daß er sie nicht allein lasse. »Ich fühle mich wie ein Vogel auf dem Ast, ich weiß nicht, wovor ich mich in acht nehmen muß.« Aber sie werde trotzdem ihrem Manne gehorsam sein und heimkehren, auch wenn sie damit die Königin verärgere. Sie sei allein in der verhaßten Residenz, ihr Mann würde frühestens zu Weihnachten heimkehren können. Dabei habe er versprochen,

innerhalb von zwei Wochen nachzufolgen. »Ich habe seinen Versprechungen geglaubt und habe die Königin verärgert, indem ich nicht für die Zeit der Entbindung bei ihr blieb. Aber ich tat es aus Liebe zu ihm; wenn er also nicht hier sein wird während meiner Entbindung und wenn es Ihnen nicht gelingt, ein Mittel zu seiner schnellen Heimkehr zu finden, so erkläre ich Ihnen hiermit, daß seine Abwesenheit während meiner Entbindung alle davon überzeugen wird, daß er mich durch Kummer töten will. Er wird sich gewiß noch an jene Zeit erinnern, als ich in Warschau war, und er weiß doch, daß ich damals gestorben wäre, wenn ich nicht bei der Königin gewesen wäre, wo Ärzte und Chirurgen zur Stelle waren – hier aber ist niemand. Wenn er kommt, werde ich ihm einen wunderschönen Sohn gebären, der genauso tapfer kämpfen wird wie sein Papa, und ich werde ihn dann Ihnen anvertrauen, damit er von Ihnen alle jene wunderbaren Taten lernt, die Sie tagtäglich in den Schlachten vollbringen; wenn es aber eine Tochter sein sollte, so werden Sie gewisse Rechte auf sie haben, da ja Ihre erste Frau gestorben ist – also werden Sie gewiß daran interessiert sein.«[91] Marysieńka spielte auf ihre erste Tochter, die gleich nach der Geburt gestorben war, an und zog abermals alle Gefühlsregister, die ihre Wirkung niemals auf Jan verfehlten.
Bald nach Marysieńkas Heimkehr am 30. Oktober verbreitete sich das Gerücht, daß der Herr von Zamość gefallen sei, was seine Frau natürlich in große Aufregung versetzte. In der Nacht vom 4. auf den 5. Dezember schenkte sie einem Töchterchen das Leben, das zu Ehren von Jan Zamoyskis Mutter den Namen Katarzyna bei der eilig vollzogenen Nottaufe erhielt. Das Kind war, wie das erste, ebenfalls schwächlich; man zweifelte, daß es überleben werde. Fürstin Gryzelda Wiśniowiecka teilte ihrem Bruder, der sich so sehr einen Sohn gewünscht hatte, die Geburt der Tochter mit und tröstete ihn, daß er trotzdem zufrieden sein werde, sobald er das Kind gesehen haben würde.
Als er endlich zu Weihnachten heimkehrte, goß es in Strömen, so daß die feierliche Begrüßung für den »Bezwinger der Moskowiter« erst nach Neujahr von der Stadt begangen und ihm die vielen Ovationen seiner Untertanen dargebracht werden konnten. Die

Fastnacht wurde wie immer laut und fröhlich in Zamość gefeiert, es wimmelte in der Stadt und im Schloß von Masken. Möglicherweise tummelte sich unter ihnen der Herr Kronbannerträger Sobieski, denn ein paar Tage später war er zusammen mit Zamoyski, dessen Frau Marie-Casimire und Schwester, der Fürstin Wiśniowiecka, Taufpate beim Sohn des Rektors Rudomicz von der Akademie in Zamość.

Jan Sobieski begab sich danach in die Ukraine, wo er an den Beratungen des Landtages in Sądowa Wisznia teilnahm. Es herrschte große Aufregung im Lande, denn es war durchgesickert, daß der Hof während des nächsten Sejms in Warschau offiziell mit dem Vorschlag der Königswahl vivente rege hervortreten werde. Im Lande kreisten Schriften, Pamphlete und Aufrufe, die das Vorhaben des Hofes als ungesetzlich hinstellten und zum Widerstand dagegen aufriefen. Es gab zwei Parteien im Lande: eine profranzösische, die vom Hofe vertreten wurde, und eine proösterreichische, der der Großteil der Szlachta anhing.

Indessen drohte eine Konföderation der Armee, der wieder einmal der Sold nicht ausgezahlt worden war. Jan Sobieski begab sich zum Heer, und er wurde zusammen mit noch elf Vertretern bevollmächtigt, während des Sejms, der für den 2. Mai 1661 einberufen worden war, die Beschwerden der Armee vorzubringen. Es stand ihm also demnächst eine Reise nach Warschau bevor und damit ein Wiedersehen mit der bezaubernden Briefeschreiberin, Frau Zamoyska.

Ende März spielte sie wieder einmal Postillon de politique: »Ich lege Briefe der Königin an Sie und Herrn Sapieha bei; wenn Sie vorhaben sollten, zurückzuschreiben, so senden Sie Ihren Brief an mich. Ich bin bemüht, daß ab heute die Post von hier nach Warschau expediert wird.«

Nach dieser vertraulichen Mitteilung sofort die Frage, ob er herausgebracht habe, wieviel ihre Starostei wert sei. Und dann die Aufforderung: »Teilen Sie mir mit, was Ihnen die Königin schreibt, und ich werde Ihnen schreiben, was sie mir schreibt; aber ich nehme an, dasselbe: vom Kaiser, vom Kurfürsten, vom Moskauer Zaren.« Und als Nachsatz: »Verbrennen Sie meinen

Brief sofort, nachdem Sie ihn gelesen haben, damit ihn niemand sieht, man kann niemandem trauen.«[92]

Und am 7. April schon wieder ein Brief; mit dem bissigen Hinweis: »Wenn es mir die Königin nicht befohlen hätte, würde ich an Sie nicht schreiben, um Ihnen zu zeigen, daß Sie in den heutigen Zeiten vorsichtiger sein sollten.« Und dann: »Ich schicke Ihnen einen Brief von der Königin, ich glaube, sie ist wegen der Konföderation beunruhigt, die sich wegen des ausstehenden Soldes zusammenschließen soll. Die Königin bittet, daß Sie sie genauer über alles unterrichten, was Sie in Erfahrung bringen; von mir hingegen verlangt sie, daß ich Ihnen das schreibe, was Sie weiter unten lesen. Da die Königin nicht wagt, solche Sachen dem glücklichen Zufall zu überlassen, bittet sie im Vorhinein, daß Sie meinen Brief sofort nach der Lektüre verbrennen.

Wenn es unmöglich sein sollte, diese Konföderation zu verhindern und wenn es zu diesem großen Unglück wirklich käme, so sollten Sie, meint die Königin, falls nicht Sie selbst oder Herr Sapieha Marschall werden wollen – dafür sorgen, daß zum Marschall und Substitut irgendwelche anständigen Leute gewählt werden. Verbrennen Sie meinen Brief.«

Nicht nur, daß die Königin Jan Sobieski auffordert, seine eigenen Landsleute und Herren Brüder der Szlachta zu beobachten und zu bespitzeln, nun soll er auch versuchen, der Königin genehme und willige Leute in die wichtige Position eines Marschalls zu hieven. Anschließend an die Nachricht, daß Mazarin am 9. März gestorben sei, noch der Hinweis auf ein bevorstehendes Wiedersehen, bei dem sie ihm alles Nähere über ihre geplante Reise berichten werde.

Am Abend des gleichen Tages schreibt sie ihm noch einen zweiten Brief wegen eher belangloser Sachen, z. B. den von Sapieha gewünschten Bischofssitz für seinen Bruder, ihren Wunsch, ihre Starostei günstig zu verpachten, und die Aufforderung: »Versiegeln Sie Ihre Briefe besser, denn diejenigen, die mir übergeben wurden, kann jeder öffnen. Sie werden den Lack brauchen können, ich teile mit Ihnen das letzte Stück guten Lackes. Er ist rot, siegeln Sie damit die vertraulicheren Briefe, für die anderen verwenden Sie eine andere Farbe... Meine Tochter dankt Ihnen und läßt sagen,

daß kein Staub aufwirbelte, als Sie mit ihr tanzten, also war es keine echte Mühle . . .« Und zum Schluß wieder etwas Hochpolitisches: »Schreiben Sie mir, ob Sie den Brief gesehen haben, der gegen die französische Nation gerichtet ist, der hier zusammen mit der Antwort und einem Diskurs zum selben Thema kreist. Ich habe den Brief hier, aber ich schicke ihn nicht weg; wenn Sie ihn nicht gesehen haben sollten, können Sie ihn hier sehen.«
Der Sejm dauerte vom 2. Mai bis zum 18. Juli. Jan Sobieski nahm die ganze Zeit über daran teil, da er ja ein Abgesandter der Armee war und deren Belange zu vertreten hatte.
Ludwika Maria, der natürlich der Flirt ihrer »kleinen d'Arquien« mit Jan Sobieski nicht entgangen war und den sie geschickt für ihre eigenen Pläne auszunützen versuchte, spann indessen auch Heiratspläne für den Kronbannerträger. Es gibt da einen französischen Brief des Bevollmächtigten Condés, eines gewissen Herrn Caillet, der seinem Auftraggeber folgenden Bericht liefert: »Über Sobieski wurde der Königin zugetragen, daß er seit kurzem in die Schwester des Fürsten Michał Radziwiłł verliebt sei, die Witwe des Vizekanzlers. Die Königin weiß noch nicht, wieviel Wahres daran ist, aber sie wäre weiterhin froh, ein Porträt der Mademoiselle de Valencay zu haben, und trug mir auf, Eurer Hoheit zu schreiben, daß sie nichts leichtsinnig unternehmen werde und Eure Hoheit von jedem Schritt, den sie unternimmt, unterrichten werde. Was die Aussteuer betrifft, sagte die Königin, daß Sobieski nichts daran liege.« Sobieski wird aber kaum viel Interesse für derlei Heiratspläne gehabt haben. Frau Zamoyska traf nämlich in Warschau ein, um ihre Reise nach Paris vorzubereiten, der sie größten Wert beimaß. Hoffte sie doch, in Paris ihren Mann zur Vernunft bringen zu können, was ihr in Zamość nicht gelungen war. Er verschenkte weiterhin mit vollen Händen sein Vermögen und sagte stur auf ihre Vorhaltungen, es müsse so sein, so lange er noch lebe. Deshalb also ihr Versuch, ihn von Zamość wegzubringen, wobei sie aber immer so tat, als ob Zamoyski selbst sehr großen Wert dieser Reise nach Paris beimesse.
Hier in Warschau während des Trubels rund um den Sejm fanden Sobieski und Marysieńka endlich Gelegenheit, unter vier Augen

miteinander zu sprechen, und das änderte natürlich sofort die ganze Sachlage. Sobieskis Leidenschaft für die schöne Frau Wojewodin war lichterloh aufgeflammt. Er bestürmte sie mit Billetts, in denen er anfragte: »Wann werde ich Ehre haben, Ihr schönes Gesicht zu sehen? ... Erbarmen Sie sich, meine heilige Wohltäterin, und offenbaren Sie mir die wahren Intentionen Ihres Herzens und wann und wo ich die Schönheit meiner Wohltäterin werde sehen können.«[93]

Die Leidenschaft näherte sich gefährlichen Grenzen. Doch Marysieńka war so sehr mit ihren Reisevorbereitungen beschäftigt, daß sie nur kurz in der Hauptstadt weilte und dann gleich wieder nach Zwierzyniec zurückfuhr.

Jan Sobieski kehrte nach dem Sejm von Warschau in sein Jaworów zurück; unterwegs stattete er einen Besuch dem Ehepaar Zamoyski ab. Nach ihrer Begegnung in Warschau kommt nun ein anderer Ton in ihren Briefwechsel; leider sind Jans Briefe nicht erhalten, weil die übervorsichtige und ewig mißtrauische Marysieńka sie stets sofort nach Erhalt verbrannt hat. Aber Marysieńka kokettierte neuerdings in ihren Briefen mit einem Mutter-Sohn-Verhältnis, das dem nicht gerade durch Mutterliebe verwöhnten Jan sicher süß geklungen haben muß.

Ein Brief vom August 1661 beginnt mit der Anrede:
»Monsieur, mon cher enfant,
Ich bin froh, daß Sie sich Ihrem Mütterlein gegenüber als gehorsam erwiesen haben; ich versichere Sie, daß Sie keinerlei Bedenken zu haben brauchen, indem Sie diese Sachen bei mir deponierten, Sie wissen doch, daß ich ein Geheimnis zu wahren weiß. Sie haben als Mann von Ehre gehandelt, indem Sie sich zuerst dagegen wehrten; wenn Sie ohne zu zögern darauf eingegangen wären, wäre ich zwar froh gewesen, aber es zu verlangen, wäre zu viel gewesen, übrigens wollte ich durch meine Bitte nur Ihren – meines Sohnes – Gehorsam auf die Probe stellen. Sie können sicher sein, daß ich nichts gelesen und nichts durchgesehen habe – der Schlüssel ist zerbrochen – also glauben Sie nicht, daß ich Ihre Geheimnisse kenne; trotzdem bin ich zufrieden. Ich rate Ihnen, alles zu verbrennen, was einer Person, die an Sie geschrieben hat, schaden

könnte, wenn es zufällig in andere Hände fallen sollte. Sie sind ein vernünftiger Mensch, deshalb beschwöre ich Sie, leben wir in guter Harmonie, wie eine echte Mutter mit ihrem Sohne, und Sie werden glücklich sein, was ich Ihnen heiß wünsche. Wenn ich wüßte, daß ich Ihnen irgendwie zu Ihrem Glück behilflich sein könnte, täte ich es aus ganzem Herzen, glauben Sie mir, ich bin doch Ihr Mütterchen.

Die kleine d'Arquien läßt Sie grüßen. Schreiben Sie mir, ob ich Ihnen die Schärpe, das Armband und den Ring durch eine Okkasion schicken soll oder Sie diese lieber von mir selbst in Empfang nehmen wollen; ich werde es so tun, wie Sie es sich wünschen. Bitte, um keinen Preis darf irgend jemand erfahren, daß sich diese Schatulle in meinen Händen befindet. Ohne Unterlaß singe ich die ›draqulica‹ und ›Rote Strümpfe‹.« Die zwanzigjährige Frau Zamoyska dürfte sich, nach diesem Briefe zu schließen, ihrer Macht über den einunddreißigjährigen Kronbannerträger schon ziemlich sicher gewesen sein. Im nächsten Brief, ebenfalls vom August – es werden noch drei weitere folgen –, schreibt sie gar schon:

»Wenn ich Sie also schon als Sohn angenommen habe, so werde ich mich Ihrer auch weiterhin annehmen, aber nur unter der Bedingung, daß Sie dieses nicht allzu sehr ausnützen und daß es mir keine Schande macht, ein solches Kind zu erziehen. Um die Wahrheit zu sagen, fürchte ich, daß Sie allzu wollüstig sind, und die Leute werden mich tadeln, daß ich Sie nicht genügend mit der Rute gezüchtigt habe, als Sie klein waren. Übrigens, wenn Sie mich lieben, sollten Sie daran denken, mir eine Freude für mein Alter zu bereiten, indem Sie sich verheiraten; aber ich verliere schon langsam alle Hoffnung und fürchte, daß aus Ihnen Ihr ganzes Leben lang nichts Gutes mehr wird. Ich war in Sokal und habe die Allerheiligste Jungfrau gebeten, daß Sie sich bessern, aber ich zweifle, ob meine Gebete erhört wurden.«

Dann wechselt Marysieńka plötzlich diesen scherzhaft-mütterlich-nachsichtig-scheltenden Ton: »Doch jetzt wollen wir vernünftig reden. Sie schrieben jemandem, daß Sie aus einem bestimmten Grunde melancholisch seien. Es ist höchste Zeit, daß Sie aufhören,

meiner zu spotten; ich gebe zu, daß ich in der Vergangenheit nicht richtig vorgegangen bin. Haben Sie Vertrauen zu mir und verzweifeln Sie nicht; wenn das der Grund ist, den ich mir denken kann, dann wird alles gut werden, wenn Sie nur versprechen, daß Sie diese Person mit reiner, unschuldiger Liebe lieben werden. Ich verspreche Ihnen, daß ich an Sie schreiben werde, um Ihnen von ihr Neuigkeiten zu berichten, und um Ihnen zu beweisen, daß ich alles zu Ihrer Zufriedenheit beitragen will, ich werde unsere unterbrochene Freundschaft erneuern, nur um Sie mir zu verpflichten.«
Dem saft- und kraftvollen Kronbannerträger, der wegen seiner Heißblütigkeit bekannt war, eine »reine, unschuldige Liebe« zuzumuten, war ein starkes Stück und mußte diesen in tiefste »Melancholie« versinken lassen.
Zum Trost schickt sie ihm selbsteingekochte Konfitüren aus getrockneten Nüssen – bald werden es andere »Konfitüren« sein, die zwischen ihnen hin und her kursieren: chiffrierte heiße Liebesbriefe. Schon beginnt indessen der Austausch von Büchern – und die Lektüre wird in dieser seltsamen Liebesbeziehung eine nicht zu unterschätzende Rolle spielen.
Sie schickt ihm den ersten Teil des damals so berühmten Romans »Cyrus«, während sie selbst die ihr von ihm empfohlene »Kleopatra« zu lesen beginnt. Samt und sonders literarische Modewerke, die Herr Jakub als »unnützes Zeug« abgetan hatte, die zu lesen die Zeit schade wäre. Anderer Meinung war sein jüngster Sohn und einziger Erbe Jan. Gegen die Erziehung des Vaters trat nun die »Erziehung« des »Mütterleins« Marysieńka in die Schranken.
Und was sagte die richtige Mutter, Frau Theophila, dazu? Aus verschiedenen Hinweisen darf man annehmen, daß sie das Tun und Lassen ihres Sohnes Jan mißbilligte und daß ihr seine Romanze mit der so zwielichtigen Französin aus tiefstem Herzensgrund zuwider war. Manche Historiker meinen sogar, Jan hätte vielleicht bereits bei seiner ersten Begegnung mit Marysieńka an Heirat gedacht, aber im Hinblick auf die strenge Mutter und deren Prinzipien gar nicht erst gewagt, eine solche Möglichkeit ernsthaft ins Auge zu fassen. Andrerseits darf man nicht vergessen, daß Marysieńka erst vierzehn Jahre zählte und Herr Jan zu jenem Zeitpunkt einen

immensen Frauenverbrauch hatte und keine Gelegenheit vorbeigehen ließ, sich zu delektieren.
Nun aber geriet er immer mehr in den Bann der raffinierten Frau Zamoyska, die durch ihre Briefe seine Phantasie anstachelte und ihm ständige Gefühlswechselbäder von Zuneigung und Vorwürfen verabreichte. Kaum hatte sie ihm beteuert, daß sie ihn »so zärtlich wie einen Sohn« liebe, als sie auch schon im nächsten Brief, erzürnt darüber, daß er immer Ausreden finde, um sich um einen Besuch bei den Zamoyskis herumzudrücken, erklärt, daß sie nicht mehr seine Mutter sei. Sie, die Ärmste, aber langweile sich zu Tode; morgens, wenn der Fürst, also ihr Mann, ihr Zimmer verlasse, bekomme sie ihn bis abends nicht mehr zu Gesicht. Die Briefe von Jan Sobieski scheinen damals tatsächlich ihre ganze Abwechslung gewesen zu sein. Das arme »Vögelchen auf dem Ast« kokettiert:
»Mit meiner Gesundheit steht es nicht gut, seit einiger Zeit werde ich oft ohnmächtig; ich bin verändert, ich sehe aus, als ob ich ein halbes Jahr krank gewesen wäre. Ich schließe, um Ihnen zu sagen, daß ich nicht Ihre Mutter bin.«
Im nächsten Brief stellt sie in Aussicht, ihn vielleicht doch so wie einen Sohn zu lieben und im 27. Brief, dem letzten dieser Sorte der sogenannten »Vorkarmeliter-Briefe«, läßt sie sich herbei, weil er ihr in letzter Zeit so viele Aufmerksamkeiten bewiesen habe, »trotz allem seine ihn aufrichtig liebende Mutter« zu sein. Aber immer wieder stichelt sie.
Sie schickt ihm aber »zum Trost« ihr Porträt, »gegen die Melancholie«, und dann verlangt sie es wieder zurück, zu einem Zeitpunkt, wo seine Gefühle allmählich bis zum Siedepunkt erhitzt waren.
Aus Warschau, wohin sie wegen ihrer Reisevorbereitungen für Paris gefahren war, schreibt sie am 27. September 1861 an Jan Sobieski nach Jaworów: »Was die Trennung betrifft, so denke ich, daß sie für Sie nicht unangenehmer sein wird als die vorhergehenden, und da ich niemals beobachten konnte, daß Sie infolge einer Trennung ungeduldig oder vergrämt gewesen wären, so weiß ich nicht, wie ich Ihnen eine solche versüßen sollte. Ich versichere Sie, daß es Ihnen nicht gelingen wird, mir einzureden, daß Sie leiden,

wenn Sie mich nicht sehen, denn ich weiß es ja, daß eine Begegnung mit mir keinerlei Annehmlichkeit für Sie bringt.
Ich bin Ihnen sehr verbunden, daß Sie sich mir anvertrauen, ich habe aber nicht darum gebeten, und schließlich ist es mir erlaubt, darüber zu denken, wie es mir gefällt. Glauben Sie mir, ich verbleibe als Ihre Ihnen ergebene und trotz allem aufrichtig liebende Mutter MCfZ.«
Wie reagierte Jan Sobieski auf diese ewigen Herausforderungen, Vorwürfe, Lockungen, Versprechungen, Ungerechtigkeiten? Er war impulsiv, hitzig, leidenschaftlich. Und sehr gefühlvoll. Nach diesem letzten Brief der Frau Zamoyska springt er aufs Pferd und reitet nach Warschau.
Am 6. Oktober treffen sie einander in der Karmeliter-Kirche in Warschau. Er: groß, eine imposante Erscheinung, ein Mann in den besten Jahren; sie: zart, klein und wunderschön. Sie treten vor den Altar; und da schwört er ihr ewige Treue und Liebe. Zum Zeichen dieses Treueschwurs tauschen sie Ringe. Später wird er ihr vorwerfen, daß nur er geschworen habe, während sie stumm blieb.
Das waren die berühmt gewordenen »Karmeliter-Schwüre«. Natürlich war Sobieski nicht nur wegen Marysieńka nach Warschau gekommen; die Königin hatte ihn gerufen: er sollte mit den konföderierten Truppen verhandeln, denn er erfreute sich großer Beliebtheit unter der Szlachta und den Soldaten. Jan Zamoyski jagte noch immer auf seinen Gütern, als seine Frau unmittelbar nach diesen »Schwüren« nach Hause zurückkehrte. Sobieski reiste zusammen mit seinem Freunde Sapieha in die Ukraine zu den Konföderierten.
Hatte sich etwas nach den Karmeliter-Schwüren zwischen den beiden geändert?
Es hatte sich viel geändert. Das beweisen die »Konfitüren«, die ab nun zwischen ihnen hin- und hergehen.

5
Konfitüren

»Konfitüren« nannten die heimlich Verliebten – oder soll man besser sagen: die heimlich Verlobten? – ihre Liebesbriefe, in denen sie die ausgeklügeltsten Decknamen für sich selbst und die Personen ihres Umkreises gebrauchten. Die Frau Wojewodin nennt sich »Rose« oder »Essenz«; Jan Sobieski wird wegen seines heftigen Temperamentes, das leicht explodiert, »Pulver« (la poudre) genannt oder »Herbst« (l'automne) – warum ausgerechnet Herbst, erfährt man nicht; Jan Zamoyski erhält das Pseudonym »la flute«, also »Flöte«, im Polnischen hat das Wort »fujara« allerdings nicht nur die Bedeutung Flöte, sondern auch Tölpel, Dummkopf, Schwachkopf – und so ist diese Bezeichnung aus dem Munde der eigenen Ehefrau mehr als vielsagend; später bekommt er noch den wenig schmeichelhaften Namen »Makrele«, manchmal auch »Pferd« hinzu; die Königin wird zunächst »Hamaleon« genannt, was »Chamäleon« heißt und auf ihre Wankelmütigkeit hinweisen sollte, später kommt noch der Name »Choragiewka«, also »Fähnchen«, hinzu, was auf eine Windfahne hinweisen sollte; Jan Kazimierz, der König, ist der »Apotheker« oder »Kaufmann«; die polnische Königskrone wird als »Ware« bezeichnet; der polnische Königshof als »Übungsplatz«, während Paris der Louvre und später Versailles »Palais enchantée«, »das verzauberte Palais«, genannt werden; das polnische Feldlager heißt bei ihnen »Galeere«, die Liebe »Orangen«, die Gesundheit »Odor«, Zamoyskis Schwester, die Fürstin Gryzelda Wiśniowiecka, »Bratpfanne«, der Kronmarschall Jerzy Lubomirski »Fuchs« und so weiter.

Am 6. Oktober hatten sie einander unverbrüchliche Liebe bei den Karmelitern geschworen; vom 18. Oktober existiert ihr erster Nachkarmeliter-Brief; die Antwort auf seinen Brief – der vernichtet wurde. In diesem Brief fällt zum ersten Mal der Name »Celadon«

für Sobieski, den er nun bis an sein Lebensende beibehalten wird. Sich selbst wird sie sehr bald »Astrée«, polnisch »Astrea«, nennen. Am 2. November schickte Marysieńka nämlich an Jan Sobieski den ersten Teil des seit über zwanzig Jahren so berühmten sentimentalen Romans »Astrée« von d'Urfé und empfahl ihm, sich nach dem Helden dieses Romans Celadon zu nennen.

Ausgerechnet dieser Schäferroman hatte ja auch in der Liebesgeschichte zwischen Louise Marie Gonzaga und dem jungen Cinq-Mars eine Rolle gespielt, und Ludwika Maria muß mit diesem Buche viel sentimentale Erinnerungen verbunden haben, denn noch als Königin von Polen las sie ihren französischen Hofdamen persönlich daraus vor.

Der Band, den sie Jan schickte, stammte pikanterweise aus der Bibliothek ihres Ehegemahls Jan Zamoyski, der ein Büchernarr war und dessen Bibliothek zu den größten und kostbarsten von ganz Polen gehörte. Marysieńka mokiert sich über ihn später einmal in einem Briefe an Sobieski aus Paris: »Angeblich ist doch seine größte Wonne, nachts allein im Zimmer zu sein, die Nachtmütze auf dem Kopf und ein Buch in der Hand – sollte er nicht zufrieden sein, wenn er das jetzt alles haben kann?«[94]

Die »Konfitüren« aus jener Zeit umfassen 27 Briefe Marysieńkas an Sobieski.

Die ersten acht sind noch in Polen geschrieben und sind erfüllt mit versteckten Anspielungen auf ihrer beider Liebe, mit Klagen über die unleidliche »Bratpfanne«, Gryzelda Wiśniowiecka, und Jan Zamoyski, denn der liebt die Geselligkeit und denkt nicht daran, ihr zuliebe seine Freunde aus dem Hause zu jagen; auf all ihre Klagen bleibt er taub, ja er beschwert sich sogar bei der Königin: »Sie (d. h. seine Frau) will, daß ich meine Leute verstoße, und sie sagt, daß sie eben derentwegen gern von hier fortkäme; nein, ich werde mich von jenen niemals trennen, soll sie hinfahren, wohin sie will, aber das tue ich niemals für sie.«

Jan Zamoyski hinderte sie nicht daran, ihre Reisevorbereitungen weiterhin zu treffen. Wahrscheinlich ahnte er jedoch nicht, daß seine Frau eifrig bemüht war, einen Ersatz für ihn zu gewinnen: Jan Sobieski sollte ihr nach Paris nachfolgen.

All ihre Pläne erfuhren jedoch eine Verzögerung, da am 27. November – nur drei Wochen nach den »Karmeliter-Schwüren« ihres Sohnes Jan – Theophila Sobieska in Żółkiew starb.[95] Die Nachricht erreichte Jan am Königshofe zu Warschau, wo er der Königin über seine Verhandlungen mit dem konföderierten Heer in der Ukraine Bericht erstattete. Er war nicht über die Feiertage in Warschau, sondern kehrte zu Weihnachten nach Jaworów zurück, um die Vorbereitungen für die Bestattung seiner Mutter zu treffen.

Theophila hatte sich ein ganz schlichtes Begräbnis gewünscht. In dem Testament der frommen und strengen Frau Kastellanin von Krakau hieß es: »Man soll meinen Leib so schnell wie möglich bestatten, ohne alle Zeremonien und wie am ärmsten.« Für Jan war der plötzliche Tod der Mutter, mit der ihn keine besonders zärtliche, eher eine schmerzliche Liebe verband, dennoch ein harter Schlag. Seiner Schwester Katarzyna Radziwiłł gegenüber beklagt er sich, daß er an »jenem Unglückstag gerade durch Opatów reiste«, also hätten sie beide nicht einmal mehr »den letzten Segen empfangen können«.[96]

Wie undelikat und kraß egoistisch Marysieńka sein konnte, bewies sie ausgerechnet im Zusammenhang mit dem Begräbnis Theophilas. Zweimal schreibt sie: »Beeilen Sie sich mit diesem Begräbnis; ich fürchte, es könnte uns sonst eine Gelegenheit zum Wiedersehen entgehen.« Dies schrieb sie im Januar 1862; und in einem zweiten Brief, ebenfalls vom Januar, drängt sie abermals: »Dies Begräbnis muß man so schnell wie nur möglich hinter sich bringen. Ich wäre in der allergrößten Verzweiflung, wenn es uns wegen dieser Dinge nicht gelänge, Zeit für eine Begegnung zu finden; ich verliere jedoch nicht die Hoffnung, daß wir einander werden sehen können, um alles endgültig zu entscheiden.«

Und in einem dritten Brief nochmals die Mahnung: »Wenn Sie mich lieben, so bemühen Sie sich, die Angelegenheit Potockis zu beschleunigen und dies Begräbnis hinter sich zu bringen, denn ich fürchte, es könnte der Befehl kommen, daß sich die Fujara (Flöte – Zamoyski) zur Armee begeben muß.«

So groß Marysieńkas Macht damals auch bereits über Jan war,

das Begräbnis der Mutter war eine Ehrensache für ihn. Da seine Schwester Katarzyna krank war, mußte er es bis zu ihrer völligen Genesung verschieben, und das dürfte wohl bis Ende Januar oder gar Anfang Februar 1662 der Fall gewesen sein.

Getreu dem letzten Willen der Mutter richtete er ihr ein »armes« Begräbnis aus, das erste; das zweite aber, als ihr Sohn und Erbe, mit allem Prunk und allen Ehrenbezeugungen, wie sie in diesen Kreisen üblich waren. Auf dem Katafalk konnte man zwei Inschriften lesen: »So wollte es die Mutter. So geziemte es sich für den Sohn« – »Sic mater voluit, sic filium decuit.«[97]

Nun war also Jan der einzige Erbe des riesigen Vermögens, der drei Familien: Sobieski, Daniłowicz und Żółkiewski. Er war aber nicht nur Erbe des materiellen Vermögens, sondern auch der ideellen Familientradition, und das verpflichtete. Das hielt ihn vielleicht auch vor dem letzten Schritt zurück, zu dem ihn Marysieńka unaufhörlich drängte: Polen zu verlassen und sich mit ihr für ganz in Frankreich niederzulassen und dort zu naturalisieren.

Theophila und mit ihr Jakub Sobieski hätten sich im Grabe umgedreht, hätten sie noch mitansehen müssen, in welche Intrigennetze ihr Jaś hineingeraten war und auf welch schlüpfrigen Wegen er sich bewegte.

Die schöne Frau Wojewodin ließ es nämlich nicht dabei bewenden, daß sie eine heftige Liaison mit dem Kronbannerträger, dem Freund und Nachbarn ihres Ehegatten, anfing, sondern sie bestand darauf, daß Jan, ihr Liebhaber, Jan, ihrem Ehegatten, weiterhin Freundschaft vorheuchelte, ihm Briefe schrieb und seine Gastfreundschaft in Anspruch nahm, nur um sich mit ihr sehen zu können; sie allerdings heuchelte ebenfalls perfekt weiterhin eheliche Liebe und Fürsorglichkeit, und zwar tat sie das ganz bewußt eiskalt, denn sie war, wie sie es von frühester Jugend an gewöhnt war, berechnend und auf ihren Vorteil kühl bedacht. Sie wollte durch den Flirt, oder was immer daraus auch werden sollte, durchaus nicht das Vermögen aufs Spiel setzen, das ihr Jan Zamoyski vermacht hatte. Im Gegenteil, sie versuchte mit aller List und mit Hilfe des Königs, nachdem es ihr nicht gelungen war,

Zamoyski unter Kuratel zu stellen, daß er ihr als einziger Erbin das ganze Vermögen testamentarisch vermache, was jedoch seine Familie erfuhr und verhinderte.[98]
Als die Reise nach Frankreich endlich definitiv festgesetzt und von der Königin der Termin dazu bewilligt worden war, verließ Marysieńka Zamość und begab sich am 26. Februar 1662 nach Warschau.
Dort tagte bereits seit dem 20. Februar der Sejm, an dem auch Jan Sobieski teilnahm. Es ist anzunehmen, daß die beiden einander in Warschau trafen und das gemeinsame Vorgehen für die ins Auge gefaßte Übersiedlung nach Frankreich besprachen.
Während der Beratungen des Sejms ging es wieder überaus turbulent zu. Ludwika Maria und mit ihr Jan Kazimierz hatten sich nun für den Prinzen d'Enghien entschieden, der Ludwikas vierzehnjährige Nichte Anna heiraten sollte. Wütend reagierte die Szlachta, die nichts von dieser französischen Kandidatur und schon gar nicht vivente rege wissen wollte.
Jan Sobieski hatte sich für die Wahl d'Enghiens ausgesprochen; er sollte noch bis zur positiv durchgeführten Wahl in Polen bleiben, um nachher in Paris wegen dieser Beihilfe entsprechend belohnt zu werden.
Marysieńka reiste ab; Zamoyski hatte ihr versprochen, später nachzukommen. Indessen lief alsbald wie ein Lauffeuer das Getratsche über die in ihre französische Heimat abgereiste Frau Wojewodin durch ganz Polen: »Frau Zamoyski ist ohne Einwilligung und Wissen ihres Mannes in ihr Vaterland Frankreich abgereist, während der Abwesenheit ihres Mannes, der auf dem Sejm in Warschau weilt, und nahm den Schatz und das Vermögen mit, Gold, Silber, Kleinodien, Geld, man sagt, daß es 70 000 sein sollen...« Und die Schlußfolgerung, die man in Polen daraus zog: »Besser wäre es gewesen, zu Hause eine polnische Adelige zu heiraten; das wäre gesünder und natürlicher gewesen.«[99]
Die Verwaltung ihrer Güter hatte sie Sobieski und Sapieha übertragen.
All das rief Empörung in ganz Polen und besonders in unmittelbarer Umgebung von Zamoyski hervor, hatte doch Marysieńka

grob gegen ihre ehelichen und mütterlichen Verpflichtungen verstoßen. Ihre kleine Tochter Kasia hatte sie allein zurückgelassen. Jan Zamoyski handelte jedoch diesmal rasch und konsequent: Die beiden »Verwalter«, Sobieski und Sapieha, fanden nichts mehr zu »verwalten« vor, denn der Herr Wojewode hatte kurzerhand das Vermögen seiner Frau beschlagnahmt; und dagegen half auch kein persönliches Schreiben der Königin, an die sich Marysieńka voll bitterer Klagen gewandt hatte.

Während der Sejm in Warschau mit einer Niederlage für das Königspaar endet, denn man zwang den König, eine Deklaration zu unterschreiben, ab sofort von der Wahl vivente rege Abstand zu nehmen, setzte die Königin ihren Plan im geheimen fort, und Sobieski wurde die Mission anvertraut, zu den Anführern des »Geheiligten Bundes« Kontakt aufzunehmen. Marysieńka bestürmte indessen Monsieur »Celadon« aus Paris mit Briefen, die wahre Wunderwerke weiblicher Koketterie und Rafinesse waren. Die von beiden für ihre Korrespondenz erfundenen Chiffren hatte Jan eigenhändig entschlüsselt, und so überdauerten sie die Zeiten.[100] Gleich in ihrem ersten Brief berichtet sie ihm über die Möglichkeiten eines Ankaufes von Landbesitz. Sie schließt die Provence, wo sich Jan, gewiß in Erinnerung an seine fröhliche Kavalierstour, am liebsten niedergelassen hätte, energisch aus; dort seien die Preise zu hoch, und außerdem sei es viel zu weit weg von Paris. Sie schlägt ihm etwas in der Nähe von Maligny in der Umgebung von Paris vor, später bei Meudon oder in Paris selbst, wo man aus dem Schlafzimmer direkt zu den Tuillerien hinüberschauen kann. Sie erzählt ihm, daß sie sich bereits Möbel bestellt habe, vor allem ein Himmelbett. Sie muß natürlich standesgemäß leben; sie hält sich zwei Pagen und vier Lakaien, ihre Sänfte erregt Aufsehen. Sie nimmt Tanzstunden beim Maitre der Königin, sie sei sehr begabt, versichert man ihr; ihre Figur gefalle.

Im gleichen Atemzug fordert sie von ihm, daß er ihr ein halbes Dutzend Perserteppiche, Zobelschwänze und ihrem Vater Pferde schicken möge.

Ihren Vater, den Marquis d'Arquien de la Grange, liebte sie abgöttisch. Mit der Mutter verstand sie sich nicht so gut.

Während ein gewisser Jarocki aus der Begleitung der Frau Wojewodin, der im Auftrag Zamoyskis Spitzeldienste versah, dem Herrn Wojewoden berichtete, daß die Frau Wojewodin sich in Sehnsucht nach ihm verzehre, sie jedoch stets darauf bedacht sei, standesgemäß aufzutreten, schreibt Astrée an Celadon: »Inzwischen werde ich mich erkundigen, was man tun muß, um für Sie das Dekret zur Naturalisation zu erwerben.«

»Die kitzelige Aufgabe, zwei Männern zugleich den Kopf zu verdrehen, hat sie mit größerer Geschicklichkeit im Leben durchgeführt als Maupassant auf dem Papier in seinem Roman: ›Fort comme la mort‹, und das merkwürdige System ihrer moralischen Begriffe erlaubte es ihr, ohne mit der Wimper zu zucken, über sich selbst zu schreiben, daß sie ›ni coquette, ni galante‹ sei«, schrieb im vorigen Jahrhundert ein Historiker.[101]

Fast ein Jahr blieb Marysieńka abwesend von zu Hause – denn offiziell war ja Zamość noch immer ihr Zuhause. Dort war ihr Mann, dort war ihr Kind. Und dort starb ihr Kind, die kleine Kasia; am 19. Dezember 1662 wurde sie in Zamość nach ausländischem Brauch bestattet: ihr kleiner Sarg wurde am späten Abend, schon bei einbrechender Nacht, zur Gruft gefahren, nicht getragen, wie bisher üblich.[102]

Hatte Marysieńka in früheren Briefen Sobieski gegenüber mit dem Tod ihrer Kinder und ihrem damit verbundenen Leid kokettiert, so hatte sie Kasias Tod anscheinend doch sehr mitgenommen, denn sie klagt nun über diverse Krankheiten: Fieber, Galle, Melancholie, Magenbeschwerden, Erbrechen, sie sei eben eine »leidgeprüfte« Frau, »denn ich nehme nicht an, daß irgendeine Frau in meinem Alter schon so viel durchlitten hat wie ich«.[103]

Inzwischen war natürlich in Polen die Romanze des Herrn Kronbannerträgers Sobieski mit der schönen Frau Wojewodin Zamoyska kein Geheimnis geblieben. Der Klatsch gedieh, die Zungen wetzten sich an immer neuen Skandalgeschichten. Das Gerücht von der beabsichtigten Expatriierung hatte sich sogar schon herumgesprochen. Am 14. Dezember 1662 widerlegt Jan dieses in einem Briefe an Frau Helena Lubomirska, seine Cousine. »Mit nicht geringem Erstaunen habe ich Ihr Schreiben gelesen, in

dem Sie mir mitteilen, daß solch ein Gerücht unter den Leuten umgehe, wovon ich selbst bisher weder gehört, noch daran gedacht hatte, daß ein solches unter den Leuten kursieren und sogar an Ihre Ohren gedrungen sein könnte. Ich glaube, daß dies von mir Übelgesinnten oder solchen, die kein anderes Vergnügen kennen, als immer neuen Klatsch über andere aufzuwirbeln, verbreitet wird. Es stimmt, daß ich die Intention hatte und noch immer habe, mich für einige Zeit wegen gewisser Umstände aus diesem Lande zu beurlauben, womit ich aber kein Geheimnis vor Ihnen gemacht hätte, wenn es schon so weit wäre; da dies aber erst nach Beruhigung des Vaterlandes, nicht aber jetzt sein kann, wo meine Dienste dem König und der Rzeczpospolita von Nutzen sein können, auch nicht in jenes gewisse Land, wie man Ihnen vorspiegelte, selbst wenn mich dorthin auch die heftigste Leidenschaft hinzöge – so würden doch die Ehre, die Reputation (die ich in jedem Falle stets mehr liebe als eine Person) mich immer von solch einem Unterfangen abhalten.« Er würde sich jedoch ihre Warnung zu Herzen nehmen, und er beteuert: ». . . und ich werde mich bemühen, mein Leben so fortzusetzen, daß ich weder meinem Hause noch meinen Verwandten irgendeine Schande bereite.«[104]
Das sind Worte eines Ehrenmannes. Man sieht ihn direkt mit der Hand auf dem Herzen dastehen. War also Marysieńkas Angst nicht ganz unbegründet, ihr gefühlvoller Celadon könnte noch einen Rückzieher machen?
Am 20. Juli 1663, eineinhalb Jahre nach ihrer Ankunft in Paris, schreibt sie an Sobieski: »Ich erwarte eine baldige Nachricht, daß alles geregelt ist, nicht: ›wir werden mit der nächsten Post schreiben, was wir zu tun vorhaben.‹« Und dann die schamlose Aufforderung, er möge versuchen, die Fujara, also Zamoyski, zu sehen und ihm klarzumachen, daß nur böse Menschen Schlechtes über sie erzählt hätten, »denn wenn kein gutes Einverständnis mit der dicken Fontäne (Zamoyski) bestünde, könnte sich die Essenz (Marysieńka) nicht mit dem Pulver (Sobieski) vermischen, noch mit ihm das Würfelspiel spielen«.[105]
Fürs erste gelang es Marysieńka nicht zu erreichen, was sie wollte. Jan Sobieski, typisch für seinen Aszendenten in der Waage,

zögerte, zauderte, hatte tausenderlei Bedenken, den endgültigen Schritt, der zu einem Bruch mit Polen und seinem Freunde Zamoyski geführt hätte, zu tun. Pikant am Rande, wenn Sobieski in einem Handbillett an Zamoyski, datiert vom 13. August 1663, schreibt: »Monsieur, Ihr Kammerdiener hat mich schon beinahe bei der Abreise aus Lemberg angetroffen. Das Buch über die maltesischen Ritter schicke ich Ihnen aus Żółkiew zurück, jetzt aber schicke ich Ihnen zwei Bände der ›Astrée‹, die bei mir waren, zurück.«

Der sentimentale Jan schleppte also diesen rührseligen Schäferroman überall mit sich herum, und zwar ausgerechnet jene Exemplare aus der Bibliothek des Herrn Wojewoden Zamoyski aus Zamość, die ihm die Frau Wojewodin zum Lesen geschickt hatte! Pikanter geht es kaum mehr. Da legt sich ein selbstherrlich regierender kleiner König in seinem unumschränkten Reich eine prachtvolle Bibliothek an, sammelt Kostbarkeiten aus der ganzen Welt, und seine Frau leiht diese ihrem Liebhaber, und beide beginnen, haargenau nach der literarischen Vorlage, in der Wirklichkeit ein ebenso verwickeltes Liebesspiel.[106]

Gleichzeitig teilt Jan Sobieski seinem »Herrn Bruder« mit, daß das Königspaar, das bei ihm zu Gaste weilt, in den nächsten Tagen abreisen und in Zwierzyniec bei Zamoyski einkehren werde. Ludwika Maria und Jan Kazimierz weilten in Żółkiew bereits zum zweiten Male zu Gast und anschließend auch in Zamość. Der König begleitete die Königin von Żółkiew bis Zamość und kehrte von dort wieder in die Ukraine zurück, um den Feldzug gegen Moskau zu beginnen. Jan Sobieski war mit dabei.

An eine Emigration nach Paris war im Augenblick nicht zu denken. Ludwika Maria setzte ihre Autorität ein, um das zerstrittene Ehepaar Zamoyski wieder miteinander zu versöhnen. Wenn auch die »Meervögel«, nämlich die Eltern d'Arquien, angeblich ihre Tochter »um keinen Preis« fortlassen wollten, so diktierte der kühl berechneten Frau Zamoyska doch die Vernunft, dem Befehl ihrer Schutzherrin nachzukommen und zu ihrem Ehegatten zurückzukehren.

Und die Frau Wojewodin kehrte zurück. In Zwierzyniec fand

sie Jan Zamoyski in einem sehr schlechten Gesundheitszustand vor. Es wird ihr kaum schwergefallen sein, ihre Rolle als liebende und besorgte Ehegattin überzeugend und hinreißend zu spielen. Jedenfalls wurde sie mit allen Ehren empfangen, und sogar die vertrautesten Gefolgsleute Zamoyskis, Podlodowski und Żaboklicki, die Marysieńka so abgrundtief haßten, eilten aus Zamość herbei, um ihre Herrin zu begrüßen. Diese empfing sie, nach französischer Sitte, im Bette liegend, worauf später die Herren Sarmaten spotteten, sie hätten ihrer Herrin um ein Haar die Füßchen statt der Händchen geküßt.[107]

Jan Sobieski war zu jener Zeit noch immer in der Ukraine, so gab es nur selten »Konfitüren«. Astrée suchte ihren Celadon »En Ukrayn« oder gar »A l'armée«. Die ungenaue Adressenangabe weist darauf hin, wie schwer es war, den Herrn »Koronge de la Couronne« zu erreichen. Also gibt es gegenseitige Vorwürfe, daß man nicht genügend »Konfitüren« schicke; und Marysieńka klagt wieder über ihren schlechten Gesundheitszustand: »Seitdem ich in dies Land zurückgekehrt bin, fühle ich mich so schlecht, daß ich ständig im Bett liegen muß; es fehlt mir die Kraft, um an die Königin zu schreiben.«[108]

Die Harmonie währte nicht lange im Haus Zamoyski. Der Wojewode führte seinen alten Lebensstil fort, was Marysieńka zur Weißglut brachte, denn sie war im Gegensatz zu seiner übermäßigen Großzügigkeit ausgesprochen knausrig und hing an Geld und Geldeswert, das er so leichtfertig unter seine Freunde verstreute. Sogar der König soll über ihn einmal gesagt haben: »Wozu soll man diesen Menschen heilen, wenn er selbst sich nicht heilen lassen will. Wenn man ihm eine Würde oder eine Starostei verleiht, verschenkt er diese noch am gleichen Tag während eines Bankettes an irgend jemand anderen.«[109]

Dennoch hatten die beiden Ehegatten sogar das Bett wieder miteinander geteilt: Marysieńka war abermals schwanger. Aber sie hielt es in Zamość nicht aus. Sie fuhr nach Warschau und von dort nach Danzig: sie wollte nach Frankreich zurück.

Sobieski kämpfte immer noch in der Ukraine. Bei der Belagerung von Głuchow wurde er verletzt, »er hat ein großes Loch im Kopf«, kolportierte man in Warschau, was Marysieńka nicht wenig erschreckte.

Aus Danzig schreibt sie am 28. Juni 1664 und berichtet ihm, daß die Karosse, die er in Paris bestellt hat, sehr teuer sein werde, weil sie von der schönsten Art sei; ihr Vater habe ihr geschrieben, sie werde mehr als 2000 Dukaten kosten. Und zum Schluß ergeht sie sich in Todesahnungen; er solle versichert sein, wenn sie in der nächsten Woche sterben sollte, sei sie doch stets seine gute Freundin gewesen.

Wann Marysieńka ihr drittes Kind zur Welt brachte und ob tatsächlich in Danzig, ist nicht genau festzustellen; sicher ist nur, daß es wiederum ein Töchterchen war – was man aus den späteren Briefen Jan Sobieskis an Marysieńka ersehen kann –,[110] das bald nach der Geburt starb. Sie fuhr auch nicht nach Paris, sondern kehrte wieder um und weilte die meiste Zeit am Königshofe bei ihrer Gönnerin. Dort wurde sie zu einem immer wichtigeren Faktor im gewagten Intrigenspiel der Königin.

Ludwika Maria hatte sich entschieden: sie wollte nun, koste es, was es wolle, die Kandidatur vivente rege des Prinzen d'Enghien durchsetzen, die im Sinne des französischen Hofes war.

Mazarin hatte kein Geheimnis mehr daraus gemacht, warum er eine Kandidatur d'Enghiens unterstützte: »Das Kaiserreich in die Zange nehmen zwischen Frankreich und Polen, so wie Frankreich früher zwischen Kaiserreich und Spanien eingeklemmt war.«[111]

Nach Mazarins Tod setzte Ludwig XIV. diesen Kurs fort. In seinen Tagebüchern schrieb er über sein Bestreben, Frankreich zur Beherrscherin der Welt zu machen; dazu gehörte die Auseinandersetzung mit dem Kaiser: »Indem ich mich nicht damit zufriedengab, seinen Hochmut zu demütigen (durch die Verminderung seiner Titel), arbeitete ich auch daran, seinen Kredit zu ruinieren und diese Vorherrschaft in Deutschland ganz zu vernichten, die das österreichische Haus dort seit zwei Jahrhunderten innehat.« Ferner heißt es dort: »Ich habe dem polnischen König eine hohe Summe zukommen lassen, um ihm die Mittel in die Hand zu geben, um den Krieg mit seinen aufsässigen Untertanen weiterzuführen, und ließ vielen vom dortigen höchsten Adel Pensionen auszahlen, um die

Ausführung der Pläne zu erleichtern, die ich hinsichtlich dieses Königreiches gefaßt habe ... da man mir Hoffnung machte, daß die Krone demnächst in die Hände eines Fürsten meines Hauses fallen würde.«[112]
Schützenhilfe leistete dazu die polnische Königin. Ludwika Maria hatte niemals ihre Bindung an Frankreich aufgegeben. So hatte sie z. B. sofort ihren Heiratskontrakt mit Jan Kazimierz von Ludwig XIV. bestätigen lassen, wobei sie für sich aushandelte, daß ihr »alle Rechte, die den Franzosen, echten Inländern und Untertanen des erz-christlichen Königs, ohne jede Ausnahme und Beschränkung zustehen sollten«.[113] Jetzt, da sie ihr gefährliches Intrigenspiel wegen der Wahl d'Enghiens vivente rege durchpeitschen wollte, versicherte sie sich, für den Fall, daß dieser Plan mißlingen sollte, für sich selbst und Jan Kazimierz der Exilsmöglichkeit in Frankreich.[114] Dabei betonte sie einmal, daß sie sich keineswegs von der Liebe zu ihrer Nation leiten ließe, ein Gefühl übrigens, das in jenen Zeiten den meisten ziemlich fremd war; der Nationalismus wurde bekanntlich erst im 19. Jahrhundert besonders kultiviert und hochgespielt.

Um ihre Ziele zu erreichen, griff Ludwika Maria zur Bestechung, die sie in großem Stile mit Geldern Ludwigs XIV. durchführte. Französische »Pensionen« bezogen mindestens 60 wichtige und hochgestellte Persönlichkeiten, darunter auch Jan Sobieski. Er figuriert bereits seit 1661 auf den Listen der Pensionsempfänger, 1661 erhielt er 4800 Livres. 1662 bereits 8000, später 12 000 und im Jahre der Wahl König Michałs, also 1669, bereits runde 20 000 Livres.[115]

Ludwika Maria ging freilich elegant und vorsichtig zu Werke, man roch nicht sofort die Bestechung. Alles geschah nur zum »Wohle Polens«. Die polnischen Herren, die zwar über weite Latifundien geboten, verfügten jedoch selten über Bargeld. Nicht alle waren so sparsam und wirtschaftlich wie Herr Jakub, der das sorgsam erwirtschaftete Geld in Fässern sammelte und in den Gewölben von Żółkiew sicher aufbewahrte. Jedenfalls kann Ludwika Maria für sich in Anspruch nehmen, in Polen die Korruption großen Stiles eingeführt zu haben, denn wenn auch früher schon gerne polnische Beamte die Hand aufhielten, so waren erst jetzt Tür und Tor für Bestechungen jeder Art aufgestoßen worden. Um mit Ludwig XIV. mithalten zu können, mußten auch die Habsburger und die anderen Anrainer, die in Polens Politik mitmischen wollten, tief in den Staatssäckel greifen, um überhaupt gehört zu werden. Manche ihrer Zeitgenossen verglichen Ludwika Maria mit Katharina von Medici, die nach Frankeich das italienische Gift eingeführt hatte, mit dem man unliebsame Gegner unauffällig beseitigte; »Ludwika Maria jedoch brachte nach Polen ein ärgeres Gift, denn es wirkte auf Herz und Verstand, es vernichtete den Patriotismus vieler Generationen des herrschenden Standes – jenes damaligen und auch des späteren.«[116]

Wenn also Jan Sobieski zwar auch Pensionsempfänger Ludwigs XIV. war und sich für Ludwika Marias Pläne einspannen ließ, so waren ihm doch die Intrigen bei Hofe zutiefst zuwider, was er unmißverständlich Marysieńka gegenüber zu verstehen gibt.

Aus der Zeit vom 6. Oktober 1664 bis zum 27. Februar 1665 sind fünf Briefe Jans an die Frau Wojewodin erhalten, die sehr aufschlußreich über seine damalige Seelenlage sind. Am 6. Oktober 1664 schreibt er – als Ort ist angegeben: »Dans la Galère«, also: »im Feldlager« –, daß es, das wisse Gott, nicht an ihm liege, daß man seit jenem Tag vor drei Jahren bei den Karmelitern noch keinen Schritt weitergekommen sei; und dann folgt der Satz, daß Beaulieu (das ist Sobieski) nichts mehr wünsche, als weit weg zu sein von allen »affaires du monde et de la cour«.[117]

Dieser Hof drängte jedoch immer mehr darauf, daß er schleunigst aus der Ukraine nach Warschau zurückkehren möge. Jan Sobieski war auf dem Landtag in Sadowa Wisznia zum Abgeordneten zum Sejm gewählt worden, er sollte dort für Jerzy Lubomirski, den Kronmarschall, eintreten; er hatte es gewagt, sich öffentlich gegen die Wahl »vivente rege« zu stellen, weshalb Ludwika Maria und Jan Kazimierz scharf gegen ihn vorgehen wollten. Sobieski befand sich in einer peinlichen Situation, denn er war nicht nur mit Lubomirski befreundet, sondern auch verwandtschaftlich verbunden; andererseits hatte er aber auch, gemeinsam mit dem Hofmarschall Andrzej Potocki, dem Feldschreiber Jan Sapieha, Stanisław Jabłonowski

u. a. einen Brief an Condé unterschrieben, in dem sie diesem versicherten, um des Wohles Polens willen für seine Sache treu und beständig arbeiten zu wollen.
Jan zögerte aber nicht nur wegen dieser peinlichen Angelegenheit, obwohl ein Bote nach dem anderen von der Königin bei ihm eintraf, seine Abreise hinaus, sondern vor allem, weil er auf einen Brief von seinem »Bouquet« wartete.
»Au jeu de paume (bei Hofe) geschehen merkwürdige Dinge. Le renard (Lubomirski) ist völlig verloren, und es gibt keine Möglichkeit, daß er sich rettet... Die Königin hat vor, Celadon (Sobieski) gewisse Vorschläge zu machen – aus dem zu schließen, was sie sagt – von sehr heikler Art. Aber Orondat (Sobieski) wird nicht annehmen und wird sich auch nicht zu der kleinsten Kleinigkeit entscheiden, ehe er sich nicht mit seinem Bouquet trifft. Es ist noch nicht sicher, ob der Sejm zerrissen oder ob er glücklich zu Ende geführt werden wird.«
Sobieski hielt sich wegen dieser delikaten Angelegenheit möglichst fern von der Königin, worüber diese sichtlich verstimmt war.
Natürlich wurden Sobieskis Zurückhaltung und sein Zögern sofort nach Frankreich berichtet, worauf Condé irritiert an seine Agenten in Warschau schrieb: »Es tut mir sehr leid, daß der Kronbannerträger sich so verändert hat, ich habe ihn bisher für einen ergebenen und anständigen Menschen gehalten. Man muß alles tun, was nur möglich ist, um ihn zu gewinnen.«[118] Ludwika Maria dachte genau so.
Es gelang dem Königspaar, Lubomirski – jenen Lubomirski, der sie, als sie vor den Schweden nach Schlesien geflüchtet waren, wieder nach Polen und auf den Thron zurückgeführt hatte, der zusammen mit seinem Vetter Jan Zamoyski das Geld für den ausstehenden Sold der Armee vorgestreckt hatte, der nicht bestechlich war wie die anderen Herren Brüder der Szlachta – wegen Hochverrats vom Sejm-Gericht anklagen zu lassen.
Ludwigs XIV. Botschafter, Antoine de Lumbres, berichtete seinem Herrn gewissenhaft über alles, was sich in Warschau abspielte. Am 25. Dezember 1664 konnte er schon mitteilen, daß Lubomirski durch dieses Gericht wegen angeblichen Hochverrates infolge

geheimer Absprachen mit Österreich seiner Ämter für verlustig erklärt – er war Kronmarschall und Feldhetman – und mit dem Bann belegt worden war. Den Feldherrenstab des Feldhetmans sollte nun der verdiente Haudegen Stefan Czarniecki erhalten; den Marschallstab hatte Ludwika Maria hingegen Jan Sobieski zugedacht.

Am 27. Dezember klagt Sobieski in einer seiner »Konfitüren«: »Es gibt keinen unglücklicheren Menschen auf der Welt als Beaulieu (Sobieski), denn au jeu de paume (am Königshofe) wollte man sie derart engagieren, daß sie dort schon niemals mehr herausgekommen wäre; da sie aber ganz anderes vorhat, was mit dem Bouquet zusammenhängt, wollte sie nicht annehmen, wodurch sie in große Ungnade gefallen ist. Es wird daher Beaulieu so schnell wie möglich den jeu de paume verlassen müssen und sich dorthin begeben, wohin sie ihre Augen tragen, denn von den ständigen Zänkereien ist ihr Kopf schon ganz wirr, und es ist schon dazu gekommen, daß sie in ewige Ungnade gefallen ist.«[119]

Der naive Jan hatte noch immer keine Ahnung, was Meisterintrigen sind. Seine leicht entflammbare Phantasie übertrieb ständig alles ins Gigantische, das Negative wie das Positive. Vor Superlativen scheute er niemals zurück. Er war durch und durch ein Kind seiner Zeit – des Barock. Nicht nur äußerlich mit seiner imposanten korpulenten Gestalt, sondern auch innerlich mit seiner weitausladenden pathetischen Seele.

Im gleichen Brief schreibt er auch über den »Fuchs«, also Lubomirski, daß der verloren sei, außerdem aber gar nicht mehr in Polen weile; Lubomirski war nämlich vorsorglich nicht in Warschau vor dem Sejm erschienen, sondern hatte sich in das sichere kaiserliche Schlesien abgesetzt – wie seinerzeit das erlauchte Königspaar. Doch es wurde zu allen Zeiten mit verschiedenem Maß gemessen.

Sobieski klagt: »Alle Welt hat ihn verlassen, alle seine Freunde sind hier und kümmern sich nicht um ihn.«

Auch die »Bratpfanne«, also Gryzelda Wiśniowiecka, sei anwesend, und sie eben werde mit ihren Leuten den Sejm zerreißen. Angeblich solle sogar die »Flöte« (Zamoyski) die Seite der Königin halten.

Doch hier irrte Sobieski und saß dem Hoftratsch auf. In Wirklichkeit distanzierte sich Jan Zamoyski, der früher wohl selbst auch einen Treuebrief an Condé gerichtet hatte, immer mehr von Ludwika Maria und schloß sich stärker an Lubomirski an. Das ärgerte die Königin, die ohnehin nicht mehr sehr gut auf den Majoratsherrn von Zamość zu sprechen war, hatte er sich doch absolut nicht zu ihrem Werkzeug machen lassen. Nicht einmal seine schöne junge Frau hatte Macht über ihn: Er war und blieb ein freier Mann, den kein noch so hohes Amt bei Hofe locken konnte. Er war nicht ehrgeizig. Er wollte nur sein eigener Herr sein und das tun, was ihm Spaß machte. Seinen Herren Brüdern von der Szlachta hielt er unverbrüchlich die Treue, und er wurde von ihnen geliebt und verehrt, bis über seinen Tod hinaus.

Aber gerade die große Popularität Zamoyskis unter dem niederen und mittleren Adel machte ihn für Ludwika Marias Pläne so wichtig. Die Königin von Polen schreckte nicht zurück, an Condé zu schreiben, er solle auf Ludwig XIV. einwirken, den Marquis d'Arquien zu einer Reise nach Polen zu bewegen, um Zamoyski für die französischen Pläne zu gewinnen.

Ludwika Maria verrechnete sich zwar nicht in Ludwig, denn der versprach angeblich, mit dem Marquis d'Arquien zu sprechen,[120] aber in Zamoyski.

Die Königin ließ sich sogar herab, dem widerspenstigen Herrn Wojewoden persönlich, wenn auch nicht eigenhändig, »da es ihre Gesundheit nicht zulasse«, ein Brieflein zu schreiben und ihn einzuladen, sich doch wieder öfter bei Hofe sehen zu lassen, was auch der König sehr begrüßen würde.

Verdruß aber hatte Ludwika Maria nicht nur mit Zamoyski, sondern auch mit Sobieski, der keineswegs freudig nach dem Marschallstab griff, wie sie erwartet hatte.

»Der Bannerträger hat sich noch immer nicht entschlossen, den ihm vom Hof angebotenen Marschallstab anzunehmen«, berichtete der französische Botschafter, Antoine de Lumbres, nach Paris.

Doch Ludwika Maria wußte inzwischen sehr genau, wie sie sich Sobieski gefügig machen konnte. Und so konnte denn ein gewisser Monsieur Millet bereits am 31. Jänner 1665 an den Marquis de

Lionne berichten: »Der Kronbannerträger, ein Pensionsempfänger unseres Königs, den man lange bitten mußte, den Marschallstab anzunehmen, hat ihn nun endlich angenommen. Er wollte statt dessen den Feldhetmanstab, aber man konnte diesen Czarniecki nicht verweigern.« Und dann folgt die Schilderung, wieso es doch zur Annahme kam.[121]
»Der Bannerträger ist ein Mann von ungeheuren Verdiensten, er hat bedeutenden Einfluß und besitzt ein großes Vermögen; er hätte einer Hofwürde ein militärisches Amt vorgezogen, das es ihm später ermöglicht hätte, eines Tages an der Spitze der Armee zu stehen, denn der Krongroßhetman (Potocki) ist schon sehr alt. Dennoch ist es der Wojewodin von Sandomierz, der Tochter des Marquis d'Arquien, die die Königin absichtlich herbeigeholt hat und die über ihn eine absolute Gewalt besitzt, gelungen, daß er seine Meinung änderte.«
Ja, es war Marysieńka tatsächlich gelungen, Jan Sobieski dahin zu bringen, daß er einwilligte, das unrechtmäßig Lubomirski abgenommene Amt des Krongroßmarschalls anzunehmen, jenes Lubomirski, der ihm bei Beresteczko das Leben gerettet hatte und der in so vielen Feldzügen sein militärischer Vorgesetzter gewesen war und unter dessen Führung er seine ersten soldatischen Schritte getan und allmählich sein militärisches Handwerk erlernt hatte und mit dem ihn so viele freundschaftliche Bande verknüpften. Daß Jan durch diesen sehr bedenklichen Schritt in den Augen seiner Herren Brüder Szlachta, die in Lubomirski weiterhin »den Vater des Vaterlandes« sahen und verehrten, der für ihre goldene Freiheit und die Unantastbarkeit der freien Königswahl eintrat, in Mißkredit geriet, war ihm klar.
Darum erbat er von der Königin, daß seine neue Würde vorerst geheimgehalten werden solle. Deshalb war er äußerst ungehalten, als er die Nachricht erhielt, er werde vom König das Privileg schon jetzt ausgehändigt bekommen und müsse dafür eine offizielle Dankesrede halten. In seinem Brief vom Januar 1665 an Marysieńka pocht er auf das Versprechen der Königin, das sie ihm in Marysieńkas Anwesenheit gegeben hatte, alles vorerst geheimzuhalten; im Augenblick könne er nicht tun, was man von ihm

verlange, sie möge in diesem Sinne bei der Königin für ihn sprechen, »denn ich habe mir schon genug Gewalt angetan auf Ihren Befehl, meine Gönnerin«. Er droht sogar, daß er, falls man ihn zu zwingen versuchen würde, sofort aus Warschau abreisen würde, weil ihn ein solches Vorgehen vom weiteren Dienst für die Königin abschrecken würde.

Fast demütig oder doch sehr, sehr ergeben klingt dann der Abschlußsatz: »Ich bitte nur, falls ich gestern mit meiner Rede irgendwie meine Gönnerin verärgert habe, mir dies gütigst nachzusehen: denn, bei Gott, es waren nur Scherze, die ich nie mehr erwähnen werde, um mir nur ja nicht allerkleinste Gelegenheiten zu verscherzen, die ich millionenmal über mein Leben stelle. Bitte mir mitzuteilen, was es nach dem Fortgang Beaulieus noch für Diskurse gab und ob man nicht etwas von Celadon geträumt hat.«[122]

Nach Beendigung des Sejms, der mit der Verurteilung Lubomirskis geendet hatte, wurden bereits neue Vorbereitungen für den nächsten Sejm getroffen. Jan Sobieski reiste zu diesem Zweck in die Ukraine, um an den Beratungen des Landtages in Sadowa Wisznia teilzunehmen und bei der Gelegenheit auch auf seinen Gütern nach dem Rechten zu sehen.

Doch selbst so weitab vom Hofe sollte er keine Ruhe finden. Am 16. Februar 1665 starb Stefan Czarniecki, dem erst auf dem Totenbett der Feldhetmanstab überreicht worden war und der jetzt wieder vakant war.

De Lumbres berichtete an Ludwig XIV: »Die Königin sieht den Nachfolger (Czarnieckis) im Kronbannerträger, den sie schon mit dem Marschallstab bedacht hat: sie ist überzeugt, daß er beim Heer Ansehen genießt und daß es ihm nicht an Mut gebricht.«

Allerdings sei sich die Königin auch der Mängel dieses Mannes bewußt; es folgt eine Charakteristik Sobieskis: er zeige eine Neigung zu Geiz, sei launisch, schwerfällig, wankelmütig, ziemlich nachlässig und schwer lenkbar. »Man müsse daher zweifeln, ob der Bannerträger überhaupt gewillt sein werde, den Hetmanstab anzunehmen.« Wie gut de Lumbres über alle Eigenschaften und Schwächen Sobieskis unterrichtet war, beweist die nachfolgende

Bemerkung: »Zwei Frauen haben einen enormen Einfluß auf sein Gemüt; beide sind Intrigantinnen, obwohl ihrer beider Ziele völlig verschieden sind. Die Königin bedient sich der einen von ihnen, der Wojewodin von Sandomierz; die andere, wesentlich durchtriebener und boshafter, ist die Kronstallmeisterin, die Schwägerin des Marschalls (Lubomirski). Da die Königin sich gern mit Frauen umgibt, hat die Stallmeisterin nicht geringen Einfluß auf den Lauf der Dinge durch ihre Intrigen. Es wäre fatal, wenn die Intrigen der Frauen und die angeborene Wankelmütigkeit den Bannerträger ebenso lange in Unentschlossenheit verharren ließen wie damals, als er sich über die Annahme des Marschallstabes nicht entscheiden konnte. Es besteht die Befürchtung, daß er Schwierigkeiten machen könnte wegen der Zurücklegung des Marschallstabes und daß er diesen zusammen mit dem Feldhetmanstab behalten möchte, was jedoch eine gefährliche Angelegenheit wäre, zwei Ämter von so großer Bedeutung in der Hand eines Mannes zu belassen.«

Da aber die Königin für alles immer ein probates Mittel wußte, so heißt es am Ende dieses vertraulichen Berichtes: »Um ihn zu bewegen, sich nur mit dem Hetmanstab zufrieden zu geben, bietet der Hof ihm zugleich die Wojewodschaft von Kijew an, die ihm einen hohen Rang im Senat garantiert, denn der Feldherrnstab allein macht ihn noch nicht zum Senator.«

Und schließlich folgt der allervertraulichste und zugleich beschämendste Absatz: »Um den Bannerträger noch mehr an die Interessen Ew. Königlichen Majestät zu binden, bittet die Königin, daß Eure Königliche Majestät ihm jenes Salär bewilligen möge, 12 000.– Livres, die man dem Verstorbenen ausbezahlt hatte; was jedoch das Salär von 8000.– Livres betrifft, die der Bannerträger selbst bezog, bittet die Königin, daß Eure Königliche Majestät diese ihrem Kanzler bewilligen möge, der ein der Sache ergebener Mann ist und bisher noch keinerlei Belohnung dafür erhalten hat.«[123]

Am 26. Februar 1665 hatte de Lumbres diesen Rapport an Ludwig XIV. abgeschickt, und prompt traf am 3. April schon die Antwort des »Sonnenkönigs« an seinen Botschafter, Pierre de

Bonzy, in Warschau ein: »Was die Wünsche der Königin betrifft, so bewillige ich das Salär, das ich dem verstorbenen Czarniecki gegeben hatt, für den Kronbannerträger, die Pension jedoch des genannten Sobieski für den Kanzler der Königin.«[124]
Wie unendlich peinlich mußte es in Zukunft für Jan Sobieski sein, als er bereits selbst König war und für sich den Titel »Majestät« beanspruchte, zu wissen, daß er auf der Pensionsempfängerliste des französischen Königs stand.
Unangenehm berührt war Sobieski, als ihn nun auch Marysieńka zu drängen begann, den Hetmanstab nach Czarniecki anzunehmen. Er beantwortete am 27. Februar, also elf Tage nach des Feldhetmans Tod, von Żółkiew aus ein Schreiben der Frau Wojewodin: »Diesen Brief lesend, kann ich aus dem Staunen nicht herauskommen, wie doch der Menschen Wille veränderlich ist und sich der fremden Meinung anschließt; denn als ich noch am je de paume (Königshof) weilte, war das Bouquet durchaus nicht dieser Meinung, als einmal davon die Rede war. Jetzt, da dies wahrscheinlich im Interesse Hamaleons (der Königin) liegt, geht das Bouquet sofort darauf ein und gibt seine Einwilligung dazu. Ich sehe, daß es bereit wäre, sogar Beaulieu (Sobieski) aufzuopfern, wenn dies die Girouette (Königin) verlangte. Sie befehlen mir, raschest danach zu schicken; ich weiß nicht warum. Ich meine, niemand wird sich dazu drängen, denn derjenige, der sein Gewissen rein behalten will, wird nicht viel Geschmack daran finden, und außerdem wird sich nicht jedermann um etwas reißen, an dem er sich todsicher verbrennen kann. In solchen Sachen soll man nicht in sich selbst die Würde sehen, sondern es ist notwendig, daß ein anderer sie erkennt. Ich gestehe mir selbst ein, daß ich dem nicht gerecht werden könnte, und ich weiß auch, daß dies niemand beanspruchen kann, selbst wenn ganz Polen dabei zugrunde gehen sollte. Es ist sicher, daß dieser Tod viele Veränderungen mit sich bringen wird, denn es war früher leichter, als mehrere diese Ämter verwalteten, als wenn jetzt alles nur auf einem einzigen Kopf liegen soll.«
Das sind sehr ernste Worte, die Jan Ehre machen. Er hat, wie man sieht, bereits durchschaut, daß Marysieńka allzu willfährig auf alle

Wünsche Ludwika Marias eingeht; es wird ihn geschmerzt haben, daß sie bereit war, auch in zu »sacrifier«, also aufzuopfern.
Allerdings war Marysieńka nicht die einzige, die ihn drängte und ermunterte. »Im Heer kann stündlich irgendeine Unruhe ausbrechen. Die Herren ehren mich mit ihren Reden, aber sie tun nicht recht daran, denn mein Entschluß ist Gott sei Dank schon überprüft. Mögen mich doch um Gottes willen die Herren in Ruhe lassen, da ich diesen Herren doch in nichts im Wege stehe; ich bin sogar bereit, aus Polen mit meiner treuen Seele zu entweichen und nur ein einfacher Szlachcic zu sein. Glücklich die Generale in fremden Ländern, wo die Soldaten nicht rebellieren, wo der Hetman nur an die Schlacht zu denken braucht, während er für die Besoldung und alle anderen Notwendigkeiten seine Kommissare hat. Gut ist es dort, den ganzen Sommer im Feldlager zuzubringen und den ganzen Winter dann in Paris! Aber hier sein ganzes Leben lang in der leeren Ukraine festzusitzen, unter groben und heidnischen Völkern, soll man sich hier einsperren, nur pour faire du bien à ses amis? Ich habe mir auch an ihnen schon genug die Finger verbrannt, von denen die meisten undankbar waren.«

Fünfunddreißig Jahre zählte Jan Sobieski, als er diese bitteren Worte niederschrieb. Wie sehr mußten ihm all die Intrigen und Machtkämpfe zuwider sein, wenn er in diesem Alter, in dem so mancher erst richtig vom Ehrgeiz gepackt wird, davon träumt, nur ein einfacher Edelmann zu sein und in Ruhe irgendwo weitab von dem Hexenkessel Polen zu leben, natürlich nicht allein, sondern mit »seiner teuren Seele«.

Allerdings, etwas gäbe es, das ihn trotz allem zu diesem Schritt bewegen könnte, und das wäre die »intelligence«, was in der Sprache der »Konfitüren« »Scheidung« heißt, von der schon öfter die Rede war, und zu der angeblich, laut Jabłonowski, Zamoyski auch schon bereit gewesen wäre, aber nun durch die Affäre Lubomirski wieder abgekommen war. »Nur die intelligence könnte mich dazu bewegen; aber ich sehe keine Möglichkeit; dafür wäre mir jedoch nichts zu schwer. Aber selbst wenn es dazu käme, so wäre es schlimmer, als sich selbst umzubringen, und nicht lange würde man sich seines guten Rufes erfreuen, dazu wäre man ganz ohne jede Freude auf dieser Welt, hätte ständige Sorgen und müßte herumvagabundieren, so wie jetzt, wo man näher daran ist, seine Gesundheit, seine Ehre und Reputation einzubüßen, als Ruhm und Glück zu gewinnen. Und au jeu de paume, ich wüßte nicht, wie es da mit Beaulieu sein sollte, denn dort wird ja sicher auch la Flute sein; aber um dort zu sein und auf sein eigenes Unglück zu sehen – wahrhaftig, das wäre ihm nicht zu wünschen.«

Diese Zeilen verraten, daß die Frau Wojewodin weiterhin ihr Doppelspiel trieb: hier liebende und besorgte Frau Zamoyska, dort verführerische und hoffnungsweckende Astrée. So sehr Sobieski davon auch berauscht war, so versäumte er doch nicht, in seiner pathetischen Art zu warnen: »Es sollen daher alle gut aufpassen, wenn sie die Erhaltung Sylvandres (Sobieskis) wünschen, der alles verloren hat und nichts anderes wünscht, als zu Füßen seiner Astrée zu sterben. Und das sollen sie weiter beachten, denn wenn auch der Marchand de Paris et son Compagnon (der König und die Königin) die intelligence (Scheidung) wollen sollten, wenn aber derjenige, der darüber bestimmt, es nicht zuläßt, so kann daraus nichts werden. Man müßte darüber erst eine gewisse Sicherheit haben.«

Es spricht für Sobieskis Realismus, der trotz aller seiner Verliebtheit klar sah, daß eine Scheidung fast unmöglich war. Wie sollte man die Dispens vom Papst erhalten? Für eine Ehe, die seiner zeit mit so großem Pomp gefeiert und vom Primas von Polen höchstpersönlich vollzogen worden war? Noch einmal kommt Jan auf seinen früheren Mentor, den nun geächteten Marschall und Hetman Jerzy Lubomirski, zu sprechen: »Es wäre ja eine wundersame Sache, wenn derjenige, der immer für das Recht eintrat und zu dem Bekümmerten (Lubomirski) hielt und in jenen seine ganze Hoffnung legte, ebenso wie die ganze Szlachta, wenn dieser nun selbst alles nach ihm übernehmen sollte und damit für alle Zeiten ein Beispiel der Ungerechtigkeit abgeben würde! Und selbst wenn es so wäre, so sind doch alle dieser Meinung. Erst wenn er die Gewißheit der intelligence haben wird, dann erst kann er alles wagen, denn anders gäbe es nichts, weshalb er an den Hof fahren, noch das behalten sollte, was man ihm gegeben hatte, dann gäbe es nur eines, irgendwo in der Welt rasch das Ende seines Lebens zu suchen.«

Gegen Marysieńkas Vorwürfe, er sei »nachlässig«, argumentierte er folgendermaßen: »Es stimmt, daß viele Polen négligent sind, mag es also unser angeborener Fehler sein; aber auch jene Schnellen haben nicht viel erreicht, die, in allem die fremdländische Schnelligkeit und activité zeigend, zwar rasch zu Favoriten der Herren avancierten und aufstiegen, aber noch schneller stürzten, wie das die neuesten Beispiele des Herrn Radziejowski und Herrn Lubomirski gezeigt haben. Ich ziehe es vor, mit dem angeborenen nationalen Fehler behaftet zu sein, als diese ausländische Mode jener Herren und deren Vergünstigungen nachzuahmen.«

Nicht ohne Stolz klingt es, wenn er schreibt: »Es ist wahr, daß ich hier in den ruthenischen Ländern durch Gottes Gnade genügend Freunde habe und überall sonst auch; aber tant de popularité zu haben (um die sich zu bemühen, sie einmal befahlen, dann wieder nicht), ist unmöglich, wie sie der M. Maréchal hat. Denn der Favorit des Herrn zu sein, dazu Marschall, Hetman, Starost von Krakau, sowie alle Ämter in der Sandomirer und Krakauer Wojewodschaft zu seiner Verfügung zu haben und sich durch so viele Jahre hindurch Freunde zu gewinnen, zu solch einer Perfektion kann man nicht so rasch gelangen, zumal heutzutage, wo dazu noch so verschiedene Affekte vorhanden sind, während er sich in ruhigen Zeiten diese Autorität erworben hatte.«

Dieser lange Brief aus Żółkiew vom 27. Februar 1665, der eigentlich eine Antwort auf drei Briefe Marysieńkas war, die zusammen eingetroffen waren, zeigt, daß es in den »Konfitüren« keineswegs nur um verliebtes Turteln und Seufzen ging, sondern daß sie randvoll gefüllt waren von hochpolitischem und sehr aktuellem Zündstoff, der nicht nur die Probleme der beiden im Zusammenhang mit dem Ganzen behandelte, sondern selbst vor der Spitze des Staates nicht haltmachte.

Es ist nicht ohne Pikanterie, daß Celadon und Astrée in ihren »Konfitüren« kein besseres Schlüsselwort für »Krone« finden als »Ware«, um die man feilscht und handelt. Dieser so besonders wichtige und aufschlußreiche Brief schließt mit dem Lamento des

Herrn Kronbannerträgers: »Wenn ich hier irgendetwas gesagt habe, was nicht genehm ist, so bitte ich, es zu entschuldigen, als einem, der schon kaum mehr lebt, weil er voll der allerheißesten Orangen (Liebe) pour son adorable Diane (Marysieńka) ist.«[125]
So stand es also zu jenem Zeitpunkt um den Herrn Krongroßmarschall. Zum Sejm, der vom 12. bis 28. März in Warschau tagte, fuhr Sobieski nicht, er blieb in der »leeren« Rus bei den »groben« und heidnischen Einheimischen, was ihm immer noch lieber war, als am Königshofe dem Herrn Wojewoden von Zamość und dessen »liebender« Ehefrau Marie-Casimire zu begegnen, denn Marysieńka war natürlich dort und wich nicht von der Seite der Königin. So lautete denn auch der Bericht de Lumbres an Ludwig XIV: »Der Bannerträger, der mit dem Marschallstab bedacht wurde, hat noch nicht den Hetmanstab angenommen. Er ist weder bei Hofe noch beim Heer.«

Aber auch Jan Zamoyski war nicht nach Warschau gekommen. Er hatte Probleme mit seiner Gesundheit. Weshalb er von Zwierzyniec nach Zamość übersiedelte.

Am Karfreitag wurde er plötzlich so krank, daß er sich dazu bequemte, sein Testament zu schreiben. Ostermontag lag er bereits in Agonie, und am darauffolgenden Tag, es war der 7. April 1665, lebte der Herr von Zamość nicht mehr: Zwei Tage vor seinem achtunddreißigsten Geburtstag war er verstorben. Und seine Frau weilte nicht bei ihm.

Man munkelte sofort von Gift, der Wojewode sei ermordet worden. Die Obduktion enthüllte dann die traurige Wahrheit, daß er an Lues gestorben war; eine Wahrheit, die man wohl lange zu verschweigen versucht hatte. Erst drei Jahre später gestand sie der Arzt Davisson dem tobenden Sobieski.

Das Schicksal hatte mit der nur ihm möglichen Einfachheit das Problem der Scheidung gelöst. Der König soll bei der Nachricht vom Tode seines getreuen Gefolgsmannes in Tränen ausgebrochen sein. Dann eilte er in die Gemächer der Königin und schleuderte der dort anwesenden Marie-Casimire den Brief mit der Todesnachricht vor die Füße und rief: »Da haben Sie Ihre Scheidung, die Sie wollten!«

Vierzehn Tage nach dem Tod Zamoyskis, am 21. April, tauchte Jan in der Hauptstadt auf. »Er erklärt«, berichtete de Lumbres seinem Souverän in Paris, »daß er einzig und allein die königliche Gnade und die Erlaubnis erflehe, sich um die Hand der Witwe des verstorbenen Wojewoden von Sandomierz bewerben zu dürfen.«[126]

6
Keine Süße ohne Bitterkeit

Es ging nun alles blitzschnell. Die Regie klappte meisterhaft. Stefan Niemirycz, der Agent des Großen Kurfürsten in Polen, berichtete, wenn auch mit ziemlicher Verspätung, an Friedrich Wilhelm: »Frau Zamoyska hatte im Königlichen Schlosse in der (Krakauer) Vorstadt (Kazimierz Palais) ein heftiges Liebes-Stelldichein mit besagtem Herrn Sobieski in der Nacht um elf Uhr. Die Königin, die sie auf frischer Tat ertappte, erklärte Herrn Sobieski, daß er, wenn er nicht auf der Stelle Frau Zamoyska heirate, sterben müsse; man mußte sich also für die Trauung oder für den Tod entscheiden. Es kam nachher ein Geistlicher und traute sie um Mitternacht im Palast.«[127]
Diese dramatische Hochzeit signalisierte ebenfalls de Bonzy an Ludwig XIV.: »Die Königin von Polen hat es für ratsam erachtet, die Hochzeit des Marschalls Sobieski mit der Witwe des Wojewoden Zamoyski nicht länger hinauszuzögern (sie ist eine Französin aus der Familie d'Arquien), sie fürchtete nämlich, daß sein Gefühl erkalten könnte, wenn er abreiste, ohne sie zuvor geheiratet zu haben. Viele Personen waren anderer Meinung, denn sie waren der Auffassung, daß man es nicht so eilig zu haben brauche mit der Zufriedenstellung Sobieskis, schon allein mit Rücksicht auf den Anstand, da die Wojewodin ja erst seit fünf Wochen verwitwet ist; da die Königin jedoch dabei blieb, daß man die Ehe unbedingt beschleunigen müsse, wurde sie in der privaten Kapelle in Anwesenheit nur weniger Personen geschlossen. Die Königin wünschte, daß auch ich mit dabei sein möge, damit ich notfalls in Zukunft dies bezeugen könne. Die Eheschließung wurde noch nicht öffentlich bekanntgegeben, obwohl alle es ahnen, daß die Trauung bereits stattgefunden hat.«[128]
Drei Tage nach der heimlichen Eheschließung nahm Jan Sobieski

aus der Hand des Königs während einer öffentlichen Zeremonie den Marschallstab in Empfang, dankte dafür und legte den Eid während des üblichen Zeremoniells ab. Die Königin hatte gesiegt. Jan Sobieski war ins Netz gegangen. Das merkte er vorerst in seinem Sinnestaumel nicht einmal. Über diese Hochzeitsnacht wußten selbst die eifrigsten ausländischen Spione nichts an ihre Höfe und Souveräne zu berichten. Aber Jan Sobieski selbst hat drei Jahre später in einem seiner bezaubernden Briefe an Marysieńka ausgeplaudert, wie es damals zugegangen war: »Vergeben Sie es mir, aber wollen Sie doch nur einen Augenblick an jene Nacht zurückdenken, nach der mir am nächsten Morgen der Stab überreicht wurde, als ich von Ihnen fortging, um mich ein bißchen auf meinen Dank vorzubereiten; wie Sie mich da, mein Herz, nicht loslassen wollten, wie Sie baten, daß ich nicht fortgehen möge, wie Sie mich auf Ihr Lager zurückzogen; das Bett war ziemlich schmal, eng, was mit großer Unbequemlichkeit für Sie, mein Herz, verbunden gewesen sein muß, und dennoch war es angenehm und geräumig genug.«[129]

Natürlich war diese heimliche Eheschließung nicht geheim geblieben, sondern hatte sich wie ein Lauffeuer über ganz Polen verbreitet und war auch bis nach Zamość gedrungen, wo die energische Fürstin Gryzelda Wiśniowiecka, die ihren Bruder bis zum Tode aufopferungsvoll gepflegt hatte, sofort ihre Maßnahmen traf: Die Witwe des verstorbenen Wojewoden Zamoyski, die seit Januar nicht mehr in Zamość gewesen und nicht beim Tode ihres Mannes anwesend war, hatte angekündigt, daß sie zur Sicherstellung der ihr verschriebenen Güter das ganze Majorat mit Beschlag zu belegen gedenke. Über diese Forderung wußte man in Zamość bereits seit Anfang Mai Bescheid. Gryzelda Wiśniowiecka und ihr Sohn Michał hatten daher an alle Pächter die Warnung geschickt, einen solchen Willkürakt nicht zuzulassen.

Als bald darauf Marysieńkas Bevollmächtigter, der Warschauer Richter Kotowski, in Zamość erschien, um die Güter zu übernehmen, dazu auch noch einen Brief des Königs vorwies, sagte die Fürstin herb: »Wenn S. M. der König die Witwe, eine Ausländerin, die Frau Wojewodin, in seine Obhut nimmt, dann sollte er umso

Kazimierz' Palast in Warschau

mehr für die Witwen der Krone sorgen, für solche, die es um ihrer Vorfahren mehr verdient haben.«[130] Marysieńka gab sich so leicht nicht geschlagen; was sie einmal hatte, das wollte sie auch nicht mehr herausgeben.
Also machte sie sich selbst auf den Weg. In den letzten Maitagen verließ sie Warschau und traf am 3. Juni vor Zamość ein. Vorausgeeilt war ihr ein Höfling des Königs, um sie anzukündigen. Doch die stolze Fürstin gab ihm folgende Abfuhr: »Schade, nach dem Tode das ficte zu zeigen, was sie zu Lebzeiten nicht tat; nachdem sie uns nicht zur Hochzeit eingeladen hat, werden wir sie nicht zur Beerdigung einladen.« Im ähnlichen Sinne schrieb auch die Fürstin an die Königin.[131]
Als Marysieńka nun am 5. Juni selbst in Zamość eintraf, fand sie die

Brücken hochgezogen und die Tore geschlossen. Sie war in ihrer Wut fast so weit, ihrer bewaffneten Begleitung zu befehlen, mit Gewalt die Stadt zu stürmen, wovon man sie nur mit viel Überredungskunst abhalten konnte.

Viel Volkes schaute gaffend bei dieser Szene zu, und als Marysieńka sich an die Versammelten mit der Frage wandte: »So also empfangt Ihr Eure Herrin?«, antwortete jemand: »Hat sie es denn besser verdient?« Gereizt fuhr Marysieńka den Sprechenden an: »Weißt du überhaupt, mit wem du sprichst?«

»Das weiß ich schon, mit Frau Sobieska«, antwortete die Stimme aus dem Volke. Wütend bestieg Marysieńka wieder ihre Kutsche, schlug den schwarzen Schleier vor das Gesicht und fuhr davon; jemand schrie ihr nach: »Fahr nur zurück, Sobkowa!«[132]

Am 3. Juni hatte auch Sobieski Warschau verlassen, um sich zu den Truppen zu begeben, die sich zu sammeln begannen, weil Lubomirski inzwischen mit fremden Truppen von Schlesien aus in Polen eingefallen war. Unterwegs erfuhr er von der schlechten Behandlung, die Marysieńka durch die Fürstin Wiśniowiecka erfahren hatte, worauf er dieser gleich am 5. Juni brieflich sein Erstaunen über ihr Vorgehen ausdrückte und darauf hinwies, daß ihr Brief an die Königin in dieser Angelegenheit, der noch während seiner Anwesenheit am Hofe angekommen war, nicht wohlwollend aufgenommen worden war. Er streitet übrigens entschieden eine Eheschließung ab. Vielleicht hat man Sobieski nicht mit Unrecht manchmal Heuchelei und Unaufrichtigkeit vorgeworfen; daher sind seine Beteuerungen mit Vorsicht aufzunehmen.

Unterwegs dürften einander die heimlich Verehelichten getroffen und ihren Honigmond fortgesetzt haben. Jedenfalls ist ein überaus liebesseliger Brief von Jan an Marysieńka erhalten. Er ist aus dem heimatlichen Pielaskowice vom 9. Juni 1665 datiert: »Deine Schönheit ist mir, mein goldiges Mädchen, so sehr zu Kopfe gestiegen, daß ich die ganze Nacht kein Auge schließen konnte. Der Herrgott sieht es, daß ich selbst nicht weiß, wie ich diese absence werde ertragen können, ich habe sogar Herrn Koniecpolski gebeten, daß er die ganze vergangene Nacht mit mir plauderte. Heute ist weder an Essen noch an Schlafen zu denken. Ich sehe schon, daß mich

Deine so entzückenden Augen dermaßen bezaubert haben, daß ich es auch nicht für einen einzigen Augenblick werde ohne sie aushalten können, und so hoffe ich, daß notre amour ne changera jamais en amitié, ni en la plus tendre que fût jamais. Eines steht fest, daß ich seit langer Zeit meinte, nicht mehr und nicht heißer lieben zu können; aber jetzt gestehe ich, daß ich zwar nicht mehr, denn mehr lieben kann man nicht, daß ich aber vous admire immer mehr, da ich diese Vollkommenheit sehe und dazu eine so gute Seele in dem herrlichen Leib. Sei also, Du meines Herzens Prinzessin, gewiß, daß sich eher die ganze Natur verändern würde, als daß die entzückende Astrée die geringste Veränderung an ihrem Celadon feststellen wird.«
Dieser erste Brief eröffnete die unendlich lange Reihe der Briefe Jan Sobieskis an seine heißgeliebte Marysieńka. Jeden Augenblick der Trennung benützte er dazu, ihr über alles zu berichten: über den Stand seines Herzens genauso wie über den Stand der politischen und kriegerischen Zustände in Polen und der Welt.
Geschichte so unmittelbar und ungeschminkt vorgetragen zu bekommen, stellt einen eigenen Reiz dar. Gewöhnlich werden die wichtigsten politischen oder gar strategischen Probleme eingezwängt zwischen die Beteuerungen des von seiner Liebe total Berauschten. Weniger wichtig war im Augenblick für ihn, wer von seinen Landsleuten sich auf die Seite des Königs und wer auf die des Rebellen Lubomirski stellen würde.
Nur eines zählte: »Orondate wird gemäß dem seiner Kassandra gegebenen Ehrenwort zu ihr eilen, und gewiß wird le dieu même qui fait qu'on aime, mir seine Flügel für den Weg leihen. Bitte ihn also frohlich et sans aucune mélancholie zu erwarten, nur mit der gleichen Ungeduld, mit der er zu ihr reiten wird und die in ihm verbleiben wird, bis er nicht alles das wiedersehen wird, was das Schönste und Vollkommenste nicht nur auf der Erde, sondern überhaupt parmi tous les astres ist.«[133]
In dem nächsten erhaltenen Brief beklagt sich Jan, daß er auf zwei aus Pielaskowice abgeschickte Briefe – jetzt spricht man nicht mehr von »Konfitüren«, sondern ganz offen und normal von Briefen; allerdings werden die Decknamen sowohl für sich selbst als auch

für die anderen Hauptbeteiligten, wie König, Königin, Lubomirski etc., weiterhin beibehalten – bisher nur eine Antwort nach Żółkiew erhalten habe.
Sobieski hatte einen Abstecher dorthin gemacht, aber nicht nur Erfreuliches erfahren. Der Hofklatsch war auch bis hierher gedrungen. »Über Sylvandre und Astrée ist sogar schon in den Klöstern ein solches Gerede, daß Gott sich erbarm. Beaulieu hatte das immer befürchtet. Soll nun Hamamälion selbst sehen, was für Folgen sa importune activité bewirkt hat. Ich sehe, daß diese Leute, d. h. Sylvandre und Astrée, zum Gespött und Gelächter aller menschlichen Reden werden, was ohne dies alles hätte sein können.«
»Bei der tante de Beaulieu[134] muß sich, glaube ich, etwas im Kopfe verwirrt haben, oder es muß ihr jemand besonders Einflußreicher all das eingeredet haben, daß sie diesen Märchen Glauben schenkt. Ich sehe schon, auf dieser Welt gibt es nichts Süßes, in das sich nicht sofort eine Menge Bitteres mischt. Für Orondate ist das das Traurigste, daß er nicht bemerkte, daß la Girouette mit aller Gewalt ihn seiner Ehre und Reputation berauben wollte, damit er dadurch nur umso gefügiger sei und man mit ihm machen könne, was man will.«[135]
Das sind bittere Worte. Aber Jan wird noch viel größere Brocken zu schlucken bekommen. Im Augenblick versucht Sobieski, in der Ukraine ein Heer auf die Beine zu stellen. Aber: »Die hiesigen Staatsbürger lassen sich nicht stören durch Herrn Lubomirski. Sie schauen nur zu und diskutieren, wie das alles ausgehen wird: als ob hier ein Gleicher mit einem Gleichen Krieg führte!«
Sobieski, der im Februar des gleichen Jahres noch größte Skrupel verspürt hatte, sich gegen seinen ehemaligen Vorgesetzten Lubomirski zu stellen, hatte um den Preis Marysieńkas eine totale Kehrtwendung gemacht. Nicht nur, daß er den Marschallstab nach ihm übernommen hatte, mehr noch: Während einer Beratung beim König am 13. Mai 1665, also einen oder zwei Tage vor der heimlichen Trauung, trat Sobieski entschieden und leidenschaftlich gegen eine Verständigung mit Lubomirski auf: Er stampfte mit den Füßen und machte der Königin Vorwürfe, so daß diese ihn zur

Seite führen und beruhigen mußte. Schließlich warf er sich dem französischen Botschafter an den Hals und umarmte ihn.

Vor 60 Jahren hatte sein von ihm so hochverehrter Urgroßvater Stanisław Żółkiewski vor einer ähnlich schweren Entscheidung zwischen König und Rebell gestanden; Żółkiewski hatte sich für den König gegen seinen eigenen Schwager Zebrzydowski entschieden, weil es so die Staats- und Bürgerpflicht verlangte.

Sein Urenkel Jan entschied sich zwar ebenfalls für den König, aber keineswegs aus staatspolitischen oder bürgerlichen uneigennützigen Gründen, sondern aus höchst selbstsüchtigen: Er gewann dadurch die seit zehn Jahren heißbegehrte Frau. Es mußte ihm wie ein Wunder vorkommen, daß das Objekt seiner Leidenschaft plötzlich frei war, für ihn, ohne Scheidung, ohne große Verwicklungen. Sie nun auch ganz an sich zu binden, dafür war ihm anscheinend kein Preis zu hoch. Seine Vorfahren, vor allem der Krongroßhetman Żółkiewski, aber auch sein gerechter und korrekter Vater Jakub, hätten mißbilligend den Kopf geschüttelt. Und Mutter Theophila noch einmal mehr um den so viel edleren Marek geweint.

Interessant ist, was Sobieski über die Zustände in Polen schreibt. Da heißt es in seinem Brief vom 15. Juni aus Lemberg, wo er die Fortifikationen inspizierte: »Ich habe hier überall große Unordnung angetroffen. Niemand denkt an irgendetwas; jedermann hockt zu Hause und schaut nur zu. Wohlwollen für den Herrn (d. h. den König) gibt es überhaupt nicht, nur Gott allein ist unser Schutz.«

Am nächsten Tag – Sobieski schrieb täglich seiner geliebten Marysieńka – abermals Klagen, daß keine Briefe für ihn ankämen, und der Verdacht, daß Promenaden und Kartenspiel wichtiger sein könnten als das Briefeschreiben an den »pauvre Sylvandre«, der seiner »entzückenden Astrée« nur ein paar Worte hatte schreiben wollen, »aber die Hand folgte dem Herzen« – d. h. er schrieb einen ellenlangen Brief, in dem er sich alles von der Seele redete.

Und auf die Seele des armen Celadon drückte so einiges. Immer wieder kam ihm der schlechte Ruf Marysieńkas zu Ohren; seine geliebte Tante Dorota war völlig verändert zu ihm, und von seiner Schwester Katarzyna hörte er überhaupt nichts mehr. Diese bigotte Frau muß wohl sehr schockiert gewesen sein über die heimliche Ehe ihres Bruders mit »dieser Französin«, die sich eines so schlechten Rufes in Polen erfreute. Katarzyna Fürstin Radziwiłł war im Gegensatz zu ihrem Bruder und ihrer neuen Schwägerin eine ungeheuer tugendhafte und fromme Dame, sie stiftete, wie ihre Mutter Theophila, großzügig für Kirchen und Klöster. Dreimal täglich hörte sie kniend die Messe, sie kasteite sich unbarmherzig und fastete viel. In ihrem Schlafzimmer durfte auch bei stärkstem Frost nicht geheizt werden, außerdem hielt sie dort einen Hahn, der sie durch sein Krähen bei Tagesanbruch aufweckte. Am Karfreitag zog sie, barfuß und in elende Lumpengewänder gehüllt, von Kirche zu Kirche. Als sie älter wurde, übersiedelte sie überhaupt für die ganze Karwoche ins Kloster.[136]

Größere Gegensätze als diese beiden Frauen, Katarzyna und Marysieńka, kann es wohl kaum geben. Sobieski mußte nun zusehen, daß er mit beiden fertig wurde, denn im Hinblick darauf, daß in Polen die Familie eine so große Rolle spielte, war es ausgeschlossen, darauf keine Rücksicht zu nehmen.

Doch nicht nur Marysieńkas schlechter Ruf kränkte und grämte Jan. Immer öfter merkte er, daß die Königin ein unfaires Spiel mit ihm trieb. »Ich sehe, man ist der Meinung, daß la Poudre (Sobieski), obwohl er sich beklagt, doch alles macht; mich deucht, sie werden sich eines Tages die Finger verbrennen und sich in ihrer Meinung getäuscht sehen.[137]

Und gleich im nächsten Brief vom 27. Juni aus Żółkiew die noch bittere Klage: »Gott selbst ist Zeuge, daß Sylvandre alles für die Marchands de Paris (das Königspaar) tut, was nur möglich ist. Alles, was er hatte, hat er weggegeben,[138] aber vor allem hat er seine Gesundheit dabei eingebüßt, denn hier denkt niemand an irgendetwas. Er hat solche Kopfschmerzen, daß es kaum zu glauben ist, und zwar von den ständigen Sorgen. Die absence (von Marysieńka) ist die erste Ursache, außerdem das Gerede, auf das er hier überall stößt und das ihn ungeheuer besorgt. La tante de la Poudre hat sich so verändert, wie der Himmel von der Erde, und sie hat so

wundersame Chimären und Meinungen in ihrem Kopfe, daß es nicht zu glauben ist.«
Natürlich mußte ihn das veränderte Verhalten seiner geliebten Tante kränken. Aber nicht nur die Tante kehrte sich von ihm ab, er spürte es ja, wie die Szlachta ihm mißtrauisch gegenüberstand und an ihm zu zweifeln begann.
»Celadon ist so vergrämt, daß es kaum zu glauben ist, und dabei hat er keine freie Stunde. C'est la plus grande tyrannie du monde, für jemand anderen seine Gesundheit und seinen guten Ruf einzubüßen. Wenn der Herrgott es zuließe, diese Sachen zu beenden, wäre ich bereit, alles in dieser Minute hinzuwerfen und mich dazu noch loszukaufen. Aber nicht nur hier, sondern auch au palais enchanté les oiseaux de mer (Marysieńkas Eltern) nehmen das alles undankbar auf. Ich sehe schon, daß bald die ganze Welt sich gegen la Beaulieu (Sobieski) wenden wird, die, obwohl sie darauf nicht allzuviel gibt, da sie die oranges ihres Bouquets besitzt, dennoch diese Sachen nicht ohne Gram hinnehmen kann, zumal sie noch so viele andere Sachen auf ihrem Kopfe hat.«
Sobieski übertrieb gern und oft, deshalb sind seine Beteuerungen nicht so ganz ernst zu nehmen, zum Beispiel, wenn er behauptet: »La Poudre hat so große Sehnsucht au jeu de paume, daß es ein großes Wunder Gottes ist, daß er nicht schon in eine schwere Krankheit gefallen ist. Ich denke Tag und Nacht an die »muszka«, die ich millionenmal küsse.«[139]
Die »muszka« (la mouche) seiner geliebten Marysieńka – um die kreist seine Phantasie, sie läßt ihm keine Ruhe, sie bringt ihn manchmal fast um den Verstand und macht ihn zu allem gefügig. Von ihr wird noch öfter die Rede sein.[140] Nach diesem Briefe brach Sobieski aus der Ukraine auf und reiste nach Warschau, wo er endlich seine Astrée wiedersah – und sie endlich auch offiziell heiratete.
Die Hochzeitszeremonien[141] begannen damit, daß der Brautwerber Maciej Matczynski, ein vertrauter Freund Jan Sobieskis, im Schloß erschien und in einer langen Rede um die Hand Frau Zamoyskas bat. Ludwika Maria gab ihre Einwilligung und hielt eine Lobrede auf die Vorzüge ihres Lieblings und setzte den vom Brautwerber

überbrachten Brautkranz aus kostbaren Steinen Marysieńka aufs Haupt.

Am 5. Juli kam Sobieski selbst, begleitet von Kosaken, Heiducken und einer großen Schar von Höflingen und Freunden aus der Szlachta, um die Braut abzuholen. Der damalige Nuntius Pignatelli – der nachmalige Papst Innozenz XII. – vollzog in der Schloßkapelle, assistiert von vielen Geistlichen, die Trauung. Es wurden Orationen in Reim und Prosa gehalten, und um vier Uhr nachmittags begannen die eigentlichen Hochzeitsfeierlichkeiten, die rund drei Tage dauerten und nach einem bestimmten Ritual vonstatten gingen.

Das junge Brautpaar durfte am Königstische zusammen mit dem Nuntius, dem Primas und dem französischen Botschafter, Bischof de Bonzy, sitzen. An anderen Tischen nahmen die Senatoren Platz, jedoch getrennt von den Damen. Beim Trinkspruch auf die königlichen Majestäten knieten alle nieder. Es wurden vier Fässer Ungarwein getrunken, nachher wurden die Tische abgeräumt und anschließend getanzt.

Am nächsten Tag nahm Marysieńka die Geschenke der Hochzeitsgäste entgegen; dabei saß sie mit Erlaubnis Ludwika Marias auf deren Thron; ihr Kanzler dankte mit entsprechenden Komplimenten für die dargebrachten Geschenke, deren Spender von Matczynski der Reihe nach aufgerufen wurden.

Dann wurde wieder getafelt und getanzt, die ganze Nacht hindurch. Am dritten Tag, dem 7. Juli, empfing der Bräutigam das Königspaar und den gesamten Hof. Die Tische bogen sich unter dem goldenen Geschirr. Die langen Fransen, die am Tischtuch befestigt waren und als Servietten benützt wurden, waren mit kostbaren Spitzen verziert. Es gab Rehrücken, Bärentatzen, Biberschwänze, französische Weine, viel Lärm und Streitereien, die die Musikkapelle übertönten. Das Gelage nahm derartige Ausmaße an, daß Gläser zerschmettert wurden und so mancher nach dem Säbel griff; zuletzt stürzte sich die Dienerschaft über die Tische, um auch noch etwas von den Leckerbissen zu ergattern. Der Honigmond dauerte für den liebesseligen Jan nur eine Woche. Dann mußte er dem König ins Feld nacheilen.

Am 12. Juli riß Sobieski sich unter unsäglichem Jammern und Wehklagen von seiner jungen Frau los.

Noch keine drei Wochen nach der offiziellen Hochzeit nahm Marysieńka ihr altes Spiel wieder auf: Da setzt sie eine beleidigte Miene auf, da macht sie Vorwürfe, da zeigt sie ihm die kalte Schulter. Und er, Jan, stürzt sofort in die schwärzeste Verzweiflung, »denn eine große Liebe ist voll der Furcht, weil sie Angst hat, das zu verlieren, was ihr das Allerliebste ist, ohne das sie nicht zu leben vermöchte«. Seine kapriziöse Marysieńka beginnt er bald »Mamusieńka« zu nennen, was zu deutsch heißt »Mamilein« oder »Mütterlein«. Vehement bricht sein Liebeshunger nach Frauenwärme und Mütterlichkeit durch.

Die nicht ausgelebten Flitterwochen erhitzten Jans Phantasie. In seinen Briefen schlägt die Erotik hohe Wellen. »Die Szylwacht (Schildwache) sehnt sich, daran darf man nicht zweifeln; sie denkt an keinen anderen Dienst, so sehr hat sie am Quartier in der Muszka Wohlgefallen gefunden, für das sie, wenn sie heute dort sein könnte, alles, was sie hat und haben könnte, mit froher Seele aufs Spiel setzen würde.«[142]

Marysieńka heizte diese sinnliche Liebe an, indem sie Jan kleine erotische Angebinde schickte. Jan bedankt sich für ein kleines Kissen, das »der Schildwache ungemein gut tut, die ohne ihre Muszka schon ganz unansehnlich geworden ist und keine Freude mehr wird spenden können«.

Während das Heer die Weichsel überquert, um Lubomirski in der Nähe von Opatowiec zu jagen, phantasiert der Herr Marschall weiter vom Galant seiner Muszka und bittet: »Ich habe noch keine Antwort auf zwei Briefe an mein Herz, in denen ich bat und jetzt bitte, daß Du mir mitteilst, ob die Muszka nicht auch Sehnsucht hat und Appetit darauf, die Sache zu machen; denn ich lebe kaum mehr ohne das, meine Seele, ich kann weder schlafen noch essen, noch trinken, noch gehen, noch sitzen, ohne daß mir nicht millionenmal die reizende Muszka einfiele, die ich millionenmalmillionen küsse und dazu all das Entzückende meiner Wohltäterin, angefangen von den Füßchen bis zu dem allerentzückendsten Schnäbelchen. Komm, meine Seele, mein einziges Herz, sobald ich Dir bekannt-

gebe, wann dies sein kann – falls ich dann noch am Leben bin, denn
länger kann ich ohne Dich nicht leben. Bitte, glaub das, meine
allerentzückendste Prinzessin, demjenigen, der Dein allergetreue-
ster Diener war, ist und bleiben wird, so lange er lebt.«[143]
Doch hart springt diese »Herzensprinzessin« mit ihrem getreuesten
»Diener« um, so daß er sich beklagt: »Ich verstehe, daß Du mich
und meine Gesundheit für die Interessen du palais enchanté
aufzuopfern bereit bist wegen solcher Chimären, weil sie von
dort schreiben, daß Dir dann der Herr des palais enchanté verpflichtet wäre – aber das ist doch solch ein Unsinn, wie es keinen
größeren in der Welt geben kann. Und so entnehme ich dem
Brief, daß Du eigentlich gar nicht meine rasche Anwesenheit bei
Dir wünschst.«
Allmählich dämmert Celadon, daß ihn seine entzückende Astrée
auch nur benützt, um sich durch ihn einen Stein im Brett bei dem
von ihr vergötterten und höchstbewunderten Ludwig XIV., ihrem
wahren Souverän, zu verdienen.
Marysieńka darf Jan zurechtweisen; schlimmer ist es mit der
Königin. Nachdem sie erst Gift und Galle gegen Lubomirski
gespuckt hat, verhandelt sie jetzt heimlich mit ihm und überlegt,
wie sie Sobieski wieder den Marschallstab abnehmen und Lubomirski zurückgeben könnte.
Durch die Vermittlung des Krakauer Bischofs Trzebicki erklärte
sich Lubomirski bereit, den Hetmanstab abzutreten, versteifte
sich aber darauf, den Marschallstab weiterhin zu behalten, der ihm,
auch nach der Meinung der Szlachta, noch immer zu Recht zustand.
»Es ist die Regel, daß man mich in Lublin (beim Krontribunal)
niemals, nicht einmal bei den Aufrufen, mit Marschall tituliert«,
beklagt sich Jan bitter bei Marysieńka. »Mir geschieht nun eben
das, was ich immer erwartet und befürchtet habe.«[144]
Es begann die unglückselige Jagd auf Lubomirski. »Wir gehen
direkt auf ihn zu, gebe uns Gott eine rasche Schlacht.« So denkt
Sobieski, weil er es eilig hat, ins Bett seiner Marysieńka zu
kommen; aber: »Nicht alle, wie man es ja verstehen kann, wollen
sich mit Polen schlagen ... Wir bemühen uns, unsere Soldaten zur
Eidleistung zu bringen.«

Vorerst kam es zu keiner Schlacht, wie sehr auch Sobieski den König dazu drängte und ihm von einer Verständigung mit Lubomirski abriet.

»Es war ja kein richtiger Krieg«, schreibt Pasek in seinen »Denkwürdigkeiten«, »sondern eher ein ›Fangerlspiel‹, wir jagten sie ständig von einem Ort zum anderen, ohne sie wirklich einzufangen, und auch sie flohen vor uns, ohne richtig davonzulaufen.«[145]

Der Sommer neigte sich dem Ende zu. Regengüsse hatten die schlechten Straßen Polens unpassierbar gemacht. Die Soldaten standen bis zu den Knien im Schlamm.

»Unser Hin- und Hergelaufe durch Polen ist uns schon so zuwider, daß wir kaum mehr leben, so sehr sind wir dessen überdrüssig... wir sind schon ganz nahe an ihn herangekommen. Angeblich wird er uns aus Verzweiflung eine Schlacht liefern müssen.«[146]

Lubomirski lieferte keine Schlacht. Er trieb sein Spiel mit den Königstruppen weiter. Vergeblich sucht man in jenen Tagen nach dem »Helden« in Jan Sobieski oder nach dem »edlen Ritter« in ihm, der alles für König und Vaterland aufzuopfern bereit wäre; da ist nur ein sentimentaler Liebestoller, der Sklave seiner »Schildwacht«, die wiederum der »Muszka« hörig ist.

Hatte Ludwika Maria ahnen können, als sie diesen Weiberhelden und fidelen Soldaten in die verführerisch ausgespannten Liebesnetze der schönen Frau Wojewodin trieb, daß sie in ihm keinen besonnenen Strategen und Hetman, sondern einen liebestollen Hysteriker eingefangen hatte, der sich, wie ein Kind an den Rockzipfel der Mutter, an das die Muszka umgebende Pelzchen seiner Marysieńka klammerte?

Dabei quälte ihn unablässig die Sorge um Marysieńkas Gesundheit, die nicht die beste war.

Aber es gab auch noch andere Sorgen: In Zamość ging der Erbstreit weiter. Sobieski, der Marysieńkas Vermögen verwaltete, wollte deshalb Urlaub vom König nehmen, um bei den Verhandlungen in Zamość dabei zu sein. Marysieńka beschwört ihn, in der Armee beim König zu bleiben.

»Wenn Du willst, daß ich hier bei der Armee hocke, so geschehe Dein Wille, soll doch alles verfallen, wenn es Dir so gefällt.« Jan Sobieski wechselt jetzt übrigens bereits öfter wieder vom vertrauten Du zum offiziellen Sie. Es waren also keine frohen Gedanken, die Jan bewegten, als er Ende August für ein paar Tage Urlaub bekam und Marysieńka traf, um die Erbangelegenheiten in Zamość zu regeln. Es kam jedoch zu keiner Einigung; der Sejm sollte entscheiden, was aus dem Majorat werden sollte.

Vom 4. bis 6. September weilte Sobiesky mit Marysieńka in Warschau, dann mußte er an die Front zurück und kam dort nach der Niederlage der litauischen Armee bei Tschenstochau an. 1500 Leute hatten die Litauer verloren, vor allem Reiterei. Jan Kazimierz war geneigt, mit dem Rebellen Lubomirski Gespräche aufzunehmen.

Und dann die unerwartete große Freude: Der König bat die Königin, zu ihm zu kommen; Marysieńka würde mit dabei sein. Jan wurde fast verrückt vor Freude, seine »Mamusieńka« wiederzusehen. Er schwelgte vor Glück und genoß alle entzückenden Reize seiner Marysieńka.

In Rawa wurde mit den Aufständischen verhandelt; aber es kam zu keiner Einigung; am 17. Oktober wurden die Verhandlungen abgebrochen. Ludwika Maria kehrte nach Warschau zurück, mit ihr Marysieńka. Jan Kazimierz und Sobieski begaben sich zum Heer zurück, das bei Brzeziny, 20 km von Lodz entfernt, stand. Von hier folgte es dem nach Großpolen sich absetzenden Lubomirski über Łęczyca in Richtung Thorn.

Auf den Feldern von Palczyn, südlich von Bromberg, standen einander plötzlich die feindlichen Heere gegenüber. Sobieski riet dem König, sofort eine militärische Entscheidung herbeizuführen und anzugreifen.

Die Bischöfe von Krakau und Kulm brachten jedoch einen Waffenstillstand zustande, der am 8. November geschlossen wurde. Jan Kazimierz versprach eine Amnestie für die Aufständischen, Lubomirski verpflichtete sich, das Land zu verlassen. Die endgültige Schlichtung des Streites wurde auf den Sejm vertagt.

Trotzdem wurde die Armee nicht aufgelöst, sondern in die Winterquartiere verlegt.
Der kriegsgeplagte Celadon kam nun endlich zu seiner wohlverdienten Ruhe im weichen Bett seiner Marysieńka.
Bis Mitte Jänner 1666 konnte er sich an ihr in Warschau erfreuen. Zwar findet er auch hier wieder Gründe zum Jammern: »Was uns dieses Warschau schon Geld gekostet hat, weißt Du sehr gut, und wo ich weiteres hernehmen soll, das weiß ich nicht. Andere haben dort wohl ihre Wohnungen, aber in der Nähe ihre Güter und verschiedene Möglichkeiten, wir aber müssen einzig und allein von unseren eigenen Groschen leben, noch dazu bei so großen Unbequemlichkeiten.«
Sobieski war kein Verschwender wie Zamoyski. Er hatte einiges von der Wirtschaftlichkeit seines Vaters und seiner Mutter geerbt, denn immer wieder stoßen wir in seinen Briefen auf Passagen, in denen er Marysieńka beauftragt, das eine oder andere zu besorgen, woran sie selbst kaum gedacht haben wird. So bittet er sie schon im Oktober, dafür Sorge zu tragen, daß genügend Holz, und zwar stoßweise, eingekauft werde, denn nachher im Winter würde es schwer zu bekommen sein.
Ein andermal bittet er sie, warme englische Handschuhe zu schicken, und dann wieder: »Das Bettzeug, die Kissen sind so zerrissen, daß es eine Schande ist, darauf zu schlafen. Als man ein Jüngling war, hatte man davon im Überfluß; jetzt muß man dafür büßen mit heiliger Geduld.« Erinnerungen an die wohlgeordnete Kindheit und Jugend steigen immer öfter in Jan auf.
In Warschau wurde Sobieski sofort wieder von Königin Ludwika Maria in die konspirativen Beratungen zugunsten der Wahl Condés gezogen.
Um den Verlauf des Landtages in der Ukraine zu überwachen und im Sinne der französischen Partei zu beeinflussen, mußte sich Sobieski Mitte Jänner dorthin begeben. Natürlich sah er bei dieser Gelegenheit auch nach dem Rechten in Żółkiew, das im Juli des vergangenen Jahres, gerade zu der Zeit, als Jan seine Marysieńka offiziell heiratete, von Lubomirski und seinen Rebellen arg zerstört worden war. Eine kleine Revanche, durchaus nichts Selte-

nes in Polen. Private bewaffnete Selbsthilfe, das war so Sitte unter den Herren Brüdern der Szlachta; Jan hatte sie ja früher selbst mit Bravour praktiziert.

Am 17. März begann in Warschau der Sejm. Als Kronmarschall hätte Jan selbstverständlich dort anwesend sein müssen. Da Sobieski jedoch noch immer von vielen als Marschall nicht anerkannt wurde, hatte er sich entschlossen, nicht am Sejm teilzunehmen, sondern in Żółkiew zu bleiben. Es lag in seiner Natur, unangenehmen Auseinandersetzungen aus dem Wege zu gehen.

Marysieńka, die bei Jan geweilt hatte, machte sich jedoch Ende März auf den Weg, da während dieses Sejms auch die Erbschaftsangelegenheiten Zamoyskis geklärt werden sollten.

Obwohl Jan geschworen hatte, keinen Fuß während des Sejms nach Warschau zu setzen, gab er letzten Endes doch dem Drängen Marysieńkas nach, die im Auftrag des Hofes ihren »Jachniczek«[147] in die Hauptstadt zitierte. Doch er durchschaute das Spiel.

»Anscheinend braucht es das Königspaar (wie ich aus verschiedenen Briefen herausgelesen habe), daß ich öffentlich hinkomme, aber gewiß nicht wegen irgend eines Rates oder Dienstes... Ich habe genug für das Königspaar getan, daß ich mich überhaupt auf diese Narretei eingelassen habe; da mir ja höchstens der zehnte Teil des Landes diesen Titel gibt, ihm jedoch alle.« Er spielt auf Lubomirski an, den man immer noch als Marschall betrachtet, ihn, Jan, jedoch nicht.[148]

Kaum in Warschau eingetroffen, am Palmsonntag, dem 18. April 1666, gab es kein Entrinnen mehr für ihn. Er mußte, wie es sein Amt ja ausdrücklich verlangte, die Funktion des Marschalls während des Sejms ausüben, er mußte auch im Schloß wohnen. Am 30. April unterzeichnete König Jan Kazimierz das Dekret für Jan Sobieski zur Übernahme des Feldhetmanstabes, der seit Stefan Czarnieckis Tod im vergangenen Jahr vakant war.

Wie es Jan vorausgesehen hatte, wurde er deswegen von vielen und vor allem von Lubomirskis Anhängern heftigst angegriffen.

Am 4. Mai wurde der Sejm gesprengt, »zerrissen«, wie man es nannte; es kam zu keiner Einigung. Beide Seiten begannen sofort wieder, sich auf eine bewaffnete Auseinandersetzung vorzuberei-

ten. Der Senat beauftragte Sobieski, das Heer bei Kazimierz Dolny zu sammeln und nach Garwolin zu führen.
Kaum hatte er am 17. Mai Warschau verlassen, war auch schon die große Konfusion da: Der Krongroßhetman Potocki-Rewera hatte nämlich inzwischen mit dieser Aufgabe den Kastellan von Sanok, Mariusz Jaskólski, betraut.
Verärgert fuhr Jan nach Pielaskowice und schaute in seinen eigenen Gütern nach dem Rechten. Nach Garwolin begab er sich erst, als sich dort das Heer versammelt hatte.
Vier Briefe schrieb er von dort an Marysieńka. »Wie ich es immer vorausgesagt habe, so sehe ich es nun bestätigt, daß sich nichts geändert hat, daß ich immer nur für fremde Interessen und Vorstellungen als Opfer dargebracht werden soll... Überall, wohin ich blicke, sehe ich nur Narreteien, la gloire, la gloire, aber das ist nicht viel, diese gloire de la guerre civile...«
Charakteristisch auch seine Schilderung des Militärwesens in Polen: »Bei uns gibt es keine Generäle, hier muß einer für alle arbeiten und darf für keinen Fußbreit das Heer verlassen; und nicht nur genug damit, daß man sich ordentlich dabei abhetzen muß, aber man muß auch daran denken, daß sie nicht rebellieren, daß sie ihren Sold bekommen, daß sie ihre gute Verpflegung haben und eine Million anderer Sachen, wovon die Generäle in anderen Ländern höchstens vom Hörensagen wissen, denn dafür haben sie dort ihre Kommissare. Hingegen von sich aus diese Ämter niederzulegen, wie Sie es mir nahelegen, das wäre die plus grande infamie, für die es kein Beispiel gäbe; denn das würde man sehr verschieden auslegen müssen: die einen à la faiblesse, ignorance, peu de capacité, und tausend andere etcetera, jeder so, wie er es versteht.«
Zu allem Kummer plagt ihn auch wieder »der Herr Rumatismus«; er zwackt und zwickt ihn in den Hüften, in den Beinen, in der Hand. »Man muß leiden und alles mit Geduld hinnehmen, was der Herrgott uns auf dieser Welt beschert.«
Jan war von Kindheit an naiv-fromm und sehr wundergläubig. Todernst erzählt er Marysieńka von einem Bild in Lublin, das eine Kreuzabnahme Christi darstellte, das zuerst zu schwitzen begon-

nen hatte und auf dem sich nachher eine kleine Wunde auf der Brust öffnete, »so als ob jemand mit einem Messer hineingeschnitten hätte«. Eine zweite Wunde öffnete sich in den Händen. Sofort kam eine große Menschenmenge dorthin, »man stellte unter das Bild eine Schüssel, in die das Blut in kleinen Tröpfchen herabfiel«. Über dieses Jahr 1666 berichtet auch Pasek in seinen »Denkwürdigkeiten«: »Über dieses Jahr bestand folgende Prophetie: Wenn das Jahr dreimal sechs zählen wird, Markus das Alleluja singen und Johannes im Fronleichnam stehen wird (Johann Kasimir regieren wird) dann wir Polen weh! weh! schreien.«[149]
Der Aberglaube war damals noch tief in den Herzen der Menschen verwurzelt. Man achtete auf Zeichen und glaubte an Wunder. Jan Sobieski machte da keine Ausnahme.
Pasek berichtet von dem Bürgerkrieg, den er das »malum supra omne malum« nennt, das »sogar dem Himmel mißfiel und offensichtlich den Zorn Gottes auf unser Land herabzog. Es erschien ein schrecklich großer Komet am Himmel, der mehrere Monate zu sehen war und in seiner Größe bedrohlich wirkte. Je länger, desto stärker verwirrte er die verängstigten Herzen, weil er böse Ereignisse ankündigte, die dann auch eintrafen wegen der Verbissenheit und der Machinationen böser Leute, die ihre Interessen vorantrieben und dabei das Vaterland ärger als die Feinde ruinierten.«
Lubomirski genoß eindeutig die Sympathie der Szlachta, während man die fremde Königin haßte, weil sie den Absolutismus einführen wollte, indem sie einen »französischen Fant« auf den Thron setzen wollte. Auf die Franzosen war man in Polen überhaupt nicht gut zu sprechen, abgesehen von einigen Magnaten und gekauften Subjekten. Pasek, der Vertreter des Kleinadels, äußerte sich zu diesem Thema folgendermaßen: »Franzosen gab es in Warschau mehr, als solche, die das Feuer des Zerberus anfachten, sie warfen mit Geld herum, praktizierten Machenschaften, meistens in der Nacht, in Warschau genossen sie große Freiheiten, großes Ansehen, sie feierten öffentliche Triumphe nach errungenen Siegen, sei es auch erfundenen und nicht wirklich erfochtenen. In die Gemächer konnte ein Franzose immer hinein, ein Pole mußte

manchmal einen halben Tag vor der Türe stehen, kurz und gut, ein großes und übermäßiges Gewicht.«
Die offensichtliche Bevorzugung der Franzosen mußte natürlich die Polen erbittern, waren sie doch gewohnt, von ihrem König zuvorkommend behandelt zu werden, sich stets dessen bewußt, daß jeder einzelne von ihnen mit seinem »ich erlaube es nicht«, also dem liberum veto, jeden Beschluß des Königs zunichte machen konnte.
Mit den »Siegen« spielt Pasek auf eine Theateraufführung in Warschau an, die einen tödlichen Ausgang nahm. »Auch das muß ich unter dem, was sie (die Franzosen) sich herausnehmen, erwähnen. Man gestattete ihnen in theatro publico in Warschau einen Triumph zu feiern wegen eines über den Kaiser errungenen Sieges.« Es handelte sich um den Devolutionskrieg, den Ludwig XIV. gegen Leopold I. führte. Eine große Menge Volkes war herbeigeströmt, zu Fuß und hoch zu Roß, und schaute dem spectaculum zu. »Als man einige Induktionen schon repräsentiert hatte, wie man zusammengestoßen war, wie das Fußvolk handgemein wurde, die Reiterei, wie die eine Seite der anderen das Feld räumte, wie man Deutsche gefangennahm, köpfte, wie man eine Festung erstürmte und einnahm – diese Dinge wurden mit großem Aufwand und großer magnificentia dargestellt, da brachte man gleichsam nach einer Niederlage der Truppen und nach der Vernichtung des Feindes auf dem Schlachtfeld den Kaiser in Ketten, in kaiserlicher Gewandung, die Kaiserkrone jedoch nicht mehr auf dem Kopfe, sondern in den Händen tragend und sie dem französischen König einhändigend.« Den Kaiser stellte ein vornehmer Franzose dar, der Leopold I. sogar etwas ähnelte und ihn vortrefflich nachzuahmen verstand. Plötzlich schrie einer der berittenen Zuschauer den Franzosen zu, sie sollten doch den Kaiser erschlagen, wenn sie ihn schon gefangen hätten, denn dann »wird Seine Majestät der König von Frankreich das imperium erlangen, wird Kaiser und, Gott geb's, auch unser polnische König werden«. Da sich niemand rührte, legte der Schreier selbst einen Pfeil auf den Bogen »und traf den Kaiser in die Seite, daß die Spitze auf der anderen Seite herauskam. Er tötete ihn«. Nun griffen andere Polen

nach dem Bogen. Als man anfing, den Haufen zu hecheln, spickte man die Franzosen. »Den, der in persona des Königs thronte, schoß man an, er fiel aus seiner Majestät auf den Schädel und vom Theater herunter, dann floh er mit den anderen Franzosen.«[150]
Solche Bilder gehören zur Illustration des barocken Lebens der Herren Brüder der Szlachta im Polen des 17. Jahrhunderts.
Wie aber reagierte die französische Königin darauf?
Pasek: »Die Königin Ludovica nämlich, obwohl sie ein machtgieriges Mannweib war ..., ließ jetzt von ihrem Stolz und fiel dem König zu Füßen. Sie bat, man möchte verfolgen und einfangen.«
Pro forma befahl der König wohl eine Verfolgung, aber sie brachte natürlich keinen Erfolg, zu groß war der Haß auf die Franzosen, man vergönnte ihnen diesen Denkzettel und deckte die eigenen Leute. »Auch Seine Majestät kondoliert ja nur vor den Augen der Königin, in seinem Herzen lacht er darüber.«
Nicht genug kann sich Herr Pasek über die Vorrechte der Franzosen aufregen: »Die Franzosen genossen unter Ludovica ein derartiges Ansehen, daß man ihnen erlaubte, was immer ihnen einfiel. Wenn man im Palast zu den königlichen Gemächern kam, sah man selten einen Haarschopf, nur Schädel wie riesige Pudel verdunkelten das Licht, das durch die Fenster fiel. In einer solchen Situation beklagten sich einige, daß der Hof an diesem Volk einen solchen Narren gefressen hatte. Einige hohe Würdenträger tanzten schon ad Galli cantum. Die polnische Freiheit hatte daran keinen Gefallen und verachtete all das: ad Galli cantum non timet iste leo.«
Wenn auch Jan Sobieski ganz der französischen Hofpartei angehörte, wenn er auch nach französischer Manier tanzte und liebte – seinen polnischen Haarschnitt verriet er für keinen Augenblick. Einen Jan Sobieski sich mit Allongeperücke vorzustellen, das ist einfach unmöglich. Seinem Schnurrbart und seiner kurzen Haartracht blieb er trotz seiner Franzosenliebe treu.
Am 19. Juni 1666 überschritt Lubomirski, der sich seit den Verhandlungen im verflossenen Jahr in Breslau aufgehalten hatte, abermals die polnische Grenze. Er schickte seine Unterhändler zum König. Man einigte sich auf einen Waffenstillstand für die Zeit der

Verhandlungen; trotzdem setzten beide Seiten ihren Marsch fort. Am 8. Juli war zwar der Traktat ausgearbeitet, wurde jedoch nicht unterschrieben.

Und am 13. Juni kam es zur Katastrophe: zur Bruderschlacht bei Mątwy, 15 km westlich von Inowrocław. Der König, dessen Heer zirka 20 000 Mann umfaßte, hatte fälschlich angenommen, daß bei Lubomirski sich nur 6000 Soldaten befänden, dabei waren es 12 000. Er befahl den Angriff. Es kam zu einer zehnstündigen Schlacht, in der das Heer des Königs vernichtend geschlagen wurde. 3873 Tote blieben auf dieser unrühmlichen Walstatt zurück.

Jan Sobieski, der sich seit dem 20. Juni, nachdem er kurz mit Marysieńka zusammengetroffen war, wieder beim Heer befand, war nicht als Befehlshaber, wohl aber als Augenzeuge bei dieser mörderischen Bruderschlacht dabei.

Am 13. Juni fand die Schlacht bei Mątwy statt. Am 14. Juli berichtet Jan: »Was gestern geschah, davon wird es schon voll sein in Warschau, denn schneller laufen stets die schlechten Nachrichten als die guten.«

Beim Übergang über den Fluß Mątwa kam es zum Zusammenstoß. »Es gab entsetzlich viel Tote und Verwundete. Die Dragonerregimenter sind fast ganz vernichtet worden, vor allem die Offiziere. In dieser Schlacht sind die meisten Leute dadurch umgekommen, daß man ihnen, kaum daß sie aus dem Schlamm heraus waren, Pardon versprach, nachher jedoch, als sie auf der Höhe waren, sie schrecklich niedermetzelte und in Stücke zerhieb. Nicht nur die Tataren, auch nicht die Kosaken haben jemals solch eine Tyrannei veranstaltet, in der ganzen Geschichte hat man bei den unzivilisiertesten Völkern von keiner solchen Grausamkeit gelesen. Man fand keinen Leichnam, der nicht wenigstens vierzig Wunden an sich hatte, denn selbst noch nach dem Tode weideten sie sich an den Toten. Meinen Tod hatten sie schon im drüberen Lager verkündet, aber Gott hat mich doch noch für eine Weile am Leben erhalten.« Die Unlust im Heer war groß; alle sahen wie gelähmt zu, als Lubomirski abermals entwich und Richtung auf die Hauptstadt nahm.

Am 17. Juli warnte Jan: »Seid vorsichtig in Warschau! Es gibt gewisse Anzeichen, daß jene Leute Warschau irgendetwas Böses antun wollen. Man muß also befürchten, daß sie die Vorstädte anzünden werden oder sonst eine surprise vorbereiten.«
Marysieńka wäre nicht Marysieńka gewesen, wenn sie nicht ausgerechnet in diesen für alle Polen so schrecklichen Augenblicken mit ihren kleinen eigenen Anliegen dem liebsten Jachniczek die Hölle heißgemacht hätte. Ihre neueste Tortur für ihn war, daß sie ihm schrieb, er werde wohl bald Witwer werden, denn sie sei sehr krank. »Ich bitte untertänigst, mir nicht solche Sachen zu schreiben«, antwortete er. ... »Ich weiß nicht, was für ein Geschmack und was für eine Freude das sein soll, mich andauernd mit der schlechten Gesundheit zu schrecken, da man ja weiß, daß man nicht mehr als solch einer Nachricht bedarf, um den pauvre Sylvandre umzubringen.« Wahrscheinlich hätten sich da gewisse Feinde gegen ihn verschworen und ihr diese Methode eingeredet, um ihn zu vernichten. Er sei sicher, sie werde viel eher Witwe werden als er Witwer.
Es kommt aber noch schlimmer: Mitten in den heillosen Rückzug der königlichen Armee Richtung Lodz platzt ein Schreiben des »allerentzückendsten Bouquets«, daß sie nur noch tagsüber mit ihm zusammentreffen wolle.
Entrüstet antwortet er am 23. Juli:
»Während ich hier jeden Augenblick totgeschlagen werden kann und Kummer und Sorgen habe, wollen Sie mir einreden, daß ich hier an solche Sachen denke«, er spielt auf seinen früheren »Harem« in Jaworów an; »aber Ihnen ist wohl das alles schon so zuwider geworden, oder es hat mich jemand bei Ihnen angeschwärzt...« Die Liebe habe bei ihr wohl schon ganz aufgehört, meint er, die jedoch »wie man sieht, niemals vollkommen war. Es wäre besser gewesen, mich zu warnen«; denn wie bald werde sie ihn auch am Tag nicht mehr sehen wollen. »Von welcher importunité Sie zu befreien, ich alles rasch tun werde.«[151] Das ist Jans erste Drohung, den »Heldentod« auf dem Schalchtfeld absichtlich zu suchen. Sobieski ist hellhörig geworden. Sein Sinnenrausch vernebelte ihm nun nicht mehr völlig die Sicht auf Tatsachen, wie solche, daß

Marysieńka sich vor ihm krank stelle, in Wirklichkeit aber lustig sei und sich amüsiere.

In diesem langen Brief, in dem sich der »pauvre Sylvandre« einmal alles vom Herzen schreibt, erinnert er auch daran, wie gut es ihm als Jüngling ging, als bei ihm zu Hause alles in Hülle und Fülle vorhanden war, während er sich jetzt der zerrissenen Bettwäsche schämen müsse, woraus man schließen darf, daß Marysieńka durchaus keine treusorgende Hausfrau und Gattin war. Welch guten Instinkt hatte doch Frau Theophila gehabt, als sie sich gegen eine Heirat ihres Sohnes mit »dieser Französin« sträubte.

Nicht genug damit, auch bei der Armee gab es Verdruß. Man versuchte, Sobieski an der furchtbaren Niederlage von Mątwy die Schuld in die Schuhe zu schieben, was sogar Marysieńka glaubt und ihm deswegen Vorwürfe macht.

Da man ihm jedes Wort im Mund verdrehe, wolle er Schluß machen und alles hinwerfen und sich von den bösen, neidischen und eifersüchtigen Leuten zurückziehen, bei denen Tugend der größte Fehler ist, schreibt Jan erregt zurück.[152]

Er fühlt sich krank, unverstanden und sucht Trost bei Marysieńka; diese verübelt ihm jedoch seine Klagen, was ihm die bittern Worte entlockt: »Ich habe noch niemals von solcher Tyrannei gehört, die es einem Kranken verbietet, zu stöhnen oder zu murren, wenn ihm etwas fehlt oder ihn etwas schmerzt. Dies soll doch wenigstens jedem Bekümmerten zur Linderung erlaubt sein, daß er klagt, ohne an irgend etwas anderes zu denken. Ich habe schon keine andere Hoffnung mehr, als mich nur in der tiefsten Melancholie zu verkriechen, Gottes Willen oder eine Gelegenheit abzuwarten, wo man unter Beibehaltung seiner Reputation mit sich um der anderen willen, für die ich die Ursache des Unglücks bin, ein Ende machen könnte.«[153]

Nun machte Marysieńka einen Rückzieher: Sie habe geglaubt, daß er ihrer überdrüssig sei.

Jan warnt sie vor der Königin und deren schlechten Einfluß, doch meint er resigniert: »Weiter will ich Sie damit nicht beunruhigen, es hätte auch keinen Effekt, höchstens den gegenteiligen, ich selbst bin so schwach, daß ich kaum sitzen kann, denn mein Kopf will

einfach nicht mehr, so viel Aufregungen und dazu noch die sengende Sonne. Seit einigen Tagen habe ich Tag und Nacht Nasenbluten, letzte Nacht konnte ich es kaum stillen; was mich sehr geschwächt hat, dabei kann man sich weder hinlegen noch kurieren.«
Trotz allem schlägt er ein kurzes Rendezvous vor, »um meine ungnädige Morgensonne zu umarmen und zu küssen«.[154]
Da am 31. Juli das letzte Viertel ablief, für das des Königs Heer Sold erhalten hatte, die Staatskassen total leer waren, die Schlacht gegen Lubomirski so schmählich verloren, blieb Jan Kazimierz nichts übrig, als mit seinem aufsässigen, ehemaligen treuesten Gefolgsmann Frieden zu schließen.
Am 31. Juli erklärte der König, daß er ein für allemal auf die Wahl vivente rege verzichte; außerdem versprach er allen Aufständischen völlige Amnestie. Dafür leistete Lubomirski feierlich Abbitte.
Am 8. August kam es am linken Ufer der Weichsel, vis-à-vis von Puławy im Lager von Jaroszyn zu diesem alle Anwesenden bis zu Tränen rührenden Akt.
Wieder war es der französische Botschafter, Pierre de Bonzy, der alles brühwarm nach Paris meldete.
Zuerst wurde Lubomirski mit seiner kleinen Gefolgschaft in ein Zelt geführt, in dem eine Messe gelesen wurde, nach deren Beendigung die Eidleistung auf den Vertragstraktat von Lubomirski vor dem Kanzler Pac in Anwesenheit des Königs erfolgte.
Es kam dabei zu einem Zwischenfall, weil Lubomirski sich weigerte, nochmals den Treueid zu leisten und zu beeiden, niemals mehr mit fremden Mächten zu paktieren, da er, wie er behauptete, niemals dem König die Treue gebrochen und niemals mit fremden Mächten paktiert habe. Da sich der König jedoch darauf versteifte, zuckte Lubomirski die Achseln und sprach den Eid. Aus dem Kirchzelt wurde Lubomirski in ein anderes Zelt geführt, das von den Königsgarden umstellt war, um Neugierige abzuhalten. In der Mitte stand Jan Kazimierz, umgeben von einigen Senatoren, darunter Jan Sobieski mit dem unglückseligen Marschallstab in der Hand. Grzymułtowski, der Starost von Posen, hielt eine lange und höfliche Entschuldigungsrede. Nach ihm trat Lubomirski vor und

verneigte sich. Er rief Gott zum Zeugen an, daß er stets dem König treu gewesen sei, daß er das Vaterland stets geliebt und das alte Recht und die alten Gesetze geachtet habe. Niemanden beschuldigend, klagte er das Schicksal an, das ihn aller seiner Ämter und Würden beraubt und ihn seiner Ehren entkleidet habe. Und er betonte nochmals: »So wie ich stets Eurer Majestät treu gewesen bin, so bekenne ich auch jetzt, daß ich ein treuer Untertan bin: deshalb falle ich zu Deinen Füßen nieder, gnädiger Herr, und verehre Deine Majestät.« Damit fiel er vor dem König auf die Knie und weinte bitterlich. Pasek berichtet, daß in diesem Augenblick die Zeltwände niederfielen, damit auch die draußen Versammelten den knienden Rebellen sehen konnten. Angeblich hob nun Jan Kazimierz diesen auf und weinte ebenfalls. Dann ging Lubomirski von einem zum anderen der Senatoren und umarmte jeden, wobei alle weinten. Zuletzt stand Lubomirski auch vor Jan Sobieski, seinem ehemaligen Freund und Adepten in der Kunst des Mars. Schweigend legte er sich Jans Hand auf den Kopf und sagte kein Wort. Sobieski ebenfalls nicht. Dieser stumme Vorwurf wird Jans Gewissen noch lange belasten.

Damit war das Kapitel Lubomirski abgeschlossen. Königin Ludwika Maria, über die französische Diplomatie dazu angestachelt, wollte nochmals ein Gespräch mit Lubomirski versuchen, und sie dachte sogar daran, ihm alle Ämter zurückzugeben. Nur hätte sie diese dann erst Sobieski abnehmen müssen. Aber vielleicht spann sie auch bereits neue Fäden für ein anderes Gespinst; Tatsache ist, daß neuerdings in ihrer höchsten Gunst Dymitr Wiśniowiecki stand.

Es kam aber zu keinen Komplikationen mehr in dieser Richtung. Jerzy Lubomirski starb ganz plötzlich am 31. Jänner 1667 in Breslau, wo er sich im Exil aufhielt, ohne Ämter, ohne Ehren, ohne Vermögen. Eine gestrandete Existenz – dieser große Mann, der während der Zeit der »Sintflut«, der Schwedenkriege, der Treueste der Getreuen König Jan Kazimierz' und seines Vaterlandes Polen war, der den König und die Königin in seinem Schloß Łańcut aufgenommen und der zusammen mit seinem Vetter Jan Zamoyski dem König und Polen den Sold für die Truppen vorgestreckt hatte;

dieser Mann starb nun einsam und verlassen in der Fremde. Und warum? Weil er sich den Plänen der »fremden« Königin Ludwika Maria widersetzte, die besonders in ihren letzten Lebensjahren ganz offensichtlich eine französische Politik, wie sie Ludwig XIV. am besten in sein Konzept paßte, führte. Es ist merkwürdig, daß Ludwika Maria, die doch nun schon seit beträchtlicher Zeit selbst Königin war, eigentlich immer noch als ihren obersten Souverän den französischen König betrachtete, jenen Ludwig XIV., der ihr, als sie nach Polen abreiste, als kleiner Knabe zusammen mit seiner Mutter, Anna von Österreich, das Ehrengeleit bis vor die Tore von Paris gegeben hatte. Er war der »große« König, während ihre beiden Gatten »nur Wahlkönige von Polen« waren.

Der Aufruhr Lubomirskis hatte auch dem zunächst so erfolgreichen Krieg mit Moskau ein Ende gesetzt.

Im Herbst und Winter 1663/1664 hatten die Polen mit Unterstützung der Krimtataren und einem Teil der Kosaken von der Ukraine aus einen Vorstoß auf Moskau gewagt – den letzten in der polnischen Geschichte.

Herr Pasek hatte an diesem Feldzug unter Stefan Czarniecki teilgenommen und in seinen Memoiren sehr anschaulich und lebendig geschildert, wie es dabei keineswegs immer gut christlich zugegangen war.

Natürlich war auch dieser Krieg mitsamt allen seinen »schönen Gefechten«[155] und »Spielchen« im Namen Gottes geführt worden.

»Meine Herren, denkt an den Namen Gottes, für den wir unsere Gesundheit und unser Blut in dieser Schlacht gleichsam zum Opfer darbringen«,[156] hatte Czarniecki seine Soldaten angefeuert.

Natürlich war jeder Sieg stets »durch die Hand Gottes« errungen, und die Moskowiter schlicht und einfach »ein Pack«[157], auf die man von oben herabsah.

Die Polen erbeuteten damals fast alle verlorenen Gebiete zurück, so daß man voller Respekt sagte: »Wenn die Polen sich immer so tapfer schlügen, wäre die ganze Welt in ihrer Gewalt.« Die Schlachten waren blutig, das Gemetzel fürchterlich, der Dankgottesdienst nachher fromm und inbrünstig, denn die Herren Polen waren überzeugt, daß sie »in der Hut von Gottes Hand« standen und daß Gott es war, der ihnen den Sieg geschenkt hatte, denn »der Mann schießt, und der Herrgott lenkt die Kugeln«.[158] Mehr noch: Polen glaubte, eine Sendung in den Weiten des Ostens erfüllen zu müssen, war es doch als treugläubiges römisch-katholisches Volk himmelhoch erhaben über die »abtrünnigen« Orthodoxen, die es in den Schoß der römischen Mutter Kirche zurückzuführen galt.

Hier klingt schon Polens messianische Idee an, die später von so großer Wichtigkeit in seinem nationalen Leben sein wird. Allerdings ließen sich die Polen bei diesem Kriegszug nicht vom Geiste Stanisław Żółkiewskis, der mit freundschaftlicher Gesinnung in die Weiten Moskaus vorgedrungen und in Moskau eingezogen war, leiten. Kaum fünfzig Jahre nachdem die Bojaren dem polnischen Prinzen Władysław den Zarenthron angeboten hatten, führten sich die polnischen Eroberer so grausam und schrecklich auf, veranstalteten »fürchterliche Gemetzel«, »schlachteten sie ab wie die Hammel« (nämlich die Moskowiter) und ließen sich eine Grausamkeit zuschulden werden, die ihnen knapp dreihundert Jahre später mit ähnlicher Grausamkeit heimgezahlt wurde:

»Die gesamte Infanterie kaum versehrt, außer jenen paar hundert, die vorher niedergemacht worden waren, blieb am Leben, es waren 18 000. Sie zogen sich in ein nahes Birkenwäldchen zurück und errichteten ein Verhau«, berichtet Pasek. »Man kreiste sie daraufhin mit Geschützen und Infanterie ein, denn das Gehölz war schütter. Man eröffnete das Geschützfeuer, daß die Kugeln von einer Seite auf die andere durchflogen, und dann erst, als man sie durch das Geschützfeuer dezimiert hatte, griff man sie von allen Seiten an und hieb sie mit Stumpf und Stiel nieder. Es ist traurig, Menschenblut in solcher Menge zu sehen, wie das dort der Fall war, denn die Leute standen sehr dicht und kamen so um, daß eine Leiche auf die andere fiel, dazu lag noch das Birkenwäldchen auf einem Hügel, und da floß das Blut in Strömen herab, fast wie das Wasser nach einem Regenguß.«[159] Wer denkt bei dieser Schilderung nicht an Katyn! Jener Vorstoß bis knapp vor Moskau war der letzte in der polnischen Geschichte.

Am 31. Januar 1667 kam es in Andruszów zum Waffenstillstand, der zunächst für dreizehneinhalb Jahre anberaumt war, der jedoch zum Dauerfrieden werden sollte. Polen/Litauen verzichtete darin auf das Smolensker Gebiet, auf Sewerien mit Novgorod Sewersk, das Czernihower Land und die ganze Ukraine links des Dnjepr. Kiew sollte nur für zwei Jahre unter russische Herrschaft kommen; in Wirklichkeit kehrte es niemals mehr an Polen zurück.[160]

Nun war zwar die Moskauer Front befriedet, dafür zeichnete sich bereits ein neuer Kriegsschauplatz ab: Seit die Türkei mit dem Kaiser im Traktat von Waswar für zwanzig Jahre Frieden geschlossen hatte, richtete sich das Interesse des Osmanischen Reiches auf Polen.

Am 19. Dezember 1666 wurden in der Nähe von Bracław die polnischen Truppen, die in einer Stärke von 6000 Mann Richtung Ukraine in die Winterquartiere unterwegs waren, attackiert und vernichtet, Oberst Machowski geriet in Gefangenschaft und die ganze ruthenische Wojewodschaft wurde fürchterlich verwüstet.

Jan Sobieski hätte, wie es der König verlangte, als Feldhetman die Überführung der polnischen und ausländischen Truppenkontingente in die Winterquartiere persönlich überwachen sollen. Er war auch aufgebrochen, kam jedoch nur bis Błudów; dann machte er kehrt und ritt schnurstracks nach Pielaskowice, wo er Marysieńka traf. Um ihren Namen unter das Dokument des Vergleiches in der leidigen Erbschaftsangelegenheit mit Gryzelda Wiśniowiecka zu setzen, hatte Marysieńka das heitere Leben am Königshofe in Warschau verlassen und hatte sich nolens volens zu ihrem Ehegatten nach Pielaskowice begeben, was für den Herrn Feldhetman Grund genug war, nicht persönlich bei seinen Truppen zu weilen.

Während der Wintermonate zu Beginn des Jahres 1667 weilte Marysieńka bei Jan in Lemberg und Żółkiew. Ende Januar 1667 wurde sie schwanger. Die himmelhochjauchzende Liebe Jans erlitt leider so manchen Dämpfer durch seine ungnädige »Morgensonne«.

Am 22. Februar 1667 war der Krongroßhetman Potocki-Rewera gestorben. Normalerweise hätte jetzt Sobieski vom Feldhetman zum Krongroßhetman aufrücken müssen. Am 7. März begann in Warschau der Sejm; natürlich hätte er als Marschall dort anwesend sein müssen. Da er aber Angst hatte, Königin Ludwika Maria könnte in ihrer unberechenbaren und sprunghaften Art ihn einfach übergehen und ihren neuen Favoriten, Dymitr Wiśniowiecki, zum Nachfolger Potocki-Reweras ernennen, war er nicht zu bewegen, Żółkiew zu verlassen.

Dafür reiste Marysieńka wieder zurück an den Hof. Sie fühlte sich schlecht, sie war gereizt und völlig verändert, daß Jan sie kaum wiedererkannte. Sie wollte Rat und Hilfe bei den Ärzten in Warschau suchen. Um den ersten Mai herum fuhr Marysieńka ab und ließ Jan mit seinen Kopfschmerzen und seiner Liebe allein.

Wie ein Blitz aus heiterem Himmel schlug am 18. Mai 1667 die Nachricht von Ludwika Marias Tod in Polen ein. Jetzt mußte allerdings Jan sein Żółkiew verlassen und sich auf schnellstem Wege nach Warschau begeben.

Der Tratsch schlug hohe Wellen. Die einen flüsterten, die Königin habe nach einer heftigen Auseinandersetzung mit dem litauischen Hetman Michał Pac – Jans ewigem Rivalen –, der plötzlich von der französischen Linie zur österreichischen übergeschwenkt war, der Schlag getroffen; andere, wie Herr Pasek, behaupteten: »Die Königin Ludovica, eine halsstarrige und zäh ihre Pläne verfolgende Frau, mußte einsehen, daß ihre Sache nicht so lief, wie sie es sich in electione des Franzosen erhofft hatte. Sie hatte große Summen dafür aufgewendet, ihren Schatz geplündert, ihre Gesundheit bei jenen Mühen und Turbationen erschüttert, da sie Tag und Nacht hinter einem Gitter des Senatorensaales saß, um zuzusehen und zuzuhören, wie die sich verhielten, die ihren Mund für die Durchsetzung einer Intrige verdingt hatten. Da verfiel sie in bösen Kummer, erkrankte irgendwie am ersten Fastensonntag, überlebte Ostern gerade noch, und dann starb sie.«[161]

Schon zu Lebzeiten Ludwika Marias waren Pamphlete kursiert. Jetzt schossen sie neben vielen panegyrischen lobhudelnden Nachrufen mit erneuter Kraft aus den erbosten Seelen der polnischen Herren Brüder Szlachta hervor. Wie etwa in jener Gebetstravestie, wo das »Gegrüßet seist Du Maria« in das Gegenteil verkehrt wurde:

»Ungegrüßet seist du, Ludwika französische Maria
in Polen der Gnaden nicht voll, du höllische Harpye.
Der Teufel ist mit dir ... unter den Polen,
die Frucht deines Leibes sei nicht mit uns
gebenedeit sei der Köter deines Leibes ...« usw.

Über 80 Verse lang ging diese Litanei immer so fort, um dann zu schließen:
»Und wir alle sagen in der Stunde deines Todes:
Satan, nimm zu deinem Ruhm, was dein ist!«[162]

Ludwika Maria, zweifellos eine kluge und energische Frau, hatte nur einmal die Liebe und Bewunderung ihrer polnischen Untertanen für sich buchen können: damals, als sie bei der Belagerung Pragas durch die Schweden und Brandenburger spontan ihre Kutschpferde hatte ausspannen und vor die Kanonen spannen lassen und selbst die Kanonade kommandiert hatte. Das war eine Geste nach dem Herzen der Polen gewesen. Alles andere, was sie, die mit klarem und abendländisch geschultem Blick sah, wohin das Chaos führte, unternahm, um diesem Chaos Einhalt zu gebieten und dem Staat durch eine geregelte Thronfolge und eine starke, womöglich sogar absolutistische Monarchie ein stützendes Korsett anzulegen, hatte ihr nur den abgrundtiefen Haß der in ihre »goldene Freiheit« vernarrte Szlachta eingebracht. Was Jan in jenem Augenblick empfand, als er vom Tod seiner Gönnerin und politischen Verführerin erfuhr, hat er nicht verraten. Vielleicht hob sich seine Brust, vielleicht atmete er erleichtert auf, vielleicht spürte er zum ersten Mal seit Jahren, wie sich der umklammernde Griff lockerte, vielleicht begann er zu hoffen, einmal diesen verhängnisvollen Fängen zu entkommen, diese ihn umgarnenden Fäden zu zerreißen.
Doch noch saß er eingeschnürt, umstrickt und umwunden vom Gespinst der Intrigen des Hofes in Warschau und dem in Paris. Und noch immer war er eingekocht in den bittersüßen Konfitüren seiner Marysieńka.
Aber auch hier geschah etwas, daß er allmählich aus dem

Honigseim der ihn völlig blindmachenden Liebe wieder an das nüchterne Tageslicht der Realität emporsteigen konnte.

Marysieńka hatte schon immer schlecht Schwangerschaften vertragen. Die Ärzte in Warschau hatten ihr nicht viel helfen können, auch nicht während ihrer vielen Krankheiten in der letzten Zeit. Nun wollte sie bei Pariser Ärzten Hilfe und Heilung suchen und unter deren Betreuung ihr Kind zur Welt bringen.

Jan wagte nicht, seiner Frau diesen Wunsch abzuschlagen, sah er doch ihren schönen Augen an, daß sie mit allen Fasern ihres Seins von ihm weg und nach Frankreich hinstrebte. Schweren Herzens ließ er sie ziehen. Wohl ausgerüstet mit Geld und einem Gefolge von vierzig Personen. Er wußte nicht, ob es ein Abschied für immer sein würde.

In tiefster Verzweiflung blieb er allein zurück – und fand endlich zu sich selbst.

DRITTER TEIL

Der Löwe von Lechistan

I

Melancholie

Die Abreise Marysieńkas hatte Jan in die schwärzeste Melancholie gestürzt. Ununterbrochen grübelte er darüber nach, was wohl die Ursache dafür sein könnte, daß sie ihn nicht mehr so liebte wie früher. Er ließ alle Stationen ihrer seltenen Begegnungen an sich vorüberziehen, erinnerte sich an die geringfügigsten Vorkommnisse und suchte die Schuld bei sich.

Nur drei Tage nach ihrer Abreise schreibt er an sie: »Einzige Freude der Seele und des Herzens, allerschönste Marysieńka, du meine erste und letzte Liebe auf dieser Welt! Als ich mich vom Herrn meines Herzens trennte, als ich von meiner Seele Abschied nahm, mich losreißend von der meilleur partie de moi même, blieb bei mir nichts anderes zurück, als Schatten und Finsternis voller Melancholie, voll der Klagen, des Kummers und der Imagination schrecklichster Dinge.«[163] Sie mußte ihm wohl zum Abschied irgendeine schockierende Nachricht haben zukommen lassen, denn er macht ihr Vorwürfe und fragt, wie sie es wagen könne, von derlei Dingen zu schreiben, wo sie doch wisse, in welch großer Bekümmernis er sich befinde. Wahrscheinlich hatte sie ihm irgendeine Liebschaft unterstellt, denn er beruft sich wiederum darauf, daß er niemals geheiratet hätte, falls er sie nicht errungen hätte. Dennoch sei seine Liebe jetzt stets voll der Angst, denn er spüre, daß sie ihn nicht mehr so liebe. Und für ihn, der »noch nicht sehr alt und von Natur nicht sehr kalt« sei, wäre der Verzicht, »diese Sache nicht zu machen«, sehr schwer, dennoch würde er es um Gottes und ihrer Liebe willen auf sich nehmen.

Wie in allen seinen Briefen schreibt Jan in einem Atemzug von seiner Liebe, seinen Leiden und den hochpolitischen Sachen im Reiche, sei es am Königshofe, sei es bei der Armee. Und mitten zwischen allen Lamentos finden sich so treffende Schilderungen

der Zustände in Polen und so scharfsichtige Erkenntnisse bestimmter Mängel, daß man daraus am besten die Persönlichkeit Sobieskis verstehen lernt.
So zum Beispiel sein Seufzer: »Sagen Sie also bitte dem M. l'Ambassadeur, wie schwer es ist, in Polen Hetman zu sein, wenn man nur ein unbesoldetes, nacktes und hungriges Heer zur Verfügung gestellt bekommt. Ich weiß nicht, wie das hier leben soll im Lager, und wie es sich schlagen soll, wenn weder Waffen noch Brot, noch irgendeine Sache der Welt hier ist.«
Der nächste Satz macht einen Sprung bis nach Oldenburg: Dort soll Marysieńka sieben graue Apfelschimmel kaufen und ihm schicken. Die Geldabwicklung, vor allem für die Getreidelieferung von den Sobieskischen Gütern, erfolgt über das Bankhaus Formont in Danzig; sie soll ja nicht vergessen, ihm Orangenbäumchen und Jasminsträucher mit den Schuten, natürlich auch seinen bevorzugten Rheinwein, schicken zu lassen. Das Kleine – noch nicht Geborene – läßt er grüßen![164]
Man kann nur staunen, an was alles der Herr Feldhetman zu denken hatte – und auch dachte.
Kein Wunder, daß er ständig an Kopfweh litt. Seit seinen schweren Kopfverletzungen plagten ihn diese Schmerzen oft bis zur Unerträglichkeit. Am schlimmsten war es, wenn er sich keine Ruhe und Entspannung gönnen konnte. Und in diesen unruhigen Zeiten war daran nicht zu denken. Von gefangenen Tataren hatte er herausbekommen, daß die Krimtataren zum Angriff auf Polen rüsten.
Sobieski weist auf diese Gefahr hin, aber in Warschau schenkt man ihm kein Gehör. Außerdem sieht es so aus, als ob auch wegen der Königswahl von französischer Seite wieder neue Vorstöße vorbereitet würden. Zudem blühten Tratsch und Klatsch wie eh und je. Man sagt dem französischen Botschafter nach, daß er nur wegen zweierlei in Polen weile: um die Wahl des französischen Kandidaten vorzubereiten und um allen polnischen Herren Hörner aufzusetzen. Auch Marysieńka war ins Gerede gekommen, was Sobieski sehr ärgerte und eifersüchtig machte.[165]
Seine Tage beginnen stets früh um sechs und enden nachts um zwölf. »Schweres Leid und bittere Tränen lassen es nicht zu, daß

ich Dir weiter schreibe. Lebe dort, mein einziges einstiges Herz, in Gesundheit, Glück und aller Zufriedenheit, da es nicht anders sein konnte, als daß sich der unglückselige Sylvandre so schnell bei seiner geliebtesten Astrée unbeliebt gemacht hat, und möge ich, nachdem ich alle diese schwersten Qualen ausgelitten habe, wenigstens mit diesem Ruhme für die Nachwelt sterben, daß ich le plus passioné amant et le plus fidèle et le plus amoureux mari war.«[166]

Zusätzlich machen ihm die »plotki«, das Getratsche, aus Warschau zu schaffen. Da ist allen voran der König selbst, der belustigt erzählt, Sobieski habe seine Frau verprügelt, weil er sie händchenhaltend mit einem jungen Mann ertappt habe; daß die Sobieskis bis Mittag schlafen; daß sie erst um drei Uhr zu Mittag essen und Nachtmahl um Mitternacht; daß sie keine Soldaten vorlassen; daß sie ihnen nichts zu essen und zu trinken geben und so weiter.

In seinem Brief vom 17. Juni spricht Sobieski auch zum ersten Male die Namen aus, die das Kind tragen soll, das ihm »sein bezauberndes Mädchen, so Gott will, gebären wird: Jakubek oder Tereska«. Er nennt sie schon zärtlich mit dem Diminuitiv. Es sei ihm ganz gleich, was komme, Hauptsache, sie seien gesund.

Aber natürlich ist Jan vor allem in Sorge um die schwangere Marysieńka, die »so zart, so delikat und in anderen Umständen mit dieser Last auf eine so weite Reise geht«.[167]

Während er sich um Marysieńka und »den armen Gefangenen«, nämlich das Kind im Mutterleib, sorgt, geht es ihm selbst elend. »Ich schlafe niemals mehr als drei Stunden, und obwohl ich im Bett liege, kann ich kein Auge schließen; und zwar wegen der grausamen Gedanken, die mich so plagen, daß beinahe blutiger Schweiß aus mir hervorbricht. Wenn es nicht so ist, so soll ich der größte Lügner der Welt sein. Auch quält mich Husten, der mich fast erstickt.«

Um »diese so schrecklichen und langen Nächte zu durchstehen«, bittet er Marysieńka, ihm Farben zum Malen zu schicken.[168] Er wird vergeblich darum bitten, Jan hatte dieses »Hobby« aus seiner Jugendzeit wieder aufgenommen. Leider ist keine einzige Zeichnung, kein einziges Bild von ihm erhalten.

Inzwischen wurde die Situation an der Südostgrenze immer bedrohlicher. Der Sultan hatte Jan Kazimierz ein Ultimatum gestellt: entweder gebe es Krieg mit Türken, Tataren, Kosaken, Ungarn, Walachen und Moldauern oder es müßte der Friede von Andruszów mit Moskau gebrochen werden.
In Warschau nahm man diese Drohung nicht so ernst. Im Gegenteil, es wurde sogar vom Sejm beschlossen, das Heer zu verringern. »Wer immer von Fremden nach Polen kommt, sagt, die Polen seien verrückt, in solcher Zeit, wo man es verdreifachen müßte, das Heer zu verringern«, schreibt Sobieski am 17. August an Marysieńka, und am 19. August fügt er in einem kurzen Brief hinzu: »Vom Hof schreibt man mir, daß sie mit dem Moskauer Zaren den Vertrag nicht brechen wollen. Wir werden also bestimmt durch die Türken vernichtet werden, und unsere Besitzungen sind völlig unsicher geworden... Bestimmt gibt es Krieg mit den Türken.« Die Ehre verbietet es ihm, sich jetzt von hier wegzurühren. Nicht einmal am feierlichen Begräbnis Ludwika Marias, das am 22. September 1667 stattfand, konnte er teilnehmen.[169] Mitten in die Kriegsvorbereitungen – Jan Sobieski hatte nur unter Einsatz seiner ganzen Persönlichkeit die völlige Auflösung des Heeres verhindern können – platzte die Nachricht von der schweren und gefährlichen Erkrankung Marysieńkas. Jan wird fast verrückt vor Angst und Aufregung. Der kleine Finger an der linken Hand ist plötzlich gelähmt, und am Abend dieses Tages ist er selbst dem Tode nahe. Zwei Wochen lang war er so krank, daß man fast die Hoffnung aufzugeben begann.
Am 15. September 1667 schreibt ihr Jan bereits aus dem Lager vor Podhajce. Obwohl noch nicht ganz zu sich gekommen, mußte er sich hierher begeben, da der Feind mit seiner ganzen Macht gegen das polnische Heer vorrückte. Jan hatte, da er nur eine sehr geringe Streitmacht beisammen hatte, diese aufgeteilt und alle Festungen der Grenze entlang besetzen lassen, was den Feind verwirren sollte. Er selbst wollte sich mit einem kleinen Heer nach Kamieniec begeben. Ohne Offiziere, ohne andere höhere Befehlshaber, die alle zum Begräbnis nach Krakau oder nach Hause gefahren oder geritten waren, stand Sobieski da und hatte alle Last auf seinen

Schultern. Dabei war kein Geld für Sold und Verpflegung vorhanden, der König irgendwo weit weg; alle ließen die Hände ruhen wie im tiefsten Frieden.
In diesem Brief erfährt man aber auch, daß ein Armenier aus Konstantinopel zurückgekehrt war, der Jan türkischen Kaffee mitbrachte, »so irgendeinen«. Rund sechzehn Jahre vor dem Entsatz Wiens schlürfte also Jan bereits seinen türkischen Kaffee! Von Lemberg aus begab sich Sobieski mit dreitausend Soldaten in das Lager vor Kamieniec Podolski und erwartete hier den Angriff der Tataren unter Krim Girej und der Kosaken unter dem Hetman Piotr Doroszeńko, der von Polen abgefallen war. Sein Plan, die wenigen Streitkräfte, die ihm zur Verfügung standen, nicht an einem Ort zusammenzuziehen, sondern in weit gefächerter Linie über das Land zu verteilen, verwirrte den Feind, der ursprünglich vorhatte, gegen die Hauptmacht der Polen vorzugehen und dann erst über das ganze Land auszuschwärmen und die Tatarenhorden bis zur Weichsel vordringen zu lassen.
Über alle diese Truppenbewegungen und seine eigenen strategischen Pläne berichtet Celadon ausführlichst seiner Astrée, als ob er ihr selbst über seine Feldzugspläne Rechenschaft ablegen müßte – er nennt sie zu jener Zeit bereits seinen »Herrn«. Sobieski ist sich bewußt, daß es geradezu lächerlich ist, »mit solch einem kleinen Heer ein so großes und offen daliegendes Land« verteidigen zu wollen. Immerhin, er versucht es und zerbricht sich den ewig schmerzenden Kopf, wie dies am besten zu tun sei. In Kamieniec befindet sich ein Bild »der Allerheiligsten Jungfrau von Tyniec, wundertätig und sehr berühmt«, vor dem er an diesem Tage – es ist der 21. September 1667 – inbrünstig betet. Unmittelbar, nur nach einem Gedankenstrich, fügt er hinzu: »Celadon würde sich gern in einen Floh verwandeln, nicht um seine Wohltäterin wie jener zu inkommodieren, sondern nur daß er zumindest ihr so entzückendes und so überaus zartes Körperchen berühren könnte.«[170]
Das ist der Feldhetman Sobieski, knapp vierzehn Tage vor der Schlacht, die ihn mit einem Schlag berühmt machen wird. Noch ist es nicht soweit. »Der Feind steht schon seit drei Tagen mit seiner ganzen Streitmacht vor Zbaraż, nur zwei Meilen entfernt von

Tarnopol. Von dort kann er nur entweder auf mich zukommen, was ich mir sehr wünschen würde, oder direkt auf Lemberg, was mir sehr ungelegen käme, denn dann müßte ich ihm, mein gutes Lager hier verlassend, mit einer kleinen Handvoll Leuten folgen. Unsere Besitzungen werden alle in Asche gelegt, denn sie beginnen schon zu brennen. Das (allgemeine Aufgebot) sitzt zu Hause, und keiner denkt an irgendetwas. So hat Gott uns gestraft, daß man sogar all das nicht glauben will. Vom Hof darüber, was weiterhin geschehen soll, kein Sterbenswörtchen. Sie sind zufrieden, daß sie mich, den Unschuldigen, in das alles verwickelt haben und alles auf mich abwälzen können.«[171]

Den Feind schon beinahe vor Augen, schreibt Jan in großer Eile noch einen Bericht für seine Marysieńka aus dem Lager bei Podhajce: »Der Sultan (Krim Girej) und der Zaporoger Hetman (Doroszeńko) haben ihre Absicht geändert und sind statt auf Kamieniec, wo ich sie erwartete und wo sie mich durch täuschende Nachrichten hinhielten, direkt auf Tarnopol losmarschiert. Dort hielten sie sich nur einen Tag auf und gingen dann auf unser Zborów los, das sie im Sturme nahmen, denn dort war keine Führung, sie haben alles bis auf den Grund niedergemacht und niedergebrannt. Und zwar wegen des Starrsinns der Bauern, die sich nicht in die Festung von Złoczów zurückziehen wollten. Zum Unglück waren dort auch noch die Flüchtlinge aus zwei anderen Städtchen, auch sind alle umliegenden Dörfer total vernichtet worden. Von dort zogen sie gegen unser zweites Städtchen Pomorzany und belagern es schon seit drei Tagen; als ich davon erfuhr, bin ich sofort von Kamieniec aufgebrochen und kam durch Gottes wunderbare Gnade so hierher, daß der Feind bisher noch nichts von mir weiß, obwohl ich nur vier Meilen entfernt von ihm bin.«

Am 4. Oktober rückten Krim Girej und Doroszeńko gegen das befestigte Lager von Podhajce vor. Es war für Sobieski ein günstiger Platz, im Norden und Westen durch dichte Wälder geschützt, im Osten durch Sümpfe und Teiche kaum zugänglich, nur im Norden offen, doch dort hatte Jan Schanzen ausheben lassen und Artillerie sowie Infanterie postiert.

Als die feindlichen Heere anrückten, trafen sie auf die Infanterie und Geschütze, die auf den zwei halbmondförmigen Schanzen vom ruthenischen Wojewoden Stanisław Jabłonowski, mit dem sich Sobieski gerade in der letzten Zeit ganz besonders angefreundet hatte, befehligt wurden. Die ganze Reiterei und die restliche Infanterie waren dahinter postiert, bereit zum Angriff, falls es den in zwei Gruppen angreifenden Feinden gelingen sollte, die ersten Schanzen zu überwinden.

Als erster griff Krim Girej an. Sobieski schickte ihm dreizehn Kavalleriefähnlein entgegen. Die Tataren konnten sich auf dem engen Raume nicht richtig entfalten und somit nicht ihre zahlenmäßige Überlegenheit ausnützen, so daß die Polen ihre Positionen behaupten konnten.

Bald danach rückte Doroszeńko vor, den Sobieski mit 300 bis 400 Reitern ebenfalls zum Stehen brachte. Nur wenige Minuten konnten sie sich halten. In dem Augenblick jedoch bemerkte Sobieski, daß bei den Tataren der Druck nachließ, und sofort warf er die dort nun entbehrlichen Reiter hinüber gegen die Kosaken, genau im richtigen Augenblick. Die Tataren, von der Infanterie und dem Artilleriefeuer stark dezimiert, wandten sich zur Flucht. Nun schickte Jan auch noch die letzten Reiter, Bauern und Soldaten, gegen die Kosaken und bedrängte sie von allen Seiten, so daß auch sie Fersengeld gaben.

Die Schlacht war zu Ende, ein bedeutender Sieg erfochten. Doch nun begann der Feind die Belagerung und schnitt die Lebensmittelzufuhr ab. Sobieski und seine Leute ließen sich jedoch immer etwas Neues einfallen, um Unruhe unter den Angreifern zu stiften. Nachts wurden Fallen ausgehoben und brennende Teerfässer in die Linen der Belagerer geworfen. Und als der Kampfgeist bei den Eingeschlossenen nachzulassen begann, griff Jan zu einer List: Er ließ in der Nacht vor das Lager der Tataren einen Leichnam werfen, der bei sich fingierte Briefe von Dymitr Wiśniowiecki führte, der dazu riet, die Kosaken mit Nachsicht zu behandeln, da sie bereit wären, wieder mit den Polen zu verhandeln. Die Tataren fanden am Morgen den Leichnam, lasen die Briefe und begannen, mißtrauisch gegen die Kosaken zu werden.

Es kam am 17. Oktober bei Podhajce zur Unterzeichnung eines Friedenstraktates; danach sollte der Tatarenchan, statt daß er wie bisher »Geschenke von Polen erhielt«, nun ein »Feind aller Feinde des polnischen Königs« sein und der Rzeczpospolita seine Truppen zur Verfügung stellen sowie sich nicht mehr in die Angelegenheiten der Ukraine einmischen. Doroszeńko aber sollte wieder unter die polnische Herrschaft zurückkehren. Also ein für Polen sehr günstiger Vertrag, wenn man die schwache Position bedenkt, in der sich Sobieski befunden hatte. »Alles ist durch Gottes Gnade gut gegangen«, berichtet auch Jan am 21. Oktober 1667 aus dem Lager von Podhajce seiner Marysieńka nach Paris. »Wir haben so viele Gefangene gemacht wie noch niemals, so lange Polen Polen ist. Zum Schluß kam es zu einem Frieden, wie er nicht besser hätte sein können ... Die Rzeczpospolita, meine ich, kann Sylvandre dankbar sein, daß er das zustande brachte.«

Gewiß, es klingt so etwas wie Stolz aus diesen Zeilen. Dabei begann der Brief keineswegs mit dieser stolzen Siegesmeldung, sondern sehr typisch für Celadon mit wehmütigen Klagen: »Siebzehn Tage konnte ich mich bei Ihnen, mein Herz, mit keinem Gruße melden; und zwar deswegen, weil ich mich so viele Tage unter der Belagerung von Tataren und Kosaken befand; doch da mich Gott daraus befreit hat, so teile ich sofort in dieser Stunde Ihnen, mein Herz, mit, daß mir die Belagerung nichts als Trauer und Melancholie einbrachte, die ich immer im Herzen trage par l'absence de mon Astrée, trotz der vielen glücklichen Schlachten, und selbst am Schluß der Friede avec un grand avantage de la République bereitete mir kein bißchen Freude oder Fröhlichkeit, weil es diese für mich auf der Welt nicht gibt, wenn ich nicht das sehe, was mein Leben ist, woran mein Herz und alle Gedanken hängen.«[172]

Dennoch weist er mannhaft das Ansinnen Marysieńkas zurück, den Winter über zu ihr nach Paris zu kommen und im Frühling nach Polen zurückzukehren. »Das sind ganz unmögliche Sachen, mein Mädchen! Man muß sich hier schon für eines entscheiden: entweder alles hier hinschmeißen oder aber nicht daran denken, dort zu sein. Ich habe doch schon so viele Male geschrieben und um

Die Festung Kamieniec Podolski

eine Deklaration meines Herzens gebeten. Obzwar der Friede geschlossen wurde, muß man doch an einen türkischen Krieg im Frühling denken; wenn ich hier nicht alles hinwerfe, muß ich zum Sejm, was ungeheuer viel kosten wird, da es das erste Mal sein wird, um sich zu zeigen.«[173] Nämlich als siegreicher Feldherr, der entsprechend auftreten mußte.

Dabei stand es um die Finanzen schlecht. Alle Güter waren verwüstet, sogar das Getreide und Heu verbrannt, die Dörfer wie ausgestorben, das Vieh abgeschlachtet. Es war also mit keinerlei Einnahmen aus der Landwirtschaft zu rechnen. Ein Glück, daß in der nächsten Zeit mit Geldern aus Moskau zu rechnen war, denn den polnischen Magnaten wurden in gutem Geld für die Ländereien, die durch den Frieden von Andruszów an Moskau gefallen waren, Entschädigungen gezahlt. Dazu gehörte auch Sobieski. Das war wenigstens ein Hoffnungsschimmer an Jans düsterem Finanzhimmel. Es mußte ihm daher wie ein Hohn vorkommen, daß der König, Jan Kazimierz, ihm mehrmals in Briefen nahelegte, Kamieniec Podolski auf eigene Kosten befestigen zu lassen. Bitter beklagt er sich bei Marysieńka: »Nach alter Weise, da er mich für sehr vermögend hält, schrieb mir schon ein paarmal der König, ich möge mit meinem eigenen Geld Kamieniec fortifizieren (was mindestens dreihunderttausend kosten würde), und er gibt mir dafür sein Wort, daß er im Sejm alles dafür tun werde, daß mir die Rzeczpospolita diese Summe wieder ersetzte. Beachte, mein Herz, diese Sache: Nachdem ich mein eigenes ausgegeben habe, soll ich noch bitten und betteln, daß man es mir wieder zurückgibt und dabei angewiesen sein auf die Gnade und Meinung einiger hundert Menschen! Als ob es mir möglich wäre, Kamieniec zu fortifizieren, der ich überhaupt kein Geld mehr habe, das soll man doch

bedenken. Was ich einmal über die von mir ausgelegten Gelder angegeben und aufgeschrieben habe, um das werde ich nicht betteln. Sollen sie machen, was sie wollen, aber das kann ich nicht tun.«
Trotz des Sieges nahm die »Melancholie« nicht ab, sondern je kürzer die Tage wurden, je mehr man sich dem Winter mit Schnee, Kälte, hungernden und frierenden Soldaten näherte, desto öfter wurde Jan von ihr heimgesucht. Hinzu kam die Angst um Marysieńkas Gesundheit. Jedes Postpaket mit Briefen öffnete er »mit solcher Angst, als ob darin mein Todesurteil enthalten wäre«, gesteht er. In einem ellenlangen Brief aus dem Lager, wo er sich wie am Ende der Welt vorkommt, schreibt er der fernen Marysieńka: »Zuerst einmal, mein Mädchen, war ich von Natur aus für die Ehe so geschaffen, wie das Wasser für das Feuer: Mit einer sich zufrieden zu geben, nicht in der Woche, sondern an einem Tag, das war ganz unmöglich. Es gibt eine Menge, die heiraten und solche Angewohnheiten beibehalten und nicht aufgeben; ich jedoch, völlig über alle Erwartungen und Begriffe sämtlicher Leute auf der Welt, tat meiner Veranlagung diese Gewalt an: Aus Liebe zu Ihnen, meinem einzigen Herzen, hielt ich die Treue und halte sie noch, die ich Ihnen, meiner Seele, gelobte.« Und er fährt fort: »Tugendsam leben ein halbes Jahr lang ohne Frau, ein Mann, noch nicht sehr alt, der mitten in der Welt lebt und bei ständigen Möglichkeiten, wobei man manchmal auch trinken muß; daß dabei die Gesundheit leiden muß, kann man ja leicht merken.«[174]
Dennoch könne er jetzt unmöglich nach Paris kommen, da er dafür auch gar nicht die Erlaubnis erhalten würde angesichts der bevorstehenden Abdankung König Jan Kazimierz', es sei denn, daß er sich endgültig und ganz für Frankreich entscheiden würde.

2

Jakubek

Am 2. Dezember konnte Jan Sobieski endlich das Lager verlassen. Das Heer war in die Winterquartiere aufgeteilt worden, und so ritt auch er nach Hause. Nach Hause? Żółkiew kam ihm leer und unerträglich vor. Was sollte er allein in dem großen Schloß? Von Marysieńka kam endlich wieder einmal Post: datiert von Ende Oktober. So lange waren die Briefe unterwegs, ihm zur Qual und zur Vertiefung seiner Melancholie. Am Vorabend des Nikolaustages traf er in Żółkiew ein. Und in dem Augenblick, als er vom Pferde stieg, stürzte ein Mann auf ihn zu und übergab ihm ein Paket, das er am Vortag aus Warschau mitgebracht hatte.
»Mein Herz sagte mir und auch der Verstand, daß schlechte Neuigkeiten nicht so schnell laufen; ich riß also so rasch wie möglich das Paket auf und schaute nach dem Namen Teresa aus. Aber le bon papa hatte, um auch diese kurze Verzögerung zu verhindern, außen auf den Brief geschrieben:»Votre femme est accouchée d'un fils« (Ihre Frau ist mit einem Sohne niedergekommen) ... obwohl ich darauf vorbereitet war, Teresa zu begrüßen, nicht Jakub, so dankte ich doch dem Herrgott auch für diesen Irrtum, am meisten jedoch dafür, daß er die entzückende Mamusieńka (das Mamilein), meine einzige Liebe, mir erhalten hat und aus so schwerer Bedrängnis herausgeführt hat, bei welchem Gedanken ich selbst fast gestorben wäre. Sein heiliger Name sei gelobt in Ewigkeit.«
Nun war Jan Vater geworden. Wie feierlich klingt seine Lobpreisung Gottes dafür, daß ihm dieses Glück beschieden wurde. Und mit wie unendlich großer Zärtlichkeit er sofort von dem Kinde spricht: »Daß dieser kleine Schelm so lange seine Mamusieńka bedrängt hat, ist mir gar nicht lieb, und auch nicht, daß er ihr nicht ähnelt. Dabei hätte doch dieser kleine Verräter wissen müssen, daß

ich ihn allein schon deswegen hätte lieben müssen! Soll er aber auch so bei guter Gesundheit zur Ehre Gottes wachsen, dessen Willen, Obhut und Vorsehung wir ihn ganz anheimstellen wollen. Ich weiß nicht, wer ihm erlaubt hat, mein Zeichen an seinem Leib zu tragen, und woher er diese Kühnheit sich herausnahm.« Und dann spricht er die Hoffnung aus, daß sie einander nun bald alle wiedersehen wollen, denn diese »andauernde und tiefe Melancholie« sei nicht mehr zu ertragen. Immer wieder kehrt er zu dem kleinen Jakub mit seinen Gedanken zurück: »Alle freuen sich ganz ungeheuer. Pfarrer Solski hat ihm schon sein Horoskop zu stellen begonnen. In Lemberg dankt man in allen Kirchen dem Herrgott, denn ich habe alle Klöster und Orden von den Winterabgaben befreit. Das hochw. Fräulein Äbtissin ist ungeheuer glücklich, daß mein Mädchen sie zur Großmama gemacht hat; das hatte sie gar niemals erwartet. Sie läßt grüßen und wird selbst schreiben.«
Die gute, liebe Tante Dorota, sie, die den kleinen Jan wie eine Mutter geliebt und gehätschelt hatte, sie war nun überglücklich, daß endlich ein Erbe angekommen war – auf den sie wohl aus verschiedenen Gründen nicht mehr zu hoffen gewagt hatte, denn Jan war ja immerhin schon achtunddreißig Jahre alt. Stolz schreibt er denn auch: »Aber jetzt kannst Du Dich auch nicht mehr darauf ausreden, bei mir liegt nicht die Schuld, denn ich hatte Kinder. Jawohl, Du hattest welche, mein Mädchen, aber alle waren gelöcherte, unvollständige; jetzt aber hast Du durch Gottes Gnade eine vollkommene Frucht und noch dazu mit Eierchen.« Jans Vaterschaft schlägt hohe Wellen. Nur ein Sohn ist ein vollkommenes Exemplar. Und schon ist der von Natur aus so eifersüchtige Jan auf seinen neugeborenen Sohn eifersüchtig: »Dieser kleine Schelm soll ja, wie mir M. Chevalier schreibt, fett und groß sein. Möge Gott das so bis zu seinem Ende belassen; aber da mußtest Du Dich ja, meine Seele, in ein Nichts auflösen, als Du ihn trugst. Er soll nur nicht zu oft im Bett seiner Mamusieńka sein, damit er nicht seinen Tatuś (Papa) aus der Liebe der allerschönsten Marysieńka verdrängt.«[175] Am 2. November, dem Allerseelentag, als Jan das Lager verließ, hatte der kleine Jakub in Paris das Licht der Welt erblickt. »Wenn ich so darüber nachdenke, mein Mädchen, daß uns der

Herrgott ihn am Allerseelentag geschenkt hat, so sehe ich keinen anderen Grund dafür, als daß die Seelchen, die Du, mein Herz, durch häufige Opferspenden aus dem Fegefeuer befreit und zur himmlischen Freude erlöst hast, ihn für uns vom Herrgott erbeten haben.«[176]
Schwer liegt es natürlich dem frommen Jan auf Herz und Seele, daß er so weit von seinem Sohne entfernt ist und nicht einmal weiß, ob er schon getauft ist, und wenn, wie dann die Zeremonie verlaufen ist. Denn eine Kindstaufe war in Polen immer eine große und heilige Angelegenheit, ein großes Familienfest. Bei seines eigenen ersten Kindes Taufe konnte er nun nicht einmal selbst dabei sein. Mußte man da nicht melancholisch werden? Zumal man sich noch dazu höchst sündhaft und verworfen vorkam, da die Schildwacht ungehorsam war und im Traume Sachen machte, die sehr zu verwerfen waren.
Gegen Ende des Jahres dürfte Jan in Żółkiew einen Brief Marysieńkas erhalten haben, typisch für sie, unzufrieden, nörgelnd, diesmal wegen des Namens. Jan antwortete am 30. Dezember: »Wegen des Namens unseres Jungen habe ich schon längst geschrieben, daß er in Polen Jakub heißen soll, einen zweiten soll er für jene Länder haben, so wie Sie es möchten; wahrscheinlich wird es Louis sein. Ich weiß nicht, warum der Name Jakub nicht schön sein soll: sogar das Gold ist gut und schön in England, aus dem man die Jakobusse (Goldmünzen) macht. Und außerdem war es der Name meines Vaters, das ist so Sitte bei uns in Polen; auch nennen ihn hier alle schon so.« Endlich ist er wieder zugegen: Vater Jakub. Plötzlich ist für Jan, den so lange Zeit »verlorenen Sohn«, wieder die Kindheit, die Jugend, das Zuhause, die Familie lebendig. Man spürt es aus jedem Briefe, wenn er Marysieńka gute Ratschläge zur Pflege und Aufziehung des Kindes gibt, wenn er von altem Aberglauben spricht – wie nah ist da wieder all das Ammen- und Alt-Weibergeschwätz aus Żółkiew und Olesko! Als Marysieńka während der Schwangerschaft klagt, daß aus ihrer rechten Brust Milch rinnt, weiß er sie sofort zu trösten: »Hier sagen alle, daß das ein Zeichen für einen Buben ist.«
Daß Jakub mit knapp zwei Monaten bereits ein »Papperl« zu

essen beginnt, sei sehr gut. Aber man hätte ihm sofort nach der Geburt ein bißchen Wein in den Mund einflößen sollen, damit er groß, stark und ausdauernd in der Arbeit werde. »Ich weiß nicht, warum Du Dich um das kleine Närrchen sorgst. Wenn er nur so schlimm wird wie sein Vater, dann wäre es schon überaus gut.«[177] Zum Dank für die glückliche Geburt seines Sohnes stiftete Jan eine kostbare silberne Lampe, die ewig vor dem Gnadenbild der Muttergottes in Tschenstochau brennen sollte.

Das neue Jahr brach an, 1668. Was würde es bringen? Jan saß allein und in tiefste Melancholie versunken in Żółkiew. Von Marysieńka war keine Post gekommen, auch nicht die Malfarben, auch nicht die Nachtmütze, um die er schon so oft gebeten hatte, für seinen armen schmerzenden Kopf.

Am Dreikönigstag schrieb Jan einen sehr langen Brief an Marysieńka und zog gleichsam Bilanz über sein Leben, das er nun schon drei Jahre lang als Ehemann, doch ohne Ehefrau an seiner Seite, führte. Kaum ein halbes Jahr waren sie insgesamt zusammen gewesen. Zum neuen Jahr wünscht er ihr, worum er auch den Herrgott aus ganzer Seele bitte, daß es ihr alle Freuden, die es nur gibt, bescheren und daß sie vor allem zu ihrer früheren Gesundheit zurückkehren möge, die ja »das Fundament allen Glückes und allen Segens« sei. Und für sich selbst erbittet er, daß sie ihn wieder so zu lieben vermöchte wie früher und daß er sie niemals in irgend etwas kränken möge. Er fühlt es auch, daß es für sie schwer sein werde, wieder nach Polen zurückzukehren, aber hier in Polen jetzt alles aufzugeben und die Güter für schlechtes Geld zu verschleudern, sei auch nicht einfach und müsse gut bedacht werden, zumal sie jetzt einen Erben haben. Und wohin sollte man sich wohl wenden, wenn man hier alles aufgibt? Denn hier in Polen zu wohnen, ist unmöglich. In diesem Chaos muß man untergehen. Man ziehe ja geradezu einen türkischen Krieg auf sich herab. Man lebe hier in beständiger Angst, Unruhe, Streit und Kränkung. Wenn man hingegen, wie gesagt, hier alle Güter aufgäbe, hätte kein Mensch mehr vor ihnen Respekt. »Das Unglück Herrn Lubomirskis war mein viel größeres Unglück, denn ich habe dadurch alles verloren.« Und er spricht es nun ganz offen aus: »Mich konnte kein größeres

Unglück auf Erden treffen, als daß ich diese beiden Chargen (Ämter) angenommen habe. Denn zuerst einmal habe ich mir dadurch die Gesundheit untergraben, mein ganzes Vermögen ruiniert und auf der Welt nichts Gutes, sondern nur Ärger genossen. Mindestens ein Drittel meines Lebens habe ich dadurch eingebüßt; was aber das Wichtigste und Schlimmste ist, ich habe dadurch so viel Zeit verloren, mich an Deiner Schönheit, mein Herz, und an dem Geschenk, das mir der Herrgott so unverhofft bescherte, zu erfreuen.«

Es seien hier in Polen auch noch so viele Angelegenheiten im Laufen – wie zum Beispiel die Abwicklung der Entschädigung für die Besitzungen jenseits des Dnjepr, die an Moskau gefallen sind, der bevorstehende Türkenkrieg, die Abdankung des Königs, eine neue Königswahl – so daß man hier nicht alles Hals über Kopf stehen und liegen lassen könne.

»Eines ist nur sicher, wenn ich bei diesen Ämtern weiterhin verbleibe, habe ich nicht länger als drei, vier Jahre zu leben. Denn man kann sich das überhaupt nicht vorstellen, was hier mit mir vorgeht.« Er erinnert an jene Tage Ende Dezember 1666, als plötzlich Tataren ins Land eingefallen waren, während sich Marysieńka bei ihm in Żółkiew aufhielt und in ernste Gefahr geriet. So gehe es jetzt aber tagtäglich zu. Ihm fallen schon bald die Augen aus dem Kopfe, den ganzen Tag Briefe lesend, diktierend und unterzeichnend; vier Schreiber sind ständig für ihn tätig und kommen mit dem Pensum kaum nach. Dazu die vielen finanziellen Sorgen um die Winter»brote« für die Armee, die »Geschenke« für den Tatarenchan, wie es im Frieden von Podhajce ausgemacht war, alles müsse er aus der eigenen Tasche auslegen, erst im April soll er es vom Sejm zurückerstattet bekommen. »Bedenke, mein Herz, ob unser Vermögen dazu ausreichen kann, wozu die ganze Rzeczpospolita und der Schatz des Königs nicht ausreichen, obwohl es doch deren Verpflichtung wäre, nicht meine, für die Kosten Polens aufzukommen! Deshalb kann ich auch überhaupt nicht mehr schlafen, und diesen Brief schreibe ich auch drei Stunden vor Tag; ich weiß nicht, ob jetzt vielleicht die Emulsion beim Einschlafen helfen wird. Ich leide wieder an einem unerhört schweren Ka-

tarrh, denn mein Kopf kommt gar nicht mehr zum Ausruhen. Ich glaube, die würden mich nicht einmal in Ruhe sterben lassen.«
Weder Nachtmütze, noch Farben, noch Tulpenzwiebeln seien eingetroffen. Er wage auch gar nicht mehr, sie deswegen zu belästigen, sie werde ihn wohl bald ganz vergessen haben.
»Von unserem Jungen schreib mir bitte, mein Mädchen, ob er wächst und wie er sich entwickelt und ob die Amme gut ist; daß er ihr Haare ausreißt, freut mich ungeheuer, denn ich war auch so, wie mir meine Amme in Złoczów erzählt. Und Du schreibst mir gar nichts darüber, meine Seele, ob Du ihn liebst, und ob mehr oder weniger als die verstorbene Kasieńka. Mir scheint, daß Sie ihn nicht sehr lieben, da Sie ihn nicht zu sich ins Bett bringen ließen, sondern erst zu ihm gingen, als Sie bereits wieder aufstanden. Ich sehe schon, er wird solch ein Glück haben wie sein Vater, und wahrscheinlich ist er deshalb so ungeliebt, weil er ihm ähnelt. Wie auch immer, obwohl unsere Mamusieńka auf uns böse ist, küsse ich ihr dennoch zum neuen Jahr die Füßchen und alle Schönheiten ihres Körpers millionenmal, als meiner geliebten Wohltäterin.«[178]
Armer Jan, armer kleiner Jakub. Beinahe hellsichtig sieht der Vater des noch nicht einmal ein Vierteljahr zählenden Sohnes hier eine Tragödie heranreifen. Und wie bitter, jetzt, wo er eine eigene Familie hat, wo er sich doch endlich geborgen fühlen müßte in den Armen einer geliebten Frau, gerade jetzt wieder die Erinnerung, daß er ein ungeliebtes Kind war und daß sein Erstgeborener ebenfalls ein ungeliebtes Kind ist, was ihm ein Leben lang zu schaffen machen wird wie ihm selbst.
Und wieder die schmerzende Erkenntnis, immer nur zweiter zu sein. Auch bei Marysieńka war er ja der zweite, und sein kleiner Jakubek war auch nicht der erste, die kleine Kasieńka, das verstorbene Töchterchen aus der Zamoyski-Ehe, stand zwischen der Mutter und dem neugeborenen Sohn.
Leider sind Marysieńkas Briefe und Antworten nicht erhalten. Aber aus Jans Briefen ersieht man, daß auch sie Ärger und Enttäuschungen am Hofe zu Paris, dem sie gleichsam hypnotisierenden »Palais enchanté«, zu schlucken bekam, denn Sobieski

schreibt von der »großen Undankbarkeit« für alle die geleisteten Dienste und die Unfreundlichkeit, die Marysieńka dort erfährt. Momentan hat jedoch Jan auf seinen eigenen König, Jan Kazimierz, und dessen neue Favoritin, die »Ägypterin«, wie sie die Frau des Kämmerers Denhoff (Dönhoff) in ihrer Geheimsprache nennen, eine unwahrscheinliche »rage«, also Wut. Ihm ist zu Ohren gekommen, daß man hinter seinem Rücken bereits Dymitr Wiśniowiecki die »kleine buława«, also den »kleinen« Feldherrnstab, den des Feldhetmans, übergeben habe, den er, Jan, jedoch noch innehat. Folge davon kann nur sein, daß man ihm während des Sejm die »große buława«, also den großen Feldherrnstab des Krongroßhetmans, anbieten werde. Allerdings munkelt man, daß man ihm durch verschiedene Auflagen diesen werde zu verekeln versuchen, denn es sei nicht unbedingt der Wunsch des Königs, Sobieski zum Krongroßmarschallstab nun auch noch den des Krongroßhetmans anzuvertrauen, denn dann läge faktisch zu viel Macht in einer Hand. Obwohl Jan ächzt und stöhnt und die »unglückselige Warschauer Reise« verwünscht, macht er sich Anfang Februar auf den Weg, wird aber in Lemberg krank, bekommt hohes Fieber und Durchfall. Der Held von Podhajce ist also weder physisch noch psychisch ein Herkules, sondern im höchsten Maße anfällig. Wie sein Vater Jakub und Großvater Marek beginnt er, sehr korpulent zu werden. Er kehrt wieder um und kuriert sich in Żółkiew aus, empfängt aber auch Abgesandte der Tataren. Außerdem überwacht er die Fertigstellung seiner Kutsche für den Einzug in Warschau, und das ist offensichtlich im Augenblick die einzige Freude, die er hat.
Am 1. März zieht er unter dem Jubel der Bevölkerung wie ein Triumphator ein. Der Held von Podhajce ist zugleich ein guter Regisseur. Die Inszenierung hat großartig geklappt.
»Beinahe ganz Warschau kam mir schon entgegengefahren, die Senatoren, die Botschafter. Es waren einige tausend Menschen. Man sagt, daß noch kein Hetman so eingezogen ist. Alle Damen haben aus den verschiedenen Häusern zugesehen, eine ungeheure Menschenmenge, wie zu einem spectacle. Mit wehenden Fahnen gingen meine Leute und meine Garde bis zum Schloß, und dann

zogen sie durch das Schloß, alle in sehr schönen Monturen.« Schon Mitte Dezember hatte er Marysieńka mitgeteilt, wie seine Begleitung beim Einzug in Warschau aussehen würde: »60 Gardisten in blauen Silbertressen, 250 Dragoner, 100 ungarische Haiducken, 100 Janitscharen, 100 Tataren, 100 Walachen, diese werden hinter der Kutsche gehen; vor der Kutsche hingegen eine unbestimmte Anzahl von Husaren, Gepanzerte, Offiziere, sowohl polnische als auch ausländische, tausend Pagen, Knappen und Burschen«.[179] Aber Sobieski wäre nicht Sobieski, wenn er nicht sofort stöhnte: »Man muß die aber auch alle ernähren, außerdem Verpflegungsgeld geben. Der Gesellschaft, die zu Tische kommt, außerdem für ihr Gesinde und für die Pferde je vierzig Złoty (anderen fünfzig oder gar sechzig) in der Woche geben. Die hundert tatarischen Gefangenen, die man während des Sejms dem König übergeben wird; die Gewänder, die Kutsche, die Verpflegung! Da gibt es schon etwas zu denken, mein Mädchen, und sich zu sorgen.« Sobieski wurde umjubelt und geehrt. Die ersten enthusiastischen Lobhudeleien wurden dem Sieger von Podhajce zu Ehren verfaßt. Der Kanoniker Andrzej Załuski schrieb: »Unser glücklicher Stern hat uns einen Helden beschert, der allein fähig ist, mit einer Handvoll Leuten solch einem Haufen von Feinden die Stirn zu bieten! Nichts kann diese große Seele zum Wanken bringen! Als er die Staatskasse leer vorfand, füllte er sie mit seinen Einnahmen. Wir haben kein Heer, er allein steht für die ganze Armee!«[180]
»La Poudre (Sobieski) hat solch ein Ansehen bei allen, wie es nicht größer sein kann; und vor allem wegen einer gewissen Rede, die Orondate (Sobieski) gestern direkt vor dem Zerreißen des Sejms hielt. Jene alle, die vorher en faveur du peuple waren, gelten jetzt nichts. Man hat mir auch das Privileg für die große Buława (Krongroßhetman-Stab) geschickt, da es aber nicht für lebenslänglich sein sollte, wie es früher üblich war, sandte ich es wieder zurück. Ich weiß nicht, ob sie es morgen ausbessern werden. Toute la noblesse soll morgen zu Sylvandre (eine Abordnung) schicken, um ihn zu bitten, ihr Chef zu sein, was sich der Apothicaire (König Jan Kazimierz) durchaus nicht wünscht, und dabei wäre es für ihn doch besser als schlechter.«[181] Das schrieb Jan an Marysieńka aus

Warschau am 8. März, einen Tag nach dem Zerreißen des Sejms, was am 7. erfolgte, und zwar vor allem aus Protest gegen den französischen Botschafter de Bonzy; aber es gab auch sonst genügend Sprengstoff. Der Senat hatte angesichts der bedrohlichen Lage des Landes das Allgemeine Aufgebot ausrufen lassen wollen; Jan Kazimierz verlangte den Oberbefehl für sich; die Opposition wollte das nicht zulassen, weil sie fürchtete, der König könnte, wenn er eine so große bewaffnete Macht zur Verfügung hätte, noch im letzten Augenblick den Condé mit Gewalt auf den Thron führen.

Sobieski verstand es geschickt, in seiner Dankesrede anläßlich der Gratulation des Königs, des Kanzlers Jan Olszowski und der Senatoren, dem Ansinnen des Königs zu widersprechen, womit er mit einem Schlage die Szlachta für sich gewann und seine Popularität wieder stieg. Der Senat beschloß, Jan Sobieski, nun Krongroßhetman, solle die Führung des Allgemeinen Aufgebotes übernehmen. Da man täglich mit der Abdankung Jan Kazimierz' rechnete, wandte sich die Szlachta an den Krongroßhetman mit der Bitte, während des zu erwartenden Interregnums die Staatsgeschäfte zu führen. Jan Sobieski befand sich auf dem bisherigen Höhepunkt seines Ruhmes und Erfolges.

3
Enttäuschungen

Jan, inzwischen Krongroßhetman von Polen, dem die höchste militärische Gewalt dieses großen Landes anvertraut ist, hält es immer noch für erwägenswert und durchaus möglich, alles im Vaterland aufzugeben und nach Frankreich auszuwandern. Es ist so absurd, daß viele erboste Polen ihren Krongroßhetman einen Pantoffelhelden zu nennen beginnen, der nach der Pfeife seiner französischen Frau tanzt. Alle Beschönigungen bedingungsloser Sobieski-Verehrer helfen nichts, da es schwarz auf weiß im Brief vom 16. März 1668 aus Warschau heißt: »Il faut que le ll (Roi de France) déclare justement, ce qu'il fera pour la Poudre et le Bouquet et les Essences; car il n'est à rien engagé il est libre et peut être arbitre du destin, si Dieu lui prolongera la vie. L'argent sur tout, car ce sont des choses portatives.« (Der französische König soll endlich erklären, was er für Jan und Marysieńka zu tun gedenkt, denn er [Sobieski] hat sich zu nichts verpflichtet, er ist frei und Herr seines Schicksals, wenn Gott ihm das Leben beläßt. Geld ist das Wichtigste, denn man kann es mit sich nehmen.) Und er fügt hinzu: »Man kann sich niederlassen, wo man will, und dort leben. Das Wichtigste, mein Herz, ist, daß das Bouquet schnellstens à son chèr Céladon geeilt kommt, der ihr, zu Füßen fallend, alles in ihre Hände legen will, denn sonst kann man, Gott sieht und weiß es, nicht einmal mehr ein Jahr leben, weil man so viele öffentliche Angelegenheiten auf dem Kopfe hat.« Und er bittet, daß ihm Marysieńka wenigstens die häuslichen Angelegenheiten abnehmen möge, was schon eine große Hilfe und Rettung für ihn wäre. Wenn dann der König erst abgedankt haben würde, könnte man in Ruhe überlegen, wofür man sich entscheiden wolle. Er gebe ihr sein Wort, daß er alles tun werde, was sie wünsche.
Also sprach der Krongroßhetman von Polen. Aber nicht nur er,

sondern auch der König gedenkt, sich auf eine fette Pfründe nach Frankreich zurückzuziehen, die ihm der große Ludwig XIV., dieser Vielbewunderte, gnädigst zuzuweisen versprochen hat – schließlich macht man ja einem französischen Kandidaten Platz, denn wenn man zwar auch offiziell zugesagt hat, daß die Wahl frei sein solle, so würde es die französische Diplomatie zusammen mit der gekauften und bestochenen polnischen Magnaterie und Szlachta schon schaffen, den französischen Kandidaten durchzubringen. Und der polnische Krongroßhetman feilscht ebenfalls um Geld und Ämter mit dem französischen Ludwig XIV., denn auch er möchte sich liebend gern im sanften Klima der Provence zur genüßlichen Ruhe niederlassen und ab und zu am französischen Hofe ein bißchen an dem Glanze mitnaschen. Sobieski, der Krongroßhetman, schickt sogar seiner Marysieńka nach Paris eine carte blanche, er nennt es »Le blanc-signé«, also eine von ihm unterzeichnete Blanko-Vollmacht, für alles, was sie für richtig und notwendig erachtet. Gesiegelt mit großem Siegel und unterzeichnet. Dabei berät er noch immer im Sejm in Warschau, obwohl er schon längst abgereist sein wollte. Aber aus der Ukraine kommen immer schlechtere Nachrichten. »Die Kosaken, wie immer Galgenstricke, rebellieren nicht nur gegen uns, sondern auch gegen Moskau. Sie werden sich wahrscheinlich wieder unter türkisches Protektorat begeben. Es ist also unmöglich, jetzt von hier wegzufahren, wegen der Ehre, der Reputation und all den anderen Sachen.«

In diesem Brief gedenkt Jan auch bitter jener Zeiten, da Marysieńka mit Zamoyski verheiratet war, als sie stets fröhlich, lustig und gut aufgelegt war, während sie sich sehr rasch, nachdem sie ihn geheiratet hatte, veränderte; welches die Ursache dafür war, wisse er bis heute nicht; sollte er sie jedoch irgendwie enttäuscht haben, dann wäre es ihm lieber, er wäre zuvor zu einem Stein geworden. Inzwischen war aus Kamieniec die Nachricht gekommen, daß es bestimmt zu einem Krieg mit der Türkei kommen werde. »Möge Gottes Wille geschehen und ein rasches Ende mit dieser Misere, die ich nicht mehr ertrage, nehmen.«[182]

Aber die Misere hatte noch lange kein Ende. Marysieńka klagte immerzu über ihren schlechten Gesundheitszustand, sie erzählte von den Ärzten, den Medikamenten, den Kuren, sie verlangte einen »Herbarz«, ein Kräuterbuch, das aber auch Wappenbuch heißen kann, wie es Sobieski verstand.

Aus seinem Brief vom 23. März 1668, unterwegs geschrieben, erfahren wir Dinge, die er bisher nicht ausgesprochen hatte, nämlich über die Ärzte und über Marysieńkas Krankheit. »Korad hatte sich alle die Zeit nicht vor meine Augen getraut, Dawisson war ein paarmal bei mir, und einmal, als gerade Briefe mit der Post ankamen, hätte ich ihn um ein Haar geschlagen; aber ich habe so mit ihm geschrien, daß es schon schlimmer nicht sein kann. Kniend vor mir schwor er, daß der Verdacht, den man bei Ihnen, mein Mädchen, hatte, nicht unbegründet war, da der Verblichene (Zamoyski) eben an dieser Krankheit gestorben ist, und als er Sie heiratete, da hatte er une grande chaude pisse[183], was er wußte, weshalb er die Sache nicht machte, erst dann in Warka.« Nun war es also heraus: Marysieńka war von Zamoyski angesteckt worden, und deshalb waren wohl auch all ihre Kinder, die sie von ihm hatte, so schwächlich, daß sie bald nach der Geburt starben. »Votre femme, fügte er hinzu, kann nicht gesund sein, bevor sie sich nicht in die Hand geübter Chirurgen begibt. Da aber fuhr ich ihn erst an und schalt ihn. Ich zeigte ihm dann das Schreiben von M. Dupuis. Er las es eifrig und sagte, er sieht es so wie wir auch und daß diese unsere Medizinen nichts bei der Gnädigen verdorben haben, denn das würde man am Kinde merken; aber es wären stärkere Mittel notwendig gewesen. Denn daß diese nicht stark waren, bewies er mir anhand von Rezepten und einer lateinischen Schrift, die ich Euch übersende, mein Herz, daß man solche Medizin dreißig Monate lang den Kindern in Frankreich gibt.« Diese Stelle weist darauf hin, daß wahrscheinlich der arme kleine Jakubek auch mit Quecksilber behandelt worden war. In Marysieńkas Krankheit und der Angst, auch Jakub könnte schon mit dieser Krankheit zur Welt gekommen sein, liegt vielleicht die Tatsache begründet, daß Marysieńka niemals ihren erstgeborenen Sohn so richtig von Herzen liebgewann und ihn nicht so verhätschelte wie die späteren, sehr viel schöneren Kinder. Für Jan mußte diese Nachricht aus Paris so schockierend gewesen sein, daß er manchmal wirklich

nicht mehr ein noch aus wußte und vor wahnsinnigen Kopfschmerzen fast verrückt wurde.
Inzwischen hatte man sich darauf geeinigt, Ludwig XIV. als Taufpaten zu bitten, sowie Madame und die verwitwete englische Königin Henriette, die in Paris im Exil lebte. Es wurde auch zwischen den Ehegatten verabredet, daß man sich nach der Abdankung Jan Kazimierzs im Herbst in Danzig treffen wollte. Natürlich mit Jakubek, auf den sich schon alle in Polen so sehr freuten, allen voran Tante Dorota, die Äbtissin-Großmama.
In Warschau, wo er durch die offiziellen Angelegenheiten zwar so stark in Anspruch genommen war, daß er glaubte, umkommen zu müssen, fand er dennoch ab und zu Zeit, die eine oder andere Geselligkeit zu besuchen. Auch scheint er sich mit Madame Denhoff, der Favoritin des Königs, die nun halboffiziell den Platz Ludwika Marias einnahm, angefreundet zu haben, denn er berichtet Marysieńka, daß sie ihm verschiedene »unerhört curieuse Bücher« geborgt habe, wie »Les Amours de ll (Roi de France), La vie de la Reine Christine et la Mort de Mme Marquise de Ganges, autrement Mme Castellane«.
Endlich wieder eine Lektüre nach dem Herzen Jans – und gar nicht geschätzt von Herrn Jakub, dem Vater.
»Unterwegs las ich auch«, schreibt er am Mittwoch der Osterwoche, »l'Histoire du Roi ll (Roi de France) avec 55 (Mlle de Lavallière) und freute mich unsagbar, que ce petit dieu a le même pouvoir dans tous les pays und bei Menschen aller Stände, beginnend bei den höchsten bis zu den niedrigsten. Lies doch nur einmal, mein Mädchen, oder wenn Du es schon gelesen hast, so erinnere Dich, ob bei diesen Sachen der geringste Unterschied besteht zu dem, wie es entre l'Astrée et son Céladon war. Die gleiche jalousie (Eifersucht) wegen der geringsten Sachen, der gleiche Gram (chagrin), ebenso das Nichtglaubenkönnen, daß man geliebt wird. Immerzu schien es einem, daß da irgendeine Veränderung eingetreten sei; und sogar als die 55 (de Lavalliere) nicht jalouse sein wollte, so verletzte dieses sogar ihren Geliebten. Und das machte und macht eben die Größe der Leidenschaft. Nach einem Monat waren schon da des froideurs, des soupirs (Seufzer),

des plaintes (Klagen), was man bei einer gleichmäßigen und gewöhnlichen Liebe nicht erfährt. Obwohl ce grand monarque, der seinesgleichen auf der Welt nicht hat, von sich die Meinung haben konnte, daß er würdig sei, geliebt zu werden, so verursachte ihm doch die geringste Kleinigkeit Zweifel; obwohl ich weiß, daß sich ihm jene andere Seite anpassen und akkomodieren mußte, und man ihm gewiß niemals sagte: ›Schweinkerl!‹ Aber in der echten Liebe und einer großen Passion können auch die kleinsten Dinge zur Eifersucht führen und ein einziges Wort, ein Blick, eine Geste eine Veränderung nach sich ziehen.«[184]
Nun ist Jan wieder ein böses Wort über die Lippen gerutscht, das er bisher schamhaft verschwiegen hatte, daß ihn Marysieńka als »Schweinkerl«, als »unflätigen Menschen« beschimpft hatte.
Ein so sensibler Mensch, wie es Jan, trotz seiner äußeren Stärke, Kraft und Größe, war, reagierte mit größter Empfindlichkeit auf jede Art von Verletzung seiner Persönlichkeit und seines sehr hoch angesetzten Ehrgefühls, während Marysieńka sich nicht einmal vorzustellen vermochte, was Ehre im Verständnis ihres Jachniczek war. So war es nicht vermeidbar, daß die beiden öfter als gut aneinander vorbeiredeten, einander mißverstanden und schließlich einander das Leben zur Hölle machten.
Es war die Karwoche, und treuherzig beichtet Jan seiner Marysieńka, ehe er zur Beichte in die Kirche geht: »In diesen heiligen Tagen muß man ein bißchen mehr als sonst an den Gottesdienst denken, und nachher an die Beichte und den Empfang des Herrgotts, den ich zu meinem Zeugen anrufe, obwohl ich der unwürdigste Mensch bin, und damit will ich sterben, daß ich nichts auf dieser Welt mehr geliebt habe als Dich, meine Seele und mein Herz, und daß es keine einzige Stunde auf der Welt gibt, außer derjenigen, in der ich schlafe, in der ich nicht das Bild meiner allerschönsten Wohltäterin vor Augen habe, das mir so sehr alle meine Gedanken okkupiert, daß ich an nichts anderes in der Welt denken kann (was mich um ein Haar während des Sejms in große Konfusion gestürzt hätte, denn ich vermochte überhaupt nicht an das, was man hätte sagen sollen, zu denken). Wenn es nicht so ist, soll mich der Herrgott, den ich zum Zeugen anrufe, bestrafen.«

Da bei Jan neben aller Exaltation aber merkwürdigerweise auch nie der nüchterne Menschenverstand zu kurz kommt, fügt er noch hinzu: »Den Jakubek von mir küssen. – Aus verschiedenen Gründen ist es besser, ihn von dort mitzubringen, wenn es nur irgendwie möglich ist; denn es gab und gibt schlechte Leute, die das sonst so verstehen und auslegen würden, qu' on lá laisse en gage de la fidelité d'Orondate.« Er will also vorbeugen, daß man nicht in Polen tuschle, Marysieńka habe den Sohn in Frankreich gelassen sozusagen als Pfand für Sobieskis Treue pour le grand monarque, umso mehr, da Jan an eben diesen Roi et la Reine Briefe geschrieben hatte, um Ludwig XIV. und seine Frau als Taufpaten für Jakub zu bitten. Man mußte sich damit beeilen, weil der König sich anschickte, ins Feld zu ziehen. »Nach der Zeremonie, meine ich, sollte man ihn dem M. le Dauphin präsentieren und diesem sagen, daß wir ihn, quand il sera un peu grand, in seine Dienste geben werden.«
Bevor Jan Solec verließ, erhielt er abermals einen Brief voller Vorwürfe von Marysieńka. Diesmal ging es, wie so oft, um Geld, von dem sie nie genug bekam. Doch diesmal empörte ihn Marysieńkas Unterstellung, er schicke ihr wohl deshalb kein Geld, weil er ihre Güter nicht richtig verwalte, ganz besonders. »Das ist schon mehr als höllisches Unrecht, denn so etwas lag niemals in meinem Sinn! Mein letztes Hemd ist Ihr letztes Hemd! Und bin ich denn so verrückt, nicht zu wissen, was ein Mann seiner Frau und eine Frau ihrem Mann schuldig ist? Besitze ich denn Schätze, die ich vor Ihnen, mein Herz, verberge? Alle meine Güter gehören auch Ihnen.« Und er klagt, daß heutzutage nicht mehr die Zeiten seien wie früher, da noch die Königin mit Geld herumschmiß. Heute sei das Geld schlecht und Käufer nicht mehr zu finden. Woher also Geld nehmen? Man wird die Starostei Stryj verschleudern müssen. »Ich leugne es nicht und schäme mich nicht, daß ich alles verloren habe und sich alles in Nichts aufgelöst hat. Wenn ich es in der Schenke beim Kartenspiel, beim Würfeln oder dans les débauches verloren hätte, dann müßte ich mich schämen; oder wenn mich die Eltern als sehr Armen zurückgelassen hätten. Aber da durch des Herrgotts Gnade so viel da war, wie man benötigte und wie es mein

Stand erforderte, so braucht man sich nicht zu schämen: Der Herrgott gab's, der Herrgott nahm's.«
Das sind Anspielungen auf die im Krieg verwüsteten und an die Moskauer abgetretenen Güter.
Damit mußte und konnte man sich abfinden. Schlimmer war, was Jan jetzt allmählich zu dämmern begann: »Wenn ich geahnt hätte, daß Sie meinen Stand mehr schätzten als meine Person, so hätte ich darauf geachtet und vor meinen Defekten gewarnt, die damals noch nicht so waren wie heute. Daß ich nicht früher warnte, damit Sie nicht so viel ausgeben? Und wer hat denn mit Gott geredet? Wer konnte wissen und ahnen, daß der Feind nur unsere besten Güter heimsuchen und völlig vernichten würde? Wer hätte jemals solche Undankbarkeit von jenen erwartet, für die man das Seine verloren und ausgegeben hatte? Wer, daß der König so ungnädig sein würde, daß er mir nach meinen großen Verlusten nach Ihrer Abreise nicht einen einzigen Heller noch ein Stückchen Erde geben würde! Wer, daß man mir mein Eigenes, mit dem ich für den König und die Rzeczpospolita eingesprungen bin, nicht zurückgeben würde? Wer konnte die Betrügereien Formonts voraussehen? Wer die Verwüstungen in Gniew (Mewe) und den Preissturz in Danzig? Wer endlich, daß ich die für Sie bestimmten zwölftausend zur Aufhebung der auf mir lastenden Infamie würde hergeben müssen, um meinen Sitz im Senat einnehmen zu können?« Auch hätten sie durch die Fürstin Wiśniowiecka Verluste erlitten, doch habe er ja nie etwas einwenden dürfen, »da Sie selbst gesagt haben, daß Ihnen von diesem Hause viele Wohltaten erwiesen worden waren«.[185]
Gniew hingegen habe er nicht verpachtet, weil es um den Frieden in Polen nicht zum besten stehe »und wir nur diesen einen Ort haben, wohin man sich während großer Gefahr mit allen hinflüchten kann, vor allem auch die Frau Äbtissin mit ihren Nonnen und die Karmeliterinnen, was alles auf meinem Kopfe liegt«.
Nicht genug damit, der polnische Staat verlangte nun von ihm auch noch die Bezahlung einer Besitzung, die seine Eltern kurz vor Ausbruch des Krieges 1648 jenseits des Dnjepr gekauft, aber nicht ganz ausbezahlt hatten und die inzwischen an Moskau gefallen war. Auf das ständige Bohren und Drängen Marysieńkas wegen einer

Übersiedlung nach Frankreich antwortet Jan am 30. April 1668 aus Pielaskowice sehr entschieden: »Was das Bouquet da in Chiffren schreibt, darauf hat es bereits aus Warschau und Solec eine redliche Antwort erhalten. Weiter wird la Poudre dazu nichts mehr schreiben. Er wiederholt aber nochmals, daß Geld die Grundlage des Vermögens ist. Bâton, duc, pair, cordon bleu – das alles ist sehr schön, mais ce n'est plus pour la Poudre, die vollkommen ruiniert ist, in allem, in der Gesundheit, dem Humor, dem Vermögen. Sie möchte sich am liebsten für den Rest der Tage irgendwo verkriechen....«[186]

Schulden drücken den Herrn Krongroßhetman. Die Sorgen nehmen kein Ende. »Durch all diese schweren Plagen bin ich so ergraut, daß mich kaum jemand wiedererkennt. Eine kurze Zeit nur, und sie hat mir doch ein langes Leben und eine gute Gesundheit ruiniert.«[187] Auch das Geld aus Moskau läßt auf sich warten. Jan muß versuchen, über Juden Geld aufzutreiben. Ärger hat er auch mit seinem Bankhaus Formont in Danzig. Das Geld, das an Marysieńka überwiesen werden sollte, trifft in Paris nicht ein, natürlich wird die Schuld daran Jan aufgehalst.

Etwas gereizt weist er darauf hin, daß er selbst in derlei Geld- und Wechselgeschäften keine Praxis habe, »denn als wir in fremden Ländern waren, hat unser Inspektor (Herr Orchowski) das Geld verwaltet«. Die Herren Formont allerdings, die er als »Betrüger« und »Preller« bezeichnet, möchte er am liebsten durch irgendwelche Schelme, die ihnen vor der Stadt Danzig auflauern, mit Stöcken der Reihe nach totprügeln lassen. Auch das ist Sobieski.[188]

Bis Mitte September ließ Marysieńka Jan in seinen Depressionen und Sehnsüchten sich abquälen. Die rasenden Kopfschmerzen, die Schlaflosigkeit, die »Melancholie«, der immer wieder auftretende starke Katarrh, alles Zeichen dafür, daß der Körper durch die Seele litt. Marysieńka aber hatte nicht einmal so viel Erbarmen, ihm die Farben aus Paris zu schicken, um die er wiederholt gebeten hatte, um sich die entsetzlich langen einsamen Nächte in der fernen Ukraine durch Malen verkürzen zu können. Verbittert schreibt er am 6. Juni 1668: »Jetzt ziehe ich in den Krieg. Wenn der Herrgott mir erlaubt, daraus zurückzukehren, wer weiß, ob ich dann nicht

den ganzen Winter werde in der Ukraine zubringen müssen, denn so ist das meistens. Das Unglück versetzt einem einen Schlag, wann es ihm paßt. Diesen Winter saß man, wie zum Hohn, ruhig und nichtstuend zu Hause, als man zu Hause überhaupt keine Freude hatte. Ich schrieb damals gleich aus Żółkiew, man möge mir, um wenigstens tuer ce cruel et facheux temps, Farben zum Malen schicken; aber auch dafür fand man kein Erbarmen und antwortete nicht einmal darauf.«
Nächtelang grübelt er über ihre Kälte und Lieblosigkeit nach und sucht nach dem Grund dafür. Natürlich ist diese Veränderung seiner Frau ihm gegenüber in Polen nicht unbemerkt geblieben. Man wetzt seine Zungen am Ehepaar Sobieski, tuschelt, und manche sind auch schadenfroh oder gar hämisch. Jan schämt sich unsagbar, daß sich Marysieńka oft sogar vor Fremden hinreißen läßt, ihre Giftpfeile auf ihn abzuschießen. Wie damals in Jaworów, man brauchte nur an die letzten Tage dort zurückzudenken, »wo man mich wie einen Hund behandelt hat; aber das bedaure ich am allermeisten, daß sich dieses vor dem Herrn Wojewoden (Jabłonowski) und dessen Frau abgespielt hat, daß man vor ihnen solche Sachen sagte, die einem unwahrscheinlichen Unwillen mir gegenüber entsprungen waren... Wenn ich darüber nachdenke, oh, wenn es mir nicht um den Glauben und die ewige Verdammnis meiner Seele ginge, so würde mir wohl nichts anderes übrigbleiben, als aus Gram darüber die Waffe in mein eigenes Blut zu tauchen, so sehr schäme ich mich, so sehr schmerzt mich das. Und diese Leute, obwohl sie doch unsere Freunde sind, reden oft darüber, ich weiß es.«[189]
Seit damals ist ihm auch Jaworów verleidet. Marysieńka hatte ihm in ihrer unverfrorenen Art die im Zölibat lebenden Mönche als Beispiel vorgehalten, denn unwirsch antwortet Jan im nächsten Brief: »Nimm es mir nicht übel: mich hat die Natur weder als Kapuziner noch als Kamaldulenser erschaffen wollen. Alle Leute, die mich früher kannten, konnten es nicht glauben, daß ich mich mit nur einer Frau zufriedenzugeben vermag; und nun wohne ich bereits seit einem Jahr nicht einmal mit der zusammen, was nicht nur der Natur zuwider ist, wenn man ihr solche Gewalt

antut, die nicht größer sein kann, sondern es schadet auch sehr der Gesundheit. Ständiges Fieber Tag und Nacht, Pickel am ganzen Körper, ein rauchender Kopf, so daß er fast zerspringt, am meisten, wenn es Frühling wird.«
Erbost ist er auch über Marysieńka wegen ihrer krampfhaften Bemühung, bei Hofe ein »Tabourett« zu erlangen: »Und sich wegen des armseligen Tabouretts derart zu grämen, anstatt mit Grazie darauf zu verzichten, wenn man solch eine Dame ist, nicht die letzte ihrem Stande nach hier wie dort! Am meisten wundere ich mich über die Verwandten des Bouquets ... Man sieht, dort gibt es unter den Verwandten für keinen Groschen Liebe ... Fi, fi, fi, auf solche Manieren: wahrhaftig, dort hast du nichts zu lernen. Bessere findet man sogar in Moskau, obwohl wir die Moskowiter als das ungehobeltste Volk bezeichnen.«[190]
Schlag auf Schlag kommen weiterhin aus Paris Anschuldigungen, Verdächtigungen, Lieblosigkeiten.
Diesmal muß sich Jan gegen den Verdacht wehren, er sei von Dr. Dawisson gegen die »franca«, die französische Krankheit, behandelt worden. Dawisson habe zwar gestanden, daß man mit du mercure, also Quecksilber, behandelt worden sei; aber das habe er aus jenem Skript herausgelesen, das er ihr nach Paris geschickt habe; der Arzt habe auch zugegeben, daß man sogar kleine Kinder ohne Schaden für deren Gesundheit damit behandle.
»Aber daß er mich gegen die franca behandelt haben soll, das ist solch eine Lüge, wie diejenige des Fräulein Głębicka, die vor Ihnen sagte, ich hätte sie vergewaltigen wollen. Dr. Dawisson gesteht auch, daß man eine solche Krankheit am Kinde bemerken müßte. Wenn Sie also, mein Mädchen, der Ansicht sind, daß der Verblichene sie nicht hatte, so geruhen Sie bitte, auch von mir diese Meinung zu haben; denn dann hätte ich Sie wenigstens in diesem einen nicht enttäuscht, denn in etwas anderem habe ich doch offensichtlich enttäuscht.«[191]
Das sind bittere Worte. Dabei hat er den Kopf voll mit anderen Sachen: Man muß vor allem die Augen offenhalten, wie es mit Türken, Tataren und Kosaken weitergehen wird, alles weist auf einen baldigen Krieg hin.

Marysieńka aber wirft ihm an den Kopf, daß er ein Griesgram sei. Er verteidigt sich, daß er von Natur aus durchaus kein Griesgram gewesen sei. Wer erinnert sich nicht noch des stets fröhlichen und übermütigen Jan, dieses aufgeweckten, munteren Jungen? Es sei aber einfach zuviel gewesen, was in den letzten Jahren auf ihn zugekommen sei. Und daß ihre Familie sich darüber wundere, daß er mit so großer Ungeduld auf ihre Rückkehr warte, so meine er, daß achtzehn Monate statt der ursprünglich geplanten sechs doch für die Kur ausreichen müßten. »Was aber den Herrschaften da so unnötig an unserer großen Liebe erscheint – ich glaube es, mein Herz, denn dort kennen sie keine Liebe zwischen den Ehegatten, schade, dorthin zu fahren, man kann sich höchstens von ihnen anstecken; denn sie sagen, daß après jouissance de la personne aimée sofort die amour sich en amitié verwandle, deshalb dort jeder Mann seine Mätresse habe. Bei uns hingegen ist noch die alte Liebe in Mode: je besser sie einander kennen, desto mehr lieben sie einander. Dort hingegen ist ein so häufiger Wechsel in den Amouren, wie bei Kutschen rasch die Mode wechselt. Daß Sie sich im Gebet sogar versprechen und statt ›notre Seigneur‹ ›M. Maréchal‹ sagen – ich weiß nicht, warum Gott in Ihrem Herzen ein Marschall ist. Das ist noch längst keine große tendresse (Zärtlichkeit), daß Sie meinen Titel und meine Charge im Herzen haben, statt meine Person, die sich unter einem anderen Namen darstellen sollte.«[192]
Niemals habe sie ihm ein gutes Wort gegeben, immer nur eine verdrießliche Miene aufgesetzt, voller Ekel habe sie sich aus seinem Bett entfernt mit den Worten »Mon dieu, wie das stinkt!«, habe ihn »Schweinkerl« genannt, »unflätig«, habe lieber mit einem Fasan gekost als mit ihm, dem bei diesem Anblick die Spucke im Munde zusammengelaufen sei. Andere liebende Ehefrauen seien um ihren Mann besorgt, sie kümmern sich um ihn, sie trösten ihn; sie jedoch, je schlechter es ihm ging, desto kälter und abweisender war sie. Und trotzdem nennt er sie immer noch »mein Herz«; doch zum Abschluß dieser Briefe küßt er nicht mehr alle »Schönheiten ihres unvergleichlichen Körperchens«.

4
Königswahl in Polen

Der Ruhm hatte ihn seit Podhajce wenigstens von außen wie ein wärmender Mantel umgeben. Wenn er aus ganzer Kraft für die Belange des Vaterlandes und die Wünsche seiner Herren Brüder Szlachcicen eingetreten wäre, hätte er schon jetzt mit dem ihm entgegengebrachten Vertrauensvorschuß eine entscheidende Rolle in Polen spielen können.
Doch so weit dachte er nicht. Noch war er, der »Prinzipal«, viel zu sehr von seiner »Schildwacht« abhängig. Noch schmorte er in den – allerdings bereits ausgekühlten – »Konfitüren«; man darf nicht vergessen, er hatte auf de Bonzys Drängen Marysieńka nach Paris eine Vollmacht geschickt, für ihn zu verhandeln. Jetzt ging es darum, statt Condés den Neuburger von Rhein-Pfalz auf den polnischen Königsthron zu hieven, wie es das Palais enchanté neuerdings wünschte. Jan war es recht, er sagte seine Unterstützung zu. Er wollte endlich zur Ruhe kommen, und dazu brauchte die »Schildwacht« die »mouche«. Man sollte derlei Zwänge nicht unterschätzen. Nun galt es nur noch, die Abdankung König Jan Kazimierzs abzuwarten, dann war er bereit, selbst bis ans Ende der Welt mit seinem Bouquet zu gehen und sich dort niederzulassen, wo Marysieńka es wünschte.
Am 18. Mai hatte in Paris Jakubs Taufe stattgefunden. Taufzeugen waren tatsächlich Ludwig XIV. und die englische Königin Henriette, Witwe des hingerichteten Karl I., dem Jan und Marek während ihrer Kavalierstour im Gefängnis ihre Aufwartung gemacht hatten. Das Haus Stuart rückte mit dieser Taufe noch einen Schritt näher an das Haus Sobieski heran. Der kleine Hetmannssohn erhielt die Namen Louis Henri Jakub. Vater Jan war es recht. »Dort«, also in Frankreich, könne er Louis Henri heißen, in Polen jedoch Jakub. Und daran ließ Jan nicht mehr rütteln.

Außerdem teilte er mit: »Ich lasse ihn hier in Polen Starost von Jaworów nennen, denn auch ich habe lange Jahre diesen Namen getragen und hatte Glück damit bei den Menschen.« Die Zeichen mehrten sich, daß Polen wieder einmal ein Krieg ins Haus stand. Am 27. August begann in Warschau der Abdikationssejm, an dem auch Jan teilnahm. Der Primas Polens, Prażmowski, das willigste und wichtigste Instrument in der Hand der französischen Partei, drängte den König abzudanken; Jan Sobieski ebenfalls.

»Alle Stände überredeten den König, es nicht zu tun«, berichtet Pasek, »sie stellten die Indignität vor Augen, ebenso eine derartige Mißachtung des Vaterlandes, wie es dergleichen noch nie von einem Monarchen erduldet hätte, ferner die Mißbilligung der Nationen, die uns bis jetzt keinen Vorwurf machen konnten, daß wir einen von unseren Königen getötet oder aus dem Land gejagt hätten, vielmehr haben wir einen jeden, den uns der Herrgott gegeben, geduldet, solange, bis dieser ihn wieder zu sich nahm, obwohl wir öfter Herrscher hatten, mit denen man unzufrieden sein konnte.«

Herr Pasek war die ganze Zeit über im Sejm anwesend, er hatte alles mitangesehen und mitangehört. Er stand dicht neben dem greisen Kämmerer von Lemberg, Ożga, als dieser den König beschwor: »Stürze, o gnädiger König, uns und dich selbst, unser und dein eigenes Vaterland, das dich erzogen und auf den Thron erhoben hat, nicht in solche Konfusion!« Es gab viele, die weinten, darunter auch der König selbst. Als alles nichts half, rief Ożga voller Leidenschaft: »Nun, gnädiger König, so du nicht mehr unser König sein willst, sei unser Bruder!« Die Emotionen heizte der König selbst noch mit seiner Abschiedsrede an, man weinte, seufzte, umarmte einander – um sofort zum Alltag zurückzukehren, kaum daß der König, der nun kein König, sondern nur noch der Herr Bruder Kasimir war, den Raum verlassen hatte. Nachher soll es Jan Kazimierz leid getan haben, daß er sich zu dieser Abdankung hatte überreden lassen; aber nun war es zu spät, es gab kein Zurück mehr. Die Landboten und auch die Senatoren traten zusammen, berieten, redeten, diskutierten, wie es nun weiter gehen solle. Jan Sobieski hätte jetzt als der von der Szlachta mit ihrem

Vertrauen Bedachte alle Chancen gehabt, sofort eine führende Rolle zu spielen. Noch umstrahlte ihn der Glanz vom Sieg von Podhajce. Aber man suchte ihn vergebens in seinem Quartier. Einen Tag nach der Abdankung, die am 16. September 1668 erfolgt war, brach Jan nach Danzig auf, um Marysieńka und den kleinen Herrn Starosten von Jaworów, seinen Jakubek, abzuholen. Manche Historiker meinen, wäre Marysieńka zu diesem Zeitpunkt in Polen gewesen, hätte sie blitzschnell die Chance erkannt und ihren Jachniczek dazumal bereits auf den Thron gesetzt. Sie war jedoch nicht da, und Jan selbst kam ein solcher Gedanke überhaupt nicht in den Kopf. Er fühlte sich durch und durch als Szlachcic, er hatte sein Standesbewußtsein, er wußte, was er wert war, hätte sich aber niemals angemaßt, sich auf eine Stufe mit Fürsten von Geblüt zu stellen. Er bewunderte und verehrte Ludwig XIV. und hatte auch Jan Kazimierz loyal gedient. De Bonzy hatte den Krongroßmarschall und Krongroßhetman als »faul, nachlässig, ohne Ambition und völlig unbewußt seiner eigenen Stärke« geschildert. Der scharfsichtige französische Botschafter hatte durch seine Beobachtung, auch ohne dessen Horoskop zu kennen, sehr wesentliche Charakterzüge Jans erkannt.

Jans Stern begann in der Gunst der Szlachta allmählich wieder zu verblassen. Dafür konnte er am 20. September in Danzig das Liebste auf der Welt, das er besaß, in die Arme schließen: seine Marysieńka. Und den kleinen Jakubek dazu. Marysieńka, der routinierten Meisterin in psychologischer Kriegführung, gelang es im Handumdrehen, den vergrämten Jan um ihren kleinen Finger zu wickeln.

Für zwei Jahre hört die Korrespondenz auf. Jan brauchte keine sehnsüchtigen Briefe mehr zu schreiben und auch nicht die Nächte einsam zu durchgrübeln. Marysieńka, die mit einer großen Reisetasche voll Enttäuschungen aus Paris zurückgekehrt war, denn sie hatte praktisch nichts erreicht, war klug genug, eine Zeitlang sanft und gefügig zu sein. Zu ihrer Freude mußte Jan im Herbst bereits nach Warschau, wo der Konvokationssejm seine Beratungen begann. Natürlich begleitete sie ihn, denn allemal zog sie das Leben in der Hauptstadt dem »à la campagne« auf irgendeinem der

Landsitze der Sobieskis vor. Und während einer Wahl vibrierte die Hauptstadt vor Spannung und Intrigen.
Diesmal schien die Wahl besonders aufregend zu werden. Die Botschafter aller an Polen interessierten Länder waren fieberhaft bemüht, ihre Kandidaten durchzudrücken, und sparten nicht mit Geld und guten Worten. Österreichs Kandidat war Karl V. von Lothringen, der zunächst die größten Chancen hatte, weil sich die Szlachta vehement gegen die französischen Kandidaten, den Herzog von Longueville oder den Pfalzgrafen bei Rhein, Philipp Wilhelm, den »Neuburger«, stellte. Im Gespräch waren aber noch viele andere, so der Zar von Moskau, der Polen große Vorteile versprach, den aber die Polen als »Barbaren« ablehnten; ferner waren auch zum ersten Mal die Markgrafen von Baden als Verwandte der Wasas im Gespräch – Ludwig Wilhelm, der spätere »Türkenlouis«, hatte schon von Kind an Polnisch gelernt – und der Kurfürst Friedrich Wilhelm von Brandenburg, der schon Lubomirski für den Fall seiner oder seines Sohnes Wahl auf den polnischen Königsthron die Rückkehr des Herzogtums Preußen unter polnische Lehnsoberheit zugesagt hatte.[193]
Aus allen Wojewodschaften zog die Szlachta heran und nahm vor Warschau Quartier. Die Magnaten brachten ihr Gefolge und teilweise auch ihre Privattruppen mit, allein Bogusław Radziwiłł kam mit 8000 gut equipierten Leuten an, wie uns Pasek berichtet, und ließ zum ersten Mal in Polen preußische Musik erklingen, »die vor der schweren Reiterei auf Baßpommern spielte«, also die Pauken schlug.
Während Jan Sobieski sich eher indifferent verhielt und nach seiner Art zögerte, zog Marysieńka alle Register ihrer Intrigen. In ihrem Boudoir empfing sie, die ganz ungeniert als französische Agentin wirkte und Geld einstreifte, die französischen Botschafter und Unterhändler, vermittelte auch heimliche Rendezvous zwischen diesen und Jan, der natürlich als Kronmarschall und -hetman vorsichtig sein mußte, um nicht selbst plötzlich in der Rolle eines Lubomirski dazustehen.[194] Den glänzendsten und intelligentesten Fürsprecher hatte auf jeden Fall Philipp Wilhelm von Neuburg. Mit unübertrefflicher Logik und großer Eloquenz bewies ein

gewisser Ulikowski der polnischen Szlachta, daß der Neuburger der beste Herrscher für sie wäre. In einem 108 Seiten langen lateinischen Elaborat[195], das 1669 in Danzig erschien, hatte hier niemand anderer als der später weltberühmte deutsche Philosoph und Mathematiker, nämlich Gottfried Wilhelm Freiherr von Leibniz, im Auftrage des Neuburger Diplomaten Baron Boyneburg die Werbetrommel gerührt, natürlich nicht unter seinem richtigen Namen, sondern eben unter dem Pseudonym Georg Ulikowski, eines biederen polnischen Szlachcicen. Dem 1646 in Leipzig geborenen deutschen Philosophen hatte möglicherweise diese Auftragsarbeit sogar Spaß gemacht, fühlte er sich doch selbst fast als Pole, da er der festen Überzeugung war, slawisches Blut in seinen Adern zu haben und von den Lubienickis aus Litauen abzustammen.

Der Kuriosität halber sei noch erwähnt, daß sogar der Tatarenchan der Krim, Krim Girej, seine Kandidatur den polnischen Ständen anbot[196], und ein ägyptischer Eremit empfahl pflichtgetreu der Adelsrepublik Polen, den 22jährigen Barnabiten Johannes Maria Moravianus, einen gebürtigen Italiener, als König zu wählen, da er ihm in einer Vision als Gott und der Allerheiligsten Jungfrau angenehm erschienen war.[197]

Immer lauter ertönten allerdings auch Stimmen, die nach einem »Piasten«, also einem Polen riefen. Alle bedauerten, daß Czarniecki nicht mehr am Leben sei, denn den hätten sie sofort gewählt. Auch waren die Namen Wiśniowiecki, Polanowski und andere im Gespräch. Nur der Name Sobieski fiel nicht. Pasek berichtet, wie er zu einer Gruppe debattierender Szlachcicen hinzutrat, die meinten: »Wir brauchen nicht lange nach einem König zu suchen, wir haben ihn unter uns. Wenn wir uns an die Vortrefflichkeit, die Ehrenhaftigkeit und die großen merita des seligen Hieremi Wiśniowiecki dem Vaterland gegenüber erinnern, dann wäre es wohl recht und billig, seinem Nachkommen den Dank dafür abzustatten. Da steht ja Seine Wohlgeboren der Fürst Michael, warum sollten wir ihn nicht nominieren? Stammt er denn nicht aus einer Familie früherer Großfürsten? Ist er etwa der Krone nicht würdig?«

Indessen schrien die Großpolen bereits »Vivat Rex!«, und damit

meinten sie den Lothringer. Man argumentierte: »Wir brauchen keinen Reichen als Herrn, denn als polnischer König wird er ohnehin reich, wir brauchen auch niemanden, der mit anderen Königen verschwägert ist, denn das ist ein periculum libertatis, uns tut ein vir fortis, ein vir bellicosus not.«[198] Es kam dazu, daß alle Wähler einen Eid ablegen mußten, daß sie von fremden Machthabern kein Geld angenommen hatten noch annehmen würden, um eine bestimmte Kandidatur durchzudrücken. Es war immer wieder zu großen Tumulten und sogar handfesten Auseinandersetzungen und Schießereien gekommen, vor allem wegen der französischen Kandidaten. »Condé-Anhänger, muckst euch nicht, sonst pfeifen euch die Kugeln um die Ohren!« hatte ein Szlachcic aus der Wojewodschaft Łęczyca gerufen, worauf ihm ein Senator eine scharfe Antwort gab. »Da begannen alle zu schießen, die Senatoren flohen von ihren Plätzen zwischen die Wagen und unter die Fauteuils; Wirbel und Tumult. Gleich sprengten weitere Eskadronen von der anderen Seite heran und blockierten die Infanterie, ritten sie nieder und zerstreuten sie.«
Kurz und gut, es endete damit, daß am 19. Juni 1669 – der Konvokationssejm hatte also mit Unterbrechungen über ein halbes Jahr gedauert – sich plötzlich mit großem Geschrei der Ruf über das Wahlfeld verbreitete: »Vivat Piast! Vivat rex Michael!« Und schon flogen Mützen in die Luft, »und da faßte man ihn auch schon an der Hand und führte ihn in den Beratungsring... Dort erst gratulationes, dort erst Freude den Guten und Trauer den Bösen.« Der Erzbischof Prażmowski mußte wohl oder übel die Inauguration vornehmen, »mit welchem Herzen aber, mit was für einen Widerwillen! Es war als ob jemand einen Wolf in den Pflug gespannt und ihn mit Gewalt zwingt, Furchen zu ziehen«, meint Pasek. Michał Wiśniowiecki, der bescheiden abseits gestanden hatte und niemandem auch nur einen Groschen für seine Kandidatur gegeben oder angeboten hatte, weil er an sich als möglichen Kandidaten überhaupt nicht dachte, soll vor Rührung geweint haben. Und mit ihm viele andere.
Jedenfalls war die Freude so groß und überschäumend, daß jedermann spontan dem Neugewählten Geschenke darbrachte, was

er gerade hatte. »Am nächsten Morgen war der König gleich um Millionen schwerer.« Karossen, Gespanne, Beschläge, Silberzeug, Kostbarkeiten aller Art türmten sich vor dem jungen Mann, sogar die Botschafter jener Fürsten, die nun das Nachsehen hatten, stellten sich ebenfalls mit Geschenken ein. »Gott hatte die Herzen der Menschen ihm so zugewandt, daß jeder das ihm Wertvollste darbrachte, nicht nur schöne Pferde, Araber, sondern auch Ausrüstung, und wenn es nur ein Paar ebenholz- oder elfenbeinbeschlagene Pistolen waren.« Die Szlachta und mit ihnen Herr Pasek waren zufrieden und ritten allmählich wieder heim.

Michael Thomas Wiśniowiecki wurde am 31. Juli 1640 in Wiśniowiec geboren. Er zählte jetzt also knapp neunundzwanzig Jahre und war, wie seine Gönnerin, Königin Ludwika Maria, die ja für seine Erziehung und Ausbildung aufgekommen war, unter dem Sternzeichen des Löwen geboren.

Ludwika Maria hatte ihren Schützling als »überaus anziehend, begabt und einfach hinreißend« bezeichnet. Er hatte eine ausgezeichnete Ausbildung im In- und Ausland genossen, er beherrschte sieben Sprachen, war eine Zeitlang am Wiener Hofe gewesen, kannte das Kaiserhaus und auch Karl von Lothringen von dort. Viele bezeichneten den Ausgang dieser Königswahl als Wunder und knüpften die größten Hoffnungen daran.

Für Jan Sobieski aber bedeutete diese Wahl einen schlimmen Schlag. Nicht nur, daß er jetzt nichts mehr für die Familie seiner geliebten Marysieńka tun konnte, was diese erbitterte, mehr noch reizte seinen Zorn die Person des neugewählten Königs, den er noch 1666 »la singe« genannt hatte und auch jetzt in seiner Wut Bonzy gegenüber als »Affen, Dummkopf, Kretin, Schwachkopf (un sot, un singe, un imbécile, un gueux)« bezeichnete.

Hinzu kam, daß Jan die ganze Familie Wiśniowiecki haßte. Dymitr hatte ihn noch vor wenigen Tagen beleidigt, und Gryzelda, nun Königinmutter, konnte er schon im Hinblick auf die Vermögensstreitereien mit Marysieńka wegen des Erbes Zamoyskis nicht ausstehen. Nun sollte er diesem »Monarchen«, diesem »Affen« untertan sein? Spontan, unbeherrscht und lautstark ließ Jan seinem Unmut freien Lauf. Angeblich soll er sogar noch während der

letzten Beratung, bevor dann die offizielle Nominierung im Wahlring erfolgte, so berichtet es jedenfalls de Bonzy an Lionne am 21. Juni, vor dem Primas Prażmowski erklärt haben, er werde gegen diese Wahl protestieren, mit seinem Heer sie verhindern, den einstimmig gewählten Wiśniowiecki mit Gewalt dethronisieren und mit Gewalt Condé zum König ausrufen.
Es kam jedoch nicht dazu. Sobieski hatte es bei lauten Worten bewenden lassen.
Hauptberater des jungen Königs wurde nun der Kronvizekanzler, der Bischof von Kulm, Andrzej Olszowski, der im Sinne Michaels eine proösterreichische Politik in die Wege leitete. Nach der Krönung, die am 29. September unter Anteilnahme ungeheurer Menschenscharen und mit viel Pomp in Krakau stattfand, reisten die verärgerten Sobieskis auf ihre Landgüter in die Rus ab. Immerhin waren Jan und Marysieńka auf die persönliche Einladung Michałs hin zur Krönung erschienen. Unterstützt und wohlberaten von seiner klugen Mutter, der Fürsten Gryzelda, versuchte der von Natur aus freundliche und wohlwollende junge König, sich seine Feinde zu Freunden zu machen. So hatte er den Bruder Marysieńkas als seinen Sonderbotschafter zu Ludwig XIV. gesandt, um ihm seine Thronbesteigung mitzuteilen. Auch schickte er ein Porträt von sich mit, was man als eventuelles Anzeichen dafür auslegen konnte, später um eine französische Prinzessin anzuhalten. Ludwig XIV. zog sich aber vorerst ebenfalls verärgert von dem polnischen Schauplatz zurück. Ungnädig schrieb er an de Bonzy, den er für die mißlungene Wahl verantwortlich machte. Er kürzte auch drastisch die Gelder. Jährliche Pensionen erhielten ab nun nur noch der Primas Prażmowski, der Kronschatzmeister Jan Morsztyn, der Truchseß Wielopolski und der Krongroßhetman und Krongroßmarschall Jan Sobieski. Über Marysieńka äußerte sich der Sonnenkönig in diesem Schreiben empört: »Sie wurde als meine Untertanin geboren und hat es gewagt, mir so stark den Fuß auf die Kehle zu setzen, da sie sah oder glaubte es zu sehen, daß ich unbedingt die Dienste ihres Mannes brauchte ... Sie sagte zu Abt Courtois: ›Keine Abtei – dann wird nichts daraus‹, ›kein Espoisse – dann wird nichts daraus‹, ›nicht dies oder das – dann wird nichts

daraus‹. Alle ihre Äußerungen sind indiskret, schamlos, frech.«[200] Doch von diesem abgrundtiefen Widerwillen Ludwigs ihr gegenüber ahnte die selbstbewußte Marysieńka noch nichts. Ihre Gedanken arbeiteten unaufhörlich, und sie verfiel auf den Gedanken, ihr Jachniczek könnte doch ebenso gut König sein wie der dumme »Affe« Michał. Doch nun war es zu spät. Jan bequemte sich indessen, von Żółkiew aus, wo er Tataren und Kosaken abfertigte, ein Huldigungsschreiben an den König zu schicken und ihn seiner Loyalität zu versichern. Unter der Szlachta aber begannen alsbald Gerüchte zu kursieren, daß die französische Partei bereits wieder im Untergrund wühle. Das Mißtrauen wuchs auch gegen Sobieski, der sich schon kurz nach der Wahl klagend geäußert hatte, man habe versucht, ihn im Tumult umzubringen. Das kann aber durchaus eine echt sobieskische Übertreibung gewesen sein. Dennoch unterzog er sich während der Krönung aller seiner Pflichten: er ritt mit entblößtem Schwert vor dem König her, er trug das Szepter, Dymitr Wiśniowiecki den Reichsapfel.

Es herrschte allgemeine Freude, daß die Wahl dieses polnischen Königs so einmütig erfolgt war. Die Szlachta sonnte sich im Glanze ihres Sieges und war im höchsten Grade selbstzufrieden. »Aber diesem wunderbaren Auserwählten hatten die adeligen Abgeordneten gleich zu Beginn gar keine leichte Aufgabe gestellt: zu herrschen mit dem liberum veto, das sich den privaten Geldangelegenheiten anpaßte; und die Oligarchen stellten ihm die zweite, nicht weniger schwierige: zu herrschen, unter der ständigen Bedrohung, dethronisiert zu werden.«[201]

So begann denn auch die neue Regierungszeit gleich mit einem Fiasko: Zum ersten Mal in der Geschichte Polens wurde der Koronationssejm von Olizar, dem Landboten der Wojewodschaft Kijew, gesprengt. Das unheilvolle liberum veto wuchs sich allmählich zu einem Krebsgeschwür der »goldenen Freiheit« aus. Angesichts der gefährlichen Machinationen der französischen Partei, die man jetzt auch in Polen »Malkontente« zu nennen begann, schloß sich Michał enger an das Haus Habsburg an. Bischof Olszowski erbat im Namen seines Königs in Wien vom Kaiser dessen Halbschwester Eleonore zur Ehegemahlin. Leopold I. stimmte gerne zu, obwohl eigentlich Eleonores Herz bereits für Karl von Lothringen zu schlagen begonnen hatte. Gehorsam fügte sie sich jedoch dem Willen ihres kaiserlichen Bruders und der Staatsraison, die so viele Habsburgerinnen vorher schon als Königinnen an die Weichsel geschickt hatte. »Die königliche Hochzeit wurde in Tschenstochau unter großer Frequenz unserer Polen gefeiert, die Deutschen aber führten sich ziemlich albern auf, und man hatte die Braut nicht wie eine Kaiserstochter ausgestattet«, vermerkt Jan Chrysostom Pasek.[202]

Jan Sobieski nahm an der Feierlichkeit am 28. Februar 1670 nicht teil. Doch Marysieńka überwand ihren Unmut und fuhr aus Klugheit hin. Sie wollte es zu keinem offenen Bruch mit dem Königspaar kommen lassen.

5

Spannungen zwischen Jan und Marysieńka

Dafür wäre es bald zum endgültigen Bruch mit Jan gekommen. Ende Mai 1670 machte sich nämlich Marysieńka wieder auf die Reise nach Paris. Sie nahm den kleinen Jakub mit sowie ein zahlreiches Gefolge. Ihre Gesundheit war nach den knapp zwei Jahren Aufenthalt in Polen angegriffen; außerdem befand sie sich in anderen Umständen und wollte das Kind in Paris zur Welt bringen.
Daß dies jedoch die einzigen Gründe für ihre Reise waren, glaubte kein Mensch, der Marysieńka kannte. Natürlich standen auf ihrem Programm weitere Verhandlungen mit dem »Palais enchanté«. Jan mußte sie ziehen lassen. Ihre Gesundheit, ihr Wohlergehen und damit ihr Wohlwollen auch ihm gegenüber gingen ihm über alles andere.
Aber wie ein persönlicher Vorwurf traf ihn ihre Bemerkung, daß sich ihre Gesundheit in den zwei Jahren, die sie in Polen verbracht hatte, so sehr verschlechtert habe. Schwer fiel es Jan aber auch, seinen kleinen Sohn wieder herzugeben. Marysieńka nannte ihn »Fanfan«, »Kindchen«, wie sie ja auch schon ihren ersten Mann, Jan Zamoyski, genannt hatte. Durch besondere Originalität in ihren Kosenamen zeichnete sie sich also keineswegs aus. Jan hatte den Namen übernommen, ihn aber zärtlich mit Hilfe des im Slawischen so gerne gebrauchten Diminuitivs in »Fanfanik« umgewandelt, welcher Name seinem Erstgeborenen bis zu dessen Erwachsensein blieb. Er verlangt energisch, was bei ihm selten ist, daß Marysieńka für ihn eine polnische Frau oder ein polnisches Kind mitnehmen müsse, denn Jakub solle richtig Polnisch sprechen, auch mit richtiger Betonung und Aussprache, denn es wäre eine Schande, »wenn er, der einen Polen zum Vater hat, nicht polnisch sprechen könnte und schlecht prononcierte«.[203]

Jan hatte sich gleich nach Marysieńkas Abreise in die Ukraine und in das Lager in der Nähe von Złoczów begeben, wo ihn langwierige Verhandlungen mit Tataren und Kosaken sowie mit dem Kosakenhetman Doroszenko, der sich von Polen lossagen wollte, hinhielten. Sehr bald stellten sich wieder bei Jan die Melancholie und starke Kopfschmerzen ein. Er litt unter der großen Hitze im Feldlager, und seine einzige Abwechslung war das Briefeschreiben an »Meines Herzens und meiner Seele einzige Freude!«, wie er Marysieńka nun wieder nannte. Freilich mußte er ständig auf der Hut sein, weil seine Briefe manchmal abgefangen wurden. Dieses System hatte sich in der Zwischenzeit in Polen nicht geändert.

Während er Abordnungen der Krimtataren und Zaporoger Kosaken empfing, und mit ihnen pertraktierte, strebte er auch eine Lösung in den Beziehungen zu Marysieńka an. Am 9. Juli schreibt er an sie: »Man muß sich jetzt entscheiden und das Leben entsprechend einrichten, da du wegen der schlechten Luft hier nicht wohnen kannst, ich hingegen wegen meiner Ehre und Reputation nicht dort. Wir müssen daher dringend ein Mittelding finden, denn ich kann so wie bisher nicht weiterleben. So war nur Proserpina bestraft worden, wie Ovid in seinen Metamorphosen es beschreibt, die ein halbes Jahr lang mit ihrem Mann zusammen auf der Erde und ein halbes Jahr lang unter der Erde mit Pluto leben mußte.«[204] Sie beide aber lebten schlimmer als ›les Egyptiens‹, wie die Zigeuner, ständig unterwegs. »Das ist jedenfalls sicher«, schreibt er zehn Tage später, »daß ich mir überhaupt nicht mehr vorstellen kann, Frau und Kinder zu haben, da ich die besten Jahre meines Lebens mich nicht an ihnen erfreuen kann... man kann ruhig sagen, daß ich, alles besitzend, nichts besitze.«

Aus Warschau wird ihm berichtet, daß Marysieńkas Abreise nach Frankreich mit Mißtrauen beobachtet werde und sogar der König fragte, ob sie mit Wissen ihres Mannes abgefahren sei. Man verbreitet außerdem auf den verschiedenen Landtagen das Gerücht, daß der Krongroßhetman den Wintersold zur Hälfte für sich zurückbehalten habe, daß er französische Gelder unter die Armee

verteile und dergleichen mehr, was Jan zutiefst kränkte. Natürlich schürten die Malkontenten mit dem Primas Prażmowski an der Spitze weiter gegen König Michał und hielten Verbindung mit Frankreich. Es wurden Briefe abgefangen, aus denen hervorging, daß man Michał vom Thron stürzen wolle. Unter der Szlachta gärte es. Der Hof verdächtigte Sobieski, Schuld zu tragen, daß der Koronationssejm zerrissen worden war; die Szlachta sah in ihm bereits ihren Feind, der es auf ihre goldene Freiheit abgesehen hatte. Seine Popularität sank bis unter den Nullpunkt. Der Landtag in Sieradz verlangte, daß man ihm den Hetmanstab wieder abnehmen solle, es kreisten Pamphlete, die aufriefen, den Krongroßhetman zu hängen. Das war zum zweiten Mal, daß man Jan an den Galgen wünschte: zum ersten Mal hatte ihn Karl X. Gustav für seinen Treuebruch in effigie hängen lassen, nun wollten ihn die eigenen Herren Brüder der Szlachta aufknüpfen.
Sollte er da nicht in schwärzeste Melancholie verfallen? Ein Pflästerchen auf seine trübe Seele war jedoch, daß das Heer sich geschlossen hinter ihn stellte und von einem Entzug der »Buława« keine Rede mehr sein konnte.
Am 9. September berichtet er Marysieńka nach Paris über die Versammlung des Heeres, die vor drei Tagen stattgefunden hatte. »Es waren an die dreitausend Offiziere und Mannschaften beisammen. Über all mein Erwarten erklärte mir das ganze Heer seinen großen Affekt mir gegenüber. Jeder einzeln und dann alle zusammen schrien sie einige Male, daß sie bis zum letzten Tropfen Blut bei mir stehen würden... Als ich den großen Affekt des ganzen Heeres mir gegenüber sah, was so unverhofft kam, da wollte ich ihnen danken. Aber ich brachte kein Wort heraus, weil mir die Trauer das Herz zusammenpreßte und mich Schluchzen überkam (was mir sonst niemals geschieht), daß ich nicht zu sprechen vermochte; was das Heer so bewegte, daß alle, einfach alle wie Weiber zu weinen begannen. Sie schrien alle und griffen dabei zum Säbel, daß sie es nicht zulassen werden, daß mir ein Unrecht geschieht, sondern für mich eher sterben wollen. So endete also die Versammlung. Gestern sind alle Landboten wieder weggeritten... Nur ich, der unglücklichste Mensch, bin allein zurück-

geblieben, ein Beispiel dafür, wie man sich freiwillig selbst umbringt.«[205]

Am Tag darauf schreibt er nur zwei Zeilen in französisch an Marysieńka: »Sylvandre est fort faché de ce qu'on lui parle trop d'affaires, et point d'amour, qui est la chose principale de sa vie.« (»Sylvandre ist sehr böse, daß man ihm so viel über Geschäfte schreibt und nichts über die Liebe, die das Wichtigste in seinem Leben ist.«)

Dies Bekenntnis ist ein Schlüsselsatz zum Verständnis Jans. Wer ihn nur als genialen Feldherrn und edlen Patrioten sehen möchte, tut ihm Unrecht. Er war, wie ihn die Natur erschaffen hatte, ein sehr vitaler, sogar triebhafter Sinnenmensch, und dazu bekannte er sich mit dem ihm eigenen furor.

Von Mitte September bis Oktober tagte in Warschau der Sejm. Das allgemeine Aufgebot sollte ausgerufen werden. Man drohte, falls sich Sobieski nicht in Warschau einstellen sollte, würde man ihm die Ämter abnehmen, es sei dies der Wille des Volkes. »Ich werde jedoch zurückschreiben, daß es so sein wird, wie der Herrgott es will, der stärker ist als alles andere.«

Je kürzer die Tage wurden, desto schlimmer wurde Jans Zustand. »Jede Nacht stirbt er (Celadon), in dem leeren Bett sich wälzend vor Sehnsucht und Melancholie«, schreibt er am 1. Oktober. Ende Oktober setzt bereits der Winter ein. Briefe kommen nur selten von Marysieńka an. Er kampiert noch immer im Zelt des Feldlagers. »Seit einigen Tagen gibt es starken Frost, und heute fiel Schnee, was außergewöhnlich ist (so wie vieles andere in diesem Jahr, wo viele Flüsse und Teiche aus den Ufern traten und große Schäden anrichteten). Die Nacht ist dabei wie ein Meer, die nur noch mehr Melancholie gebiert als das ganze Jahr gutes Blut. Die Gesundheit ist dabei so schlecht, wie sie schlechter nicht sein kann; der Grund dafür ist dir ja, mein Herz, nicht verborgen...«[206]

In diesem Brief berichtet er auch von der äußerst unangenehmen Tatsache, daß Briefe von de Lionne an Baluze abgefangen und entschlüsselt worden waren, in denen einige Herren der französischen Partei aufs höchste kompromittiert worden waren, vor allem der Schatzmeister Andrzej Morsztyn und der Wojewode von Posen

Grzymułtowski. Die Szlachta verlangte, daß man sie wegen Hochverrates vor Gericht stelle und daß man Sobieski die Bulawa abnehme. Doch König Michał, der die nationale Einigkeit aus ganzer Kraft und ehrlichem Herzen anstrebte, ließ Gnade vor Recht ergehen. Michał gelang es sogar, seinen erbittertsten Feind, Primas Prażmowski, durch besondere Gunstbeweise für Mitglieder seiner Familie versöhnlicher zu stimmen. Auch mit Sobieski suchte der König Freundschaft und Friede. Die dezidierte Haltung des Heers, das sich bei Trembowla so eindeutig und voller Emotion für seinen Hetman ausgesprochen hatte, trug natürlich dazu bei, daß man am Hofe zu Warschau an seiner Position nicht rütteln konnte.

Angesichts der versöhnlichen Haltung des Königs verwarf Jan die ins Auge gefaßte Konföderation des Heeres gegen Michał. Wiederum war es Fürstin Gryzelda, die mit ihrem klugen Rat viel dazu beitrug, daß es zu einer Versöhnung zwischen Sobieski und der Familie Wiśniowiecki kam. Die Abwesenheit Marysieńkas geschickt benützend, wurden die Fäden geknüpft zur Eheschließung Theophilas, Katarzyna Radziwiłłs ältester Tochter aus der Ehe mit dem Fürsten Ostrogski-Zasławski, mit Dymitr Wiśniowiecki, so daß es allmählich sogar zu einer großen Freundschaft zwischen Jan und Dymitr kam.

Das größte Verdienst hatte aber wohl Königin Eleonore, die Jan enthusiastisch bewunderte, was aus seinen Briefen an Marysieńka hervorgeht.

»So schreibt man mir aus Warschau, daß die Königin, als sie erfuhr, daß der König angesichts der Befürchtungen wegen der Ukraine an einen Feldzug dorthin und seine Abreise von Warschau zu denken begann, ihm mit so großem Weinen zu Füßen niederfiel, daß sie beinahe eine Fehlgeburt erlitten hätte, und sie flehte, er möge nicht wegfahren oder aber sie mit sich nehmen. Das nenne ich wahrhafte fortune, in allem so glücklich zu sein!« Armer Jan! Neid und »Melancholie« fraßen an seinem Herzen.

Am 2. November, dem dritten Geburtstag des kleinen Jakubek, erfuhr Jan von Fremden, daß Marysieńka auf dem Weg zwischen Brüssel und Paris entbunden habe. Von ihr selbst hatte er noch

keine Nachricht, er wußte nicht einmal, ob es ein Sohn oder eine Tochter war. Aber sofort eilte er in die Kirche, um Gott zu danken. Am 19. November hatte er immer noch keine Nachricht von Marysieńka. Wut und Schande erstickten ihn fast: »Ich weiß nicht, wo du bist und dich bewegst, nur aus öffentlichen Zeitungen; zum Beweis schicke ich eine, wo sie schreiben, daß du in Paris angekommen bist. Welche Schande das für mich und welche Freude für die mir feindlich und mißgünstig gesonnenen Menschen ist, kannst du dir selbst ausmalen.«[207]
Während er alle seine Aufmerksamkeit auf die Bewegungen der Türken, Tataren und Kosaken lenken müßte, deren Einfall man bereits für den Winter erwartet, verlangt Marysieńka von ihm sein Ehrenwort, niemals mehr »die Sache zu tun«. »La Poudre« bittet darauf, sie zu dispensieren und darauf innerhalb der nächsten acht Wochen Antwort zu geben; »denn wozu sie unnötig quälen und ihre Gesundheit zerstören?« Hierbei erfährt man, daß Jan schon einmal um Dispens gebeten, aber keine Antwort von ihr erhalten hatte. Nun fragt er: »Wozu es jemandem verweigern, da dieses dem Bouquet zu nichts mehr taugt?«
Kurz vor Weihnachten teilt er Marysieńka mit, daß er keine Nachricht von ihr erhalten habe, selbst aber keine Lust mehr verspüre, ihr noch zu schreiben. Dennoch wird es wieder ein langer Brief, denn diese schrecklichen langen Nächte, erfüllt von den heftigsten Kopfschmerzen, Kummer und Sorgen aller Art, lassen ihn sich wenigstens an den Federkiel klammern. Inzwischen hat er erfahren, daß sein neugeborenes Töchterchen so schwach sei, daß man mit seinem Tode rechnen müsse. »Möge Gottes Wille geschehen. Ich sehe, daß der Herrgott schon keine einzige Freude für mich mehr auf dieser Welt bereithält; trotzdem sei ihm Ruhm und Ehre in Ewigkeit.«[208]
Jan verbrachte den Januar in Jaworów und den Februar und März in Lemberg, um dem Heer nahe zu sein. Die Tage und Nächte schleppten sich langsam und traurig dahin. Post kam nur selten von Marysieńka an. Sie habe gewiß etwas Besseres zu tun, als ihm zu schreiben, vermutet er bitter, denn wenn man wolle, fände man immer Zeit und Möglichkeit zum Schreiben. Dabei habe sie es in

Paris keine zehn Schritte weit zur Post, während er 100 Meilen davon entfernt wohne. Er bittet sie, ihm Bücher zu besorgen und ein Wörterbuch zu schicken.
Indessen bemüht man sich in Warschau, den Krongroßhetman mit dem König zu versöhnen. Jan schreibt am 12. Januar aus Jaworów an Marysieńka: »Die Fürstin, des Königs Mutter, hat einige Male zu mir geschickt, sie möchte vermitteln, um mich zu einem engen Einverständnis mit dem König zu bringen. Ich habe ihr stets geantwortet, daß ich dies nicht tun könnte, ehe ich mich nicht mündlich mit dem Erzbischof und meinen anderen Freunden in Verbindung gesetzt habe, denen ich nicht in den Rücken fallen kann. Die Fürstin schickte damit Herrn Tomisławski, den Schwager des Erzbischofs, zum König. Es fand ein consilium statt, in dem der König erklärte, daß er diese Ehre, zu einer Übereinkunft mit mir zu kommen, mehr der Königin und der Kaiserin zuliebe wünsche als seiner Mutter.«
Er werde jedenfalls nichts überstürzt unternehmen, sondern auf ihre rasche Nachricht und ihre Rückkehr vor dem Sommer warten, denn man müsse sich entscheiden, was man tun wolle. Nachher, wenn erst einmal der Krieg begonnen haben würde, könnte er von hier nicht mehr fort, das würde ihm seine Ehre verbieten. Also immer noch kreisen die Gedanken um eine etwaige Expatriierung! Freilich, ihm ist inzwischen klar, daß er von den »Undankbaren«, den »ingrats« in Frankreich, nichts zu erhoffen habe. Er selbst sei jetzt öfters krank, selbst »eine eiserne Gesundheit halte so viel Schwierigkeiten und Sorgen nicht auf die Dauer aus«. Ja, er denkt sogar zu diesem Zeitpunkt bereits an seinen Tod und bedauert seinen Sohn, denn es gäbe dann keine Waise wie ihn auf der ganzen Welt, so weit entfernt von der Heimat. Auf Marysieńkas Brief, in dem sie vom Tode Zamoyskis schreibt und dem Haß, den sie überall in Polen von allen Seiten erfahren habe, und daß sie von Tür zu Tür hätte betteln gehen müssen, wenn ihr nicht die Königin beigestanden hätte, antwortet er mit Würde, daß er es niemals zugelassen hätte, daß sie betteln gegangen wäre, er habe sie doch geheiratet, nicht aus Respekt vor der Königin, sondern aus Liebe zu ihr ganz allein.

»Daß die Franzosen viele Feinde in Polen haben? Sie haben nicht mehr, als ich sie habe, denn diejenigen, die mir übelgesinnt sind, sind auch den Franzosen übelgesinnt. Ich klage deswegen aber keineswegs Frankreich an, daß ich seinetwegen hier viele Feinde habe, denn das sind nun mal der Zeiten Konjunkturen, die sich verschiedentlich ändern und die Liebe oder den Haß zwischen den Nationen bewirken. Mit mehr Grund müßte sich la Poudre (Sobieski) auf das Palais enchanté ärgern, das sie so oft betrogen und zum völligen Ruin gebracht hat, aber dabei beschuldigt sie doch nicht im geringsten die Morgensonne noch deren Land, denn ein Unschuldiger sollte niemals für den Schuldigen zur Rechenschaft gezogen werden.«[209] Jan ist ein Mann von einundvierzig Jahren inzwischen; das Leben hat ihn reif gemacht. Er hat gelernt, Wesentliches von Belanglosem zu unterscheiden. Ihm kann man nichts mehr vorgaukeln, er durchschaut bereits die Dinge. Wie wichtig diese seine Erkenntnis gerade für ihn, der hier ständig mit so vielen und so verschiedenen Nationen zu tun hat, ist, beweist sein geschicktes Verhandeln und Taktieren mit Kosaken, Tataren und Türken. Der einzelne haftet nicht für die Allgemeinheit, der Unschuldige niemals für den Schuldigen, Ludwig XIV. kann ihn noch so viel enttäuschen, er läßt es Marysieńka nicht entgelten; Marysieńka kann ihm noch so viel Schmerzen und Wunden zufügen, er läßt dies nicht die französische Nation entgelten. So spricht nur ein Mann mit starkem Gefühl für Gerechtigkeit.

Dafür wird die Kluft zwischen den Ehepartnern immer tiefer. Auf ihren Hinweis, sie sei ja zu ihm nur aus Anhänglichkeit an seine Person nach Polen zurückgekehrt, antwortet er scharf und belehrend: »Oh, meine goldene Seele, das war nicht nur wegen attaché, sondern par devoir, par honneur, par consience! Denn nicht nur die Liebe, die Pflicht, aber auch der Schwur befiehlt es uns, daß wir das Vaterland, den Vater und die Mutter verlassen und dem Ehemann folgen und ihn bis zum Tode nicht verlassen. Die Königin hatte nichts mit diesem Schwur zu tun und ihr Tod auch nicht. Nachdem du bei mir warst, brauchtest du dich auch vor keiner injustice de mon pays zu fürchten, denn ich hätte niemals zugelassen, daß man meinem Herzen ein Unrecht zugefügt hätte, höchstens mit mir

gemeinsam; gemeinsam zu erleiden, was Gott uns auferlegt, das sollten wir aber nicht nur aus ehelicher, sondern auch aus christlicher Pflicht tun.«
Natürlich erregen solche Auseinandersetzungen Jan zutiefst. Er wird wieder krank, hohes Fieber wirft ihn nieder. Er muß Ärzte konsultieren. »Für meinen Kopf gibt es keine andere Medizin als Verminderung der Sorgen, der Gedanken und des Kummers; es ist notwendig, daß du, mein Herz, mir wenigstens die häuslichen Sorgen abnimmst.« Sie hält ihm vor, daß ihn seine früheren Helenas, Anusias und so weiter gewiß nicht mehr geliebt hätten als sie ihn. »Diese Namen hatten mich zu ihrer Zeit sehr heiß geliebt, und gewiß wäre keine auch nur für einen Augenblick eine Handbreit von mir gewichen. Aber deine Liebe, mein Herz, ist etwas ganz Außergewöhnliches, denn du liebst mich dann am meisten, wenn du mich nicht siehst, wenn du aber bei mir bist, so sprichst und denkst du an nichts anderes, als wie am weitesten von mir wegzukommen.«[210]
Inzwischen war Dymitr Wiśniowiecki bei ihm in Jaworów und bat ihn um Verzeihung; darauf besuchte ihn sein Schwager, Michał Radziwiłł, in Lemberg, erzählte von der Verlobung seiner Stieftochter Theophila mit Dymitr und überbrachte ihm eine Botschaft des Königs und dazu noch eine persönliche der Königin, die sich anbot, zusammen mit ihrer Mutter, der Kaiserinwitwe Eleonore, zwischen König Michał und ihm zu vermitteln, »damit das Haus Österreich endlich meiner Freundschaft sicher sein könne«; er solle doch unbedingt nach Warschau kommen.[211]
Doch fühlte er sich so schwach, daß er »mit den Doktoren im Bett Fastnacht feiern werde«; die Ärzte warnen ihn vor der »Apoplexie«, einem Schlaganfall, »à cause de la retention dedans les reins[212], die abgehen, wenn man ›die Sache tut‹. Frag deine Ärzte, was das für eine Krankheit ist und wie schwer es ist, deinetwegen zu sterben.« Aufrichtig, wie Jan ist, korrigiert er in seinem nächsten Brief: »Ich habe nicht mit den Doktoren, sondern mit den Jesuiten Fastnacht gefeiert, da ich alle drei Tage bei ihnen zum Gottesdienst war.« Vor den Ärzten hat er Angst, er weiß nicht, wem er trauen kann. »Das schlimmste ist, daß mich eine so schwere Melancholie und

Sehnsucht bei so schwerem Herzen überfallen hat.« Doch Marysieńka schickt immer verletzendere Briefe aus Paris, so daß Jan antwortet: »Mit Gottes Gnade habe ich bisher über mein Haus weder Schande noch Unehre gebracht.« Den Vorwurf, daß er in Polen nichts zu sagen habe, weist er jedoch scharf zurück: »Du schreibst, daß ich nur den Namen Hetman habe, jemand anderer jedoch l'autorité, l'honneur et la gloire. Ich weiß nicht, wer dich da so schlecht informiert hat, denn bisher beherrscht durch Gottes Gnade weder mich noch das Heer irgendein anderer, im Gegenteil, dort, wo ich war, habe ich nicht nur den Befehl gehabt, sondern es hat sich auch keiner getraut noch gewagt, sich zu zeigen, und ich bin sicher, daß ich, wenn es jetzt weder dem König noch ganz Polen gelungen ist, mir dies zu entreißen, auch das schon für ewig behalten werde; womit ich eher ewigen Ruhm und Gedächtnis verdient habe denn Schande und Unehre. Darüber braucht man nicht besorgt zu sein: Ehre und Gesundheit ist mir eins, deshalb kann mir auch die Ehre nicht genommen werden, nur mit meinem Leben zusammen.«

Doch damit nicht genug: Wieder kommt Marysieńka mit dem Argument, daß es so viele keusche Mönche gäbe, »die das nicht tun«. Er erlaube sich, darauf hinzuweisen, antwortet er, daß es wohl solche gäbe, aber »die haben die Welt nicht gekannt, indem sie früh in den Orden eingetreten sind, und den anderen gab die Natur wahrscheinlich nicht die Lust und den Appetit dazu«, weshalb sie sich aus der Welt zurückziehen, »wohl wissend, daß sie in der Welt nichts zu suchen haben, da sie nur als halbe Menschen zählen. Ich glaube es, daß dies ein Stand von großer Perfektion nach der Hl. Schrift ist, und gut, wer sich ohne dies begnügen kann, wie es der hl. Paulus schreibt; aber dieser gibt sofort jenen eine Möglichkeit, die so nicht leben können: die Ehe ist durch den Herrn Christus und die hl. Kirche erlaubt. Wer also so leben will nach dem göttlichen Gebote, der sündigt nicht.«

Jedenfalls treffe das alles nicht auf ihn zu, was sie da über die Mönche rede, »daß sie gesund sind, obwohl sie im Zölibat leben, was ist das für ein Vergleich mit mir? Ich lebe ja in der Welt, sie aber in der klösterlichen Abgeschiedenheit.« Das Schlimmste in diesem letzten Briefe Marysieńkas war jedoch ihre Drohung, sie werde ihn verlassen. Das regt ihn so auf, daß er sie wie eine Fremde mit »Madame« anredet.

»Daß Sie mir jedoch drohen, que vous me renoncerez – eh, vous me renoncez assez, Madame, da wir, nachdem wir sechs Jahre verheiratet sind, keine zwei Jahre miteinander gelebt haben, und dabei wollen Sie mir noch beweisen, daß meine Liebe sich niemals mit Ihrer vergleichen lasse. Sagen Sie mir nur ein einziges Beispiel in der Welt, daß eine so häufige absence ein Zeichen für Liebe sei und daß man einander per Post lieben könne! Schande, Hohn und Spott ist es, Gott weiß es, solche Sachen auch nur zu schreiben.«[213]

Jeder Brief bringt neuen Ärger und Auseinandersetzungen. Bis nach Paris war das Gerücht gedrungen, daß Sobieski sehr korpulent geworden war: »Que je suis engraissé, davon hatte ich ja schon berichtet, und auch, wie mich das bekümmert, und weshalb das so ist, und daß das kein Zeichen von guter Gesundheit ist, sondern von gestauten Säften. Dem Dünnen ist es Gesundheit zuzunehmen, aber dem Fetten tausendfacher Grund zu schlechter Gesundheit.« Obwohl die Korpulenz in der Familie Sobieski erblich war, denn schon Großvater Marek, aber auch Vater Jakub waren von stattlichem Körperumfang, desgleichen Schwester Katarzyna, so dürfte Jans Fettleibigkeit bereits zu jenem Zeitpunkt krankheitsbedingt gewesen sein.

»Ich habe es mit der Medizin gewagt und habe meine Gesundheit dem jüdischen Arzt anvertraut. Aber ich hatte erst die zweite Behandlung, als die Nachricht kam, daß die Kosaken, die sich bereits mit den Tataren vereinigt haben, vor Bar stehen, und zwar wegen der schlechten Behandlung der Kosakenabgeordneten in Warschau. Sie haben sich deswegen schon ganz dem türkischen Kaiser unterworfen und wollen uns bekriegen. Sie haben vor dem Lemberger Wladika deklariert, daß sie nur im Hinblick auf mich bisher Frieden mit dem König und der Rzeczpospolita gehalten haben, aber jetzt könnten sie das Unrecht nicht länger ertragen, da man ihnen die Abgesandten erschlagen habe, die man im Sommer, als ich im Lager war, zu mir geschickt hatte.«[214]

Die Kampagne hatte also schon begonnen. Doch dann setzte Tauwetter ein, und die Tataren zogen sich wieder zurück.

In Warschau wurde die Hochzeit zwischen Theophila und Dymitr gefeiert. Jan fährt »wie zu seiner eigenen Hinrichtung zu dieser Hochzeit«. Die Liebe anderer zu sehen, bedeutet ihm Höllenqualen.

Wenn sich Jan in der Hoffnung gewiegt hatte, daß Marysieńka bald wieder bei ihm sein würde, was er auch allen sagte, die sich danach erkundigten, so hatte er sich gewaltig getäuscht.

»Diesen Brief lesend, hätte mich um ein Haar der Schlag getroffen«, heißt es im Antwortbrief vom 15. Mai 1671. »Gestern empfing ich durch die Post Deinen Brief vom 23. April Nummer 44, in dem du erklärst, daß du zu mir nicht mehr zurückkehrst, es sei denn unter bestimmten Bedingungen, die du mir durch M. Boham mitteilen wirst. Ich sehe das nicht erst seit heute, daß in deinem Herzen nicht nur die Liebe, sondern auch das Pflichtgefühl schon längst erloschen ist, was ich Dir so oft in meinen Briefen in die Augen gesagt habe; was dir aber überhaupt keinen Eindruck gemacht hat, deshalb werde ich nicht mehr schreiben. Ich warte nur noch auf die Antwort; denn so kann ich nicht weiterleben, auch ziemt es sich für mich nicht, meine Seele umzubringen, wenn ich schon die Gesundheit deinetwegen verlor. Als Vorwand des Nichtzurückkommens zu mir nennst du die Kuren, die du nicht nur im Frühling, sondern auch noch über den Sommer und Herbst nehmen willst. Ich habe schon das eine Jahr (denn in einer Woche jährt es sich, daß wir auseinandergingen) nur mit größter Qual ausgehalten; länger kann ich so nicht leben, wie du es möchtest. Auch meine Ehre, die ich für meinen Nachfolger erhalten muß, verbietet es mir, meinen Ruhm und meine Reputation für immer zu ruinieren. Denn welcher Hetman hat sich bei einer beginnenden Frühjahrskampagne zurückgezogen? Was du jedoch mit mir machen willst, das kann kein Mensch verstehen oder gar begreifen: denn einmal wolltest du, daß ich in diesem Lande, dessen Luft du nicht verträgst, Hospodar werde;[215] jetzt hingegen, daß ich in jenes fahre, von dem du mir so oft geschrieben hast, daß es nichts Wortbrüchigeres, nichts in der Welt ähnlich Undankbares und verdienstvolle Menschen weniger Achtendes als jenes gibt. Und wenn ich es sogar wagte, ohne Ehren und Ämter und ohne jede Dankbarkeit dort zu leben, so kann ich es dennoch nicht wagen, weil ich sehe, was mit anderen geschieht, daß man nicht nur ohne Recht, ohne Gericht, sogar ohne Ursache, wegen der geringsten falschen Erklärung, wegen der geringsten Unvorsichtigkeit dort selbst den verdienstvollsten Menschen in der Bastille zugrunde richten kann.«

Das sind neue Töne bei Jan. Er ist nicht mehr der blinde Frankophile; er sieht wieder klar; ihm fällt ein, was er schon als Jüngling mit eigenen Augen gesehen hat; und ihm fallen die Warnungen seines Vaters Jakub ein, die er seinen Söhnen in der Instruktion für die Reise in fremde Länder mit auf den Weg gegeben hatte, die Warnungen vor allem vor den Franzosen – und den eigenen Landsleuten in der Fremde. Als er in Paris weilte, hatte man Bogusław Radziwiłł wegen eines Duells in die Bastille gesperrt; der war zwar rasch wieder herausgekommen, denn er war ein Sohn aus großem Hause; was aber geschah mit solchen, deren Name sie nicht gleich einem Freibrief beschützte?

Was Jan hier an seine Marysieńka nach Paris schreibt, stellt allerdings auch kein gutes Zeugnis dem viel bewunderten Ludwig XIV. und seinem Palais enchanté aus.

Die Abrechnung geht weiter:

»Du schreibst mir, immer wieder mir einredend (was mich bis ins Herz hinein entsetzt), que vous avez contracté une grande maladie, so kurze Zeit nur mit mir zusammenlebend. Aber um Gotteswillen, du wärst ja um ein Haar in Polen geboren worden, du warst so lange bei der Königin, dann bei deinem Mann, der ausschweifender gelebt hat als ich, nicht nur im Trinken, aber auch in etwas anderem, woher er auch seine Krankheit hatte, an der sich jemand sehr wohl hätte anstecken können. Aber ich habe durch Gottes Gnade an deiner Seite so anständig gelebt, so daß du dir von mir nichts Schlimmes an deiner Gesundheit holen konntest. Und ausgerechnet ich, der doch so glücklich sein sollte, bin so unglücklich, daß du, die du vorher so viele Jahre bei der Königin und mit dem Verstorbenen gelebt hast, wo du dir keine Krankheit

holtest, wo dir die schlechte Luft nicht schadete und dir nichts unangenehm war, sondern erst durch mich, der ich, alles zusammenrechnend, keine anderthalb Jahre mit dir zusammenwohnte. Oh, das ist schon ein selbst vor Gott nicht mehr zulässiges Unrecht! Deshalb bitte ich ergebenst, mich nicht dafür verantwortlich zu machen und mir das nicht einreden zu wollen.«
Die Bitterkeit schlägt hohe Wellen in Jans Herzen. Hat er es nötig, sich so peinigen, derart demütigen zu lassen? »Der König zeigt mir ein sehr gnädiges Gesicht, die Königin beschenkt mich mit ihrer großen Gnade, und man muß es gestehen, daß sie nicht häßlich ist, und von unvergleichlicher Güte. Die Luft hat sie nicht verändert, auch sehnt sie sich nicht nach ihren Eltern, noch läßt sie sich durch Krieg oder innere Wirren verwirren, denn sie ist entschlossen, alles, auch das Schlimmste, mit ihrem Mann gemeinsam auf sich zu nehmen. Und obwohl sie so viele Feinde hat, diese ihre eheliche Gattenliebe versüßt alles Mißbehagen und Unangenehme; und ich sehe darin, Gott ist mein Zeuge, den glücklichsten König und beneide ihn um dieses Glück. Man kann sich nicht sattsehen daran, mit welcher Ehrerbietung sie den König behandelt, wo sie doch aus dem ersten Hause Europas hervorgegangen ist.«[216]
Eleonore, die sanfte Habsburgerin, hat Jans volle Bewunderung errungen. Sie ist ihm wie eine Erscheinung aus einer heilen und reinen Welt, einer Welt, der er selbst einst entstammte. Da waren die wunderbaren Frauen, die still und voller Würde in der Pfarrkirche von Żółkiew in ihren Marmordenkmälern oder Bildern die Zeiten überdauerten: Regina Herburt, die Urgroßmutter; Sophia Daniłowicz, die Großmutter, geborene Herburt, und Theophila, die Mutter; sie als einzige vergrämt und zutiefst bekümmert aus ihrem Bilde hervorschauend. Hatte sie geahnt, welche Irrwege ihr ungebärdiger Zweitgeborener gehen, welchen Verlockungen er erliegen würde? Mütter wissen mit dem Herzen, was die Zeit erst viel später offenbart.
Doch Jan begann nun ebenfalls mit dem Herzen zu sehen. »Wir haben hier die Hochzeit gefeiert; dann war der Kriegsrat, es wurde das Allgemeine Aufgebot beschlossen. Der König wird in eigener Person am 21. Juni ausrücken. Er wollte die Königin zurücklassen,

sie aber hat sich mit großem Weinen angesichts aller Anwesenden zu seinen Füßen niedergeworfen und gefleht, er möge sie mit sich nehmen, und sie erklärte, mit Freuden selbst die größten Gefahren mit ihm gemeinsam auf sich zu nehmen; und ich sehe, sie wird den König nach Lemberg begleiten. Unsere Fürstin, die zuerst sogar noch während der Hochzeit schrecklich weinte und nichts von der Liebe wissen wollte, liebt jetzt ganz unerhört ihren Fürsten, und er sie; wenn ich so auf deren Glück und Liebe blicke, dann muß ich manchmal bittere Tränen vergießen.«
Und nochmals kommt er auf Eleonore von Habsburg zurück: »Die Königin ist wunderschön und sehr gut; sie ist dir sehr wohlgesonnen und wünscht nichts so sehr auf der Welt, als die Konversation mit dir. Sie redet immerzu davon vor allen Leuten, sie hat eine sehr gute Meinung von deiner Schönheit und deinem Witz.«
Ganz zum Schluß erst über sich selbst: »Ich hatte gestern ein Konsilium mit den Ärzten, d. h. mit Herrn Braun, Policjani, Lacjozi und dem Okulisten. Sie verordneten mir, falls ich mich nicht selbst umbringen wolle, jeden dritten Tag zur Ader zu lassen, nachher Dekokt und Eger-Wasser zu trinken. Zur Ader wird mir morgen gelassen, aber die Wasser und Dekokte kann ich nicht mehr anwenden, denn ich kann nicht mehr länger hierbleiben, da die Kosaken und Türken schon wieder ihre Einfälle begonnen haben.«[217]
Jan mußte dann aber doch noch ein paar Tage wegen der Behandlung in Warschau bleiben. »Am Dienstag wurde mir zur Ader gelassen, das Blut war schwärzer als Pech und ganz dick, so daß sich die Ärzte nicht genug wundern konnten...«
Dann aber kommt eine eindringliche Ermahnung und Warnung: »Es geht hier um deine Ehre, denn die Leute deuten dieses Nicht-bei-mir-Wohnen sehr verschieden. Versuche, ihnen wie am schnellsten den Mund zu stopfen, und verschließe deine Ohren für den Rat jener, die deine Ehre und dein Gewissen töten. Man hat mir hier erzählt, daß du deswegen nach Frankreich zurückgekehrt seist, weil du deinem Vater versprochen und geschworen hast, wieder zu ihm zurückzukommen. Aber um Gottes Willen, feierlicher war

doch der Schwur, den du mir bei der Trauung leistetest, denn er war ein Sakrament, und dazu noch das Gelöbnis des Gehorsams und mich bis zum Tode nicht zu verlassen! Mit diesen drei Sachen beschwöre ich dich, und damit verbinde ich meine ergebene Bitte, daß du wie am schnellsten zu mir zurückkommst. Endlich nimm auf dich selbst Rücksicht und auf die arme unschuldige Waise. Bedenke, wie sehr du dir damals damit geschadet hast, daß du nicht beim Tode deines verewigten Gatten dabei warst, was die Leute auch verschieden ausgelegt haben, da du nicht bei ihm leben wolltest, und deshalb hattest du nach seinem Tod so große Schwierigkeiten und zogst den Unwillen der Leute auf dich; und was wäre erst jetzt, wo doch schon ganz Polen davon voll ist, daß du nicht bei mir wohnen willst!«

Wenn Jan so ernst an Marysieńka schreibt, müssen die »plotki« schon sehr groß in Warschau gewesen sein. Verständlich, daß er nichts sehen und nichts hören wollte und so wenig wie möglich ins Schloß ging.

»Mit dem Hof habe ich mich akkommodiert, so, wie du es selbst wolltest und wünschtest, obwohl man hier nicht die kleinste Sache für mich getan hat, im Gegenteil, so wie früher immer diese plotki, die mich schon damals beinahe in schwere Krankheit stürzten... Im Schlosse bin ich nur selten. Ich will nur meine Ruhe von allen haben, und deshalb habe ich mich mit allen versöhnt, so wie du es mir geraten hast. Im Kriegsrat sage ich jedoch das, was mir mein Gewissen und die Liebe zum Vaterland befiehlt, damit es nicht untergehe.«[218]

Das Gewissen ist erwacht – Jan wird ab jetzt kritischer den Geschehnissen gegenüberstehen und nicht mehr so leicht den Einflüsterungen seiner Marysieńka und deren Auftraggebern erliegen; und die Liebe zum Vaterland wird endlich die Schildwacht und die Mouche auf die ihnen zukommenden Plätze verweisen. Diese Geburt zu sich selbst und zu seiner historischen Aufgabe ist unter nicht geringeren Schmerzen und Wehen vor sich gegangen wie die kreatürliche Geburt eines Kindes in diese Welt. Er kann die Kuren nicht zu Ende führen, das Zuraderlassen hat ihn derart geschwächt, daß er von Schwindelanfällen geplagt ist;

dennoch reist er ab, weil die Feinde bereits in die Ukraine eingefallen sind.

Aber nicht nur sein persönliches Unglück stürzt ihn in so tiefe Melancholie, sondern ebenso die vielen Pamphlete, die in Polen verbreitet werden, die es auf seine Ehre und Anständigkeit abgesehen haben. »Gestern ist eines aus Litauen hier angekommen, in dem jemand schreibt, daß man nicht Herrn Pac mit dem Tode bestrafen sollte, der seinen Kammerdiener Giełgud zur Übung der Sprache nach Paris geschickt hat, sondern den, dessen Frau schon seit so langer Zeit wegen der Wühlarbeit in jenem Lande wohnt. Wieviel Geißelhiebe doch der Herrgott von allen Seiten auf mich herabprasseln läßt! Sein Name sei auch dafür gepriesen, denn ich selbst bin an alldem schuld.«

Jan wird von Schlag zu Schlag frömmer. Wie Hiob erträgt er geduldig, was Gott ihm auferlegt. Die anerzogene Frömmigkeit erfährt durch eigene bitterste Erfahrungen Vertiefung.

Zum Abschied hatte noch der König anläßlich des Geburtstages Eleonores zu einer Komödie eingeladen und am letzten Abend die Königin zu einem Ballett und Abendessen, »ich habe sehr viel Freundlichkeit von der Königin erfahren, und jedermann muß zugeben, daß sie sehr schön und sehr gut ist, und dazu liebt sie nicht nur ihren Mann, sondern umsorgt ihn auch ganz ungeheuer«.[219]

In Pielaskowice erhält er am 7. Juni endlich wieder einmal eine freudige Nachricht: »Der Herrgott hat uns überall mit Glück beschert. An verschiedenen Orten haben kleine Einheiten von uns die Feinde geschlagen.«

Am 12. Juni ist er bereits in Krasnobród, aber in so schlechtem Gesundheitszustand, daß auch die Reise zur Qual wird. Am 26. Juni trifft er mit seiner Schwester Katarzyna, die ihre neuvermählte Tochter Theophila in das Haus ihres Ehemannes Dymitr begleitet, in Lemberg ein. Jans Gesundheit ist derart angegriffen, daß die Schwester sich nicht traut, ihn allein zu lassen. Entsetzliche Kopf-, Nacken- und Zahnschmerzen lähmen beinahe Jan, er kann mit dem rechten Fuß kaum mehr auftreten.

Dabei machte sich der Feind wieder bemerkbar und verbreitete

Furcht. »Wenn ich jetzt hier ans Bett gefesselt bliebe und der Feind fiele ins Land ein, so würde das allein mich schon töten.«
Am 30. Juni sein Stoßseufzer: »Wenn es zu einer Schlacht käme, würde man schon gerne wie am schnellsten finir ses malheurs.« Nicht zum ersten Mal denkt Jan daran, daß es am besten wäre, dem Leben zu entfliehen. Selbst Hand an sein Leben zu legen, verbietet die Ehre; aber in der Schlacht vor dem Feind zu fallen – welch unerhörtes, welch erstrebenswertes Glück, das doch so vielen seiner Familienangehörigen zuteil geworden war.
Am 8. Juli erfährt er, daß das feindliche Heer sich der polnischen Armee nähere. Jan, der Feldherr, hat plötzlich ganz konkrete Sorgen: »Hier ist solch eine Ordnung, daß bisher noch nicht einmal das kleinste Geschütz aus der Rzeczpospolita eingetroffen ist. Ich nehme meine aus Złoczów mit, auch alles Pulver und was ich sonst noch habe.«
Der Feind zog sich jetzt wieder zurück, da er die Bereitschaft des polnischen Heeres merkte. Jan ritt nach Żółkiew zurück, um sich vor den kriegerischen Auseinandersetzungen noch zu kurieren.
Doch Marysieńka sorgte dafür, daß er nicht zur Ruhe kam. Am 16. Juli antwortet er ihr gallbitter:
»Wahrhaftig, Madame, niemals hätte ich angenommen, einen solchen Brief von Ihnen zu lesen, und ich weiß noch immer nicht, ob ich wache oder träume, da ich doch Ihren Verstand, Ihre Aufmerksamkeit, Moderation und ihr douceur kenne. Bitte, derlei Herzlichkeiten und Affekte anderen zuzuwenden, nicht mir. Alles, was ich schreibe und aus meiner Liebe heraus schrieb, erreichte immer den gegenteiligen Effekt. Ein großes Glück nur, daß ich diesen Brief in der Nacht las, denn sonst hätte so mancher von meinem Gesicht und meinen Augen erfahren, was ich in meinem tiefsten Herzen verberge wie die größte Sünde.«
Es gäbe keinen besseren Beweis für ihre Nichtmehrliebe und volle Veränderung als ihr Bekenntnis, daß das Zusammenleben mit ihm »insurportable«, also unerträglich, für sie sei. Aber nun sei schon nicht mehr er allein »insurportable«, sondern sogar schon ganz Polen, das sie als »ce maudi pays«, »dies verfluchte Land« bezeichnet; er solle doch am besten die Angelegenheit der

Sobieskischen Güter in die Hände des Königs und der Rzeczpospolita legen, um die Erlaubnis zum Verkauf zu erwirken, um für ganz nach Frankreich zu übersiedeln. Er verteidigt sich: »Aber das kann weder so schnell, noch in den jetzigen Zeiten der Fall sein, denn der Sejm wird frühestens in zwei Jahren wieder zusammentreten, und Sie wissen wohl, daß, wenn auch nur einer dagegen spricht, alles verdorben ist. Die Güter kauft jetzt niemand, auch nicht zum halben Preis, ehe es sich nicht beruhigt hat.«
»Falls man aber nicht schnell wieder zu mir zurückzukehren gedenkt«, schreibt er, »so ist das ein Zeichen dafür, daß man mit mir nicht zusammen wohnen will; und wenn man mit mir nicht wohnen will, so wünschen Sie wahrscheinlich die Scheidung von mir.« Das war klar.
Wie reagierte Marysieńka auf diese Herausforderung? Sie schickte schleunigst mit dem nächsten Brief die schon vor so langer Zeit von Jan gewünschte »carte blanche«.
Doch jetzt ist Jan entrüstet: »Das möge Ihnen Gott verzeihen! Ich werde eine anständigere Art finden, daß Sie sich von mir befreien können; denn wer könnte solch eine schwere Qual länger auf dieser Welt ertragen?«
Ihr dummes Geplapper in bezug auf »Vernunftehen« widerlegt er mit einem Satz: »Les mariages de conscience gelten nur in königlichen oder sonstigen sehr großen Häusern.« Er selbst zählt sich und seine Familie nicht zu diesen auserwählten Häusern.
Schließlich kommt Jan nochmals auf die Bastille und die Undankbarkeit des französischen Hofes zu sprechen und daß er sich nicht vorstellen könne, wie sie beide in Frankreich ohne Vermögen, Amt und Würden bei Hofe verkehren könnten.
Jan sieht die Lage realistisch. Er ist kein Phantast, war es niemals. Er liebt die schönen und guten Sachen im Leben, aber er erkennt auch die konkreten Möglichkeiten, sieht, wo sie zu realisieren sind und wo nicht. Das richtige Erfassen einer strategischen Position im gegebenen Augenblick ist eine seiner größten Begabungen. Während er den Brief eben siegeln will, bringt ihm die Post aus Lemberg einen weiteren impertinenten Brief Marysieńkas, weit

entfernt von jenen zuckersüßen, tändelnden »Konfitüren« der Frau Wojewodin.
»Sie schreiben mir, daß Sie mir den Schwur nicht zu halten brauchen, weil ich Ihnen gegenüber mein Wort nicht eingehalten habe. Das heißt, den Herrgott versuchen, so wie der Satan den Herrn Christus versuchte, indem er ihm befahl, aus Steinen Brot zu machen. So geschieht mir jetzt. Kauf unbedingt eine Liegenschaft für zweihunderttausend Taler, weil du es versprochen hast (um solch eine Summe zusammenzubringen, braucht man jetzt zwölfhunderttausend Schilling), und es gibt keinen einzigen Menschen heute in ganz Polen, der selbst auch nur hunderttausend auf den Tisch zählen könnte); geh nachher in das allerundankbarste aller Länder der Welt, für das du so viel eingebüßt hast, die Gesundheit, das Vermögen, die Reputation, und lebe dort ohne Ehre, ohne Respekt, wo man dich überdies noch auslacht und verspottet: verlasse dann mit allen Ehren und Amnestien und mit Erlaubnis des Königs und der Rzeczpospolita dein Land! Ob das alles in meinen Händen läge, das soll man mal überlegen.«
Und er schließt: »Auf weitere Punkte Ihres Briefes, die ziemlich bissig und höchst ungnädig klingen, antwortete ich nicht, da Sie sich mit solcher Lust dazu anschicken, mich wiederzusehen, wie ich mich höchstens zum Tod aus Henkershand oder zur ewigen Galeerenstrafe aufmachen würde.«[220]
Jan muß jetzt einen Zweifrontenkrieg führen: Im Osten rückt der Feind immer näher heran, vom Westen attackiert ihn Marysieńka. Jan hat so wenig Militär zur Verfügung, daß Gott erbarm. Er teilt es auf. Den Feldhetman Dymitr Wiśniowiecki, seinen angeheirateten Neffen, schickt er mit einem Teil des Heeres nach Tarnopol, um sich dort mit dem heranziehenden König Michał zu vereinigen. Sobieski selbst zieht mit dem anderen Teil des Heeres Richtung Kamieniec. Von hier aus ficht er nach beiden Seiten. An Marysieńka schreibt er am 29. Juli: »Bei der Gelegenheit werde ich Kamieniec mit den Leuten fortifizieren, die ich hier bei mir habe, obwohl es wenige sind, aber tapfere; ich habe alles in allem kaum viertausend Mann bei mir, denn einen Teil gab ich auch dem Fürsten Ostrogski zur Verteidigung Wolhyniens, die übrigen

verteilte ich in langen Linien. Die kleinen deutschen Fürstchen haben zur Eroberung der Stadt Braunschweig, das für sie weniger notwendig war, ein größeres Heer zusammengezogen als unsere ganze Rzeczpospolita angesichts ihres fast sicheren Unterganges, denn sie hatten fünfundzwanzigtausend, und wir kaum zehntausend, und das mit allen Garnisonen der Festungen zusammen gerechnet.«

Er kennt jetzt nur ein Gebet: »Um nichts anderes bitte ich den Herrgott, nur daß er mir halbwegs meine Gesundheit stützen möge, die so schwach ist, daß ich stündlich Schwindelanfälle oder noch Schlimmeres bekomme.«

Die letzten Briefe Marysieńkas hatten ihn »so bekümmert, daß ich noch immer nicht zu mir kommen kann, und wahrscheinlich wird die Wunde, die Sie in mein Herz rissen, bis zum Tode nicht mehr vernarben«.

Mit klaffender Herzenswunde mußte Polens Krongroßhetman seine Befehle zur Abwehr des Tataren- und Kosakenansturms treffen.

Aber was waren schon Kosaken und Tataren gegen Marysieńka? »Als ich gestern aus der Stadt vom Gottesdienst bei den Franziskanern anläßlich des Festes der Allerh. Jungfrau von den Engeln zurückkehrte, kam ich kaum mehr nach Hause. Der Herrgott schützte mich, daß ich nicht irgendeine Konfusion erlitt, denn ich hatte einen Schwindelanfall. Dazu immer Übelkeit. Aber das stört Sie ja nicht im geringsten, da Sie sich bereits für den accident (Fall), wie Sie mir im letzten Brief schrieben, daß dieses eintreten sollte, darauf vorbereiten, sich ganz à votre pays zurückzuziehen, um dort paisiblement zu leben. Jeder muß zugeben, daß dies ein Zeichen allergrößter Indifférence ist, denn ich würde so etwas weder einem Freunde noch einem Bekannten schreiben, mir würde eher die Hand erstarren, ehe ich meiner Feder erlaubte, solche Worte niederzuschreiben.«[221]

Armer Jan. Noch lebt er, und schon trifft Marysieńka, seines »Herzens einzige Freude und seiner Seele Trost«, ihre Dispositionen für den Fall seines Todes, der ihr, wie er annehmen muß, höchst willkommen wäre, so wie seinerzeit der Tod Jan Zamoyskis.

6

Ruhm statt Liebe

Trotzdem ist Sobieskis Geduld Marysieńka gegenüber unendlich. Immer noch schreibt er ihr Lageberichte, wo er doch weiß, daß diese sie herzlich wenig interessieren. Aber er braucht ein Ventil, und das sind einzig und allein die Briefe an sie.
Am 3. August schreibt er: »Wir haben hier noch Ruhe, weil der Feind, als er von meinem Kommen erfuhr, sich nicht nur nicht genähert, sondern sich wieder zurückgezogen und retiriert hat, um auf Verstärkung zu warten. In Polen herrscht, wie ich höre, große Furcht, und fast niemand kommt von dort zu uns her.« Auch die Tataren und Kosaken fürchteten sich, sie wichen, gewarnt von den Bauern von Bar, vor dem heranziehenden Sobieski bis Bracław zurück.
»Wir marschierten Tag und Nacht, ohne auszuruhen, durch solche Sümpfe und Furten, daß der Herr Wojewode der Rus (Wiśniowiecki) um ein Haar ertrunken wäre.«
Sobieski verbarg sich mit seinem Heer, so daß er nicht bemerkt wurde; und vor Tag legte er sich in einen Hinterhalt in den Wäldern direkt vor der Stadt, die am Boh liegt; Miączyński schickte er mit den Walachen über den Fluß. Es dauerte eine Weile, bis er herausbekam, wo sich die Tataren aufhielten; von einem Gefangenen erfuhr er dann noch vor Tagesanbruch, daß die Kosaken in der oberen, die Tataren in der unteren Stadt standen. Blitzschnell befahl Jan seinem Heer, sich zwischen Tataren und Kosaken zu werfen, und es gelang auch tatsächlich, sie voneinander zu trennen.
»Also mußten die Tataren ins Feld flüchten; hinter ihnen her jagte ich mit dem Heer, was nur die Pferde hergaben, sieben ukrainische Meilen, was ungefähr dreißig Pariser Meilen ausmacht. Die Halunken entledigten sich zuerst der Leute, die sie gefangenge-

nommen hatten, nachher verschiedener Lebensmittel, später der Pferde, ihrer Oberkleidung, zuletzt warfen sie die Sättel unter sich ab und ganz zuletzt les chemises et les caleçons, und zwar wegen der Leichtigkeit. Der Tag war merkwürdig heiß. Wir erreichten sie jedoch, nahmen viele gefangen und machten viele nieder. Manche ertranken, andere flüchteten zu Fuß in die Wälder, die dritten ließen verschiedene Städte zu sich herein, der Rest floh bis in die Dzikie Pola, von denen wir nur noch vier Meilen entfernt waren.« Der König war inzwischen, wie verlautete, bereits bei Kazimierz an der Weichsel angekommen. Tataren und Doroszeńko waren nicht zu sehen.

»Es ist sicher, daß mein Hiersein mit großen Unbequemlichkeiten verbunden sein wird; aber ich bin nun schon der Mensch, der auf nichts anderes als nur noch auf seine gute Reputation bedacht ist.«

Und wie stand es mit dem schlechten Gesundheitszustand? »Der Herrgott hat mir bisher genügend Kraft auf diesem Weg verliehen; aber jetzt beginnen wieder alle alten Übel.« Diese Schlacht bei Bracław war am 26. August 1671 siegreich von Jan geschlagen worden. Befriedigt schreibt er: »Die bösesten Menschen werden jetzt nicht mehr sagen können, daß ich die Tataren nicht schlagen lasse, denn alle konnten sie jetzt nach meinem Beispiel über die Felder jagen, wer wollte und sich traute; wofür dem Herrgott der Ruhm gebührt, ihm, der als einziger einen von allen und allen verlassenen Menschen nicht aus seiner Gnade und seiner Obhut entläßt.«

Doroszeńko erwartete inzwischen stündlich den Chan, dem er zwei Kosakenregimenter entgegengeschickt hatte, um die Krim vor den Zaporoger Kosaken zu verteidigen; der Chan wiederum sollte die Ukraine verteidigen.

»Von Biała Cerkiew wird jetzt Doroszeńko ablassen, meine ich, weil ihm sein ganzes Konzept durcheinanderkam. Wenn der Chan nicht kommt, habe ich die Hoffnung zu Gott, daß wir mit dem Heer in der Ukraine überwintern werden; und ich, wenn Gott mir das Leben läßt, an der Grenze zur Walachei, denn jenes Volk kann besser als jedes andere lieben.«[222]

Das war die Antwort auf Marysieńkas prompte Übersendung der carte blanche.

Doch ehe es dazu kam, eroberte Jan eine Stadt nach der anderen. »Uns bleibt hier durch Gottes Gnade das Glück treu, denn nicht nur, daß sich uns viele Städte ergeben haben, aber auch jene, die sich nicht beugen wollen, bekommen dafür ihre verdiente Strafe, wie am gestrigen Tage Winnica, das im Sturm genommen und mit Stumpf und Stiel ausgerottet wurde. Doroszeńko hat die Belagerung von Biała Cerkiew aufgegeben, ist aber auch von seinem Heere fortgeritten, dem Chan entgegen, während er das Heer in den Städten einquartiert hat; seinen Bruder hat er zum Pascha geschickt, der ihm rasche Hilfe von Ungarn, Walachen und Rumänen verspricht.

Uns kommen jedoch nur sehr wenig Truppen aus Polen zu Hilfe. Das Allgemeine Aufgebot kehrt nach Hause zurück, und erst von dort sollen ein paar Leute zum König abgefertigt werden, der von Lublin nach Lemberg unterwegs ist, ... Ich habe befohlen und schreibe auch selbst in jedem Briefe an den König, daß ich hier beim Heer nicht länger bleiben kann, nur bis zum hl. Martin, denn meine Gesundheit erlaubt es mir nicht länger, zu deren Rettung ich gleich nach meiner Rückkehr Dekokt trinken muß, außerdem hat mir die bösartige unaufhörliche Undankbarkeit und Verbissenheit alle Lust zum Dienst an der Rzeczpospolita genommen. Denn in Polen kursieren weiter die Gerüchte, daß ich nur deswegen in die Ukraine gezogen bin, um Tataren und Kosaken Polen auf den Hals zu locken.

Wenn Gott diese Kampagne zu Ende führen läßt, ist es Zeit, diese Last schon ganz von mir abzutun.«[223]

Am 28. September berichtete Jan frohlockend aus dem Lager bei Bar: »Ich teile mit, daß ich von hier weiter in die Ukraine vorstoßen muß, denn der Herrgott bescherte mir größeres Glück, als ich verdiente. Als ich hier einmarschierte, ging Haneńko, der davon erfahren hatte, auf die Frauen und Kinder der Tataren los und verwüstete ihre Länder, jetzt kommt er zu mir her, um sich mit mir zu vereinigen. Von Doroszeńko[224] sind die Tataren vor lauter Schrecken geflohen, während er selbst mit mir zu verhandeln

begann; aber jetzt weicht er schon bis Czehryn zurück. Seine letzte Hoffnung ist nur noch die Krim-Horde, wenn die nicht käme, dann könnte ich die ganze Ukraine zurückgewinnen.«[225]
Das war natürlich für ganz Polen eine Jubelnachricht. Und von jetzt an jagte eine gute Post weiterhin die andere.
Am 3. Oktober schreibt Jan überglücklich: »Solch ein Glück, wie mir hier der Herrgott schenkt, kann man sich überhaupt nicht vorstellen, denn nicht nur Doroszeńko ist geflohen, dazu alle Tataren, deren Reste wir gestern überwältigten, aber fast alle Städte der Ukraine haben sich mir ergeben, und sogar Raszków, obwohl deren Herrin Dumna (Stolz) heißt, denn sie ist eine Hospodarentochter, die den Sohn Chmielnickis geheiratet hatte. Das alles hat Bracław und die anderen Städte bewirkt. Wir fürchten jetzt nur noch den Chan, zu dem anscheinend Doroszeńko um Sukkurs eilte; es ist auch etwas zu fürchten, weil uns Haneńko, der schon endlich als Hetman bestellt werden möchte, bis tief in die Ukraine hineinziehen will.
Der König soll in diesen Tagen in Lemberg eintreffen, zusammen mit der Königin, die, obwohl schwanger, dem König bei dieser Mühe Beistand leisten will. Ich wollte zu Allerheiligen von hier aufbrechen, aber jetzt weiß ich nicht, wie es sein wird und wie sich das Glück verhalten wird, das so plötzlich kam und daher auch der Veränderung unterliegen kann.«
Vorsichtiger Jan. Oder soll man sagen: mißtrauischer Jan? Gewitzigt durch so viele Wechselfälle des Lebens, wer wollte es ihm verdenken.
In all diese freudigen martialischen Ereignisse träufelt Marysieńka systematisch Gift. So kehrt auch die Melancholie zurück: »Nie mehr wird mir meine angeborene Heiterkeit zurückkehren.«
Plötzlich trafen auch wieder schlechte Botschaften ein: »Ich habe heute Verstärkung erwartet, statt dessen die Nachricht erhalten, daß das litauische Heer rebelliert und bis auf den letzten Mann auseinandergegangen ist; das gleiche taten die neu Eingezogenen aus den Wojewodschaften. Gott erbarm sich des Königs, der schon alles Geld der Mitgift ausgegeben hat.
Da der König nun nichts mehr hier zu tun hat, wird er von

Lemberg nach Warschau zurückkehren, wo am 10. Januarii der Sejm zusammentreten soll.«[226]
Auch Jan trat die Heimreise an. In Bar erreichte ihn Anfang November ein räsonierender Brief Marysieńkas; er pariert so gut er kann. »Sie schreiben, daß mein Brief kalt war, aber ich habe mich an Ihrem auch nicht verbrannt. Man sieht, daß auch in Frankreich frühe Fröste eingesetzt haben.« Er suche im übrigen »la tendresse dans la cœur des belles femmes, Sie aber schrecken alle Menschen ab mit ihrem cœur de lion«.
Dragoner werde er ihr nach Danzig als Begleitschutz schicken, allerdings nicht von der Ukraine, wie sie es forderte, das wäre denn doch zu weit.
Er hatte es erreicht: Marysieńka kam wieder nach Polen zurück. Eine Scheidung wollte sie nicht riskieren, dazu war sie zu klug. Obwohl eine eisige Atmosphäre zwischen ihnen herrschte, das Töchterchen längst gestorben war, wollte er doch seiner Frau und dem kleinen Jakubek entgegeneilen. Doch er wurde krank. »Du hättest mich schon fast als Gespenst begrüßen können, wenn nicht die Gnade Gottes über die Fürbitte der Allerheiligsten Jungfrau gewesen wäre; nachdem ich weder Gelee noch Bier schlucken konnte, seit vierzehn Nächten nicht geschlafen und ebenso lange nichts gegessen habe, nach so vielen Klistieren, Schröpfköpfen, Aderlassen, Blutegeln ... ist gestern auf wunderbare Weise und über alle Erwartungen, in Anwesenheit von sechs Doktoren und einiger Feldschere, das Geschwür geplatzt und ausgeronnen ... Meine Schwester, die Fürstin, empfiehlt sich Ihnen, mein Herz; sie hat mich während meiner Krankheit gepflegt und daher hier gewohnt.«[227]
Trotz der Verbote aller Ärzte gönnte sich Jan keine Ruhe und reiste sieben Tage nach Aufgehen des Geschwürs ab. Die Ungeduld trieb ihn seiner noch immer geliebten Marysieńka entgegen. Doch er erlitt einen Rückfall und mußte abermals eine Woche lang unterwegs das Bett hüten.
Am 16. Dezember trafen Jan und Marysieńka in Pielaskowice zusammen. Wie die Begegnung war, wissen wir nicht, denn für beinahe ein halbes Jahr setzt nun die Korrespondenz aus. Das

kleine persönliche Schicksal der beiden, ihre Querelen und Verzückungen interessierten niemanden als sie selbst. Dafür trat das Schicksal Polens vehement in den Vordergrund.

»Das blinde Äuglein«, notierte Jan Chryzostom Pasek in seinen »Denkwürdigkeiten« vom Jahre 1672 und meinte damit den einäugigen Primas Prażmowski, »ließ nicht von seinen Ränken und wollte einen zweiten König von dem Throne, auf den ihn der Herrgott selbst gesetzt, deturbare. Überhaupt große und schreckliche inter viscera motus.«

Die französische Partei wühlte und hetzte gegen König Michał, und Jan Sobieski ließ sich nach Marysieńkas Rückkehr abermals in die Intrigen hineinziehen.

Jan, der so leicht verletzlich und auch nicht frei von Eitelkeit war, kränkte es sehr, daß Papst Klemens X. König Michał als »dem getreuen Verteidiger der Christenheit« ein geweihtes Schwert und einen Helm und Königin Eleonore eine goldene Rose übersandt hatte, ohne Sobieskis, dem doch allein die Siege über die Heiden zum Ruhme der Christenheit zuzuschreiben waren, auch nur mit einem Wort zu gedenken oder gar ihn auszuzeichnen. Dieses Unrecht verwand Jan lange nicht, er wird in seinen Briefen an Marysieńka immer wieder darauf zurückkommen.

Im Januar 1672 begann in Warschau der Sejm. Jan redete sich auf seine schlechte Gesundheit aus und blieb die ersten Monate ununterbrochen mit Marysieńka in Pielaskowice, ließ sich pflegen und erfreute sich »an allen Schönheiten seines einzigen Trostes«. Zunächst beschäftigte sich der Sejm auch nur mit recht belanglosen Sachen. Man stritt darüber, ob König Michał sich nach ausländischer Mode kleiden dürfe – was er gerne tat – oder aber ob man ihn entschieden bitten müsse, sich polnisch zu kleiden. Schon im Dezember des vergangenen Jahres waren von Sultan Mehmed IV. und seinem Großwesir Briefe in Warschau eingelangt, die dem polnischen König mitteilten, daß der Hetman Doroszenko sich dem Sultan mitsamt dem ganzen Volk der Kosaken unterworfen habe, weshalb man hiermit den unverzüglichen Rückzug sämtlicher polnischer Streitkräfte aus der Ukraine verlangte. Während des Sejms traf nun die Kriegserklärung der Pforte an Polen ein.

Doch der Sejm debattierte über alles mögliche, nur nicht über eine wirksame Verteidigung. In der Ukraine schmolz das ohnehin kleine Heer, das über die gesamten Grenzfestungen verteilt war, erschreckend zusammen, denn Tataren und Kosaken griffen ständig an und zogen sich danach wieder blitzartig zurück.

Sobieski hätte als Krongroßmarschall natürlich in Warschau anwesend sein müssen; einerseits redete er sich auf seine Krankheit aus, andererseits hielten ihn aber auch wirklich die beunruhigenden Zustände an der Grenze zurück. Dauernd gingen Eilboten zwischen ihm und den Heeresführern hin und her, die sich an ihn als »den Vater und so oft schon bewährten Wohltäter des Heeres« wandten.

Sobieski nahm Schulden auf seine Güter auf, um den ausstehenden Sold den Soldaten bezahlen zu können und sie so daran zu hindern, einfach ihre Posten zu verlassen. Außerdem verfaßte er eine lange Gedenkschrift an den König, die vor dem Sejm vorgelesen werden sollte, so daß er wenigstens brieflich seinen Pflichten als Hetman und Marschall so einigermaßen nachkam. Da er den Sejm für verantwortlich hielt, den katholischen Glauben, die Unversehrtheit der Kirchen und die Erhaltung der nationalen Ehre zu garantieren, legte er in seinem Schreiben dem König und dem Sejm drei Punkte zur Erwägung vor: Erstens: Schändlich und schmachvoll wäre es, um des Friedens willen, »alles zu tun, was der türkische Kaiser von uns verlangt, daß wir die Ukraine aufgeben und sie ihm abtreten und unser Imperium mit neuen Grenzen umzirkeln«; außerdem das wäre gewiß für die Dauer kein echter Friede, sondern Polen würde damit nur den Kriegszustand verewigen, noch dazu auf so schmachvolle Weise.

Zweitens: Man würde Doroszeńko alles erlauben, was er wolle, dafür müßte er der türkischen Oberhoheit entsagen. Wenn man das beabsichtige, müßte man sehr rasch handeln, ehe die türkischen und tatarischen Heere herankämen.

Drittens: Dem Feind entgegenzutreten und sich tapfer für den Heiligen Glauben und die Unverletzlichkeit des Vaterlandes und der ganzen Christenheit zu schlagen, durch eine gute Regierung alle Streitkräfte ins Feld zu führen, die die Rzeczpospolita irgendwie aufzubringen imstande ist, wozu es aber einer rechtzeitigen Vorbereitung bedürfe.

Jan warnt nochmals König und Sejm, indem er über den zahlenmäßig geringen Stand und schlechten Zustand des Heeres in der Ukraine berichtet. Abermals weist er auf Defekte der Festung Kamieniec hin, die bis Anfang Mai ausgebessert und verstärkt werden müßte, ebenso die Stadt. Denn fiele Kamieniec, dann käme Lemberg an die Reihe. Und sogar Krakau müßte man sicherheitshalber befestigen, damit es sich verteidigen könne. Am liebsten sähe Sobieski eine starke Armee im Felde, mit der er einer Belagerung von Kamieniec zuvorkommen und den Feind, ähnlich wie seinerzeit im Falle von Chocim, in seinem eigenen Land zur Schlacht zwingen könnte.

Endlich spricht er davon, daß man auch in der Walachei und in Ungarn die Diversionen schüren könne, gleichsam in »ihren eigenen Häusern das Feuer entfachend«.[228]

Er fordert alle auf, zugunsten der Verstärkung des Heeres auf einen Teil der eigenen Einkünfte zu verzichten, und ist selbst bereit, die seinen aus der Starostei Bar zur Verfügung zu stellen. Umsonst. Es wurden weder Geldmittel noch eine Verstärkung der Armee bewilligt, wie sie sogar Primas Prażmowski angesichts der ständig anwachsenden Türkengefahr forderte.

»Die Geisteskrankheit der Nation, die während des Sejms 1652 ihren Anfang genommen hatte, machte nach zwanzig Jahren erschreckende Fortschritte; die Privatinteressen verwischten nicht nur den Begriff des Staates in den Hirnen, sondern sogar den Selbsterhaltungstrieb, der doch einem jeden lebenden Wesen angeboren sei, und rief den Selbstmordtrieb hervor, der seither eine düstere und für andere Völker unbegreifliche nationale Eigenart des Polen bis auf die heutige Zeit geblieben ist«,[229] meint ein Kenner der polnischen Zustände, der Historiker Tadeusz Korzon. König Michał, der Liebling der Szlachta, besaß eine unglückliche Hand in vielen Dingen, so daß er sich unnötigerweise immer mehr Feinde im Lande machte. Auch Jan war empört über den König, der in die Kompetenzen des Krongroßmarschalls eingriff, indem er einige Divisionen, die zwar nicht direkt Sobieski unterstanden, die er jedoch zur Verteidigung in Wolhynien eingestellt hatte, statt abzukanzeln und an die Front zurückzuschicken, gnädig anhörte und in gute Winterquartiere schickte.

Jan, der doch so leicht, eben »wie ein Pulverfaß«, explodierte, war im höchsten Maße zornig und lieh nun wieder leichter sein Ohr den Einflüsterungen Marysieńkas und den offenen Aufforderungen Prażmowskis, an der Konspiration zur Dethronisierung mitzuwirken.

Von Frankreich wurde der Spion, Abt Paulmiers, der sich als Fortifikationsingenieur J. Bardouini bzw. Bauval, der angeblich bei Kandia gegen die Türken mitgekämpft hatte, ausgab, nach Polen und in Sobieskis Feldlager eingeschleust. Obwohl Jan sehr bald erkannte, wer sich da hinter diesem »Ingenieur« verbarg, gab er seinem König keinen Wink, sondern ließ den Spion ungehindert in Polen wirken.

Abt Paulmiers reiste zusammen mit seinem Kammerdiener Werdum, einem an zwei Universitäten ausgebildeten Holländer, Protestanten, aber nicht fanatisch, gescheit und an allem interessiert, außerdem mit einer guten Beobachtungsgabe ausgestattet und mit schriftstellerischem Talent begabt. Dieser Werdum führte peinlich genau Tagebuch über seinen zweijährigen Aufenthalt in Polen. Diese Aufzeichnungen gehören zum Genauesten und Interessantesten, was es über diesen Zeitraum in Polen gibt. Außer diesem Diarium verfaßte er noch ein »Tag-Register« über die Kampagne von 1671. Auf diese Weise ist vieles, was so sehr geheimgehalten werden sollte, der Nachwelt enthüllt worden.[230]

Primas Prażmowski hatte sich vorgenommen, Michał zur Abdankung zu zwingen. Zunächst versuchte er, den neuen österreichischen Gesandten, Baron Stom (oder Stoem), für seine Pläne zu gewinnen. Er erklärte diesem, Eleonore sollte weiterhin Königin bleiben, nachdem ihre Ehe mit Michał vom Papst annulliert worden wäre und sie den neuen König geheiratet haben würde. Es war haarsträubend, was sich das Kirchenoberhaupt Polens einfallen ließ, um den legalen König zu stürzen und einen dem Volke verhaßten französischen Kandidaten auf den Thron zu erheben.

Jetzt sollte es St. Paul von Longueville sein. Baron Stom berichtete alles getreulich nach Wien, doch Kaiser Leopold lehnte entrüstet ab und übergab die ganze Affäre seinem ersten Minister Lobkowitz mit folgendem Begleitschreiben:
»So schicke ich Euch auch ein Schreiben regis Poloniae, so sammt des Stoems Relation auch bald eine consulta bedürfen thuen. Fürwahr das polnische Wesen siehet übel aus und ich kann es nicht also gehen lassen, dann meine Blutfreundschaft, eigene Sicherheit und Convenienz lassen es mir nicht zu. Ist Polen hin, so kommt das beneficium ordinis auf uns, und praevideo, dass Gallus viel thuen wird, wenn mann ihm alles wird angehen lassen. Ich bekenne, es gefällt mir praecise der status gar übel. Und ich verbleibe Euer gnädigster Herr Leopold.«[231]

Ungefähr gleichzeitig mit Baron Stoms Bericht über die Malkontenten-Konspirationen erhielt Kaiser Leopold I. einen Brief seines Schwagers, des polnischen Königs Michał, in dem dieser um militärische Hilfe gegen die anrückende Türkenstreitmacht bat.

Es ist nur zu selbstverständlich, daß Leopold »das polnische Wesen« Sorgen verursachte, war ihm doch klar, weshalb die in Ludwigs XIV. Sold stehenden Malkontenten den Österreich freundlich gesinnten König Michał stürzen wollten: Um ihn, Leopold, mitsamt seinen Ländern in die Zange zu nehmen und »zu zerquetschen«, wie man das auszudrücken beliebte. Daß sich ein so hoher geistlicher Würdenträger wie Prażmowski, den Pasek schlicht und einfach »Lump« nennt, zu derart schmutzigen Geschäften hergab und Verleumdungen verbreitete, nämlich daß Michał impotent oder gar abartig veranlagt sei, daß er deswegen Eleonore, die Habsburgerin, gezwungen habe, eine Scheinschwangerschaft vorzutäuschen, muß den aufrichtig frommen Kaiser Leopold zutiefst verletzt und degoutiert haben. Deshalb auch seine energische Anweisung an Lobkowitz: ».... was vor remedia hierwider (böse machinationen) vorzukehren, wieweit des Königs und der Königin Sicherheit hierunter zu beobachten und was diesen einzurathen« sei und daß man »auf alle Weiss di abdication des Königs verhueten und zugleich woll klar sagen möget dass ich diese sache woll nicht also hingehen lassen kann....«[232]

Stom wurde also beauftragt, eine Abdankung auf jeden Fall zu verhindern und in Polen unmißverständlich kundzutun, daß der Kaiser diese zu verhindern wissen werde. So teilte Stom Prażmowski mit, daß Seine Kaiserliche Majestät dem König militärisch gegen seine Widersacher, die ihn dethronisieren wollen, beistehen werde; der Kaiser wünsche auch keine Scheidung seiner Schwester und werde daher sieben Regimenter, vier zu Pferde, drei zu Fuß, insgesamt 12 000 Mann, unter dem Kommando des Herzogs von Lothringen an die Grenze Polens nach Schlesien schicken.

Diese Drohung wurde zwar nicht wahr gemacht, aber politisch war der kaiserliche Beistand so wirksam, daß es zu keiner Entthronung kam. Königin Eleonores Mutter, Leopolds zweite Stiefmutter, die Kaiserinwitwe Eleonore von Gonzaga-Mantua, eine sehr temperamentvolle Dame, gab ihrem Schwiegersohn Michał den Rat, sich eher an der Spitze seines Heeres in tausend Stücke zerhauen zu lassen als abzudanken. Und die sanfte Königin Eleonore bestärkte ihren wankelmütigen, schwachen Mann, auszuharren und nicht aufzugeben. Baron Stom schildert Eleonore »schön wie ein Engel, von allen geschätzt und geliebt, geradezu vergöttert«, sie war tatsächlich freundlich, tat keinem Menschen etwas zuleide und liebte ihren Mann aus ehrlichem Herzen, unterrichtete ihn auch immer sofort über alles und stützte ihn, wo und wie sie nur konnte. Doch die Malkontenten arbeiteten mit infamen Lügen und Verleumdungen, wo sie nur konnten. Jan Sobieski, obwohl ebenfalls ein Malkontenter, war da eine Ausnahme: In seinen Briefen an Marysieńka stellte er ihr stets die Königin als Vorbild weiblicher Gattenliebe hin. »Zwischen Maria Ludwika und Maria Kazimiera stehend, kann sie als Ideal einer königlichen Ehegattin und bescheidenen Frau angesehen werden.«[233]

Michał, dessen Familie wie die Jans aus Südpolen stammte, hatte davon geträumt, das polnische und ruthenische Volk endlich zu befrieden und zusammenzuführen; er hatte dem Papst in Aussicht gestellt, Konstantinopel von den Ungläubigen zurückzugewinnen, ebenso die heiligen Stätten in Palästina; auch gedachte er, die Walachei vor dem sicheren Untergang durch die Türken zu bewahren. Er träumte jenen Traum, den die meisten polnischen Herrscher geträumt hatten, aber es blieben Träume.

Am 10. Juni machte sich Jan Sobieski endlich von Jaworów auf den Weg nach Warschau, um am Sejm, der seit dem 18. Mai tagte, teilzunehmen.

Aus Pielaskowice schrieb er an Marysieńka, sich schleunigst auf den Weg zu machen, denn in Warschau ging alles »pire en pire«, es wurde alles immer schlimmer. Die Königliche Garde hielt das Schloß besetzt, Sobieskis Dragoner nahmen das Arsenal ein.

In jenen schmachvollen Tagen schickten die Malkontenten ein Schreiben an Ludwig XIV. und baten um Hilfe gegen die Türken. Dafür versprachen sie, Michał zu stürzen und einen Franzosen auf den Thron zu bringen. Dieses »Dokument der Ohnmacht, Verwirrung und Schande« hatten Primas Prażmowski und der Krongroßhetman Sobieski als erste unterzeichnet, ihnen folgten fünfunddreißig Magnaten und dann noch weitere Adelige, so daß zum Schluß dreihundertsiebenundsechzig Unterschriften dieses Bettel-Dokument der Malkontenten zierten.[234]

Ludwig hielt sich aber diesmal zurück. Der Hof warb ebenfalls um Hilfe an anderen Königshöfen, doch die Schweden winkten ab und meinten, die Polen sollten einen Schweden zum König wählen, dann würden sie auch Hilfe von ihnen bekommen. Außerdem verlangten sie vorsorglich gleich das Königliche Preußen für sich als Lohn.

Polen stand wieder einmal knapp vor dem Bürgerkrieg, denn Prażmowski war entschlossen, schon während dieses Sejms die Königsfrage zu lösen. Marysieńka bestärkte ihn darin und redete auf Jan ein. Doch dieser lehnte für den Augenblick entschieden ab. Angesichts des heranmarschierenden Feindes wollte er auf jeden Fall einen Bürgerkrieg verhindern. Sobieski geleitete noch mit erhobenem Marschallstab den König in seine Gemächer zurück. Aber das Mißtrauen blieb auf beiden Seiten bestehen. Es war eigentlich nur ein Waffenstillstand angesichts der Gefahr eines Türken- und Tatarenkrieges.

Am 16. Juli verließen Jan und Marysieńka Warschau und reisten auf dem Wasserwege ab, sie nach Jaworów, wo sie ihrer Entbindung entgegensehen wollte, er nach Gołąb. Von hier aus erteilte er Befehle an die Armee und forderte vor allem vom König und von Prażmowski, daß man Sorge tragen solle für die Verteidigung von Kamieniec. Denn schon marschierte in breiter Front die ganze große feindliche Heeresmacht heran und überschritt die polnische Grenze.

Jan erließ noch immer seine Befehle, nicht ahnend, daß bereits am 18. Juli die erste Schlacht zwischen Batoh und Czetwertynówka verloren war.

7
Der türkische Krieg

Damit war der türkische Krieg eröffnet. Doroszeńko marschierte mit 18 000 Mann auf den Batoh zu, unterstützt von 2000 bis 3000 Türken, außerdem stieß zu ihm der Tatarenchan der Krim, Selim Girej, mit einer großen Streitmacht. Dieser erließ auch an die Bevölkerung einen psychologisch sehr geschickten Aufruf, sie möge sich Doroszeńko unterwerfen, der nur das Beste für sie wolle. Auch sprach er davon, daß sie als Befreier kämen, um sie von der polnischen Sklaverei zu erlösen.

Sobieski schrieb, warnte; er befürchtete, daß Kamieniec sich nicht würde halten können, denn es war auf keinen Sturm vorbereitet; auch herrschte dort große Unordnung, es war nicht einmal ein Kommandant zur Stelle. Jan sah schon Lemberg bedroht, ja sogar Krakau.

König Michał hatte wohl das Allgemeine Aufgebot ausgerufen, aber es funktionierte nicht richtig. Pasek beschreibt, wie die Leute wieder nach Hause zurückritten, weil ihnen ihre Privatinteressen viel wichtiger waren als die Rettung des Vaterlandes. Keiner sah über seine eigene Nase und die Grenzen seines eigenen kleinen Gütleins hinweg.

Sobieski allerdings erkannte die Gefahr; er schrieb verzweifelt am 6. August an den Krakauer Bischof Trzebicki: »Die Stunde unseres Unterganges naht... Und das ist das Schwerste in diesem unseren Unglück, daß man uns noch verübelte, daß wir warnten und uns vor dem fürchteten, vor dem man sich rechtzeitig hätte fürchten müssen. So sollten nämlich große Menschen und berühmte Heerführer sich verhalten, daß sie sich aus der Entfernung fürchteten, aber aus der Nähe den Feind leicht nehmen... Der Jammer erlaubt mir nicht, weiter zu schreiben, wenn ich an den Verlust der Gotteshäuser, unserer Güter und des lieben Vaterlandes denke.«[235]

Jan Sobieski schickte einen Boten, der Marysieńka mitteilte, sie möge sofort umkehren und sich nach Gniew, in der Nähe von Danzig, begeben; desgleichen bot er Tante Dorota mit ihren Nonnen sowie seiner Schwester Katarzyna Radziwiłł samt Kindern dort Asyl an.
Selbst schrieb er nochmals an Paulmiers und beschwor ihn, Ludwig XIV. möge samt seinem Thronkandidaten ein Heer nach Polen schicken, Sobieski selbst würde ihn mit einem Heer von 6000 bis 7000 Mann in Preußen abholen; er würde dann mitsamt seinen Freunden sofort die Maske abwerfen und König Michał den Gehorsam aufkündigen. Sollte jedoch König Ludwig noch lange zögern, würde er, Sobieski, den Herzog von Lothringen zu Hilfe rufen, der mit einer vom Kaiser garantierten Armee in Höhe von 12 000 Mann sofort heranmarschieren würde. Das war ein Ultimatum.
Am 6. August verließ Jan Gołąb und eilte über Lublin und Pielaskowice nach Lemberg. Eile tat not, denn Kosaken und Tataren hatten bereits in der Ukraine und Podolien das polnische Heer geschlagen, und eine hunderttausendköpfige türkische Armee rückte gegen Kamieniec vor. Sultan Mehmed IV. führte seine Armee selbst an. Am 17. August unterwarf sich Doroszeńko. Dann begann die Belagerung von Kamieniec. Die polnische Besatzung versuchte, in aller Eile die Befestigungen zu verstärken. Zu spät. Am 26. August kapitulierte Kamieniec Podolski; der Artillerie-Major Heyking zündete jedoch 200 Fässer Pulver an und sprengte sich mit 700 Mann Besatzung in die Luft. Darunter befand sich auch der durch Henryk Sienkiewicz so berühmt gewordene Herr Wołodyjowski, den seine Soldaten gerne ihren Hektor nannten. Wer wollte, durfte die Stadt mit seiner Habe verlassen, wovon viele Gebrauch machten. Die übrigen ergaben sich dem Sultan. Drei Kirchen verblieben den Christen verschiedener Bekenntnisse. Die übrigen wurden zerstört, die Heiligenbilder dem triumphal in die Stadt einziehenden Sultan unter die Hufe des Pferdes geworfen. Die Kosaken aber zogen alsbald los, um die Güter der verhaßten polnischen Magnaten zu brandschatzen, vor allem diejenigen des Krongroßhetmans Sobieski.
Die türkische Armee rückte dann in Richtung Lemberg vor. Jan

Sobieski, den diese Nachrichten, zum Teil verfälscht und übertrieben, erreichten, sah ein, daß man jetzt auf fremde Hilfe nicht mehr rechnen konnte. Er schrieb an Bischof Trzebicki und bat ihn, zwischen ihm und dem König zu vermitteln und ihn der Ergebenheit Sobieskis zu versichern. Denn in dieser ernsten Situation konnte man nur noch mit vereinten Kräften versuchen zu retten, was zu retten war. Jan vergaß alle seine alten Ressentiments; er rückte auch nicht aus, um seine eigenen Besitzungen zu retten, und lehnte dankend, aber sehr entschieden, die Vermittlung des Wojwoden der Walachei ab.[236]

Lemberg, das keiner Belagerung standhalten konnte, begann sofort Verhandlungen und kaufte sich von der Erstürmung durch 80 000 Taler frei. Das türkische Heer verhielt sich diszipliniert und überließ das Plündern, Rauben und Sengen den Tataren, die bis weit nach Polen hinein ausschwärmten.

Als am 1. Oktober die polnischen Kommissare mit entblößtem Haupte vor Sultan Mehmed IV. standen, um die Friedensverhandlungen zu beginnen, und sich beklagten, daß die Tataren so schrecklich in Podolien, das einem Meer von Feuer glich, hausten, antwortete der Sultan trocken: »Das ist Kriegsgebrauch. Dankt Gott und uns, daß die türkischen und tatarischen Armeen nicht bis zur Weichsel vorgestoßen sind.«

Sobieski, der zuwenig Streitkräfte hatte, um einen offenen Kampf mit den Türken aufnehmen zu können, begann nun einen Kleinkrieg gegen die plündernden Tataren. In nur neun Tagen legte er mit seiner Reiterei über 300 Kilometer zurück und schlug erfolgreich sieben kleine Schlachten, u. a. bei Krasnystaw, Niemirów, Komarno und Kałusz; er hetzte die Tataren durch dick und dünn, verfolgte sie, überrumpelte sie, spielte Verstecken mit ihnen, wandte alle ihre eigenen Listen an, »fast niemals schlafend, nie sich entkleidend, Feuer nicht entfachend, kaum etwas essend, denn in dem verwüsteten Lande war es schwerer, einen Laib Brot aufzutreiben denn tausend Tataren«. Das Heer ernährte sich fast nur von Rüben und Rettichen, die man auf den Feldern fand, die Pferde rupften das spärliche Oktobergras, die Soldaten legten sich bei Einbruch der Dunkelheit, gegen fünf Uhr nachmittags, zu einer

kurzen Schlafpause nieder, und um Mitternacht brachen sie auf und marschierten in der Finsternis weiter, um den Feind irgendwo zu überraschen, anzugreifen und in die Flucht zu schlagen.
Sobieski entwickelte dabei bisher ungeahnte Fähigkeiten gerade im Führen solcher kleinen Überrumpelungsangriffe. Mit besonderer Genugtuung erfüllte ihn, daß er den Tataren zirka 40 000 Christen, die sie in die Gefangenschaft führten, abjagen konnte. Ein französischer Bericht sprach sogar von 80 000 Befreiten. Am 14. Oktober hatte Sobieski den Sieg bei Kałusz erfochten, am 15. ließ er im Lager einen festlichen Dankgottesdienst bei Militärmusik und feierlichem Te Deum abhalten.
Am 18. Oktober aber unterzeichneten die polnischen Kommissare den schmählichen Friedensvertrag von Buczacz, der Polen praktisch in die Lehnsoberhoheit des türkischen Sultans brachte. Polen mußte den Türken einen Teil der Ukraine und ganz Podolien samt Kamieniec abtreten und sich zu einem jährlichen Tribut von zweiundzwanzigtausend Goldzłotys verpflichten. Ursprünglich hatte der türkische Kaimakan sogar hunderttausend verlangt, angesichts der Siege Sobieskis war er jedoch im Preis heruntergegangen. Und schon greift die Poesie Jans Heldentaten von Podhajce auf. Wacław Potocki, der bedeutendste zeitgenössische Dichter Polens, schilderte in einem langen Poem die Ereignisse des Herbstes 1672 und wendet sich in einem Vers auch direkt an Sobieski:

»Möge das stolze Konstantinopel erfahren und auch die Krim,
daß dein Vater es war, der die pacta schrieb von Chocim,
Zeig es, großer Sobieski, der Ottomanischen Pforte,
wie dich schmerzt, daß sie dem Vater gebrochen die Worte.«[237]

Noch immer lebte die Erinnerung an den ehrenwerten Herrn Jakub ungetrübt und unverwischt in der Erinnerung seiner dankbaren Landsleute fort. Diese Tatsache mußte Jan zu denken geben – und ihn weiterhin zur Ernüchterung in bezug auf die Machenschaften der französischen Partei bringen. Nahe seinen heimatlichen Orten wurde auch die Vergangenheit wieder lebendig und distanzierte ihn von dem französischem Narkotikum, mit dem

Marysieńka ihn und sein Gewissen so lange betäubt hatte. Wenn es eine wirkliche Aufgabe in diesem Leben für ihn gab, so nur diese: hier an der Südostgrenze das Land zu befrieden, es gegen die »Heiden«, die Erbfeinde, zu schützen und damit endlich den Tod seines Bruders Marek, des Krongroßhetmans Żółkiewski und der anderen Verwandten zu rächen.

In Gołąb, wo sich die Szlachta um König Michał zu einer Konföderation versammelte, beratschlagte man, wie am besten das Vaterland gegen die Türken zu beschützen wäre; als zweites jedoch den persönlichen Schutz des Königs. Die Szlachta spendete sogar spontan Geld zur Fortführung des Krieges: »So war flugs ein Schatz für den Herrscher geschaffen. Dies alles bewirkte die wahrhaftige Liebe der Untertanen zu ihrem König, der eben einen solchen Schutz brauchte. Dem Heer nämlich, das unter den Hetmanen stand, vertraute er nicht mehr«, berichtet Pasek.

Nun verlangte jedoch die Szlachta, daß man gegen die Malkontenten vorgehe. Umsonst versuchte in Gołąb der gewählte Marschall Stefan Czarniecki, ein Neffe des verstorbenen Heerführers, sie davon abzubringen, indem er ihnen klarzumachen versuchte, daß Seine Majestät ein gnädiger Herr sei, der über erlittenes Unrecht hinwegzusehen imstande sei. Doch alle schrien: »Vor Gericht! Werden uns diese Schurken noch lange mit ihrer Bosheit beunruhigen? Der König Kasimir war ihnen zu schlecht, sie hörten nicht auf, gegen ihn zu intrigieren, solange, bis sie ihn zu arger Infamie brachten. Gott hat uns den jetzigen Vater, nicht Herrn, gegeben, und er gefällt ihnen schon wieder nicht.«

Die Deputierten berieten hin und her, oft entstand großer Wirbel, man rasselte mit den Säbeln, fuchtelte mit Äxten, griff zu den Pistolen. Es ging nicht ohne große Tumulte ab.

Wehe dem, der gegen den König auch nur murrte, geschweige denn offen sprach. So sehr hatten ihn alle ins Herz geschlossen, daß sie sprachen: »Das ist unser König, unser Blut, os de ossibus, schon lange konnten wir uns nicht eines Königs aus unserem Volke erfreuen.«[238]

Nicht verwunderlich, daß König Michał, der sich dermaßen von der Szlachta geliebt sah, dem Primas Prażmowski, der ihn auf-

forderte, zum Wohle des Vaterlandes die Krone niederzulegen, antwortete: »Ich weiß wohl, daß Sie mich gekrönt haben, aber nicht Sie allein haben mich gewählt; wenn alle das wollen und damit einverstanden sind, werde ich sehr gerne die Krone in die Hände zurücklegen, aus denen ich sie empfing.«
»Ich protestiere vor Gott, was immer geschehen sollte, geschieht durch Eure Majestät.«
»Ich protestiere tausendfach vor Gott, denn alles Böse, das war, ist und sein wird, das kommt nur von Euch«[239], sprach mit Würde der König.
Das geschah am 25. Juni dieses schicksalhaften Jahres 1672. Am Vortage, dem Johannistag, hatte noch der König Jan Sobieski zum Namenstag ein Pferd mit reichem Zaumzeug geschenkt und die Königin ein kostbares Kleinod. Zu seiner Ehre sei gesagt, daß sich Jan aller Wahrscheinlichkeit nach nicht unter den »sieben« befunden hatte, die zum König mit oben geschildertem Ansinnen, die Krone niederzulegen, gegangen waren und von diesem zunächst ungemein freundlich und leutselig empfangen worden waren, bis sich die Audienz zu oben geschilderten Mißtönen steigerte.
Auch Marysieńka war am 26. Juni zur Audienz beim König wegen ihrer Zamoyski-Ansprüche erschienen und riet ihm unverfroren, doch abzudanken.
»In Gołąb zahlten die Königstreuen nun den Malkontenten alles heim, was sie Böses getan oder zu tun gedachten. Sie erzwangen die Absetzung des Primas, und einige Male wäre es fast zum Blutvergießen gekommen«, berichtet Herr Pasek voller Befriedigung. Zum Glück ging auch diese Generalkreissitzung in Gołąb einmal zu Ende,[240] nämlich am 10. November 1672.
Sobieski befand sich bis 30. Oktober im Lager bei Bolechow, wo er von den aus Buczacz zurückkehrenden Kommissaren nähere Einzelheiten über den abgeschlossenen Friedensvertrag erfuhr. Auch sie erzählten – wie seinerzeit Jakub Sobieski – über die schier unglaubliche Pracht am Sultanshofe. Jan jedoch, der sofort alle diese Nachrichten an den Vizekanzler Olszowski weiterleitete, konnte sich nicht enthalten, bitter zu bemerken, daß »die freie Rzeczpospolita, die sich Domina Gentium (Beherrscherin der

Völker) hätte nennen können, facta est sub tributo (lehnspflichtig wurde)«. Scharf sprach er sich bei dieser Gelegenheit auch über die Verurteilung der Malkontenten durch die Konföderation von Gołąb aus, denn jetzt »würde man wohl ganz Polen verurteilen müssen«, denn er wüßte keinen, der mit der Zerstörung so vieler Kirchen und Abtretung so vieler Provinzen, die fast so groß wie das ganze Königreich seien, der Verwüstung so großer Familienbesitze und so vielen in Gefangenschaft Geratenen »adeligen und christlichen Blutes« zufrieden sein könnte.

Einen sehr offenen Brief schrieb Sobieski auch an den Bischof Trzebicki von Krakau, in dem er seinem Schmerz über die Zustände in Polen Ausdruck gab. Nicht nur, daß die Tataren weite Landstriche verwüstet hatten, auch die Konföderierten von Gołąb hatten wie Feinde im Lande gehaust. Ihm selbst hatten sie in der Wojewodschaft Lublin rund um Pielaskowice einige Dörfer zerstört, hatten die Schuten überfallen, die mit Tante Dorota, der Äbtissin, samt ihren Nonnen weichselabwärts nach Gniew reisten, und versuchten ununterbrochen, durch falsche Gerüchte und Tratschereien seine Ehre und Reputation zu beflecken. »Aber das alles wäre noch irgendwie eher ertragbar als das, was wir ansehen müssen: die Demolierung des Staates, das Beugen des Rechtes und den Untergang unserer Freiheit, denn gab es jemals solch eine Form von Gerichten unter der Sonne, ich gebe das zu bedenken, und ich bekenne offen, daß ich lieber meine Knochen noch in diesem Augenblick in fremde und weit entfernte Länder wegbrächte, damit dieses undankbare Vaterland nicht einmal nach dem Tode auf sie blicken könnte.«[241]

Jedoch halte ihn vor der Emigration der Wunsch zurück, seine Ehre und Reputation, die bisher niemals befleckt waren, hier im Vaterland reinzuwaschen. Und er stellte die Frage, was zur Rettung Polens zu tun sei. Da er sich inzwischen selbst überzeugt hat, »daß der Krieg mit den Türken gar nicht so schrecklich« sei, sollte man auf gar keinen Fall den Traktat von Buczacz ratifizieren, sondern sich für einen neuen Türkenkrieg vorbereiten. Dieses sei aber nur möglich, wenn die Differenzen unter den Parteien ausgeglichen würden; man müsse »einander daher um Verzeihung bitten,

Verzeihung gewähren, das Ehrenwort einander geben, durch die Konstitution gesicherte Amnestie zusagen«.[242]

Während sich der Krongroßhetman konkrete Gedanken über die Zukunft des Landes machte, kamen die »Kommissare des Königs«, wie sich die Abgesandten der Konföderation von Gołąb selbst nannten, zu Sobieski ins Feldlager und forderten ihn und das Heer auf, sich mit der Szlachta der Konföderation von Gołąb zu vereinigen und dieser Treue zu geloben. Sofort erhob sich großer Lärm, es wurde mit den Säbeln gerasselt, und man drohte, die Kommissare so zu traktieren, wie die Szlachta in Gołąb einen »Verräter« traktiert hatte. Nur mit Mühe konnte Sobieski ein Blutvergießen verhindern. Er sagte zwar den Kommissaren zu, was er später auch dem König schrieb, daß er sich in das Lager von Lublin begeben werde, um sich mit dem Allgemeinen Aufgebot zu vereinigen; doch darf bezweifelt werden, ob das aufrichtig gemeint oder blanker Hohn war.

Pamphlete tauchten abermals auf; einerseits wurden die Malkontenten verhöhnt und verunglimpft, andererseits wurde gegen den König gehetzt, dieser lächerlich gemacht und als Mann ohne Kopf und Verstand hingestellt, auch hieß es in einem: »Und errette uns von der Wiener Sklaverei!«, was sich auf König Michałs[243] gute Beziehungen zu Österreich und den Habsburgern bezog. Sobieski führte nun sein Heer nach Szczebrzeszyn in die Gegend von Zamość und berief dort einen Generalkreistag in die Franziskanerkirche ein. Das Heer sollte sich zu einer Konföderation zusammenschließen und den Treueid ablegen. Zwar hieß es in der Eidesformel weiterhin, daß man dem König Treue gelobe, aber es gab einen eher unauffälligen Nachsatz, daß dieser Eid nur im Zusammenhang mit dem Krongroßhetman Sobieski galt, während »dem anderen«, gemeint war Stefan Czarniecki, der Marschall der Konföderation von Gołąb, keinerlei Folge geleistet werden dürfte. Nachdem das Heer geschworen hatte – nur vier Einheiten hatten ursprünglich den Eid verweigert und waren aus dem Kreis gewiesen worden, waren aber später reumütig zurückgekehrt und hatten ebenfalls geschworen –, leistete auch Sobieski seinen Eid: »Da sich das Heer bei meiner Ehre und Würde zu stellen versprach,

also werde auch ich für die Interessen des Heeres und jeden einzelnen, der zu mir steht, einstehen.«[244]
Prażmowski, der dem König und seinen Anhängern mit dem Bannfluch drohte und sich an den Papst um Hilfe wandte, von dem auch zugesichert bekam, daß er von keinem weltlichen Gericht verurteilt werden dürfe, hatte die Dreistigkeit »zu leugnen, jemals mit Ludwig XIV. wegen eines Thronkandidaten verhandelt zu haben«. Seine Zeitgenossen kannten nicht die Briefe, die wir heute kennen und die gnadenlos die Doppelzüngigkeit und hochverräterische Tätigkeit dieses unheiligen Dieners der heiligen römischen Kirche aufdecken.
Ähnlich doppelzüngig verhielt sich Jan Sobieski, der Krongroßhetman, der seinem König, dem er Treue gelobt hatte, zwar scheinbar loyal gegenüberstand, in Wirklichkeit jedoch hinter dessen Rücken den Hochverrat weiter forcierte, indem er nochmals Ludwig XIV. über Abt Paulmier um Hilfe bat und ihn anflehte, sofort einen Kandidaten für den Thron zu nennen. Sobieski, Polens Krongroßhetman und Krongroßmarschall, erbot sich dafür, die Feinde Frankreichs von Polen aus mit dem konföderierten Heer anzugreifen, nämlich den Kaiser, der immerhin mit dem polnischen König verbündet war, in Schlesien oder Mähren, oder den großen Kurfürsten in Ostpreußen bzw. dem Herzogtum Preußen und Pommern.[245]
Dabei war gerade Kurfürst Friedrich Wilhelm II. der einzige sämtlicher europäischer Fürsten, der Polen wirksame Hilfe gegen die Türken schickte: ob es 6000 oder 1500 oder sogar nur 500 berittene Dragoner waren, die für 1500 Mann Fußvolk zählten, wie es im Traktat von Bromberg vereinbart worden war, ändert nichts an der Tatsache, daß dieser noch heute von Polen seit über dreihundert Jahren als »treulos« und »wortbrüchig« geschmähte Brandenburger der einzige war, der Waffenhilfe gegen die Türken leistete; daß diese Brandenburger nicht an der Front unter Sobieski zum Einsatz kamen, sondern von König Michał und dessen Konföderierten von Gołąb beim Allgemeinen Aufgebot zurückgehalten wurden, geht schon nicht mehr auf das Konto Friedrich Wilhelms, sondern auf das der Polen selbst.[246]

Aber nicht allein Sobieski machte sich Gedanken, wie Polen zu retten sei. Der siebzigjährige Bischof von Krakau, Trzebicki, erschüttert durch den Fall von Kamieniec Podolski, fürchtete nun auch für Lemberg und Krakau, weshalb er am 1. Oktober einen sorgenvollen Brief an den kaiserlichen Gesandten Baron Stom schrieb, der Kaiser möge Hilfstruppen schicken und König Michał mit Sobieski und Prażmowski aussöhnen und dafür Krakau und Kleinpolen in Besitz nehmen.[247]

Er schrieb einen ausführlichen Bericht in diesem Sinne auch an Sobieski, in dem es u. a. hieß: »Und da dies sicher ist, daß Polen allein, derart verwüstet, sich aus eigenen Kräften nicht von der heidnischen Sklaverei befreien kann, müssen wir, an Geld und anderen Kriegsmitteln so arm, unbedingt Bündnisse und Ligen mit den benachbarten Monarchen, wie während des Schwedenkrieges, was sich glücklich bewährt hatte, eingehen. S. M. der christliche Kaiser, sehend, daß es nicht nur um den heiligen Glauben, sondern auch um sein Erbreich und das Königreich Ungarn geht, ist geneigt, mit uns eine Liga abzuschließen und auch in dieses Bündnis den moskowitischen Zaren miteinzubeziehen, ebenso die Schweden und den Kurfürsten von Brandenburg, mit welch beiden er bereits Verhandlungen aufgenommen hat. Er verspricht, auf dem Reichstag zu Regensburg zu bewirken, daß das Reich mit einer großen Summe Geldes in diesem Kriege Polen zu Hilfe kommen werde. Er macht jedoch zur Grundlage, daß es in Polen zu einer echten und dauerhaften Vereinigung zwischen dem König und den Herren ... komme. Damit war der Gesandte des Kaisers, Herr Baron Stom, bei mir, der damit auch beim Krongroßmarschall vorsprechen soll. Meine Meinung ist, daß wir von niemand anderem sicher und leichter Rettung erfahren könnten als vom Kaiser. Andere Potentaten, von denen uns das Meer, Berge oder eine unendlich weite Entfernung zu Lande trennt, die mit anderen Kriegen beschäftigt sind und die keine so direkte Interessen mit uns verbinden, können uns weder schnell noch wirkungsvoll retten, und wir sind wiederum nicht in der Lage, ihnen das zu vergüten, was sie von uns möchten.«[248]

Ungeachtet dieser klugen Erwägungen Bischof Trzebickis ließ sich

Jan in seinem heftigen Temperament dennoch hinreißen, an Ludwig XIV. zu schreiben.

Kaum hatte das Heer in Szczebrzeszyn den Eid geleistet, wandte sich der Herr Krongroßhetman schon ganz anderen, für ihn zumindest genau so wichtigen Dingen zu: seiner Korrespondenz mit Marysieńka.

Marysieńka hatte Mitte Oktober in Gniew einem Töchterchen das Leben geschenkt; das hatte die Ehegatten wieder etwas mehr zusammengeführt. Rührend die Bitte Jans, Marysieńka möge ihn doch endlich mit dem vertrauten »Du« anreden: »Celadon hat Astrée gebeten, ihn nicht in den Briefen mit ›vous‹ anzureden, denn das ist ein Zeichen nicht völliger Vertrautheit. Astrée hat darauf nicht geantwortet und den Stil nicht geändert.«[249]

Er macht sich allerdings allmählich nichts mehr vor in bezug auf seine Frau. Dennoch nennt er sie immer noch »mein Herz« und »Allerschönste, allerentzückendste, allerliebste Marysieńka, meiner Seele und meiner Gedanken Freude und einziger Herr meines Herzens«, zu dem ihn nach wie vor seine Sinne mit aller Gewalt hinziehen. Er hofft denn auch, daß sie in Wirklichkeit einhalten werde, was sie ihm in ihren Briefen versprochen hat.

»Wenn mir so geschieht, wie ich es wünsche, daß sogar meine Gedanken durch Liebe, völliges Vertrauen, Zärtlichkeit, keine Verweigerung vorweggenommen werden – o, dann will sich Celadon derart in der Liebe seiner Astrée versenken, daß er sich völlig ihrem Willen und ihrer Herrschaft unterwirft, so daß sie mit ihm disponieren kann, wie sie es will und für richtig hält.«[250]

Ein gefährliches Versprechen für einen Krongroßhetman, es kommt einer Kapitulation gleich, die für ihn zwar erstrebenswert, für das Reich, das er beschützen sollte, jedoch katastrophal war. Zum Glück hat Marysieńka abermals ihren treuergebenen Celadon enttäuscht, denn in Kürze wird der steile Aufstieg Jans zum Ruhme beginnen und ihn zur höchsten Höhe führen, die jemals ein Pole in Europa erklommen hat.

Jan jagt, was die Pferde herhalten, von Szczebreszyn nach Łowicz, wo er mit Prażmowski Rücksprache hält; von hier will er schnellstens nach Dirschau und Gniew weiterreisen. Da erreicht

ihn ein Brief Marysieńkas, der ihm alle Freude aus dem Herzen und allen Wind aus den Segeln der Verliebtheit nimmt: Marysieńka macht ihm Vorhaltungen, beschwert sich über Tante Dorota. Entsprechend enttäuscht klingt der Brief, den Jan sofort nach seiner Ankunft in Łowicz am 11. Dezember 1672 an sie schreibt: »Hier in Łowicz mit meiner mit nichts zu vergleichenden Liebe eingelangt, finde ich bei der Warschauer Post den Brief meines Herzens vor, in dem du nur schimpfst, wie in allen anderen auch; du schreibst, daß du mich nicht so schnell bei dir erwartet hast und du vorhattest, wegen dringender Angelegenheiten de votre famille rasch nach Paris zu fahren. Da ich – bei so gefährlichem und beschwerlichem Weg – dort (in Gniew) nichts zu tun habe, außer mein Herz zu sehen und mich an ihm zu erfreuen (denn wegen der Kinder allein würde ich keine derartige Mühe auf mich nehmen), ich also werde nach Pielaskowice zurückkehren und mein Unglück beweinen und mich über jene beschweren, die so gut die langjährige Liebe meines Herzens kaputt machten und noch immer machen. Man wird also endlich das tun müssen, was andere Leute tun und noch ein paar gute Tage genießen, da alle meine Abtötungen mir nicht angerechnet werden.« Hier spielt Jan auf die neue Mode in Polen an, die von Frankreich sich eingeschlichen hatte, daß sich viele der großen Herren Mätressen zulegten und leichte Damen aufsuchten.
Bitter meint Jan:
»Auch ich werde wohl noch mitleidige Menschen finden, die mich nicht von sich stoßen und denen meine Gesellschaft nicht zuwider ist.«
Marysieńka hatte ihm in diesem Briefe wieder einmal vorgehalten, daß er ihrer Liebe überhaupt nicht würdig sei; er darauf: »Das habe ich immer zugegeben und gebe es weiterhin zu; aber ich hatte gehofft, daß die Liebe meiner Seele, der du mich so oft versichert hast, alle meine defauts zugedeckt und verziehen habe. Wenn es aber anders ist, so will ich auch das mit meinem Gehorsam belohnen und mich auf das eifrigste bemühen, mein Leben zu verkürzen, um so rasch wie möglich einem Würdigeren Platz zu machen.«[251]
Jan ist lebensmüde. Oder kokettiert er nur mit dem Tode, um seine

stahlharte Marysieńka zu erweichen? Wahrscheinlich trifft beides zu. Jan wird sich fortan mit wahrer Lust in das gefährlichste Schlachtengetümmel stürzen; und er wird weiterhin um die Liebe und Gunst seiner Marysieńka betteln.
Mit diesem Brief brachen für zweieinhalb Jahre Jans Herzensergüsse, sein Lamento und leider auch seine Notizen zum Zeitgeschehen ab.
Marysieńka fuhr nicht nach Paris, sondern brachte brav Jahr um Jahr Kinder zur Welt: im Oktober 1673, irgendwann im Jahre 1674, was dafür spricht, daß die Schildwacht ihren Dienst versah, und Jan, der Prinzipal, sich weiterhin an allen Schönheiten seiner Marysieńka ergötzte.
Auch König Michał wurde nicht dethronisiert. Obwohl Jan nochmals mit Vehemenz und wahrem Furor sich in dies schmutzige Geschäft stürzte.
Jan ritt nicht nach Pielaskowice zurück, sondern pflog mit Primas Prażmowski konspirative Gespräche, ritt nordwärts, dirigierte 500 Mann Infanterie nach Preußen – zu Marysieńka nach Gniew – und entfaltete eine rege Korrespondenz mit seinen Freunden, den anderen Malkontenten. Seine Frankophilie war bis zum Siedepunkt gediehen; er war entschlossen, König Michał zu stürzen und, wenn nötig, mit Gewalt den Polen als König einen Franzosen aufzudrängen.
Am 30. Dezember 1672 richtete er in seinem und seiner Freunde Namen an Ludwig XIV. einen ultimativen Brief, ihnen binnen fünf Wochen einen Kandidaten zu nennen, denn länger könnten sie nicht mehr warten, da sie »den Rubikon überschritten« und sich dem König gegenüber derart kompromittiert hätten, daß es kein Zurück mehr gäbe. Nochmals versicherte er »unserem Kandidaten« völlige Sicherheit, da er 9000 Mann »sehr sichere und treue« Infanterie nach Preußen dirigiere, Ludwig möge auch noch 10 000 bis 12 000 Mann hinzufügen, die Sobieski dann zusammen mit den polnischen gegen den Kaiser oder den Kurfürsten in Brandenburg einsetzen würde, da diese im Augenblick, nach dem Frieden mit der Türkei, weniger für den türkischen Krieg benötigt würden. Jan Sobieski schwingt sich zu der Behauptung auf, daß er,

falls die Türken tatsächlich im Frühling wieder an Krieg denken sollten, diese schon allein durch den Thronwechsel von weiteren feindlichen Handlungen abhalten würde. Sollte »der Allerchristlichste König« jedoch während des genannten Termines keinen Kandidaten nennen, wären sie gezwungen, nach einem anderen Ausschau zu halten, jedoch einem, der Frankreich genehm wäre. Es ist für Sobieski bezeichnend, daß er diesen Brief, in dem es um Polens Zukunft geht, mit der Einforderung einer Summe von 20 000 französischen Talern, die er dem französischen Agenten Paulmiers vorgestreckt hatte und die dieser bis dato nicht zurückerstattet hatte, beendet.[252]
Die Stimmung im Lande war gedrückt, denn endlich begann man den Ernst der Lage zu begreifen. Aus den von Türken, Tataren und Kosaken besetzten Gebieten kamen immer mehr Exulanten nach Innerpolen und erzählten von den Greueln und Repressalien der Besatzer. Diese Demütigungen durch den Feind beleidigten den empfindlichen Nationalstolz der Polen. Man begann, laut nach Einigkeit im Lande und nach einer wirksamen Verteidigung zu rufen.
Gereizt reagierte man in Warschau auf die Nachricht, daß die Malkontenten am 8. Januar eine eigene Tagung in Łowicz angesetzt hatten, während seit 4. Januar 1673 in Warschau die Konföderierten von Gołąb tagten. Der eine Versöhnung anstrebende Krakauer Bischof Trzebicki erbot sich, als Vermittler nach Łowicz zu reisen, was dankbar angenommen wurde, um die Malkontenten zu der gemeinsamen Generalkreistagung nach Warschau einzuladen. Indessen weilte Jan Sobieski, um den es in Wirklichkeit am meisten ging, noch in Gniew und schrieb mit Leidenschaft und Elan unzählige Briefe an seine Gesinnungsgenossen und lud sie ein, mitzuwirken »am Aufrechterhalten der verfallenden Freiheit«. Erst am 19. Januar kam es in Łowicz zu der ersten Besprechung zwischen den Malkontenten und den Königstreuen. Es wurde hin und her debattiert, gezankt, gestritten, endlich verlangte Sobieski, man möge ihnen Zeit lassen, um ihre Beschwerden schriftlich zu formulieren. Chrapowicki, der Begleiter Bischof Trzebickis, bemerkte sehr treffend, die Malkontenten

wollten nur Zeit gewinnen. Und so war es auch, denn Sobieski vermied es, sich festzulegen, ehe er nicht die Antwort Ludwigs erhalten hatte.

Doch diese kam nicht. Der Sonnenkönig würdigte die polnischen Malkontenten-Hochverräter keines Wortes.

Enttäuscht sah Jan ein, daß er auf Ludwig nicht mehr hoffen konnte. Ihm und seinen Genossen blieb nichts anderes übrig, als zum Wohle des eigenen Landes endlich eine Kehrtwendung zu machen und sich wieder zu ihrem eigenen König zu bekennen. Obwohl die Denkschrift der Malkontenten in Warschau so große Empörung hervorrief, daß die Königspartei, allen voran Michał Pac, laut riefen, »allesamt köpfen!«, wagte der zögernde und stets zum Ausgleich bereite, eher weich und nachgiebig veranlagte Michał Korybut Wiśniowiecki nicht, die Wut seiner Parteigänger zu einem derartigen Gewaltstreich auszunützen. Ihm kam die Nachricht vom Tode Jan Kazimierzs, der in Frankreich am 16. Dezember 1672 gestorben war, zu Hilfe, denn die Malkontenten hatten in ihrer sturen Verbissenheit, um jeden Preis einen neuen König zu inthronisieren, sogar daran gedacht, den abgedankten letzten Wasa aus dem freiwilligen Exil zurückzuholen. Inzwischen war auch der päpstliche außerordentliche Nuntius Buonvisi in Warschau eingetroffen, der sich ebenfalls für eine Aussöhnung der zerstrittenen Parteien einsetzte. Königin Eleonore sollte dabei als Vermittlerin fungieren, deren Person auch die Malkontenten akzeptierten.

Wiederum begab sich Chrapowicki zu Verhandlungen nach Łowicz, an denen jedoch der zürnende Sobieski nicht teilnahm, infolge echter oder vorgeschützter Krankheit. Endlich ließ er sich jedoch herbei, am 2. Februar eine Deklaration zu unterschreiben, in der er forderte, daß die Verleumder seiner Ehre vor Gericht zur Verantwortung gezogen, die Konföderation von Gołąb aufgelöst, die Verfolger des Primas Prażmowski mit dem päpstlichen Bannfluch belegt und die Angelegenheit des Zamoyski-Ordinariates endlich erledigt werde. Zum Schluß erklärte er, daß »wir einen anderen König als Michał, den gegenwärtig regierenden, weder kennen noch kennen wollen«. Auch waren die Malkontenten

bereit, den Eid zu erneuern, falls der König ihn ebenfalls von sich aus erneuern würde.
Damit war der Weg zur Versöhnung frei.
Sobieski und Prażmowski machten sich auf den Weg, begleitet von acht Fähnlein leichter Reiterei und Dragonern und trafen am 28. Februar 1673 in Ujazdów ein, wo sie Halt machten und viele Senatoren und Landboten empfingen.
Wieder eilten die Vermittler hin und her zwischen Königshof und Malkontentenquartier. Sobieski, von Natur aus ungeduldig und hitzig, ließ erbost wissen, daß er seine Meinung schriftlich hinterlegen und dann sofort abreisen werde. Nur mit Mühe konnte man ihn zum Bleiben überreden. Dennoch verfaßte er, der so gern und viel schrieb, ein langes Votum, sein »Consilium bellicum«,[253] das er am 6. März nach Warschau übersandte und das dort zuerst im Senat während einer Geheimsitzung und dann »bei offenen Türen« verlesen wurde.
Zuerst empfahl er, auf diplomatischem Wege Hilfe zu erlangen, möglichst durch Offensiv- und Devensiv-Bündnisse mit dem Kaiser und dem moskowitischen Zaren, aber auch mit dem persischen Schah, den man zu einer solchen antitürkischen Liga einladen sollte. Ferner durch Verhandlungen mit Doroszeńko, den man samt seinen Kosaken zurückzugewinnen versuchen sollte; auch sollte man den »Lipkauer Tataren« – in Litauen ansässigen Tataren – vollständige Amnestie versprechen für ihren Abfall, den sie bereits bereuten, auch sollte man den Zaporoger Kosaken Geld für Boote und Tuch für ihre Monturen schicken.
Dies alles waren Punkte, die jedem Polen einleuchteten. Sobieski setzte sich aber auch für die von den Türken unterdrückten christlichen Balkanvölker ein, und hierbei spielten seine Jugenderinnerungen eine große Rolle.
Dieser Plan einer christlichen Liga gegen die ungläubigen Türken wurde zu Jans Leitziel bis an sein Lebensende, war es ihm doch bereits mit dem ersten Atemzug und dem ersten Schluck Mutter- oder Ammenmilch eingegeben worden.
In diese schwärmerische Utopie, die Balkanchristen vom Joch der Muselmanen zu befreien, spielte bereits zum guten Teil die

messianische Idee hinein, die in den Polen ein auserwähltes Volk sah, die Christen zu erlösen, gleichsam als ein zweiter Messias.
Der Verkünder dieses frühen polnischen Messianismus war der Dominikaner Fabian Birkowski (1566–1636), gebürtig aus Lemberg,[254] zuerst Zögling und dann Professor an der Krakauer Akademie, Hofprediger bei Prinz Władysław und Begleiter auf dessen Kriegszügen, also auch bekannt mit Jakub Sobieski. Ihn beseelte jener religiös-ritterliche Geist, von dem auch Gestalten wie Stanisław Żółkiewski, Jan Karol Chodkiewicz, aber auch ein Jakub Sobieski, erfüllt waren.
Während der berühmte Hofprediger Piotr Skarga zum König, den Senatoren und Sejmabgeordneten sprach, deren Aufgabe es war, mit ihrem Verstande dem Vaterland zu dienen, wandte sich Birkowski an die einfache Szlachta, die mit ihrem Leib und Leben dieses zu verteidigen hatte. Ähnlich wie Piotr Skarga, der sich als Abgesandten Gottes verstand, dem Gott selbst aufgetragen hatte, »die Götter der Erde« zu schelten, hielt sich Birkowski für einen »Kollegen Gottes bei der Arbeit um die Erlösung«, der »der Ritterschaft ihre Sünden vorhalten mußte«. Er predigte, daß die heiligste Berufung des Polen eben der Ritterdienst sei; er war felsenfest überzeugt, daß die mit den Türken kämpfenden Soldaten »in die Matrikel der Auserwählten des Herrn eingetragen sind«, daß die Seele eines gefallenen Ritters schnurstracks und geradewegs ins Paradies einging, denn es konnte kein größeres Verdienst vor Gott geben, als für Glaube und Vaterland zu fallen. Er steigerte sich in seinem »heiligen« Haß bis zur Ekstase: »Heule, türkische Pforte – spricht zu dir der Prophet –, heule und schreie, Konstantinopel: Gestürzt ist der verfluchte, der grausame Osman! Es kam der Rauch aus Akwilon (d. h. dem Norden-Polen), der Zorn der Janitscharen und Spahis, wegen Akwilon, wegen der Polen, wegen der nicht eingenommenen Lager in der Krone Polens!«
Stärker noch und eindeutiger formulierte Szymon Starowolski (gestorben 1656), Kanonikus in Krakau, seine Überzeugung, daß die Polen ein auserwähltes Volk seien.[255]
Ein traurigeres Zeugnis stellte seiner Nation jedoch der großpolnische Magnat Krzysztof Opaliński (1610–1656), Wojewode von

Posen, aus, jener Mann, der mit fliegenden Fahnen während der schwedischen »Sintflut« zu Karl X. Gustav übergegangen war und mit ihm der junge Jan Sobieski. Seine »Satiren oder Warnungen« gehören zu den reifsten politischen Aussagen jener Zeit. Mit bissigem Hohn wandelte er den Ausspruch: »Durch Anarchie besteht Polen« um in: »Durch Anarchie wird Polen untergehen!« Samuel Twardowski (1600–1660), aus Großpolen gebürtig, Gutsbesitzer, Ritter und Poet, wurde der polnische Vergil genannt, weil er in drei gewaltigen Versepen die polnische Geschichte besang.

Im Epos »Der Krieg«[256] (1648–1660) besingt er einen Zeitabschnitt, in dem Jan bereits aktiv an den Kämpfen teilgenommen hatte, ruft er seinen Herren Brüdern von der Szlachta zu, daß es nicht das Fatum sei, sondern das eigene Verschulden, das so viel Unglück auf Polen herabziehe. Nur vier Jahre älter als Jan war der Kleinpole Wacław Potocki (1625–1696), der bedeutendste Epiker des ganzen 17. Jahrhunderts. Er war ein Arianer und trat daher für Glaubenstoleranz in Polen ein; doch waren seine Hauptwerke historische Versepen; das wichtigste »Der Chocimer Krieg«, das 1670 beendet wurde. Es war dies das Hohelied echten Rittertums. Tief bedrückt darüber, daß die Herren Brüder Szlachcicen um so vieles weniger ritterlich und edel waren als ihre Vorfahren, bemühte er sich, durch seine Werke in ihre Herzen die Überzeugung zu senken, daß Gott so lange den Polen seinen Segen verweigern würde, solange sie sich nicht moralisch erneuerten, solange sie nicht wieder Ritter-Bürger würden, deren heiligste Pflicht der Kampf mit den Heiden zum Schutze des eigenen Vaterlandes und der ganzen Christenheit sei. Wieder tritt der messianische Gedanke hervor, doch nun schon um einiges verstärkt und vertieft: Gott selbst hat unter allen europäischen Völkern Polen auserwählt und zur Vormauer der Christenheit bestimmt. Nicht Österreich, nicht Ungarn – nein, Polen ist *die* Vormauer der Christenheit gegen das anstürmende Heidentum. Polen ist *der* Ritter schlechthin unter den Völkern, auserwählt, die Heiden zu schlagen und zu vernichten.

Wer einen Jan Sobieski verstehen will, muß sich mit diesen

Gedankengängen vertraut machen. Sein Votum an König und Sejm ist auf diesen aufgebaut.

Sobieski entwickelte in seinem »Votum« aber auch ganz praktische strategische Pläne: wieviel Soldaten notwendig seien, wie man die Türken von allen Seiten aus beunruhigen könne und daß es viel vernünftiger wäre, einen Angriffskrieg in deren Lande zu riskieren, als einen Verteidigungskrieg innerhalb der eigenen Grenzen zu führen. Zu solch einem Unternehmen verlangte er eine Armee von 60 000 Mann, zur Hälfte Infanterie und zur Hälfte Kavallerie, sowie 80 Geschütze. Ingenieure, Mineure, Feuerwerker sollten aus dem Auslande bezogen werden, da deren Fachausbildung in dieser Kriegskunst besser war als bei den Polen.

Dieses Votum bewirkte, daß die leicht entflammbaren Polen sich dafür begeisterten. Zudem kam noch am 11. März der türkische Tschausch angereist und überbrachte einen geharnischten Mahnungsbrief von Ahmed Köprölü, der drohte, daß er Polen im Frühjahr mit neuem Krieg überziehen würde, falls nicht umgehend die ausgehandelte Summe für die Verschonung Lembergs übersandt würde. Die Erinnerung an die Schmach von Buczacz bewirkte, daß die Szlachta endlich von ihrem Gezänk ließ; die eindringlichen Mahnungen des Vizekanzlers Olszowski taten noch ein übriges, so daß es zur Unterzeichnung der Befriedungskonstitution kam.

Am Sonntag, dem 12. März, wurde diese Urkunde mit den Unterschriften der Königin und anderer Vermittler nach Ujazdow geschickt, durchgesehen und für richtig und gut befunden. Sofort bestieg Jan Sobieski seine Kutsche, in die er auch Morsztyn, Potocki und Łużecki einlud, und fuhr schnurstracks nach Warschau, eskortiert von einer »großen militärischen Assistenz«; Jabłonowski, Sieniawski und Fürst Ostrogski folgten ebenfalls.

Um ein Uhr mittags langte Sobieski im Schlosse an. Dort drängte sich eine solche Menschenmenge, daß Jan und seine Begleitung sich kaum bis zum Marmorzimmer des Königs hindurchzwängen konnten. Der König empfing sie freundlich und richtete persönlich ein paar Worte an seine früheren Todfeinde. Es fand kein Kniefall wie seinerzeit bei Lubomirski statt, es flossen keine Tränen, aber

man begrub die Feindschaft, man verzieh einander und war bereit, gemeinsam für das Vaterland einzustehen und zu kämpfen.
Nachher begab sich Sobieski auch noch in das Gemach der Königin, begrüßte sie nur kurz, küßte ihr – angeblich – nicht einmal die Hand, sondern zog sich sofort wieder zurück – gewarnt, daß der Kanzler der Königin irgendeine mahnende Rede vorbereitet hatte, die Jan auf keinen Fall anhören wollte.
Von der Königin kehrte Sobieski zum König zurück, hob seinen Marschallstab und geleitete den Monarchen in den Senat. Von diesem Augenblick an war die Konföderation in einen allgemeinen Sejm umgewandelt, und die Beratungen konnten regulär vor sich gehen. Primas Prażmowski war bei dieser Versöhnungsaudienz nicht mehr dabei. Seit Anfang März lag er todkrank in seinem Palais in Łowicz, am 15. März schrieb er sein Testament, das er damit schloß: »Beiden Majestäten gebe ich für eine glückliche Herrschaft im Königreich bei unangetasteten Grenzen und Regierung meinen Segen.« Er hatte die Kühnheit, in diesem Testament sich selbst so darzustellen, als ob er niemals konspiriert, niemals daran gedacht hätte, seinen König zu dethronisieren, sondern im Gegenteil als den Mann, der stets nur das Wohl des Vaterlandes und des Königs im Auge gehabt hätte. Der mit so hohen Weihen der Kirche versehene Lügner und Aufrührer schloß endlich am 15. April 1673 »sein Auge« – wie Pasek schrieb, da ja Prażmowski bekanntlich einäugig war – und damit war die größte Gefahr für einen Bürgerkrieg gebannt.
Ein weiteres Stück Intrigennetz, in das sich Jan verfangen hatte, fiel mit dem Tode Prażmowskis von ihm ab. Endlich war er dem Bannkreis der Lüge, der Demoralisierung und Irreführung entkommen. Zum ersten Mal konnte er eigene Pläne entwickeln. Und plötzlich stand er wieder, so wie vor fünf Jahren nach dem Sieg von Podhajce, an der Spitze der Nation, die zu ihm voller Erwartung und Hoffnung aufblickte.
Mit großem Eifer betrieb Sobieski ab sofort die Vorbereitungen zur Verstärkung der Armee.
Auch persönlich erlebte er jetzt Genugtuung: Der Sejm bewilligte die Refundierung der von ihm ausgelegten Summen für den letzten

Kriegszug, und zwar in Höhe von 63 165 polnischen Złotys. Für die Verluste, die er persönlich an seinem Eigentum erlitten hatte, und für sein großes Verdienst um Polen, erhielt er für sich und seine Nachkommen die Einkünfte von Gniew zugesprochen, was eine große Ehre war und die Staatskasse nicht belastete.

Was aber noch wichtiger war: Jans Ehre wurde vollständig rehabilitiert; er wurde von allen Verdächtigungen und Anschwärzungen freigesprochen. Im Prozeß gegen Łoziński, der am meisten gegen Sobieski gehetzt hatte, kamen so haarsträubende und beschämende Tatsachen ans Licht, die auf das schwerste einige Herren der Lubliner Konföderation, wie Stefan Czarniecki, Szczęsny Potocki und andere, belasteten, so daß Jan, »der mit seiner Gutmütigkeit kämpfte und alles in die Wunden Christi legen wolle«, dennoch darauf bestand, da »seine ungeheuer geschädigte Ehre« eine volle Reinwaschung erforderte, daß die Herren, die ihn derart angeschwärzt hatten, sich vor Gericht verantworten müßten.

Czarniecki und Potocki konnten sich herausreden, aber Łoziński übergab man Sobieski, der das Gericht über ihn nach Belieben zusammensetzen sollte. Dieses sprach ihn des Todes schuldig; Sobieski erwirkte eine Milderung des Urteils, so wurde der Delinquent nach Danzig deportiert; was dort mit ihm geschah, verliert sich allerdings im Gestrüpp der Geschichte.

Der Frühjahrssejm schloß am 13. April. Jan verließ Warschau und weilte bis 29. Juni in Gniew, bei Marysieńka und den Kindern, obwohl er bereits am 15. Mai wieder in der Hauptstadt hätte sein sollen. Als er endlich am 29. Juni mit Marysieńka und den Kindern eintraf, überboten Thron und Sejm einander in Freundlichkeiten und Zuvorkommenheiten gegenüber dem Krongroßmarschall und -hetman.

Der Sejm beschloß auch erhebliche Steuern zugunsten des Heeres. Da die Eingänge nur langsam und tröpfchenweise kamen, wurde beschlossen, den Kronschatz teilweise zu verkaufen oder zu versetzen. Sobieski selbst nahm einen großen Teil der besten Kronjuwelen als Pfand und zahlte dafür Summen an das Heer aus. Weniger kostbare Stücke verteilte er anstatt Bargeld unter den

Soldaten. Man muß sich den Herrn Krongroßhetman vorstellen: Bereits sehr korpulent, aber immer noch überaus stattlich, das Haar »polnisch« geschnitten, prächtig gekleidet, denn Jan liebte die Pracht, sitzt er inmitten seiner Soldaten und verteilt an diese Ketten, Ringe, Edelsteine und dergleichen mehr. Ein durchaus barockes Bild.

Der außerordentliche päpstliche Nuntius Buonvisi, den die polnische »Unordnung« und »Anarchie« zur Verzweiflung brachten, schrieb bissige Briefe nach Rom und nannte die polnische Regierung »ein Ungeheuer in der Reihe von politischen Organismen, von Gott dem Herrn nur deshalb geduldet, damit sich durch dessen Erhaltung die Allmacht Gottes manifestiere«.

Einige Wochen später fügt er jedoch seiner Meinung, daß Polen tatsächlich die schlechteste Regierung der Welt habe, hinzu: »Wie es auch sei, die Kräfte sind groß, wenn sie sie nur anwenden wollten, vielleicht werden sie (die Polen) energisch vorgehen, wenn sie die Notwendigkeit des Krieges sehen werden.«[257]

Sobieski konnten diese Zustände allerdings nicht aus der Ruhe bringen. Er kannte seine Polen, und so taxierte er von vornherein realistisch: »Die Stärke der Armee, eilig auf dem Papier niedergeschrieben, wird sich gewiß vermindern... gebe Gott, wenn von den 60 000 effektiv 30 000 da wären... Auch damit könnte man schon mit Gottes Hilfe dem Feind ad opponendum entgegenziehen.«[258]

Auch die Hoffnung auf Hilfe und Unterstützung »der christlichen Herren« erwies sich als trügerisch. Kaiser Leopold, der schon allein im Hinblick auf seinen Schwager, König Michał, gerne geholfen hätte, hatte alle Hände voll zu tun, um sich in Ungarn zu behaupten, auch war die österreichische Staatskasse ebenfalls leer. Dennoch war er bereit, die österreichischen und polnischen Heere gegen die Türken zu vereinigen, allerdings nur, falls Polen bereit wäre, einen formellen Defensiv- und Offensiv-Vertrag abzuschließen.

Der Papst schaltete sich ein und schickte Buonvisi mit einem Breve an Kaiser Leopold, um ihn zu einer antitürkischen Liga zu ermutigen. Leopold hatte jedoch jetzt, da sich die Franzosen in seinen westlichen Ländern breitmachten, keinen Kopf dafür. Auch der große Kurfürst schickte diesmal kein Kontingent, und die kostspielige Reise Wojciech Brezas nach Schweden kostete nur unnötig viel Geld, das man besser für die Aufrüstung hätte verwenden können.

Zar Aleksej bemühte sich zwar eifrig, eine christliche Liga gegen die Muselmanen auf die Beine zu stellen, doch verlief letzten Endes alles im Sande.

Die einzige Hilfe erfuhr Polen nur von Rom. Papst Klemens X., der während des Chocimer Krieges von 1621 an der Nuntiatur in Polen amtiert hatte, war bestrebt, Polen finanziell und diplomatisch zu unterstützen. Zwar waren auch hier die Versprechungen größer gewesen als das, was nachher tatsächlich eingehalten wurde, dennoch kam die Summe von etwa 120 000 Złoty wie gerufen.

Trotzdem fehlte es noch am nötigen Kleingeld, um die Artillerie ins Feld zu schicken. Da griff Marysieńka in ihr Portemonnaie und streckte das Geld für die Fuhrleute, die die Geschütze transportieren sollten, vor: 30 000 Złoty sofort, die nächste Rate in gleicher Höhe sollte im Oktober ausbezahlt werden. Tüchtige Marysieńka! Sie tat es jedoch nicht etwa aus reinem Patriotismus – den sie für Polen ohnehin nicht hegte –, sondern nahm dafür die kostbarsten Stücke aus dem Kronschatz zum Pfand.[259] Und Buonvisi schickte 20 000 nach Lemberg, um Proviant für die Artillerie einzukaufen, damit sie auch Kräfte zum Schießen besäßen.

Sobieski erließ am 26. Juli ein drittes, sehr strenges Universale, das unter Strafandrohung alle Stellungspflichtigen aufforderte, sich am 10. August im Lager einzufinden. Allerdings fruchtete auch dieser Aufruf nur wenig, die Szlachta kam und ging, wie es ihr beliebte. Das war die vielgepriesene goldene Freiheit, die auch Sobieski eifrig verteidigte und unterstützte.

Er selbst hielt sich übrigens auch nicht an den festgesetzten Termin, wie überhaupt Pünktlichkeit seine Stärke nicht war: Erst Ende August brach er in das Lager auf. Am 2. September folgte das Königspaar. Michał war bereits sehr krank und schwach, weshalb man nur langsam reiste.

Sobieski lenkte von seinem Jaworów aus die Truppenbewegungen. Zunächst sah alles danach aus, daß man gegen Kamieniec ziehen und es zurückzuerobern versuchen würde. Das Heer sammelte sich im Lager bei Skwarzawa, sechs Meilen von Lemberg entfernt. Am 8. Oktober traf dort König Michał zur Heerschau ein. Zwei bis drei Meilen zog sich das Lager hin, an die 40 000 Mann standen bereit. König Michał bestieg ein weißes Pferd und ritt fünf Stunden lang die Reihen ab, begleitet von Olszowski und anderen Würdenträgern, vor ihm der Krongroßhetman Sobieski, angeblich ebenfalls auf einem weißen Pferd. Bei jedem Regiment ritt der Offizier vor, prachtvoll gekleidet und auf kostbar gezäumtem Roß, die Standarten senkten sich, Musik erklang. »Man muß gestehen, daß es schön war, das Heer, in der Kriegsausrüstung, auf ordentlichen Pferden, ziemlich viel beisammen, zur Verwunderung der Ausländer, und dabei fehlte noch ein Drittel.« Nach der Heerschau kehrte der König in seine Zelte zurück, die sich in der Nähe der aufgefahrenen Kanonen befanden. Artillerie, alle Regimenter und Fähnlein der Reiterei standen in Kampfordnung, feuerten Salven ab. Es herrschte Hochstimmung.[260]

Für Michał Korybut Wiśniowiecki war diese große Heerschau gewiß ein erhebender Höhepunkt. Er, der niemals ehrgeizige Herrscherpläne gehabt hatte und für den die Wahl zum König tatsächlich wie ein Gotteswunder auf ihn herabgesunken war, das er andächtig und fromm annahm, wird von der polnischen Geschichtsschreibung meistens sehr schlecht behandelt; so wie man Sobieski automatisch mit dem Klischee »edel« bedenkt, so König Michał mit »unfähig«. Hätte er hart durchgegriffen und ein paar Malkontenten den Kopf abschlagen lassen, wäre er als Tyrann verschrien, aber mit Respekt behandelt worden. In Polen konnte es ein König selten seinen Untertanen recht machen; die goldene Freiheit und das liberum veto ließen jeden König seit dem vorletzten Wasa, Władysław IV., scheitern, nicht nur Michał Wiśniowiecki. Immerhin wurde dieser vom Volk geliebt, wessen sich nicht jeder Monarch rühmen durfte. Daß König Michał sich nicht vom Glanz der Stunde blenden ließ, sondern sorgenvoll in die Zukunft blickte und sich deswegen an den Papst mit der Bitte um

Hilfe wandte, sollten die polnischen Historiker[261] ihm nicht als Unfähigkeit ankreiden, sondern viel eher als weise Voraussicht anrechnen.
König Michał schrieb aus dem Lager von Skwarzawa am 11. Oktober 1673 an Papst Klemens X. »Mein durch so viel Leid geprüftes Königreich, das durch so viele Unglücksfälle und Niederlagen erschütterte Polen, holt noch die letzten Kräfte aus sich heraus und stellt gegen den Feind des christlichen Namens ein Heer auf, das gleich groß ist an Zahl wie an Geist. Die Würfel waren schon beinahe gefallen, als ich in das Lager kam, und heute ist das Heer bereits in Feindesland ausgerückt, was Gott zu einem guten und glücklichen Ende führen möge ... Ich habe mein Heer inspiziert, es ist so ausgezeichnet ausgerüstet mit Waffen und Männern, wie es Polen selbst in den Zeiten seiner Blüte nicht zahlenmäßig größer und mächtiger hatte; doch mich quält die Sorge, daß es nicht rasch schwach werde und durch Not oder Mangel an Geld, das zum Ankauf von Proviant für die Infanterie notwendig ist, auseinanderlaufen möge.« Und er bat Papst Klemens X., er möge, wie sein Vorgänger, Klemens IX., sich an die »christlichen Herren« mit der Bitte um Unterstützung für Polen wenden, so wie sie vordem Kandia tatkräftig unterstützt hatten. Am nächsten Tag trafen auch die beiden litauischen Hetmane Pac und Radziwiłł ein. Es wurde großer Kriegsrat gehalten und beschlossen, beide Heere bei Trembowla zu vereinigen und dann in die Moldau einzufallen, um noch die »Kriegssaison« auszunützen, also die verbleibende Zeit bis Wintereinbruch. König Michał wollte unbedingt mitziehen, doch die Ärzte und Senatoren rieten es ihm in Hinblick auf seinen sehr angegriffenen Gesundheitszustand dringend ab. Der König beugte sich, wenn es ihm auch »sehr leid tat«, der Vernunft. Er übergab das Oberkommando an Jan Sobieski, den Krongroßhetman. Dieser nahm, ohne zu zögern, an. Er fühlte sich für all die vielen Menschen verantwortlich, das schwellte seine Brust mit Stolz und Tatendrang.
Bevor sie aufbrachen, richtete er als oberster Feldherr an seine Soldaten eine höchst pathetische, rhetorisch wirksame Rede: »Wenn dieses Heer nicht Tracien in die Schranken weist, wird ein

schändliches Joch unsere Nacken niederbeugen, und auf den Ruinen des mit Leichen übersäten Polen wird man dann die Worte des polnischen Propheten schreiben müssen: ›Hier liegt das Königreich mitsamt seinem Volk und seinem König.‹«

Schon in der Schule hatte Jan sich für seine Reden die ersten Lorbeeren verdient; nun, als Krongroßhetman, riß seine pathetische Rhetorik die ganze Armee zu Kampffreude mit. Man war gewillt zu kämpfen. Man war gewillt, Jan Sobieski zu folgen. Wenigstens vorerst, im ersten Rausche der Begeisterung, im heftig aufflammenden Feuer des Patriotismus.

Sobieski wandte sich noch direkt an den König und bat ihn, vielmehr er forderte, darüber zu wachen, daß das Heer ordentlich versorgt und ernährt werde und neue Streirkräfte ausgehoben werden.[262]

Große Worte, große Gesten – und manchmal auch große Taten, die dann gigantische Ausmaße in der nationalen Phantasie annahmen. Wie Chocim.

Das Heer brach auf. Sobieski schickte Vorhuten aus, um das Terrain zu sondieren, Stellung und Stärke des Feindes zu erkunden. Sieniawski übernahm es, Podolien zu perlustrieren. Dabei eroberte er ein paar Provianttransporte der Türken, nahm einige Städtchen, darunter seine eigene, Międzybórz, ein, kam dicht bis an Kamieniec und Bar heran; was aber das Wichtigste war, er konnte sich davon überzeugen, daß von dieser Seite weder Kosaken noch Tataren mit irgendwelchen Angriffen drohten, da sie eines Angriffes seitens Moskaus gewärtig sein mußten. Und damit lächelte schon Fortuna dem Krongroßhetman freundlich zu. König Michał, sehr krank und schwach, begab sich zurück nach Lemberg; Jan Sobieski folgte seinem Heer nach, das jedoch nicht nach Trembowla zog, sondern geradenwegs südlich auf den Dnjestr zu. Unterwegs nach den ersten Tagesmärschen setzen bereits beachtliche Desertionen ein; vor allem die »Feuerstellen«-Soldaten verschwanden und verflüchtigten sich wie der Rauch aus ihren Hütten.[263]

Schon am 15. Oktober verwarnte König Michał scharf die Deserteure. Manche Fähnlein waren bereits bis auf die Hälfte zusammengeschmolzen. Sobieski rührten diese Desertionen zunächst noch kaum. Er ließ zwar die Namen der Flüchtigen ausposaunen und mit Gerichtsahndung drohen, aber einen gewissen Schwund schien er, da er seine Landsleute kannte, einkalkuliert zu haben. Schlimmeres machte ihm zu schaffen: der Dnjestr und die Litauer. Nach heftigen Regengüssen war der Fluß derart angeschwollen, daß Wagen und Menschen in den Fluten versanken und ertranken, Brücken zusammenbrachen, die Furten nicht mehr passierbar waren. So verzögerte sich das Übersetzen um ganze drei Tage. Mangel wurde im Lager spürbar, während auf der drüberen Seite des Flusses große Heuschober für die Pferde und Proviantlager für die Soldaten winkten. Die Unzufriedenheit wuchs, die Teuerung stieg rapid. Am 26. Oktober war endlich das Überqueren des Dnjestr geschafft. Am 24. jedoch kamen die zwei litauischen Hetmane zu Sobieski zum Kriegsrat; ihre Heere hatten sie eine Meile vor Buczacz zurückgelassen. Sie erklärten, ihre Heere seien durch den langen Anmarsch und die Anstrengungen derart geschwächt, daß sie zunächst einmal zwei bis drei Monate eine Ruhepause in Podolien oder der Ukraine einlegen wollten. Man müsse das Heer sich erholen lassen, ehe man zu kämpfen beginnen könne.

Jan Sobieski erklärte ihnen darauf dezidiert, daß der Sejm Krieg beschlossen habe, nicht unkriegerischen Ruhestand. In Ausführung dieses Beschlusses habe er die Grenze ins Feindesland überschritten und er denke nicht daran, nach Polen zurückzukehren, es sei denn als Sieger, denn den Sieg hoffe er mit Gottes Hilfe zu erringen oder aber den ehrenvollen Tod für den Glauben und das Vaterland davonzutragen. Und von diesem Entschlusse könne ihn niemand abbringen, nicht einmal der König, es sei denn, die ganze Rzeczpospolita ändere ihren Beschluß.[264]

Die Rede verfehlte die Wirkung. Unbeeindruckt davon, beharrte vor allem der litauische Großhetman Michał Pac auf seinem Standpunkt. Es sickerte dann aber durch, daß es außer der Erschöpfung des Heeres noch einen anderen Grund gab: Die Litauer waren beleidigt, daß das Kronheer vorneweg zog, ihnen die beste Fourage wegnahm und nicht einmal auf sie wartete, wahrscheinlich weil es allen Ruhm für sich allein in Anspruch nehmen wolle.

Als Sobieski diese Klagen hörte – denn natürlich hinterbrachte man sie ihm sehr rasch, im Heer blühte Klatsch und Tratsch nicht weniger als bei Hofe –, setzte er einen Akt der Selbstlosigkeit: Er erklärte, er wolle sich in allem nach den Wünschen der Litauer richten, sie könnten ruhig vorneweg marschieren, er sei sogar bereit, sich ihrem Kommando zu unterwerfen, aber die Heere müßten gemeinsam weitermarschieren.

Jan siegte. Alle fielen einander um den Hals, »die beiden litauischen Hetmane verließen Sobieskis Zelt, beseelt vom Geiste der Lubliner Union, durchglüht von brüderlicher Liebe«, »das ehrliche patriotische Gefühl, das in Sobieskis Stimme vibrierte, hatte das egoistische Herz von Pac gerührt und die gehässigen Triebe besiegt«. Sobieski gelang das Meisterstück, das bunte Gemisch von Polen, Litauern, Fremden, Viertelsheer und Magnatentruppen mit Kampfgeist und Begeisterung zu erfüllen. »Die aus seiner Brust flammende Vaterlandsliebe ließ allen parteiischen Haß und alle Mißgunst dahinschmelzen ... alle beflügelte er zur großen kriegerischen Tat, er führte sie in den Kampf, nicht nur als ausgezeichneter Organisator ..., nicht nur als Stratege, umsichtig und kühn, aber, was mehr ist, als geistiger Führer.« Das sind Worte, die bereits wieder auf den polnischen Messianismus hinweisen. Sobieski, der »edle«, der »selbstlose«, der »vor Vaterlandsliebe glühende geistige Führer«, bereit, für den Glauben und für das Vaterland sein Leben zu lassen. Jan hatte von Venus, der Beherrscherin seines Aszendenten in der Waage, als Geschenk in die Wiege gelegt bekommen: Liebenswürdigkeit, Offenheit, Mitteilsamkeit, Zuvorkommenheit, das Streben nach Harmonie. Er gewann sich im Nu die Herzen seiner Mitmenschen, wenn er wirklich wollte. Er konnte sich selbst begeistern und riß mit seiner eigenen Begeisterung die anderen mit. Aus der langen Phase des Zögerns, der Melancholie, der Trägheit, der Entschlußlosigkeit, war er plötzlich ins andere Extrem gefallen: in Tollkühnheit und Draufgängertum. Er hatte seiner Marysieńka geschworen: von nun an nur noch für den Ruhm zu leben, sein Leben geringzu-

achten, da sie ihn nicht genug liebte, um seinen Namen wenigstens in den Annalen des Ruhmes zu verewigen. Er war damit quasi unter den Zwang geraten, seine Leistungsfähigkeit durch äußere Umstände unter Beweis zu stellen, womit es ihm gelingen sollte, eine höhere Gunst als Belohnung – von Marysieńka – zu erwirken. »Als nicht geringe Stütze für seine Erfolge tritt ein bedingungsloser Glaube an sich selbst und die Gabe einer Vergegenwärtigung von Situationen sowie Glück mit seinen Untergebenen.«[265]
Es gab jetzt kein Halten mehr und die Devise »Sieg oder Tod« galt tatsächlich für Sobieski. Was bedeutete ihm schon das Leben ohne Liebe, voll der Enttäuschungen und ewiger Kopfschmerzen? Das Glück blieb ihm auf diesem Feldzuge treu: Der Adjutant des Sultans, Aga Hussein, kam mit einem Gefolge von 60 Pferden dahergeritten, um einen Brief Mehmeds IV. an König Michał zu überbringen, gleichzeitig damit den Kaftan und den Stab des Vasallen, wie man flüsterte.
Sobieski schickte eine Eilnachricht an Olszowski und erbat die Vollmacht des Königs, den türkischen Gesandten direkt vom Lager aus abzufertigen.
Am 29. Oktober abends traf er im Lager ein und erhielt sofort eine Audienz bei Sobieski, der von beiden Feldhetmanen, vier Kastellanen und einer Menge von Heerführern umringt war. Hussein weigerte sich, den Brief abzugeben, er ließ auch nicht einmal andeutungsweise verlauten, was da im Brief stand. Hammer-Purgstall berichtete später, daß der Muteferrika Hussein mit dem Schreiben des Sultans Michał Wiśniowiecki aufforderte, die Palanken zurückzustellen und endlich den Botschafter mit der ausbedungenen Summe von 22 000 Dukaten zu übersenden, andernfalls würde das sultanische Heer, das bereits an der Donau zusammengezogen war, nächstes Frühjahr Polen überschwemmen.[266]
Als am nächsten Morgen Hussein sich verabschiedete, war er jedoch angesichts des bereits zum Marsch angetretenen polnischen Heeres nicht mehr ganz so stolz wie am Vorabend, auch erhöhte noch den imponierenden Eindruck das gewaltige Lärmen von »Marsmusik«. Am 30. Oktober erfolgte ein weiterer Glücksfall:

Ein Kurier des moldauischen Hospodars Stefan Petreczejko traf ein und meldete, daß dieser in der Nacht vom 26. auf den 27. Oktober mit tausendfünfhundert Walachen aus dem Lager der Türken entwichen sei und »um Gottes willen um 500 Reiter« Entsatz bitte. Somit war das türkische Heer schon um so viel Mann geschwächt. Dieser Bote teilte gleichzeitig mit, daß Kaplan Pascha gegen Cecora vorrücke. Für Sobieski war es sofort klar, daß es galt, eine Vereinigung Hussein Paschas mit dem Heer im befestigten Lager bei Chocim zu verhindern.

In Eilmärschen führte Jan seine Heere durch Pokutien; am 1. November überschritt er die Grenze bei Śniatyn. Das Land war hier fruchtbar, man hätte die Pferde mit Getreide füttern können, überall weideten Herden, die Bienenstöcke waren voller Honig; es war eine »fröhliche« Gegend. Der Raublust seiner zusammengewürfelten Armee verbot Sobieski jedoch bei Todesstrafe zu plündern. Geschah es doch einmal, fackelte er nicht lange: Zwei Offiziere ließ er erschießen, einfache »Halunken« aber wurden fast täglich aufgeknüpft.

Da dieser Landstrich wie ausgestorben war, wurde es mit der Versorgung schwierig. Noch schlimmer war das Durchqueren der Bukowina, die von den Buchen ihren Namen hat; diese »schrecklichen« Buchenwälder bedeckten Täler und Hügel, hüllten in dichte Finsternis Sümpfe und Wasserläufe.

Als sie sich nur noch zwei Tagmärsche vor Chocim befanden, setzte Regen ein und verwandelte alles in »schreckliche« Sümpfe, in denen der Train steckenblieb. Am 9. November hielt die polnische Streitmacht einen halben Kanonenschuß entfernt vor Chocim und wurde sofort mit dem Feuer von 24 Geschützen begrüßt.

Hussein Pascha, der Bejlerbej von Silistrien, hatte sich im Lager vor Chocim mit 30000 Mann verschanzt. Sobieski berichtete an Olszowski: »Der Feind war viel mächtiger als wir, denn man zählte 30000 effective in der Verschanzung, einem unzugänglichen Orte, mit gewaltigen Wällen abgeschützt gegen den Dnjestr beim Schloß von Chocim.«

Hussein Pascha, der vom Sultan die grüne Fahne erhalten hatte, da der Großwesir Ahmed Köprölü nicht selbst anwesend war, hatte sich in dem riesigen Lager verschanzt, das die Polen im Jahre 1621 errichtet und sich darin sechs Wochen lang gegen die dreifach überlegene Armee Osmans II. erfolgreich zur Wehr gesetzt hatten. Damals war Jan Kazimierz Chodkiewicz Krongroßhetman gewesen. Jakub Sobieski hatte sich auf jenem Feldzug durch seine klugen Friedensverhandlungen großen Ruhm erworben.

Nun stand sein Sohn als Krongroßhetman vor diesem Lager, der Urenkel Stanisław Żółkiewskis, und er war, wie jener, zum Kampf auf Tod und Leben entschlossen.

Am 10. November eröffnete Marcin Kątski das Artilleriefeuer. Sobieski gab durch ein Sprechrohr den Befehl, in voller Kriegsaufstellung gegen Chocim vorzurücken, was in bester Ordnung und ohne große Verluste vor sich ging. Das ganze Lager wurde von Reiterei und Infanterie umringt. Auf dem rechten Flügel zum Dnjestr zu stand Jabłonowski, anschließend das Sobieskische Regiment, in dem leichte und schwere Reiterei neben Dragonern vereint waren; die Mitte des Halbkreises führte Dymitr Wiśniowiecki mit seinen Husaren, Panzerreitern und Dragonern sowie ungarischer Infanterie an; unter ihm befanden sich Koniecpolski und Stefan Czarniecki, der Feldschreiber, und viele andere; daran schloß sich das litauische Heer an, den rechten Flügel führte Michał Pac an, den linken, der beinahe bis an den Dnjestr anstieß, Michał Kazimierz Radziwiłł, Jans Schwager.

Sobieski hatte somit dem Feind das Feld überlassen, doch dieser nahm keine offene Feldschlacht an. Also mußte man darangehen, die Wälle des Lagers zu erstürmen.

Es begann mit Plänkeleien. Moldauer und Multanier liefen zu den Polen über und warfen ihre Fahnen Sobieski vor die Füße. Selbst Gregor Gika, der Hospodar von Multanien, ergab sich. Die Türken machten Ausfälle, doch die polnischen Husaren schlugen die Spahis zurück. Schon stürmten Polen unter Danemark auf die Wälle, doch sie wurden von den Türken zurückgewiesen. Sobieski, ein scharfer Beobachter, bemerkte, daß die türkische Artillerie nicht voll funktionierte. Er ließ die polnischen Geschütze näher an die Wälle heranbringen.

Die Novembernacht war lang, kalt und nebelig. Alle Regimenter

standen kampfbereit, die ganze Nacht hindurch. Hungrig und unausgeruht, frierend, dennoch hielten sie durch.
Beim ersten Morgengrauen des hl. Martinitages, des 11. November, schritt Sobieski die Fortifikationen des Feindes ab. Er stellte mit Genugtuung fest, was er wahrscheinlich erwartet hatte: Auf den Wällen hatte sich die Besatzung gelichtet. Er sagte zu seiner Begleitung: »Die Türken sind empfindlicher für Kälte und Kriegsunbillen als die Polen. Jetzt ist der richtige Augenblick, um loszuschlagen.«
Sofort schickte er seine Befehle an alle Regimenter. Die Geschütze verstummten.
Sobieski zog den Säbel und hielt eine kurze Rede, sprach von den geschändeten Kirchen und dem gedemütigten Vaterland. »Also, Soldat, schlage den Heiden und siege. Mir sagt meine Seele, daß ein kurzer Augenblick für den Sieg ausreichen wird. Ich lasse mir den Hals abschneiden, wenn wir sie nicht in einer Viertelstunde genommen haben.«
An der Spitze seines Dragonerregimentes führte er sein Heer an die Wälle heran.
Offiziere rannten ihm nach, beschworen ihn, seine Person nicht der Gefahr auszusetzen, das Heer befände sich in Feindesland, was, wenn er fiele? Jeder von ihnen sei bereit, sein Leben hinzugeben, er aber müsse an das allgemeine Wohl denken. Jan ließ sich überreden – seinem Herzen tat diese Fürsorge um seine Person wohl –, er bestieg sein Pferd und ritt auf einen Pistolenschuß von den Wällen zurück, von wo aus er weiter seiner Hetmanspflicht nachkam. Ein Franzose erzählte nachher, Sobieski hätte mit Hilfe zweier französischer Offiziere selbst den Wall erstiegen, einer hätte ihm die Hand gereicht und ihn hinaufgezogen, der andere von unten nachgeschoben. Doch das dürfte schon dem Bereich ausschmückender Phantasie zugehören.
Auf jeden Fall hatten seine soldatische Bravour und seine zweifelsohne vorhandene Charismatik gewirkt und das Heer mitgerissen. Tatsächlich wurden nach einer Viertelstunde oder sogar noch früher, jedenfalls »in einem Augenblick«, bereits polnische Fahnen auf den Wällen aufgepflanzt. Achttausend Janitscharen fielen.

Sobieski ließ den Graben auffüllen, um den Weg für die Reiterei zu bereiten. Doch da machte die türkische Reiterei schon einen Ausfall aus dem Lager durch das Südtor, laut »Allah! Allah!« schreiend. Die polnische Infanterie ließ sie hindurch, denn sie war sehr zusammengeschrumpft, da die Soldaten bereits zu plündern begonnen hatten; dennoch wurden die Türken aufgehalten, und Jabłonowski trieb sie mit seinen Husaren wieder zurück und folgte ihnen auf den Fersen in das Lager hinein. Ihm nach Sobieski. Von der anderen Seite attackierten die Litauer.

Hussein Pascha verließ den Kampfplatz und entfloh über die Brücke Richtung Kamieniec.

Um ein Haar wäre Sobieski noch im letzten Augenblick in größte Gefahr geraten: Der Bosniaken-Pascha Soliman, der von Wiśniowiecki zurückgeschlagen wurde, machte plötzlich eine unerwartete Kehrtwendung und befand sich im Rücken Sobieskis, nur noch einen halben Pistolenschuß direkt hinter ihm. Nach einem verbissenen Kampf drängten die Polen die Bosniaken in den Graben, der sich alsbald mit Leichen füllte.

Nun erfolgte eine allgemeine wilde Flucht der Türken. Über die Leichen hinweg flohen sie zum Dnjestr, sprangen von den Felsen in die Schlucht; wer die Brücke erreichte, glaubte sich gerettet; doch die Brücke brach. Tausende kamen in den Fluten um. Schwimmend verfolgten sie polnische Einheiten und schlugen die Flüchtenden auf dem Weg nach Kamieniec. Hussein Pascha hatte inzwischen Kamieniec zwar erreicht, wurde aber von der Besatzung, die selbst schon an Mangel litt, nicht eingelassen. Es war ein vollständiger Sieg.

Jan Sobieski verfaßte sofort aus dem Zelt Hussein Paschas einen Bericht: »Von unserem Heer fielen bei diesen schweren Kämpfen viele tapfere Haudegen. Von den Lanzen wurden über die Hälfte zerbrochen, denn so tapfere Menschen, wie es das türkische Heer ist, haben die saecula noch nicht gesehen; bereits im Lager waren wir zweimal nahe daran, besiegt zu werden. Trotzdem wurde der Feind innerhalb von zwei Stunden vernichtet... Auf der Walstatt wurden schon drei Paschas gefunden, über Hussein Pascha weiß man noch nichts Genaues; die anderen wurden lebend gefangen.

Alle Feldzeichen und hundertzwanzig Geschütze, der ganze Train, alle Reichtümer wurden die Beute unseres Heeres, durch das Glück Seiner Majestät des Königs, genau an dem Platz, wo vor mehr als fünfzig Jahren unsere Armee belagert wurde. Leichen bedecken die Erde und das Wasser... Der Herrgott hat wahrhaft mirabilia an uns gewirkt, über allen Verstand und alle menschliche Imagination hinaus, dafür sei ihm Ruhm und Preis!«[267]
Für die Türken war es ein harter Schlag, daß nun die Polen, »diese ungläubigen Hunde«, im Zelt des rechtgläubigen Hussein Pascha einen Jesus-Altar errichteten und einen Dankgottesdienst davor abhielten und die Messe zelebrierten. Alle Standarten, alle Roßschweife und sogar die grüne Fahne des Propheten waren in die Hände Sobieskis gefallen. Ruhmbedeckt stand Żółkiewskis Urenkel vor der polnischen Nation da, ruhmbedeckt konnte er endlich frei seinen Blick zu den Ahnen, dem gefallenen Bruder und der strengen Mutter Theophila erheben.
Hussein Pascha jedoch, der sich mit ein paar seiner Leute bis nach Konstantinopel durchschlug, ließ der empörte Sultan Mehmed IV. den Kopf abschlagen.
Herr Jan Chryzostom Pasek war bei der Erstürmung von Chocim dabei und notierte darüber: »Die Unseren machten große Beute an Zaumzeug, Silber, reichen Zelten; in Truhen wieder befanden sich jene hervorragenden Kostbarkeiten, so daß man manche Truhe auf hunderttausend schätzen konnte; reichgeschmückte Säbel, Janitscharenflinten. Man brachte auch eine Masse an Kamelen nach Polen, so daß man eines für einen Gaul kaufen konnte.«[268]
Über Jan Sobieski steht kein Wort in Paseks »Denkwürdigkeiten«. Obwohl sich auch die übrigen Hetmane blendend geschlagen hatten, war er es doch in erster Linie, dem dieser bisher größte Sieg über die Türken zuzuschreiben war.
König Michał Wiśniowiecki hatte nicht mehr die Nachricht vom Sieg bei Chocim erhalten. Er war einen Tag zuvor, am 10. November 1673, gestorben. Schon als er nach der Heerschau am 13. Oktober nach Lemberg zurückgekommen und Wohnsitz im Bischofspalais neben dem Stadthaus der Sobieskis genommen hatte, war er so schwach und krank, daß man einen Eilboten zur

Königin Eleonore schickte, die gerade eine Wallfahrt nach Tschenstochau absolviert hatte und am 30. Oktober wieder in Warschau eingetroffen war.

Am 24. Oktober hatte Michał noch dem Moskauer Gesandten eine öffentliche Audienz gewährt. Nachher beschloß er sogar, am 11. November die Rückreise nach Warschau anzutreten, um dort am Sejm teilzunehmen. Doch es kam anders. Am 2. November brach eine Geschwulst auf, brachte jedoch keine Erleichterung. Am 5. November diktierte Michał vor mehreren Zeugen und Olszowski sein Testament und unterzeichnete es.

Seinen letzten Atemzug tat er am Freitag, dem 10. November 1673, um neun Uhr vormittags. Königin Eleonore, die sofort aus Warschau aufgebrochen war, erreichte die Todesnachricht unterwegs bei Rawa Ruska. »IM. die Königin seynd in lauter Thränen und nit zu trösten«, berichtete der kaiserliche Gesandte, Baron Stom, nach Wien.

Olszowski ließ den Leichnam, trotz Geldmangels, prachtvoll in Lemberg aufbahren und vom 13. bis 20. November auf einem rotsamten drapierten Katafalk unter einem Baldachin, die Krone auf dem Haupt und die Kroninsignien in der Hand, öffentlich zur Schau stellen; anschließend wurde der Leichnam nach Warschau überführt. Der nachfolgende König mußte, ehe er sich krönen ließ, dann seinen Vorgänger feierlich in der Königsgruft des Wawels bestatten.

In Polen herrschten große Bestürzung und Trauer, war doch der bei der Szlachta so bliebte König erst dreiunddreißig Jahre alt. Ungeheuer war der Andrang der Volksmassen, jeder wollte noch einmal einen Blick auf den Monarchen werfen und von ihm Abschied nehmen, von ihm, den sie schon bei Lebzeiten fast wie einen Engel verehrt hatten: »Wieder hat der Allerhöchste Herr unser Vaterland verwaisen lassen und uns in Trauer gestürzt, als er uns, nachdem er uns Fürst Michał Korybut Wiśniowiecki, fast einen Engel, zum König gab, den er uns jetzt insperate in Lemberg wieder nahm, dem Du, Herr, das ewige Licht leuchten lassen mögest wegen seiner hohen Tugenden und königlichen Gnaden, die er, nicht wie ein Monarch, aus einer großen Demut heraus den

zu ihm kommenden Menschen gewährte und angedeihen ließ, nichts abschlagend, was er nur irgendwie erfüllen konnte – so daß diese Güte ihm von manchen Mißgunst einbrachte.« Dies die Stimme der Szlachta. Gehässig bis über den Tod hinaus bis zum heutigen Tage andere, die Sobieski in den Himmel erheben und Michał als »Unfähigen« in die Hölle des Nichts verbannen, dem man das Fiasko von Kamieniec und den Türkentribut in die Schuhe schiebt, was jedoch viel eher zu Lasten der unfügsamen Szlachta und Magnaten als des gutmütigen Piasten ging.[269]
Was bei Wiśniowiecki als schändliche Schwäche und Unfähigkeit ausgelegt wird, nämlich das Kapitulieren vor Schwierigkeiten, die in der komplizierten »Goldenen Freiheit« Polens begründet lagen, entschuldigt man bei Sobieski, der ebenfalls nicht tun konnte, was er wollte und was klug gewesen wäre, in dem Fall nämlich den flüchtenden Feind weiter zu verfolgen, doch das Heer desertierte in Scharen mit dem Beutegut nach Polen zurück, »wozu es ein Recht hatte, da das Viertel endete und kein weiterer Sold bezahlt war«.
Jan wollte von Chocim sofort nach Cecora weiterziehen, um dort die Türken erneut zu schlagen – bei Cecora war sein Urgroßvater Stefan Żółkiewski gefallen, Grund genug zur Rache für den Urenkel.
Doch der litauische Hetman Michał Pac lehnte ab und zog mit seiner litauischen Armee ab. Allerdings rechtfertigte er später seinen Abzug damit, daß er wohl sein Heer aufhalten wollte, deswegen einige Male an den Krongroßhetman geschrieben habe, aber keine Antwort erhalten habe, woraus er schloß, daß er nicht mehr gebraucht würde. Auch das ist möglich. Ein anderes Gerücht, das sogar vor dem Sejm vorgetragen wurde, besagte, daß die Litauer darüber verärgert waren, daß die Polen die ganze große Beute von Chocim für sich allein beansprucht hatten und deshalb abgezogen seien.[270]
Sobieski zog also allein mit seinem polnischen Heer weiter, nur von Michał Radziwiłł, dem Schwager, und etwa tausend litauischen Reitern begleitet. Sie drangen bis weit in die Walachei ein. Aber gleich am ersten Tag desertierte fast die Hälfte des Kronheeres. Die

Herren Szlachcicen hatten es eilig, nach Hause zu kommen und ihre reiche Beute gut zu verkaufen.
»Ganz Polen«, vermerkt Pasek, »wurde nun mit türkischen Sachen übersät, den hübschen Stickereien, schönen Pferden, reichen Wagendecken und verschiedenen anderen Kostbarkeiten.«[271] Außerdem war es bereits kalt, die Mannschaften wurden krank, die Pferde krepierten. Trotzdem, bei einem disziplinierten Heer wären nicht so viele Desertionen vorgekommen, aber hier glaubte jeder, nach eigenem Gutdünken und freiem Willen handeln zu können. Als sich jedoch zeigte, daß die »Feuerstellen«-Soldaten 10 000 Pferde des Heeres gestohlen und hatten mitgehen lassen, wurde Sobieski böse, ließ die Flüchtigen verfolgen und einige hängen. Aber auch das half nicht viel.
Dann traf die Nachricht vom Tode König Michałs ein, worauf sofort weitere Teile des Heeres kehrtmachten, um darauf zu achten, daß auch ja alles beim Interregnum richtig zugehe.
Der moldauische Hospodar Gika fiel wieder von Polen ab und kehrte zu den Türken zurück.
Sobieski selbst erhielt die Todesnachricht am 21. November irgendwo in der Walachei in einem Orte namens Dawidow. Er berief für den 27. den Kriegskreisrat ein und bestimmte, wo das Heer überwintern sollte. Dann dankte er dem Herrgott für den Sieg bei Chocim und den Soldaten für ihren guten Willen. 6000–8000 Soldaten ließ er unter Sieniawski zurück, den Rest sandte er nach Pokutien und befahl ihnen, »nicht nach Polen zurückzugehen«.
Jan war sehr besorgt wegen des Interregnums, »vor allem beim Stand der jetzigen Dinge, da wir uns in einen Krieg mit dem mächtigsten Feind der ganzen Christenheit eingelassen haben, mit dem es, wenngleich wir ihm jetzt auch ein paar tausend von seinem Heer vernichtet haben, noch lange kein Ende haben wird, da er im Frühling sein ganzes furioso über uns ergießen will«.
Er schrieb an den neuen Primas, Fürst Czartoryski, und bat ihn, so schnell wie möglich die Konvokation und Königswahl anzusetzen, möglichst mit verkürzten Terminen und Feierlichkeiten, damit

»der künftige Herr, den uns der Himmel bescheren wird, in Aprili mit dem Heer ins Feld ziehen kann«.

Am 30. November verließ er endlich das Lager und jagte auf einem kleinen, leichten Schlitten – es war schon viel Schnee gefallen – nach Kałusz, um Marysieńka zu treffen, die aus Lemberg ihm dorthin entgegenkam. Am 6. Dezember fand das Wiedersehen statt.

8

Vom Pferderücken auf den Königsthron

Was Jan und Marysieńka in Kałusz alles besprachen, ist nicht über die Schwelle des Sobieskischen Schlafgemaches gedrungen, aber daß es diesmal nicht nur verliebtes Geflüster zwischen den Ehegatten gab, obwohl sich das doch Jan durch seinen Sieg bei Chocim und den damit zusammenhängenden Ruhm endlich reichlichst verdient hätte, dafür sorgte der »Affe«, nämlich der selig verstorbene König Michał.

Ob damals bereits ein genauer Feldzugsplan entstand, dessen Endziel die Eroberung der Königskrone war, läßt sich weder beweisen noch widerlegen, denn die Spuren wurden sorgfältig verwischt. Zu diesem Zeitpunkt bereits mit so hohen Aspirationen hervorzutreten hätte Jan sein angeborener Stolz und seine natürliche Bescheidenheit, die nur selten, aber dann gründlich, in Überheblichkeit ausuferte, verboten.

Anders stand es um Marysieńka. Sie hatte ja schon im Jahre 1670 Jan bitter zugesetzt, daß der »Affe« und nicht er »Hospodar« geworden sei. Auf jeden Fall einigte man sich darauf, vorerst den französischen Kandidaten zu unterstützen. Man mußte vorsichtig und behutsam zu Werke gehen, denn natürlich hatte sofort, kaum daß Michał die Augen geschlossen hatte, das Tauziehen, um nicht zu sagen der Kuhhandel, um die polnische Königskrone begonnen. Marysieńka hatte jedenfalls auf eigene Faust sofort nach dem Tode Michałs ihren Kammerdiener und danach den Oberst Beaulieu mit Briefen nach Paris geschickt, möglicherweise sogar direkt zu Ludwig XIV. Denn sie dachte zunächst natürlich an einen französischen Kandidaten, wahrscheinlich an Condé. Auch Jan schrieb Mitte Dezember aus Kałusz an Aleksander Lubomirski und Jan Andrzej Morsztyn in diesem Sinne: »Also konkludiere ich, bei mir

selbst, daß uns nur einzig Frankreich einen solchen Herrn geben kann, der uns in diesem so schrecklichen Krieg mit Geld und Leuten unterstützen kann. In unsere eigene Stärke sollten wir keine Hoffnung setzen, denn wir haben weder Geld noch Menschen, noch Lust und Ausdauer zu einem langen Krieg. Wen uns aber Frankreich als Kandidaten vorschlagen wird, müssen wir abwarten, denn ich zweifle schon, Gott sieht es, daß uns überhaupt jemand Großer wird nehmen wollen.«[272]
Am 16. Dezember reiste Jan mit Marysieńka inkognito nach Lemberg, dennoch wurde er mit Kanonendonner begrüßt. Am 20. schrieb er bereits an den Landtag von Lublin: »Ich wünsche daher, daß die Wahl beschleunigt werde und noch vor der Kriegssaison stattfinde und daß man einen solchen Herrn wähle, der zum Nutzen der Rzeczpospolita und nicht anderen Interessen diene und unsere Armut durch seinen Reichtum rette, auch daß er von der Welt wegen seines Kriegsruhmes anerkannt werde und somit den Feinden schrecklich wäre. Vor Gott und der Welt erkläre ich, daß ich nur mit einem solchen Herren einverstanden sein werde.«[273]
Der Name war zwar nicht ausgesprochen, aber es war klar, an wen Sobieski dachte: an den großen Condé.
Baron Stom, der einen Spitzel in der nächsten Umgebung Sobieskis hatte und von diesem laufend mit Nachrichten beliefert wurde, berichtete am 3. Januar 1674 nach Wien, Sobieski habe sogar persönlich einen Brief an Ludwig XIV. dem Warschauer Kämmerer und Truchseß der Königin, Herrn Opacki, der im Auftrage des Senates und des Primas den Höfen Westeuropas die Trauernachricht über den Tod König Michals überbrachte, mitgegeben.
Dieser Baron Stom hatte übrigens als erster geahnt oder aus diversen Anzeichen geschlossen, worüber jetzt immer häufiger geflüstert, von Sobieski jedoch beständig geleugnet wurde, daß nämlich er für den Thron kandidieren würde und auch die größten Chancen habe, gewählt zu werden. Bereits am 10. November, als er Königin Eleonore ans Sterbebett Michals begleitete, schrieb er in seinem Rapport an den Kaiser, daß Sobieski möglicherweise die Krone für sich beanspruchen werde.[274]
Von diesem Augenblick an ließ Stom Sobieski und dessen nächste

Umgebung nicht mehr aus den Augen. Seinem Rapport vom 3. Januar 1674 ist ein Brief beigefügt, der keine Unterschrift trägt, aber aus der nächsten Umgebung Sobieskis kommen muß, denn es heißt darin, daß niemand daran zweifle, daß sein Herr die vakante Krone anstrebe.[275]
Österreich hatte natürlich das größte Interesse, daß sein Kandidat, wieder Herzog Karl von Lothringen, zum König gewählt werde und die verwitwete Königin Eleonore eheliche, was in diesem Falle auch eine Herzensangelegenheit der beiden Betroffenen war, da ja Eleonore bereits vor ihrer Ehe mit Michał so gut wie verlobt mit Karl von Lothringen war. Der in seiner Zeit berühmte kaiserliche Diplomat Baron Lisola verfaßte ein Memorandum, das zu beweisen versuchte, daß »die Interessen IM. der Königin nicht getrennt werden können von den Interessen der Rzeczpospolita, es sollte daher ein Junggeselle gewählt werden, um die Königin heiraten zu können«.[276]
Der kaiserliche Rat, Wolff Graf Oettingen, der Leopolds Kondolenzschreiben überbrachte, hatte gleichzeitig vom Kaiser signierte Schreiben an die Hetmane, Minister und Senatoren bei sich, die er ihnen während seines Aufenthaltes in Warschau, wo er vom 3. bis 15. Dezember 1673 weilte, entweder persönlich überreichte oder übersandte. Die meisten beeilten sich, in ihren Antwortbriefen ihre Ergebenheit für die verwitwete Königin und den Kaiser zu beteuern. Nicht so Jan Sobieski. Der Krongroßhetman war wieder einmal beleidigt. In dem Brief Kaiser Leopolds vom 24. November 1673 an Sobieski, in dem er diesen bat, der Königin Eleonore fides, also Treue, zu bewahren, fanden sich auch zwei Worte, nämlich »hortari« und »machinationibus«, woraus Sobieski, der Überempfindliche, schloß, der Kaiser bezichtige ihn, ein Aufrührer und Gefährder des Friedens zu sein.[277]
Sobieski wandte wieder einmal seine Taktik des Zauderns und Hinauszögerns an. In Warschau kursierten inzwischen die wildesten Gerüchte: Eleonore, die Königinwitwe, habe versucht, Marysieńka zu vergiften, damit sie Sobieski heiraten könne; andere wieder flüsterten sich ins Ohr, Sobieski habe versucht, Marysieńka zu vergiften, um die verwitwete Königin heiraten zu können.

Tatsache ist, daß Marysieńka Eleonore haßte, obwohl sie nach außen hin Freundlichkeit und sogar Ergebenheit heuchelte.
Eleonore selbst entfaltete keine eigene Initiative, sie ließ sogar durch ihren Beichtvater Coronino bei ihrem kaiserlichen Bruder anfragen, wen der Kaiser zu ihrem Ehegemahl wünsche, falls Karl von Lothringen nicht gewählt würde.
Selbst der oftmals so zynische König Ludwig XIV. gab zu, daß Eleonore im ganzen Königreich Polen große Ehrerbietung und Verehrung genoß. Mit ihrer Sanftheit und ihren moralischen Grundsätzen, die keinerlei Haß, selbst gegen Feinde, kannte, sondern allen nur Wohlwollen entgegenbrachte, hatte sie die ganze widerspenstige polnische Nation für sich gewonnen.
Auch Karl von Lothringen hatte in Polen viele Anhänger, angefangen vom Primas, Fürst Florian Czartoryski, bis zu den mächtigen Pac in Litauen, die übrigens auch die Parole ausgaben, von der Kandidatur müsse ein Piast, also ein Pole, a priori ausgeschlossen werden.
Im Gespräch waren Krzysztof Pac und Sobieskis Schwager, Miachał Kazimierz Radziwiłł; Sobieski selbst wurde nicht – jedenfalls in der Öffentlichkeit nicht – genannt.
Neben Karl von Lothringen waren, wie gesagt, Condé im Gespräch, Philipp Wilhelm von Neuburgs sechzehnjähriger Sohn Wilhelm, Thomas von Savoyen (Prinz Eugens älterer Bruder), der wunderschöne junge dänische Prinz Georg, Heinrich von Hohenzollern (des Kurfürsten Sohn), Rinaldo d'Este (Fürst von Modena) und Markgraf Hermann von Baden; die Moskauer kandidierten diesmal nicht, da der Zar zu alt und der Zarewitsch zu jung war.
Marysieńkas Kammerdiener brachte am 15. Januar 1674 aus Paris schlechte Nachrichten: man zeigte den Polen die kalte Schulter. Verärgert reagierte darauf Marysieńka, und Sobieski ließ verlauten, Polen brauche einen König, der die Wunden der Rzeczpospolita heilen könne, die Nationalität spiele dabei keine Rolle, es könne ein Franzose, ein Deutscher, ein Italiener, ein Österreicher oder wer immer sein. Er sprach vom französischen Dauphin, Condé, Jakob Stuart, Herzog von York, auch vom Brandenburger.

Baron Stom berichtete nach Wien, »Der Kammerdiener der Sobieskin« sei am 14. Januar aus Paris zurückgekehrt.

Die allerschönste Marysieńka wurde wenig respektvoll von des Kaisers Gesandten »die Sobieskin« genannt und wahrscheinlich nicht nur von ihm, sondern vom ganzen österreichischen Hofe. Wenn das Marysieńka gewußt hätte. Und gar erst Jan, der Empfindliche, so leicht Beleidigte. Die Frau Krongroßhetmanin einfach »die Sobieskin« zu nennen.

Der Konvokationssejm begann am 15. Januar 1674 in Warschau. Jan war nicht dabei. Er verblieb weiterhin in der Nähe der Grenze, sorgte für seine Soldaten, die in den Winterquartieren lagen, korrespondierte mit Doroszeńko, der sich nach dem eindrucksvollen Sieg von Chocim wieder an Polen anzunähern begann, und empfing Abgesandte des Zaren.

Seinen Ruhm verbreiteten indessen die nach Haus entlaufenen Soldaten, die ganz Polen mit den hübschen türkischen Sachen überschwemmten und die wahre Wunder vom Heldentum der polnischen Armee erzählten und Sobieski, den das Heer liebte, in den Himmel hoben.

Dankgottesdienste fanden überall statt, der Sieg wurde Gott, nicht Sobieski zugeschrieben, wie er es ja auch selbst tat und betonte. Die Königin-Witwe, ihr Kanzler, der Konvokationssejm, sie alle richteten Dankschreiben an alle vier Hetmane, Papst Klemens X. schickte ein in herzlichen Tönen gehaltenes Breve und dazu seinen apostolischen Segen. Als sich jedoch das Gerücht verbreitete, der Papst wolle Sobieski Degen und Hut übersenden, eilten die litauischen Pac zum Nuntius Buonvisi und erhoben Einspruch und bewiesen, daß sie genauso viel Verdienst beim Sieg von Chocim hätten wie Sobieski, der im übrigen, wie sie behaupteten, mit Doroszeńkos und der Kosaken Hilfe die Königskrone an sich reißen wolle. Diktierte solche Anschwärzungen in erster Linie der Neid, so tauchten andererseits auch die ersten panegyrischen Verherrlichungen Sobieskis in der polnischen Dichtung auf. »Großer Sobieski, Marschall, Hetman! / Möge Dein Triumph Dir Unsterblichkeit bringen. / Sei Deines Vaterlandes Beschützer, / für die Türken jedoch ein Ungewitter!« rief ein unbekannter Dichter in

seinem »Danklied für den Sieg bei Chocim« aus. Solche Worte taten dem liebe- und anerkennungshungrigen Herzen Jans wohl. Und da er ein glänzender Organisator auch seiner eigenen Auftritte war, die jedem Theaterregisseur Ehre gemacht hätten, genügte ihm natürlich nicht allein der Ruhm in Polen. Sein Sieg von Chocim, der ging doch die ganze Christenheit, ganz Europa an!
Mit unnachahmlicher Geste verkündete er unmittelbar nach dem Sieg, daß »die kaiserliche Fahne, aus dem Ottomanischen Schatz für den Kampf gegen die Christen hervorgeholt«, vor Chocim von Sobieski erobert, »zwei Klafter breit, drei Klafter lang, mit Gold bestickt: mit einer Säule, dem Mond, der Sonne und einer fanatischen Inschrift, die lautete ›Unser höchster Prophet vor Gott, Mahomet, gibt die Kraft, die Giauren niederzumetzeln und zu erschlagen‹«, diese ›erste‹ derartige Beute in polnischer Hand also, sie sollte dem Heiligen Vater übersandt werden.[278]
Die eroberte und dem Papst zu Füßen niedergelegte Fahne sei das Zeichen der Gnade, die Europa und der ganzen Christenheit und der Rzeczpospolita die Freiheit bringe, da sie alle überzeugen werde, daß »die Osmanischen Türken, der Schrecken der ganzen Welt, besiegt werden können«.[279]
Er – Jan Sobieski – schon jetzt, nach Chocim, der Held, der ganz Europa, die ganze Christenheit vor der Angst vor der Übermacht der Türken befreit hat, er, der Sieger über diesen schrecklichen Gegner, vor dem ganz Europa und die ganze Christenheit zittert; und dieser Held erlaubte sich nun, auch eine Bitte an den Heiligen Vater zu richten: Er möge den seligen polnischen Stanisław Kostka kanonisieren. Polen einen Heiligen schenken. Durch die Fürbitte des Siegers von Chocim. Wenn das nicht ganz Polen zu Tränen rührte! Jan war ein glänzender Inszenisator. Die Antwort des Papstes ließ Jans Herz höher schlagen, gab sie ihm doch die stolze Bestätigung, daß seine Tat nicht nur Polen anging, sondern die ganze christliche Welt. Voller Begeisterung besang Wacław Potocki, der Verfasser des ersten »Chocimer Krieges«, nun die Tat des Sohnes jenes Jakub Sobieski, nach dessen Aufzeichnungen Potocki sein Poem verfaßt hatte. 1670 fertiggestellt, mag es Jan, den so leicht Entflammbaren, in seinem Entschluß, zu siegen oder zu

sterben, bestärkt und zu seiner bravourösen Tat inspiriert haben.²⁸⁰ Jan hatte mit seinem zweiten Chocimer Sieg bewiesen, daß er der ruhmreichen Ahnen würdig war, daß er kein »Pygmäe«, wie Potocki die Nachfahren schmähte, war, sondern selbst ein gottgesandter Führer, an dessen Seite Michael und alle Engel kämpften und ihm halfen, diesen wunderbaren Sieg zu erringen. Den Sieg über die Heiden. Schon jetzt, nach Chocim, fühlte sich Jan als Beschützer und Retter der Christenheit. Hier, in Chocim, liegt bereits der Keim zum Sieg von Wien.

Aber nicht nur in Polen wurde der Sieg von Chocim gefeiert und besungen. Auch das Ausland beschäftigte sich mit diesem Ereignis. Zum ersten Male drang Sobieskis Name weit über Polens Grenzen. Das Diarium Europeum, eine in Frankfurt am Main erscheinende Zeitschrift, schließt einen Bericht über die Schlacht bei Chocim am 11. November 1673 mit den Worten: »Fürwahr eine herrliche und der großen Victorien eine, die jemals die Christenheit wider den Erbfeind erfochten hat.«²⁸¹

Und der Redakteur knüpft daran die Bemerkung: »So war dieser Sieg an sich sehr nützlich für Polen und darüber hinaus auch für die ganze christliche Welt.« Und er stellt die Vermutung auf, daß Sobieski alle Bemühungen der Österreicher zunichte machen und selbst den Thron besteigen werde, war doch »die ganze Welt voll vom Ruhme Sobieskis«.²⁸²

Auch der päpstliche Nuntius Buonvisi sah dies voraus. Jan begab sich, als er alle militärischen Angelegenheiten in der Rus geregelt hatte, nach Lublin, wo er am 18. März eintraf. Hier tagte bereits seit 12. Februar eine Kommission, die sich mit den finanziellen Abrechnungen des letzten Feldzuges beschäftigte und neue Berechnungen für den kommenden Feldzug aufstellte. Viele Persönlichkeiten, Wojewoden, Starosten, Hetmane usw., waren anwesend. So war es nicht verwunderlich, daß auch eifrig über die bevorstehende Königswahl debattiert wurde. Jan hatte sich bisher dafür nach außen hin noch kaum interessiert. Dafür hatte Marysieńka an den französischen Außenminister Pomponne mit der ihr eigenen Aufdringlichkeit und Präpotenz geschrieben und ihn zu überzeugen versucht, daß man ihren Mann, den Herrn Krongroßmarschall, unbedingt zu gewinnen versuchen müsse, denn er bekäme von allen Seiten die verlockendsten Angebote, auch sollte man rasch einen Mann des Vertrauens, am besten ihren Schwager, de Béthune, nach Polen schicken, denn sonst müßte sie leider den Triumph Österreichs voraussagen, das mit aller Entschiedenheit die Kandidatur Karls von Lothringen vorantreibe.

Was »die verlockendsten Angebote« anbelangt, so weiß man bis heute nicht genau, was wirklich stimmt und was in das Reich der Mären gehört. Kolportiert wurde jedenfalls, daß Ahmed Köprölü Sobieski durch einen Vertrauensmann das Angebot machen ließ, ihm zur Erlangung der polnischen Königskrone zu verhelfen und jede erforderliche Summe dafür zur Verfügung zu stellen, wenn sich Sobieski bereit fände, einen ewigen Frieden mit der Pforte zu schließen und ihr Freundschaft entgegenzubringen. Angeblich soll Sobieski mit der Begründung abgelehnt haben, er wünsche nur von Ludwig XIV. abzuhängen; er pflog aber auch mit Michael I. Apaffi, dem Fürsten von Siebenbürgen, Gespräche; Rakoczys Witwe, die schöne Helene Zriny, versuchte, ihm ihre Güter zu verkaufen; und die Ungarn luden Jan ein, ihren Thron zu besteigen – über den sie gar nicht verfügten, da Kaiser Leopold I. als König von Ungarn darauf saß.[283]

Sobieski rief indessen die Landtage dazu auf, einen solchen König zu wählen, der ihnen einen ehrenvollen Frieden ohne Abtretung diverser Provinzen aushandeln würde, der nicht einen Krieg aus irgendwelchen eigenen Interessen in die Länge ziehen würde, oder solch einen, »der den Ruhm und den Namen unseres Volkes bis ans andere Ende des Östlichen Meeres tragen würde«.

Es war nur zu deutlich erkennbar, daß diese Forderungen auf zwei Männer hinzielte: den großen Condé oder den tapferen Turenne. Endlich kam aus Paris ein Brief, der den jungen Neuburger empfahl. Die Enttäuschung war bei der französischen Partei groß; man mußte sich nach einem anderen Kandidaten umsehen.

Sobieski ließ in Berlin sondieren, ob der junge Brandenburger, den der geschickte Hoverbeck, der offziell nur kondolieren kam, ins Gespräch gebracht hatte, bereit wäre, zum Katholizismus überzutreten.[284]

Karl von Lothringens Botschafter Belchamps traf in Lublin zu Gesprächen mit Sobieski ein. Jan und Marysieńka wurden zur Drehscheibe des allgemeinen Interesses, man versuchte herauszubekommen, was sie im Schilde führten. Doch man hörte aus Sobieskis Mund weiterhin nur die Empfehlung eines französischen Kandidaten. Neuerdings wurde der blutjunge Prinz Conti vorgeschlagen, den man der verwitweten Königin zum Gemahl offerieren wollte.

Gerüchte schwirrten durch die Luft. Man flüsterte, der Krongroßhetman habe nur deshalb mit drei Regimentern den Wawel besetzen lassen, um ihn gegen den Lothringer zu verteidigen, der seinerseits kaiserliche Truppen in Schlesien zusammenzog, denen wiederum Sobieski an den Grenzen polnische Soldaten vor die Nase setzte. Von Lublin fuhren die Sobieskis am 1. April nach Zamość, wo es endlich zu einer Einigung wegen der Erbstreitigkeiten kam. Marysieńka unterschrieb den gewünschten Vertrag und erhielt viel Geld. Alle waren zufrieden, und die Rzeczpospolita hatte nun endlich Ruhe, wenigstens in dieser einen Angelegenheit. Nachher verbrachten Jan und Marysieńka bis gegen Ende April die Zeit in Pielaskowice, wo Jan seinen festlichen Einzug als Sieger von Chocim für Warschau vorbereitete. Dort hatte am 20. April, einem Freitag, bereits der Konvokationssejm begonnen.

Der Primas, Fürst Czartoryski, war so krank, daß er nur vom Bett aus seine Amtsgeschäfte führen sowie Senatoren und Sejmabgeordnete empfangen konnte. An seiner Stelle mußte der Posener Bischof Wierzbowski die Messe zu Ehren des Heiligen Geistes zelebrieren.

Von der Kirche aus begaben sich alle sofort auf das »Feld« von Wola und in den »Kreis«, polnisch Koło genannt. Die »Szopa«, der »Schuppen«, war von einem Wall umringt, der die Senatoren gegen eine mögliche Schießerei, wie sie sich bei der letzten Wahl zugetragen hatte, absichern sollte.

Da bei den Königswahlen abwechselnd ein Pole und dann wieder ein Litauer das Marschallamt ausübte, war diesmal ein Litauer an der Reihe. Einmütig wurde Benedikt Sapieha gewählt. Der ganze Clan der in Litauen weitverzweigten Familie Pac erschien auf dem

Wahlfeld; Michał, der litauische Großhetman, Krysztof, der litauische Kanzler, und viele andere.
Dadurch wurde die österreichische Partei sehr gestärkt, denn die Litauer standen eisern hinter Karl von Lothringen.
Bereits am 24. April brachten die Litauer den Antrag vor, einen Piasten von der Wahl auszuschließen. Dem widersetzten sich manche Polen mit der Begründung, dies wäre eine Beleidigung der Nation; früher hätten immer polnische »Patrioten« in Polen regiert, und auch während der Wahlen von Heinrich von Valois und Stefan Bathory wären Polen als Kandidaten vorgeschlagen worden, doch hätten diese selbst resigniert und sich ausgeschlossen. Außerdem stünde ja jedem frei, einem Piasten während der Wahl seine Stimme zu geben oder nicht zu geben. Es wurde zwar nicht ausgesprochen, wer dieser Piast sein könnte, der ausgeschlossen werden sollte, doch war es ein offenes Geheimnis, daß es um Jan Sobieski ging, gegen den sich Haß und Mißgunst der Litauer wandten. Die Herren Pac mußten demnach ihre Forderung, einen Piasten von der Wahl auszuschließen, fallenlassen; Baron Stom versuchte zwar weiterhin, die Lothringer Partei zu unterstützen, doch schwand die Hoffnung auf Erfolg, da während des Sejms bereits die Intrige vom Ausschluß eines Piasten geplatzt war.[285]
Der Kampf der verschiedenen Interessenträger untereinander wurde schwieriger, denn endlich stand auch Jan Sobieski ante portas.
War er schon prachtvoll nach dem Sieg von Podhajce in Warschau eingezogen, um wieviel prächtiger erst jetzt als Sieger von Chocim! Er ritt unter großer Assistenz ein, man sprach von 2000 Mann. Ganz Warschau lief ihm entgegen und beglückwünschte ihn zum Sieg von Chocim. Erschauernd begaffte man die Janitscharen, die im Gefolge mitzogen, man schrie vivat und betrachtete respektvoll den stattlichen Krongroßhetman, über dessen Grausamkeit gegenüber den Türken man wahre Wunderdinge erzählte, hatte er doch alle Gefangenen, ebenso jene Türken, die Schutz in den Behausungen der Ukrainer und Polen gesucht hatten, niedermachen lassen. Das hätte der weichherzige König Michał gewiß niemals über sich gebracht. Aber Sobieski, ja, der scheute nicht davor zurück, das

Blut der verhaßten Heiden in Strömen zu vergießen. Also feierte man ihn als großen Helden und errichtete ihm Triumphbögen, das Volk fiel vor ihm auf die Knie und feierte ihn als Bezwinger der Heiden, als Retter des Vaterlandes und der Christenheit.[286]
Gerüchte schwirrten durch die erregten Massen, man registrierte, daß der Kronfeldherr 6000 Mann Truppen um Warschau zusammengezogen habe, allerdings einige Tagemärsche entfernt, aber doch nah genug, um einzugreifen, wenn es notwendig sein sollte, zum Beispiel, wenn die lothringische Partei, die vom Primas eifrig unterstützt wurde, ein allgemeines Aufgebot ausrufen würde oder falls die kaiserlichen Regimenter, die in Schlesien bereitstanden, die polnische Grenze überschreiten sollten.
Jan verhielt sich weiterhin abwartend, den Marschallstab in der Hand, umringt von Sejmabgeordneten. Er empfing gelassen den päpstlichen Nuntius Buonvisi und den außerordentlichen Botschafter des Kaisers, Graf Schaffgotsch; er vollzog die üblichen Zeremonien. Der Nuntius feuerte in seiner Rede die polnischen Herren zur Aufrüstung gegen den »allerschrecklichsten Feind, der bis jetzt nur verletzt, noch nicht besiegt ist«, auf; er verhieß auch geldliche Hilfe aus dem Zehnten der italienischen Geistlichkeit sowie Geschenke der Kardinäle.
Graf Schaffgotsch wies darauf hin, wie wichtig es wäre, einen König zu wählen, der dem Kaiser freundlich gegenüberstände, und daß man der Königin-Witwe die gebührende Rücksicht möge zuteil werden lassen.[287]
Man erzählte wahre Wunderdinge über die Summen Geldes und die Versprechungen, die Baron Stom verstreute; desgleichen taten die lothringischen Abgesandten, Graf Taaffe und Belchamp.
Aber auch die französischen Agenten waren nicht müßig; der den Lesern aus der Zeit Ludwika Marias wohlbekannte Des Noyers war nun Bevollmächtigter des Grafen von Soissons, de Callières warb im Dienste Ludwigs XIV.; nur noch der französische Botschafter, Toussaint Forbin-Janson, Bischof von Marseilles, fehlte; endlich traf auch er am 8. Mai ein.
Zur Enttäuschung der Franzosenpartei schlug er aber als Kandidaten König Ludwigs nur den blutjungen Neuburger vor; Ludwig

wünschte keine weitere kostspielige oder gar kompromittierende Kandidatur irgendeines Fürsten von Geblüt aus seinem Hause, da die polnische Wahlkrone eine zu unsichere Sache war. Das Wichtigste sei nur, daß man es zu keiner Wahl des Lothringers kommen lassen dürfe; der würde ein zu gefährliches Werkzeug des Kaisers im niederländischen Krieg sein, der eben begonnen hatte; jeder andere Kandidat würde dem allerchristlichsten Monarchen recht sein.

Forbin-Janson war beauftragt, sich mit Morsztyn und Sobieski zu beraten, nur im Einverständnis mit ihnen seine Schritte zu setzen und ihnen außerdem die seit 1669 ausstehende »Pension« auszuzahlen, zusätzlich, falls der Neuburger gewählt würde, noch 400 000 Livres zu ihrer eigenen Verfügung oder zur Verteilung an Sympathisanten, ganz nach ihrem Gutdünken. Auch Marysieńka war nicht vergessen worden, sie, »die Französin, die sich ihrer Untertanenpflichten gegenüber ihrem König bewußt war«. Jan Sobieski, dem polnischen Krongroßmarschall und Krongroßhetman, bot man abermals die französische Marschallwürde an, ein Fürstentum, eine Pairie mit entsprechend hohen Einkünften und den Hl.-Geist-Orden. Von irgendwelchen Vergünstigungen für die Familie d'Arquien jedoch kein Wort, was Marysieńka erboste und die österreichische Partei mit Genugtuung zur Kenntnis nahm, da man hoffte, sie für die lothringische Kandidatur gewinnen zu können. Sobieskis Enttäuschung war groß. Statt des Kriegshelden Condé offerierte ihnen der Sonnenkönig den neuburgischen Grünschnabel, ein Kind aus einem zweitrangigen deutschen Fürstenhaus, wie Jan zornig sagte. Er erklärte dem französischen Botschafter rundheraus, daß der Neuburger zu jung sei, er und seine Offiziere würden nur den Condé unterstützen; auch er sei der Ansicht, daß man eine Wahl des Lothringers verhindern müsse, »eher würde er sich in Stücke hauen lassen, als die Nominierung eines solchen Königs zu erlauben«.

Die Audienz Forbin Jansons fand am 11. Mai statt; befriedigt berichtete er an Ludwig XIV., daß er niemals eine ähnlich prachtvolle erlebt hätte. Da sein eigenes Gefolge noch nicht eingetroffen war, hatte ihm Sobieski eine eigene Kutsche und

Assistenz zur Verfügung gestellt, dazu seine Leibgarde zu Fuß und beritten; Forbins Sessel stand ein wenig vor denen der Marschälle. In seiner Rede schmeichelte Forbin-Janson den Polen: »Ein Polonia Gallos, in Gallia habitare Polonos dicas«, rief er enthusiastisch.[288] Er war es also, der zum ersten Mal den später so beliebten Vergleich von den »polnischen Franzosen« an der Weichsel aufgebracht hatte. Seine ganze rhetorische Kunst konnte jedoch nicht den Polen verbergen, mit welcher Gleichgültigkeit und welchem Zynismus man an der Seine Polen letzten Endes behandelte und den französischen Interessen unterordnete. Wenn der Botschafter auch noch so wortreich davon sprach, daß Frankreich in Konstantinopel wegen eines Friedens mit der Türkei vermitteln wolle, die Enttäuschung blieb groß, daß er ihnen nur den Neuburger offerierte.

Nach der öffentlichen Audienz fand eine Geheimkonferenz mit dem Ehepaar Sobieski statt, und hierbei erklärte die Frau Marschallin rundheraus dem französischen Botschafter, daß sie der Meinung sei, da man mit Condé nicht rechnen und der Neuburger nicht durchkommen werde, daß man ihren Mann nominieren solle, dessen Wahl das Heer und die meisten Senatoren wünschten. Mit der ihr eigenen Suada berichtete sie dem verblüfften Forbin Janson, daß in wenigen Tagen eine von ihnen ausgesandte Vertrauensperson vom Wesir mit den Friedensartikeln zurückkehren werde, deren eine Bedingung sei, daß Sobieski oder Condé zum König gewählt würden, daß aber auch die Tataren und der Brandenburger Kurfürst Sobieski zuredeten, die Krone anzunehmen und daß sie ihn gegebenenfalls militärisch gegen seine Feinde und Neider unterstützen würden. »Der Herr Krongroßmarschall war noch schwankend, aber die Frau Marschallin brannte richtig darauf«, berichtete Forbin-Janson nach Paris. Jedenfalls endete diese Geheimkonferenz damit, daß Des Noyers im Namen des Botschafters den beiden Sobieski noch am selben Tag 9000 Livres zum Verteilen unter ihre Anhänger überbrachte. Seinen Bericht vom 11. Mai 1674 schloß Forbin Janson folgendermaßen: »Jedenfalls, wenn der Neuburger oder der Prince Condé nicht gewählt werden könnten und wenn man sich auf den Krongroßmarschall einigen sollte – was ich nur mit Mühe glauben könnte –, hätten Eure Majestät in ihm mit Sicherheit einen Menschen, der sehr eifrig im Dienste Eurer Majestät wäre. Er spricht und handelt mit solchem Eifer, als ob er die Ehre gehabt hätte, als Untertan Eurer Königlichen Majestät geboren worden zu sein.«[289]

An diesem wichtigen 11. Mai, an dem die öffentliche Audienz des französischen Botschafters stattgefunden hatte, fanden aber auch Geheimverhandlungen mit Hoverbeck statt, denn dieser depeschierte bereits am 12. Mai an Kurfürst Friedrich Wilhelm von Brandenburg: »Weil Herr Gałecki Tages zuvor mich ersucht und in discursu als unter andern des Piasti gedacht ward, mir, zweifelsohne auf seines Herren Befehl, die Frage that, ob, wann er erwählt würde, Ew. Kurf. Durchlaucht ihn mit Volk assistieren wollten; darauf ich geantwortet...« usw., nämlich, daß der Kurfürst gewiß, ähnlich wie die anderen Nachbarn, Sobieski würdig für das königliche Amt halten und ihm dies von ganzem Herzen wünschen würde. Tatsache ist, daß der brandenburgische Botschafter Hoverbeck im königlichen Garten beim Kazimierz-Palais, das Sobieski bewohnte, frei herumspazierte und jederzeit bei Jan vorsprechen konnte.

Am 12. Mai fand die öffentliche Audienz der Botschafter Karls V. von Lothringen, Belchamps und des Grafen Taaffe, statt; am 13., 14. und 15. waren anläßlich des feierlich begangenen Pfingstfestes keinerlei Audienzen. Am 16. Mai wurde der Botschafter des Neuburgers angehört. Am 19. sollte die Wahl beginnen.

In der Zwischenzeit trieben die Abgesandten der verschiedenen Kandidaten nochmals ihre Anstrengungen bis zum höchsten an. Die Österreicher und Lothringer meldeten sich zu Geheimkonferenzen bei den Sobieskis und boten dem Herrn Krongroßmarschall und -hetman an: 200 000 Taler, den Titel eines deutschen Reichsfürsten und Besitzungen in Schlesien: Sie wurden von dem spanischen Botschafter Ronquillo, als dem Vertreter der älteren Linie des Hauses Habsburg, unterstützt.

Sobieski blieb ungerührt, und Marysieńka ätzte Graf Schaffgotsch gegenüber während einer zweiten Visite, daß der Titel eines Reichsfürsten wenig wert sei, da der Kölner Kurfürst Fürstenberg verhaftet werden konnte und die Ungarn Nadasdy und Serini sogar hingerichtet worden seien. Die angebotenen Gelder wies sie mit der Begründung zurück, daß der französische König, dessen Untertanin zu sein sie sich voller Stolz rühme, sie notfalls reichlicher und großzügiger unterstützen würde.[290] Tatsächlich verteilten Jan und Marysieńka bereits mit vollen Händen französischer Gelder unter ihre Anhänger.

Zwischen 11. und 19. Mai waren es bereits 190 150 Livres bzw. 50 000 Taler: 30 000 Livres bekamen Jan und Marysieńka, Jan allein nochmals 36 000 Livres, der Sejmmarschall Sapieha erhielt für sich und seine Frau sowie für die kleinpolnischen und durch Radziwiłł gewonnenen litauischen Abgeordneten 60 000 Livres; 1050 Livres wurden an Mönche und Nonnen verteilt, da diese auf die Sejmabgeordneten Einfluß hatten; 1200 Livres erhielt am 19. Mai ein Offizier namens Niemira, ein Konfident, der mit diesen Geldern das Heer mit Essen und Trinken traktierte; 900 Livres endlich ein französischer Offizier namens Romain zur Verteilung unter die Soldaten, welche die Brücke über die Weichsel bewachten, um ein Überschreiten durch die Litauer zu verhindern; schließlich bekam auch Jabłonowski, der Wojewode der Rus, einen Wechsel über 12 000 Livres.

Diese französischen Gelder ließ Frankreich nur zu dem Zweck fließen, um Karl von Lothringen von der Wahl auszuschließen. Sollte es Sobieski gelingen, den Neuburger durchzusetzen, würde er zusätzlich zu den französischen Würden noch bares Geld in Höhe von 400 000 Livres erhalten sowie eine Pension von jährlich 20 000 Livres. Mit Patriotismus oder irgendwelchen »edlen« Motiven hatte diese Wahlkampagne wahrhaftig nichts zu tun, wie übrigens wohl keine, denn auch bei der Kaiserwahl ging es nicht ohne Korruption ab.

Während einer Zusammenkunft bei Bischof Trzebicki erklärte Sobieski lautstark, daß er eine Wahl des Lothringers nicht zulassen werde; und als die Litauer, die auf seiten des Lothringers und der Königin-Witwe Eleonore standen, ihre bewaffneten Assistenzen – Sobieski hatte seine eigenen gleich beim Einzug in die Stadt mitgebracht – von Praga nach Warschau verlegen wollten, ließ

Sobieski die Bewachung der Weichselbrücke durch ihm ergebene Truppenteile verstärken und gab Befehl, daß sich seine Krontruppen auf Warschau zu in Bewegung setzen sollten. Die Kosten für diesen Marsch, die sich auf 8000–10 000 Taler beliefen, deckte Sobieski zunächst aus eigener Tasche, doch erhielt er gleichzeitig eine Gutschrift über 400 000 Livres vom Botschafter Forbin-Janson. Die Offiziere der Truppen, die dieser gebefreudige französische Botschafter tagelang großzügigst bewirtete, bezeigten daraufhin große Zuneigung für Frankreich und schrien lauthals gegen die Wahl des Lothringers.[291] Am 15. Mai traf jedoch die österreichische Partei der härteste Schlag: Ihr wärmster Fürsprecher, der Primas von Polen, Fürst Florian Czartoryski, starb um neun Uhr morgens. Er allein hätte vielleicht noch vermocht, schon allein durch seine von allen geschätzte Persönlichkeit und das Gewicht seines Amtes, die Wahl des Lothringers durchzusetzen. Er erfreute sich im ganzen Lande größter Wertschätzung, ebenso im Ausland, vor allem in Österreich und Brandenburg.

Königin Eleonore sah ihre und Karls Chancen sinken; tiefe Traurigkeit bemächtigte sich ihrer.

Sobieski gab die Erklärung ab, er werde eine Wahl des Lothringers zu verhindern wissen; Aussichten des Neuburgers schätzte er gering ein, zumal dessen Abgesandter erst am 13. Mai in Warschau erschien und über so magere Mittel verfügte, daß er nicht einmal die geforderten 20 000 auf den Tisch blättern konnte. Mehr Aussichten schien Condé zu haben. Doch dann schienen auch diese zu Wasser zu werden. Der geschäftstüchtige Jan (und im Hintergrund die noch viel geschäftstüchtigere Marysieńka) ließ sich auf jeden Fall sowohl vom Neuburger als auch vom Savoyer 100 000 Taler sowie alle Ämter für den Fall der Wahl eines der beiden bestätigen. Morsztyn hatte dies sogar schon am 11. Mai vorsichtshalber getan. Die polnische Königswahl war ein großer Jahrmarkt, auf dem es galt, sein Schäfchen ins trockene zu bringen.

Die österreichisch-lothringische Partei war aufs höchste durch Sobieskis unversöhnliche Haltung beunruhigt. Noch einmal, und zwar unmittelbar vor der Wahl, am Vorabend des 19. Mai, sprachen Graf Schaffgotsch als Bevollmächtigter Kaiser Leopold I.

und die beiden Botschafter Karls von Lothringen bei Sobieski vor; sie erhöhten ihr Angebot an ihn: 100 000 Dukaten sofort, einen Diamanten im Wert von 200 000 Złoty, eine Pension in Höhe von 20 000 Złoty jährlich, als Sicherstellung dafür die Einkünfte der Salinen von Wieliczka, außerdem die reiche Ökonomie von Sambor sowie Oppeln und Ratibor in Schlesien mit dem Titel eines deutschen Reichsfürsten, zusätzlich dazu noch alle vakanten Ämter und Krongüter in Polen, zudem noch alle weiteren Bedingungen, die der Krongroßmarschall stellen würde. Sobieski stellte keine; er blieb taub gegen die Angebote. Größeres, Lukrativeres stand vor ihm; er war ein guter Stratege und ein hervorragender Taktiker – und dazu ein Komödiant. Er verriet nicht, was er wirklich dachte. Er sagte nur mit geradezu brutaler Offenheit, er werde sich aus allen Kräften der Wahl des Lothringers widersetzen.[292]
Der erleichterte Ausruf mancher Bewunderer Sobieskis, er sei also doch nicht käuflich gewesen, da er doch ein so glänzendes Angebot abgelehnt hatte, ist naiv, denn Jan hatte bereits ein weit besseres Geschäft so gut wie in der Tasche. Dumm wäre er gewesen, wenn er durch Annahme des Kaiserangebotes seine eigenen Chancen auf die Königskrone sich zunichtegemacht hätte.
Am gleichen Abend bearbeitete Bischof Trzebicki, begleitet von einigen wichtigen Wojewoden, die Königin-Witwe Eleonore, doch darauf einzugehen, den jungen Neuburger zu ehelichen, womit man dem Wiener Hofe gerecht würde und eine unheilvolle Aufsplitterung des Wahlsejms in zwei unversöhnliche Parteien verhindern würde. Eleonore, politisch nicht versiert und ihren Jugendgefährten Karl von Lothringen liebend, gab ausweichende Antworten, bescheiden alles in die Hände Gottes, der Rzeczpospolita und ihrer Freunde – mit denen sie anscheinend die Litauer und allen voran den Großmarschall Krzysztof Pac meinte – legend; man legte dies als Absage aus. Nach der Audienz bei Eleonore »verfügte sich der Herr Bischof von Krakau allein zu dem litauischen Herren Großkanzler«, berichtete Hoverbeck nach Berlin. Dieser Großkanzler war niemand anderer als Krzysztof Pac, der Gemahl der schönen Clara de Mailly, Intimfeindin Marysieńkas. Der gute Bischof Trzebicki versuchte, von Pac Unterstützung für sein

Projekt zu erhalten, doch der Litauer erklärte, ebenso brutal wie Sobieski, er werde alles tun, um den Lothringer bei der Wahl durchzubringen, ihm werde er seine Stimme geben, und damit begebe er sich jetzt auf das Wahlfeld. Als dies Sobieski erfuhr, explodierte er, eben wie »Pulver«, er gab seinem Namen »la poudre« wieder einmal alle Ehre. Stolz erhob er sein Haupt und erklärte, jetzt gehe er auch aufs Wahlfeld, und der Säbel werde entscheiden. Alle anwesenden Senatoren und Offiziere jubelten ihm zu. Das geschah im Garten des Kazimierz-Palais, dort, wo Königin Ludwika Maria vor Jahren Jan beim zärtlichen tête-à-tête mit der jungen, eben verwitweten Frau Wojewodin Zamoyska überrascht und zur sofortigen Eheschließung gezwungen hatte. Welch großes Stück Wegs hatte doch Jan inzwischen zurückgelegt, daß er den mächtigsten Monarchen Euroapas trotzen und seinen eigenen Dickkopf durchsetzen konnte.

Er faßte den französischen Botschafter Forbin-Janson jovial unter den Arm und erklärte ihm, zwischen den Hecken des Parks dahinspazierend: »Vertrauen Sie mir und lassen Sie mich nur frei handeln, ohne Sorge zu haben wegen der Folgen, noch Angst zu haben vor den Pac in Litauen oder den Österreichern. Alles wird gut gehen, und Sie können sicher sein, daß der König (nämlich Ludwig XIV.) zufrieden sein wird.« Und er erklärte, alles sei so umsichtig vorbereitet, daß man die Ausschließung des Lothringers und die Wahl eines dem französischen König genehmen Kandidaten werde durchsetzen können. Sollten jedoch die kaiserlichen Truppen nach Schlesien einmarschieren, wäre seine Armee stark genug, dem kaiserlichen Hofe zu Wien Arbeit genug zu geben, und auch der litauischen Armee.[293]

Die Stimmung war gespannt, jedermann erwartete, daß im nächsten Augenblick Blut fließen würde. Es kam anders. Im Koło, also auf dem Wahlfeld, war kaum jemand anwesend, da alle, nachdem sie das »Veni Creator Spiritus« gesungen hatten, das Bischof Trzebicki angestimmt hatte, zu ihren Wahlkreisen zu Beratungen auseinandergegangen waren. So steckte auch Jan seinen Säbel wieder ein und begab sich zu seinem Wahlkreis der Wojewodschaft Rus. Hier war Stanisław Jabłonowski, Wojewode

der Rus und engster Freund Jans, bereits eifrig am Werke; er hielt eine Rede, in der er gegen Karl von Lothringen agierte, dafür lobte er Condé, setzte ihn aber im gleichen Augenblick wiederum herab, indem er zu bedenken gab, daß dieser kriegstüchtige Herr keinerlei Erfahrung im Kriege mit Türken, Tataren und Kosaken habe, was jedoch für Polen am wichtigsten sei. Nachher ließ er die Katze aus dem Sack: Er gab seiner Überzeugung Ausdruck, »nach langer Überlegung, mit reiner Seele nach Empfang der hl. Kommunion«, daß man einen König unter den eigenen Leuten suchen müsse; und keiner wäre da der Krone würdiger als der Krongroßmarschall, »der von der Tugend und Fortuna alle Gaben besaß, die wir von einem König verlangen. Möge er also unser König sein«. Diesen Vorschlag unterstützte eifrig Andrzej Maksymilian Fredro, jener Verfechter der goldenen Freiheit, die zum liberum veto und dem ganzen großen Chaos in Polen geführt und in jedem Szlachcicen die Überzeugung gefestigt hatte, daß er durch sein »Ich erlaube es nicht« auch jeden König, den er durch sein Ja gewählt hatte, auch wieder vom Throne stürzen dürfe.
Bescheiden sprach Jan Sobieski dagegen und schob wieder den großen Condé vor. Doch der Funke hatte bereits gezündet; die Szlachta hörte auf keinerlei Argumente mehr, sondern schrie einhellig Jans Namen und sandte sofort Delegierte zu den anderen Wojewodschaften, um sie einzuladen, ebenfalls für Jan Sobieski zu stimmen. Urplötzlich – wenigstens für die Nichteingeweihten – stand nun ein völlig neuer Kandidat im Koło.
Bis zum Abend des 19. Mai hatten sich bereits dreizehn Wojewodschaften auf ihn geeinigt. Sogar Stefan Czarniecki, einstmals Marschall der Konföderation von Gołab und erbittertster Feind Sobieskis, stimmte jetzt für ihn. Nur das Litauen der Pąc-Parteigänger – der Schwager Radziwiłł und Sapieha, der von Frankreich gekaufte Marschall des Elektionssejms, waren natürlich für Sobieski – stimmte gegen ihn, verließ unter Protest das Wahlfeld und brachte beim Burggericht eine Klage ein. Also konnte es in dieser Nacht, da man noch bei Kerzen beisammen saß, zu keiner Einigung kommen. Hoverbeck berichtete gleich am nächsten Morgen alles brühwarm nach Berlin: »Als ehegestern die

lothringische Faction eine Protestaktion ins hiesige Burggericht einlegte und darinnen alles, was vorgegangen, vor null und nichtig anzog, weil der Großmarschall durch die auf ihn gefallenen Vota zum Candidato gemacht worden.«[294] Man eilte zu Bischof Trzebicki und verlangte von ihm, er möge Sobieski zum König ausrufen. Dieser weigerte sich jedoch und erklärte, er fürchte einen Bürgerkrieg oder sonstige Unruhen, obwohl er selbst gerne seine Stimme Sobieski geben würde. Er riet, bis morgen zu warten und Einigkeit auch mit den noch protestierenden Litauern zu suchen. Als man auf ihn nicht hören wollte, verließ er das Wahlfeld und fuhr zum päpstlichen Nuntius Buonvisi. Ihm auf dem Fuße folgten einige Deputierte, unter ihnen wieder Fredro; doch auch der Nuntius lehnte ab, denn für diesen Fall hatte er keine Instruktionen. Darauf begab man sich zum Bischof Olszowski von Kulm und zu Bischof Wydżga von Ermland, um diese zu bitten, die Nominierung auszusprechen. Doch nun verlangte Sobieski selbst, daß man bis zum nächsten Tag warte, um in Güte die Gegner auf die eigene Seite zu ziehen.

Und was tat »die Sobieskin« in der Zwischenzeit?
Marysieńka empfing im Kazimierz-Palais bereits zahlreiche Glückwünsche zur Wahl ihres Mannes.

Der kluge Hoverbeck hatte sich rasch in der neuen Situation orientiert; er berichtete bereits am 19. Mai an den Kurfürsten nach Berlin: »Es wird aber keiner gefunden werden, der den Krongroßmarschall in dem Stande, da er sich anjetzo befindet, könnte die Waage halten; weshalb ich denn kein Bedenken getragen, demselben nach Anweisung Ew. Kurf. Durchlaucht letzten Rescripte auf allen Fall zu erkennen zu geben, daß wann die Wahl auf einen Piastum fallen sollte, Ew. Kurf. Drchl. seine Person vor allen anderen sollte angenehm sein ... so er dann, es erfolgte oder nicht, mit tiefstem Respect angenommen und etlichen Malen bei Cavaliers-Parole versichert, daß er nicht allein ... Derselben Interesse vornehmlich beobachten, sondern auch Ihr Diener leben und sterben würde.«

Dabei hatte laut Ronquillos Bericht, der sich auf österreichische Angaben stützte, am 19. Mai von den Wojewodschaften Karl von

Lothringen noch die meisten Stimmen erhalten, nämlich zwölf, Condé drei und Sobieski nur vier, den Rest der Neuburger. Vielleicht auch daher Sobieskis Bereitschaft, die ihm als Bescheidenheit ausgelegt wurde, die Nominierung auf den nächsten Tag zu verschieben. Er war ein gewiegter Taktiker.
Der französische Botschafter, Bischof Forbin-Janson, hatte zwar keinerlei Instruktionen aus Paris für diesen Fall, aber er gratulierte von sich aus und übergab Sobieski die 400.000 Livres, die König Ludwig allerdings nur zur Auszahlung nach der glücklichen Wahl des Neuburgers bestimmt hatte. Doch auch Forbin-Janson war kein selbstloser Engel, sondern der treue Diener seiner Kirche, auch im eigenen Interesse, und so hatte er sich von Sobieski für den Fall, daß er König werden sollte, versprechen lassen, dann den Kardinalshut zu bekommen. Vielleicht war es auch Marysieńka gewesen, die großzügig diese kirchliche Würde in Aussicht gestellt hatte. Warum sollte ein geistlicher Herr nicht auch ein Egoist sein dürfen, wenn es alle waren? Die ganze Nacht wurde noch intrigiert und bestochen. Baron Stom vergaß seine Sparsamkeit und verteilte 50 000 Taler. Doch dazu hätte er sich früher entschließen müssen, jetzt half es nichts mehr.
Der 20. Mai war ein Sonntag. Nach der Messe begaben sich zahlreiche Wojewodschaften zum Kazimierz-Palais, um Jan Sobieski als neuen Herrn und König zu begrüßen und hochleben zu lassen. Dankbar nahm dieser die Huldigung entgegen. Als er jedoch erfuhr, daß die litauische Pac-Partei nicht auf dem Wahlfeld erschienen sei, bat er, noch nicht die Nomination vorzunehmen, denn er werde nicht das Zepter annehmen, wenn auch nur eine Gegenstimme sich gegen ihn erhebe.
Sofort schickte man also eine Delegation unter Führung Fürst Dimitri Wiśniowieckis zu den Pac und den übrigen litauischen Herren und Mitbürgern, um sie zur Einigkeit einzuladen.
Sie ließen lange auf sich warten.
Sobieski lud inzwischen alle Anwesenden zur Tafel und bewirtete sie großzügig. Hohe Würdenträger und Herren reichten mit entblößtem Haupte die Speisen; man hielt sich bereits an das königliche Zeremoniell. Jan ließ alle seine sarmatischen Tugenden

spielen, sein charmantes Wesen bezauberte seine Gäste, und die Pracht und Fülle gefiel ihnen, denn in Polen schätzt man nicht knausriges Wesen, sondern schätzt die große Geste. Und Marysieńka war gewiß eine perfekte Hausfrau, denn dies Geschäft verstand sie auch, wenn sie wollte. Außerdem war ihre Schönheit immer noch so groß, daß die Augen aller Männer bewundernd an ihr hingen.

Erst gegen Abend erschienen die Vertreter der litauischen Abgeordneten, darunter zwei Bischöfe aus der Familie Pac, und erklärten, sie würden sich also der allgemeinen Einigkeit nicht mehr widersetzen, bäten aber um Zeit bis morgen früh um 8 Uhr, um noch wegen der Pacta conventa und der Versorgung der Königin-Witwe zu beraten. Dieses wurde bewilligt.

Am Montag, dem 21. Mai 1676, war es dann zu Mittag endlich soweit, nachdem auch die Litauer mit allen Pac eingetroffen und ihr Einverständnis deklariert hatten, daß man nun zur endgültigen Nomination übergehen konnte. Doch noch immer zierte sich Jan und erklärte abermals, er würde die Krone nicht annehmen, wenn sie ihm nicht einstimmig zugesprochen würde.

Endlich gelang es dem französischen Botschafter Forbin-Janson und einigen Senatoren, Jan Sobieski auf das Wahlfeld zu führen. Nun trat Bischof Andrzej Trzebicki anstelle des verstorbenen Primas Czartoryski, begleitet von dem ersten Mann im Senat, dem Kastellan von Krakau, welche Stellung weiland Jans Vater Jakub eingenommen hatte, in die Mitte des Koło und fragte laut in drei Richtungen, den drei Toren der drei Provinzen entsprechend, ob Einigkeit auf den wohlgeborenen Herrn Jan Sobieski, Großmarschall und Großhetman der Krone sei. Von allen Seiten antwortete ihm der Schrei: »Vivat Johannes Rex! Vivat König Jan!«

Also ernannte Bischof Trzebicki Jan Sobieski zum polnischen König und litauischen Großfürsten. Der Kronhofmarschall Stanisław Lubomirski und der litausche Großmarschall Aleksander Hilary Połubiński gaben um fünf Uhr nachmittags mit erhobenen Marschallstäben die Wahl bekannt. Alle im Koło Versammelten knieten nieder und sangen das vom Bischof angestimmte »Te Deum laudamus«.

Musketenschüsse der Infanterie und Kanonendonner aus dem Arsenal verkündeten der ganzen Stadt die ersehnte Kunde.[295] Anschließend begaben sich alle in einem langen Zug von Wola in die St.-Johannis-Kathedrale, und es wurde ein einziger Triumphzug für Jan. Dichtgedrängt standen die Menschen hinter den Spalier bildenden Soldaten, Infanterie und Reiterei, alle schrien laut Vivat. Die Militärkapellen spielten auf mit Pauken, Trompeten, Zymbeln und Schalmeien.

Unter all diesem Jubel und Trubel schritt der Gewählte dahin, bewundert und begafft wegen seiner Stattlichkeit und prachtvollen Kleidung und wegen seiner Tapferkeit vor Chocim und seiner Großzügigkeit und Gutmütigkeit.

Einer, der dabei war, gab eine ausführliche Beschreibung: »Es ist sonst die Neuerwählte Kön. Majestät eine sehr herrliche, ansehnliche Persohn, dergleichen die Natur jemahls mag geschaffen haben, groß und wohl proportioniert, von gravitetischen Geberden und lebhaftem Geiste. Jedermann, der seinen Gange und Tritt nur ansiehet, wird bald ihn zu veneriren gleichsam getriben.«[296]

Über Marysieńka schweigen alle Quellen. War sie zufrieden? Es ist anzunehmen. Sie hatte erreicht, was sie wollte. Für den Augenblick rückte sie jedoch in den Hintergrund, denn in diesen Tagen stand Jan ganz allein so groß im Vordergrund, daß dahinter die kleine d'Arquien kaum zu sehen war. Zwei Wochen lang wurden die Pacta conventa beraten. Am 5. Juni endlich leistete Jan den Eid darauf, und von diesem Tag an begann die Regierung Jans III.

Seine erste Tat war die Einberufung des Kriegsrates. Zusammen mit 40 Senatoren wurde beraten, wie man sich für den zu erwartenden Türkenkrieg vorbereiten könne, denn schon rückte die »Kriegssaison«, also der Spätsommer und Frühherbst, bedrohlich näher. Zum Abschluß der dreitägigen Beratungen hielt Jan, wohl am 8. Juni, seine erste Thronrede, die allgemeines Staunen und Bewunderung hervorrief.[297]

»Wenn irgendjemand einmal glaubte, daß der blinde Zufall die Taten und das Dasein der Menschen leite und nicht die wunderbare Vorsehung des Allerhöchsten, durch den die Könige herrschen: Der möge mich ansehen, und er wird nicht mehr die weiseste

Sorgfalt des Allerhöchsten Herrschers tadeln, den wir mit Recht als den Allerhöchsten und Allerbesten anerkennen sollen. Mir gab es der Herr aller Herren, daß ich mich des Rechtes des polnischen Adels erfreuen durfte, der in sich alle Fürsten- und Grafentitel enthält, deren sich gewöhnlich die Leute in anderen Ländern rühmen, und endlich beehrte er mich jetzt mit dem Königsthron. Wer wollte hier nicht, der bei gesunden Sinnen und kein Verrückter noch Dummkopf ist, anerkennen, daß Königskronen und -zepter einzig und allein durch Gottes Fügung und Gnade den Menschen, solchen sogar, die niemals daran gedacht hatten, noch sich darum aus Ehrgeiz bewarben, noch sich darum bemühten, zuteil werden? Und so wurde ich denn, der ich das Leben bis jetzt unter Euch verbrachte und mit Euch zusammen jeden Augenblick bemüht war, ehrlichen Ruhm durch die Treue gegenüber den Königen, unseren gemeinsamen Herren, und durch die aufrichtige Liebe zu unserem Vaterland, nicht nur in guten Zeiten, sondern auch in so schweren und gefährlichen, wie in den letzten 26 Jahren, da unser Königreich unaufhörlich durch Kriege und Uneinigkeit fast bis zum letzten Ruin gebracht wurde, gewählt, damit ich es wieder herstelle, stark mache und in die Höhe bringe. Und das geschah ohne mein persönliches Verdienst, nur durch den ausdrücklichen wohlwollenden Willen der freien und damit rechtmäßig machthabenden Nation, diesen Willen werde ich stets als den höchsten ansehen und dankbaren Gemütes anerkennen. Mir sind nicht die seit so vielen Jahren unser Vaterland niederdrückenden Unglücksfälle verborgen, noch die Gefahr, die unser edles zur Freiheit geborenes Volk mit völliger Vernichtung bedroht, denn ich hatte großen Anteil daran zu jeder Zeit.«
Er spricht dann von all den Schwierigkeiten in Polen, seinem eigenen angegriffenen Gesundheitszustand, dem Nachlassen seiner Kräfte. »Endlich kam mir auch das in den Sinn, daß ich, als einfacher Szlachcic, nicht an die ausländischen Fürsten, die sich um diese Krone bewarben, heranreiche, und daß ich nicht mehr versprechen kann, als was ich zu halten imstande sein werde. Als ich dies alles jedoch ein paar Tage lang mit wachem Verstand erwogen hatte, entschloß ich mich endlich, der Stimme des

Gewissens zu gehorchen und diese schwere und meinen Kräften nicht entsprechende Bürde auf mich zu nehmen. Also weihe und opfere ich Leib und Leben, Hab und Gut und mein Blut dem teuersten Vaterlande auf; ich wünsche, mich gänzlich der Erhaltung der Ehre Gottes hinzugeben, der Verteidigung der ganzen Christenheit, zum Dienst an dieser tatsächlichen Vormauer (denn der ungestillte Hochmut der Ottomanischen Pforte hat diese einzige der Christenheit gelassen), nämlich an unserer gemeinsamen Mutter, der Polnischen Krone. Ebenso werde ich mich mit Eifer für ihre Verteidigung und Bewaffnung einsetzen. Und wenn Ihr es einmütig mit Herz und Mund erlaubt, daß ich durch Universale den Landadel an seine Pflichten zum willigen Zahlen von Steuern und zur Rekrutierung erinnere, wie sie schon vom Sejm beschlossen wurden, werde ich diese unverzüglich mit meiner eigenen Hand unterschreiben und bestätigen. Außer der Aufopferung meiner eigenen Person, worüber hinaus ich nichts Besseres besitze (wie ja jeder sich selbst am meisten liebt), gebe ich gleichzeitig dem allerliebsten Vater- und Mutterland alles zurück, was jedem auf dieser Welt in diesem irdischen Leben das Teuerste ist, also mein ganzes irdisches Hab und Gut, alle meine Güter zu ihrem Nutzen und ihrer Verwendung.«

Zum Schluß gibt er zu bedenken: »Die Krönung würde der Rzeczpospolita auch nicht viel Nutzen bringen. Im Gegenteil, während ihrer Dauer würden wir in Krakau weilen und der Feind würde die Gelegenheit ausnützen, daß wir nicht im Feldlager über der Sicherheit des Vaterlandes wachen, und uns überfallen. Über meine eigenen Vorteile, meine Angelegenheiten und Ansprüche stelle ich das Wohl der Rzeczpospolita, wie dieses schon die Tugend an sich verlangt: Also stellen wir die Krönung für einen geeigneteren Zeitpunkt zurück. Indem ich mich selbst und alles, was ich besitze, dem Wohle des Vaterlandes aufopfere, zweifle ich nicht daran, daß ich damit am besten meine Liebe zu ihm bezeuge.«

Das waren schöne und erhabene Worte, die ganz gewiß ihre Wirkung nicht verfehlten.

Im gleichen Augenblick hatte Marysieńka nichts Eiligeres zu tun, als schon am 7. Juni an Ludwig XIV. zu schreiben, den sie ja nun –

»welche Wonne! – mit »Monsieur mon Frère« anreden durfte. Dieser bemerkenswerte Brief sei hier so wiedergegeben, wie die frischgebackene Königin Maria Kazimiera ihn an Ludwig XIV. verfaßt hatte:
»Monsieur mon frère... La divine providence fait voir aujourd'hui au monde une glorieuse marque en m'eslevant de sujette de V. M. au throsne de Pologne et en me laissant toutes les inclinations attachées au devoir de ma naissance. Je les conservaray chèrement et n'auray pas de peyne à les inspirer au Roy Monseigneur et epoux... et comme notre exaltation est un effet de ses bons offices, nous ésperons, que notre affermissement sera celuy de sa protection.«[298]
Was im Deutsch unserer Tage etwa lautet, daß die göttliche Vorsehung alle Welt die so ruhmvolle Auszeichnung sehen lasse, indem diese sie, die Untertanin S. M. des französischen Königs, auf den polnischen Thron erhoben habe, wobei sie sich weiterhin aller ihrer Pflichten als Untertanin bewußt sei, sie auch weiterhin bewahren und nicht ermüden werde, diese auch im König, ihrem Gemahl, wachzuerhalten, und so, wie die Erhöhung durch ihn, gekommen war, so werde diese hohe Protektion sie auch auf dem Thron erhalten und festigen.
Mit diesem Briefe hat Marysieńka Jan mehr geschadet, als sie jemals ahnte, und damit hat sie eigentlich alles zunichte gemacht, wofür sie sich so sehr angestrengt hatte, denn sie hatte sich selbst und damit auch Jan, der nun König vom großen Doppelkönigreich Polen/Litauen war, der Verachtung und dem Spott der wirklichen Könige von Geblüt und von Gottes und nicht von der Bestechungsgelder Gnaden preisgegeben.
Ludwig XIV. hat Jan Sobieski bis ans Ende seiner Tage den Titel »Majestät« verweigert, Marysieńka natürlich erst recht.
Diesen Fauxpas konnte Marysieńka nie mehr ausbügeln. Unerbittlich verweigerte ihr Ludwig XIV. den Zutritt zum Palais Enchanté; nie mehr konnte sie Frankreich besuchen, denn sie, und vor allem Jan, forderten königliche Ehren, die Ludwig beharrlich verweigerte. Und als sie dann als alte Frau ihr Leben in ihrer Heimat beschließen wollte, erlaubte ihr dies zwar der Sonnen-

könig, doch durfte sie nicht bei Hof erscheinen, und fast geächtet verbrachte sie ihre letzten Tage im Schloß von Blois.

Doch jetzt triumphierte sie. Ihr Herrschsucht trieb Blüten, und damit machte sie sich noch mehr Feinde, als sie ohnehin schon hatte.

Der päpstliche Nuntius Buonvisi berichtete am 6. Juni 1674 nach Rom, daß die neue Königin überall verhaßt sei, sowohl in Frankreich als auch in Polen.[299]

Nur Jan blieb seiner allerschönsten Marysieńka weiterhin verfallen, und sie wollte jetzt auch bei ihm bleiben, denn den Platz auf dem Königsthron neben ihm, den beanspruchte sie für sich; dafür nahm sie auch Schwangerschaften und andere lästige Unbequemlichkeiten auf sich.

Natürlich gab es auch Panegyriker genug, die das Königspaar in den Himmel hinein lobten. So wurde Marysieńka »ein Ozean engelhafter Tugenden« genannt, und Jan gab man schon damals den Ehrennamen »Erlöser der Christenheit«.

Natürlich wurden auch sofort sämtliche Prophetien durchkämmt, bis man etwas Passendes für den neuen König fand: »Manus Congregatorum« (der Arm der Vereinigten). Entrüstet waren hingegen die Botschafter jener Kandidaten, die das Rennen nicht gemacht hatten und die nun als die Dummen, noch dazu mit leeren Taschen, dastanden.

Baron Stom sprach in seinen Berichten an Kaiser Leopold I. von Betrug und beklagte sich über die wetterwendischen Personen, die vorher soviel versprochen und dann nichts gehalten hatten. Er versicherte dem Kaiser, daß Karl von Lothringen auch ganz gewiß gewählt worden wäre, wenn man die Litauer noch bis zum nächsten Morgen hätte hinhalten können, hatte er doch noch am Abend einem Minister eine hohe Summe zugesteckt, der ihm angedeutet hatte, daß es zwei Möglichkeiten gäbe, die Wahl für ungültig zu erklären, doch wollte er nicht sagen, welche dies seien, »da keiner mehr wagen würde, odium et vindicatam auf sich zu ziehen«. Am meisten beklagte sich Baron Stom über »die französische und sobieskische Corruption«, und er zählte alle Summen auf, die da in kürzester Zeit von einer Hand in die andere gewandert

waren. Es waren französische Gelder, die der neue König so großzügig verteilte, das war allen klar.
Natürlich war Kaiser Leopold konsterniert, daß nun plötzlich »die Sobieskin« auf dem polnischen Königsthrone saß und seine Stiefschwester Eleonore unsanft davon heruntergestoßen hatte. Durfte Panegyrik hoch ins Kraut schießen, so desgleichen Pamphlete, von denen es bald wimmelte.
Die schwersten Vorwürfe gegen den neuen König enthielt das betitelte »In Regem Poloniae noviter electum«.[300]
Der Autor, der anonym blieb, wirft Jan vor, daß er Gerechtigkeit, Freiheit und Recht schändlich mit Füßen getreten habe, die er ja angeblich während der Konföderation von Gołąb und Lublin gegen König Michał verteidigt hatte.
Jan war indessen gewillt, seinen Ruhmeszug weiter fortzuführen. Alles Quengeln Marysieńkas, die Krönung zu beschleunigen – denn nur als gekrönte Königin hatte sie im Falle der Witwenschaft ein Anrecht auf eine Apanage der Rzeczpospolita –, half nichts; Jan hatte vom Ruhme gekostet, und der schmeckte ihm allmählich ebenso gut wie »alle Schönheiten des allerentzückendsten Körperchens«. Jan bereitete unbeirrt den Feldzug für den Herbst gegen die Ungläubigen vor, angefeuert durch Wacław Potockis Lobgesänge auf seine Heldentaten: »Im Dnjestr hast du die Türken getauft, dir zum Ruhme, Jan! Deine Güte hat dich auf den Platz gesetzt, mein König. Diese hat dich, diese allein, vom Pferd auf den Stuhl, vom Stuhl auf den Thron erhoben.«[301]
»Anno Domini 1674. Es herrschten Interregnum und Kapturalgerichtsbarkeit... Die Wahl des neuen Königs wurde in Maio vor Warschau vollzogen, aber nicht mehr durch eine so große Versammlung wie die Michaels. Auch dort gab es wieder viel Konkurrenz, aber der Herrgott schenkte uns abermals einen Piasten, os de ossibus nostris, Jan Sobieski, den Hetman und Großmarschall der Krone, der am 19. Mai gewählt und am 21. eiusdem inauguriert wurde. Er herrscht heute glücklich über uns und möge diutissime pro gloria Dei et utilitate Rei publicae Christianae regieren. Gott möge sein Geschlecht stark machen wie einst das Abrahams, und die Krone möge vom Haupte seiner

Nachkommenschaft nicht weichen, wie im Hause Österreich, solches wünschen wir alle.«[302]
Schon seit dem Frühling waren in Konstantinopel die Roßschweife vor dem Sultanspalast aufgepflanzt worden, und im Sommer rückte eine gewaltige Armee gegen den Dnjestr vor, angeführt vom Kaimakam Kara Mustafa, dem Günstling der Sultanin Walide, Neffe des Großwesirs Köprölü und bisher vor allem Begleiter Sultan Mehmeds IV. auf dessen Jagden und vor Chocim. Dies war der erste Kriegszug unter seinem Oberbefehl, und der zeichnete sich gleich durch ganz besondere Grausamkeit aus. Der Stoß war gegen die von den Moskowitern besetzte Ukraine gerichtet. Am 4. September wurde mit Doroszeńkos Beistand Humán überrannt und erstürmt, sämtliche Einwohner niedergemetzelt, so daß die Gassen mit Blut überschwemmt waren, viele Christen lebendig geschunden, ausgestopft und dem Sultan als Siegestrophäen übersandt wurden.[303] Bald war das ganze Land vom Dnjestr bis zum Dnjepr den osmanischen Waffen unterworfen. Jan war kurz nach der Wahl in die Ukraine aufgebrochen, das Amt des Krongroßhetmans noch selbst ausübend. Doch bis er das Heer versammelt hatte, war es Oktober. Die Türken waren inzwischen abgezogen und hatten im Lande nur schwache eigene Besatzungen sowie Kosaken unter Doroszeńko zurückgelassen. So gelang es der vereinigten polnisch-litauischen Armee verhältnismäßig leicht, das Land wieder zurückzuerobern. Nach der glücklichen Belagerung und Einnahme von Bar kündigte Michał Pac jedoch wieder einmal Sobieski den Ghorsam auf und zog mit seinen Litauern ab. Der Antagonismus zwischen diesen beiden Rivalen vertiefte sich, kaum daß die mehr oder weniger erzwungene Wahl vorüber war. Die im Heer anwesenden Senatoren lobten zwar Jan, daß er stillschweigend die Beleidigung hingenommen hatte, die ihm Michał Pac öffentlich zugefügt hatte, indem er den Tambour, der die Kesselpauke auf Befehl des Königs zu schlagen begann, ohne seinen eigenen Befehl dazu abzuwarten, aufknüpfen ließ. Aber was sollte Jan tun? Der Primas schrieb nach dem Abzug der Litauer entsetzt, daß es für eine solche Uneinigkeit in der polnischen Geschichte kein Beispiel gäbe, daß es, da es in

Anwesenheit des Königs geschehen sei, sogar ein gefährliches Zeichen von Auflehnung wäre und daß man alle litauischen Offiziere zur Verantwortung ziehen sollte.
Wäre Jan ein König von Geblüt gewesen, der auf einem erblichen Throne saß, hätte er vielleicht nach des Primas Vorstellungen gehandelt. So aber mußte er alles schlucken, denn vor gar nicht langer Zeit hatte er selbst ebenso unverschämt gegen König Michał aufgemuckt, bereit, den Bürgerkrieg zu entflammen, den König zu stürzen und womöglich königliches Blut zu vergießen. Aus ureigenster Erfahrung wußte er, wie gefährlich es ist, sich mit den Hetmanen nicht gut zu stellen. Seine eigenen Sünden aus seiner Hetmanszeit banden ihm nun als König die Hände, kaum daß er den Thron bestiegen hatte und mit forschem Mut darangehen wollte, vieles, was schlecht war, in Polen zu verbessern.
Zwar hatte er für den Augenblick noch genug Kräfte der polnischen Kronarmee bei sich, so daß unter Jabłonowski in rascher Folge Kalnik, Bracław, Niemirów, Winnica und das ganze Land am Dnjestr zurückerobert werden konnten, doch dann brach der Winter ein. Krankheiten, Hunger und Kälte machten ein weiteres Kämpfen unmöglich.
Man mußte die Winterquartiere beziehen. Sobieski überwinterte in Bracław am Boh, das durch die Türken stark verwüstet war. Es gab nur elende Unterkünfte, kaum etwas zu essen, die Pferde mußten das Stroh von den Dächern der Hütten fressen. Aber da der König in persona alle diese Mißlichkeiten ertrug, wagten die Soldaten nicht, in die Heimat zu desertieren.
In dieser Heimat jedoch begann man schon gegen den noch nicht einmal gekrönten König zu hetzen, ihm vorzuwerfen, daß er ganz unnötig den Frieden von Buczacz gebrochen habe, es wäre besser, Tribut zu zahlen, als von den Türken völlig besiegt und unterworfen zu werden.
Während der Wintermonate versuchte Jan, Kosaken und Tataren wieder auf die polnische Seite hinüberzuziehen. Doch gelang ihm dieses nicht. Ebenso wenig, mit den Türken Frieden zu schließen. Im Frühjahr 1675 überschritt Ibrahim Pascha, der Schwiegersohn

Sultan Mehmeds IV., den Dnjestr, zwang den Tatarenchan zum Abbruch der Verhandlungen mit Polen und setzte die polnischen Gesandten, die Sobieski zu Verhandlungen geschickt hatte, gefangen und hielt sie mehrere Wochen fest.
Anfang Juli vereinigten sich die türkischen Truppen mit den Tataren und eroberten viele der kleinen polnischen Festungen. Jan hielt sich in Lemberg auf, Marysieńka in Jarosław. Ab 18. Juli 1675 sind wieder Briefe erhalten, die einen genauen Einblick über die Lage aus Sobieskis Sicht geben. Alle Zerwürfnisse schienen wie weggefegt. Marysieńka hatte jene Favoritin,[304] der angeblich Jan seit drei Jahren verfallen war, mit Leichtigkeit aus dem Feld geschlagen, denn nun werden die Überschriften der Briefe immer länger und überschwenglicher: »Allerschönste, allerentzückendste und allerliebste Marysieńka, meines Herzens einziger Herr!« beginnt Jan seinen Brief vom 18. Juli 1675, »Wenn Du mich nicht mit Deiner Hand erschlagen willst, so gräme Dich nicht, mein allerschönstes Mädchen, denn diese Deine Kränkung und Melancholie, mein Herz, ist für mich schwerer zu ertragen als alle Feinde.«[305]
Marysieńka war wieder einmal krank, und Jan tröstet sie, alles in Geduld zu ertragen und als von Gott gesandt anzunehmen. Ab 25. Juli befindet er sich bereits in Lemberg, und von hier schreibt er einen seiner allerschönsten und poetischsten Briefe an sie:
»Alle Freude meiner Seele, meiner Gedanken und meines Lebens, allerschönste, allerentzückendste und allerliebste Marysieńka, einziger Herr meines Herzens!
Als ich gestern auf dem Hohen Schloß war, beobachtete ich lange die untergehende Sonne über Jarosław und die in jene Richtung hineilenden Wolken. Oh, wie sehr wünschte ich mir, mich in ein Regentröpfchen zu verwandeln oder in einen Tautropfen und dann auf das allerhübscheste Gesichtchen meines Herzens oder irgendeine andere Stelle des allerentzückendsten Körperchens niederzufallen, da ich weiß, wie gerne meine Liebste in den Regen hinausgeht. Als ich da so in dieser so angenehmen Imagination versunken war, konnte ich mich nicht davon losreißen, erst durch eine reellere Sache, nämlich ein Schreiben des allerentzückendsten

Händchens meines Herrn. Nachdem ich es gestreichelt, geküßt und mit meinen Tränen benetzt hatte, kehrte ich zurück, wo ich einige Gefangene vorfand.«
Ja, man war mitten im Krieg.
Der Serasker Schischman Ibrahimpascha belagerte Zbaraż. »Ein gutes und festes Schloß, mit mehreren Geschützen versehen, aber mit wenig Leuten zur Verteidigung«, schreibt Jan. Er hat Ärger: Fürst Dymitr Wiśniowiecki hat »ihm alle Pläne durcheinandergebracht«, aber auch sein Schwager, Fürst Michał Radziwiłł, hat, da ihm Jans Befehl nicht zusagte, einfach diesen nicht befolgt und damit Jan und seine Leute in ernste Gefahr gebracht. So war es kein Wunder, daß die Türken Zbaraż eroberten. »Aber was soll ich tun? Mich straft der Herrgott! Als ich allein das Heer befehligte, da war es gut, denn die Befehle wurden ausgeführt; jetzt tut man mir alles zu Fleiß ... Und obwohl sie gehört haben, daß in Wolhynien der Feind grassiert, so hat sie das doch nicht vom Fleck weggebracht, obwohl sie drei meiner Befehle erhalten hatten.« Die Rede ist von den Litauern Pac und Sapieha. Das schreibt er am 27. Juli, und er denkt schon im voraus: »Wer weiß, was nicht nur mit diesen Landen hier, sondern auch den weiter entfernt liegenden geschehen wird, wenn im Frühjahr der türkische Kaiser herankommt, und ich, der ich alles bis aufs letzte Hemd hergegeben habe, wo soll ich das dann während der Unruhen und bei wem suchen? Mich hat der Herrgott durch seine Gnade diesem Unglück ausgesetzt, daß eines immer schlimmer ist als das andere; dafür sei sein Name gepriesen, denn er darf es, und meine Sünden sind eine weit größere Strafe wert. Aber die Gesundheit und der Kopf werden das wohl nicht mehr länger ertragen.«
Da sind sie also wieder: die Kopfschmerzen, diese Plagegeister. Schwere Sorgen lasten auf Jan.
»Zbaraż ist gefallen«, schreibt er am 28. Juli 1675, »am Tag der hl. Anna, so erbärmlich, wie es erbärmlicher nicht sein konnte.« Den Bauern taten ihre Hütten leid, sie wollten die Stadt verteidigen, doch die Türken schnitten ihnen den Weg ab. Darauf hängten die Bauern sofort die weiße Fahne heraus. Ein Offizier, französischer Herkunft, wollte dies verhindern, »da erschlugen die Bauern,

aus Konfusion oder Verrücktheit, diesen Ärmsten« und warfen ihn in den Graben hinab und ergaben sich. »Doch die Türken respektierten dieses nicht, sie metzelten alle nieder oder führten sie in die Gefangenschaft, das Schloß haben sie zerstört und die Stadt verbrannt . . . Was mit mir vorgeht vor Kummer, kann ich weder schreiben noch sagen. Denn der Feind zieht jetzt weiter gen Kamieniec.«
Nun brauchte man weder die Litauer noch die Moskowiter mehr.
»Ich jedoch, ich unglückseliger Mensch, habe das alles schon im vergangenen Jahr in Warschau vorausgesehen, wie in einem Spiegel, daß man zuletzt wieder die so schwer und lange erkämpfte Reputation wird einbüßen müssen, denn man muß auf immer Schlimmeres gefaßt sein, vor allem im nächsten Jahr.«
Dabei sind die Soldaten nicht mehr zu halten, jeder will nach Hause. »Kein Mensch hat Lust, aus Polen kommt niemand her; die einen fliehen hinter die Weichsel, die anderen gar bis nach Danzig. Und je besser es einem im Vaterland geht, desto weniger tut er für es. Niemand denkt an publice, sondern jeder nur an sein eigenes Privates; mein armer Kopf wird das sicher nicht mehr lange aushalten.« Und diesen bekümmerten Brief beendet er bezeichnenderweise folgendermaßen: »Ich küsse die Kinder und grüße sie. Sie sollen den Herrgott bitten um ein besseres Glück und daß der Herrgott irgendwann einmal diesen meinen Sorgen ein Ende setzen möge.«
In diesem Briefe spricht Jan aus, was vielleicht eines der größten Geheimnisse seiner Erfolge war: die Intuition. Fast hellseherisch erfaßte Jan den günstigsten Augenblick, den geeignetsten Platz, und so gewann er seine größten Schlachten. Aber ebenso intuitiv erfaßte er auch die Schwierigkeiten, die Hemmnisse, die ihm feindlichen Strömungen, und das ließ ihn in tiefste Depression und Resignation versinken, bis dann wieder ein anderer Anstoß kam, der sogar durchaus negativer Natur sein konnte, der ihn wieder herausriß und zu neuen, sprunghaften und im Endeffekt leicht errungenen Taten anspornte. Das Überrumpeln des Feindes, das war seine Stärke; die tollkühne Attacke seine größte Freude und Befriedigung.

Daß Jan abergläubisch war und sich nach Vorzeichen und Ahnungen richtete, ist aus seiner frühesten Jugend bekannt. Als König hatte er stets eine Wahrsagescheibe bei sich. Auch den Fall von Zbaraż hatte er vorausgeahnt. Am 28. Juli erwähnt er dies in seinem Brief an Marysieńka: »Der Wojewode von Bełs teilt mir mit, daß Zbaraż genommen ist, das nur sehr schwach besetzt war. Mein Herz hatte dies sehr wohl vorausgeahnt, und ich sehe, daß ich es fatal prophezeit hatte.«

In Lemberg empfing Jan die Kommissare, die versuchen sollten, die Tataren auf die polnische Seite hinüberzuziehen. Doch diese waren sehr gut darüber informiert, welch beschämendes Bild von Verrat, Zwist, Neid, Vertragsbrüchen, Wortbrüchen, Frontwechsel usw. die Christenheit bot. Der »allerchristlichste« König, wie sich Ludwig XIV. gerne nennen ließ, war alles andere als christlich in seinen Taten, vor allem seinem Vetter und Schwager, Kaiser Leopold, gegenüber, den er haßte und verachtete und dem er die Krone des römischen Reiches deutscher Nation nicht gönnte, die er für sich, den Dieudonné, begehrte.

Es ist kein Wunder, wenn die Osmanen, damals Herrscher über eines der größten Imperien der Welt, mit Verachtung auf die Giauren, diese »Christenhunde«, herabsahen und sie als die ihnen von Allah vor die Füße gelegte Beute betrachteten, und zwar nicht nur Polen, sondern die ganze Christenheit.

Und auf ihre Kultur sollten sich diese Giauren auch nicht zuviel einbilden, denn der Islam hatte ebenfalls eine Hochblüte der Kultur hervorgebracht. Moscheen und Kathedralen konnten ruhig zum Wettstreit miteinander antreten. Und welcher christliche Herrscher hatte etwa ein ebenbürtiges Grabmal der Liebe erschaffen wie der islamische Mogul, Schah Jahan, mit dem Tadsch Mahal in Agra bei Delhi? Als dieser Wunderbau im fernen Indien erstand, hatten die Christen einander auf die grausamste Weise während des Dreißigjährigen Krieges zerfleischt. Im Jahre, als der Westfälische Friede endlich diesem sinnlosen Morden ein Ende gesetzt und Jan mit seinem Bruder Marek in die Heimat, die in hellen Flammen des Aufruhrs unter dem Kosakenhetman Chmielnicki stand, zurückgekehrt waren, nämlich im Jahre 1648, da war eben der Tadsch Mahal in seiner steingewordenen Harmonie zum Lobe ehelicher Liebe fertiggeworden. Der »ungläubige« Herrscher hatte dies Grabmal seiner Lieblingsfrau Mumtaz Mahal, die ihm fünfzehn Kinder der Liebe geschenkt hatte, errichten lassen.

Jan, mit seiner angeborenen und anerzogenen »Antipathie für Heiden« glaubt, daß »dieses hochmütige Volk, das ein verbissener Feind der Christenheit ist, nichts anderes im Sinne hat als dessen völligen Ruin und Untergang, aber das solle Gott verhüten. Unsere Vorfahren haben doch, um Gottes willen, den Krieg mit den Türken das Jüngste Gericht genannt«, schreibt er an Marysieńka und befiehlt öffentliche Gebete, »und uns scheint es jetzt so, als ob das irgendso ein Kinderspiel wäre, und niemand kümmert sich darum, sondern hockt zu Haus und denkt nur an seine privaten Interessen.«

Wie gut Jan doch alle Geschichten und Erzählungen aus der Kindheit im Gedächtnis behalten hatte! Und wie diese Erinnerungen aus den Grenzgebieten, wo so oft die Gehöfte in Flammen aufgingen, vom »heidnischen« Feinde angezündet, wo die Kugeln durch die Luft schwirrten, die Krummsäbel in der Sonne aufblitzten und sausend die Luft und dann die Hälse der Christen durchschnitten und das unheimliche Allah! Allah! oder Urra! Urra! ertönte, nun König Jan halfen, den Hauptfeind seines Königreichs richtig einzuschätzen. In diesem einen Punkt machte er sich nichts vor: hier sah er klar. Und er beobachtete aufmerksam, mit intuitivem Gespür witternd, wo der Feind zuschlagen würde.

Während Jan im Süden des Landes unter der großen Hitze, von Kopfschmerzen geplagt, als einzige Erholung »in einem Krautgarten« spazierengeht und solche Gedanken wälzt, erscheinen im Norden des Reiches Pamphlete gegen ihn, die ihm sofort übermittelt werden, denn König Jan tut selbstverständlich das, was andere Könige vor ihm taten und was er diesen, zuletzt noch König Michał, so empört verübelt hatte: Er läßt die ihm nicht wohlgesinnten Personen überwachen, bespitzeln und ihre Briefe abfangen und kopieren.

Abgesehen davon, daß man gegen Jan hetzt, überfällt die Herren Brüder der Szlachta Angst vor der Übermacht der Türken. Sie raten, sich von Lemberg zurückzuziehen; auch Marysieńka mischt sich ein und meint, besser ein schlechter Friede als gar keiner. Jan lehnt ab – »Ihr würdet mich verachten, wenn ich euren Ratschlägen folgte« – und zieht so viele Truppen wie nur möglich bei Lemberg zusammen.

Jans Instinkt hatte ihn nicht betrogen: Ibrahim Pascha rückte mit seiner gesamten Streitmacht von etwa 30 000 bis 40 000 Mann gegen Lemberg vor.

»Der Feind kommt hier in eine solche Enge, daß er sich wie in einer Belagerung befinden wird, und kaum daß er es sich versieht, wird er mit Gottes Hilfe aufgerieben werden, denn auch wir sind nicht faul und bauen die Front vor Lemberg mit Husaren und anderen Regimentern mächtig auf... So viele Wälder, so viele Bauern im Hinterhalt, so viele Fallen und somit Gräber für den Feind.«

Zu spät orientierte sich Ibrahim Pascha; es gelang ihm nicht mehr, der Konzentration der polnischen Streitkräfte zuvorzukommen.

Als am 24. August die Vorhut, Tataren in einer Stärke von etwa 10 000 Mann, auf den Engpaß von Lesienice vor Lemberg zukamen, erwartete sie dort Jan mit etwa 6000 Mann. Dichter Kugelhagel der Infanterie und Geschosse der Geschütze begrüßten die Heranpreschenden. Als die gesamten tatarischen Kräfte sich in Nahkämpfe verwickelt hatten, ließ Jan seine Reiterei aus dem Hinterhalt hervorbrechen und sich zu einer geschlossenen Kampflinie vor den entsetzten Augen der Feinde aufstellen.

Die im Engpaß zusammengepferchten Tataren konnten sich nun nicht einmal mehr zurückziehen, um auf freiem Feld ihre Streitkräfte zu entfalten. Sie saßen buchstäblich in der Falle. Jan führte nun seine Reiterei zur Attacke, und nach einer halben Stunde war die Schlacht gewonnen.

Die Tataren machten kehrt und versuchten, in wilder Flucht ihr Leben zu retten; die polnische Reiterei verfolgte sie bis zum Einbruch der Dämmerung. Unzählige Tote blieben zurück.

Als Ibrahim Pascha die Fliehenden sah und vom Ausmaß ihrer Niederlage erfuhr, zweifelte er an einem möglichen Sieg seinerseits vor Lemberg und zog sich in Richtung Trembowla zurück. Doch auch hier verteidigte sich die kleine Besatzung der Festung unter ihrem Kommandanten Samuel Chrzanowski und dessen unerschrockenen Frau Anna Dorota so tapfer, daß sie der Belagerung bis zum 4. Oktober standhielt. An diesem Tage nahte der Entsatz: Mit 12 000 Mann rückte König Jan heran. Ibrahim Pascha riskierte keinen Zusammenstoß, gab die Belagerung auf und zog sich schleunigst über den Dnjestr zurück.

Der tapfere Chrzanowski, ein getaufter Jude, erhielt zum Dank für die erfolgreiche Verteidigung das Adelsindegenat und 5000 Złoty Belohnung.

Jan aber wurde fortan ehrfurchtsvoll von Türken und Tataren »Der Löwe von Lechistan« genannt. Mit Lechistan war Polen gemeint.

Für dieses Jahr war der Feldzug zu Ende. Zufrieden kehrte Jan zu seiner Marysieńka zurück und konnte jetzt endlich an die Krönung denken. Und da jetzt alles vornehm und königlich im Hause Sobieski zuging, erfuhren auch die allerintimsten Freuden Erhöhungen: Die Schildwacht wurde zum »Le Grand d'Espagne« und die Mouche zur »Comtesse«, aber ab und zu auch zur »la cousine, la brunette, la moutonne, les pièces tremblantes, la duchesse de deux ponts«, ohne die der »Grand d'Espagne« einfach »starb«.

Marysieńka war wieder schwanger, und Jan sagte ihr aufgrund ihrer Träume voraus, daß sie einen Sohn bekommen würde, »qui sera tout de feu«.

9
Joannes Tertius

Die Krönung fand am 2. Februar 1676 statt.
Doch schon am 30. Januar ritt Jan unter ungeheurem Gepränge in Krakau ein. Dichte Menschenmassen drängten sich, jeder wollte den »Löwen von Lechistan« sehen, der nun ihr eigener ruhmreicher König war.
Auf grauem Roß, dessen Zaumzeug nur so funkelte von Diamanten, ritt Jan in der alten Krönungsstadt ein, umjubelt von der Bevölkerung, würdevoll empfangen von sämtlichen Würdenträgern des Reiches. Er trug einen gold- und silberdurchwirkten blauen, zobelgefütterten Pelz, darunter den langen altpolnischen, Żupan genannten Rock aus golddurchwirktem rotem Brokat, mit Diamantknöpfen und einer Schließe aus ganz besonders großen Diamanten und einem so riesigen Karfunkel, »wie man ihn in ganz Europa nicht findet«.
Den Kolpak zierte eine Schleife aus Diamanten, aus der schwarze Reiherfedern aufstiegen.
Voran zogen zwei berittene Fähnlein der Stadt, es folgten die Zünfte sowie sieben ungarische Fähnlein, dann die Garde zu Fuß, verschiedene Einheiten des Königs, von denen besonders das Fähnlein des neunjährigen Prinzen Jakub mit seinen weißen und blauen Fähnchen an den Lanzen auffiel. Vor dem König ritten die Senatoren und Botschafter. Hinter dem König wurden zwölf prachtvoll gezäumte und gesattelte Pferde geführt und fuhren die Kutschen des Königs und des französischen Botschafters Forbin-Janson. Weitere militärische Einheiten folgten, die Militärmusik spielte dazu auf.
»Es wäre vergebliche Mühe, die Pracht und Schönheit aller dieser Ritter zu beschreiben oder von ihren Gewändern, den hochragenden Lanzen mit den Fähnchen daran, von den Tigerfellen, den

bonus amicus et affinis
Joannes.

Unterschrift König Jans III. Aus dem Brief an den Herzog von Lothringen vom 6. November 1683.

prachtvollen Pferden, den Sätteln, dem Zaumzeug, den Steigbügeln, den vergoldeten Zügeln, all den Stickereien und teuren Steinen zu sprechen, es hieße, deren Schönheit zu verdunkeln ... ohne mit eigenen Augen es gesehen zu haben, kann man sich diesen Prunk gar nicht vorstellen.«[306]
Der kritische Abbé Coyer, der erste Biograph Sobieskis, meint allerdings: »Wer solche Schauspiele liebt und dabei nicht bedenkt, wieviel diese die Untertanen kosten, könnte sich wohl in diesen Anblick verlieben und sich nicht sattsehen an der asiatischen Pracht, die dem Geschmack nach Europa angepaßt ist.« Diese ungeheure Verschwendung und Prachtentfaltung stand allerdings im krassen Gegensatz zu der ewig leeren Staatskasse, in der niemals genug Geld für die Landesverteidigung enthalten war.
Vor der St.-Florian-Kirche wurde Jan vom Rektor der Akademie begrüßt, Michał Radziwiłł dankte im Namen des Königs. Dieser saß nun ab und ging in die Kirche, um den dort aufgebahrten Gebeinen König Michał Wiśniowieckis und des aus Frankreich überführten Jan Kazimierz die Ehre zu erweisen.
In Polen ist es üblich, daß vor der Krönung die Bestattung des letzten Königs zu erfolgen hat. Diesmal waren es gleich zwei, so

daß sich mit Jan drei polnische Könige auf einmal in Krakau befanden. Die Beerdigung fand am 31. Januar statt.

»Beide Särge wurden nebeneinander auf einem Wagen gefahren, beide stellte man auf einen Katafalk, es wurden gemeinsame Zeremonien vollzogen. König Johann III. assistierte devotissime allen Zeremonien«, hält Herr Pasek in seinen Memoiren fest, in denen er auch das Wort an den in Frankreich verstorbenen König Jan Kazimierz richtet: »Lieber König, nun siehst Du es doch ein: dulcis locus patriae. Du hast aus freier Entscheidung das Vaterland verachtet, das Dich erzog und das Liebe und Glauben Dir stets bewahrte. Deine Gebeine aber sehnten sich danach, dorthin zurückzukehren und dort zu vermodern.«[307]

Der Abbé Coyer berichtet wiederum einen seltsamen Brauch: Wenn der tote König auf dem Katafalk in der Kathedrale des Wawels aufgebahrt ist, öffnet sich weit das Haupttor: Hereingeritten kommt ein vom Scheitel bis zur Sohle gepanzerter Ritter und zerschmettert am Katafalk das Zepter; dann folgen fünf weitere Ritter; der erste schleudert die Krone, der zweite den Säbel, der dritte ein Wurfgeschoß, der vierte den Reichsapfel zu Boden, und der fünfte zerbricht die Lanze, das alles geschieht beim Donner der Geschütze, bei Trompeten- und Trommelklang.

Die Krönung fand am 2. Februar statt. Durch die festlich geschmückte Stadt fuhr Jan in einer prachtvollen Kutsche, die von erbeuteten türkischen Pferden gezogen wurde. Vor der Kutsche wurde ein Pferd geführt, das mit dem von Hussein Pascha erbeuteten überaus kostbaren Zaumzeug geschmückt war. Die Kutsche des Königs umringten hoch zu Roß die Hetmane und Senatoren. Ihnen folgte die Garde, und dahinter kamen viele Wagen, vollgeladen mit der kostbaren türkischen und tatarischen Beute von Chocim und Lemberg. Auch eine Janitscharenkapelle marschierte mit und spielte auf; es waren Gefangene aus der Schlacht von Chocim.

Im Zug wurden sogar erbeutete Kamele mitgeführt. Das alles machte auf die jubelnde Bevölkerung großen Eindruck. Aus Kanonen und Mörsern wurden Freudenschüsse abgegeben, das Volk schrie Vivat. »Selbst die«, berichtet Jan Chryzostom Pasek,

König
Jan Sobieskis
Initialen

»die gegen seine Wahl gesprochen hatten, erfuhren jetzt eine solche Transfiguration ihrer Herzen, daß alle über seine Herrschaft froh waren, weil sie einsahen, er sei ein vernünftiger, guter, kriegserfahrener, fleißiger und glücklicher Herrscher. Es gab damals keine Malkontenten wie unter Michael, was der Herrgott selbst ordinierte.«

Marysieńka sollte zusammen mit Jan gekrönt werden. Als der neue Primas, Erzbischof von Gnesen, Andrzej Olszowski, die beiden Kronen in die Höhe hielt und Marysieńka zum Thron trat, um an der linken Seite des Königs Platz zu nehmen, erhob sich ein unheilverkündendes Stimmengewirr von Protestrufen. Doch das hatte wohl Jan im voraus bedacht: In der Kirche standen überall Königstreue mitten in der Menge und brachten die Murrenden zum Schweigen. So konnte Primas Olszowski die Krönung vollziehen. Jan war nun ein echter gekrönter König und die kleine d'Arquien eine echte gekrönte Königin.

Für Marysieńka war es ein ungeheurer Triumph. Sie, die Fremde, die vergeblich darum gerungen hatte, an ihrem heimatlichen Hofe zu Paris wenigstens die Ehre des Tabouretts zu erlangen, wurde hier, in dem so weit entlegenen fremden Lande, mit Thron und Krone beschenkt. Ob Polen in ihr eine gute Königin bekam, das steht auf einem anderen Blatt.

Eine Zeremonie ganz eigener Art beschloß die Feierlichkeiten der Krönung: Im 10. Jahrhundert war der Krakauer Bischof Stanisław vom polnischen König Bolesław vor dem Altar ermordet worden. Zur Sühne mußten seit da an alle neugekrönten Könige sich zum Grabmal dieses Märtyrers der königlichen Gewalt begeben und um Verzeihung bitten, gleichsam mithaftend für die Schuld ihres Vorgängers. So also mußte auch Jan bekennen, daß jene Tat wohl ein großes Verbrechen war, er jedoch daran unschuldig sei, er verabscheue jene Tat und bitte um Vergebung und den Schutz des Märtyrers für sich und sein Land.

Als er die Kirche wieder verließ, wurden Münzen unter das Volk verteilt, und auf dem Marktplatz erhob der neue König einige verdiente Personen in den Adelsstand. Nur unmittelbar nach der Krönung war dem polnischen König dieses Privileg zuteil, sonst durfte nur der Sejm Adelsprädikate verleihen.

Bald nach der Krönung fand der Krönungssejm statt, dessen Beratungen sich bis zum 2. April hinzogen. Da Jan einen neuen türkischen Angriff erwartete, verlangte er vom Sejm eine Erhöhung der Armee auf 65 000 Mann, was auch bewilligt wurde. Ebenso die Errichtung von Vorratsmagazinen für den Proviant der Soldaten. Es wurden sogar gewisse Summen zum Ankauf von Kanonen und Munition bewilligt und der König ermächtigt, das Allgemeine Aufgebot auszurufen. Selten ging ein Sejm so reibungslos und ohne Widerspruch über die Bühne. Noch stand man unter dem Eindruck der Siege über die Türken und verband alle Hoffnungen mit der Person des ehemaligen Feldherrn und jetzigen Königs.

Eines nur konnte Jan nicht durchsetzen: Er wollte das Amt der Hetmane auf zwei Jahre beschränken, um vor allem endlich den verhaßten, ewig widerspenstigen und opponierenden Michał Pac loszuwerden.

Jan gab nun seinen Großfeldherrnstab an Dymitr Wiśniowiecki ab, der damit zum Krongroßhetman wurde; Stanisław Jabłonowski wurde Feldhetman und Sieniawski Kronmarschall.
Während der Sejm noch tagte, brachte Marysieńka am 4. März 1676 eine Tochter zur Welt, die auf die Namen Teresa Kunegunda getauft wurde. Dieses kleine Mädchen sollte mit der Zeit Jans größte Freude werden und war somit das schönste Krönungsgeschenk für ihn.
Mit großem Eifer ging Jan an die Ausführung der auf dem Sejm beschlossenen Aufstockung der Armee, denn die Verteidigung des Landes war in seinen Augen die vordringlichste Aufgabe. Aber wie das in Polen so häufig der Fall war – und ist: Zuerst ist die Begeisterung groß, man verspricht viel – und hält dann wenig. Statt eine 60 000- oder gar 100 000köpfige Armee auf die Beine zu stellen, brachte man es bis zum Hochsommer nur auf 24 500 Mann im Kronheer und gar nur auf 5000 in Litauen. Dazu kamen noch ein paar hundert Kosaken. Zur reinen Feldarmee konnte Jan nur 21 000 Mann abkommandieren, denn der Rest wurde für die Besatzungen der Städte und Festungen benötigt.
Der französische Botschafter Forbin-Janson hatte zwar noch während der Dauer des Sejms bei der Pforte versucht, einen Frieden mit Polen zu vermitteln, auch hatte Jan Sobieski einen Botschafter zu diesem Zweck nach Konstantinopel gesandt, dennoch kam es abermals zu blutigen Auseinandersetzungen. Im vergangenen Jahr hatte Ibrahim Pascha Schischman, der Fette, das türkische Heer nach Polen geführt; dies Jahr stand an seiner Spitze, da der »Fette« inzwischen verstorben war, Ibrahim Pascha Scheitan, der Satan.
»Dieser Scheitan Ibrahim hat den Satan in sich, denn niemand flieht vor ihm, und wohin er kommt, ergeben sich ihm alle sofort«, schreibt Jan an Marysieńka am 18. September 1676 aus der Umgebung von Lemberg.
Bis zum 24. August hatte er mit ihr zusammen in Pielaskowice geweilt, dann mußte er zum Kriegsschauplatz aufbrechen, denn die ganze türkische Streitmacht rückte gegen den Dnjestr vor; sie reiste nach Danzig, um sich wieder einmal zu kurieren. Sie durften vor

der Abreise irgendeine Auseinandersetzung gehabt haben, denn gleich im ersten Brief vom 28. August – in dem er sie nur mit »Einzige Freude meiner Seele und meines Herzens!« anredet, »zwischen Hoffnung und Furcht schwebend, ob die allerschönste Astrée ihren allertreuesten Celadon in ihre frühere Liebe und Huld wieder aufnehmen werde«.

Zwischen solchen Herzensergüssen stehen die wichtigsten Mitteilungen über die Bewegungen des Feindes und der eigenen Armee. Und gerade das macht den so ganz spezifischen Reiz dieser Briefe aus.

Im nächsten Brief, vom 18. September, erfahren wir, daß Marysieńka wieder einmal ihrem Celadon die Liebe aufgekündigt und ihn aus ihrem Bett verbannt hat. Sie ist unversöhnlich, wirft ihm an den Kopf, er möge seine Leidenschaft und Zärtlichkeit bei einer anderen abreagieren, sie hege die größte Hoffnung, ihm gegenüber bald völlig gleichgültig zu sein.

Im Ton hat sich zwischen den beiden nichts geändert, Thron hin, Thron her. Da ist nichts Königliches herauszuhören. Bitter beklagt sich Jan, daß ihre Gleichgültigkeit nicht so groß sein könnte, wenn sie jemals in ihrem Herzen fest verankert gewesen wäre. Und er unterzeichnet sich wieder einmal als den »allerunglücklichsten Celadon«.

Es kommt aber noch schlimmer. »Und ich unglücklicher Mensch, der ich mein ganzes Leben lang um nichts mehr bemüht war, als dich und später die ganze Welt davon zu überzeugen, daß ich nach Gott nichts mehr liebe, respektiere, adoriere als dich, wovon sogar Schriften und Drucke zeugen, die dir gewidmet sind und die in unseren zwei Leibern nur eine Seele sehen, das alles findet, wie man sieht, bei dir weder Glauben noch Gehör.« Jan spielt hier auf ein panegyrisches Gedicht an, daß der bekannte Danziger Dichter Titius Marysieńka gewidmet hatte. Während also die neue Königin bereits besungen und bedichtet wurde und man sich über die große Liebe der beiden Wunderdinge erzählte und darüber in Rührung geriet, behandelte die ungnädige Astrée ihren ergebenen Celadon wieder einmal mehr als schlecht und beschuldigte ihn der Falschheit, was ihn rasend machte: »Alle diese drei Briefe«, schreibt er aus

dem Lager bei Żurawno am 27. September 1676, »regen mich millionenmal mehr auf als die ganze feindliche Übermacht. In zweien schreibst du von deiner schwachen Gesundheit, im ersten hingegen von deiner Ungnade und daß es kein Zurück mehr gäbe, daß du bis an der äußersten Grenze der Gleichgültigkeit mir gegenüber angelangt seist und daß sich dein Herz mir gegenüber vollständig gewandelt habe. Was jedoch Celadon am meisten in Verwunderung versetzt, ist, daß Astrée solch einen Brief après ses dévotions[308] schreiben konnte. Bei Gott, welche Sünde ist und könnte denn größer sein und kann niemals vergeben werden (es sei denn durch Restitution), als jemanden unschuldig zu verdächtigen, noch dazu wo es um die Reputation geht! Ej, beim lebendigen Gott, und da wollte Astrée bisher so großen Beteuerungen und schrecklichen Schwüren keinen Glauben schenken? Oh, millionenmal besser zu sterben, als mit solch einer Einschätzung und solchem Kredit zu leben! Hatte Astrée nicht versprochen, daß dieser ganze große Betrug endlich ein Ende haben sollte, da nicht der geringste Grund dafür bestand? Das wird mir am meisten leid tun, daß, wenn ich sterben sollte, ich, der ich ein Leben lang Falschheit und Fälscher nicht leiden konnte, nun selbst bei Astrée diesen Titel bekommen habe. Und wie soll man jemanden überzeugen, wenn der sich in den Kopf gesetzt hat, den unschuldigsten Menschen der Welt für schuldig zu erklären?« Irgendjemand hatte Marysieńka wieder einmal Flausen in den Kopf gesetzt, und sie war nur zu gern bereit, allen Gerüchten Glauben zu schenken, und ließ es Jan bitter büßen. Wie sollte er gegen derlei »Imaginationen« ankämpfen? Noch dazu jetzt, wo jeden Augenblick die Türken losschlagen konnten?
»Ich möchte doch wissen, was ich nicht für dich tue, mein Herz. Du kannst über alles gebieten, meine geliebte Wohltäterin, und ich hätte von Herzen gern das schon längst erlaubt, und ich hätte mich gar nicht geschämt; ist doch mein Kopf schon krank und schwach und müde, nachdem so viele Ämter auf ihm lasteten, das des Hetmans, des Kanzlers, des Schatzmeisters. Ich begreife nicht, warum das Palais enchanté jetzt plötzlich eine andere Meinung von meiner Liebe zu dir haben sollte? Bei Gott, ce monde est bien faux,

wer mit solchem Geschwätz das Herz meiner einzigen Freude mir gegenüber verdorben hat! Und wenn man schon nicht lieben kann, dann bitte ergebenst, wenigstens des Bekümmerten nicht zu spotten, denn ich habe auch ohne dies genug schweren Kummer auf dem Herzen. Bitte mich nicht zum Gespött vor dem grand Roi zu machen, denn so wie ich in der amour alles getan habe, so tue ich es auch, sans contrainte, und meine Subjektion habe ich mir zur größten Ehre angerechnet. Aber wenn mich der Herrgott dazu ausersehen hat, daß alle schlechten und melancholischen Launen an mir ausgelassen werden sollen, möge sein Wille geschehen.«[309]

Zum Schluß, nachdem er die Kinder und alle Herren und Damen, die um Marysieńka sich zu schaffen machen, grüßen läßt, kann er nicht umhin loszupoltern: »Soll doch diese ganze Welt untergehen, die dir riet, dort so lange zu verweilen, und mir verwehrte, vielleicht zum letzten Mal, meine Unschuld zu beweisen, denn nach solchen Briefen meines Herzens werde ich niemals mehr glücklich sein können, da ich die Liebe und die Hochachtung verloren habe, die beide, wie man sieht, niemals fest in deinem Herzen, meine Seele, verankert waren.«

Wie es seine Art war, mischte Jan in seinen Briefen höchst Persönliches mit höchst Offiziellem, manchmal sogar ohne einen Absatz dazwischen zu machen. So erfährt man, daß die Feinde, nach den Feuern zu schließen, die auf allen Bergen plötzlich aufflammen, immer näher heranrücken. Außerdem »hatte der Chan alle Dörfer ringsum anzünden lassen, so daß um uns herum alles in Flammen stand wie der Ätna oder der Mont Gibel«.

Der Chan hatte seine Söhne den Polen auf den Hals geschickt, doch diese »schlugen sie durch Gottes Gnade in die Flucht, metzelten sie nieder und nahmen viele lebend gefangen«. Auch einige Fahnen wurden erobert. Angeblich gab es tausendfünfhundert Tote, »aber mehr türkische als tatarische«.

Inzwischen verhandelten die Kommissare weiter, denn man versuchte, zu einem Frieden zu kommen, ohne allzu viel Blut vorher zu vergießen. Vor allem sank den Polen angesichts der großen Übermacht des Feindes der Mut, und sie rieten zum Frieden

um jeden Preis. Doch dazu war Jan nicht bereit: »Habe ich nicht bei Podhajce mit euch gesiegt, wo wir nur vierundzwanzigtausend gegen hunderttausend waren? Sollte die Krone meinen Mut vermindert haben?«[310]
Am 24. berichtet er: »Man sieht, daß unsere Gäste schon herankommen, denn die haben ein paar Dörfer in diesem Augenblick angezündet, daß es so hell wurde wie am lichten Tag; was aber das Schlimmste ist, sie haben die Scheunen und alle Lebensmittelvorräte verbrannt, um uns auszuhungern. Enfin le moment vient, il faut les recevoir.«
Am 28. September kamen die Tataren bis nahe an die Polen heran, sie vermieden jedoch eine Schlacht und zogen nur »wie in einer Prozession« an ihnen vorbei.
»Am 29. schloß sich Ibrahim Pascha dieser Prozessionsordnung an und nahm mit dem Chan zusammen und allen seinen Streitkräften denselben Weg. Musik, Kamele – eine ungeheure Sache. Wir begrüßten den Ausrückenden mit Kanonen und überprüften unsere Gefechtsordnung, in der wir fast den ganzen Tag auf ihn gewartet hatten.« Es kam jedoch abermals zu keiner richtigen Schlacht, es war eher »ein Spiel«, wenig Verluste auf seiten der Polen, viel auf seiten der Türken und Tataren, laut Jan.
»Es gibt nichts Prachtvolleres auf der Welt als ihr Lager. Eine Million von Zelten; und man muß zugeben, daß es eine sehr große und sehr schöne Armee ist und eine sehr bewegliche. Jene, die sagten, daß ihre Armee nicht groß sei, sind nun in großer Konfusion.«[311]
Jan hatte sich im Lager von Żurawno verschanzt; Ibrahim tat das gleiche ihm gegenüber. Beide Seiten begannen nun, unterirdisch an einander heranzukommen.
Inzwischen wurde die Verpflegung knapp. Den Pferden mußten bereits Blätter unter das Futter gemischt werden.
Ibrahim Pascha, der sehr wohl um die kritische Situation der eingeschlossenen Polen wußte, bot Jan Frieden an, auf der Grundlage des Vertrages von Buczacz.
Jan, der alle Unbillen des Lagerlebens mit seinen Soldaten teilte, antwortete stolz, daß, sollte in dem Vertrag auch nur der seinem

Vorgänger aufgezwungene Tribut erwähnt sein, er mit der Waffe in der Hand dem Seraskier die Antwort erteilen würde.
Erstaunt über so viel Stolz, zogen sich die Unterhändler zurück. Jan aber war nicht ganz wohl zumute bei dem Gedanken, da er gerade nur noch für vier Tage Verpflegung für seine Soldaten hatte.
Die Munition wurde ebenfalls knapp. Jan gestand später, daß er noch niemals so unruhig war wie in der darauffolgenden Nacht. In seiner lebhaften Phantasie malte er sich aus, was sein würde, falls er geschlagen würde. Er hatte ja die Rzeczpospolita in diesen Krieg hineingetrieben, er hatte diesen Feldzug gegen den Ratschlag aller seiner Offiziere gewagt; alle seine früheren Siege würden mit einem Schlag zunichte gemacht, wenn er hier besiegt würde oder wenn die Armee durch Hunger zugrunde ginge oder wenn er versuchen müßte, sich mit seinen nur dreißigtausend Leuten durch die feindliche Übermacht von hundertachtzigtausend Mann hindurchzuschlagen. Und er, der als Retter und Erlöser seines Volkes gefeiert wurde, er würde dann dessen Vernichter sein. Als er sich jedoch vorstellte, daß er den schmählichen Traktat von Buczacz nochmals bekräftigen müßte, um endlich Frieden zu bekommen, beschloß er, alles auf eine Karte zu setzen.
Unter den türkischen Janitscharen brodelte es. Sie waren unzufrieden und beschwerten sich, daß weder Sultan noch Großwesir bei ihnen wären, »als ob wir nicht wert wären, unter den Augen unseres Kaisers zu kämpfen, wir, die wir das Kaiserreich begründet haben«.
Die ständigen Märsche, das Hin und das Her, die Schanzarbeiten, ohne daß es zu einer Schlacht gekommen wäre, verärgerten so sehr die Soldaten, daß jeden Augenblick ein Aufstand loszubrechen drohte.
Das war Jans Glück – dem er so tollkühn vertraut hatte. Die Tataren waren auch keine verläßlichen Bundesgenossen mehr, denn sie wünschten durchaus nicht, daß Polen eine türkische Provinz werde, denn dann hätten sie diese respektieren und ihre Plünderzüge einstellen müssen.
Jan kannte nur zu gut die Denkweise der Tataren. Und das war eine

seiner weiteren Stärken. Da er nicht mehr genug Waffen und Munition hatte, begann er mit Gold zu kämpfen, das er dem Chan übersandte und öffentlich ausposaunen ließ. Nun wurde Ibrahim mißtrauisch und beeilte sich, Frieden zu schließen, zumal ihn die Nachricht schreckte, daß die Moskowiter den Polen zu Hilfe eilten und der französische Botschafter erwartet wurde.[312]
Nun war dieser zwar nicht gekommen, um Jan Hilfe von seinem Monarchen zu bringen, wie Ibrahim fürchtete, sondern um ihm den Orden Cordon Bleu von Ludwig XIV. zu überreichen; ein Umstand übrigens, der sofort böses Blut unter der Szlachta machte, denn wozu brauchte ihr König vom französischen König einen Orden, murrten sie.
Am 14. Oktober kam es endlich zum Waffenstillstand und am 17. zur Unterzeichnung des Friedensvertrages von Żurawno, der denjenigen von Buczacz aufhob und dem fünfjährigen Ringen ein Ende setzte. Die Türken erließen den Polen die Tributzahlungen; aber Podolien, der größte Teil der Ukraine und vor allem Kamieniec verblieben unter osmanischer Herrschaft. Beide Seiten tauschten ihre Gefangenen aus.
Nach Abschluß des Vertrages eilten viele Türken zum polnischen Lager, um den unbesiegbaren Löwen von Lechistan zu bestaunen, über den bereits Legenden unter Türken und Tataren zu kreisen begannen.
Jan, der Löwe, war zufrieden und meinte, die Türken suchten ehrlich seine Freundschaft und wünschten selbst den Frieden, denn sie hätten nun Achtung vor den Polen. »Und das ist meistens der beste Frieden, wenn sich einer mit dem anderen zuvor tüchtig maß.«
Natürlich kränkte es Jan, daß es ihm nicht gelungen war, Kamieniec zurückzuerobern. Der Verlust dieser Festung sollte ihm ein Dorn im Fleische während seiner ganzen Regierungszeit bleiben. Aber vielleicht schmerzte es ihn ebenso, daß Ibrahim Pascha taub blieb für seine Wünsche, den Katholiken wieder das Heilige Grab in Jerusalem zurückzugeben. Ibrahim Pascha sprach es den Griechisch-Orthodoxen zu, da sie es früher schon in ihrem Besitz hatten, gestand aber den Katholiken freie Ausübung ihrer

Riten und freien Zugang zu den heiligen Stätten zu. Süffisant fragte er, ob denn die Orthodoxen nicht genauso Christen wären wie die Katholiken, und erteilte damit den zerstrittenen christlichen Konfessionen eine Lehre, die sie jedoch nicht beherzigten.

Alles in allem war der Friede von Żurawno aber doch ein Trostpflaster auf die in Buczacz so schwer angeschlagene Eitelkeit und den nationalen Stolz der Polen. Als Jan den Dnjestr überschritt, um Türken und Tataren von den Grenzen Polens fernzuhalten, hatte Europa bedenklich den Kopf geschüttelt und ihm Leichtsinn vorgeworfen; jetzt bewunderte man Jan, und die Dichter waren schnell wieder bei der Feder, um seine Heldentaten und seine Verdienste um die ganze Christenheit zu rühmen.

Herr Pasek kommentierte jedoch in seinen Memoiren: »Sind aber kurzlebige Verträge mit einem solchen Feind, der immer begierig ist, unser armes Vaterland zu verschlingen.« Er hatte recht. Im Vertrag war ausbedungen worden, daß ein Großbotschafter zur Ratifizierung des Vertrages an die Pforte gesandt werde. Ibrahim Pascha hatte verlangt, daß zunächst ein anderer an dessen Stelle mit ihm nach Konstantinopel reite. Andrzej Modrzewski, der Mundschenk von Sieradz, wurde dazu ausersehen. Ibrahim Pascha wollte ihn zuvor begutachten, denn es war bei der Pforte Sitte, daß nur ausgesprochen schöne Männer ohne jeden Makel zu öffentlichen Ämtern zugelassen wurden, da man felsenfest überzeugt war, daß in einem schönen Körper keine gemeine Seele wohnen könne, was an jene uralte babylonische Sitte erinnert, daß nur makellos gestaltete Männer Orakelpriester sein durften, denn schon ein fehlender Zahn machte sie für dies hohe Amt untauglich.[313]

Als im nächsten Jahr, also 1677, Jan den Wojewoden von Kulm, Gniński, jenen, der bei der Wahl so tüchtig mitgeholfen hatte, als Großbotschafter ins Osmanische Reich schickte, wurde dieser in Konstantinopel äußerst schlecht und beleidigend empfangen. Zunächst mußte er lange warten, bis er überhaupt vorgelassen wurde. Als er vom Großwesir Verpflegung für seine siebenhundert Mann Begleitung verlangte, ließ ihm Kara Mustafa ausrichten, daß er, um Stambul zu erobern, zuwenig Leute bei sich habe, zuviel aber, um nur zu repräsentieren, abgesehen davon sei es seinem

Großes Kronsiegel

Herrscher ein leichtes, siebenhundert Polen Brot zu geben wie auch siebentausend auf den Galeeren zu ernähren.

Als man Kara Mustafa ein silbernes Hufeisen zeigte, das ein Pferd Gnińskis verloren hatte, sagte er: »Dieser Ungläubige hat silberne Hufeisen, aber einen bleiernen Kopf, da er, von der armen Rzeczpospolita abgesandt, nicht besser mit dem Geld umzugehen versteht.«[314] Und das war vielleicht gar kein so dummer Vorwurf. Endlich kam es dann doch zur Ratifizierung des Vertrages. Doch Jan war klar, daß der Friede nicht von Dauer sein würde und daß an eine Zusammenarbeit in Zukunft nicht zu denken sein könne. Man mußte sich nach Verbündeten umsehen und auf einen neuen Überfall gewappnet sein.

Doch vorerst war Friede. Sechs köstliche Jahre ohne Krieg lagen vor Jan und vor Polen. Eine Atempause, wohlverdient nach all den Kriegen und Intrigen. Selbst die Soldaten legten die Waffen aus der Hand.

Für genau fünf Jahre bricht nun auch die Korrespondenz Jans an Marysieńka ab. Er hatte sie bei sich und benötigte nicht mehr jene intimen Bracelettchen, selbst geflochten »von den allerentzückendsten Fingerchen« aus den »weichsten Härchen«, die ihn in seinen einsamen Nächten im Feld trösten mußten. Endlich konnte er sich an »allen Schönheiten des allerbezauberndsten Körperchens« erfreuen und seinen »Appetit« stillen.

Alle Bitterkeit wurde reichlich belohnt, alle Mühsal verwandelte sich in Wohlbehagen im Kreise der Familie. Also ein wahrgewordenes Märchen? Es sah beinahe so aus. Vorerst.

Jan III. war gewiß der polnischste der polnischen Könige des 17. und 18. Jahrhunderts. Auch als Monarch blieb er der schlichte Szlachcic, vor allem im Umgang mit den Herren Brüdern der Szlachta; er war jovial, gutmütig, nicht nachträgerisch, er konnte verzeihen, was man ihm wohl als hohe Tugend anrechnen muß, er war ein leidenschaftlicher Reiter und Jäger, er liebte seine Hunde und Pferde, tafelte gern, doch zuviel Alkohol vertrug er schlecht. Er unterhielt sich auf seinen vielen Ritten kreuz und quer durch sein Königreich gern mit Leuten aus dem Volk und tanzte wohl auch einmal zur Dorfmusik mit einem hübschen Mädchen in einer Bauernhütte. Das machte ihn beliebt und populär.

Auch als König las er, sowie es seine Zeit zuließ, leidenschaftlich gern. Seine Bibliothek wurde mit der Zeit zu einer der bestsortierten und umfassendsten in Polen.

Er dilettierte gern in den verschiedensten Sparten der Wissenschaften, er interessierte sich für alles und war auch Neuerungen gegenüber aufgeschlossen. Die Kriegskunst und der Festungsbau hatten ihn von frühester Jugend an fasziniert, aber auch Mathematik, Geographie und Astronomie fanden einen Förderer in ihm. Angeblich soll er mit dem berühmten deutschen Philosophen Gottfried Wilhelm von Leibniz korrespondiert haben. Er war aber auch Mitglied der ersten Geographischen Gesellschaft, die ihren

Sitz in Venedig hatte. Und als er nach dem ruhig verlaufenen Frühjahrssejm am 21. Mai 1677 nach Danzig reiste – Marysieńka fuhr, obwohl schwanger, selbstverständlich mit, weichselabwärts auf Schiffen, oft haltmachend in den Städten und Starosteien des Königlichen Preußen – und dann rund sechs Monate in der Hansestadt verweilte, da schlichtete er keineswegs nur den Streit zwischen den Handwerksgilden und dem Stadtrat, sondern er besuchte auch oft den berühmten Astronomen Johannes Hevelius (1611–1687) in dessen Observatorium in der Gewürzgasse und betrachtete staunend durch das Fernrohr das Sternengewimmel am nächtlichen Himmel.

Aus Dankbarkeit dafür, daß ihm Jan eine ansehnliche lebenslängliche Rente aussetzte, benannte Hevelius ein Sternbild, das er eben entdeckt hatte, »Scutum Sobiescii«, Schild des Sobieski.

Marysieńka war trotz der vielen Schwangerschaften immer noch eine begehrenswerte und sehr schöne Frau, gepflegt und mit guter Figur, die alle Männeraugen begehrlich auf sich zog.

In Danzig am Langen Markt, nahe dem Grünen Tor, gebar sie am 6. September 1677 ihren zweiten Sohn, dem die Eltern den stolzen Namen Alexander gaben. Er war ja nun ein echter Prinz und Königssohn, während der arme Jakubek doch »nur« ein Hetmanssohn war. Die Mutter ließ es ihn fühlen, sehr zu seinem Schaden, wie sich noch zeigen wird.

Marysieńka, die nach Jakub fünf Kinder zur Welt gebracht hatte, von denen kein einziges überlebte, bekam nun jedes Jahr ein Kind, eins immer schöner als das andere, die nun auch großenteils am Leben blieben.

Am 1. Mai 1679 folgte abermals ein Sohn, Benedikt, der allerdings sofort starb; und genau ein Jahr darauf, am 1. Mai 1680, kam abermals ein Sohn an, der Constantin genannt wurde.

Gerade diese beiden Namen, Alexander und Constantin, verraten, daß Jan doch ein unverbesserlicher Träumer war und seine weitschweifenden Pläne, die bis nach Persien und Indien reichten, der Route jenes Großen Alexander folgend, nicht aufgegeben hatte; und der Name Constantin zeugt für seine unerschütterliche Überzeugung, noch im Elternhaus genährt, daß die Christen des

Balkans wieder frei und Konstantinopel den ungläubigen Türken entrissen werden müsse, möglichst von ihm selbst, Jan, dem Erlöser der Christenheit, und von seinen Söhnen. Diesen Traum träumte ein Jahrhundert später die Große Katharina, die ihren Enkeln ebenfalls diese anspruchsvollen Namen auf den Lebensweg mitgab.

In Danzig wurde der neue Prinz umhegt und gepflegt und bewundert. Was aber tat Jan ein halbes Jahr lang in der Hansestadt, so weit weg von seiner Hauptstadt?

Ludwig XIV. hatte einen neuen Botschafter, wie schon erwähnt, in Polen, den Marquis de Béthune. Der war mit einer Schwester Marysieńkas verheiratet und somit Schwager Sobieskis. Das war sehr praktisch, sozusagen ein heißer Draht zwischen König und König. Ludwig nahm es als Selbstverständlichkeit an, daß er Jan, der mit seines Mammons Hilfe auf den Thron gelangt war, nun auch weiterhin für seine Pläne werde einsetzen können, wie man eben Schachfiguren einsetzt, um sein Spiel Zug um Zug zu gewinnen und den Gegner verlieren zu lassen. Und dieser Gegner war nach wie vor Kaiser Leopold I. Seit 1672 führten die beiden Schwäger-Vettern miteinander Krieg am Rhein. Frankreich war mit Schweden verbündet, Österreich mit Spanien und Brandenburg, mit Holland und England. Ludwig sah sich einer mächtigen Koalition gegenüber. Man mußte zusehen, dieser in den Rücken zu fallen, sie aufzusplittern, von der Weichsel her anzugreifen, also in einen Zweifrontenkrieg zu verwickeln.

Der Marquis de Béthune war ein geschickter Diplomat, der sich auch schon soweit in der polnischen Geschichte auskannte, um Jan das Herzogtum Preußen als verlockendes Ziel für seinen Sohn Jakub in Aussicht zu stellen. Der große Kurfürst, der damals allerdings noch nicht diesen ehrenden Beinamen trug, kämpfte eben am Rhein, also wäre das wichtigste Ziel, so Ludwig XIV. an Béthune, den König, also Jan, dazu zu bringen, gegen das Herzogtum Preußen – das nachmalige Ostpreußen – loszuschlagen.

»Ich bevollmächtige Sie, daß Sie diesem Herrscher eröffnen, daß ich ihm, falls er nach dem geschlossenen Frieden mit den Türken Preußen attackieren wollte, Subsidien in Höhe von 200 000 Talern jährlich so lange zur Verfügung stellen werde, solange dieser Krieg währen würde.«[315] Es war zu einem Geheimabkommen zwischen Frankreich und Polen schon am 11. Juni 1675 in Jaworów, wo Jan mit Marysieńka weilte, gekommen. Zusätzliche 200 000 Taler jährlich sollte Jan erhalten, wenn er außerdem noch gegen Österreich in Schlesien losschlagen oder wenn er seine Truppen nach Ungarn schicken würde. Nochmals eine Summe in gleicher Höhe sollte Jan – Jan III., König von Polen! – zu seiner privaten Verfügung erhalten, wenn er den Frieden mit den Türken beschleunigt zustande bringen könnte. Deshalb also die ständigen Verhandlungen, die Kommissare, die Nachrichten! Marysieńka hatte ihr gerüttelt Maß Anteil an diesem Geheimabkommen, und sie – die Königin von Polen – kassierte auch, ohne mit der Wimper zu zucken, dafür von Ludwig XIV. 60 000 Livres.

Für derlei Dienste versprach der Sonnenkönig noch zusätzlich, der Türkei gut zuzureden, die von ihr 1672 annektierten polnischen Gebiete wieder herauszugeben, was allerdings nicht geschah.

Um mit den Schweden einen gemeinsamen Kriegszug gegen Preußen zu beraten, deshalb also hielt sich Jan im Sommer 1677 so lange in Danzig auf, und deshalb war er in so großer militärischer Assistenz angerückt, die jedoch, auf ausdrücklichen und sehr nachdrücklichen Wunsch des Danziger Stadtrates, vor der Stadt einquartiert werden mußte. Am 4. August 1677 unterzeichnete Jan mit den Schweden einen Vertrag, der vorsah, daß ein schwedisches Korps, unterstützt von Polen, von Kurland aus gegen Ostpreußen losschlagen solle. Nach der Eroberung dieses Herzogtums durch die Schweden sollte es von ihnen Jan übergeben werden als Erbland für Jakub, was die dynastischen Chancen, an die Jan und Marysieńka natürlich von vornherein gedacht hatten, erheblich erhöhen würde.

Wie das schon so in der Politik ist: Nichts bleibt geheim. So hatte die österreichische Diplomatie natürlich sofort von dem Geheimabkommen von Jaworów Wind bekommen. Die Antwort darauf war die Verständigung zwischen Moskau und Österreich vom 26. November 1676, in dem sich beide Partner verpflichteten, es in

Polen zu keinen Änderungen kommen zu lassen, die die Staatsmacht stärken würden. Auf heftige Opposition traf dieser Plan und Vertrag Jans aber vor allem unter seinen eigenen Landsleuten. Einerseits unter den litauischen Magnaten, andrerseits unter der kleinen Szlachta. Hoverbeck, der geschickte brandenburgische Diplomat, erlangte von Michał Pac um die Summe von 12 000 Talern das Versprechen, daß er, sollte das königlich-polnische Heer Preußen überfallen, sofort mit seinem litauischen Heer abziehen würde. Und die Szlachta? Die interessierte sich weder für Ostpreußen, Danzig oder die Ostsee noch für Schlesien, ihr ganzes Sinnen und Trachten richtete sich nur auf den Südosten. Dort waren große Beute und großer Ruhm zu holen. Jeder Szlachcic war bereit, für die Ukraine sein Blut zu vergießen, mit den Heiden zu kämpfen, aber doch nicht mit den christlichen Nachbarn! Mit denen zu kämpfen, und zwar so ausdauernd wie die Polen mit den Heiden, das war das Privileg des »allerchristlichsten« französischen Königs.

Als Jan im darauffolgenden Jahr im Sejm erklärte, daß der schwedische König für Seine Majestät den polnischen König und die Rzeczpospolita das Herzogtum Preußen auf eigene Kosten und mit eigenen Anstrengungen erobern würde, wozu er freien Durchmarsch durch Litauen fordere, da erhob sich ein großes Geschrei in ganz Polen; die Opposition, mit Michał Pac an der Spitze, aber auch mit dem Krakauer Bischof Trzebicki, dem Kronkanzler Jan Leszczynski, Fürst Dymitr Wiśniowiecki, Stefan Czarniecki und Felix Potocki, trat entschieden gegen den König auf. Jan bot ihnen – noch – die Stirn und schürte in Litauen die Opposition gegen die Pac und favorisierte dafür das ebenso mächtige Geschlecht der Sapieha.

Die Schweden versuchten etwas später den Einfall in Preußen, die Armee Michał Pac' leistete ihnen zwar Widerstand, aber sehr lustlos; doch Friedrich Wilhelm war schon unterwegs zur Rettung Preußens. Er schlug die Schweden und jagte sie wieder aus dem Land hinaus.

Nur Ärger brachten auch die Versuche, wenigstens einen Teil Schlesiens (wiederum mit dem Hintergedanken an die eigene

Hausmacht) zu gewinnen. Als der letzte schlesische Herzog starb, bewarb sich Marysieńka mit Jans Hilfe um den Ankauf für ihren Vater, den alten Marquis d' Arquien, der immer noch Gardekapitän bei »Monsieur« war; ein solcher Besitz wäre die Voraussetzung für den französischen Fürstentitel gewesen, den Marysieńka, ebenfalls mit Jans Hilfe, von Ludwig für Papa d'Arquien erbat. Diesmal fuhrwerkte Marysieńkas Schwester, Madame Béthune, dazwischen, indem sie Ludwig bat, den Erlös der verkauften Ämter Papa d'Arquiens nicht aus Frankreich herauszulassen, sondern für ihr Erbe sicherzustellen. Wie erbost Marysieńka darüber war und welch unfreundliche Worte die beiden Schwestern wechselten, läßt sich leicht ausmalen.

Das Jahr 1678 hatte es aber in puncto Unannehmlichkeiten in sich: Plötzlich tauchte in Warschau ein Mönch auf, der Jan einen Brief der französischen Königin überbrachte, in dem sie Jan aufforderte, nun, da er König von Polen sei, doch endlich seinen Sohn, ihren Sekretär, Monsieur Brisacier, anzuerkennen und ihm ein Fürstentum zu verschaffen. Dazu überreichte der Mönch ein diamentenumrahmtes Bild. Jan war verdutzt, er konnte sich mit dem besten Willen an keine Madame Brisacier erinnern, aber bei seinen vielen galanten Bekanntschaften schien ihm das nicht gar zu absonderlich; außerdem überzeugte ihn eine Anweisung über 100 000 Taler von der Dringlichkeit der Bitte. Er war bereit, der französischen Königin den Wunsch zu erfüllen, und Monsieur Brisacier wurde in Polen zum Pan Brisacierski. Allerdings stellte sich nach einiger Zeit heraus, daß alles eine gerissene Fälschung war, nur die Unterschrift der französischen Königin war echt, aber sie hatte unterschrieben, ohne hinzuschauen, was sie unterschrieb. Über Jan lachte ganz Europa, und das war peinlich.[316] Wesentlich schlimmer war jedoch, daß er sich von Béthune überreden ließ, die ungarischen Malkontenten unter Emmerich Tököly zu unterstützen, zumal vom Sejm 1677 der Vertrag mit dem Kaiser verlängert worden war. Die Versuchung war jedoch für Jan zu groß, stellten doch die Ungarn ihren Thron dem elfjährigen Jakubek in Aussicht!

Als es ruchbar wurde, daß Jan stillschweigend Streitkräfte unter Hieronim Lubomirski, dem Sohn des aufrührerischen Jerzy, ausheben und nach Ungarn ziehen ließ, schlug Wien Alarm und die starke österreichische Faktion sowie der polnische Klerus ebenfalls.

Zum ersten Mal erhoben sich Stimmen, die die Dethronisierung Jans III. forderten. Der Krakauer Bischof Trzebicki dachte abermals daran, ganz Kleinpolen mit Krakau an Österreich abzutreten, während die Pac bereit waren, Litauen unter die Schirmherrschaft Moskaus zu stellen. Wieder andere wollten Polen in einen föderativen Staat umwandeln. Auf der weltpolitischen Bühne traten ebenfalls Veränderungen ein: Österreich und Frankreich schlossen Frieden, Brandenburg stand plötzlich allein da; doch Friedrich Wilhelm machte abermals eine Kehrtwendung und schloß sich Ludwig XIV. an. Polen war überflüssig geworden, es war selbst schachmatt gesetzt worden.

Zum Glück gab es die Türken. Trotz des Vertrages von Żurawno traute niemand diesem Frieden. Man mußte ständig auf der Hut sein. Doch noch war Frieden.

Jan, ein Liebhaber alles Schönen und auch Prunkvollen, liebte vielleicht mehr als alles andere die Natur. In der Stadt fühlte er sich nicht wohl, deshalb mied er Warschau und das dortige Königsschloß so oft, wie es nur anging.

Da er als König selbst keinen Grundbesitz erwerben durfte, beauftragte er seinen Vertrauten, den Kronstallmeister Marek Matczynski, für ihn das in der Nähe von Warschau gelegene Gut Milanów, das früher den Leszczyńskis gehört hatte, von dem Kalischer Unterkämmerer Stanisław Krzycki zu erwerben.

Sein eigenen Besitzungen, die er liebte, Żółkiew, Złoczów oder Pielaskowice, waren zu weit von der Hauptstadt entfernt. Milanów aber lag so nahe, daß er von dort aus bequem seinen Regierungsgeschäften nachgehen konnte.

Am 23. April 1677 wurde der Kaufvertrag unterschrieben, und gleich danach wurde mit dem Umbau und Ausbau des alten Gutshofes begonnen, den August Locci, Italiener seiner Herkunft nach, vornahm. Bald war der Name Milanów in Wilanów umgewandelt, was von Villa Nova kommt und einfach verpolnischt wurde.[317] Es war ursprünglich mehr typischer Adelslandsitz

Schloß Wilanów

als eine königliche Residenz. Aber Jan fühlte sich eben gerade dort wohl. Er ließ einen wunderschönen Park anlegen – hier spielten seine Erinnerungen an seine Kavalierstour durch Frankreich eine große Rolle; welch ungeheuren Eindruck hatten doch die dortigen wunderschönen Parks mit ihren Statuen und Wasserspielen auf ihn gemacht! Nun wollte er Ähnliches in seiner Heimat aus den ländlichen Wiesen und Wäldern hervorzaubern. Anschließend an den geometrisch angelegten Park mit seinen Blumen und Bäumen schloß sich ein Gemüse- und Obstgarten mit Glashäusern und Orangerien, in denen Orangen- und Feigenbäume gezogen wurden.

An den Obstgarten schlossen sich Teiche, dahinter dehnten sich weite Wiesen, sandige Wege führten durch Wälder und Felder, man konnte nach Herzenslust sich in der freien Natur tummeln. Daß Jan Tiere liebte, war bekannt. Die Pferdezucht von Żółkiew berühmt. Seinen Libelingshund hatte Jan sogar auf die Kavaliers-

tour kreuz und quer durch Europa mitgenommen. Wenn er ausritt, wenn er jagte, immer war eine Meute von Hunden um ihn. Nun gab es aber noch einen anderen, einen ganz besonderen Tierliebhaber, und das war der Herr Jan Chryzostom Pasek. Es geschah in jenem denkwürdigen Jahr 1680, das ihm wohl deswegen auch so gut in Erinnerung geblieben war. Es war aber auch ein ganz absonderliches Jahr. »Der Winter, der schon mit voller Stärke eingefallen war, verschwand wieder, und es wurde so warm, so schön, daß man das Vieh auf das Feld ließ. Blumen sprießten, und Gras kam hervor, man pflückte und säte ... im Fasching war es so heiß, daß man schwerlich pelzgefütterte Kleider vertrug, nur sommerliche wie in Augusto. Es gab dann auch keinen Winter mehr, nur Regenschauer zogen vorüber. Jenes Getreide, das in Januario gesät worden war, wurde vor Ostern so hoch, daß man sogar das Vieh darin weidete. Es fraß das Vieh also in diesem Winter kaum Stroh, weil es im Freien sehr gutes Futter fand.«
Herr Pasek, der auf seinem Gut Olszówka bei Krakau lebte, hatte eine in ganz Polen berühmte, höchst seltsame Menagerie. Vögel, Hunde, Füchse, Hasen lebten da in Eintracht zusammen oder wurden auf andere gehetzt. »Ich fand besonderen Gefallen daran, wilde Tiere so abzurichten, daß sie zutraulich wurden«, berichtet Herr Pasek, »bei den Hunden blieben und zusammen mit ihnen ihre wilden Brüder hetzten.« Verdutzt konnten Besucher in der Stube einen Wolfshund unter dem Tisch liegen sehen, auf dem ein Hase saß. Sein berühmtestes zahmes Tier war jedoch der Fischotter, Robak genannt. Über dieses gezähmte possierliche und kluge Tierchen erzählte man sich Wunderdinge in ganz Polen. Auch Jan hörte davon. Und begehrte das Tier für sich. Er schickte einen Boten mit einem Brief und war sicher, daß Herr Pasek, den er von den Feldzügen her persönlich kannte, ihm die Bitte nicht abschlagen würde.
Herr Pasek erschrak, als er von dieser königlichen Bitte erfuhr. Er hing selbst mit zärtlicher Liebe an Robak, deshalb suchte er nach allen möglichen Ausreden. Doch es half nichts. Der König bot Geld, Pasek lehnte ab; der König bot zwei kostbare Pferde vom Gestüt aus Żółkiew als Gegengeschenk an; Herr Pasek dankte, das

Tier sei ihm so lieb, es sei weder verkäuflich, noch könne es mit einem so kostbaren Geschenk abgelöst werden. Aber es werde ihm eine Ehre sein, es dem König zu schenken. Unter Gewinsel und Geheul wurde Robak in einen Käfig gesperrt und zum König transportiert. Völlig verstört kam das Tier dort an und schnappte nach jedem, der es berühren wollte. Jan versuchte es trotzdem, obwohl Marysieńka protestierte; er setzte sich auf das Bett zu dem Tier und näherte ihm langsam seine Hand. Und siehe da, Robak ließ sich streicheln! Jan nahm es als gutes Omen. Er fütterte dann eigenhändig den zahmen Fischotter, und fortan schloß sich ihm das Tierchen an.

Herr Pasek hatte ausführliche Instruktionen mitgegeben und ausdrücklich darauf hingewiesen, daß man Robak nicht am Halsband anbinden dürfe, denn er streife dieses über den schmaleren Kopf. Und so kam es auch, trotz der Vorwarnungen: In der Nacht verschwand Robak, lief erst im Palast herum und fand dann einen Weg ins Freie. Am Morgen sah ihn ein Dragoner, der, da er erst vor kurzem hergekommen war und noch nichts von dem Wundertier gehört hatte, ihn für irgendein wildes Tier hielt und es mit der Hellebarde erschlug. Den Balg verkaufte er einem Juden. Doch der wollte nicht zahlen. Schimpfend lief ihm der Dragoner nach. So wurden die beiden von den nach Robak Suchenden entdeckt. Außer sich vor Wut ließ Jan die beiden verhaften und den Dragoner zum Tod durch Erschießen verurteilen. Nur mit Mühe und Not konnte ihn sein Beichtvater, damals war es Pater Vota, davon abbringen, den armen Schlucker von Dragoner tatsächlich hinrichten zu lassen. Jans Zorn verrauchte ja meistens so rasch, wie er gekommen war, also ließ er sich herbei, dem Dragoner das Leben zu schenken, doch sollte er Spießruten laufen, zweimal hin und her, jeweils an 1500 Mann vorbei, das waren dreitausend Schläge. Am Ende war der Dragoner tot.

»So verwandelte sich jene große Freude in große Trauer, denn der König aß den ganzen Tag nichts und sprach mit niemandem. Der ganze Hofstaat war wie verbrüht. Und so hatte man mich um ein Tier gebracht, das ich so gern hatte, konnte sich selbst aber dessen nicht erfreuen«, schließt Herr Pasek seinen Bericht. Diese kleine

Geschichte wirft jedoch einmal ganz andere Schlaglichter auf Jan. Daß er jähzornig war, hatte man von seiner frühesten Kindheit an gehört; daß er aber auch grausam sein konnte, kommt hier zum ersten Mal deutlich zum Ausdruck. Je älter Jan wurde, desto häufiger wurde er handgreiflich und verprügelte höchst eigenhändig seine Ärzte, Diener und Pagen, die ihm nicht rasch genug die Farben anrührten, wenn er manchmal schon beim ersten Morgengrauen mit seiner Staffelei in die erwachende Natur hinauszog, um die entsprechenden Stimmungen einzufangen.

Jan, der die Malerei besonders liebte und fleißig darin dilettierte, was ja Marysieńka durchaus nicht ernst nahm, wie wir seinen bitteren Klagen in den Briefen entnehmen konnten, da sie seinen Bitten nach Farben nicht nachkam und ihm keine aus dem Ausland schickte, versammelte an seinem Hofe einige namhafte Künstler und errichtete in Wilanów sogar eine Art Malakademie, wo junge Maler ausgebildet wurden und später auf seine Kosten zur weiteren Ausbildung ins Ausland reisen durften. Zu ihnen gehörte der bald bedeutendste unter ihnen, Jerzy Eleuter Szymonowicz-Sieminigowski, der zum eigentlichen Hofporträtisten wurde. Zahllose Bilder von Jan, Marysieńka und den Sobieski-Kindern entstanden. Aber auch Martin Altomonte, Michelangelo Palloni und Claude Callot trifft man bald in Wilanów an.

Außerdem wirkte hier auch der bekannte Danziger Bildhauer Andreas Schlüter, der für die plastische Ausschmückung sorgte. Neben Wilanów baute Sobieski mit der Zeit auch seine Landsitze in Złoczów, Jaworów und Pomorzany aus. In Pielaskowice ließ er eine besonders prachtvolle Lindenallee anlegen, und im nahegelegenen Bazarnik siedelte er die Familien gefallener Soldaten an. In Glińsk aber ließ er eine Kachelfabrik errichten, in der weiße und grüne Kacheln, mit Malereien verziert, hergestellt wurden. In Złoczów baute Jan ein Spital für Behinderte. Überhaupt nahm das Bauwesen nach den vielen Zerstörungen der letzten Jahre nun einen regen Auftrieb. Architekten kamen aus Deutschland, den Niederlanden, Frankreich und Italien nach Polen, darunter so berühmte wie Tylman von Gameren aus Holland, der verhältnismäßig rasch vom Sejm nobilitiert wurde und zum Herrn Gamerski

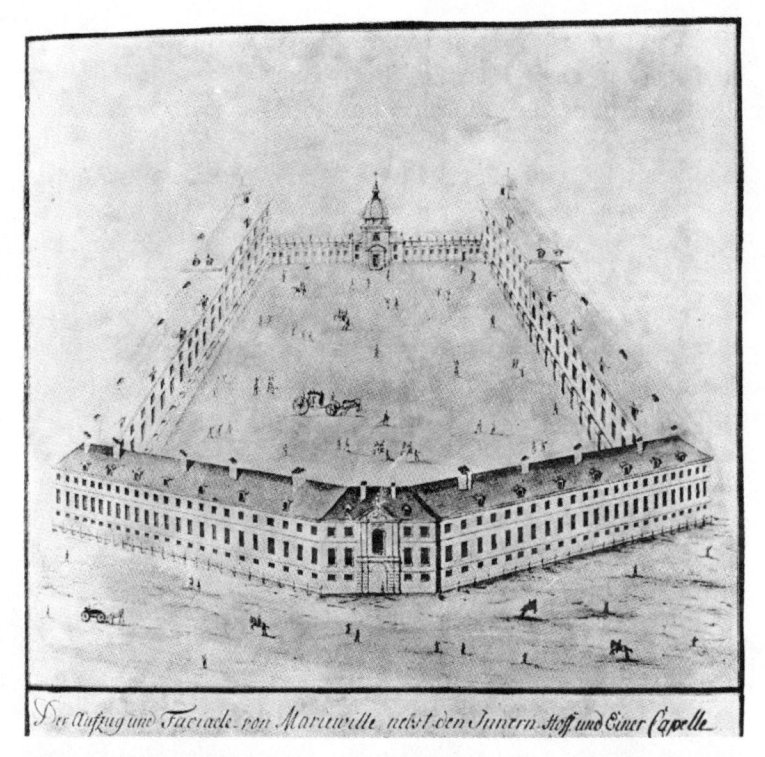

Marywil in Warschau

wurde. Seine Bauten waren bald die Zierde von Warschau, wo er Kloster und Kirche der Bernhardiner projektierte und durchführte, das Palais Jan Andrzej Morsztyns, den Gartenpavillon des Krongroßmarschalls Stanisław Heraklius Lubomirski, Łazienka genannt, woraus später unter dem letzten polnischen König Stanisław August die berühmten Łazienki wurden, aber auch Marysieńkas Marymont und Marywil. Ferner die Magnatenpalais der Krasinski, der Kotowski an der Ecke Miodowa- und Długastraße, auf der Miodowastraße ferner das Palais der Radziwiłłs, der Gnińskis, der Potockis; Katarzyna Radziwiłłs Palais auf der Krakowskie Przedmieście baute ein zweiter sehr bedeutender Architekt, nämlich Bellotto.

Viele prächtige Kirchen entstanden, wie die der Kapuziner in der

Miodowa-, der Dominikaner auf der Nowy-Świat-Straße, der Karmeliter auf der Krakowskie Przedmieście und endlich der Piaristen auf der Długastraße. Von Tylman von Gameren stammte die Kirche der Sakramentinnen. Jan persönlich ließ in Lemberg die Kirche der Barfüßigen Karmeliterinnen errichten und in Danzig eine Kapelle in der Nähe der Marienkirche in der Altstadt. Wie so viele Könige und Herrscher aller Zeiten griff auch Jan ab und zu zum Bleistift und entwarf selbst Bauten. Doch er blieb bescheiden, er entwarf nur die Schenke in Wilanów! Obwohl er Warschau nicht liebte, wußte er doch, was sich gehörte: Er ließ das dortige Schloß, das in den Schwedenkriegen arg gelitten hatte, wieder zu neuem Glanz erstehen.

Nun war gewiß Jan Sobieski einer der polnischsten Könige von allen trotz seiner französischen Liebhabereien. Aber neben allem eigenständig Sarmatischen kultivierte er etwas, das dem Lande in jener Zeit einen eigenen Stempel aufdrückte: das Orientalische. Den Islam bekämpfte er zwar auf dem Schlachtfeld, zu Hause erfreute er sich jedoch am morgenländischen Prunk. Auf Schritt und Tritt traf man auf kostbare persische und türkische Teppiche, feinste Seidenstoffe, chinesisches Porzellan, orientalische Waffen, Zaumzeug, Waffen, türkische Möbel und Schmuckgegenstände; draußen tummelten sich die berühmten türkischen Pferde. Eine Janitscharenkapelle spielte auf, die Herren und Damen der Szlachta kokettierten mit der türkischen Kleidung, kurz und gut, alles Orientalische war in großer Mode. Jan selbst lauschte sehr gerne den wehmütigen Weisen ukrainischer und walachischer Lieder. Marysieńka hatte dafür weniger übrig. Sie kultivierte dafür das Theaterleben bei Hofe.

Auch das Jahr 1681 begann friedlich. »Das Heer lag bei Trembowla, war in diesem Jahr nicht in opere belli, sie lagen nur, aßen und tranken, und wir bezahlten dafür wie immer«, notierte Herr Pasek. Allerdings auch: »Ad occidentem erschien in diesem Jahr ein Komet.« Und das bedeutete in den Augen der abergläubischen Menschen jener Zeit Krieg.

Doch noch erfreute man sich des Friedens.

Zwar gab es genug Ärger rundum. Jan mußte nun am eigenen

Leibe erfahren, was es heißt, gegen eine Opposition anzukämpfen. Zum ersten Mal seit seinem Regierungsantritt war in diesem Jahr 1681 der Sejm zerrissen worden. Der Bischof von Posen, Stefan Wierzbowski, angeblich ein bezahlter Agent des brandenburgischen Kurfürsten, beschuldigte in einer sehr heftigen Rede König Jan III., die »goldene Freiheit« zu bedrohen, sie ständig zu verletzen und den Absolutismus anzustreben – was in Polen als das größte Verbrechen überhaupt galt. Seit sechs Monaten zog sich der Sejm hin, alle waren es schon müde, Tag für Tag zu beraten, zu streiten. Um die Beratungen zu einem Ende zu bringen, ließ Jan Kerzen anzünden, um bis in die Nacht weiterzutagen, was gegen den Brauch war. Der Landbote Przyjemski, von Frankreich bestochen, legte sein Veto ein und verschwand. Alle hofften, er würde wiederkommen und man würde ihn zum Zurücknehmen seines »Ich erlaube es nicht« bringen. Doch er erschien nicht. Und damit war der Sejm zerrissen.[319]

Jan hatte genug. Er floh aus Warschau in die Einsamkeit der Natur, zur Jagd. Vom 18. Oktober 1681 ist ein Brief erhalten, den er in der Nacht aus Daszawa an Marysieńka richtete und sich quasi entschuldigt; »Da ich den ganzen Frühling und Sommer durch diesen unglückseligen Sejm und die Streitereien der Abgeordneten verloren habe, möge es man mir nicht verübeln, daß ich, der ich von Kindheit an an freies Feld und weite Luft gewöhnt bin, diesen letzten noch schönen Herbstmonat nur zur Erhaltung meiner Gesundheit benütze.«

Sie hatten Quartier bezogen in einem kleinen Jagdhaus, das nur aus vier Stuben bestand; eines bewohnte Jan, im zweiten wurden die Mahlzeiten eingenommen, im dritten logierte der Comte de Maligny, Marysieńkas Bruder, und im vierten der französische Botschafter de Vitry. Die übrigen Teilnehmer der Jagdpartie waren in den umliegenden Vorwerken und Dörfern untergebracht. »Wir führen hier ein so unschuldiges Leben, in dem man es sehr wohl aushalten könnte, wenn man nur mein Herz hier hätte.«

In diesem Brief erwähnt Jan auch zum ersten Mal den letztgeborenen Constantin, den er »tutu, papu« zärtlich nennt, wahrscheinlich so, wie der Einjährige sich selbst nannte. Und er erwähnt auch

Teresa Kunegunda mit ihrem Kosenamen »Pupeńka«, was sowohl »Püppchen« als auch »Popscherl« heißen könnte. Jan ist glücklich. Endlich kann er wieder frei atmen.

Noch herrschte Friede, aber diese Stille glich der Stille vor dem Sturm. Es braute sich ein großes Unwetter zusammen. Alle spürten es. Der Komet mußte ja etwas bedeutet haben. So ein gewaltiges Himmelslicht zeigte immer etwas Großes und Unheimliches an. Die Türken standen unheilverkündend unter ihrem Halbmond – was führten sie im Schilde? Gegen wen würden sie sich in Marsch setzen? Was sollte der Komet der Menschheit anzeigen? Die Unruhe wuchs.

Doch Jan brach noch einmal zur Jagd auf. Diesmal war aber das Wetter schlecht. Die milde Zeit im März hatte er versäumt. Jetzt im April – er schrieb am 13. April aus Żółkiew an Marysieńka – mußte er mitteilen, daß er nicht einmal auf den Berg reiten konnte, so schlecht und aufgeweicht waren die Wege, Schnee fiel und dazwischen immer wieder Graupenhagel.

Diesmal war es nichts mit den Jagdfreuden. Dafür jagte der litauische Unterkanzler Dominik Radziwiłł den armen König und wollte unbedingt eine Audienz. Jan versuchte, ihn betrunken zu machen; es half nichts, er ritt ihm nach ins Feld und bat bei jeder Gelegenheit: »Eine Audienz!«

Marysieńka begann auch wieder in ihren Briefen zu nörgeln; Jan verteidigte sich. Das alte Lied. Sie kündigte ihm aber auch den Besuch des kaiserlichen Residenten Zierowski an. »Um Gottes willen, er soll mir nicht nachkommen, er würde mich sowieso nicht finden!«

Jan reitet von Ort zu Ort, hält sich nirgends lange auf. Fanfanik, also Jakubek, hat ihm einen recht braven Brief geschrieben, und das freut ihn.

Wenn sie auch fast nichts erjagen, Jan ist trotzdem glücklich und zufrieden, »denn so ein hübsches und reiches Land wie dies kann man in der Welt suchen«.

Zwischendurch gibt er Marysieńka Anweisungen geschäftlicher Art oder die Kinder betreffend. Aber am 17. April, vor Abend, plötzlich in ganz anderem Ton:

»Es kam ein sehr dringlicher Brief hier an von einem der vornehmsten Walachen, in dem wichtige Nachrichten über die türkischen Vorhaben für dies Jahr stehen. Ich habe den Brief kopieren lassen und schicke ihn dir durch einen Sonderboten, damit du davon den Herrn Residenten in Kenntnis setzt.«
Als er am nächsten Tag in der Residenz des Fürsten Dymitr Wiśniowiecki zu Mittag speist, erhält er einen Brief von Marysieńka und antwortet sofort: ». . . mir kam auch der Gedanke anläßlich der Warnung jenes Walachen, daß dieser Türkeneinfall mit Tekoli (Tököly) abgesprochen sein könnte, dem alle jene Schlösser der Rakoczy gehören. Wenn dann die Türken an diese Orte herankommen, kann Tekoli gleich den Bürgern einreden: ›Besser, ihr ergebt euch mir als den Türken, ich werde euch schon alles bei den Türken richten, daß ihr bei mir so sein werdet wie die Siebenbürger unter Apafi.‹
Es wird nicht schaden, diese meine Beobachtungen dem Herrn Residenten mitzuteilen.«
Der Herr Resident des Kaisers scheint den Botschafter des französischen Königs in den Hintergrund gedrängt zu haben. Es ist das Jahr 1682; Jan mit seiner Intuition wittert die große Gefahr, er sucht Bundesgenossen, er schaut sich um, er horcht herum. Doch noch ist er für wenige Tage in eine andere Welt entrückt: Er sucht die Orte seiner Kindheit auf: Złoczow, wo Marek, der ältere, so vielbeneidete Bruder geboren war, und Olesko, wo er selbst das Licht der Welt erblickt hatte.
Hier in Olesko wurde wieder alles lebendig: Die Zeichen und Wunder, die bei seiner Geburt geschehen waren, die Omina, die Weissagungen, das Gemunkel der familiares, das Wispern und Raunen, das die ersten Kindheitsjahre des kleines Jaś erfüllt hatten; aber auch die Heiden im Hofe, diese Erbfeinde, auf die mit dem Säbelchen loszugehen man das Kind gelehrt hatte, denn hier in Olesko und den umliegenden Grenzfestungen war das alles blutiger Ernst, nicht ein Modespiel wie in Frankreich, wo man beim »Türkenstechen« auf Türkenköpfe zielte, ein Spiel, mit dem sich auch der große Condé gern vergnügte.[320]
Es war vom Schicksal weise eingerichtet, daß es Jan gerade in den

letzten ruhigen Augenblicken vor dem Sturm an die Orte seiner Kindheit zurückführte und ihn auf sich selbst besinnen ließ.

Hatte er auch viel und oftmals in seinem Leben gefehlt, hier lag eine Aufgabe vor ihm, mit der er alle Schuld und Schmach wieder reinwaschen konnte, so wie er mit dem Sieg von Chocim die Schmach von Buczacz von Polen abgewaschen hatte. Und um dieser Tat willen würden ihn dann alle lieben müssen, nicht nur Marysieńka, sondern auch Tante Dorota, die verstorbene Mutter, die lebende Schwester Katarzyna und alle Herren Brüder der Szlachtå, so feindlich gesinnt einige von ihnen auch heute noch ihm gegenüberstanden; ja, ganz Europa würde ihn lieben müssen, sogar der stolze Kaiser in Wien.

Jan hatte den Weg erkannt, der vor ihm lag, den er gehen mußte, weil es das Schicksal so wollte, denn es war sein Weg: die Christenheit von den Türken zu befreien, die Macht des Osmanischen Reiches in Europa zu brechen.

Nun ging seine innere Uhr wieder richtig. Was geschehen sollte, konnte geschehen: Jan war bereit.

VIERTER TEIL

Salvator Christianitatis

I

Das österreichisch-polnische Schutz-und-Trutz-Bündnis

»Jedweder polnische Reichstag ist eine Berathung über den Krieg gegen die Türken«, sagte einmal ein polnischer Staatsmann der Vergangenheit; und dieser Ausspruch traf auch gegenwärtig in Polen wieder zu.

Nach dem Frieden vom Zurawno im Jahre 1677, der eigentlich nur ein Waffenstillstand war, machte sich niemand in Polen, am wenigsten Jan, Illusionen, daß dies ein dauerhafter Friede sein könnte.

Es ist ein sogenanntes »Scriptum ad Archivum«, ein Schriftstück, vorhanden, das absolut geheimgehalten werden sollte und das unter Punkt 6 von der *Constitution* dieses Reichstages bestätigt wurde, ohne jedoch auf den Inhalt einzugehen.[321] Darinnen heißt es: »... die Unsicherheit der Grenzen längs des türkischen Gebietes, und die Unzulänglichkeit der Soldtruppen, die der Staat im Augenblick unterhält und unterhalten kann, veranlaßte uns, selbige durch stärkere Besatzungen sicherzustellen. Um dies desto eher zu bewerkstelligen, votieren wir ›das allgemeine Aufgebot‹ und vertrauen es den väterlichen Händen und dem Gutachten Seiner Königlichen Majestät an. Da aber unsere Kräfte in Anbetracht der türkischen Übermacht nicht ausreichend erscheinen, so bleibt Seiner Königlichen Majestät empfohlen, sowohl an den Hl. Vater als auch an Ihre Majestäten den christlichen Kaiser, den König von Frankreich und andere christlichen Herren Gesandte zu schicken, dabei der gesamten Christenheit die schreckliche Gefahr klar auseinanderzusetzen, die unser Fall, was Gott verhüte, nach sich ziehen müßte, schließlich die zu diesem Kriege nöthigen Subsidien von ihnen zu heischen ... Auch an Seine Majestät den moskovitischen Czaren soll der König einen eigenen Gesandten entbieten und nach Kräften betreiben, daß ein Trutzbündnis mit dem moskovitischen Volke gegen den gemeinen Feind des Kreuzes zu Stande komme.«

Da man wußte, wie lange Zeit es in Anspruch nehmen würde, bis eine Liga auf die Beine gestellt war, aber »der Staat in die Lage kommen dürfte, sich zu einem Angriffskrieg gegen die Türken entscheiden zu müssen, dies jedoch, bevor alle Vorbereitungen beendet sein werden, unmöglich ist, so wird unser Allergnädigster König und Herr unverzüglich an die Pforte und den Chan der Krim eine Resolution des Inhaltes abgehen lassen, daß der Staat den von Seiner Wohlgeboren dem Herrn Wojewoden von Kulm abgeschlossenen Vertrag entgegennimmt . . . «

So sah also der vielgerühmte Friede von Żurawno aus, und so war die Stimmung im Lande, als Jan seine Sonderbotschafter an die christlichen Herren absandte, die allesamt mit leeren Händen zurückkamen, wenn sie überhaupt noch lebend heimkehrten, denn Radziwiłł, der nach Wien, Venedig und Rom gereist war, starb unterwegs. »Nur der Hl. Vater allein geruhte vor einigen Monaten uns eine bescheidene Summe, entsprechend seiner finanziellen Lage, zu übermachen«, wurde auf den Provinziallandtagen verlautbart. Während jenes Sejms, der später von Przyjemski zerrissen worden war, hatte sich Jan, zusammen mit seinen Parteigängern, bemüht, höhere Steuern durchzudrücken, das Heer zu vermehren, mit dem Zaren ein Bündnis zu schließen und zusammen mit ihm, ohne auf die mehr als fragliche Hilfeleistung der übrigen christlichen Herrscher zu warten, den Krieg gegen die Türken zu eröffnen. Als dann der Sejm zerrissen wurde und beschlußunfähig geworden war, soll Sobieski in höchstem Schmerze ausgerufen haben: »Wer gibt mir das beinahe schon schlagfertige Heer wieder? Wer die Gelegenheit zur Wiedereroberung der Feste Kamieniec? . . . Falls der Türke jetzt losschlägt, mag jeder von euch des Todes sich versehen!«

Trotz dieser Niederlage im eigenen Land gab Jan nicht auf. Er brach zwar offiziell nicht den Geheimvertrag von Jaworów mit Frankreich, doch er begann geheime Verhandlungen mit Österreich. Kaiser Leopold zögerte noch, denn er fühlte sich an das

Abkommen mit den Türken gebunden, das erst 1684 auslief und von dem er hoffte, es auf weitere zwanzig Jahre verlängern zu können, denn sein Hauptfeind saß jenseits des Rheines in Person seines Cousins und Schwagers Ludwig XIV., der seine schamlosen Überfälle im Westen auf die habsburgischen Ländereien fortsetzte und 1681 sich Straßburg einverleibte. In Ungarn hatten sich die Malkontenten mit Tököly an der Spitze unter das Protektorat des Sultans begeben. Nun war Österreich von zwei Seiten bedroht. Man streckte deshalb seine Fühler nach einem Bundesgenossen im Osten aus, und das konnte zweifellos nur Jan III. Sobieski sein, der von Türken und Tataren gefürchtete »Löwe von Lechistan«.
Natürlich versuchte die französische Partei mit allen Mitteln, eine Annäherung zwischen Polen und Österreich zu verhindern. Es bildete sich eine geheime Opposition unter Jan Andrzej Morsztyn, dem Kronschatzmeister und Dichter, dem Kronmarschall Stanisław Herakliusz Lubomirski, dem Posener Wojewoden Grzymułtowski und Bischof Wierzbowski. Ja, es war sogar wieder einmal von Dethronisation die Rede; neuer König sollte Stanisław Jabłonowski, Jans engster Freund, werden, der für dieses Projekt um den Judaslohn von 12 000 Złoty jährlich gewonnen werden sollte. Gleichzeitig wurde ein heftiger Propagandakrieg gegen Österreich eröffnet.
Jan war aber auch nicht müßig. Er ließ eineinhalb Jahre lang die Briefe des französischen Botschafters de Vitry und Morsztyns abfangen und kopieren und brachte auf diese Weise ein derart belastendes Dossier zusammen, daß er beruhigt seinen Weg weiterverfolgen konnte, immer sprungbereit, zum Schlag gegen seine Widersacher auszuholen.
Noch herrschte Ruhe; die Türken hatten nur Grenzberichtigungen in Podolien vorgenommen und damit aufs neue die Wut der Polen entfacht. »In diesem Jahr standen unsere Truppen auf der Stelle und taten nichts«, notierte Herr Pasek über 1682. Dennoch berichtete der polnische Gesandte Proski aus Konstantinopel »von dem unsäglichen Haß der Türken gegen Polen. Briefe, die sie jetzt schreiben, sind nichts anders als ein unter der Asche glimmendes Feuer, das, ich mache darauf aufmerksam und will es mit meinem

Leben besiegeln, in Kurzem in hellen Flammen aufschlagen wird; die Pforte wird uns unbedingt verraten, sobald sie einmal mit den Deutschen auf friedlichem Fuße stehen wird«. Außerdem berichtete er von den forcierten Kriegsrüstungen der Türken.

Jan wußte, was er zu tun hatte. Er rüstete ebenfalls; langsam und unauffällig zog er im Südosten des Reiches Truppen zusammen. Zu seinem privaten Vergnügen jagte er ab und zu und lenkte damit die Aufmerksamkeit seiner Feinde auf harmlosere Fährten. De Vitry war sich seiner Sache gewiß und versprach König Ludwig, daß er ihm in dem neuen Großhetman von Litauen, Sapieha, der nach Michał Pac' kürzlich erfolgtem Tode dies Amt übernommen hatte, einen ebenso treuen Bundesgenossen bringen würde; und Morsztyn brüstete sich, einen jeden Sejm zerreißen zu können.

Im denkwürdigen Jahr 1683 wurde der Sejm am 27. Januar eröffnet. Am 10. Februar erschien in Warschau der außerordentliche kaiserliche Gesandte, Graf Waldstein, und am 24. wurde er in öffentlicher Audienz empfangen. Am 26. begannen die Verhandlungen Waldsteins mit einem Ausschuß des Sejms, um die Bedingungen der österreichisch-polnischen Koalition auszuhandeln. Die Verhandlungen verliefen nicht so glatt, wie es sich der päpstliche Nuntius gewünscht hätte, er mußte andauernd vermitteln. Einer der strittigen Punkte war der Titel Majestät, den Kaiser Leopold dem Wahlkönig Jan Sobieski nicht zugestehen wollte, den jedoch Jan beanspruchte und zur Bedingung aller weiteren Verhandlungen machte.

Leopolds Weigerung ist nichts Außergewöhnliches, hatte doch sein Vorgänger, Ferdinand III., während der Verhandlungen zum Westfälischen Frieden sogar dem französischen König, Ludwig XIV., diesen Titel verweigert. Ludwig wiederum tat das gleiche Gustav Adolf gegenüber, Jan Sobieski gegenüber sowieso, und zwar bis ans Ende seiner Regierungszeit.

Endlich siegte die drohende Türkengefahr über diesen Streit; Jan wurde der Titel zugesichert. Wahrscheinlich hat Leopold dazu nur die Achseln gezuckt, da er selbst über derlei Kleinlichkeiten viel zu erhaben war, im guten Sinne des Wortes. Gegen Ende März war man sich einig.

Doch jetzt galt es, den Sejm dazu zu bringen, den Vertrag zu bestätigen und gutzuheißen.

Im Reichstagsprotokoll ist der Verlauf der gemeinsamen von Senat und Sejm abgehaltenen Sitzungen festgehalten. »Dienstag am 16. März um halb zwei Uhr nachmittags wurde semotis arbitris (nach Entfernung der Unberufenen) zuerst der Brief Proskis verlesen, worin er von großen und unerhörten Rüstungen der Türken, wie sie kaum zu Attilas oder Bajazets Zeiten gewesen, benachrichtigt und bemerkt, daß der türkische Kaiser selbst an dem Zuge nach Ungarn sich beteiligen wolle; nebenbei fügte er warnend hinzu, daß sie dies nicht nur dem christlichen Kaiser ansinnen, sondern auch uns drohen.«

Nach Verlesung dieses Briefes richtete der Vizekanzler von den Stufen des Thrones herab eine Rede an die Versammelten, in der er ausführte, daß Beratungen über auswärtige Angelegenheiten nichts fruchteten, solange im Inneren Mißtrauen herrsche. Und er beschwerte sich im Namen des Königs über die Briefe des französischen Gesandten und einiger polnischer Herren, die in Chiffren zwischen Polen und Frankreich hin und her gingen. Und damit wies er das dicke Paket der abgefangenen, kopierten und dechiffrierten Briefe vor. Der Bischof von Ermland, Radziejowski, ergriff darauf das Wort, verlas den Eid, den er und noch zwei andere Bischöfe geleistet hatten, das Geheimnis über all das, was sie aus den Briefen erfahren hatten, durch eineinhalb Jahre zu wahren. Heute sei jedoch der Tag gekommen, an dem es gelte, das Geheimnis zu lüften. Und nun begann der Bischof, eine lange Folge von Auszügen aus Briefen und Depeschen zu verlesen, zunächst aus dreißig abgefangenen Briefen des französischen Gesandten. Darinnen berichtet jener seinem Souverän, Ludwig XIV., daß der Gesundheitszustand Seiner Majestät des polnischen Königs so verzweifelt schlecht sei, daß die Ärzte ihn aufgegeben hätten, weshalb man rechtzeitig an eine neue Wahl denken müsse; er empfiehlt als Kandidaten den kleinrussischen Wojewoden Jabłonowski, den Wojewoden von Wilna, Sapieha, oder den Kronmarschall Lubomirski, wobei er sogleich hinzufügt, daß er sich bereits des Einverständnisses Jabłonowskis versichert habe, daß eben diesem im Falle eines Interregnums durch französischen Einfluß die polnische Krone zufallen solle, was dieser »dankbaren Sinnes« zur Kenntnis genommen habe. In einem anderen Briefe wurden die Geldsummen angeführt, die den einzelnen Herren Senatoren angetragen oder ausbezahlt worden waren. Ferner empfahl er wärmstens den Kronschatzmeister Morsztyn, der dem französischen König auf das getreueste stets zu Diensten sei. Er schildert sodann das polnische Volk als bestechlich und das Wort zu halten unfähig; weiters äußerte sich de Vitry äußerst verletzend auch über den polnischen König und viele angesehene hohe polnische Herren.

Im Sejm erhob sich ein derartiger Sturm der Empörung, daß der päpstliche Nuntius in seinem Bericht an den Papst diesen als »furiosissima tempesta« bezeichnet.

Aber es ging noch weiter: Nun wurde der Brief des kaiserlichen Gesandten am Hofe des französischen Königs, Graf Mansfeld, verlesen, den er an den Gesandten des Kaisers, Graf Waldstein, der sich zur Zeit zu Verhandlungen am polnischen Hofe aufhielt, gerichtet hatte, verlesen, darin er Klage über den Kronschatzmeister Morsztyn führt, der zugunsten des französischen Königs wiederholt die Provinzlandtage (Sejmiki) gesprengt hatte und sich brüstete, jeden Reichstag (Sejm) zerreißen zu können, auch den eben stattfindenden, zu welchem Zwecke er bereits einige Deputierte »gekauft« hatte.

Ja, Morsztyn behauptete sogar, selbst den König bestechen und vom Bündnis mit dem Kaiser abbringen zu können. Darüber beschwerte sich nun wiederum König Jan durch den Mund des Vizekanzlers und ließ diesen zum Schluß sagen, daß für Seine Majestät nichts schmerzlicher sei – so schmerzlich es für ihn auch sei, an Leben und Gesundheit bedroht zu sein – wenn er »in seiner Ehre gekränkt werde«. Ehre und Reputation – das waren zwei heilige Worte für Jan, daran ließ er weder durch Marysieńka noch durch seine aufsässigen Herren Brüder der Szlachta rütteln.

Im Sejm brodelte es, es wurde geschrien, beschuldigt, mit den Säbeln gerasselt, am liebsten hätte man Morsztyn sofort standrechtlich abgeurteilt, andere wiederum erhoben lauthals Partei für ihn;

Morsztyn selbst versuchte, sich herauszureden, er habe nicht gemeint, etwas Schlechtes zu tun. Als man nach dem Schlüssel zu seinen Chiffren schrie und verlangte, er solle ihn sofort ausliefern, stellte sich heraus, daß seine Frau ihn »leider versehentlich« verbrannt hatte. Seine Frau war, wie erinnerlich, die schöne Hofdame Ludwika Marias und Marysieńkas Intimfeindin, Katarzyna Gordon, die ebenfalls durch all die langen Jahre hindurch auf der Liste der französischen »Pensionäre« stand, also fleißig für Frankreich spionierte. Ihrer Geistesgegenwart verdankte Morsztyn, daß er halbwegs ungeschoren davonkam, denn der verkohlte Chiffrenschlüssel öffnete die belastendsten Geheimnisse der verfänglichen Briefe nicht mehr. Auch schaute wohl Jan in diesem Fall »großmütig« durch die Finger, war doch Morsztyn einer seiner engsten Mitarbeiter aus der eigenen Malkontentenzeit im Dienste Seiner Majestät des französischen Königs wider den polnischen König Michał. Morsztyn wurde zwar seines Amtes enthoben, vor das Gericht des Sejms gestellt, doch entkam er mitsamt seiner Familie nach Frankreich, wo er als Comte de Chauteauvillain in Frieden und auf Kosten Ludwigs XIV. sein Leben beschloß.

Die anderen Verdächtigten, wie Jabłonowski und Sapieha, leugneten alles, warfen sich Jan zu Füßen und beteuerten ihre Unschuld und forderten de Vitry zum Zweikampf heraus.[322] Jan war zufrieden. Sein Coup war gelungen. Niemand würde sich mehr erdreisten, durch sein Veto diesen gegenwärtig tagenden Sejm zu zerreißen. Jan, der seine Szlachta und alle Praktiken des französischen Botschafters nur zu gut kannte, hatte außerdem vorsorglich den Warschauer Kaufleuten verboten, dem französischen Botschafter Kredite zu gewähren; er wußte nämlich, daß de Vitry zur Zeit über kein Bargeld verfügte, also konnte er auch keine Sejmabgeordneten bestechen.[323]

Redegewandt, wie Jan war, ergriff er endlich selbst das Wort und wandte sich an das in heller Empörung brodelnde Auditorium: »Ich weiß nicht, was ihr von diesen Briefen haltet; ich verstehe, daß sich Morsztyn und andere bestechen ließen, aber das begreife ich nicht, daß die Sapieha ihre Treue verkauften; und noch viel

weniger glaube ich, daß Jabłonowski an den Thron dachte, seinen König und das Vaterland damit verratend.« Das war rhetorisch meisterhaft und theatralisch wirksam wie Shakespeare. Jan schiebt die Schuld auf den französischen Botschafter, der gewiß übertrieben habe, um sich bei seinem Herrscher lieb Kind zu machen. »Was mich anbelangt, so stimmt es; es ist wahr, daß er sich erdreistete, mich mit viel Gold bestechen zu wollen, mehr aber noch durch die listige Versprechung der Sicherung des Thrones für meinen Sohn. Ich habe das Gold verachtet, schwerer fiel es mir, die Stimme der Natur in mir zu ersticken, doch die Stimme des Vaterlandes hat mit ihrer Macht den Ruf des Blutes übertönt, und sollte einmal ein zweiter Sobieski über euch herrschen, so nicht anders, als von euch erwählt. Der Botschafter tut uns Unrecht, indem er uns als käufliches Volk darstellt, ohne Treue und Anständigkeit; geben wir seinen haßerfüllten Ausführungen nicht Recht durch Zerreißung des Vertrages, der mit Wissen aller Stände geschlossen wurde und den man, wenn er noch nicht beschlossen wäre, herbeiführen müßte. Der Türke rüstet, wie wir wissen. Wenn Wien fällt, welches Reich beschützt dann Warschau? Zeigen wir Frankreich und ganz Europa, daß wir Erkenntnis, Treue und Anständigkeit besitzen.« Jan war nicht nur ein guter Redner, sondern ein Demagoge beträchtlichen Grades. Der Sejm tobte vor Begeisterung. Das Schutz-und-Trutz-Bündnis zwischen Österreich und Polen wurde einstimmig gebilligt und angenommen.
In der Erklärung, die als »scriptum ad Archivum« geheimgehalten wurde, heißt es u. a.:
»In Anbetracht dessen, daß dem Staate stets kräftigere Beweise von der Unbeständigkeit des Friedens mit der Ottomanischen Pforte vorliegen ... durch die Fortschritte in Ungarn und durch die dem Kaiser und den Ungarn gestellten Bedingungen, es sich auch anschickt, Polen von Krakau aus wieder mit Krieg zu überziehen, wodurch wir offenkundig in die Gefahr eines neuen Krieges fallen: in Anbetracht alles dessen faßt der Staat zur höchsten Ehre Gottes – für die wir opferwillig mit unserem Leib und Leben einstehen und unser Blut gerne verspritzen für seine hl. Altäre und die Rettung christlicher Seelen, die unterm mahometanischem Joche in der

Sklaverei ächzen und elendiglich an ihrem Ziele verzweifelnd dahinsiechen – unserer endgültigen Vernichtung, was Gott verhüte, vorbeugend, auf daß uns dieser übermächtige Feind nicht unvorbereitet treffe und plötzlich überfallend vernichte, nach einmütiger Übereinstimmung aller Stände folgende Beschlüsse: Das Schutz-und-Trutz-Bündnis mit dem christlichen Kaiser nehmen wir unter denselben Bedingungen an, wie sie in dem Dokumente ausführlicher sich finden...

Wir unsererseits, da wir keineswegs des Friedens Gewißheit haben können, im Gegenteil unter der Gestalt des Friedens unser unabweisbares Verderben erblicken, ziehen den Krieg einem falschen Frieden vor, indem wir unsere ganze Macht, worüber sämtliche Stände einmütig sind, darein setzen, daß die Zahl des Heeres durch 24 000 Mann in Polen vermehrt werde, im Großfürstentum Litauen aber sollen in summa realiter 12 000 Mann sein, und dies auf folgende Weise:

Die Krone soll haben: 4000 Husaren, 16 000 Gepanzerte, 4000 leichte Reiter, 9000 Fußvolk, 3000 Dragoner...

Überdies, damit sowohl der Eifer, mit dem wir diesen heiligen Krieg betreiben, Himmel und Erde offenbar werde, als auch daß wir uns weder durch Kosten noch durch Mühe davon abschrecken lassen, beschließen wir der Berufung des adeligen Standes entsprechend den Landsturm...« usw.

Am 1. April wurde dann von den Bevollmächtigten beider Vertragspartner dieses Schutz-und-Trutz-Bündnis unterschrieben. Um Spöttereien vorzubeugen, es handle sich bei dem Vertrag um einen »Prima-Aprilis«-Scherz, wurde das Datum auf den 31. März vorversetzt.

Es ist interessant, was Polen und was Österreicher in der Aufzählung der Hauptpunkte dieses Bündnisses hervorheben. In der bündigen Zusammenfassung des *polnischen* Krakauer Historikers Franciszek Kluczycki vom Jahre 1883 liest man:

1. Das Trutzbündnis wird für die Dauer des Krieges, das Schutzbündnis für immer geschlossen.
2. Der Kaiser entsagt den Pretensionen für die Polen gegen die Schweden geleistete Hilfe und steht von der Hypothek der

Salzbergwerke ab; außerdem erstattet er das für null und nichtig erklärte und die Wahl der polnischen Könige anlangende Diplom zurück.
3. Keine der contrahierenden Parteien darf mit den Türken einen Separatfrieden schließen.
4. Das Bündnis besteht bloß gegen die Türken, gegen Niemanden sonst, in Kraft.
5. Der Kaiser verpflichtet sich, in den Kampf eine Armee von 60 000 Mann zu führen;
6. Der König von Polen 40 000.
7. Im Falle einer Belagerung Wiens oder Krakaus versprechen sich die Verbündeten gegenseitigen Entsatz zu leisten.
8. Zum Zwecke einmütiger Erledigung kriegsgeschäftlicher Angelegenheiten sollen von beiden Staaten Militärattachés unterhalten werden.
9. Sonst verfolgt der Kaiser als Kriegsziel Ungarn wieder zu gewinnen, Polens König dagegen Kamieniec wieder an sich zu bringen.
10. Der Kaiser schießt gleich behufs Anwerbung eines Heeres 120 000 Gulden ohne Anspruch auf Rückerstattung vor und tritt an den polnischen Staat die aus dem Zehent der italienischen Besitzungen fließenden Einnahmen ab.
11. Ansonsten werden die Verbündeten sich angelegen sein lassen, auch andere Mächte für den Bund zu gewinnen, insbesondere den moskovitischen Czaren.
12. Die Führung im Felde übernimmt der gerade im Lager anwesende Souverän.
13. Das Versprechen, die Bedingungen zu halten, soll sowohl von dem Kaiser als auch von dem König durch einen Eid erhärtet werden, den beide in die Hände des hl. Vaters durch Vermittlung der Kardinäle-Protektoren zu leisten sich verpflichten.«[324]

Das *Theatrum Europaeum* von 1691 meldet hingegen die folgenden Punkte:
1. Soll der Römische Kaiser jährlich, solang der Türkenkrieg währt, 60 000 Mann ins Feld stellen, die Krone Polen aber 40 000 Mann.

2. Wenn Ihre königliche Majestät in Polen in eigener Person dem Krieg beiwohnen, sollen sie über die kaiserliche Armee als Generalissimus das Direktorium führen. Gleichergestalt: wenn Ihre kaiserliche Majestät selbst und nicht der König zu Feld gehen, sollten sie (der Kaiser) ebenmäßig über dessen Armee das Kommando haben.
3. Im Fall der Not, wo (daß Gott verhüte) Krakau oder Wien von den Türken belagert würde, soll einer dem anderen mit seiner ganzen Heeresmacht beispringen.
4. Sollen sie zu beiden Seiten auf Mittel bedacht sein, andere christliche Potentaten, sonderlich aber die moskovitischen Zaren, zu ihrer Allianz gegen die Türken einzuladen.
5. Damit die Unkosten der polnischen Republik zu schleuniger Kriegsexpedition nicht zu schwerfallen, übermachen Ihre kaiserliche Majestät alsbald der Krone Polen 200 000 Reichstaler, so daß sie (der Kaiser) sich der Wiederforderung verzeihen und bloß an den päpstlichen Gefällen dieser Summe halber erholen wollten.
6. Alle Zehnten der venetianischen Kirchen in Italien zum Türkenkrieg, deren Summe sich auf 300 000 Reichstaler erstreckt, werden auf ein Jahr der polnischen Republik zu der Soldateska Sold abgetreten.
7. Begibt sich Ihre kaiserliche Majestät des Diplomatis von Erwählung eines Königs wie auch aller Schuldforderungen, den letzten schwedischen Krieg (1655/60) betreffend. Hingegen renunziert die Krone Polen auf alles dasjenige, was selbe an das Erzhaus Österreich prätendieren könnte.
8. Soll kein Teil ohne den anderen mit den Türken Frieden machen oder einen Stillstand der Waffen eingehen.
9. Soll sowohl von seiten Ihrer kaiserlichen Majestät als von seiten der Krone Polen dieses Bündnis durch die zwei denominierten Herren Kardinäle Pio und Barberini mit einem Eid heilig beschworen und bekräftigt werden.
10. Sollen von beiden Seiten solche Residenten an beiderseitige Höfe abgeordnet werden, die der Kriegswissenschaft kundig und gute Ratgeber sind, von welchen, sobald einer einem

Prinzipal die hohe Notwendigkeit des Sukkurses notifiziert, der andere Teil mit seinen Auxiliarvölkern alsbald parat sein solle.
11. Soll Ihre kaiserliche Majestät sich angelegen sein lassen, die von den Türken in Ungarn eroberten Plätze zu rekuperieren die Polen sich aber dessen, was ihnen in Podolien, in der Walachei und in der Ukraine zuständig, wiederum bemächtigen.
12. Soll diese Allianz nicht nur mit kaiserlicher Majestät als Römischer Kaiser, sondern auch mit ihm als König in Ungarn geschlossen sein und auf Erben und Nachfolger im Regiment als ein ewiges Bündnis gelten.«[325]

Jan war schon immer ein guter Geschäftsmann gewesen, das hatte er vom Vater geerbt. Nun machte er aber auch seinen polnischen Herren Brüdern das Geschäft mit Österreich schmackhaft, indem er argumentierte: »Besser auf fremder Erde, bei fremdem Brot, und unter Assistenz aller Streitmächte des Imperiums, nicht nur der Streitkräfte des Kaisers allein, Krieg führen, als sich allein zu verteidigen bei eigenem Brot und wenn uns dazu noch unsere Freunde und Nachbarn im Stiche lassen, wenn wir ihnen in solchem Falle keinen schnellen Sukkurs zuteil werden lassen.«[326]

Schon vor hundert Jahren hatte der polnische Historiker Kluczycki geschrieben: »Es könnte fürwahr schon das Märchen aufhören, König Johann III. wäre zwar ein tüchtiger Krieger, aber ein schlechter Staatsmann gewesen; und dies wohl deswegen, daß er nicht den Weg der französischen Politik betrat, daß er damals, als der Türke den Kaiser zu würgen sich anschickte, sich nicht gegen Schlesien oder Brandenburg wandte!« Dieses Märchen plappern allerdings auch heute noch gedanken- und kritiklos manche Polen nach, ohne sich die Mühe zu machen, sich zu vergegenwärtigen, daß die Situation vor dreihundert Jahren anders war als zur Zeit der Teilungen Polens, als man mit derlei Vorwürfen via Sobieski seine eigene Unfähigkeit zu entschuldigen suchte. Unhaltbar ist auch die weit verbreitete Meinung, Marysieńka habe Jan auf den österreichischen Weg und damit zum Entsatz Wiens geführt, was vor allem nach dem Sieg von Wien die französische Propaganda eifrigst und sehr geschickt lancierte, so daß diese Ansicht noch bis heute von vielen nachgebetet wird.

Gewiß, Marysieńka war zu jener Zeit bitterböse auf ihren »Cousin« Ludwig XIV., der von solcher Vetternschaft durchaus nichts wissen wollte; nicht nur, daß er sich geweigert hatte, dem Papa d'Arquien einen Fürstentitel zu verleihen, sondern er ließ über seinen Minister Louvois in Warschau wissen, daß Marysieńka, will sagen: Königin Maria Kasimira, die in Bourbon ihrer angegriffenen Gesundheit wegen die Bäder zu besuchen wünschte, nicht mit einem königlichen Empfang rechnen könne. Marysieńka, die sich gerne im Glanze der polnischen Krone in ihrer Heimat gesonnt hätte, hatte vorsorglich anfragen lassen, ob ihr die gleichen Ehren zuteil werden würden wie der englischen Königin-Witwe. Die Antwort, daß zwischen einer erblichen Königin und der Frau eines Wahlkönigs doch ein sehr großer Unterschied bestehe, erboste Marysieńka so sehr, daß sie ihrerseits an Rache dachte und das von Ludwigs XIV. Botschafter de Béthune so raffiniert eingefädelte Subversivabkommen mit Polen gegen Österreich zur Unterstützung der aufständischen Tököly-Leute platzen ließ.

Sie brachte Jan dazu, daß er den Franzosen verbot, auf polnischem Boden Hilfstruppen für Tököly zu organisieren, und sogar de Béthune des Landes verwies.

All diese unerquicklichen Geschichten blieben natürlich den aufmerksamen Augen der Residenten anderer Monarchen nicht unverborgen. So wußte man zum Beispiel auch am Wiener Hofe durchaus Bescheid über die Affären im Hause Sobieski. Und kannte die Schwächen des Königs und der Königin. Um der Eitelkeit Marysieńkas zu schmeicheln und sie für das Bündnis mit Österreich zu gewinnen, stellte der päpstliche Nuntius für Papa d'Arquien den Kardinalshut in Aussicht, und der kaiserliche Gesandte murmelte gar etwas von einer möglichen Heirat des Prinzen Jakub mit einer österreichischen Erzherzogin, und beide zusammen versprachen, die Nachfolge Jakubs auf den polnischen Thron tatkräftig zu unterstützen. Marysieńka klammerte sich an diese vagen Zukunftsvisionen, als ob sie bares Geld wären; Jan war da schon etwas skeptischer; doch eitel, wie auch er war, sonnte er sich wohl ebenfalls bereits in dynastischem Fata-Morgana-Glanz.

Aber abgesehen von diesen dynastischen Spekulationen und Marysieńkas augenblicklich prohabsburgischer Einstellung, konnte Jan seiner ganzen Anlage nach gar nicht anders handeln. Wer seine Lebensgeschichte aufmerksam verfolgt hat, weiß, daß es für ihn nur einen einzigen wirklichen Feind gab: die Türken. Das Ottomanische Reich. Den Islam. Hier lag die einzige tatsächliche Lebensbedrohung für die polnisch-litauische Republik. Bisher war Polen immer nur äußerste Vormauer der Christenheit gewesen, an die nur ab und zu kleinere Wellen des islamischen Expansionismus heranbrandeten; Österreich-Ungarn jedoch war das Bollwerk, gegen das seit einhundertfünfzig Jahren die türkische Übermacht anrannte, es teilweise niederwalzte, Einbrüche erzielte und immer wieder den Versuch unternahm, durch diese Bresche das ganze christliche Abendland zu überfluten. Gott gnade Polen, wenn es den Osmanen einfallen sollte, ihre Hauptmacht mit voller Stoßkraft gegen die Rzeczpospolita einzusetzen: der Weg wäre ihnen bis zur Ostsee offengestanden, und auf der Marienkirche in Danzig hätten Halbmond und Stern weit über das Nordmeer geblinkt. Das alles wußte Jan. Nicht umsonst hatte er mit dem Blut der Ahnen die Angst vor den »Heiden« und die stete Wachsamkeit ihnen gegenüber vererbt bekommen. Und diese Angst hatte bewirkt, daß sie zu einer »Antipathie« gegen alles »Heidnische« wurde und der tiefen Überzeugung absoluten Vorrang verschaffte, daß es letzten Endes nur eine einzige wirkliche Aufgabe im Leben gab: Die Heiden zu bekämpfen, von den Grenzen des Vaterlandes fernzuhalten, sie möglichst mit Stumpf und Stiel auszurotten, sie zumindest aus dem christlichen Abendland zu vertreiben. Wenn man also will: eine Kreuzzugsidee. Mit allem Positiven und allem Negativen, das dieser Idee durch die Jahrhunderte anhaftete.

Hier gingen Jans, des polnischen Königs, Interessen völlig konform mit denen des Papstes Innozenz XI. und Kaiser Leopolds I.

Weil es den ureigensten Interessen Polens und der ureigensten Überzeugung Jans entsprach, deshalb kam es zum Abschluß dieses

Schutz-und-Trutz-Bündnisses. Von irgendwelchen anderen Motiven zu reden, ist völlig abwegig. Erst spätere Jahrhunderte haben diese von der französischen Propaganda erfundenen und vorgeschobenen aufgegriffen, kolportiert und als Beweis der eigenen Unschuld und der »satanischen« Falschheit der anderen vor sich hergeschoben. Jan war es also mit Schläue, Gewitztheit, Kenntnis der Materie, Charme, viel Geld, guten und drohenden Worten gelungen, den Sejm ohne Veto über die Runden zu bringen. Er hatte erreicht, was er wollte. Nun konnte das Geschick seinen Weg nehmen – nicht über Polen, sondern direkt nach Österreich, nach Wien, der Hauptstadt des Römischen Reiches Deutscher Nation. Wie das? Hatte Jan dabei etwa auch seine Finger im Spiele? Er hatte – wenn Herr Dyakowski richtig gehört und beobachtet hat. Mikołaj Dyakowski war in jenen ereignisreichen Jahren Kammerdiener bei Jan, damals ein junger Bursche, der sich ständig in der Nähe des Königs aufhielt, jedes Winkes gewärtig. Der intelligente junge Szlachcic beobachtete scharf, und er schrieb seine Beobachtungen auf, und zwar in seinem »Diarium vom Wiener Feldzug im Jahre 1683«.[327]
Später, bereits angesehener Truchseß in Latyczew, ergänzte er sein Diarium bis über Jan Sobieskis Tod hinaus und veröffentlichte es. Er versichert, in seinem Wien-Bericht alles so dargestellt zu haben, wie er es bei seiner »damaligen Jugend verstand, wie es das Auge gesehen, das Ohr gehört und das Gedächtnis aufbewahrt hat«.
In einer »Warnung an den Leser« vermerkt er nochmals ausdrücklich, daß »obwohl viele ehrliche und wahrheitsgetreue Diarien über jenen denkwürdigen Ruhm das Licht der Welt erblickten«, diese jedoch nicht das berührten, was er beobachtet und gehört hatte, weshalb er sich zur Niederschrift dieses neuen und wahrhaftigen Diariums entschlossen habe. In seiner Einleitung berichtet er kurz über die Vorgeschichte, wie es überhaupt zum türkischen Feldzug gegen Österreich kam, dabei vor allem die Schuld auf Ludwig »den Großen«, den XIV., schiebend, der unbedingt die Kaiserkrone für sich haben wollte und vor keinem Mittel zurückschreckte, Kaiser Leopold zu stürzen.
Interessant im Hinblick auf Jan ist jedoch, was zwar manche

Historiker andeuten, jedoch nicht näher begründen: Jan wußte lange vor der offiziellen Kriegserklärung an Österreich, daß die Türken ihren Angriff gegen Wien richten würden. Zu jenem Zeitpunkt wiegte sich Kaiser Leopold noch immer in der Hoffnung, den 1684 auslaufenden Vertrag mit den Türken um weitere 20 Jahre verlängern zu können; und auch später, als die Türken bereits zum Krieg aufgebrochen waren, glaubte man nicht, daß sie auf Wien marschieren würden.

Dyakowski berichtet, daß der polnische Botschafter Proski aus Konstantinopel dem König und dem Sejm die heimliche Botschaft schickte, daß die Pforte gegen das Deutsche Reich zum Krieg rüste. Ein geheimer Botschafter des Sultans sollte über einen freien Durchzug der türkischen Truppen durch Polen verhandeln, um von der Walachei aus über Krakau und Schlesien direkt nach Wien vorzustoßen.

Jan entsandte sofort eine Sonderbotschaft an Proski, daß dieser bei der Pforte bewirken möge, von dieser Route Abstand zu nehmen. Vorsorglich fügte er eine Karte für den Großwesir bei, aus der ein anderer Weg ersichtlich war, der für die Türken weit vorteilhafter als der über Polen war. Außerdem sollte Proski darauf hinweisen, daß die Polen ein mutwilliges, übermütiges Volk seien, das, selbst wenn die Türken bemüht sein sollten, jeden Zusammenstoß zu vermeiden, von sich aus die Türken angreifen könnte, wodurch der Vertrag von Żurawno gefährdet sein würde. Das leuchtete den Türken ein. Sie nahmen Abstand von der Route über Polen. Jan rieb sich die Hände.

Die Türken ahnten nicht, daß er bereits Geheimverhandlungen mit dem kaiserlichen Sondergesandten pflog. Und Jan achtete sehr darauf, daß die Türken auch nichts von der Aufrüstung merkten. Die Truppen, die er unter Jabłonowski von der Ukraine in die Gegend von Krakau verlegen ließ, sollten angeblich zum Schutz der westlichen Grenze bereitgestellt werden.

Der vom französischen Botschafter als todgeweiht bezeichnete Jan nahm plötzlich wieder seine Lieblingsbeschäftigung auf: Täglich ritt er für fünf bis sechs Stunden aus. Um sich in Kondition zu bringen. Für den Ritt nach Wien. An dem er selbst teilzunehmen gedachte. Dennoch meldete de Vitry nach Paris, daß der König keinesfalls selbst am Feldzug teilnehmen werde. Jan jedoch, der vom ersten Augenblick an bei sich entschieden hatte, daß er in persona an diesem Feldzug teilnehmen würde, gesundete von Stund an.

Und als er endlich am 18. Juli in Wilanów mit Hilfe zweier Pagen über einen Schemel sein Pferd bestieg, rief er dem noch immer zweifelnden de Vitry übermütig zu: »Herr Botschafter, Sie können Ihrem Herrn mitteilen, daß ich reite.«[328]

2

Mit dem polnischen Salvator gegen die Heiden vor Wien

Hoch zu Roß, gefolgt von seinem fünfzehnjährigen Sohne Jakub,[329] ganz so wie einstmals, vor so unendlich langen Jahren, nämlich 1646, als er, ein Sechzehnjähriger, zusammen mit seinem Bruder Marek, begleitet vom wohlgeborenen Herrn Orchowski, umringt von einem Gefolge junger Männer, zu seiner Kavalierstour in den Westen Europas aufbrach, so machte er sich auch an jenem denkwürdigen 18. Juli des Jahres 1683 auf den Weg, gleichsam um jene so plötzlich abgebrochene Tour nun endlich zu Ende zu führen. Damals hätten sie über Italien, die Schweiz und Österreich heimkehren oder aber sogar von Wien aus noch weiter über den Balkan bis in die Türkei und den Vorderen Orient reiten sollen; nun also ritt er zwar nicht vom Westen kommend nach Wien, dafür vom Osten. Was machte es aus? Er würde Österreich sehen, die Kaiserstadt Wien, den vielbewunderten, heimlich verehrten, heimlich gehaßten Wiener Hof, und er würde den Kaiser sehen. Nicht so wie seinerzeit sein Vater Jakub, der König Władysław IV. bei seinem Bittbesuch nach Wien begleitete, sondern er selbst ein König, ein Gebetener, ein Herbeigesehnter. Wie dankbar würde ihm der stolze Kaiser sein, wenn er, der Jaś aus Żółkiew, nun Joannes Tertius Rex Poloniae, die Türken davonjagte und Wien, die Hauptstadt des Römischen Reiches Deutscher Nation, von den Ungläubigen befreite! Wie freundlich würde er ihm entgegenkommen, wie herzlich sich bei ihm bedanken! Und vielleicht würde er dann aus lauter Dankbarkeit seine Tochter dem Jakubek, dem Fanfanik, seinem Erstgeborenen, zur Frau geben, und beide würden dann eines Tages, wenn er, Jaś, nicht mehr sein würde, den polnischen Thron besteigen! Welch schöne Visionen! Jan zweifelte keinen Augenblick daran, daß er die Türken besiegen würde. Das sagte ihm sein »prophetischer« Geist, auf den er so viel hielt und der ihn tatsächlich selten trog.

Über diesen Ritt nach Wien gibt es drei Augenzeugenberichte, die wir zur Grundlage der Betrachtungen dieses historischen Ereignisses nehmen wollen: Es ist dies das bereits erwähnte Diarium des Kammerdieners Dyakowski, zweitens das Diarium, das Jakub Sobieski auf ausdrücklichen Wunsch des Vaters, des Königs, in lateinischer Sprache verfaßte und das den Titel trug »Serenissimi Jacobi Sobieski, Principis Regii Poloniae diarium obsidionis Viennae«,[330] und drittens sind das die Briefe, die Jan an Marysieńka schrieb, insgesamt 32, die rund 102 Druckseiten umfassen.[331]

Jakub beginnt sein Diarium mit einer kurzen Einleitung: »Als das fürchterliche Gewitter über allen Völkern Deutschlands hing, am meisten jedoch über ihrer Hauptstadt Wien, aber auch uns mit endgültiger Vernichtung drohte: da gefiel es dem König, meinem Herrn und gnädigsten Erzeuger (der dem Kaiser in diesem ruhmreichen Krieg zur Hilfe eilte), mich an seine Seite zu berufen und mich zum Teilnehmer aller Gefahren und Mühen des Krieges zu machen, damit ich unter einem so großen Führer meine erste kriegerische Schule und noch unerfahrenes Noviziat durchlaufe. Und er, nach so vielen militärischen Rängen zur höchsten Würde im Polnischen Königreich erhoben, der die Krone trägt, verdient und errungen in so vielen Schlachten, sie bei jedem Zusammenprall vor Augen habend, war zu ihr durch Todesgefahren und über sein eigenes oftmals vergossenes Blut gelangt und hatte sie nicht durch Verweichlichung, sondern durch viele Mühe erobert. Er wollte, daß ich, obwohl mit ungleichem Schritte (denn ich bekenne, daß ich noch nicht einmal an einen Rekruten heranreiche), so gut ich kann, in seine Fußstapfen trete, daß ich allmählich mich an größere Mühen gewöhne, die er im Schweiße seines Angesichtes erfahren hat. So gefiel es also dem Allerhöchsten Gotte, dem sich aller Herzen öffnen, daß der König seine Erlaubnis gab, daß ich ihn begleite und auf dem Schlachtfelde einen ruhmreichen Tod suche, ganz besonders in diesem Kriege, durch den er seinen Ruhm unsterblich gemacht hat.«

Aus diesen Zeilen ersieht man, daß Jakub diese Vorrede wahrscheinlich erst nach dem Sieg bei Wien niedergeschrieben oder ergänzt hat.

Ehe er mit den täglichen Aufzeichnungen begann, gab er einen kurzen Überblick über die letzten Nachrichten, die in Wilanów eintrafen, bevor man zum großen heiligen Kriege ausrückte:

In Wilanów »erfuhren wir, daß die Türken Jawaryn belagert haben, um die Deutschen zu verjagen, die auf der Insel Schutt zurückgeblieben sind«, daß sie Jawaryn erobert und zerstört haben, »aber die Unseren hielten es mit List, während sie unterdessen bereits über Seitenwege direkt der Stadt Wien zustrebten, das von einer sehr kleinen Besatzung verteidigt wird, weshalb die Deutschen, als sie das bemerkten, ihre Stellungen und die Insel Schutt verließen und direkt nach Wien marschierten, um diese Hauptstadt von ganz Deutschland nicht wehrlos der Grausamkeit des Feindes auszusetzen; daß der Kaiser, der die herannahende Gefahr sah, zusammen mit seiner Frau nach Linz abgefahren ist, aber als die Türken ständig näherkamen, als sie ihm schon den sehr schönen Palast, genannt Laxenburg, zerstört hatten und die Tataren ihn ständig bedrohten, da schickte er seine Frau voraus, und er begab sich nach Passau, und als er Linz verließ, schickte er einen Gesandten an uns (Graf Waldstein) und bat um schnellste Hilfe. Wir hörten auch, daß der Kaiser – ich weiß nicht, während welcher Flucht, aber wohl während der ersten – zusammen mit seiner Frau im Stroh übernachtete, und wenn sie noch eine Stunde zugewartet hätten und nicht von dort abgereist wären, wären sie zweifellos von den Tataren, die in der Umgebung plünderten, gefangen worden.«

Der Kaiser hatte am 7. Juli, nachdem er noch am 5. in Perchtoldsdorf gejagt hatte, auf das Drängen seiner Minister und seines Oberstallmeisters Graf Harrach, vor allem der hochschwangeren Kaiserin zuliebe, fluchtartig Wien verlassen und sich in Richtung Linz in Bewegung gesetzt. Es war auch höchste Zeit, denn die Türken waren bereits in Bruck an der Leitha, was man in Wien nicht fassen konnte, da man nicht angenommen hatte, daß sie unter Umgehung sämtlicher Grenzfestungen direkt auf Wien losmarschieren würden. Allerdings, der päpstliche Nuntius Buonvisi, der maßgeblich am Zustandekommen des österreichisch-polnischen

Bündnisses beteiligt war, wurde durch die alarmierenden Nachrichten über das so rasche Heranrücken der Türken und das schwerfällige Ingangsetzen der polnischen Kriegsmaschinerie derart nervös, daß er bereits am 4. Juli an den päpstlichen Staatssekretär Kardinal Cibo schreibt:
»Wenn der König von Polen nicht gewaltige Truppenmassen nach Ungarn wirft, ja, wenn er mit seinem Kommen noch lange zögert, ist seine Hilfe fast wertlos und die Liga für den Kaiser eher nachteilig; denn um eine Liga mit Polen zu erreichen, wurden 350 000 Gulden ausbezahlt, und viel kosteten auch die Werbungen des edlen Herrn Lubomirski. Wenn all das zur Anwerbung von Deutschen verwendet worden wäre, stünde die Sache besser. Immerhin, wenn der König bald zu Hilfe kommt, werden wir nicht vollends untergehen, aber ein großer Schaden ist bereits erfolgt.«[332]
Jakub notiert: »Also zogen wir am 18. Juli los zu diesem ruhmreichen Kriege, und an diesem Tage aßen wir zu Mittag und übernachteten wir in Falenty, wohin auch die Nachricht kam, daß die Türken nur noch vier Stunden von Wien entfernt sind.«
Die Türken also nur noch vier Wegstunden von Wien entfernt, und das polnische Entsatzheer noch 43 Tagereisen weit entfernt! Trotzdem ließ man sich Zeit und reiste gemächlich. Jakub verzeichnet getreulich, wo sie übernachteten, wo sie speisten, wo sie welche Nachrichten erhielten, was sie besichtigten, welche Gottesdienste abgehalten wurden.
Jakubs, des Prinzen, Diarium ähnelt zum Verwechseln demjenigen des Herrn Gawarecki, das jener vor siebenunddreißig Jahren während der Kavalierstour anstelle der beiden jungen Herren Wojewodensöhne geführt hatte.
Am nächsten Tag, dem 19., notiert Jakub, »kamen wir nach Radziejowice, wo wir die Nachricht erhielten, daß der Herzog von Lothringen sich nachts durch die Flucht gerettet hat, und wir lasen seinen Brief an den Hofmarschall (Hieronim Lubomirski), der noch in Olmütz weilte, in dem er ihm sein Entsetzen mitteilt, ihn erinnert und mit neuerlichen Bitten um Hilfe anfleht, daß er doch das verlassene Wien retten möge, und auch uns erinnerte er an die gegenseitig gegebenen und angenommenen Verpflichtungen«.

Wenn Jakub von »wir« redet, so darf man sich getrost vorstellen, daß Jan im Kreise seiner Familie sämtliche Nachrichten las und besprach, denn Marysieńka reiste natürlich mit, so lange man noch innerhalb Polens war. Und hier würde man auch noch eine geraume Weile bleiben. Bei Krakau sammelte sich ja erst allmählich das Heer.
»Am 20. in Rawa, wo wir vom Herrn Gesandten die Nachricht erhielten, daß die Türken schon den ersten Sturm versucht haben, doch die Deutschen haben ihn mannhaft abgewehrt.«
Am 23. erreichte sie in Kruszyna »irgendein Kurier, namens Gliński, mit Briefen an den König vom Herrn Marschall und dem Herzog von Lothringen, in denen die ersten Sturmangriffe, die die Türken bis an die Bastion, genannt La cour, heranführten, beschrieben werden, und daß die Türken zuerst die Brücke erobert und irgendeine jüdische Stadt, genannt Leopoldstadt, zerstört haben, und dann, daß unsere Verbindung zu den Wienern unterbrochen ist«.
Den 25. verbrachten Jan, Marysieńka und Jakub samt Gefolge in Tschenstochau mit Gottesdiensten.
Langsam ritt und fuhr man weiter; am 29. Juli traf man in Krakau ein. Am 2. August langte der Kronfeldhetman Mikołaj Sieniawski ein.«
Und die Wiener ächzten bereits unter der Belagerung. Aber: »Am 5. berichtete uns der Herr Marschall (Lubomirski), daß die Türken so geschlagen wurden, daß sie voller Entsetzen flohen, und daß in dieser Schlacht nahe bei der Stadt Alger (?) die Deutschen mannhaften Mut bewiesen haben; doch die Unseren haben alles an sich gerissen und in ihrer Habgier nichts übriggelassen; die Beute war groß.«
Der Fünfzehnjährige schreibt unfrisiert alles auf, was er hört. Und auf diese Weise erfahren wir, daß gleich zu Beginn dieses Feldzuges das Wegschnappen der Beute durch die in derlei Dingen aus vielen Feldzügen gegen Türken und Tataren geübten Polen begann. Jan scheint das nicht aus der Ruhe gebracht zu haben.
Endlich traf auch der Krongroßhetman Stanisław Jabłonowski mit dem Rest des Heeres ein. Nun war also die polnische Armee

beisammen. Aber wo steckten die Litauer? Pac war schon tot, aber sein Nachfolger Sapieha tat anscheinend ebenfalls alles, um Jan, den König, zu ärgern.

»Am 9. wurde nichts getan, am 10. empfing der König, umgeben von fünf Bischöfen, unter großer Feierlichkeit vom Nuntius (Opigius Pallavicini, Erzbischof von Ephesus) den Segen; er besprengte dann das ganze Heer mit geweihtem Wasser und erteilte dabei den allerhöchsten Segen.«

Diese Feierlichkeit wird nicht ohne große Emotionen vor sich gegangen sein. Prachtvoll anzusehen das zum Teil glänzend ausgestattete Heer, die nicht minder prachtvoll herausgeputzten Hetmane, die Bischöfe, der Nuntius und gar erst der König!

Am 11. erhielten sie die Nachricht, daß die Türken an die Kontreeskarpe Minen legen wollten, daß jedoch schon Kontreminen angebracht seien, daß man also nichts zu befürchten habe; daß die Polen die jenseits der Donau lagernden Ungarn vertrieben und die Türken abgewehrt und geschlagen haben, »und sie erbeuteten 6 Roßschweife und einige vornehme Paschas«. Am 13. hörten sie, »daß die Türken die Brücke einnehmen wollen und mit aller Gewalt sich bemühen, zu verhindern, daß wir uns mit den Deutschen vereinigen«. Am 17. erfuhren sie, daß die Türken am 8. August dreizehn Stunden lang die Stadt zu stürmen versucht hatten.

An eben diesem 17. August schreibt Graf Taaffe, der während der letzten Königswahl zugunsten Karls von Lothringen in Warschau gewirkt hatte, an seinen Bruder nach London: »Der bayerische Sukkurs von 9000 Mann ist schon an der Brücke von Krems (über die Donau nach Mautern) angelangt, ein anderer wird für morgen erwartet. Der Kurfürst von Sachsen ist mit 10 000 Mann auf dem Marsch, wird jedoch kaum vor Ende des Monats zu uns stoßen können. Auch der König von Polen rückt nun mit seinem Heer von ungefähr 23 000 Mann vor; dazu kommen ungefähr noch einmal so viele kaiserliche und Reichstruppen, die wir haben, so daß wir entschlossen sind, mit dieser Truppenmacht gegen Ende dieses Monats Wien zu befreien oder bei dem Versuch zu sterben. Sollte sich jedoch die Ankunft des Königs von Polen verzögern, so

wollen wir den Entsatz auch ohne ihn wagen, wenn Wien noch stärker bedrängt werden sollte. Man versichert, daß der Kaiser die Absicht habe, persönlich bei uns zu sein, und dies würde ich zu seinem größeren Ruhm herzlichst wünschen.«[333]
Dieses hatte der Kaiser auch wirklich vor. Graf Harrach notierte bereits am 16. August, daß an »diesem Morgen der Kriegsrat in dem Geheimen Rat abgehalten und dabei konsultiert worden, auf welche Weise und welchem Weg Wien sekundiert werden könnte. Es ist beschlossen worden, daß es durch den Wienerwald geschehen solle, daß aber die endgültige Resolution verschoben werde, bis der König von Polen, der Fürst von Waldeck und andere Alliierte angekommen seien. Ihre kaiserliche Majestät haben auch mündlich proponiert, daß sie von hier nach Linz und dann weiter zu der Armee gehen wollen, wenn es die Kriegskonjunkturen zuließen und es für nützlich erachtet würde. Dies hat der Geheime Rat einhellig approbiert, in der Meinung, Ihrer kaiserlichen Majestät Gegenwart würde alle Kompetenzen, Dissensionen und Diffikultäten, die unter den Alliierten entstehen könnten, aufheben, diesen und den Ihrigen großen Mut, dem Feind aber große Sorge verursachen und auch der ganzen Welt zeigen, daß sie von Wien und Linz nicht aus Kleinmütigkeit geflohen seien, sondern daß es der jählings überraschende Einfall eines so geschwinden und mächtigen Feindes erfordert habe. Sie würden hierdurch die Liebe und Affektion, die vielleicht die Länder und Untertanen etwas hätten sinken lassen, hiermit wieder verstärken, da sie sähen, daß sie nicht abandoniert und verlassen sind, sondern Ihre kaiserliche Majestät sich ihnen vielmehr ihre Sorgen höchst angelegen sein lassen.«

Am 18. August, als Jan mit seinem Gefolge die polnische Grenze überschritt, notierte Graf Harrach in seinem Tagebuch: »Der Fürst von Waldeck, der die fränkischen und die rheinischen Völker kommandiert, ist heute früh bei mir gewesen. Er war der Meinung, daß sich Wien gar wohl noch vier Wochen, und bis der notwendige Sukkurs zusammenkommen würde, wehren könne. Die plötzliche Flucht Ihrer Majestät betreffend, meint er, sie hätten nicht fliehen, sondern mit dem Degen in der Hand zu ihrer Kavallerie gehen und sich stellen und sich mit Reputation alsdann retirieren sollen. Ich antwortete, daß dieses gut wäre, wenn wir nicht eine im höchsten Grade schwangere Kaiserin und die junge Herrschaft bei uns hätten, die nicht von dem Kaiser noch der Kaiser von ihnen lassen wollten.«[334]

Graf Harrach am 20. August: »Partikularbriefe melden, daß der König von Polen abgereist ist und am 22. oder 23. August persönlich bei unserer Armee sein werde. 8000 seiner Polacken[335] sind schon zu Troppau durch; man sagt, daß die übrigen nicht viel mehr als 7000 oder 8000 Mann sein sollen, obwohl er doch 40 000 versprochen hat.«

Am 19. August wurde laut Jakubs Aufzeichnungen in Beuthen übernachtet, »wo, als wir uns näherten, uns der Herr General Caraffa entgegengeritten kam, abgesandt vom Kaiser, um uns in den Tarnower Bergen zu empfangen«.

Man befand sich also bereits jenseits der Grenze Polens in Schlesien.

Am 22. August trennte sich das königliche Paar: Marysieńka kehrte mit ihrem Hofe nach Krakau zurück, wo sie während des Feldzuges bleiben wollte, um näher dem Schauplatz zu sein und rascher Nachrichten zu erhalten; Jan ritt mit seinem Gefolge zum Heer, das für den Weitermarsch aufgestellt wurde.

Aus Troppau schreibt er am 25.: »Ich habe mich vom schweren Militär getrennt. Ich reite mit ein paar zwanzig leichten Fähnlein und einigen hundert Dragonern voraus. Morgen werde ich, so Gott will, in Olmütz eintreffen, wo auf mich Herr Szafgocz (Schaffgotsch) vom Kaiser wartet. Ich eile deswegen so sehr, weil der Herr Hofmarschall so außerordentlich den Herrn Wojewoden von Wolhynien angetrieben hat, um sich mit ihm und dem Herzog von Lothringen zu vereinigen (weswegen ihm der lothringische Herzog selbst geschrieben hat), um irgend etwas vor uns zu erreichen oder sich über uns lustig zu machen; da ich also fürchte, sie könnten irgend etwas contretemps machen oder unvorsichtig précipiter, was Gott verhüte, oder den Ruhm an sich reißen, daß sich der Feind zurückzieht, wenn die Vereinigung der Polen und Deutschen bekannt wird, bevor wir noch angekommen sind, eile ich also wie am schnellsten und vereinige mich mit dem wolhynischen Herrn Wojewoden, dem ich absolument befohlen habe, auf mich zu warten. Ich selbst hoffe, durch Gottes Gnade, daß ich am letzten Tage dieses Monats, noch vor September, an der Donau anlange; was ich auch dem Hl. Vater mitgeteilt habe, avec une petite plainte,[336] welchen Brief ich selbst in französisch konzipiert habe und dann zum Übersetzen gab.«

Jan hatte Erfahrung mit Türken und Tataren. Oft war es geschehen, daß sie so plötzlich, wie sie erschienen waren, auch wieder verschwanden. Das durfte diesmal nicht geschehen. *Er, und nur er* wollte den Ruhm, die Türken von Wien, der Hauptstadt des großen deutschen Reiches, zu verjagen, für sich gewinnen; daß er sie schlagen würde, sagte ihm seine Intuition – und viele Vorzeichen, die sich zu mehren begannen und denen er große Bedeutung beimaß. Nicht nur er, wie sich bald herausstellen sollte. Am Morgen des 25. August erfolgt die Abreise des Kaisers per Schiff nach Linz. Leopold I. leidet sehr darunter, daß er durch die überstürzte Flucht aus Wien, zu der ihn seine Ratgeber gedrängt hatten, bei der Bevölkerung auf Unverständnis und Ablehnung gestoßen war. Wenn Leopold auch kein kriegerischer und schon gar nicht ein Feldherr war, so war er ganz bestimmt kein feiger Mann, was man ihm bis heute, vor allem von polnischer Seite, immer wieder nachsagt. Kriegführung und Schlachten überließ er seinen Fachleuten; er selbst verfügte jedoch über einen durchdringend scharfen Verstand, der die Dinge zu durchschauen vermochte, der Zusammenhänge erfaßte, der seiner eigentlichen Veranlagung nach ein Wissenschaftler und Philosoph und darüber hinaus ein gottbegnadeter Komponist war, der aber aus tiefstem Verantwortungsbewußtsein heraus die schwere Bürde des Kaisertums, die nach dem Tode seines älteren Bruders völlig unerwartet auf seine Schultern gefallen war, mit großer Würde und unerschrockenem Mute trug. An dieser Stelle soll endlich mit dem falschen Bild des »feigen« Kaisers Leopold I. aufgeräumt werden, und das kann am nachdrücklichsten dadurch geschehen, daß man die beiden Kontrahenten, Leopold und Jan, möglichst mit ihren eigenen Worten sprechen läßt. Kaiser Leopold, der sehr klug war, große

Menschenkenntnis besaß und bereits alle Kompetenzschwierigkeiten voraussah, schrieb unterwegs auf dem Schiff an Pater Marco d'Aviano: »Ich sehe voraus, daß unter so viel Häuptern und Führern Trübungen und Uneinigkeit entstehen könnten; deshalb habe ich beschlossen, mich dem Heer zu nähern, um demselben allenfalls beizustehen. Wenigstens will ich in der Nähe bleiben, um allem etwa Vorfallenden vorzubeugen. Darum habe ich heute morgen Passau verlassen und werde abends in Linz sein.«[337]

Inzwischen ist Graf Caraffa zum Herzog von Lothringen »vom König von Polen zurückgekommen und hat gemeldet, daß dieser am 2. September bei Krems sein werde«. Vom 22. oder 23. August ist also keine Rede mehr.

Jakub notierte am 26. August, daß sie die Nachricht in Olmütz erhalten hatten, daß 12 000 Tataren unter Führung des Chans und 10 000 Türken unter Tököly die Grenzen zu Österreich überschritten hätten.

Am 27. August befindet sich Jan erst zwei Meilen hinter Olmütz in Richtung auf Nikolsburg zu. Zunächst führte der Weg durch sehr hübsche Landstriche, dann aber kamen sie in die Berge, »besonders ein Weg war sehr schlecht und steinig«, klagt Jan.

In einem kleinen Städtchen mitten in den Bergen erwartete ihn Graf Schaffgotsch, der mit Ratschlägen vom Kaiser zu ihm gekommen war; »avec des conseils, ou plutôt avec des impertinences de leur cour«, wie Jan es auffaßt, also »vielmehr mit Unverschämtheiten seines Hofes«, was von Tag zu Tag schlimmer werden würde, je mehr sich der Kaiser Linz nähere, befürchtet der polnische König. Die Spannungen wuchsen also, die Empfindlichkeiten auf beiden Seiten nahmen zu.

Aber in diesem Olmütz erlebt nun Jan, was Balsam für seine Seele und sein ewig liebehungriges Herz ist: »Die Patres Jesuiten haben mir eine sehr große Ehre erwiesen, indem sie mich in ihren Ansprachen und auf den Anschlägen an den Altären Salvator nannten. Die Leute segnen uns hier überall und erheben hinter uns ihre Hände zu Gott.«

An dieser Stelle muß nun endlich gesagt werden, daß Jan, der von den polnischen Dichtern nach dem Sieg von Chocim als Erlöser gefeiert und besungen wurde, vorsorglich seinen Hofhistoriker, den neben Wacław Potocki bekanntesten Dichter, und ausgezeichneten Lyriker, Wespazyan Kochowski (1633–1700), mit auf den Feldzug nach Wien nahm, damit dieser alles mit eigenen Augen ansehe und danach getreulich beschreibe und für die Nachwelt aufzeichne. So sehr war sich Jan der historischen Wichtigkeit dieses Kriegszuges bewußt, der ihn von der Vormauer der Christenheit an der Südgrenze Polens nun zum Hauptbollwerk der Christenheit, das in Ungarn vor den Grenzen der österreichischen Erblande lag und seine letzte Bastion im nun belagerten Wien, der Hauptstadt des Römischen Reiches Deutscher Nation, hatte.

Entzückt von der Lieblichkeit der Landschaft, aus der sein Urahn Herburt, Ministeriale des Bischofs von Olmütz, in die ferne Ukraine verpflanzt worden war, war es für Jan, den Traditionsbewußten, ein Ritt durch die alte Heimat seiner Vorfahren, die er mit wachen Augen in sich aufnahm. Gewiß hatte sich jener Herr von Füllstein, der da zur Kolonisierung der fast menschenleeren Ukraine, mehr gezwungen als freiwillig, auszog, nicht träumen lassen, daß sein Nachfahre einst als König von Polen der bedrängten Kaiserstadt Wien zu Hilfe eilen würde.

Wespazyan Kochowski, der Dichter, war selbst lange Zeit hindurch Kriegsmann gewesen und daher prädestiniert wie kein anderer, kriegerische Unternehmungen zu schildern. Er hatte bei Beresteczko gegen die Kosaken mitgekämpft und war vielleicht damals schon mit dem jungen Jan Sobieski zusammengetroffen. Er war nachher auch in den Schwedenkriegen mit dabei. Später vertauschte er die Lanze gegen die Pflugschar und wurde Landwirt. Als aber Jan Sobieski nach Wien zog, da griff er wieder zum Säbel und ritt mit zum Kampf gegen den Erzfeind der Christenheit. Kochowski war nämlich, sosehr er auch sein Vaterland liebte und sich als glühender Patriot gebärdete, mindestens ein ebenso glühender Katholik, dazu fanatisch und intolerant. Nicht das liberum veto mit all seinen grotesken Auswüchsen hielt er als das Grundübel der Rzeczpospolita, vielmehr die Häretiker, also Protestanten, Calvinisten, Arianer und Griechischkatholische.

Wespazyan Kochowski war außerdem stark durchdrungen von der Idee einer messianischen Aufgabe Polens. Er war überzeugt, daß »Polen ein Weinberg Christi«, »ein von Gott auserwähltes Volk« sei, ein Volk, dessen sich Gott stets besonders annahm und weiterhin annimmt, und zwar als Lohn dafür, weil Polen immer Seiner Lehre die Treue bewahrt hat. Zwar hatte Polen auch ab und zu den Zorn Gottes zu spüren bekommen, aber immer nur dann, wenn es durch eigene Schuld Gott erzürnt hatte. So waren zur Zeit König Jan Kazimierzs schreckliche Notzeiten über Polen gekommen, »aus der königlichen Krone fiel ein kostbarer Stein, und später fiel die ganze Krone herab; und sofort verdunkelte sich die Sonne von Polens Ruhm, und Polen selbst, noch eben Herrin über so viele Völker, hüllte sich in dichte Trauer... Aber als wir uns in diesen Paroxysmen wieder zu Gott wandten, erhörte er uns nicht nur gnädig, sondern wurde auch sofort unser Helfer; durch Krieg bestrafte er uns, und durch Krieg tröstete er uns wieder, als wir alle unsere alten Feinde vor uns im Staube sahen.«
Das bezog sich auf Podhajce und vor allem auf Chocim, und Jan hatte diese großartigen Siege an die Krone Polens geheftet und sie damit wieder zum Glänzen gebracht.
In dieser Funktion, als Retter des Abendlandes, als Erlöser der ganzen Christenheit vor dem türkischen Erbfeind, ritt er nun nach Wien. So sah er sich selbst, so fühlte er sich, und deshalb freute es ihn so, als die Menschen im fröhlich-heiteren Land seiner frühen Vorfahren ihn mit dem Namen Salvator begrüßten und segneten und damit zum Ausdruck brachten, daß sie seine Rolle erkannt hatten und richtig einschätzten.
Nur wenn man sich in diese Gedankengänge Jans und der Polen einfühlt, vermag man erst, alles andere, was bald nachkommen sollte, zu verstehen. Denn genau so wie Jan in seiner Idee der Gotterwähltheit versponnen war, so waren es auch seine beiden großen Gegenspieler, der Großwesir Kara Mustafa und Kaiser Leopold.
Es gab eine alte muslimische Weissagung: »Da jedoch das von Sem'ûn-i Sâfa ausgesprochene Orakel ›Im Jahre Zulla fürchtet euch nicht vor Süleyman‹ wahrhaftig genau zur angegebenen Zeit

in Erfüllung gegangen ist und Sultan Süleyman nach Allahs Ratschluß unverrichteter Dinge wieder abziehen mußte, so steht auch zu erwarten, daß die Osmanen im Jahre Ganim und auch im Jahre Gunam diese Festung, so es Allah gefällt, belagern werden. Möge Allah dann ihre Eroberung gewähren!«

Und nach einer anderen muslimischen Weissagung soll Sem'ûn-i Sâfa gesagt haben: »Und wenn in jenem Jahre, das nach der Zeitrechnung des künftigen Propheten Muhammed dem Worte Zulla entspricht, aus Konstantinopel der große Süleyman gezogen kommt, dann fürchtet euch nicht – ihr müßt nur die Festung recht stark machen. Wenn aber nachher im Jahre des Wortes Ganim und in dem des Wortes Gunam der hochmächtige Sultan Yûsuf Mehemmed kommt, dann sehet euch nur ja vor und schließet Frieden mit den Muhammedanern!«[338]

Diese Prophezeiung bezog man, da sie sich in bezug auf Süleyman tatsächlich bewahrheitet hatte, nun auf den derzeitigen Sultan Mehmed IV., und sie war es, die Kara Mustafa in Sicherheit wiegte, daß Wien sich ergeben würde.

Der furchterregende Komet, über den auch Pasek berichtet hatte, bestärkte den Großwesir noch in seinem Glauben. Denn dieser riesige Komet, »der sich nach Allahs Willen im Scheitelpunkt des Himmels zwei Jahre vor dem Wiener Feldzug zeigte«, hatte »eine wunderliche Gestalt. Er blieb ungefähr vierzig Tage lang am Himmel, und er strahlte von Einbruch der Nacht bis zum Morgen. Der Kopf des Sternes stieß an die nordöstlichen, der Schwanz des Sternes reichte bis an die südwestlichen Enden des Himmelsgewölbes. Es war dies ein riesiger Stern, so begannen denn auch die Menschen untereinander zu erzählen, daß dieser Stern alle tausend Jahre einmal erscheint, und bei jedem seinem Erscheinen breche ein großer Krieg und ein furchtbares Gemetzel aus, also zeige er Böses an. Der Prophet (Allah, der Allerhöchste, möge ihn segnen und ihm Frieden gewähren!) hat gesagt: ›Die Zungen der Menschen sind die Federn der Wahrheit‹ und Allah, der Allerhöchste, fügte es, daß die Wirklichkeit diese Aussage bestätigte.«[339] Hinzu kamen die Einflüsterungen des Reisülküttab (Oberster der Schreiber des Diwans) Laz Mustafa, der Kara Mustafas engster Berater

und Vertrauter war: »Höre nicht, mein Herr, auf das, was die anderen sagen. Du kannst nach deinem eigenen Willen handeln: du bist das Licht, das Gott geschickt hat und das mit immer hellerem Lichte strahlt, und solch ein Heer hat überhaupt noch kein König besessen, und nicht einmal Alexander hat solche Höhen und Herrlichkeiten erreicht. Du würdest nicht nur bis zum Roten Apfel vordringen, sondern ganz Frengistan durchmessen, und würde sich wohl einer finden, der es wagte, dir entgegenzutreten?«
Dieser Laz Mustafa soll es auch gewesen sein, der dem Großwesir und Serdar einredete, unter Umgehung von Jawaryn (Raab) direkt auf Wien loszumarschieren.
Aber nicht nur die Türken hatten ihre Orakel und Prophezeiungen, sondern auch »die Astrologen der Giauren und ihre Priester und Geistlichen«, die folgendermaßen weissagten: »Wohl wird das türkische Heer gezogen kommen, aber uns werden die Tataren helfen und wir werden die Türken schlagen und ihre Wesire töten oder gefangennehmen. Ein hochmächtiger Würdenträger wird dann wegen dieser Festung das Leben verlieren, und wir werden den Türken viele Festungen entreißen.«[340].
Die Weissagungen trugen dazu bei, daß man auf christlicher Seite zuversichtlich in die Zukunft schaute und nicht gar zu große Angst vor den Türken hatte. Gewiß werden auch Astrologen, die in jener Zeit an allen Höfen Europas für die Herrscher in die Zukunft schauten und vor allem sofort nach der Geburt eines hohen Kindes dessen Horoskop stellten, aus den Konstellationen ersehen haben, daß Wien, wenn auch vorübergehend ernstlich bedroht, keinesfalls reif für einen Fall war wie zum Beispiel seinerzeit Konstantinopel. Die Geschichtsschreibung hat bisher viel zuwenig Gewicht auf diese Komponente gelegt, die doch dazumal eine so große Rolle spielte. In der Liste der Hofbediensteten Leopolds I. rangierte der »astrologus« gleich hinter den »Architecti« Burnacini und Fischer von Erlach!
Nur aus dieser Sicht jedoch ist erklärlich, daß sich Kaiser Leopold I. so viel Zeit ließ, sogar noch zur Jagd ausritt und dann nur höchst widerwillig dem Drängen seines Hofkriegsratspräsidenten Hermann von Baden und anderer Minister nachgab, Wien fluchtartig

zu verlassen, was sicher im Augenblick das einzig Richtige war. Kaiser Konstantin XII., von der ganzen Christenheit im Stich gelassen, wußte, daß es für ihn keine Wahl gab: ihm blieb nur noch der ehrenvolle Tod mit dem Schwert in der Hand auf den Trümmern seiner sterbenden Stadt. Aber Wien war noch nicht vom Tod gezeichnet, Wien war eine erst aufstrebende Stadt, des Kaiserreiches gefährlichster Feind saß jenseits des Rheins, und Kaiser Leopold, ob in Kenntnis seines Horoskops oder auch nicht, wußte sich so sicher in Gottes Hand geborgen wie nur je ein Kind in seines Vaters Schutz, wofür das beste Beispiel seine mit dreiundzwanzig Jahren komponierte Oper »Der verlorene Sohn« ist.

Und Kaiser Leopolds Gottvertrauen kannte tatsächlich keine Grenzen. Ursprünglich von den Jesuiten für den geistlichen Stand erzogen, mit einem hohen Intellekt begabt, interessiert an den Wissenschaften, viel mehr als an Krieg und Regierung; die Kunst, vor allem die Musik, aus tiefstem Herzen liebend und schöpferisch ausübend, hatte er dennoch gehorsam das schwere Joch der Kaiserkrone auf sich genommen, als er dazu aufgerufen war. Er war also in Wirklichkeit ein verhinderter Künstler und Wissenschaftler.[341]

Vom Äußeren her war Leopold keine Schönheit, eher klein und schmächtig, von der dicken Habsburger Unterlippe geprägt, seine Augen strahlten jedoch in ganz außergewöhnlicher Schönheit.

Er war ein harmonischer Mensch, hatte keinen »Ödipuskomplex« wie Jan; obwohl seine leibliche Mutter früh verstorben war, hatte er zur ersten und zur zweiten Stiefmutter ein sehr herzliches und vertrauensvolles Verhältnis. Er war ein introvertierter Mensch, und so gab er bestimmt nicht viel auf Äußeres wie die stark extrovertierten »schönen Männer« Jan Sobieski und Kara Mustafa, dafür achtete er auf die Formen und verlangte auch von anderen, daß man sie respektierte. Evliya Celebi, der türkische Weltenbummler, der ein drastisches und arg übertreibendes Bild von der »Häßlichkeit« des jungen Kaisers zeichnet, rühmt jedoch dessen geistige Gaben: »Dabei ist er aber derartig gescheit und edelsinnig und schnell von Begriff und vernünftig und weise, daß er an Verstand

einem Aristoteles gleichkommt und daß bei allen Beratungen und Staatsverhandlungen niemand weisere Worte zu sprechen weiß als er. Und dieser Obergiaur liebt seine Untertanen und ist tatkräftig und reich an Talenten, jedoch spricht er immer nur stockend und hat eine rauhe und häßliche Stimme.« Diese Beschreibung ist deshalb so wichtig, weil sie von keinem Panegyriker stammt, der sich einen Vorteil von einem überschwenglichen Lob verspricht, andrerseits auch keine Folgen fürchtet. Der Beachtung wert ist auch noch folgende Bemerkung:
»An seinem Hals hat er ein diamantenes Bildnis von einem Lamm hängen, das gut seine vierzig Karat wiegt... Übrigens ist es das einzige Prunkstück an ihm, denn sonst hat er weiter nichts an sich, sondern trägt sich ganz so wie ein Mönch in seinem schwarzen Rock. Allemal aber greift er nach diesem Lamm an seinem Hals, wirft einen Blick darauf und läßt es dann wieder auf seinen Busen herabgleiten.«
Evliya kann sich nicht erklären, warum der Kaiser so oft einen Blick auf das Lamm wirft, und fragt einen »Oberpriester«, also einen hohen Geistlichen, was das zu bedeuten habe. Und dieser erklärt es dem Fremden: »Immer wenn der Kaiser über irgend jemanden zornig zu werden droht, blickt er auf das Lamm und denkt daran, daß ein Herrscher lammfromm sein muß wie unser Herr Jesus. Und da verraucht dann sein Grimm und sein Zorn.«[342] Diese Bemerkung läßt eigentlich darauf schließen, daß Leopold von Natur aus gar nicht so »lammfromm« war, wie man ihn meistens hinstellt, daß er jedoch über ein Höchstmaß an Selbstbeherrschung und Selbstkontrolle verfügte, Tugenden, die sowohl Jan als auch Kara Mustafa fehlten.
Indessen setzte Jan, »geschmückt wie ein Bräutigam«, mit seiner prachtvoll herausgeputzten Kavalkade den Ritt durch Mähren fort.
Während Jan am 29. August in Brünn tafelt und sich an der Landschaft und der Landwirtschaft erfreut, erreicht ihn ein Bote des Herzogs von Lothringen, der ihm einen Brief von »Staremberk, dem Kommandanten von Wien« übersendet, der dringend um Sukkurs bittet, da der Feind sich bereits in einem Ravelin

festgesetzt habe. Es sähe so aus, als ob der Wesir irgend etwas Größeres im Schilde führe. »Morgen werden wir, so der Herrgott will, die Geschütze von Wien hören und übermorgen Wasser aus der Donau trinken.«
Am 30. August lesen wir in Jakubs Diarium: »Unterwegs kreiste ohne Unterlaß ein Adler über dem Kopf des Königs.« Das war ein Zeichen.
Und noch etwas anderes vermerkt er, das alle sahen: »Am 31. zogen wir früh um fünf Uhr los, und um fünf Uhr nachmittags, als wir die Straße entlangritten, zeigte sich ein Regenbogen, ähnlich wie der Mond, gleichsam einen Schatten von sich werfend; Vögel kreisten und zeichneten im Fluge die Buchstaben V.Y.W.J. an den Himmel; der Adler kam bis an diesen Mond heran.«
Jan hingegen stellte dieses Ereignis, ebenfalls am 31. August, in seinem Brief an Marysieńka aus »Heiligenbron, drei Meilen von Tuln, wo die Brücke gebaut wird«, folgendermaßen dar: »Wir sahen um sieben Uhr früh, bei sehr schönem und heiterem Wetter, eine Art kleinen Regenbogen, so wie eine Mondsichel ist, ein paar Tage nach Neumond; das war eine ganz außergewöhnliche Sache. Wir gingen doch quasi nach Norden, und die Erscheinung war hinter uns, dem Süden zugewandt, links von der Sonne; nachher verwandelte sich die Mondsichel langsam in die Figur eines X. Das dauerte etwa eine halbe Stunde.«
Sogar der Herrgott setzte Zeichen an den Himmel, nur der Papst schien blind zu sein.
»Du kannst, mein Herz, dem Nuntius sagen, daß ich doch dieses Schwertes, das er an König Michał schickte, und jener Rose würdig wäre; aber mir ließ man dieses nicht zuteil werden, was die ganze Welt in Verwunderung versetzt. Wahrlich, solch einen Irrtum hat Rom noch niemals begangen.«
Nun aber, nach Wien, würde der Papst nicht mehr umhin können, auch ihm diese hohe kirchliche Auszeichnung zuteil werden zu lassen.
Es war kein Geheimnis, daß Jan siegesgewiß ausgerückt war; Herr Pasek schreibt in seinen Memoiren: »Der König ritt in einer solchen Stimmung aus wie zu einem sicheren und unausbleibli-

chen Sieg, denn er nahm gleich Historiker und Astrologen mit sich, damit sie seine und des polnischen Volkes Taten beschrieben und verkündeten. Auch Kochowski lud er in keiner anderen Absicht ein, am Krieg teilzunehmen, nur daß dieser Einblick gewinne und imstande wäre, condigne den Sieg zu beschreiben.«
Damals murrten einige: »Geb's Gott, daß ihn der Herrgott deshalb nicht strafe.«[343]
Vorerst ging auf jeden Fall alles gut. In zwei Heersäulen kamen die Polen dahergezogen, alles war bestens für sie vorbereitet. »Bisher brauchten wir hier noch gar kein Geld, denn überall wurde uns sehr guter Proviant verabfolgt«, schreibt Jan befriedigt an Marysieńka. Und Dyakowski kann sich in seinen Erinnerungen gar nicht genug tun vor lauter Bewunderung für die ausgezeichnete Organisation: »Überall war für uns reichlichst Proviant vorbereitet und Magazine angelegt, alle vier Meilen, durch das gesamte kaiserliche Gebiet; bei jedem Magazin befand sich ein gemauerter Schuppen, angefüllt mit Hafer, Brot, kaum aus dem Ofen herausgenommen, so frisch, mit Vieh, ganzen Herden von Schafen, Heu in riesigen Schobern, Bier tonnenweise; außerdem standen bei jedem Schuppen einige tausende Fuhrwerke, dazu einige fünf oder sechs einsatzbereite Pferde, um den Proviant zu transportieren.«
Trotzdem gab es, wie bei jedem polnischen Kriegszug, Desertionen am laufenden Band. »Die Offiziere klagen, daß Soldaten und viele vom Troß davonlaufen«, schreibt Jan erbost und trägt Marysieńka auf: »Um Gotteswillen, um Gotteswillen, laßt die dort einfangen, besonders in der Gegend von Tschenstochau!«
Auf die Litauer wartet Jan nicht mehr, um so mehr auf die Kosaken. »Oft seufze ich am Tag nach ihnen. So viele Kosten für sie aufgewendet zu haben und sie jetzt nicht zur rechten Zeit dazuhaben, wenn es gerade supportable ist, bedenke, mein Herz, was das heißt«, beklagt sich Jan bei Marysieńka. »Von den Brandenburgern hört man nichts, ich werde nicht mehr auf sie warten.«
Dafür geht es jetzt rund um den König immer turbulenter zu, denn nun treffen die einzelnen Heerführer und Fürsten bei ihm ein, um sich vorzustellen und erste Kontakte aufzunehmen. »Die Herren

Generale und die hiesigen Regenten sind einerseits sehr zufrieden, andrerseits auch nicht zufrieden oder zumindest erstaunt, weil wir früher ankamen, als sie uns erwarteten, denn sie sind bisher noch nicht fertig, deshalb sollte man nicht, Gott bewahre, auf irgendjemand etwas Böses sagen, denn auch die Brücke ist noch nicht fertig und die Leute aus dem Reich sind noch weit hinten. Herr Waldeck wollte nicht einmal bei mir essen, er zog es vor, an seine Leute zu schreiben, damit sie Tag und Nacht heraneilen. Der Kaiser soll nun ganz sicher zu Wasser nach Krems abreisen, wo schon Herr von Międzyrzec eingetroffen ist und morgen bei mir sein wird. Die Fürsten von Bayern und Sachsen werden sicher auch dort sein. Der Prince de Conti blieb über königlichem Schreiben in Frankfurt, aber de Soissons kam zu zweit hierher zum Heer.«
Völlig unerwartet trifft der Herzog von Lothringen beim König ein, »die Wachen haben ihn nicht einmal erkannt. Er kam nur mit einigen zehn Pferden angejagt, aber er fand uns doch in guter Gefechtsordnung an, zu seinem und seiner Leute großem Erstaunen; denn ich hatte gerade eine halbe Stunde zuvor angeordnet, wie sie morgen abzumarschieren hätten. Wir haben ja auch vier Husarenfähnlein und viele mit Lanzen; was sehr gut aussah.«
Jan bittet, mit echt polnischer Gastfreundlichkeit, alle zu Tisch, worüber die deutschen Herren verwundert sind, denn die Fuhrwerke waren noch nicht angekommen, »wir standen mittem auf dem Feld, ohne Wasser, ohne Holz und Feuer. Dennoch war genug für alle da, daß sie sich nicht nur anessen konnten, sondern auch antrinken und zwar ordentlich.«
»Zum Spaß für die Fürstin«, seine Schwester, schildert Jan folgende Szene: »Zuerst wollte er (Karl von Lothringen) nichts anderes trinken als nur Moselwein und dazu noch mit viel Wasser; er trinkt an sich überhaupt nicht. Als er dann aber in Stimmung kam, trank er auch ungarischen. Als der Herzog schon angeheitert war, fragte er, nach verschiedenen Komplimenten, wie denn auf polnisch Vater und Sohn heiße. Man sagte es ihm. Darauf wiederholte er wohl an die fünfzig Mal, auf mich weisend: ›To ojciec, a ja syn, a wy bracia moi.‹ (Das ist der Vater, und ich der Sohn, und ihr meine Brüder.) Dann auf Fanfanik deutend: ›Der

zuerst, dann die anderen drei, und ich bin der fünfte.‹ Dann vergaß er gleich wieder, wie Vater auf polnisch heißt. Das ging so ein paar Stunden lang. Es ist unmöglich, die Fröhlichkeit und Zufriedenheit dieser Leute zu beschreiben. Ständige Vivatrufe, sie ließen uns hochleben jusqu'au nues und noch über den Himmel hinaus. Als wir dann auseinanderritten, waren beide Seiten sehr zufrieden miteinander. Der Herzog ritt die ganze Nacht durch zurück in sein Lager. Aus der Stadt hörten wir nichts Neues. Es wurden ihnen jedoch sofort Zeichen von unserer Ankunft gegeben. Absolument wollen sie bis ins kleinste den Befehlen gehorchen. Über den Tag, den der Herrgott für das Treffen mit dem Feinde bestimmt hat, war zunächst der Hauptdiskurs, mit großer Zufriedenheit darüber, daß sie mich à leur tête haben werden. Ich schreibe deshalb, mein Herz, so ausführlich darüber (obwohl ich dich damit gewiß sehr langweile), damit du das auch den anderen mitteilst, in Form einer Zeitung.«[344]

Im königlichen Lager bei Heiligenbron (Hollabrunn) ging es weiterhin hoch her, es wurde gevivat, getrunken und sich verbrüdert. Immer mehr deutsche Fürsten trafen ein. Jakub notiert am 3. September: »Wir kamen nach Stetelsdorf in das Schloß Herrn von Ardecks und ließen das Heer zurück; hierher kamen zur Beratung die Fürsten: Lothringen, Hermann und Ludwig von Baden, Waldeck, Dünewald. Am 4. ritt der König, die Brücke zu besichtigen.« In der Umgebung des Kaisers beobachtet man kritisch und skeptisch das Herannahen der polnischen Armee, die nicht, wie Sobieski meint, zu zeitig ankam, sondern um ein Haar zu spät, denn Graf Harrach notierte bereits am 30. August in seinem Tagebuch: »General Starhemberg schreibt, das Türkenlager sei sehr aufgeteilt und es seien ihrer nicht mehr als 60 000. Er verspricht, daß sie fliehen oder geschlagen werden, wenn sie auch nur mit wenigen angegriffen werden. Die Briefe vom kaiserlichen Residenten aus dem türkischen Lager, die gestern früh gebracht worden, sagen auch, daß der Türken Macht sehr abgenommen und sie über 47 000 Mann verloren haben.«

Für die nächsten Tage ist ein gemeinsamer Kriegsrat anberaumt worden. Harrach: »Der Markgraf (Hermann) von Baden ist an diesem Abend zu der Armee nach Krems abgefahren, um dem Kriegsrat mit dem König von Polen, Herzog von Lothringen und Fürsten von Waldeck nicht als Hofkriegsratspräsident, sondern als Feldmarschall beizuwohnen; er wird zu Ende der Woche wieder hier sein und Ihre kaiserliche Majestät sich alsdann resolvieren, ob sie in Person zu der Armee gehen sollen. Der König von Polen stößt mit seiner Armee heute zu den Unsrigen; er hat sich schon verlauten lassen, daß er dem Kaiser freie Hand in seinem Land nicht lassen können; er zwar hätte keine Bedenken, wüßte es aber nicht vor seinem Volk zu verantworten. Er verlange aber in jedem Fall, daß sein Prinz den Kaiser besuche und sehe. Dies ist ein genügendes Anzeichen, daß Ihre kaiserliche Majestät nicht zur Armee gehen wird.«[345]

Der Wahlkönig Sobieski stellt dem Kaiser Bedingungen. Der Wahlkönig könne dem Kaiser im eigenen Land nicht freie Hand lassen. Der Wahlkönig verlangt, daß sein Sohn dem Kaiser einen Besuch abstatte.

Schon vor Abschluß des Schutz- und Trutzbündnisses hatte Kaiser Leopold abgewinkt, als er erfuhr, daß sein Botschafter und wohl auch der päpstliche Nuntius unvorsichtigerweise die Erzherzogin Antonia als Preis für das Bündnis vage in Aussicht gestellt hatten. Mit dieser seiner Tochter aus seiner ersten Ehe mit der spanisch-österreichischen Margarita hatte Leopold ganz andere Pläne: sie hatte er dem jungen Kurfürsten Max Emanuel von Bayern zugedacht. Ihn behandelte er schon jetzt beinahe wie einen eigenen Sohn.

Kaiser Leopold hatte richtig vorausgesehen, daß es zu Schwierigkeiten kommen werde, kommen mußte, wo so viele und so verschiedene hohe Herren auf einem Haufen zusammen waren. Doch seine Stärke war die Geduld. Er wartete ruhig zu und beobachtete nur. Und schaute vielleicht noch häufiger als sonst auf das diamantene Lamm auf seiner Brust.

Jan hingegen genoß es, vielbewunderter Mittelpunkt zu sein. Natürlich war er neugierig, nun all die Träger so hoher Namen von Aug zu Aug zu sehen, und seine Damen daheim waren noch viel neugieriger, deshalb gab er ihnen so ausführliche Beschreibun-

gen, meistens noch mit Kommentaren, über die jeweiligen Persönlichkeiten.
Da war zuerst einmal Karl von Lothringen, jener Herzog, der zweimal in Warschau zur Wahl angetreten war und zweimal haarscharf die Königskrone verfehlt hatte.
Was war das für ein Mann?
Noch ehe er ihn mit eigenen Augen sah, hatte ihm Lubomirski einen kurzen Bericht über ihn geschickt, den Jan sofort an Marysieńka im Brief vom 29. August weitergab: »Er ist nicht groß, korpulent, von unbedeutendem Ansehen, ein Melancholiker, der keine Vergnügen sucht, pockennarbig; er kleidet sich so wie der allerarmseligste Mensch, geht in zerrissenem Gewand daher, sein Hut hat nicht nur keine Federn, sondern nicht einmal ein Band, ist abgewetzt und speckig: alias ist das ein guter Mensch, der auch Verstand besitzt, der wenig redet und anscheinend ängstlich ist und nicht wagt, auch nur in irgend etwas gegen die Befehle des Hofes zu verstoßen.«
Einen Tag darauf stand nun dieser Herzog mit einem der ältesten Namen deutscher Fürstengeschlechter vor Jan, der seinen Damen in Polen folgendes Porträt entwirft: »Wuchs und Gestalt ähnlich wie beim litauischen Marschall Fürst Radziwiłł (Michał, sein Schwager); das Gesicht und die Augen – wie beim Herrn Kronquartiermeister, und anscheinend auch in dessen Alter. Die Nase sehr aquilin (Adlernase), fast wie ein Papageienschnabel. Die Pockennarben ziemlich deutlich auf dem Gesicht erkennbar ... Er trägt ein graues Gewand, ohne irgend etwas daran; nur ziemlich neue goldene Zierknöpfe; der Hut ohne Federn. Die Stiefel waren einmal gelb, vor zwei oder drei Monaten; die Absätze aus Kork. Das Pferd ist nicht übel, der Sattel alt; das Pferdegeschirr einfach, aus Leder, erzelend und alt. Dabei wirkt er nicht wie ein Kaufmann oder Italiener, sondern wie ein Mann von Stand. Die Unterhaltung mit ihm sehr gut, was man auch antippt. Er ist bescheiden, redet nicht viel viel und scheint ein anständiger Mensch zu sein; und vom Krieg versteht er sehr viel, und er paßt sich ihm an. Eine fürchterliche perruque blonde; man sieht, daß er auf sein Äußeres überhaupt nichts gibt. Aber er ist ein Mensch nach

meinem Geschmack, und er verdient eigentlich eine weit größere fortune.«

Graf Harrach notiert in seinem Tagebuch am 2. September: »Auf den Abend ist ein Kurier gekommen. Der Herzog schreibt allein, daß er vorgestern den (polnischen) König zu Hollabrunn empfangen, daß sie dort miteinander zu Mittag gegessen und sich einen guten Rausch angetrunken hätten. Sie stehen in einem gar guten Verständnis miteinander wie auch mit dem Fürsten Waldeck. Der Markgraf (von Baden) ist in Krems angekommen, wird aber erst heute nach Stetteldorf (bei Tulln) zu der großen Konferenz reisen. Am 4. September werden der Kurfürst von Sachsen und auch die Fränkischen Regimenter in Krems erwartet.«

Es spricht für den Herzog von Lothringen, daß er seinem Kaiser und Schwager – denn seit dem 6. Februar 1678 war Karl mit Eleonore, der Witwe Michał Wiśniowieckis, verheiratet – so offen über seine Zusammenkunft mit Sobieski berichtet, sogar, daß er, der sonst so Nüchterne, sich einen Rausch angetrunken habe und daß ihm der Pole und frühere Konkurrent um die polnische Krone sehr sympathisch sei.

Harrach verzeichnet aber an diesem Tage noch etwas anderes höchst Wichtiges: »Heute früh ist der Kapuziner Pater Markus von Aviano hier angekommen. Er hat am Abend in der Hofkapelle eine andächtige Exhortation gemacht, daß Gott uns gewiß die Victori wider die Türken geben werde, wenn wir uns nur auch recht vornehmen, uns zu bessern und Gott nicht so leichthin und oft zu beleidigen, worauf er den Segen gegeben hat.

Er wird der ganzen Armee den Segen geben und, wenn es verlangt wird, mit dem Kruzifix vorangehen, wenn die Unsrigen den Feind angreifen sollen.«[346]

Jan ist inzwischen mit seinem Gefolge in Stetteldorf angekommen und logiert im Schloß des Grafen Hardegg.

Er schreibt am 4. September wiederum einen langen Brief an Marysieńka: »Aus Stateldsdorf, im Schloß des alten Grafen Ardek, der Großstallmeister beim berühmten Wallenstein war und bis heute noch lebt, eine viertel Meile entfernt von der Brücke bei Tuln.« Marysieńka hatte sich in ihrem Brief Nr. 3 vom 28. August, den Jan wohl eben erst erhalten hatte, beklagt und nach ihrer bekannten Weise kritisiert, daß Jan ihr zuwenig schreibe, andere täten das öfter und ausführlicher. Worauf er antwortet, daß dies wohl stimmen könne, aber: »Der eilige Marsch, die Durchzüge durch die Städte, die Komplimente, Begrüßungen, die ständigen Konferenzen mit dem Herzog von Lothringen, verschiedene Befehlsausgaben, das alles erlaubt es nicht, weder viel zu schreiben noch zu essen, noch zeitig schlafen zu gehen; umso mehr jetzt, wo Vienne schon fort pressée ist, wo wir schon vor dem Übergang über die Donau stehen, wo der Feind nur noch vier Meilen von uns entfernt ist; und was erst all diese unglückseligen Zeremonien, Adjustierungen an dies und an das, wer zuerst, wer zuletzt, wer zur rechten, wer zur linken Seite. Nachher lange consilia, Phlegma, langsame Resolutionen – all das nimmt nicht nur viel Zeit in Anspruch, sondern bringt auch Verdruß und große Kränkungen mit sich. Wenn es jedoch darum geht, ob alles bei uns so ist, wie es sich gehört, so kann ich bestätigen, daß man uns, wenn man uns nur danach beurteilen wollte, für reicher als Krösus und für die Glanzvollsten unseres ganzen Jahrhunderts halten könnte, denn die farbigen Kleider der Kammerdiener, der Pagen, der Lakaien sind überaus schön, die Pferde reich gesattelt, die Zimmer tapeziert (sowohl meines als auch das von Fanfanik mit goldfarbenen Tapeten, das dritte, die anticamera, mit Brokat). Die anderen jedoch haben nicht ein Tüpfelchen Silber an ihren Pferden, tragen schlichte Kleider (halb deutsch, halb ungarisch), die Wagen sind einfach; Pagen oder Lakaien haben wir bisher noch nicht gesehen.« Jan, der Prunk und Pracht, Schmuck und kostbare Kleider, prachtvolle Pferde und Waffen liebte und sich ihrer großzügig bediente, kam wahrscheinlich überhaupt nicht aus dem Staunen heraus, wie anspruchslos die deutschen Fürsten auftraten, allesamt doch Träger hochklingender Namen.

Über den Kurfürsten Johann Georg III. von Sachsen schreibt er: »Gestern war der Fürst von Sachsen bei mir in einem einfachen roten Gewand, gegürtet mit einer karmesinfarbenen Schärpe mit Fransen daran (wie früher der sel. Herr Wojewode von Sandomierz sich trug).«

Dann folgt das »Portrait de M. de Saxe« in französischer Sprache, das hier der Einfachheit halber gleich in deutscher Sprache zitiert sei: »Kleiner als Jarocki, aber dicker; eher rothaarig denn kastanienbraun, die Haare kurz geschnitten, großgewellt; der Bart nach altdeutscher Mode. Er mag an die vierzig Jahre zählen; er kann weder Französisch noch Latein und spricht auch nur wenig Deutsch; keinerlei feierliche Anreden noch Komplimente; er scheint zerfahren zu sein; ein Trinker, ein einfacher, aber tüchtiger Mensch.« Aber gerade dieser einfache und schlichte Mann, dieser Kurfürst von Sachsen, brachte Jan in größte Rage:

Johann Georg III., selbst ein tüchtiger Feldherr und Krieger, hatte erhofft, den Oberbefehl über die vereinigten Truppen zu erhalten. Nur mit Mühe konnte man ihn davon überzeugen, daß man Jan Sobieski, als dem Ranghöchsten, da er immerhin König war, wenn auch nur Wahlkönig, den Oberbefehl lassen müsse. Grollend fügte sich Johann Georg, aber er, der so gar nicht diplomatisch war, versuchte es nun mit Diplomatie. Jans Kammerdiener Dyakowski schildert uns das sehr anschaulich:

»Als unser Heer und der König übergesetzt hatten, da erst erschien des kaiserlichen Heeres Generalissimus, wenn ich mich nicht irre, der Bayerische Fürst und andere Kurfürsten und die vornehmsten Generale, um den König zu begrüßen; nach der Begrüßung erfolgte die Konferenz und consilium belli, während dem ihnen der König den kaiserlichen Befehl präsentierte, daß sie unter des Königs Kommando stehen sollten, was der Kurfürsten Münder wohl aus Höflichkeit akzeptierten, aber ihre Herzen nicht, denn am meisten stellte sich der Kurfürst von Sachsen dagegen, indem er diesen Grund angab: Wozu des Königs Person hazardieren und in solche Gefahr begeben? Gott verhüte, daß wir verlieren, dann würde der Feind erst recht obenauf sein, weil im Kampf der König in persona dabei war, das Heer kommandiert hat und dennoch verlor; so aber, selbst wenn wir geschlagen werden, wird der Feind sagen: da ist noch der Kaiser und der König von Polen, und wird zumindest die Personen, wenn schon nicht das Heer zu spüren bekommen. Da sich dieses consilium bis lang in die Nacht hineinzog, wurde die Sitzung auf den morgigen Tag verschoben

und die Kurfürsten und die Generäle begaben sich in ihr Lager auf die Flußinsel. Unsere Hetmane, Obersten und Waffenbrüder blieben jedoch noch, und vor denen sprach der König / palam in aller Öffentlichkeit / folgende Worte aus: ›Die Herren Deutschen meinen, daß sie in mir einen Gimpel vor sich haben, daß ich sie nicht durchschaue; wenn die morgen auch noch mit dem zu mir kommen, womit sie heute abgezogen sind, wenn sie auf ihrem Widerstand beharren, dann werde ich ihnen anders aufspielen und werde mich mit dem Heer zurück retierieren, und dann werde ich sie schon nicht mehr um Proviant bitten, sondern ich werde ihn mir selbst nehmen, und wenn ich auch hostiliter / wie ein Feind / auftreten müßte, da sie mich hierher geholt haben.‹ Diese Worte hatten viele Anwesende aus des Königs Mund gehört, unter denen ganz verschiedene waren, denn sowohl Deutsche aus dem polnischen Heer wie auch unsere Polen, die mit den Deutschen Kontakt hatten; wir nahmen an, daß jemand von den Anwesenden, der den Deutschen freundlich gesinnt war, es den Kurfürsten hintertragen hat, denn als sie am nächsten Tage wiederkamen, zeigten sie sich schon ganz anders, denn sie nahmen des Königs Oberbefehl an und fügten sich seinem Willen, sich an das kaiserliche Mandat haltend.«[518] Natürlich fügten sich die disziplinierten Deutschen, wenn so mancher vielleicht auch nur zähneknirschend. Doch für lange Debatten war jetzt keine Zeit mehr. Zwar hatte Graf Starhemberg am 1. September dem Kaiser versichert, er glaube, sich auch noch vierzehn Tage in Wien halten zu können, doch könne er das nicht versprechen; »Wir alle teilen mit, daß wir uns resolviert hatten, uns bis auf den letzten Blutstropfen zu wehren, um uns des allergnädigsten Vertrauens, das Euer kaiserliche Majestät zu uns haben, würdig zu erweisen.«[347]
Dennoch war höchste Eile notwendig. Immer öfter stiegen vom Wiener Stephansturm Raketen auf und riefen um Hilfe. Also waren alle privaten Wünsche zurückzustellen, und man beugte sich den Launen des aus dem fernen Polen zum Sukkurs herbeigeeilten Königs. In Linz wartete indessen Kaiser Leopold in bewunderungswürdiger Geduld auf die Nachrichten vom Grafen Schaffgotsch und dem Markgrafen Hermann von Baden, wie sich König

Jan III. Sobieski zu des Kaisers Wunsch, zur Armee zu kommen, stelle.

Graf Harrach am 7. September:

»Man hat mit großem Verlangen einen Kurier erwartet, um nicht allein des Grafen Schaffgotsch Negoziation mit dem König von Polen wegen des Zeremoniells zu wissen, sondern auch den Markgrafen von Baden selbst mit dem Bericht zu hören, was bei dem abgehaltenen großen Kriegsrat verhandelt worden sei. Endlich ist dieser um 4 Uhr erschienen und hat so viel mitgebracht, daß morgen, am 7. September, das Generalrendezvous der ganzen Armee sei und dieselbe übermorgen in den Wienerwald marschieren und da Posto fassen solle. Vom Grafen Schaffgotsch ist kein Schreiben gekommen, also wollen Ihre kaiserliche Majestät übermorgen zu Schiff folgen. Um 6 Uhr ist der Kurfürst von Bayern zu Schiff angekommen, den Ihre kaiserliche Majestät am Ufer empfangen und in ihrem Wagen in das Schloß geführt haben. Der jüngere Prinz von Hannover hat bei Ihrer kaiserlichen Majestät Audienz gehabt, er will morgen zur Armee gehen.«

Dann kommt aber noch die erfreuliche Eintragung:

»Ihre Majestät die Kaiserin sind diesen Morgen um 6 Uhr mit einer Prinzessin glücklich erfreut worden. Nachmittags wird sie vom Kardinalnuntius getauft und von Ihrer kurfürstlichen Durchlaucht aus Bayern aus der Taufe gehoben werden. Ihre kaiserliche Majestät haben diesen Morgen ihre Abreise resolviert, weil heute nacht weiter nichts von der Armee gekommen ist; daher werden alsbald der kaiserliche Hofstall und andere notwendige Rosse und Wagen zu Land vorausgeschickt werden. Morgen um 9 Uhr früh wollen Ihre kaiserliche Majestät sich zu Schiff begeben und wenigstens bis Persenbeug fahren.«[348]

Nach geschehener Taufe war Max Emanuel von Bayern, der ganz allein und als einziger Gevatter die kleine Prinzessin Maria Anna Josepha Antonia Regina aus der Taufe gehoben hatte, zu seinen Truppen abgereist. Der Kaiser blieb allein – und wartete. Am nächsten Morgen, dem 8. September, traf endlich der ersehnte Brief von Pater Marco d'Aviano ein, aber ohne auf Jan Sobieskis Reaktionen näher einzugehen.

Deshalb richtet Leopold an den Pater noch vor seiner Abreise von Linz folgenden besorgten Brief:

»Heute erhielt ich den Brief Eurer Paternität vom 5. September, woraus ich ersehe, daß Sie bereits mit dem König von Polen sowie dem Herzog von Lothringen gesprochen haben. Ich würde gewünscht haben, daß Euer Paternität mir etwas mitgeteilt hätten wegen der Sache, die wir am Abend besprochen haben: ob der König etwa Schwierigkeiten machen würde, mit mir zusammenzukommen, oder ob ihm mein Kommen wirklich so unangenehm wäre. Auch möchte ich wissen, ob Euer Paternität noch immer, wie zuvor, der Meinung sind, daß ich nicht kommen sollte – ob ich nicht doch kommen könnte?
Euer Paternität werden gewiß vom Herzog von Lothringen gehört haben, daß ich mich entschlossen habe zu kommen und heute die Reise antreten will. Doch möchte ich nicht, daß mein Kommen Wien und dem Gemeinwohl schade.«[349]

Marco d'Aviano hatte aus Taktgefühl dem Kaiser die brutale Wirklichkeit verschwiegen, doch dieser ahnt sie ohnedies. Er befindet sich in einer mehr als unangenehmen Situation: einerseits ziehen ihn sein Pflichtgefühl und auch sein Herz zu seinen Truppen; andrerseits ist er, auch ohne Jan Sobieski jemals persönlich gesehen zu haben, völlig im Bilde über diese komplizierte, schillernde Persönlichkeit, und er macht sich da keinerlei Illusionen. Er stellt trotzdem sein eigenes Prestige – denn ihm ist völlig bewußt, daß man sein Fernbleiben beim Entsatz von Wien hämisch kommentieren würde – zurück, nur um den Entsatz Wiens nicht zu gefährden. Dabei kann er zu diesem Zeitpunkt noch nicht einmal Jans brutale Drohung, mit seinen Truppen wieder abzuziehen, falls man ihm nicht den Oberbefehl lasse, erfahren haben.

Doch an diesem gleichen Abend erfährt er sie. Zwar nicht ganz so nackt-brutal, wie sie Jan ausgesprochen hat, aber gewunden; Leopold verstand sofort.

Graf Harrach notierte am 8. September:

»Gestern abend haben wir von der kaiserlichen Armee vom 5. September einen Brief erhalten. Es wird berichtet, daß die Polen schon über die Tullner Brücke marschieren sollen, und man meint, daß am 7. September, also gestern, das Generalrendezvous im Tullner Feld sein sollte. Heute früh ist des Grafen Schaffgotsch Page gekommen, der meldet: Als er dem Vizekanzler von Polen (Jan Gniński) gesagt habe, der Kaiser wolle persönlich zu der Armee kommen, habe dieser geantwortet, Ihre kaiserliche Majestät würden nur Hindernisse bei der Operation machen; wenn diese wohl ablaufe, könnten sie dann kommen und den König empfangen. Dieses hat wieder den Kaiser und etliche Minister so mürbe gemacht, daß man gar zu Linz geblieben sein würde, wenn nicht alles schon bestellt gewesen wäre. Endlich ist beschlossen worden, Ihre kaiserliche Majestät sollen fortreisen (wozu insbesondere der spanische Gesandte drängt), aber gemach, bis daß man höre, was der Herzog meine und was man auf die kaiserliche Resolution, daß sie gehen wollen, antworten würde.«[350]

Am 4. September klagte Jan zum ersten Mal wieder über andauernde Schmerzen im Hinterkopf und nicht nachlassenden Katarrh, obwohl er in einem Himmelbett schläft und sich zur Nacht warm anzieht.

Es ist rührend, an was nicht alles der oberste Feldherr der versammelten Christenheit denkt! Da wird kunterbunt über die Tataren berichtet, die irgendwo verschwunden sind; über Apafi, der sich beim Kaiser als Vermittler für Verhandlungen mit den Türken anbietet; über Tököly, der Preßburg mit Türken und Tataren belagert, die er gerne lossein möchte, da sie ihm sein Land völlig verwüsten; daß weder Ungarn noch Türken wissen und es auch nicht glauben wollen, daß die Polen bereits in der Nähe von Wien sind, »was sehr gut für uns ist«; über Fanfanik, daß er »ziemlich brav ist und die Arbeit ihm nichts ausmacht«, daß er fast immer in seiner Nähe sei, entweder hinter dem Vorhang oder im Zimmer, daß er auch meistens bei ihm am Tisch esse, und »was die Rebhühner, Fasane und anderes Wild betrifft, könnte er auch mehrere am Tag essen, denn davon haben wir genug, ebenso Früchte«. Jan, der sein ganzes Leben lang schlecht schlief, geplagt von Kopfschmerzen, lästigen Katarrhen und »Melancholie«, opfert auch während des Feldzuges häufig seine Nächte, um seiner vielgeliebten Marysieńka zu schreiben, bis der Morgen tagt, ob-

wohl er einen weiten Weg vor sich hat, so wie am 5. September, da er die Brücke inspizieren will, über die noch am gleichen Tag die Donau überquert werden soll.
In den nächsten Tagen geht es immer hektischer zu. Jakub notiert genau, was wann geschieht:
»Am 5. kam nach dem Mittag der Herzog von Lothringen und schaute dem vorbeiziehenden Heer zu; heute übernachteten wir bei der ersten Brücke.
Am 6. setzten alle Armeen zum anderen Ufer der Donau über und mitten im Feld bei Tulln schlugen sie ihre Lager auf; Herr Heißler vernichtete diese Nacht eine Abteilung Türken; wir hatten die Nachricht erhalten, daß sie mit Hilfe von Minen eine Bastei in die Luft gesprengt haben und von zwei anderen, daß man auch daran zweifeln müsse. Einer von den Belagerten lief zum Wesir über.
Am 7. kamen der Herzog von Lothringen, Herr de Croy, Herr Dünewald, Fürst Eugenius de Soissons, der Fürst von Sachsen und viele andere ...«, und zum Schluß heißt es: »Wir gingen ohne Ergebnis auseinander, wir konnten zu keiner Einigung kommen.
Am 8. wurde nichts getan. An diesem Tag zelebrierte Markus von Aviano die Messe, während der der König kommunizierte, und er hielt eine Ansprache an uns, in der er uns ganz gewiß den Sieg verhieß; in dieser Nacht, als wir uns schon zur Ruhe niedergelegt hatten, erhob sich großes Geschrei: Allah! Allah! Alle glaubten, die Tataren hätten uns plötzlich überfallen.«
Über diesen aufregenden Tag, den 8. September – es war Maria Geburt –, berichtete Jan am 9. ausführlich an Marysiénka:[351] »Jenseits der Donau, an der Brücke bei Tulln, 9. IX. um fünf Uhr früh«.
Unter anderem heißt es dort: »Gestern verbrachten wir hier den Tag mit Gottesdienst, während dem uns padre Marco d'Aviano, der vom Hl. Vater extra hierher geschickt wurde, die Benediktion erteilte. Wir empfingen auch aus seinen Händen die Kommunion; er zelebrierte eine Messe und hielt eine Predigt auf ganz ungewöhnliche Weise, denn er fragte: ›Habt ihr Vertrauen in Gott?‹ Wir antworteten ihm alle, daß wir es haben. Nachher ließ er uns ein paar mal ihm nachsprechen: ›Jesus Marya, Jesus Marya‹. Die Messe hielt

er mit einer ganz merkwürdigen Andacht: das ist wahrhaftig ein mit dem Herrgott verbundener Mensch, kein Einfältiger und kein Bigotter. Er war auf der anderen Seite der Donau bei mir zur Audienz länger als eine halbe Stunde; er sagte mir, was er mit dem Kaiser privat gesprochen hatte, wie er gewarnt, gemahnt und aufgezeigt hatte, warum der Herrgott diese Länder hier so heimsuche. Auf den Kriegsschauplatz herzukommen oder sich auch nur zu nähern, hatte er ihm nicht erlaubt, und als gestern verlautete, der Kaiser nahe, man bereite schon die Unterkunft für ihn in Tulln vor, da lächelte er nur und deutet mir mit dem Kopf, daß das nicht stimme. Es war also nur ein Finte, worüber auch mir der Kaiser geschrieben hatte, da er mich angeblich sehen wollte sowie alle Armeen. Aber ich erkannte bald, daß alle froh waren, daß ich das nicht brauchte; im Gegenteil, ich wünschte, daß er sich nicht weiter als bis Krems nähere, da die Armeen sich heute, im Namen Gottes, Richtung Feind in Bewegung setzen werden und in jenes große Dickicht eindringen werden, in die Berge und Wälder; hier können uns wiederum Tataren in den Rücken fallen, um zu verhindern, daß die Truppen, die nachkommen, sich mit uns verbinden.

Wir plagen uns hier schon seit ein paar Tagen mit dem Übersetzen, und dabei behindert uns noch ständig Regen. Die Brücken, obwohl außerordentlich gut gemacht, brechen doch immer wieder zusammen, weshalb noch immer kaum die Hälfte der Wagen unserer berittenen Armee hinübergesetzt ist, was mit großer Unbequemlichkeit verbunden ist, denn hier auf dieser Seite gibt es kein Hälmchen Stroh, geschweige denn Heu, denn hier an diesem Ort stand mehrere Wochen lang der Chan mit seinen Tataren. Aber jetzt ist es noch weit schwieriger, zum Feind zu gelangen, wo nur hohe Berge und Wälder vor uns liegen, die man mehrmals am Tag durchqueren muß. Sie bringen immer wieder Bergführer her, und alle beraten, aber niemand weiß, wie es am besten wäre; also wird man sich ganz auf Gott allein verlassen müssen. So jedenfalls wurde es unter uns ausgemacht, daß die gesamte Infanterie vorneweg diese Berge erklettert und der Kavallerie den Weg bahnt. Heute nehmen wir das schon in Gottes Namen in Angriff, auch wenn

noch nicht alle Wagen herüber sein sollten; was mit großer Unbequemlichkeit und mit Murren der Reiterei verbunden sein wird, denn nicht nur, daß die Wagen nicht herüberkommen, sondern was mit ihnen weiter werden soll, ist die große Frage, denn auf der einen Seite sind unpassierbare Wege, auf der anderen können wir sie in einem so leeren und verwüsteten Lande, wo der Feind alles dem Erdboden gleichgemacht hat, nicht entbehren.
Über den Herzog von Lothringen bin ich unsagbar kontent. Er verhält sich mir gegenüber vorbildlich, er ist ein sehr anständiger Mensch, ein guter Mensch, und er versteht das Kriegshandwerk besser als die anderen. Er nimmt immer persönlich von mir die Parole entgegen.«
Karl von Lothringen muß tatsächlich ein besonders anständiger Mensch gewesen sein, er wird nicht umsonst allgemein als »edel« bezeichnet, was auch Jan zur Bewunderung zwang, hatte er doch nur zu gut im Gedächtnis, wie er bei der Wahl 1674 den Lothringer nicht gerade mit den »edelsten« Waffen aus dem Feld geschlagen hatte. Doch Karl V. von Lothringen, dieser landlose Fürst, der einem der ältesten europäischen Fürstenhäuser entstammte, trug dies dem »Emporkömmling« Sobieski nicht nach, sondern hielt es nicht unter seiner Würde, sich ihm unterzuordnen, ja sogar persönlich die Tagesparolen von ihm entgegenzunehmen, obwohl doch der gesamte Entsatzplan von ihm in erster Linie ausgearbeitet worden war, wenn natürlich der gesamte Hofkriegsrat daran mitgearbeitet hatte, in der Hauptsache wohl auch der Hofkriegsratspräsident, Markgraf Hermann von Baden, persönlich: von diesem war die Ansicht vertreten worden, daß man die Türken vollkommen umzingeln, dann von allen Seiten angreifen und in die Donau treiben müsse. Wäre dieser Plan angenommen worden, hätte es kein Entkommen gegeben, und die türkische Armee wäre bereits damals im September 1683 vernichtend und endgültig geschlagen worden. Da jedoch die Situation der Stadt bereits sehr prekär war, wollte man während des allgemeinen großen Kriegsrates nicht auf dieses Risiko, noch ein paar Tage länger bis zum Generalangriff verstreichen zu lassen, eingehen und einigte sich auf den Plan, nur vom Wienerwald aus die Türken anzugreifen, wobei man in Kauf

nahm, daß sie durch die Ebene nach Ungarn entweichen konnten. Auch Jan entsprach dieser Plan mehr. Man war der allgemeinen Auffassung, daß sich Wien höchstens noch etwa drei Tage halten könne, obwohl der Kommandant Starhemberg vor ein paar Tagen noch von vierzehn Tagen gesprochen hatte.

Karl von Lothringen war in seiner ganzen Haltung schlicht, pochte niemals darauf, des Kaisers Schwager zu sein; er soll zwar in seiner Jugend ähnlich aufbrausend und jähzornig wie Jan gewesen sein, durch sein Exildasein und den Verlust des eigenen Landes, das Ludwig XIV. annektiert hatte, war er milder geworden; viel Bitteres hatte er zu schlucken lernen müssen, und so war er nun vorbildlich beherrscht. Dazu aufrichtig fromm. Pater Marco d'Aviano war zuerst sein Beichtvater und Freund gewesen, dann erst war er an den Hof nach Wien gekommen.

Der Marquis von Villars hatte für den Hof von Versailles eine Chrakteristik Karls in den Sätzen zusammengefaßt: »Der Herzog ist ein Mann von hohem Wert, von jener angeborenen Tapferkeit, die, ohne Prahlerei und ohne die eigene Furchtlosigkeit hervorzuheben, die größten Gefahren mißachtet. In Besprechungen zeigt er viel Kaltblütigkeit, hört sehr ruhig allem, was man ihm vortragen will, zu und liebt es, wenn Menschen, denen er ein klares Urteil zutraut, ihm sagen, was sie denken. Weder von Ehrgeiz noch von Ruhmsucht verzehrt, ist er nicht einmal bedacht auf seine eigenen Belange und Vorteile. Gänzlich uneigennützig, schlicht in seiner Haltung, lehnt er allen Prunk ab, ist voller Rechtschaffenheit und Frömmigkeit sowie voll tiefster Anhänglichkeit an den Kaiser.«[352]

Jan hatte sofort die Haupteigenschaft des Herzogs, der übrigens im Zeichen des Widders, am 3. April 1643, geboren war, richtig erfaßt, nämlich seine Anständigkeit und Uneigennützigkeit. Wäre er, ähnlich wie Jan, der als typischer Löwe prunkliebend und ruhmsüchtig war, gewesen, hätte der Entsatz von Wien wahrscheinlich nicht so klaglos über die Runden gehen können. Schwieriger war es schon mit Johann Georg III., obzwar auch er von ihm die Parole entgegengenommen hatte; der Kriegsfachmann Jan schreibt voller Bewunderung an Marysieńka: »Als sich schon ihre Truppen mit den unseren vereinigt hatten, besichtigten wir sie gestern: sie sind in höchstem Maße prachtvoll, sehr zahlreich, uniformiert und in allergrößter Ordnung. Man kann von den Deutschen sagen, was über Pferde gesagt wird, daß sie ihre Kraft nicht kennen. Der Fürst von Sachsen ritt gestern mit mir zu den Truppen, er in seinem gleichen alltäglichen roten Gewand; am Pferdegeschirr nur drei oder vier Tüpfelchen weißes Silber, weder Lakaien noch Pagen, kleine Zelte aus einfachem Drillich, sogar sein eigenes Gefolge nur sehr klein und anscheinend nur aus Offizieren bestehend. Die Garde jedoch, die ihm gestern folgte, sehr schön und ordentlich, wie das ganze Heer.«

Während dieser Truppeninspizierung dürfte der Kurfürst geäußert haben, daß, wenn er gewußt hätte, daß der König seinen Sohn mitbringen würde, auch er seinen Sohn August mitgebracht hätte. August war damals dreizehn Jahre alt, nur zwei Jahre jünger als Jakub Sobieski.

Hier nun fiel zum ersten Mal der Name August. Und keiner der beiden hohen Herren ahnte, welche Rolle dieser Dreizehnjährige in nochmals dreizehn Jahren spielen sollte: Ausgerechnet er, und kein anderer der zahlreichen Bewerber, würde die Krone Polens verhältnismäßig mühelos nach Jans Tod erringen. Wie so oft in Jans Leben warfen spätere Ereignisse schon sehr frühzeitig ihre Schatten voraus, sie begegneten ihm wie Schemen der Zukunft. Jan wäre wahrscheinlich zornig geworden, hätte irgend jemand gewagt zu sagen: ›Sieh, da reitet der Vater des nächsten polnischen Königs neben dir‹, denn er sah als seinen Nachfolger natürlich Jakub auf dem Thron, und nicht zuletzt wegen dieser Zukunftsvision war er auch selbst nach Wien geritten. Nun sonnte er sich in dem Glanze, Mittelpunkt all der hohen Herren, der Blüte des europäischen Hochadels, zu sein, er, der Wojewodensohn aus Żółkiew, nun der Ranghöchste unter all den Herzögen, Kurfürsten und zahllosen Prinzen, denn aus ganz Europa strömten sie in Scharen herbei:

»Eine ungeheure Zahl von Fürsten sammelt sich hier aus ganz Europa; Tag und nacht kommen sie angereist; der Fürst von Bayern sollte schon heute nacht ankommen; gestern kamen zwei Neuburger an« – abermals warf die Zukunft Schatten voraus, und

Jan ahnte nichts, am wenigsten, daß sein Jakub, für den er in Wien um eine Habsburgerin werben wollte, eines Tages eine Neuburgerin heiraten würde – »ein Hannoveraner, der von Würzburg (Jan schreibt: ›de Wircburg‹), der junge Anhalt und ungezählte andere. Und alle diese Kavaliere der verschiedensten Nationen wollen mich sehen und lassen mir kaum Zeit, etwas anderes zu tun und an etwas anderes zu denken. Sie alle haben sich nur leicht adjustiert hieher aufgemacht; sie können gar nicht genug meine Zelte und mein Gefolge bewundern.« Sollte er sich diesen Hochgenuß, glänzendster Mittelpunkt einer so glänzenden Schar, rauben lassen durch die Ankunft des Kaisers, der dann natürlich der Mittelpunkt gewesen wäre und ihn, Jan, automatisch verdrängt hätte? Nein. Das wollte Jan nicht. Er wollte dieses Emporgehobensein über alle anderen genießen. Auch war er von sich selbst felsenfest überzeugt, daß er der einzige unter allen diesen Herren war, der es mit Türken und Tataren aufnehmen konnte. Wer von ihnen hatte denn einen so glänzenden Sieg erfochten wie er bei Chocim? Da war keiner, der sich mit ihm messen konnte.
Aus diesem stolzen Selbstbewußtsein heraus antwortete er Graf Schaffgotsch und bediente sich nun selbst einer »Finte«, ganz ähnlich derjenigen, wie der Kurfürst von Sachsen ihm gegenüber. Graf Harrach am 9. September:
»Gegen 5 Uhr ist wieder ein Page des Grafen Schaffgotsch gekommen und hat dem Obersthofmeister einen Brief gebracht, in welchem er meldet, daß er dem König gesagt habe, daß Ihre kaiserliche Majestät zur Armee gehen wollen; er habe geantwortet, die Person Ihrer kaiserlichen Majestät wäre gar zu pretios, als daß sie einer Gefahr exponiert werden sollte; er kenne diesen Feind, er habe zwei Sultane geschlagen, und die Tataren wären ihm unterdessen in die Retroguardi eingefallen, das könnte jetzt auch geschehen.«[353]
Doch die Tataren griffen nicht an, sie waren wie vom Erdboden verschwunden, und die Türken wollten, wie Jan von Gefangenen herausbekommen hatte, nicht glauben, daß der Sukkurs nahe und schon gar nicht, daß der Löwe von Lechistan in persona mit seinen geflügelten Husaren bereits ganz in der Nähe sei.

27 Jan III. Sobieski mit Sohn Jakub 1683. Ölgemälde von Jan Tricius.

28 Marysieńka mit Tochter Teresa Kunegunda.

29 Jakub Sobieski um 1685.

30 Teresa Kunegunda Sobieska. Ölgemälde von Jerzy Eleuter Szymonowicz-Sieminigowski.

31 Alexander Sobieski, Ölgemälde von J. E. Szymonowicz-Sieminigowski.

32 Constantin Sobieski, Ölgemälde von J. E. Szymonowicz-Sieminigowski.

33 Kaiser Leopold I.

34 Ludwig XIV., König von Frankreich.

35 Sultan Mehmed IV.

36 Großwesir Kara Mustafa.

37 Hermann Markgraf von Baden, Präsident des Hofkriegsrates. Um 1683.

38 Herzog Karl V. von Lothringen. Um 1683.

39 Kurfürst Johann Georg III. von Sachsen. Stich von Jeremias Kilian nach Samuel Bottschild.

40 Ludwig Wilhelm Markgraf von Baden. Schabblatt von I. Gole.

41 Kurfürst Max Emanuel von Bayern. Kupferstich um 1680.

43 Karl VII., römisch-deutscher Kaiser, Sohn Max Emanuels und Therese Kunigundes, Enkel Jan Sobieskis.

42 Kurfürstin Therese Kunigunde geb. Sobieska, Kupferstich um 1694.

44 Stanisław Jabłonowski, Krongroßhetman 1683 vor Wien. Stich nach Zajkowski.

45 Hieronim Lubomirski, Befehlshaber der polnischen Hilfstruppen unter Karl von Lothringen 1683.

46 König Jan III. Sobieski.

47 Mikołaj Sieniawski, Kronfeldhetman vor Wien 1683.

48 Marek Matczynski, Vertrauter Jan Sobieskis. Stich von Schübeler.

49 Ernst Rüdiger Graf von Starhemberg, Stadtkommandant von Wien 1683. Zeichnung von F. Gerasch.

50 Pater Marco d'Aviano. 1680. Zeitgenössischer Stich von Carl Gustav Amling.

51 Begegnung zwischen Kaiser Leopold I. und König Jan III. Sobieski am 15. September 1683 bei Schwechat. Zeitgenössisches Flugblatt.

52 Jan III. Sobieski.

53 Jakub Sobieski.

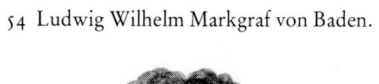

54 Ludwig Wilhelm Markgraf von Baden.

55 August II. der Starke.

Viele Historiker wollen nicht wahrhaben, was alte Weissagungen prophezeit hatten, daß nämlich die Tataren vielleicht tatsächlich den Christen den größten Dienst beim Entsatz von Wien geleistet haben. Ein Augenzeuge aus der nächsten Umgebung des Königs spricht es aus: der Kammerdiener Dyakowski; an gegebener Stelle soll er zitiert werden, und ein Türke schrieb ebenfalls ausführlich darüber; in der »Geschichte des Silihdars« kann man lesen:
»Der Chan, der gleich zu Beginn der Belagerung mit seinen Tataren zur Bewachung der sechs Stunden oberhalb von Wien über die Donau führenden steinernen Alexanderbrücke eingesetzt worden war, wäre imstande gewesen, die beim Brückenkopf eintreffenden deutschen und polnischen Truppen am Stromübergang zu hindern; aber er trat ihnen nicht entgegen, und so konnten sie in hellen Haufen herüberkommen und gegen die Streitschar des Islam rücken. An jenem Tage (9. September) saß der Chan auf einer Anhöhe im Angesicht der Brücke auf seinem Pferd, die Hand mit dem Griff der Peitsche in die Hüfte gestützt, und sah zu, wie die Giauren herübergezogen kamen. Sein Imam näherte sich ihm und mahnte ihn: ›Mein Chan, wenn Ihr die Giauren, die hier in hellen Scharen herüberziehen, niedermachen wolltet, dann wäre den übrigen der Weg abgeschnitten.‹ – ›Ach, Efendi‹, entgegnete der Chan, ›du weißt ja nicht, welche Schmach uns dieser Osmanli/Kara Mustafa/ angetan hat! Nach der Art und Weise, wie er uns behandelt, genießen wir bei ihm nicht einmal so viel Ansehen wie die Giauren aus der Walachei und Moldau. Wie oft habe ich ihm von der Stärke und von den Bewegungen dieses Feindes geschrieben und ihm mitgeteilt: ›Die Feinde sind in der Übermacht! Ziehe die Truppen und die Geschütze aus den Gräben, dann wollen wir, wenn es so weit kommt, eine Feldschlacht schlagen – oder aber laßt uns den Rückzug antreten und uns in Sicherheit bringen!‹ Er aber hat von seinem Starrsinn nicht abgelassen, und ich konnte mir unmöglich Gehör verschaffen. Er hat mir immer wieder Schmähbriefe geschickt und darin sogar geschrieben, daß wir stinkendes Pferdefleisch äßen! Den Feind hier abzuwehren, wäre mir – sofern Allah der Allerhabene es wollte – ein leichtes gewesen, und ich bin mir auch bewußt, daß das jetzt ein Verrat an unserem Glauben ist – aber

wahrhaftig, ich kann nicht anders! Jetzt sollen die Türken nur sehen, was ihr Feldherr wert ist, und jetzt sollen sie es erfahren, was es heißt, ohne die Tataren kämpfen zu müssen.‹

Sprach's und gab seinem Pferd die Sporen, holte seine Tataren zusammen und zog mit ihnen vor dem nachrückenden Feind einher, die Arme schwingend und lachend und frohlockend.

So kam er kurz vor dem Nachmittagsgebet in das großherrliche Heerlager vor Wien, wo er vor der Zeltburg des Großwesirs vom Pferd abstieg und die letzte Nachricht über die Feinde brachte: ›Wie die Hunde kommen sie hinter uns dreingelaufen, und nach der Art, wie sie marschieren, müssen sie am Sonntag hier eintreffen und uns gegenüber Aufstellung nehmen.‹

Der Großwesir bewirtete den Chan, als habe er dem Reich einen unschätzbaren Dienst erwiesen und Dank und Ruhm verdient, und verehrte ihm einen mit feinem Tuch ausgeschlagenen Zobelpelz. Danach begab sich der Chan zu seinem Tatarenheer.«[354]

An diesem 9. September war der Kaiser bereits zu Schiff in Dürnstein angekommen, hatte die Botschaft vom Grafen Schaffgotsch erhalten und mußte einsehen, daß seine Anwesenheit beim Heer nur Ungelegenheiten schaffen würde und dem polnischen König aufs höchste unerwünscht sei.

Kaiser Leopold, der stets großen Wert auf die Ratschläge seiner Minister und Geheimen Räte legte, beriet sich nun auch mit diesen, und es wurde beschlossen, vorerst in Dürnstein zu bleiben und abzuwarten.

Am 10. September notierte Graf Harrach in seinem Tagebuch: »Der General Mercy ist mit 2000 Pferden über den Wienerwald geschickt worden, um zu rekognoszieren, und sie sind bis nach Schönbrunn gekommen, ohne jemand angetroffen zu haben. Dies hat alle erfreut, denn man hat geglaubt, der Feind würde sich am Ende des Waldes mit Redouten und Fortinen hin und wieder verschanzt und an die Pässe gelegt haben. Sie halten es nun für unfehlbar, daß es zu einer Schlacht kommen müsse, und bilden sich auch die Victori sicher ein, weil sie nicht allein dem Feind in der Stärke gleich sind, sondern den Feind nur vor sich haben, die Türken aber die von der Stadt auch hinter sich.

Die deutsche Infanterie und Kavallerie wurden aufgeteilt, sie soll die Avantgarde bilden, die Polacken aber rückwärts soutenieren. Es glauben alle, daß morgen die Bataille geschehen solle.«

In den Aufzeichnungen des Grafen Harrach folgt nun die Aufzählung der einzelnen Punkte, die im Geheimen Rat mit dem Kaiser in Dürnstein beschlossen wurden und die, wenn man sie aufmerksam liest, eine Erklärung für das spätere Verhalten Kaiser Leopolds gegenüber Jan Sobieski geben. Man darf weder Licht noch Schatten einseitig verteilen, denn sonst entstehen eben solche Fehlurteile, wie sie sich nun schon seit drei Jahrhunderten durch die Geschichte und die nationalen Empfindlichkeiten der Polen, Österreicher und Deutschen hinziehen.

Graf Harrach notierte am 10. September des denkwürdigen Jahres 1683, also zwei Tage – nicht, wie angenommen, nur einen Tag – vor der Entsatzschlacht um Wien:

»Daß Ihre kaiserliche Majestät dabei sein wollen, widerraten nicht allein der König von Polen, sondern auch der Herzog und die gesamte kaiserliche Generalität. Sie glauben, daß sie mehr Hindernisse als Nutzen verursachen würden. Ihre kaiserliche Majestät haben darum die anwesenden Geheimen Räte in das Leibschiff kommen lassen, um Geheimen Rat oder Konferenz zu halten und haben beschlossen:

1. daß sie heute hierbleiben und erwarten wollen, bis unsere Armee und die Reichsvölker hinter Klosterneuburg seien und sich unter dem Kahlenberg konjungiert haben;
2. wenn das geschehen sei und der Feind weiche, gleich nach Klosterneuburg zu gehen;
3. wenn der Feind gewichen sei und die Belagerung beendet habe, in Wien einzureiten und das Te Deum laudamus in St. Stephan singen zu lassen. Zu diesem Ende werde Ihre Majestät verbieten lassen, daß vor ihr jemand in die Stadt gelassen werde;
4. die Armee zu erinnern, daß sie sich, wenn eine Schlacht stattfinde, nicht mit Plünderung der Bagage aufhalten solle;
5. daß sie gleich einen Kavalier zu der königlichen Majestät von Polen, zu beiden Kurfürsten und zum Herzog von Lothringen schicken wollen, um sie wissen zu lassen, daß der Kaiser in der

Nähe sei und allein bleiben werde, weil er glaube, es dürfte morgen mit dem Feind zu tun geben und er etwa einige Hindernisse verursachen könnte. Wenn es aber verschoben würde oder vorbei wäre, würde er gleich dabeisein. Und zu diesem (Auftrag) ist Graf Khevenhüller benannt worden.«[355]
Das war klar und eindeutig. Jan konnte sich nicht ausreden, daß er von diesem Wunsch und Erlaß und, wenn man will, auch Verbot, daß niemand vor dem Kaiser die Stadt betreten dürfe, nicht gewußt habe. Wenn Kaiser Leopold schon auf alles verzichtet hatte, wenn er sein eigenes Prestige – von Eitelkeit darf man bei ihm gar nicht reden – zurückstellte, nur um die Eitelkeit des polnischen Königs zu schonen und zu respektieren, so behielt er sich für seine Person vor, wenigstens als erster an der Spitze der siegreichen Entsatzer in das befreite Wien einzureiten und dem Herrgott für die wunderbare Errettung zu danken. Das war wohl nur recht und billig und nicht zu viel verlangt.
Und da Leopold überkorrekt war, unterrichtete er auch Pater Marco d'Aviano von seinem Entschluß:
»Entsprechend dem, was ich Eurer Paternität unterm 8. September geschrieben habe, bin ich von Linz abgereist und hierhergekommen; es ist dies eine Stadt, die mehr oberhalb Krems liegt. Da ich hörte, daß die Heere bereits den Wienerwald erreicht haben und gegenwärtig im Operieren begriffen sind, so habe ich mich entschlossen, hier zu bleiben, bis ich weitere Nachricht bekomme. Ich hoffe, daß mir dies Eure Paternität nicht übelnehmen werden.«
Dieser Brief kreuzte sich mit demjenigen von Pater Marco d'Aviano, den dieser am 11. September vom Leopoldsberg an den Kaiser richtete:
»Ich habe Euer kaiserlichen Majestät wegen Seiner Majestät des Königs von Polen deshalb nichts mitgeteilt, weil dies ja von seiten der Gesandten Eurer Majestät bereits geschehen war. Ich fürchtete, daß, wenn auch ich davon spräche, dies Unzufriedenheit erzeugen könnte, mit dem, was nun in Ordnung gebracht worden ist. Schon herrscht Eintracht und gutes Einvernehmen zwischen allen Häuptern. Wenn Euer Majestät zur Armee gekommen wären, hätte Gefahr bestanden, daß Unordnung entstehe. Jetzt mögen Eure

kaiserliche Majestät beruhigt sein, es herrscht, Gott sei Lob und Dank, das beste Einvernehmen zwischen den Fürsten und Häuptern.«

Das heißt, daß es Jan gelungen war, mit seinem Charme, seinem jovialen Wesen und seiner imposanten Männlichkeit alle für sich einzunehmen. Das allein war schon ein Sieg, denn man darf nicht vergessen, daß auch die deutschen Fürsten nicht immer einig waren und sozusagen gehorsam in Reih und Glied vor dem Kaiser standen, sondern viele tanzten nur zu gerne, ähnlich wie die polnischen Herren Brüder der Szlachta, aus der Reihe. So hatte es ja bekanntlich von allem Anfang an ein Tauziehen um den Oberbefehl über die kaiserlichen Truppen gegeben, den der Hofkriegsratspräsident, Markgraf Hermann von Baden, gern seinem militärisch hochbegabten Neffen, dem damals achtundzwanzigjährigen Markgrafen von Baden-Baden, Ludwig Wilhelm, anvertraut hätte; Johann Georg III. von Sachsen wiederum hatte es ursprünglich als selbstverständlich angesehen, daß er, »der sächsische Mars« als ein kriegserfahrener Feldherr den Oberbefehl erhalten würde, und er hatte zunächst recht unwirsch reagiert, als er sich in seinen Hoffnungen getäuscht sah. Und so erging es wohl noch so manchem anderen der hohen Herren; doch zu ihrem Ruhme muß gesagt sein, daß sie, wenn auch manche murrend, sich doch unter des Kaisers Willen beugten, den landlosen Herzog von Lothringen akzeptierten und sich auch dem Oberbefehl des polnischen Wahlkönigs, diesem Soldaten und Haudegen, unterordneten.

Es erfolgt nun eine für die Zukunft folgenschwere Begegnung. Jakub notiert: »Am 9. früh kam der Kurfürst von Bayern, und nach einer fließend hervorgebrachten Rede ritt er zu seinem Lager zurück.«

Jan kommt an diesem Tag nicht mehr dazu, seinen Eindruck über Max Emanuel aufzuschreiben, aber eines ist sicher: er gefiel ihm auf den ersten Blick.

Jakub berichtet anschließend in seinem Diarium über Manöver, die der König abhielt: »An diesem Tag brachen wir von hier auf, und der König stellte die Schlachtkolonnen in der Ebene auf, er musterte seine Husaren und belehrte die anderen, die zusahen, wie sie das Gleiche ausführen sollten, was er seinen eigenen Leuten befahl; indem er sie in zwei Kolonnen aufteilte, befahl er der ersten, langsam, in dicht geschlossenen Reihen derart voranzugehen, daß einer dem anderen auf dem Fuße folgte, und zwei gepanzerte Rotten bildeten den Abschluß; so manövrierten sie und zertrampelten dabei das weite Feld. An diesem Tage sollte der Kaiser kommen, aber er kam nicht. Der Fürst von Altenburg-Gotha schaute zu; wir standen in der Ebene am Fuße der Berge unweit von Koenigstaedten.«

Der Kammerdiener Dyakowski erzählt wiederum in seinen Erinnerungen, daß, als sie in jener Ebene am Fuße des Wienerwaldes sich aufhielten, Folgendes passierte: Marodeure fanden im Keller eines von Türken niedergebrannten Gebäudes 200 Fässer mit Wein, über die sich sofort das Gesindel stürzte und sich sinnlos zu betrinken begann. Der König schickte zu Jabłonowski, und der wiederum 100 Mann, um das Gesindel zu vertreiben. Die Fässer mit Wein ließ er zerschlagen. Der Wein rann in Strömen aus. In dem Augenblick begann es zu regnen, Wein und Wasser drohten das kleine Zelt, das eben für den König aufgeschlagen wurde, davonzuschwemmen. Rasch wurden rund um das Zelt Gräben ausgehoben, und dabei fand man ein auf Leinwand gemaltes, zusammengerolltes Bild der Unbefleckten Jungfrau Maria.

»Man brachte es dem König, der es, nachdem er es entrollt hatte, andächtig küßte. Plötzlich rief jemand der Dabeistehenden: ›Gnädiger König, da steht etwas auf der Rückseite!‹ Der König antwortete: ›Lies!‹ Und der las nun die lateinischen Worte: ›Erit Victor Joannes‹. Der König darauf: ›Was redest du da, Bestie?‹ Der es gelesen hatte, erwiderte: ›Ich habe nur gelesen, was hier steht.‹ Der König: ›Laß mich sehen.‹ Er liest, aber er liest dasselbe, also küßte er das Bild und sagte nachdenklich: ›Wer weiß, was für ein Johannes der Victor sein wird?‹«

Wiederum also ein wunderbares Zeichen; ein Mirakel geradezu für die naiven und wundergläubigen Katholiken aus dem fernen Osten. »Am 10. brachen wir in Richtung Klosterneuburg auf«, notierte Jakub; »der Weg war so schlecht, daß der König lange auf einem Berg auf das nachrückende Heer warten mußte; da es fast unmöglich war, hier durchzukommen, befahl der König den Truppen, einen anderen Weg einzuschlagen, während er weiterritt. Nachher hielt er unter einer Eiche, wo sich alle versammelten, die Kurfürsten von Sachsen und Bayern, die Fürsten von Lothringen, Neuburg, der jüngere Gotha, Hannover-Waldeck; dann führten sie uns auf irgendeinen Berg, von dem aus man am besten Klosterneuburg sehen konnte. Als es jedoch dunkelte, begaben sich die Kurfürsten und Fürsten wieder hinweg, jeder in einer anderen Richtung; wir übernachteten dort und hatten ein Infanterieregiment des Kurfürsten von Bayern bei uns, das den anderen nicht nachzufolgen vermochte. In dieser Nacht hörte man oft den Donner unserer Kanonen und den der Belagerten, womit sie uns zu verstehen gaben, daß sie hart von den Türken bedrängt würden. Am 11. bestiegen wir bei Morgengrauen einen Berg, um zu sehen, ob nicht irgend jemand von den Unseren durchgekommen wäre, um uns über den Stand der Armee zu berichten. Während wir warteten, kamen die Fürsten, sagten uns Guten Morgen und ritten wieder davon. Zu Fuß stiegen wir über diesen mit Weinbergen bedeckten Berg hinab, und als wir am Fuße angelangt waren, tauchte plötzlich jemand von unserem Heer auf / der einen Gefangenen zum König brachte / und führte uns zu ihm hin. Während die Armee zwei verschiedene Wege einschlug, nahm der König einen Imbiß zu sich, denn er hatte vom Morgen des vergangenen Tages bis jetzt nichts gegessen. Nach dem Mittagessen führte der König unser Heer, zusammen mit einigen Regimentern von den Fürsten, über den Berg. Oben auf dem Gipfel des Berges hielt er an und blickte von dort auf die Stadt und das ganze türkische Lager hinab. An diesem Tage erschlugen die Unseren fünf Türken. Wir übernachteten im Walde auf diesem Berge, der Kahlenberg genannt wird.« Unter unsäglichen Mühen folgte das polnische Heer. »Den ganzen Tag marschierten wir«, liest man bei Dyakowski, »nicht über die öffentlichen Straßen, sondern über Seitenwege, die für den Marsch einer Armee ungeeignet waren, vor allem für den Transport der Kanonen, und wenn wir an Hügel kamen, mußte die Infanterie sie ziehen, und so verbrachten wir den ganzen Tag mit diesem Marsche, der, ob absichtlich oder zufällig, so langsam vor sich ging, daß wir erst bei Dunkelheit zu unserem Nachtlager in einem Eichenwald kamen, eine gute halbe Meile von Wien entfernt; wir konnten jedoch gut den Turm von St. Stephan sehen, einer katholischen Kirche in Wien; und obwohl wir schon so nahe waren, wußten die Türken nichts von uns, weil es schon Nacht war, wo jeder Soldat sich in sein Lager zurückzieht. Die Parole wurde im Namen der Jungfrau Maria, Herrgott hilf, ausgegeben, und gleichzeitig bei der Parolenausgabe wurde bei Todesstrafe verboten, Feuer anzuzünden oder Tabak zu rauchen. Die Pferde mußten am Zügel gehalten werden, wer etwas in der Tasche hatte, gab ihnen das, wer nichts hatte, pflückte Händevoll Blätter von den Bäumen und fütterte damit die Pferde.«

Jan, der doch von dem französischen Gesandten de Vitry als todkranker Mann bezeichnet worden war, hatte erstaunlich gut die Strapazen des bisherigen Feldzuges überstanden. Am Ende dieses Tages, an dem er den ermüdenden Aufstieg auf den Kahlenberg hinter sich gebracht hatte, fühlte er sich jedoch ziemlich erschöpft. Sein Kammerdiener Dyakowski gibt darüber einen anschaulichen Bericht:

»Ein kleines Zeltchen wurde für den König aufgeschlagen und darin eine Matratze auf den Boden gebreitet, was beides stets hinter ihm auf einem Pferd mitgeführt wurde; der König setzte sich auf diese Matratze und sagte zu uns Hofbediensteten: ›Ich weiß nicht, auf wen ich mich verlassen kann, ich selbst bin sehr müde; ich muß ein bißchen Ruhe haben vor der morgigen Arbeit. Heute wird der Kommandant von Wien Sztaremberg /Starhemberg/ Zeichen geben; ich müßte sie beobachten, kann es aber nicht.‹ – Darauf meldete sich der wohlgeb. Herr Matczynski zu Wort: ›Gnädiger König, man muß sich ausruhen, wenn auch nicht so, wie es nötig wäre; verlaß dich nur, Eure königliche Majestät, auf mich, ich werde schon aufpassen.‹ – Darauf der König: ›Ich könnte auch keinem anderen das anvertrauen.‹ – Und damit legte sich der König auf die Matratze, Matczynski aber setzte sich vor der Tür auf einen Schemel, den der Pferdeknecht immer im Gepäck mitführte, weil der König, der sehr corpulentus war, über ihn das Pferd bestieg. Nach einer Stunde, circiter um neun Uhr, steigt eine Rakete vom

St. Stephansturm in Wien auf, die uns hell in die Augen schien; da sagt Matczynski zum König: ›Gnädiger König! Ein Zeichen ist schon da.‹ Antwortet der König: ›Da weiß er schon, daß ich bereits die Donau überquert habe.‹ Einige Vaterunser später steigt wieder eine Rakete auf, und gleich darauf sagt Matczynski zum König: ›Gnädiger König, jetzt war schon das zweite Zeichen.‹ Der König antwortete: ›Da weiß er schon, daß ich mich vom Train entfernt habe.‹ – Dann wartet er ein bißchen, aber schon stieg die dritte Rakete hoch; wieder sagt Matczynski zum König: ›Gnädiger König! Schon das dritte Zeichen!‹ Darauf der König: ›Gelobt sei Gott! Jetzt weiß er schon, daß ich mich mit dem Heer hier am Ort befinde.«‹ Nach diesen drei erfolgten Zeichen beruhigte sich der König und stellte seine Uhr für drei nach Mitternacht, und er befahl, sie ganz dicht neben ihn zu legen, damit der Wecker ihn aufwecke.

3
Der 12. September 1683

»Als es nun auf drei Uhr zuging«, berichtet Dyakowski, »und der Wecker ertönte, erwachte der König und rief nach uns: ›Ist da wer von den Jungen?‹ – Ich meldete mich und noch einer, die wir neben dem Zelt unser Lager hatten, der König sagt zu uns: ›Einer von euch laufe mal schnell zu den Kaplänen und wecke sie auf, damit sie die Messe vorbereiten, und als mensa sollen sie eine Trommel nehmen.‹ (Denn wir hatten keinen Tisch und keinen Wagen.) Wir weckten die Kapläne, dann wurden ein paar Trommeln von der Infanterie geholt und daraus eine mensa unter Eichen hergerichtet.«[356]

Jan, der immerhin sieben Stunden geruht hatte, setzte sich inzwischen in seinem kleinen Zelt hin und schrieb an Marysieńka einen langen Brief, in dem er quasi einen »Rapport« über die letzten Tage gab und nicht versäumte, auch ein genaues Porträt Max Emanuels zu entwerfen. Dazu kann man nur den Kopf schütteln: Sorgen hatte der Oberbefehlshaber am Tag der Entscheidungsschlacht!

Der Brief beginnt, wie so häufig bei Jan, mit einer genauen Orts- und Zeitangabe: »Von den Bergen, Kahlenberg genannt, darauf das Kloster der Kamaldulenser, jetzt abgebrannt, über dem türkischen Lager, am 12. IX. 1683, um drei Uhr vor Tag.

Obwohl man doch jetzt glauben sollte, daß man keine Zeit mehr zum Schreiben habe und die Post auch nicht vor morgen abgehen werde und man nicht weiß, ob sie durchkommen wird, denn die Tataren sitzen uns im Rücken, so habe ich trotzdem, nur damit du dich nicht sorgst, alles zur Seite gelegt und teile mit, daß wir durch Gottes Gnade gestern vor Abend über dem türkischen Lager angekommen sind; heute bis Mittag wird, Gott geb's, der Rest nachfolgen. Es ist unmöglich zu beschreiben, was sich hier mit uns tut (keine Zeit hat von dergleichen jemals gehört) nach dem so schweren Übergang über die Donau, wo die Brücken immer wieder zusammenbrachen und die Wagen sich Furten suchen mußten.«

Und Jan knüpft nun an den am Donnerstag, dem 9. September, so jäh abgebrochenen Brief an, als um neun Uhr morgens der Kurfürst von Bayern ankam, »dessen Porträt folgendermaßen aussieht: Wuchs und Statur wie unser M.le comte de Maligny /Marysieńkas Bruder/, die Haare ganz hübsch und dunkelbraun, das Gesicht nicht häßlich, aber Mund und Kinn österreichisch, doch nicht allzu sehr. Die Augen anscheinend etwas krank; er gibt sich französisch ..., er kleidet sich besser als die anderen, seine Pferde sind prachtvoll, englische, der französische König hat ihm zwanzig samt Sattelzeug geschickt. Lakaien, Pagen sieht man nicht; ziemlich höflich und manierlich; aber noch sehr jung. Zu Fanfanik ist er so freundlich und familiär, als ob sie einander schon mehr als zehn Jahre kennten. Er nennt ihn oft mon cheri frère.«

Max Emanuel zählte damals einundzwanzig Jahre (geb. am 11. Juli 1662), Jakub fünfzehn, also war der Altersunterschied nicht allzu groß, und da sie einander wahrscheinlich sympathisch waren, fanden sie rascher Kontakt zueinander, als sonst in einem so großen Heerlager üblich. Und Jan sah es ganz gewiß gern, daß der junge Wittelsbacher sich mit seinem Sohn anfreundete. Wobei er, wie so sehr oft in seinem Leben, natürlich nicht ahnte, daß ausgerechnet dieser ihm so sympathische junge Kurfürst von Bayern eines Tages sein Schwiegersohn werden und ihm sein liebstes Kind, Teresa Kunegunda, nach München entführen würde. Und auch die beiden jungen Männer ließen sich nicht träumen, daß sie einmal Schwäger sein würden.

Die Kurfürsten haben es Jan anscheinend angetan, denn er kann gar nicht aufhören, über sie zu berichten:

»Zunächst waren beide Kurfürsten doch eher fremd zu uns; jetzt, wo wir uns dem Feinde zu nähern beginnen, kann ich gar nicht ausdrücken, wie kontent ich mit ihnen bin: sie nehmen immer selbst die Parole von mir entgegen und fragen manchmal zehnmal, ob ich nicht noch etwas zu befehlen habe. Der Sachse ist ein anständiger Mensch, in dessen Herzen es keinen Verrat gibt. Letztens ist der arme Kerl vom Pferde gefallen und hat sich das Gesicht zerkratzt. Sie haben immer einige Kavaliere bei mir, um die Befehle entgegenzunehmen, jetzt haben sie sogar bewaffnete Reiter hergeschickt, damit sie vor meinem Zelt zu Pferd Wache halten; was du, bitte, mein Herz, dem Hochwürdigen von Łuck mitteile/ denn ich habe keine Zeit dazu/, denn er war der Meinung, daß ich mit ihnen und ihrem Phlegma viel Schwierigkeiten haben würde. Sie haben mir zu meinen polnischen Truppen auf dem rechten Flügel vier große Infanterieregimenter dazugegeben; es ist tatsächlich so, daß der einfachste Hauptmann nicht gehorsamer sein könnte als sie, und deshalb können wir uns mit Gottes Gnade einen guten Erfolg erwarten, allerdings mit schwerer Arbeit verbunden, denn wir haben hier alles anders vorgefunden, vor allem die Lage dieses Ortes, als man uns informiert hatte.«

Nochmals schildert er den schwierigen Aufstieg auf den Kahlenberg, wie er vorausgeritten war und seine Truppen zurückgeblieben waren, was man schon übel auszulegen begonnen hatte. Und natürlich klagt er wieder und übertreibt in seiner wuchernden Phantasie alle Schwierigkeiten ins Gigantische und Einmalige – wobei man sich stets vergegenwärtigen sollte, daß es zu Jans stehenden Redewendungen gehörte, bei der geringsten Schwierigkeit zu sagen, ›wie es die Welt noch nicht gesehen‹ bzw. ›gehört hat.‹

Also auch jetzt hier. Auch darf man es nicht allzu wörtlich nehmen, wenn er behauptet: »Angefangen also vom Freitag essen wir nichts und schlafen nicht, auch unsere Pferde nicht.« Bevor er diese Worte so pathetisch niederschrieb, hatte er eben sieben Stunden geruht, ausgestreckt auf der Matratze im Zelt, und er mußte sich sogar den Wecker stellen, um nicht zu verschlafen, wenn er auch ein paar Zeilen später klagt, daß der Geschützdonner einen kein Auge habe schließen lassen.

Ganz stark bricht aber hier auf dem Kahlenberg wieder einmal sein Aberglaube durch:

»Was hier ganz wundersam ist, daß hier seit sechsundzwanzig Stunden ein so heftiger Wind weht, direkt uns in die Augen vom

Feind her, daß sich die Leute auf den Pferden kaum halten können. Direkt auf uns haben sie les puissances aeriennes /die Gewalt der Lüfte/ gelenkt, denn der Wesir soll ein großer Zauberer sein.« Jan, ein Kind der Ebene, ist von den »schrecklichen«, dicht bewaldeten Hügeln – des lieblichen Wienerwaldes! – so beeindruckt, daß er der festen Meinung ist, man werde erst in zwei Tagen die Aktion beginnen können, denn jetzt müsse zunächst einmal die ganze Aufstellung der Armee geändert werden, da man sehr vorsichtig, Schritt vor Schritt, werde vorgehen müssen. »Aber um es fein auszudrücken, und alle Hoffnung auf Gott setzend, müßte der Feind eine große Konfusion davontragen, da er sich nicht verschanzt hat, was ihm hier auch schwerfiele, und auch nicht sein Lager zusammengezogen hat, sondern so dasteht, als ob wir noch hundert Meilen von ihm entfernt wären.«

Das geübte Feldherrnauge Jans hatte sofort die schwerwiegenden Fehler Kara Mustafas bemerkt, der unbegreiflicherweise kaum etwas unternommen hatte, sich gegen den Ansturm der Entsatzarmee abzusichern, sondern weiterhin alles auf die Karte der schnellen Einnahme bzw. der Kapitulation Wiens setzte, offensichtlich absolut verblendet und in seine Ideen verrannt, so daß er die Realität nicht mehr richtig einzuschätzen vermochte.

Befriedigt teilt Jan Marysieńka mit:

»Der Kommandant von Wien hat uns schon gesehen: Er läßt Raketen steigen und unablässig die Kanonen donnern. Die Türken haben hingegen bis jetzt nichts unternommen; nur gegen den linken Flügel, wo der lothringische und der sächsische Fürst stehen unterhalb der Mauern des Klosters de la Camaldolie (und auch diese Mauern haben die Unseren schon besetzt), hat er einige Fähnlein mit einigen tausend Janitscharen geworfen, um anscheinend den Landstreifen an der Donau zu verteidigen. Ich werde jetzt gleich dorthin reiten, und deshalb muß ich schließen, um nachzusehen, ob sie dort nicht Schanzen errichtet haben, was sehr ungut für uns wäre, da ich von dort die Attacke beginnen will. Unser Heer steht eine gute halbe Meile weit ausgebreitet auf den Bergen in Wäldern, wo es kaum einen Pfad gibt, um von Flügel zu Flügel durchzukommen. Ich habe hier auf dem rechten Flügel übernachtet bei der Infanterie. Man sieht von hier aus das ganze türkische Lager. Der Geschützdonner ließ einen kein Auge schließen.« Auf dieses Lager der Türken konzentrierten sich auch die Blicke der Soldaten. Staunend sahen sie einen Wald von Zelten unter sich, sie hörten den Geschützdonner bis hier herauf und sahen das Feuer.

»Wir sind hier so leicht geworden über den Freitag und Samstag, daß jeder von uns die Hirsche über die Berge jagen könnte. Aber um die Pferde steht es am schlimmsten, die nichts zu fressen haben, außer Blätter von den Bäumen. Bisher ist der versprochene Proviant noch nicht eingetroffen, weder der für die Pferde noch für die Menschen; unsere Leute sind jedoch sehr willig. Die Fußtruppen, die mir zugeteilt wurden zu unserem Heer, dienen mit einer solchen Submission wie niemals die Unseren; die Unseren blicken vielmehr schon mit mitleidigen Blicken auf das Türkenlager und können es kaum erwarten, dort zu sein: aber das kann wohl nur die starke Hand Gottes bewirken. Die Tataren sind bis jetzt kaum zu sehen, und wir wissen immer noch nicht, wo sie stecken.«

Während der König den Brief an Marysieńka schrieb und mit den üblichen Wendungen schloß, daß er millionenmal alle Hübschheiten seines einzigen Herzens küsse, die Kinder ebenfalls küsse und umarme und fest an sich drücke, waren die Vorbereitungen zur Messe getroffen worden.

Jakub notiert: »Am 12., einem Sonntag, gingen wir früh zum Kloster der Kamaldulenser, das auf dem Berg Kahlenberg liegt, wohin auch alle Fürsten kamen ... Der König war der Meinung, daß man einen Sieg nicht den Menschen, sondern dem Herrn der himmlischen Heerscharen anheimstellen müsse, und da er einen Sieg aus dessen Händen empfangen wollte, begab er sich deshalb in die Kapelle, um Gott um einen glücklichen Ausgang des Kampfes zu bitten. Nach Anhören der hl. Messe war er voll der Hoffnung, daß nach einem so guten Anfang auch das Ende günstig sein werde.«

Jakub erwähnt allerdings nichts davon, was man jedoch in einem kleinen Büchlein über den Kahlenberg nachlesen kann, daß näm-

lich König Jan anschließend an die hl. Messe seinen Sohn Jakub zum Ritter schlug.[357]
Dyakowski schildert einen Zwischenfall, der immer wieder gern zitiert wird, da er der wundergläubigen Frömmigkeit der Polen so sehr entgegenkommt: »Als Marco d'Aviano die Messe beendete, während der Jan die Kommunion empfangen, Kreuz gelegen und den Segen erhalten hatte, soll er statt ›Ite Missa est‹ gesagt haben: ›Vinces, Joannes‹. Einige sagten zu ihm: ›Vielleicht gibt es Gott, daß deine Prophetie, hochwürdiger Kaplan, sich erfüllt.‹ – Der Italiener fragt: ›Was für eine Prophetie?‹ Da sagen sie ihm, daß er statt ›Ite Missa est‹ gesagt habe ›Vinces, Joannes‹, was der Italiener abstritt und darüber in Zorn geriet: ›Was wollt ihr mir da in den Mund legen! Bin ich denn wahnsinnig, so etwas zu sagen? Ich bin kein Prophet.‹ Genug, es hatten viele würdige Menschen dies aus seinem Munde gehört. Ob es der König gehört und bemerkt hatte, das weiß ich nicht.«
Mit Windeseile verbreitete sich diese wundersame Fama, stärkte die Krieger im Kampfe gegen die Ungläubigen – und wird noch bis heute kolportiert.
»Kaum daß die Sonne aufzugehen begann, befahlen der König und der Hetman dem Heer, das aus dem Schatten der Wälder hervorkam, auf die Pferde aufzusitzen«, erzählt Dyakowski, und Jakub, der Fünfzehnjährige, notiert voller Erregung: »Und jetzt ertönte die Heeresparole, und die Trompeten gaben einen lieblichen Klang von sich, der in uns allen einen kriegerischen Schauer erweckte. Jeder der Fürsten eilte, um seine Schuldigkeit zu erfüllen.« Dyakowski gibt weitere Einzelheiten bekannt: »Unser polnisches Heer, das aus Respekt vor dem kommandierenden König den rechten Flügel einnahm, trat nun zur Schlachtordnung an, auf dem linken Flügel hingegen befand sich das kaiserliche Heer. Unser polnisches Heer hatte einen schlechten und ungeeigneten Platz zum Aufstellen, da es auf lauter Weinberge stieß; was nun die Weingärten betraf, so hatte sich jeder Weinbauer den seinen mit Mauern abgegrenzt. Indem kamen zwei Fürsten zum König angeritten, die sich um den Rang stritten, wer zuerst den Feind angreifen solle, der eine war der Herzog von Lothringen, wer der

zweite war, erinnere ich mich nicht. Der König konnte sie nicht anders versöhnen als durch das Los; zu diesem Zweck wurden eine Trommel und Würfel gebracht, beide mußten nun von ihren Pferden herab die Würfel auf die Trommel werfen, die von zwei Infanteristen hochgehalten wurde; wer gewann, weiß ich nicht, denn ich stand ziemlich weitab, und außerdem fesselte mich die Kleidung des Herzogs von Lothringen, der auf einem großen und tüchtigen Pferde saß, er selbst war von Kopf bis Fuß in einen Küraß gekleidet. Der andere Fürst trug nur ein einfaches Gewand, deshalb achteten wir weniger auf ihn und erkundigten uns nicht nach ihm.«

Es ist anzunehmen, daß dieser bescheiden und unauffällig gekleidete Fürst Johann Georg III. war.

»Unser König hingegen trug einen schwarzen Kontusch; er saß auf einem Falben, der Pałasz / das heißt zu deutsch: Säbel / genannt wurde; der König war mit einer goldenen Kette gegürtet, und er befahl, daß vom höchsten bis zum niedrigsten polnischen Soldaten, der an der Schlacht teilnahm, jeder mit einem Strohseil umgürtet sein müsse, und zwar zur Unterscheidung von den Türken Selim-Girejs (welcher Selimgirej während der Schlacht mit seinen hundertfünfzigtausend Tataren nur unseren rechten Flügel streifte, keinen Schuß abgab und sich aus dem Staube machte und die Türken im Stiche ließ, womit er uns nicht wenig zum Siege verhalf), damit die Deutschen nicht auf die Unseren statt auf die Türken schießen, denn sie trugen die gleichen Gewänder wie wir.«[358]

Was hier Dyakowski über den Tatarenchan erzählt, bestätigt das, was in der »Geschichte des Silihdars« zu lesen ist, nämlich über den unstillbaren Haß, der den Chan gegen Kara Mustafa erfüllte; Dyakowski verwechselt nur die Namen: Vor Wien befand sich nicht Selim Girej, der den Polen von früheren Streifzügen nur zu gut bekannt war, sondern dessen Nachfolger, Murad Girej; ob König Jan III. mit diesem ein heimliches Abkommen getroffen hatte oder nicht, läßt sich nicht genau feststellen; doch wäre das Verhalten des Chans nichts Außergewöhnliches, da die Tataren sehr häufig die Fronten wechselten und für den »Löwen von

Lechistan« stets Bewunderung und eine stille Scheu vor ihm empfanden.

Kara Mustafa hingegen soll, laut Dyakowski, der es von einem Kammerdiener des Großwesirs nach der Schlacht erfahren haben will, ausgerufen haben, als er die herannahenden Polen mit ihren Lanzen und geflügelten Husaren erblickte: »Oh König! Wie konntest du meinem Herrn ein solches Unrecht zufügen!« Er meinte damit den durch Jan gebrochenen Vertrag von Żurawno. Doch geben wir dem Königssohn Jakub wieder das Wort, der treuherzig berichtet:

»Als er (der König) über das große Vorhaben nachdachte, begab er sich auf den Berg zurück, während das Heer zu Tale stieg, und nahm eine Mahlzeit ein, damit ihm die Kräfte, durch so langes Fasten geschwächt, nicht etwa den Dienst versagten.« Das war typisch Jan: Essen und Trinken waren für ihn sehr wichtig, und gut zu essen zählte zu seinen angenehmsten Beschäftigungen. An diesem 12. September, da die vereinigten kaiserlichen und polnischen Streitkräfte von den Höhen des Wienerwaldes herabstiegen, war das Mittagessen kein reines Vergnügen, denn es war ›vermischt mit Staub, den der Wind auf die Speisen fegte‹. Nach der Stärkung ging Jan »zu Fuß von diesem Hügel herab und bestieg unten sein Pferd und begab sich geradewegs zum Mittelflügel, gefolgt von den Husaren des Wojewoden von Wolhynien (nämlich des Feldhetmans Mikołaj Sieniawski) sowie einigen leichtbewaffneten Fähnlein.«

Jakub gibt anschließend die genaue Aufstellung des Heeres an: »Um den Ansturm der Janitscharen aufzuhalten und zu brechen«, stellte Sobieski ›Herrn Schultz‹ an die Spitze der Infanterie, der von einem Fähnlein leichter Reiterei unterstützt wurde; anschließend Husaren, dann wieder ein Regiment leichter Reiterei. Den Dragonern befahl er, auf dem rechten Flügel am Mittelhang des Berges Aufstellung zu nehmen und unterstützte sie durch mein Husaren-Regiment, an deren Spitze die Kanonen standen«, berichtet Jakub stolz; »mein Regiment wurde durch ein anderes leichtbewaffnetes und die königlichen Husaren unterstützt.« Am Fuße des Berges postierte der König den Starosten von Halicz, Stanisław

Potocki, sowie den Kämmerer Dominik Potocki. Rückwärts bei den Bergen stand der Krongroßhetman Stanisław Jabłonowski an jenem Flügel, wo man den Ansturm der Tataren erwartete – und der dann nach Dyakowski »kaum ihn streifend und ohne einen Schuß abzugeben« an ihm vorüberbrauste. »Auf dem linken Flügel standen mit den kaiserlichen Truppen der Herzog von Lothringen und Marschall Lubomirski; näher zu uns die fränkische Infanterie, dahinter ein leichtbewaffnetes Fähnlein, hinter denen die Husaren des Wojewoden von Lublin, Marcin Zamoyski, und die meines Bruders (Alexander); dahinter wieder ein leichtbewaffnetes und endlich die Kavallerie des Fürsten von Sachsen-Lauenburg; ferner standen auf dem linken Flügel die Bayern unter ihrem Führer. Nach der Aufstellung der Truppen nach dieser Ordnung wurde auf beiden Seiten tapfer gekämpft.«

Es mutet merkwürdig an, wenn der fünfzehnjährige Königssohn Jakub auch wie selbstverständlich über den Heldentod Gefallener berichtet: »Der Starost von Halicz, von jugendlicher und edler Begeisterung durchdrungen, jagte hinter den fliehenden Türken her, doch als diese wieder eine Kehrtwendung machten und er von nirgends Unterstützung fand, fiel er tapfer.« Und da die Polen bekanntlich für alles, was mit Heldentum und Heldentod zusammenhängt, schon immer ein Faible hatten, kann diese Episode auch nicht bei Dyakowski fehlen, im Gegenteil, er fügt noch Details hinzu: »Der Türke hieb ihm den Kopf mit dem Helm ab, der bei einem solchen Herren nicht übel sein mußte; der Kopf mit dem Helmdeckel flog davon, der Helmkragen blieb auf dem Rumpf sitzen; diesen Kopf konnte man nachher, wie man erzählte, denn ich sah es nicht selbst, nicht mehr finden, also legte man einen anderen zu dem Körper.«

Dann beschreibt Dyakowski, wie der König Regiment auf Regiment der kaiserlichen Armee gegen die Janitscharen einsetzt, hauptsächlich wohl fränkische Infanterie, denn der Kammerdiener vermerkt voll der Bewunderung: »Prächtige Männer, alle wohluniformiert: sie trugen graue Mäntel und weiße Kamisole, die ich gut sehen konnte, weil sie direkt auf uns zukamen.« Dyakowski bewundert deshalb so sehr die gut adjustierten Soldaten, weil bei den Polen zwar die Reiterei, Liebkind der Szlachta, glänzend war, die Infanterie jedoch absolut stiefmütterlich behandelt wurde. Beim Übergang über die Donau war ein Regiment in derart elendem Zustand, daß Lubomirski dem König riet, im Hinblick auf die Ehre der Nation dies Regiment nur nachts übersetzen zu lassen. Doch Jan, der gern und oft bluffte, hatte auch hier sofort einen Trick zur Hand. Den anwesenden deutschen Fürsten sagte er: »Seht diese unbesiegten Ritter, sie schworen, kein anderes Gewand zu tragen als nur das vom Feind. Im letzten Krieg kleideten sich alle nur türkisch.« Diese Bemerkung gab zwar den abgerissen daherkommenden polnischen Fußsoldaten kein besseres Gewand, hüllte sie aber in einen Nimbus, den es in Wirklichkeit nicht gab.[359]

Doch auch dieses Regiment wurde aufgerieben; da befahl der König, daß die kaiserlichen Kürassiere auf die Türken losgingen und sie mit den Degen erledigten. Nun waren auch die Türken geschwächt, und schon ging die polnische Reiterei auf die türkische los und durchbrach deren Reihen. Da sagte der König: »Wenn ich mit Gottes Hilfe heute diesen Berg einnehme, dann morgen den anderen dort und am Dienstag, was Gott gibt.«

Durch Dyakowskis Diarium wird also bestätigt, daß Jan ursprünglich keineswegs gehofft hatte, an einem Tag die Stadt zu befreien, daß er vielmehr drei Tage dafür eingeplant hatte. Doch da geschah, laut Dyakowski, etwas Unvorhergesehenes: Dem König wurde gemeldet, daß der linke Flügel bereits in das Türkenlager nahe der Donau eingebrochen sei. Sofort befahl Sobieski den Wojewoden von Wolhynien mit seinem Regiment zu sich: »Sofort mit dem Regiment die Zelte des Wesirs in Besitz nehmen!«

Auch Jakub berichtet ausführlich über den Verlauf der Schlacht, natürlich ganz aus der Sicht des Königs, an dessen Seite er sich die ganze Zeit über eng hielt: »Die Türken, die unserem Ansturm nicht standhalten konnten, wichen zurück in Richtung zum Wesir, wir nahmen ihre Stellungen ein. Dorthin kam der Fürst Waldeck geritten, der, Komplimente mit Tränen mischend, dem König schon zum künftigen Sieg gratulierte. Nachher vereinigten wir uns mit der bayerischen Infanterie; als der König deren Führer begrüßt hatte, schickte er die vom bayrischen Kurfürsten und Fürsten

Waldeck herangeführte Infanterie vor, bestrebt, zum rechten Flügel zu kommen, wo sich der Wesir versteckte, weil er dort auf der rechten Seite einige Fähnlein leichter Reiterei und die Husaren, vor allem die meines Bruders, hatte, denn meine und die des Königs wurden in Reserve gehalten. In dieser Schlachtordnung gingen wir an einer altertümlichen Bastei vorbei, den Überresten eines ehemaligen Schlosses, und als wir am Fuße des Berges ankamen, auf dem sich der Wesir befand, sahen wir immer weniger türkische Lanzen. Wir gingen weiter vor; die Türken beunruhigten uns durch Aufklärungsabteilungen, der Wesir unterstützte sie mit Kanonen, aus denen er ohne Unterlaß auf uns schießen ließ, aber ohne Wirkung, und selbst verteidigte er sich auch damit, denn er hatte sie vor seinem Zelt aufgestellt. Als der König das sah, befahl er den Husaren meines Bruders, diesen Berg zu stürmen, auf dem der Wesir stand; obwohl viele von ihnen dabei umkamen, durchbrachen sie doch die türkischen Reihen und zwangen den Wesir zur Flucht. Der König, der den Husaren nachfolgte, bemächtigte sich der Kanonen; als wir noch am Fuße des Berges waren, drangen der Herzog von Lothringen und der Marschall (Lubomirski) bereits in das türkische Lager ein, vernichteten alles und kamen auf uns zu. Nachdem die Kanonen genommen waren, ritt der König in das Lager ein, als er jedoch noch einigen Widerstand bei dem Zelt des Wesirs bemerkte, hielt er an, als sich aber in diesem Augenblick der Achmet Aga ergab, befahl er diesem, ihn in das Zelt des Wesirs zu führen; als er dieses in Besitz genommen hatte, bemächtigte er sich des ganzen Lagers und zwang die Türken zu einer schmählichen Flucht. Im Lager fanden wir auch noch andere Kanonen; alle brannten darauf, die Türken zu verfolgen, doch die Nacht setzte dem Kampf ein Ende. In den Approchen waren noch einige Janitscharen, in dieser Nacht noch erledigte sie teils der Marschall, teils zwang er sie zur Flucht. Der König, von fränkischen und bayerischen Soldaten umgeben, gönnte seinem von so großer Arbeit ermüdeten Leib Ruhe unter einem Baum, und dort ruhte er besser aus, als er es sonst irgendwo gekonnt hätte, denn nach der Hitze war nun die Ruhe umso süßer.«
Schildert Jakub fast ausschließlich nur das, was sich auf höchster

Ebene abspielte, also in unmittelbarer Nähe des Königs, so erfahren wir von Dyakowski doch auch einiges, was ein paar Stufen tiefer abrollte. Und das ist nicht minder aufschlußreich, denn der Kammerdiener, der einfache Herr Bruder der Herren Brüder aus den einzelnen polnischen Regimentern, schreibt recht frei von der Leber weg:
»Die Kaiserlichen jagten die Türken so tüchtig, daß diese, wie sie auf dem Pferde saßen, Reißaus nehmen mußten, uns alle Beute im Lager zurücklassend, in dem wir, als wir es eroberten, noch die Speisen in den Kesseln fanden, den Braten auf dem Rost, den Reis in der Milch; nicht einmal das half ihnen, was sie in der größten Not als größte Rettung ansehen, nämlich daß sie die Fahne des Propheten entfalten und aufheben, bei der jeder bis zum letzten fallen mußte oder sollte und die man nicht im Stich lassen durfte.«
Nun, diese vermeintliche Fahne des Propheten hatten die Polen erbeutet, zu ihrem größten Stolz und mit ungeheurem Jubel; Jan ließ sie sofort dem Papst übersenden, »wo sie auf dem Vatikan gehißt wurde«, wie Dyakowski meinte; in Wirklichkeit hatte der Großwesir selbst oder einer seiner nächsten Begleiter die Fahne des Propheten, zusammengerollt unter dem Gewand verborgen, gerettet und auf die Flucht mitgenommen. Dyakowski fährt fort:
»Als wir nun im türkischen Lager Quartier bezogen hatten, da nahmen wir zusammen mit den Kaiserlichen lediglich den vierten Teil der Zelte ein, in denen wir übernachteten; der König jedoch saß auf seinem gewöhnlichen Schemelchen die ganze Nacht über im Zelt des Wesirs, wohin, kaum daß er dort war, sofort zwei kaiserliche Regimenter kamen, circiter zweitausend Mann, die so dicht um das Zelt herum standen, in dem der König war, Schulter bei Schulter, daß niemand mehr, der beim König war, herauskonnte; und wer zum König hineinwollte, den wiesen sie ab, bis auf einen, der mit dem Rapport kam, daß die Janitscharen weiterhin Wien attackierten, weil sie nicht wußten, daß der Wesir geflohen war.
Als aber der König während des Tages schon sah, daß die Türken verspielt hatten, sagte er mit lauter Stimme vor uns allen: ›Ich will nicht König sein, wenn ich nicht morgen den Sztaremberg (das ist

der Kommandant) auf dem Ring aufknüpfen lasse; er sieht doch, daß der Feind flieht, er selbst hat zwölftausend Mann in der Stadt, und da macht er keinen Ausfall und schlägt sich nicht durch.‹ Aber der König wußte nicht«, fühlt sich sein Kammerdiener bemüßigt, diese ungeheuerlichen Worte seines Königs quasi zu entschuldigen, denn er fühlte wohl, wie unangemessen dieser Ausbruch Sobieskis war, »daß die Türken mit uns kämpften, die Janitscharen aber weiterhin Wien zu erobern versuchten, welches Wien in so großer Gefahr schwebte, daß, wenn der König sich nicht beeilt hätte, der Kommandant schon am Dienstag vor den Türken hätte kapitulieren und die Festung sich hätte ergeben müssen.«[360]
Bewunderung spricht aus den Worten des Polen für die tapferen Wiener, die ihre Stadt trotz größter Nöte so lange hielten.

Während noch in den Laufgräben vor Wien gekämpft wurde, vergnügten sich bereits die Polen im Lager der Türken: »In dieser ersten Nacht, die wir im Türkenlager verbrachten, hat irgendein Halunke aus dem polnischen Heer alles zurückgelassene Pulver angezündet, das auf eine Million taxiert wurde, daraus entstand ein so gewaltiges Feuer und so ein Schrecken, daß wir glaubten, der Himmel stürze auf die Erde nieder. Das ganze Heer sprang sofort auf die Pferde und stand in Reih und Glied, bis wir erfuhren, daß das Pulver angezündet worden war.«

Zwei Tage später wird auch Jan darüber Marysieńka berichten. »Als es tagte«, fährt Dyakowski fort, »zeigte sich jenseits des Flusses ein zweites ebensolches türkisches Lager (das wir am Abend nicht gewahrten, weil es schon drei Stunden Nacht war, bis sich das Heer gelagert hatte und sich endlich die Marodeure, die die ganze Nacht über plünderten und die türkischen Zelte verbrannten, die man nirgends verladen konnte, da wir keine Wagen bei uns hatten, beruhigt hatten); sofort stürzte sich das Gesindel scharenweise auf die Pferde, weil es glaubte, dort würden noch Menschen drin sein oder das Flüßchen sehr tief; als sie aber merkten, daß das Wasser seicht war, kaum bis zum halben Schienbein reichte, ließen sie die Pferde stehen und stürzten zu Fuß durch das Wasser, das hoch über sie hinwegspritzte, und kaum drüben angekommen, plünderten sie so rasch dieses Lager, daß nach einer Stunde kein

Jan an Marysieńka aus dem Zelt des Großwesirs am 13. September 1683.

einziges Zelt mehr zu sehen war.« Hier also aus polnischem Munde einmal die Bestätigung, daß die Polen tatsächlich sofort in der ersten Nacht mit der Plünderung begannen. »Einen Strauß fanden wir getötet vor den Zelten des Wesirs; einige sagten, daß ein Pole ihn getötet habe, andere, daß ein Türke, damit eine solche raritas nicht in polnische Hände falle.«

Die farbigste und enthusiastischste Beschreibung dieses Sieges gibt natürlich Jan selbst:

»In den Zelten des Wesirs
13. IX. 1683 in der Nacht.

Einzige Freude der Seele und des Herzens, allerentzückendste und allerliebste Marysieńka!

Gott, unser in Ewigkeit gepriesener Herr, gab unserer Nation einen solchen Sieg und solchen Ruhm, von dem frühere Jahrhunderte niemals gehört haben. Alle Geschütze, das ganze Lager, unschätzbare Reichtümer sind in unsere Hände gefallen. Der Feind, dessen Leichen die Approchen, die Felder und das Lager bedecken, flieht in Konfusion. Kamele, Maultiere, Vieh, Schafe, die er bei sich hielt, beginnen erst heute unsere Truppen, die die Türken herdenweis vor sich hertreiben, einzusammeln; andere, vor allem Renegaten, fliehen von ihnen, auf guten Pferden und prachtvoll bekleidet, zu uns. Es ist etwas so Unglaubliches geschehen, daß man schon heute in der Stadt und hier im Lager zu fürchten begann, weil man es sich anders nicht erklären konnte, daß der Feind wieder umkehren würde. Allein an Pulver und Munition ließ er für weit mehr als über eine Million liegen. Ich habe auch in der letzten Nacht etwas gesehen, was ich mir schon immer einmal zu sehen gewünscht hatte. Unser Lumpenpack hat an verschiedenen Stellen hier das Pulver angezündet, was wie der leibhaftige Jüngste Tag aussah, ohne Schaden unter den Menschen anzurichten: es ließ sehen, wie am Himmel die Wolken geboren werden, aber es war trotzdem ein großes Unglück, denn es verursachte gewiß einen Schaden von einer Million.

Der Wesir ist so Hals über Kopf von hier geflüchtet, daß er nur in einem Kleid und mit einem Pferd davonkam. Ich wurde sein Sukzessor / Nachfolger / denn zum größten Teil sind alle seine Herrlichkeiten mir in die Hände gefallen, und dies durch den Zufall, daß ich an der vordersten Spitze ins Lager kam, direkt dem

Wesir auf dem Fuße folgend, und da ließ sich einer seiner Kammerdiener bestechen und zeigte mir seine Zelte, so groß und weit wie Warschau oder Lemberg innerhalb der Mauern. Ich habe alle seine Wesirszeichen, die man vor ihm herträgt, erbeutet; die Fahne Mahomets, die ihm der Kaiser auf diesen Kriegszug mitgegeben hatte und die ich gleich heute durch Talenti dem Hl. Vater nach Rom übersandt habe. Alle Zelte und Wagen sind mir zugefallen, et mille d'autres galanteries fort jolies et fort riches, mais fort riches / und tausenderlei andere sehr hübsche und sehr kostbare Sachen, vor allem sehr kostbare /, obwohl man noch längst nicht alles gesehen hat. Il n'y a point de comparaison avec ceux de Chocim / sie lassen sich überhaupt nicht mit denen von vor Chocim vergleichen /. Allein schon einige Köcher, mit Rubinen und Saphiren besetzt, kommen auf einige tausend rote Złotys / Goldzłotys /. Du wirst also, meine Seele, nicht zu mir sagen können, was Tatarenfrauen zu ihren ohne Beute heimkehrenden Männern zu sagen pflegen, ›Du bist kein Held, wenn du ohne Beute zurückgekommen bist, denn derjenige, der Beute macht, muß immer ganz vorne gewesen sein‹. Ich habe auch das Pferd des Wesirs mit dem gesamten Sattelzeug erbeutet, er selbst wurde stark bedrängt, dennoch konnte er sich salvieren. Sein Kiahia, d. h. der Ranghöchste nach ihm, wurde erschlagen, und eine Menge Paschas auch. Von goldenen Säbeln wimmelt es im Heer, auch von anderen Rüstungen. Die Nacht hinderte uns dann, und auch der Umstand, daß sie beim Rückzug sich noch fürchterlich verteidigten et font la plus retirade du monde / und die beste Retirade der Welt vollzogen /. Ihre Janitscharen ließen sie in den Approchen zurück, die in der Nacht niedergemetzelt wurden, denn da war bei diesen Leuten eine derartige Widerspenstigkeit und solch ein Stolz, daß, während die einen mit uns im Feld kämpften, die anderen weiterhin die Stadt stürmten; da hatten sie was zu tun.«

Alle, Jan, Jakub und sogar Dyakowski, berichten über die Janitscharen, die bis in die Nacht hinein noch kämpften, aber keiner von ihnen hält es für notwendig, den Namen dessen zu nennen, der diese verbissen stürmenden Janitscharen von den

Mauern vor Wien vertrieben und damit die Stadt erst endgültig befreit hat. Es war der junge Markgraf Ludwig Wilhelm von Baden. Nur einmal hatte Jakub ihn und seinen Onkel, Hermann von Baden, namentlich erwähnt, als sie zusammen mit Karl von Lothringen und den anderen Heerführern in Stetteldorf zum Kriegsrat beim König erschienen. Dabei war Markgraf Hermann von Baden immerhin Präsident des Hofkriegsrates und begleitete Sobieski während der Entsatzschlacht von Truppe zu Truppe und griff erst dann ein, als der junge Markgraf Ludwig Wilhelm im Feuer des Gefechtes in ernste Gefahr geriet; da warf Hermann einige Infanterietruppen ins Gefecht und riß damit wieder alle Soldaten, die eben auf Anordnung Karl von Lothringens für eine halbe Stunde eine Ruhepause eingeschaltet hatten, zum weiteren Kampfe fort, worauf sie dann bald in das Lager der Türken einbrachen, was sowohl von Jakub als auch von Dyakowski vermerkt wird. Am Abend aber, als die Polen bereits im Zeltlager der Türken zu plündern begannen, da schickte der Herzog von Lothringen Ludwig Wilhelm von Baden mit dem Halleweylschen und Heißlerschen sowie einem Teil des württembergischen Regiments zu den Laufgräben vor dem Schottentor und säuberte sie von den Janitscharen. Er war der erste von den Entsatzern, der dem Grafen Starhemberg, der später auch noch einen Ausfall machte, zur Befreiung Wiens gratulieren konnte. Dieser kriegstüchtige junge Badener, der eines Tages als »Türkenlouis« als einer der genialsten Feldherren und Türkenbezwinger in die Geschichte eingehen sollte, war an jenem Abend »unter fröhlichem Pauken- und Trompetenschall« vor die Stadtmauer gezogen und hatte die Laufgräben mit seiner ihm eigenen Bravour gesäubert.
Auch er gehörte zu jenen Personen, die Jan begegneten, ohne daß beide ahnten, daß das Schicksal sie nicht zufällig hier zusammengeführt hatte. Ludwig Wilhelm von Baden, durch seine Mutter Louise, eine geborene Soissons-Carignan und Schwester von des Prinzen Eugens Vater, war mit diesem nahest verwandt, sie waren leibliche Vettern, und Ludwig Wilhelm hatte diesen »edlen Ritter« als erster dem Kaiser vorgestellt und damit den Grundstein zu des Prinzen späterer Karriere gelegt, wozu sich Eugen auch immer

dankbar bekannte, ebenso dazu, daß Ludwig Wilhelm sein Lehrmeister gewesen sei, dem er über den Tod hinaus ein treues und dankbares Andenken bewahrte. Doch für Polen und Jan ist die Tatsache viel interessanter, daß die Badener, die sowohl mit den Bourbon-Condé als auch mit den Habsburgern, Hohenzollern, Wittelsbachern, Savoyern, kurz: mit allen in Europa herrschenden Häusern verwandt oder verschwägert, dieses auch mit den Wasas, weshalb schon Hermann von Baden während des Interregnums nach Michał Wiśniowieckis Tod als einer der irgendwo an letzter Stelle auftauchenden Kandidaten fungierte; Ludwig Wilhelm jedoch hatte bereits als Kind polnisch gelernt, darauf hatte sein Vater sehr geachtet, eben im Hinblick auf eine Kandidatur für den polnischen Thron. Und nach Jans Tod werden wir Ludwig Wilhelm als einem sehr ernstzunehmenden Rivalen Jakubs und der anderen Bewerber wieder begegnen.[361] Doch vorerst lebte noch Jan und schwelgte im Rausch seines Sieges und ließ auch seine Marysieńka daran teilnehmen, was ja durchaus sympathisch an ihm ist. Der Sieg faszinierte ihn so sehr, daß er gar nicht aufhören konnte, darüber zu berichten: »Ich schätze sie /die Zahl der Türken/, abgesehen von den Tataren, auf dreihunderttausend; andere schätzen allein die Zelte auf dreihunderttausend und rechnen drei Mann auf ein Zelt, was eine unerhörte Zahl ergeben würde.[362] Ich schätze, daß es wenigstens hunderttausend Zelte sind, denn sie standen ja in mehreren Lagern. Zwei Tage und Nächte zerlegen sie sie schon, jeder, der will, auch aus der Stadt kommen schon die Leute heraus, aber ich weiß, daß sie auch in einer Woche noch nicht alle zerlegt und fortgetragen haben werden. Sie haben viele unschuldige hiesige Österreicher, vor allem Frauen, hier liegengelassen; aber sie haben auch viele erschlagen, so viel sie nur konnten. Eine Menge erschlagener Frauen und viele Verwundete, die noch am Leben sind, liegen überall herum. Gestern sah ich ein Kind von etwa drei Jahren, ein Bübchen, ein allerherzigstes, dem solch ein Gauner Gesicht und Kopf gespalten hatte. Aber das ist schon grotesk, daß der Wesir, der hier irgendwo in einem Kaiserlichen Schloß einen wundersam schönen lebendigen Strauß erbeutet hatte, auch den hat töten lassen, nur damit er uns nicht in die Hände falle. Was er sonst noch an Köstlichkeiten hier in seinen Zelten hatte, läßt sich nicht beschreiben. Er hatte Bäder, einen kleinen Garten mit Fontänen darin, Kaninchen, Katzen; sogar einen Papagei, aber den konnten wir, da er herumflog, leider nicht fangen.«

Der Bericht geht weiter:

»Heute war ich in der Stadt, die sich schon nicht mehr länger als höchstens fünf Tage hätte halten können. Das menschliche Auge hat niemals solche Sachen gesehen wie jene, die dort durch die Minen angerichtet worden sind: Die gemauerten Basteien, fürchterlich mächtig und hoch, haben sie in entsetzliche Felsbrocken verwandelt und so ruiniert, daß sie weiter nicht mehr standhalten konnten. Die kaiserliche Burg ist total von Kugeln zerschossen.

Alle Truppen, die samt und sonders sehr gut ihre Pflicht erfüllt haben, schrieben dem Herrgott und uns den siegreichen Ausgang der Schlacht zu. Als schon der Feind zu fliehen und zu weichen begann – denn mir war es zugefallen, mich mit dem Wesir zu messen, der alle und alle Truppen auf meinen rechten Flügel konzentrierte, so daß schon unsere Mitte wie auch der linke Flügel nichts mehr zu tun hatten und daher alle deutschen Verstärkungen zu mir hingelenkt wurden –, da kamen zu mir die Fürsten angelaufen, so der Kurfürst von Bayern, Waldeck, und sie umhalsten und küßten mich auf den Mund, die Generäle wiederum küßten mir Hände und Füße; und was erst die Soldaten! Alle Offiziere und alle Regimenter der Kavallerie und Infanterie riefen: ›Ach, unzer brawe Kenik!‹ Sie hatten mir so gefolgt wie niemals die Unseren. Was gar erst heute morgen, als die Fürsten von Lothringen und Sachsen zu mir kamen (die ich gestern nicht mehr hatte sehen können, da sie am äußersten linken Flügel waren, und denen ich unter des Herrn Hofmarschalls Befehl ein paar Husarenfähnlein beigegeben hatte); was erst der hiesige Kommandant Staremberk! Alles das küßte, umarmte mich, nannte mich ihren Salvator. Nachher war ich in zwei Kirchen. Das einfache Volk küßte mir Hände, Füße, Kleider; andere wiederum berührten mich nur, indem sie riefen: ›Ach, laßt uns diese tapfere Hand küssen!‹ Alle hatten schreien wollen: ›Vivat‹, aber man konnte es ihnen ansehen, daß sie sich vor den Offizieren und Vorgesetzten fürchteten. Eine Schar hielt es nicht aus und rief trotz Angst: ›Vivat‹, aber ich sah, daß man das mißbilligte; deshalb ritt ich, nachdem ich nur zu Mittag beim Kommandanten gegessen hatte, wieder aus der Stadt in das Lager zurück, aber das Volk begleitete mich mit erhobenen Händen bis zum Tor. Ich habe bemerkt, daß auch der Kommandant und der Stadtrat schief aufeinander blicken, denn als sie mich begrüßten, stellte er mir nicht einmal die Mitglieder vor. Die Fürsten sind wieder weggeritten, und der Kaiser läßt wissen, daß er nur noch eine Meile entfernt ist; und diesen Brief kann ich nicht enden vor dem heutigen Morgen, man läßt mich nicht mehr schreiben und mich länger an dir, mein Herz, erfreuen.«

Hier dürfte Jan den Brief unterbrochen haben, den er später weiter fortsetzt.
Jakub, immer an der Seite des Vaters, schildert in seiner schmucklos referierenden Weise Jan Sobieskis ungebetenes und selbstherrliches Eindringen in die Kaiserstadt und sein höchstpersönlich angestimmtes Tedeum folgendermaßen: »Als er das alles [das Lager] besichtigt hatte, begab sich der König zur Stadt, um die Belagerungsarbeiten der Türken anzusehen« – schon seit seiner Kavalierstour hatte sich Jan ganz besonders für das Fortifikationswesen interessiert und besichtigte, wo er nur konnte, Festungsanlagen –, »und als er näher herankam, trat ihm der Kommandant Starhemberg entgegen, bedankte sich für die Befreiung und führte ihn überall herum.« Wohlgemerkt, außerhalb der Stadt!
»Als Begleiter schlossen sich der Herzog von Lothringen und die Kurfürsten von Bayern und Sachsen an. Als er diese Arbeiten außerhalb der Stadt, also die durch Minen zerstörte Front der Bollwerke, wo nur noch einige weitere Minen der Stadt jeden Augenblick den endgültigen Ruin hätten bringen können, wenn der König sie nicht von außen befreit hätte, betrachtet hatte, ging er in die Stadt hinein unter den freudigen Zurufen der Bevölke-

rung. Der Kommandant ging voran und zeigte ihm alles, vor allem jedoch, wie er einige Male die Bastionen und Fronten, die durch Minen in die Luft gesprengt worden waren, wieder instand gesetzt hatte. Nach der Besichtigung der Arbeiten innerhalb der Stadt begab sich der König, um Gott Dank zu sagen, in die Kapelle der Allerheiligsten Jungfrau Maria von Loreto, welche Kapelle mit schwarzen Felssteinen wie mit einem Mosaik ausgelegt war. Als er dort die Messe gehört hatte, begab er sich auch noch in die Kirche St. Stephan, aus der er kaum mehr heraustreten konnte: eine solche große Menschenmenge umringte den Sieger, und jeder wollte seine Hand küssen. Endlich machte er sich frei und begab sich zum Mittagessen in das Haus des Kommandanten, wohin auch der Kurfürst von Bayern kam, denn der Herzog von Lothringen hatte sich entfernt, um beim Heer verschiedene Stellungswechsel anzuordnen. Während wir speisten, entstand irgendein Lärm; sofort wurde der Wojewode der Rus / der Krongroßhetman Jabłonowski /, der seine Soldaten für den Fall, daß etwas plötzlich passieren sollte, in Bereitschaft hielt, dorthin geschickt; der Kurfürst von Bayern folgte ihm, um auch seinem Heer Befehle zu erteilen. Der König blieb eine Weile und ritt dann wieder zu seinen Leuten zurück, vorbei an Orten voller Gestank; in diesem Gestank übernachtete er auch.«

Wenn man Jakubs Aufzeichnung aufmerksam liest, fällt auf, daß darin keinerlei Erwähnung gemacht wird, daß der König in die Stadt, etwa durch Starhemberg, eingeladen worden wäre, sondern es heißt: »er ging hinein«; außerdem erfährt man, daß Karl von Lothringen und die Kurfürsten sich zurückgezogen hatten und nur Max Emanuel von Bayern später beim Kommandanten zum Mittagessen aufgetaucht sei. In welch peinlicher Situation sich sowohl der Herzog von Lothringen, die Kurfürsten als auch Graf Starhemberg befanden, die von dem Befehl wußten, daß niemand vor dem Kaiser die Stadt betreten dürfe, läßt sich leicht ausmalen. Daß Jan nichts davon gehört haben sollte, ist kaum anzunehmen, obwohl sein erster Biograph, der französische Abbé Coyer, behauptet: »Der Sieger nahm an, er könne seinen Triumph feiern, ohne den Kaiser zu beleidigen.« Jans Wesen entspricht es mehr,

daß er sich diesen Triumph auf keinen Fall entgehen lassen wollte, fühlte er sich doch ganz und gar als alleiniger Sieger. Und der fromme Pater d'Aviano hatte ihn noch darin bestärkt, als er bei Tulln davon sprach, warum dieses Unglück über die Wiener und Österreicher gekommen wäre, nämlich wegen ihrer »schrecklichen Sünden«, er, Jan aber, er war »der von Gott gesandte Retter«, der die Wiener von der gerechten Strafe erlöste. Der gute Pater d'Aviano hatte wahrscheinlich nicht angenommen, daß er in dem doch so frommen und romtreuen polnischen König einen durchaus nicht demütigen, wie es die Kirche gerne hat, sondern einen sehr eitlen und hoffärtigen Sohn vor sich hatte, dem die Worte des Paters wie Balsam ins Ohr träufelten und ihn in seiner durch so viele wunderbare Zeichen bestätigten Überheblichkeit noch bestärkten. Auch kann man keineswegs Jan damit etwa entschuldigen, daß er eher nur »zufällig« in die Stadt eingedrungen und dort rein spontan sein Tedeum zu singen begonnen hatte, denn bei Dyakowski steht es schwarz auf weiß:
»An diesem Tag, Montag, gegen neun Uhr früh, zog der König mit den Hetmanen zum Te Deum laudamus nach Wien, in das er nicht durch das Tor einreiten konnte, denn das konnte nicht so schnell von der Verrammlung freigemacht werden, sondern wir ritten durch einen sehr dunklen Fluchtweg, und zwar bei Fackelbeleuchtung, ein, wo der König die hl. Messe anhörte und das Te Deum laudamaus gesungen wurde. Und wo das Volk vor ihm auf die Knie fiel oder sogar sich in Kreuzesform vor ihm niederwarf, und alle riefen, auf deutsch oder lateinisch: ›Ave, Salvator!‹«
Im offiziellen Bericht des Stadtsyndikus Dr. Hocke ist zu lesen: »Unterdessen kam auch Ihre königliche Majestät von Polen samt den beiden Kurfürsten von Bayern und Sachsen wie auch der Herzog von Lothringen aus dem Lager zu der Fortifikation der Stadt; sie wurden von Ihrer Exzellenz dem Kommandanten durch die feindlichen Approchen und die Stadtgräben außen um die Basteien und nachher innen über die Wälle und Bollwerke geführt; sie besichtigten alles und wunderten sich sowohl über die wunderlichen Operationen des Feindes wie über die vernünftige Defension des Kommandanten. Nachdem sie nun alles gesehen hatten, be-

urlaubten sich der Kurfürst von Sachsen und der Herzog von Lothringen von dem König und dem Kurfürsten von Bayern; die beiden letzteren ritten durch die heimlichen Ausfallpforten mit dem königlichen Prinzen (Jakub) und in Begleitung vieler polnischer Magnaten in die Stadt. Der König ließ sich eine goldbestickte große Fahne samt zwei langen, oben vergoldeten Stangen, woran ein Roßschweif hing, der eine Elle lang war, vorantragen und ein schönes, mit goldbestickter Roßdecke, vergoldetem Zaum- und Sattelzeug samt einem mit kostbaren Edelsteinen besetzten türkischen Säbel geziertes, dem Großwesir abgenommenes Roß nachführen.« Also war Jans Einzug in Wien eine von ihm sehr wohl überlegte und effektvolle Inszenierung, in der er seit eh und je ein Meister war.

Dr. Hocke berichtet weiter: »Er hat die Kirche in dem Profeßhaus der Jesuiten am Hof besucht, wo auf dem Hof die ganze Bürgerschaft mit allen Fähnlein im Gewehr gestanden und aufgewartet hat. Von dort ist er mit bloßem Haupt nach dem St. Stephansdom geritten, hat diesen besichtigt und wurde von Seiner Hochwürden dem Offizial und Dompropst Mayr mit einer kleinen Oration empfangen; in der Kapelle Unserer Lieben Frau von Loreto bei den Augustiner-Barfüßern hörte er die heilige Messe. Nach der Abhaltung der Messe fing er mit eigener Stimme selbst das Te Deum laudamus zu singen an, dem die polnischen Herren und der Chor der Augustinerpatres antworteten, unter Abfeuerung aller Geschütze um die Stadt herum. Von dort ließ Ihre Exzellenz der Kommandant in seinem Kobelwagen Ihre königliche Majestät samt ihrem in deutsches Habit gekleideten Sohn in seine Behausung führen und nachher stattlich traktieren. Der ganze Stadtrat und das kaiserliche Stadtgericht hat gehorsamst aufgewartet und ist zu dem königlichen Handkuß gnädigst zugelassen worden.«

Auf all das hätte Jan verzichten sollen? Und er hätte wohl verzichten müssen, wenn er dem dringenden Rat und Ersuchen Karls von Lothringen nachgegeben hätte, sofort bei Tagesgrauen dem geflüchteten Feind nachzusetzen. Die Ausrede, daß sein Pferd achtundvierzig Stunden nicht getrunken hätte, ist fadenscheinig,

denn nach Jans eigenen Worten sprudelten ja beim Zelt des Großwesirs in dessen Garten Fontänen, also hätte sein Pferd die ganze Nacht über trinken können.
Graf Taaffe, der seinem Bruder nach London über die Schlacht um Wien am 22. September aus Preßburg berichtet, schreibt u. a.: »Wenn die Nacht nicht hereingebrochen wäre, so hätten wir einen noch vollständigeren Sieg errungen, da wir ja alle Wege besetzt hatten und der Feind sich in größter Verwirrung befand. Nur zwei Stunden länger Tageslicht, und wir hätten ihn in die Schwechat getrieben, wo er dann auf Gnade und Ungnade in unserer Hand gewesen wäre.
Der Herzog von Lothringen wollte ihn mit Tagesanbruch weiter verfolgen, aber der König von Polen meinte, dies ginge nicht an, weil sein Pferd schon achtundvierzig Stunden nicht getrunken habe. Andere jedoch, und diese lieben es vielleicht zu verleumden, sagen, daß die polnischen Truppen, denen der König in einzelnen Dingen willfahren müsse, noch einen Tag verlangt hätten, um mit der Plünderung des türkischen Lagers fertig zu werden.«[363]
Und diese hatten gewiß recht. Wer die polnischen Verhältnisse kennt, weiß, daß ein polnischer König kein absoluter Alleinherrscher war, sondern jeder Herr Bruder der Szlachta hatte da ein Wörtchen mitzureden. Und diese wollten natürlich nicht umsonst nach Wien geritten sein. Und auch der Herr Bruder in Jan selbst verlangte ebenso ungestüm nach der Plünderung all der Herrlichkeiten (vor allem im Hinblick auf Marysieńka) wie seine Soldaten. Daß diesem Gelüst nach Plünderung Rechnung getragen werden mußte, ist klar. Man konnte das polnische Heer nicht mit dem deutschen vergleichen, das hat man ja inzwischen oft genug aus Jans eigenem Munde gehört.
Und nochmals Taaffe: »Der Platz war überallhin mit der reichsten Beute bedeckt. Unsere deutschen Truppen marschierten mitten durch diese Beute, und kein Soldat, weder zu Fuß noch zu Roß, trat auch nur einen Schritt aus dem Glied, um zu plündern. Wir schätzen den Ruhm dieser Enthaltsamkeit höher als all die unermeßliche Beute der Polen. Der ganze Schatz des Großwesirs

fiel ihnen zu. Der König selbst gestand, daß er große Reichtümer erworben habe.«

Während sich Jan als Sieger fühlt und als Salvator feiern läßt, denkt er da auch nur einen Augenblick an den Kaiser, dem er die Show gestohlen hat, indem er wie ein selbstherrlicher feudaler Herr das ius primae nocte für sich in Anspruch nahm und konsumierte? Dachte überhaupt jemand während dieser hektischen vierundzwanzig Stunden an Leopold? Gewiß, der Herzog von Lothringen und Johann Georg von Sachsen, sie hatten beide so viel Anstand im Leib, der polnischen Triumph-Inszenierung fernzubleiben, zumindest in der Stadt, weil sie des Kaisers Wunsch respektierten. Aber war der Kaiser tatsächlich gut beraten gewesen vom Pater Marco d'Aviano, der ihn im Namen Gottes und der Kirche beschworen hatte, um des lieben Friedens willen mit dem christlichen König aus dem fernen Polen am Entsatz nicht teilzunehmen? Am 12. September, als die Schlacht bereits am Kahlenberg tobte, schrieb Kaiser Leopold an Pater d'Aviano:

»Gewiß, ich möchte den König von Polen nicht stören, aber ich hoffe, daß er als hochherziger und kluger Fürst sich auch der Vernunft anbequemen wird. Euer Paternität werden wissen, daß ich hier nicht bleiben kann, noch weniger kann ich umkehren, ohne meine Reputation zu riskieren, daher hoffe ich, daß Sie es nicht mißbilligen werden, wenn ich komme. Ich werde ja den Operationen kein Hindernis, wohl aber so vielen befreundeten Fürsten ein Trost sein, auch meinen Untertanen. Ich hoffe, Euer Paternität werden mir Ihre Meinung sagen.«

Nein, Jan ließ sich ganz gewiß an jenem 12. und vor allem am 13. September nicht von der Vernunft leiten; er dachte nur an seine eigene Reputation, seinen eigenen Ruhm; seine Eitelkeit besiegte ihn, nachdem er eben erst mit dem Säbel in der Hand die Türken besiegt hatte. Während er bereits entschlossen war, in Wien das Te Deum mit schallender Stimme anzustimmen, schrieb der Kaiser abermals an Pater Markus, und zwar am Morgen des 13. September vom Schiff aus, das ihn nach Klosterneuburg brachte: »Was meine Person betrifft, so weiß ich nicht, warum ich nicht kommen sollte, da ich schon so nahe bin. In Gottes Namen werde ich heute abend nach Klosterneuburg kommen. Ich will niemand hinderlich sein, nur zum Trost meiner Untertanen und meiner Truppen will ich kommen.«[364]

An diesem 13. September notiert Graf Harrach, der sich beim Kaiser befand: »Um 4 Uhr ist der Graf von Lamberg mit der Zeitung angekommen, daß der Herzog mit der Armee schon um die Stadt stehe und alles wohl vonstatten gehe. Um 5 Uhr ist mein Sohn gekommen, auch vom Herzog geschickt; der bringt, daß die Unsrigen den Feind aus seinem Lager bei Nußdorf geworfen und über hundert Zelte bekommen haben ... Um 8 Uhr ist Graf Auersperg gekommen, der die gute Zeitung gebracht hat, daß Wien sekuriert sei; der Prinz Ludwig von Baden sei bis an die Kontreskarpe der Schottenbastei gerückt, worauf er, Graf Auersperg, bei dem Ausfalltürl hineingelassen worden sei ...«

Auf diese »gute Zeitung« hin war Kaiser Leopold sofort aufgebrochen »und sind um 9 Uhr von Dürnstein abgefahren«, notiert Harrach, »und um 7 Uhr zu Klosterneuburg angekommen. Unterwegs ist der Oberst Heißler (vom Herzog geschickt) zu uns gekommen und hat gemeldet, daß der Prinz Ludwig und er vor Wien mit dem Stadtobersten einen Ausfall abgeredet und diesen gleich bewerkstelligt haben. Der Oberst Heißler mit seinen Dragonern ist in die Approchen geritten, und die von der Stadt sind auf der anderen Seite ausgefallen. Sie haben über 3000 Janitscharen in den Approchen niedergemacht, die übrigen Türken sind alle in der Flucht davon und haben ihre Zelte, viele Bagage, große Mengen Pulver und Kugeln uns über 100 Stücke hinterlassen. Viele Christen sind befreit worden. Die Unsrigen sind den Türken noch auf zwei Meilen nachgeeilt. Er vermeint, daß in diesen drei Tagen mehr als 8000 Türken, von den Unseren aber keine 500 getötet worden sind.«

Daß es der achtundzwanzigjährige Markgraf Ludwig Wilhelm von Baden war, der Wien die endgültige Befreiung gebracht hat, das beweist eine alte Denkmünze, auf deren Avers »der doppelköpfige Reichsadler seine Fittige über der Weltkugel, worauf Wien zu sehen ist, ausbreitet, darunter die Unterschrift: Sub Umbra Alarum Tuarum; darüber das strahlende Auge Gottes: Colligit Auxilij

Badios; darunter der umwölkte Halbmond und: Victam Regedit in Umbras. Die Hauptumschrift: Imperii Murum Austriaco Interponit in Orbe.« Auf dem Revers steht die Geschichte der Belagerung, und alle Beteiligten sind namentlich genannt.

Wie sehr mußte den Kaiser die Nachricht treffen, die ein Page des Grafen Schaffgotsch – der nolens volens bei jenem ominösen Mittagessen beim Grafen Starhemberg anwesend sein mußte – überbrachte, die Harrach kommentarlos festhält: »Hier haben wir einen Pagen des Grafen Schaffgotsch gefunden, der berichtet hat, daß der König von Polen heute mittag bei dem Stadtobersten Graf Starhemberg gegessen habe.«

Dabei hatte Kaiser Leopold mit dem Hofkriegsratspräsidenten, Markgraf Hermann von Baden, schon längst vor der Schlacht für den Fall des Sieges den ganzen Plan aufgestellt gehabt, nach dem sich der Kaiser »so nahe als möglich, und es deroselben hochen person securitet leiden mag, bey der operation allzeith zu halten, nach erhaltenen glücklichen Succes aber sich alsobalden Persöhnlich in die Statt Wien zubegeben, und Gott zu danken, gestalten aldorthen mit denen sämbtlichen anwesenden Häubtern, und der Generalitet zu überlegen, wie und wohin werts die victori nach möglichkeit zu prosequieren.«[365]

Wie anders wäre vielleicht die Geschichte Polens verlaufen, wenn Jan seine Ungeduld und Eitelkeit bezwungen hätte und die Ankunft des Kaisers abgewartet hätte, wie dieser es für selbstverständlich vorausgesetzt hatte – oder sollten seine besorgten Worte an den Pater d'Aviano ihn schon Böses haben ahnen lassen, da er an die Hochherzigkeit und Vernunft des Polenkönigs via Pater Markus appellierte?

Welch triumphales Erlebnis wäre es für alle gewesen, wenn der Kaiser mit dem polnischen König, den Kurfürsten und allen Generalen unter dem Jubel der schwergeprüften Bevölkerung in Wien eingezogen wäre, wie rein und bar jeden Mißtones wäre das Te Deum laudamus über den Trümmern der Stadt zum Himmel emporgestiegen.

Aber Jan hatte nicht gewartet. Und vielleicht war es nicht einmal nur allein die Beute, die Jan mit Rücksicht auf seine Soldaten zurückhielt und des Lothringers Verfolgungsplan sabotieren ließ, sondern das heiße Verlangen, Wien auch von innen zu sehen, denn man darf nicht vergessen, für Jan war dieser Ritt nach Österreich und der Kaiserstadt doch gleichsam auch die Fortsetzung seiner in der Jugend so abrupt abgebrochenen Kavalierstour!

Wäre er mitsamt seinem Heer am nächsten Morgen sofort dem Feinde nachgejagt, wer hätte ihm garantiert, daß er noch jemals nach Wien zurückgekommen wäre?

Wenn Jan sich später Marysieńka gegenüber beklagen wird, daß die Deutschen nicht verstünden, ihren Sieg auszunützen, wird das wohl nur eine Ausrede seines eigenen schlechten Gewissens gewesen sein.

Doch so weit war es im Augenblick noch nicht. Noch immer ist es die Nacht vom 13. auf den 14. September, und Jan fährt in seinem Brief an Marysieńka fort:

»Nicht wenige sind von uns in der Schlacht gefallen; vor allem ist es ein Jammer um die beiden, von denen Dupont bereits berichtet hat (Stanisław Potocki und Andrzej Modrzejowski). Von den fremden Truppen ist der Fürst von Croy gefallen, sein Bruder verwundet und einige Bekanntere umgekommen.« Von den einfachen Soldaten spricht Sobieski bezeichnenderweise nicht. Auch nicht vom polnischen Botschafter Proski, den die Befreier in Ketten im Zelte des Wesirs gefunden hatten.

»Padre d'Aviano, der gar nicht genug bekam, mich abzuküssen, sagt, daß er eine weiße Taube über unserem Heer fliegen sah.« Ein weiteres wundersames Vorzeichen! Diesmal vom frommen Pater d'Aviano mit eigenen Augen gesehen. Wasser auf die Siegesmühle unseres Jan. Ein göttlicher Bote sozusagen. Jan ist voll des Eifers, weiter zu kämpfen.

»Wir rücken heute nach Ungarn dem Feinde nach. Die Kurfürsten wollen nicht von meiner Seite weichen. Es liegt ein solcher Gottessegen über uns, wofür Ihm in Ewigkeit Lob, Preis und Ruhm sei! Als der Wesir bereits merkte, daß er nicht würde standhalten können, rief er seine Söhne zu sich und weinte wie ein Kind. Dann sagte er zum Chan: ›Rette mich, wenn du kannst.‹ Darauf der Chan: ›Wir kennen den König, gegen ihn kommen wir

nicht an, und jetzt müssen wir an uns selbst denken, wie uns zu salvieren.‹«
Stolz klingt aus Jans Worten. Im nächsten Satz springt er aber bereits zu etwas ganz anderem über: zum Wetter! Und das ist ja gerade das Reizvolle an Jans Briefen, daß er kunterbunt durcheinandererzählt, über das Wichtigste wie über das Geringfügigste. »Wir haben hier so fürchterliche Hitze, daß wir kaum mehr leben und nur trinken. Jetzt hat man erst noch eine große Menge von Wagen mit Pulver und Blei gefunden; ich weiß nicht, womit die noch schießen werden. In diesem Augenblick gibt man bekannt, daß der Feind auch noch die letzten leichten Geschütze liegen gelassen hat. Also steigen wir auf unsere Pferde und reiten gen Ungarn, direkt dem Feinde nach, und, so Gott will, werden wir uns, wie ich schon lange gesagt habe, in Stryj wiedersehen; wo Herr Wyszynski die Komine fertigstellen und die alten Gebäude herrichten lassen soll.«
Auch das ist Jan: Kaum ist der Pulverdampf verraucht, und schon ist der Herr Gutsbesitzer und Hausvater in ihm erwacht, der sich um Kamine, baufällige Häuser und ein behagliches Zuhause kümmert. Und dann kommt ihm plötzlich der Gedanke: »Dieser Brief ist die beste Zeitung, aus dem man für die ganze Welt eine Zeitung zusammenstellen lassen soll, dazu schreibend Que c'est la lettre du Roi a la Reine / Dies ist der Brief des Königs an die Königin. / Die Fürsten von Sachsen und Bayern gaben mir ihr Wort, daß sie bis ans Ende der Welt mit mir gehen wollen. Wir müssen jetzt in großer Eile zwei Meilen zurücklegen wegen des fürchterlichen Gestanks von Leichen, Pferden, Vieh und Kamelen. An den französischen König habe ich ein paar Worte geschrieben, daß ich ihm als dem Allerchristlichsten König Mitteilung mache über die gewonnene Schlacht und die Errettung der Christenheit.« Das war boshaft; auch so konnte Jan sein. Eine kleine Rache an dem so sehr bewunderten großen König im Palais Enchanté. War er, Jan, nicht jetzt ein König gleich ihm? Und wer hatte die Christenheit von dem schrecklichen Feind befreit, Ludwig etwa oder er, Jan?
»Der Kaiser ist nur noch eineinhalb Meilen von hier entfernt, er kommt auf der Donau heran; aber ich sehe schon, daß er es nicht

ehrlich meint mit dem Michsehenwollen, wahrscheinlich wegen seines Pompes, andrerseits wünscht er sich, wie am schnellsten in der Stadt zu sein, pour chanter le ›Te Deum‹, und deshalb räume ich ihm hier den Platz, denn ich erachte es für das größte Glück, diesen Zeremonien zu entgehen, über die hinaus wir hier noch nichts erfahren haben.«

An Jans leicht beleidigtem Tonfall merkt man schon, daß hier ein Konflikt schwelt. Der Kaiser mit all dem Zeremoniell, dem strengen Kodex der Formen, das alles behagte Jan nicht. Sein Hof unterschied sich jetzt, seit er König war, nicht sehr viel mehr von seinem früheren. Bei ihm ging es leger zu, formlos, po szlachecku, nach der Art der Szlachta.

Der Abmarsch erfolgte jedoch nicht am 14., wie Jan gemeint hatte. Am 14. September hielt Kaiser Leopold in der Mittagszeit seinen triumphalen Einzug in Wien. Alle waren dabei, nur der polnische König Jan Sobieski fehlte. »Beide Kurfürsten, von Bayern und Sachsen, der Herzog von Lothringen, der Kommandant samt anderen Generalen nebst einer großen Menge des gemeinen Volkes gingen an das Wasser hinaus entgegen und wünschten wegen der durch Gottes Segen und Christi getreuen Beistand befreiten Residenzstadt Wien Glück«, weiß ein Augenzeuge zu berichten. So wie am gestrigen Tage Sobieski, so besichtigte heute der Kaiser mit großer Assistenz die feindlichen Stellungen und die Stadtgräben, Approchen, alle Arbeiten an den Galerien und die durch feindliche Minen verursachten Schäden. Beim Stubentore, dessen Brücke in aller Eile wieder instand gesetzt worden war, erfolgte der Einzug in die Stadt, »unter viel Pauken- und Trompetenschall«. Der ganze Magistrat hatte Aufstellung genommen, alle Straßen waren von Einheiten der Bürgerwehr und von den Bürgern gesäumt. In St. Stephan wurden das Te Deum laudamus und ein Hochamt von Bischof Kollonitsch, jenem Bischof, der im türkischen Lager die armen elternlosen Kinder eingesammelt hatte und für ihre Unterkunft und Verpflegung sorgte, gehalten, dazu wurden alle Kanonen dreimal abgefeuert. Nach dem Hochamt begab sich der Kaiser in die Stallburg, weil seine Burg derart zerstört war, daß an einen Aufenthalt darin nicht zu denken war. Auch hier standen die

Studenten, die Hofbediensteten und wiederum die Bürger Spalier an den Straßen. Nach der um fünf Uhr eingenommenen Mahlzeit gab der Kaiser Audienzen, darunter auch dem polnischen Abgesandten, der dem Kaiser im Namen seines Königs einen der erbeuteten Roßschweife überbrachte.

4
Die Begegnung zwischen Kaiser und König

Am darauffolgenden Tage, dem 15. September, fand die Begegnung zwischen den beiden Monarchen statt – die bis zum heutigen Tage Diskussionen auslöst und die Emotionen hüben wie drüben nicht zur Ruhe kommen läßt.
Geben wir zuerst einem österreichischen Augenzeugen dieser Begegnung das Wort:
»Sobald nun Ihre königliche Majestät verstanden haben, daß Ihre kaiserliche Majestät nur noch ein paar Büchsenschüsse entfernt seien, eilten dieselbe mit ihrem königlichen Prinzen diesem zu Pferd entgegen, um dieselbe zu bewillkommnen. Beiderseits wurden die Häupter entblößt und die Leiber zu freundlichem Willkommensgruß gebogen und geneigt. Nachdem sich nun beide, kaiserliche und königliche Majestäten wiederum bedeckt hatten, wurde in Gegenwart Ihrer kurfürstlichen Durchlaucht von Bayern und anderer hoher Minister eine freundliche Unterredung gewechselt, deren Anfang Ihre kaiserliche Majestät machten und sich weitläufig und höflichst bei dem König bedankten, ›daß Ihre Liebden samt Ihrer Armee eine so beschwerliche Reise anzutreten und wider den geschworenen Erbfeind der ganzen Christenheit so getreuen Beistand zu leisten geruhen wollten‹. Wie dann nächst Gott die glückliche Entsetzung der Stadt Wien niemand anderem als Ihrer Liebden zugeschrieben werden könne. Für welche nicht allein er, der Kaiser selber, sondern auch die allgemeine Christenheit Ihrer Liebden sich äußerst verbunden wüßten. Ihre Liebden hätten aber bei der künftigen Nachwelt einen unsterblichen Ruhm erworben und ihr Gedächtnis unvergleichlich verewigt.
Welches der König höchstbedächtig also beantwortete: Es gebühre die Ehre dieses wider den grausamen Erbfeind der Christenheit erhaltenen Sieges niemand anderem als einzig und allein dem

dreieinigen Gott. Er hätte nichts anderes verrichtet, als was die Pflicht eines christlichen Fürsten zu Diensten der allgemeinen christlichen Kirche und der Wohlfahrt des von unrechtmäßigen Waffen bedrängten Oberhauptes erfordere. Was seinerseits geschehen sei, habe man mit willigstem Herzen getan, und er wolle künftighin höchsten Fleißes dahin trachten, wie sowohl er selber als auch die Seinigen der Christenheit zum Besten dergleichen Verrichtungen mehr ins Werk setzen möchten. Wiewohl es ihm leid tue, daß er den flüchtigen Feind nicht auf den Hufschlag alsbald habe verfolgen können, da seine Armee, durch einen dreitägigen unwegsamen, über Berg und Tal gehenden Marsch (unter Zurücklassung aller Bagage, Fourage und der benötigten Lebensmittel) Tag und Nacht sich dergestalt abgemattet habe, daß es die unumgängliche Notdurft erheischte, daß sie dieser drei Tage auszuruhen gestatten, worauf sie aber dem Feind alsbald wiederum nachzusetzen entschlossen wären etc.«[366]

Ein anderer Augenzeuge wiederum schreibt u. a. zu dem nachher meistdiskutierten Inzident dieser Begegnung, nämlich des Kaisers Verhalten gegenüber Jakub: »Hierauf ritt der königliche Prinz auf seines Vaters gegebenen Wink hinzu und küßte Ihrer kaiserlichen Majestät die Hand, die ihm hinwieder allen geneigten gnädigen Willen und Affektion erzeigten.« Dyakowski und Herr Pasek erwähnen in ihren Memoiren Jakub überhaupt nicht, und dieser selbst schreibt:

»An diesem Tag (15.) kam der Kaiser uns entgegen, umgeben von einem großen Gefolge Deutscher, darunter der Herzog von Lothringen, der Kurfürst von Bayern und andere Minister: Herr de Zinzendorf, Herr Harrach usw.; vorneweg ritten zwei Trompeter, mit ihren Trompeten ankündigend, daß der Kaiser nahe. Mit solchem Pomp kam er langsamen Schrittes auf den König zu, und als er nahe bei ihm war, begrüßte er ihn und dankte ihm für die Hilfe in seinem eigenen Unglück und dem seines ganzen Reiches. Der König antwortete ihm sehr höflich. Dann trat ich zur Begrüßung hinzu, aber ich weiß nicht, war es, daß ihm zufällig die bis auf die Schultern fallenden langen Federn die Sicht nahmen, oder weil er fürchtete, das wilde Roß, das er mit beiden Händen

festhielt, könne ihm durchgehen, wenn er mit der einen Hand zum Hut gegriffen hätte, um meinen Gruß zu erwidern, daß er meinen Gruß nicht erwiderte: die Österreicher streiten darüber, und dieser Streit ist bis jetzt noch nicht entschieden.«
Kaiser Leopold hatte anscheinend von all dem nichts gemerkt, denn noch am gleichen Tag äußerte er sich sehr zufrieden Pater Marco d'Aviano gegenüber:
»Meine heutige Zusammenkunft mit dem Polenkönig ist sehr wohl vor sich gegangen, und wenn er so zufrieden mit mir war wie ich mit ihm, so werden wir sicherlich getröstet sein können.«
Jan war ganz und gar nicht zufrieden. Er war empört und schrieb das leider alles brühwarm an Marysieńka, klagte ihr seine ganze Erbitterung und Enttäuschung, und sie hatte nichts Eiligeres zu tun, als dies alles in die Welt hinauszuposaunen, obwohl Jan bei bestimmten Dingen um Diskretion gebeten hatte, wobei man nicht weiß, ob sie es aus Sensationslust, aus ihrem angeborenen Intrigantentum oder bereits unter französischen Einflüsterungen getan hatte.
Nicht umsonst war Vater Jakub so streng in seiner Erziehung gerade bei seinem Jüngsten gewesen und nicht umsonst hatte Mutter Theophila ein solch vergrämtes Gesicht, gewiß nicht nur wegen des viel zu frühen Todes des Erstgeborenen, sondern desgleichen aus Kummer und Sorge wegen des ungebärdigen Jüngsten, dem es gutgetan hätte, wenn er auch beim Entsatz von Wien jemand zur Seite gehabt hätte, der ihm ab und zu zugerufen hätte: »Mäßige dich, Jan!« Aber es war niemand da, der ihn warnte, im Gegenteil, die allgemeine Bewunderung, die ihm entgegenschlug, machte ihn blind gegenüber sich selbst. Welch einen großen Fehler er damit beging, darüber sollte er die Rechnung erst sehr viel später zur Begleichung vorgelegt bekommen.
Seinen Brief Nummer 10 schreibt er am 17. September »aus dem Lager beim Dorf Szenau / Schönau / auf dem Weg nach Preßburg an der Donau, drei Meilen von Wien entfernt«.
Er beginnt rhetorisch, mit einer pathetischen Anklage:
»Man hat früher einmal zur Zeit der Römer Hannibal vorgeworfen, daß er, nachdem er deren Heer vernichtet hatte, den Sieg nicht

auszunützen verstand; wir könnten dies zwar, aber ob wir es nicht wollen oder ob es der Herrgott nicht will, weil er unsere Undankbarkeit gegenüber seiner so großen uns erwiesenen Gnade sieht, oder ob da irgend etwas ist, was wir nicht verstehen... Die Armee I. M. des Kaisers und andere stehen noch hinter uns, nur eine Meile von Wien entfernt. Wir ziehen heute im Namen Gottes weiter; sie bleiben gewiß noch. Der Fürst von Sachsen ist bereits mit seinem Heer abgezogen, und er zeigte deutlich sein Mißfallen und ressentiment; ich habe ihm gestern zum Abschied zwei reich gesattelte Pferde geschickt, zwei türkische Fahnen, vier Gefangene, zwei wunderhübsche Fayancegefäße und einen kostbaren Vorhang für seine Frau. Einen erbeuteten goldverzierten Säbel seinem General Gultsch; und dem Offizier, der zum Abschied zu mir kam, ein gutes Pferd. Er hat dies mit unaussprechlicher Dankbarkeit und noch größerer Verwunderung darüber, daß derjenige sie beschenkt, der doch selbst beschenkt werden müßte, entgegengenommen.«
Dies also die rhetorische Einleitung, die gleichzeitig die Schuld dafür, daß man den Sieg nicht ausgenützt hatte, auf die anderen schiebt, obgleich er selbst es doch war, der verlangt hatte, daß man drei Tage der Ruhe bedürfe, womit man unwiderruflich den totalen Sieg aus der Hand gegeben hatte.
»Mit I. M. dem Kaiser sahen wir uns auch vorgestern, d. h. le 15ème, der, ein paar Stunden nachdem ich von Wien abgezogen war, gleich in die Stadt eingezogen ist. Ich hatte, da ich schon nicht mehr erwartete, mich mit ihm zu sehen, da man ja noch vor der Schlacht ihn immerzu angekündigt hatte, von Tag zu Tag, von Stunde zu Stunde dies aber verschoben hatte, mit meinem Kompliment und meinen Glückwünschen den Herrn Vizekanzler zu ihm geschickt und diesem auch für ihn ein Wesirszeichen mitgegeben, zur Erinnerung an unseren glücklichen Sieg.«
Es folgt lang und breit die Erzählung, daß dies Zeichen – es dürfte sich um einen Roßschweif gehandelt haben – dem Vizekanzler Gniński nachts in einem Garten gestohlen worden war, so daß er ganz desperat zum König geschickt hatte und dieser ihm einen zweiten gab, »den ich für mich reserviert hatte. Aber ich habe noch

zwei andere von der gleichen Art.« Jan ist sich selbst gegenüber niemals kleinlich, wie man sieht.

Dann gab es ein langes Hin und Her mit dem Grafen Schaffgotsch wegen diverser Mißverständnisse, denn der Kaiser sei völlig konsterniert darüber, daß der König mit ihm nur durch einen Abgesandten sprechen wolle, während er, der Kaiser, doch mit dem König persönlich zu sprechen wünsche. Jan weiß sich zu helfen, er gibt zu, daß es sich um ein Mißverständnis gehandelt habe, denn »mit Monarchen und Fürsten spreche ich selbst«, der Vizekanzler sollte nur mit den Kommissaren, dem Magistrat u. a. in seinem Namen sprechen. Allerdings ist in österreichischen Chroniken dennoch die Audienz des Vizekanzlers Gniński beim Kaiser und dessen Rede festgehalten. Da Schaffgotsch immer noch um den heißen Brei herumredet, fragt ihn Jan direkt: »›Sagt mir, was ihr wollt und warum ihr um den brei herumredet. Es geht euch doch wahrscheinlich um die rechte Hand; aber für alles findet sich eine Möglichkeit, man muß es nur ehrlich sagen.‹ Darauf antwortete Herr Schaffgotsch, daß es so sei, I. M. der Kaiser mache sich deshalb Sorgen, weil er die rechte Hand mir nicht lassen könne, zumal nicht vor den Kurfürsten, die das Reich repräsentieren. Ich schlug ihm daher vor, daß ich an diesem Tag mit meinem Heer abziehen würde; wenn der Kaiser sich uns nähern würde, dann würde ich vom Heer weg zu ihm reiten, und wir würden uns von den Pferden aus begrüßen und einander gegenüberstehen: ich vor meinem Heer, er vor seinem und vor Wien; er zwischen den Kurfürsten, ich zwischen meinem Sohn, den Senatoren und Hetmanen. Diesen Vorschlag nahmen sie mit großer Erleichterung an, und so geschah es auch.«

Auf »die rechte Hand« dürfte also Jan gewappnet gewesen sein, da er es gelassen hinnahm. War er es doch von Kindheit an gewöhnt, in dieser Hinsicht immer benachteiligt worden zu sein; sein Bruder Marek durfte ja ebenfalls niemandem unter seinem Familienrang die rechte Hand überlassen; er, Jan, der Zweitgeborene, der in der Familienhierarchie so gut wie nicht zählte, mußte indessen zu seinem Ärger jedermann die rechte Hand lassen, ja er durfte sie sogar niemandem verweigern.

Ferner waren da auch die Erzählungen des Vaters über seine Wien-Reise mit König Władysław IV., die Empörung darüber, daß der Kaiser dem polnischen König, der zudem sein Vetter war, weder die rechte Hand noch den rechten Platz in der Kutsche überließ. Also diese »rechte Hand« war kein Schock für Jan, darüber war er erhaben, wenn es ihn ganz bestimmt innerlich auch wurmte; doch das zeigte er nicht. »Der Kaiser kam nur mit dem Kurfürsten von Bayern, denn der sächsische war schon fort; mit ihm eine Anzahl von Hofkavalieren, Beamten und Ministern, Trabanten hinter ihm, vor ihm Trompeter, und sechs oder acht Pagen zu Fuß. Sein Portrait gebe ich hier nicht wieder, denn es ist bekannt. Er saß auf einem braunen Pferd, wohl einem spanischen. Der Rock reich broderiert, einen französischen Hut mit Agraffe und weißlichen und ziegelfarbenen Federn, die Agraffe mit Saphiren und Diamanten, der Degen ebenfalls. Wir begrüßten einander ziemlich höflich: ich sagte ihm ein Kompliment in einigen Worten auf lateinisch; er antwortete ebenfalls in dieser Sprache, mit ziemlich guten Worten. Als wir uns so gegenüberstanden, präsentierte ich ihm meinen Sohn, der sich ihm näherte und verneigte. Der Kaiser griff nicht einmal mit der Hand zum Hut, als ich das sah, erstarrte ich fast. Das gleiche tat er auch allen Senatoren und Hetmanen an, sogar seinem Anverwandten, dem Fürsten, dem Wojewoden von Bełs. Es war jedoch unmöglich, etwas anderes zu tun (damit die Welt nicht ihren Skandal bekomme, schadenfroh sei oder gar lache), als noch ein paar Worte zu ihm zu sagen; dann wendete ich mein Pferd, wir verneigten uns vor einander, und ich ritt meines Wegs davon. Ihn jedoch führte der Herr Wojewode der Rus (Jabłonowski) zum Heer, denn das wünschte er sich; und er sah unser Heer, das schrecklich vergrämt war und laut räsonnierte, daß er ihnen doch wenigstens mit dem Hute ihre große Arbeit und großen Verluste hätte belohnen können.«
Jan hatte nun endlich etwas, woran er all seine Ressentiments auslassen konnte. Nach Geßlers Hut im »Wilhelm Tell« dürfte wohl die Hutgeschichte zwischen Kaiser Leopold und Sobieskis Sohn Jakub die bekannteste der Geschichte sein. Dabei ist sie nur künstlich hochgespielt worden. Jan mußte durch den Grafen

Schaffgotsch über das spanische Hofzeremoniell am Kaiserhof zu Wien informiert worden sein, denn ihm war ja »die rechte Hand« nicht unbekannt; außerdem war auch die Sache mit dem Hut schon längst in Polen bekannt, denn stets hatten sich die polnischen Herren darüber gegiftet, daß der Kaiser vor ihnen nicht den Hut zog, sondern höchstens mit den Fingern daran tippte oder überhaupt nur mit dem Kopfe nickte – wie eben bei Jakub –, was absolut im Einklang mit dem Hofzeremoniell stand, demgemäß »der Monarch für niemand bey dem Vorbeigange den hut rücket ausser vor Fürsten«.[367] Jakub, der fünfzehnjährige Sohn des Wahlkönigs Jan Sobieski und der in Wien nicht eben gut angeschriebenen »Sobieskin«, war weiß Gott kein Gleichrangiger und Ebenbürtiger des Kaisers.

Angesichts der Ausnahmesituation nach der überschwenglichen Freude über den Entsatz der schwer bedrängten kaiserlichen Residenzstadt hätte vielleicht ein anderer Monarch als Leopold, etwa Karl von Lothringen an seiner statt, über das Zeremoniell und strenge Protokoll hinweggesehen und hätte »weit die Arme geöffnet« – wie der Herzog gemeint hatte, befragt, wie man sich einem Wahlkönig gegenüber wohl zu verhalten habe – und Vater und Sohn Sobieski dankbar an die Brust gezogen; aber Kaiser Leopold I. verkörperte die Apostolische Majestät, er war der Kaiser des Heiligen Römischen Reiches Deutscher Nation; er war keine Privatperson. Wenn ihn sein Herz vielleicht auch gedrängt hätte, spontaner, wärmer, gelöster dem fremden König entgegenzukommen, so verbot dies die Rücksicht auf die Würde des Reiches, das er repräsentierte.[368]

Doch dafür hatte wiederum Jan überhaupt kein Gefühl; in Polen lagen die Dinge so viel anders. Dort war man an Spontanität, an Herzlichkeit, ja an Überschwenglichkeit gewöhnt. Kälte wirkte beleidigend. Und so empfand er denn auch Kaiser Leopolds Würde als Stolz, als Kälte, als Dünkel, als Hochmut, während doch Leopold als Mensch und Christ sehr viel demütiger war als Jan. Vielleicht aber hatte Kaiser Leopold, der ein besonders guter Menschenkenner war und auch Jan mit allen seinen Vorzügen und Fehlern durchschaute, mit Absicht Distanz gewahrt und sich hinter der Würde des Reiches verschanzt, um Sobieski keinen Prätext zu geben für die angestrebte Werbung um die Hand der Erzherzogin Antonia, denn Leopold war nicht gewillt, diese dem Sohn eines Wahlkönigs zu geben, bei dem es ganz ungewiß war, ob er jemals dem Vater auf dem Thron würde nachfolgen können; Antonia hatte, wie schon erwähnt, Leopold dem jungen Max Emanuel zugedacht, wie es auch bald geschah.

Jan fühlte sich bis ins Herz getroffen. Seine Eitelkeit hatte einen argen Dämpfer erhalten. Von Stund an wird er sich über Kaiser Leopolds Undankbarkeit beklagen und Marysieńka über alles Mögliche und Unmögliche vorjammern, wie er es gerne tat.

»Nach dieser Zusammenkunft hat sich gleich alles so verändert, als ob man uns niemals gekannt hätte. Schaffgotsch hat uns verlassen, und auch der Ablegat, der sich gleich nach der Schlacht so verändert hat, daß ihn kein Mensch, der ihn früher kannte, wiedererkennen würde, denn nicht nur, daß er hochmütig ist, daß er alle meidet, sondern wenn er betrunken ist, schwatzt er des impertinences. Proviant geben sie uns überhaupt nicht mehr, obwohl der Papst dafür zu Handen von P. Buonvisi, der in Linz geblieben ist, Geld geschickt hat. Der spanische Gesandte, der so sehr eine Audienz wünschte und schon erreicht hatte, daß man ihm bei einer Privataudienz bei mir einen Sessel angeboten hätte, läßt nichts mehr von sich hören. Unsere Kranken liegen auf Misthaufen, und für die Verwundeten, deren es sehr viele gibt, kann ich keine Schuten erbitten, damit ich sie nach Preßburg bringen lassen und dort auf meine Kosten sustenieren könnte, denn nicht nur ihnen, sondern auch mir hat man keine Unterkunft oder zumindest in einer solchen einen Lagerraum, den ich bezahlt hätte, zeigen wollen, um dort die Sachen von den Wagen, von denen die Pferde krepiert sind, abzuladen.« Und so geht es weiter: Man wolle nicht erlauben, die polnischen Toten in der Stadt bei der Kirche zu beerdigen, sondern weise vor der Stadt Plätze an, wo zum Entsetzen der frommen polnischen Katholiken Heiden und Türken begraben werden. Daß in der Stadt kaum mehr Platz für die eigenen Toten war und akute Seuchengefahr bestand, daran dachte Jan nicht. Oder er wollte es nicht, um sich beschweren zu können.

»Meinen Pagen, der vier Schritte hinter mir ritt, hat ein Dragoner schrecklich mit der Flinte über die Nase gehauen, daß das ganze Gesicht voller Blut war. Ich habe mich sofort beim Herzog von Lothringen beschwert; aber ich habe keine Gerechtigkeit erfahren. Einem zweiten, der hinter mir ritt, haben sie meinen Überrock entrissen. Sie plündern unsere Wagen, nehmen uns die Pferde mit Gewalt weg... Einige Reiter, die ich bei den Geschützen zurückgelassen hatte, beraubten sie ihrer Mäntel, auf denen mein Monogramm war, nahmen ihnen ihre Kleider und Pferde weg, und auch hierin bekommen wir keinerlei Genugtuung.«

Das stimmt nicht ganz, denn Graf Starhemberg, der schon während der Belagerung ein eisernes Regiment in der Stadt geführt hatte, sorgte auch jetzt für Zucht und Ordnung, denn es kam tatsächlich unter der ausgehungerten und ausgepowerten Bevölkerung zu Übergriffen, zumal diese darüber erbost war, daß die Polen ihnen die besten Sachen im Handumdrehen beim Plündern vor der Nase weggeschnappt hatten. Starhemberg hatte einen Aufruf erlassen, in dem es u. a. hieß: »Es ist auch glaubwürdig vorgekommen, daß den polnischen Soldaten die Rosse aus den Ställen weggenommen worden sind. Daher ist jedermann, dergleichen und fremde Rosse behalten hat, anbefohlen worden, daß er solche Rosse unverzüglich und bei Vermeidung hoher Strafe wieder zurückgeben solle.«[369]

Von jetzt an werden Jans Klagen nicht mehr aufhören: »Nie noch waren wir in solch einem schlechten Zustand; wenn wir nicht aus dem türkischen Lager Futter hätten, müßten wir schon alle zu Fuß gehen; nur schwarze Erde ist nach den heidnischen Heeren zurückgeblieben. Es ist solch ein Unglück, man kann kein Hälmchen Stroh noch Gras bekommen, nicht einmal eine Gans könnte man damit ernähren.«

Rettung sieht Jan nur im schnellen Aufbruch hinüber ins Feindesland, wo man genug Futter vorfinden würde. »Sie / die Österreicher / verzögern es jedoch von Tag zu Tag, selbst sitzen sie in Wien und genießen wohl diese ihre Plaisirs und Gustos, wegen der sie der Herrgott gerechterweise strafen wollte.«

Das hatte Marco d'Aviano gesagt. Jan wird sich noch öfter auf ihn

berufen. Auch der hl. Vater hat Jan enttäuscht oder zumindest sein Abgesandter Buonvisi, denn es kommt keine Verpflegung an, für die doch der Papst Geld geschickt hat. »Gott sieht es, daß der Mensch tausendmal am Tag stirbt, wenn man diese günstigen Gelegenheiten sieht, dies schöne Wetter; denn hier ist es jetzt heißer als bei uns während der Hundstage. Was immer wir geopfert haben, wir taten es doch im Hinblick auf die Entschädigung durch den hl. Vater, aber jetzt müssen wir klägliche Seufzer ausstoßen, zusehend, wie das Heer zugrunde geht, nicht durch den Feind, sondern durch die, die doch unsere besten Freunde sein sollten.« Die Ungarn schicken Gesandte zu ihm, Tököly möchte mit ihm verhandeln, er soll zwischen ihm und dem Kaiser vermitteln, was Jan auch tun will, aber: »Diese Herren kümmern sich jetzt um nichts mehr; man ist wieder zum alten Hochmut zurückgekehrt, und daß es einen Herrgott über uns gibt, darauf achten sie nicht. Ich ziehe heute weiter, vielleicht in ebensolchen oder noch größeren Hunger hinein, aber zumindest deswegen, um mich endlich von diesem Wien zu entfernen.«
»Dieses Wien«, zu dem er aufgebrochen war, wie ein Bräutigam zu seiner Braut, geschmückt und hochgestimmt, dieses Wien hat nun Jan so bitter enttäuscht. Er steigert sich von Minute zu Minute immer mehr in seinen Groll, in seine Enttäuschung hinein, und: »Marco d'Aviano, ein heiliger und anständiger Mensch, weint beim Anblick alles dessen, was hier geschieht, aber er tut, was er kann in Wien, um deren Beratungen dort anzuheizen und zu irgendeiner Resolution zu bringen.«
Und dann wieder unvermittelt etwas Irrationales: »Eine Nonne hat in Rom prophezeit, daß am 25. August die Türken geschlagen werden sollten; das war jener Tag, an dem der Herzog von Lothringen mit dem Herrn Hofmarschall die Türken in die Donau getrieben haben, bevor ich kam.« Irritierte diese Prophezeiung Jan? Er äußert sich nicht darüber, er hält nur die Tatsache fest.
»Aus diesen meinen Briefen laß, mein Herz, Zeitungen koncipieren, aber nichts davon schreiben, worüber ich mich hier beklage – man muß sich an Kochanowskis Verslein halten:

›Es ist manchmal besser zu verschweigen /
was den Menschen schmerzt
Damit der Feind nicht weiß /
daß er dich nach seinem Willen hat.‹

Also nur schreiben, daß die kaiserlichen Kommissare unsere Truppen um den Proviant geprellt haben, für die der hl. Vater so große Summen ausgesetzt hat; daß es keine Brücke gibt, »que l'armée soifre beaucoup; daß die kaiserlichen Heere noch vor Wien liegen; daß die sächsischen Truppen bereits abgezogen sind; daß der König vorneweg zieht; daß seine leichte Kavallerie dem Feinde auf dem Fuße folgt; daß, wenn nicht diese Verheerungen hier wären, derentwegen auch der Feind umkommt und alles von sich wirft, keiner von ihnen entkommen könnte, daß der König unablässig zum Kaiser schickt, um wie am schnellsten in Feindesland einzudringen, um zusammen zwei Festungen zu belagern, solange noch das Wetter gut ist; daß Tököly Gesandte zu mir geschickt hat, daß er alles zu tun bereit sei, aber nur auf mein Wort hin; und so weiter.«
Daß es viele von seiner Armee nach Hause ziehe, daß es schwer sei, sie zurückzuhalten – darüber sollte aber nicht veröffentlicht werden, denn das war nicht rühmlich. »Aber sie zu halten, wird schwer sein. Die einen entwischen mit ungeheurer Beute, die anderen wegen der hungernden Pferde (denn was wir brauchen, das haben wir zur Genüge für unsere Verpflegung aus dem Feindeslager genommen), den dritten ist der Krieg schon langweilig, die vierten haben verschiedene Sachen zu erledigen.« Also Dersertionen wieder am laufenden Band.
Dann noch der Auftrag, seine Schwester Katarzyna möge sich wegen des kaiserlichen Gesandten Zierowski und dessen Ablegat schämen. Und dann wieder echt Jan; er trägt Marysieńka auf, in den »Zeitungen« auch folgendes Erlebnis zu beschreiben: Sie waren an ein unzerstörtes gemauertes Schloß gekommen, in dem an und für sich Löwen gehalten wurden, sich jetzt aber Türken aus den Approchen von Wien dorthin geflüchtet hatten und sich weiterhin verteidigten, weil sie noch nichts von der verlorenen Schlacht

wußten und ständig auf den Entsatz des Wesirs hofften. Als sie erfuhren, daß der König von Polen vor dem Schloß stehe, ergaben sie sich widerstandslos, und Jan ließ sie in sein Lager abführen. »Ich fand dort noch eine Löwin, eine sehr hungrige, ich fütterte sie.«

Wenn das nicht echt Jan ist! »Aber was wichtiger ist, ich fand dort an die fünfzigtausend Säcke mit türkischem Zwieback, die ich von dort in unser Lager führen ließ.«

Unter den polnischen Soldaten grassierte die Dysenterie, viele starben, viele waren krank. Auch unter den deutschen Soldaten und Heerführern ging die Krankheit um, doch nicht so schlimm wie unter den Polen. Über alles und jedes berichtet Jan ausführlich. Am 18. folgt schon wieder ein Brief, am 19. wiederum. Darin heißt es: »Der Herzog von Lothringen kommt immerzu, ich habe vor ihm bei Tag und Nacht keine Ruhe und Muße; der will das, der andere etwas anderes, der die Parole, der einen Befehl, der kommt vom Kaiser, der von jemand anderem oder irgendeinem Fürsten. Du weißt ja, mein Mädchen, wie gerne ich lese, aber ich gestehe dir aus reinstem Herzen, daß ich seit Ratibor noch kein Buch in der Hand hatte.« Das will schon viel heißen, denn bekanntlich führte Jan auf allen seinen Feldzügen Bücher, vor allem unterhaltsame sentimentale Liebesromane, mit sich mit, in die er sich nach getanem Kriegshandwerk nur zu gerne versenkte. Inzwischen sind Jans Gedanken auch schon wieder zu »dem allerentzückendsten Körperchen zurückgekehrt«, und er »küßt alle Köstlichkeiten millionenmal« und »preßt sie aus ganzem Herzen und aus ganzer Seele sehr lieb an sich.«

Jakub führt weiterhin sein Diarium, kurz und bündig, doch sehr übersichtlich; so erfährt man von ihm, daß sie am 17. und 18. in Fischau übernachteten, wo man ein Bild, ähnlich dem der Mutter Gottes von Tschenstochau, gefunden habe, und zwar mit der Inschrift ›Unter diesem Zeichen Maryas werde ich Jan Sieger sein.‹ Und auf der anderen Seite: ›Unter diesem Zeichen wirst Du Jan siegen‹. »Diese Inschriften waren weiß aufgemalt, wie aus Papier ausgeschnitten, und jede wurde von einem Engel gehalten.«

Am 19. wurde dort die Messe gefeiert und das Te Deum gesungen.

»Wir aßen dort zu Mittag; nach dem Essen kam ein Gesandter vom Kaiser und überbrachte mir im Namen des Kaisers ein Schwert; der König ließ ihm zwei Zobelfelle geben.«
Jan schildert diese Episode viel farbiger: »S. M. der Kaiser ist heute (am 19. September) auch schon wieder nach Linz zurückgekehrt. Ich habe ihm heute ein Paar sehr schöner und guter Pferde geschickt, mit sehr kostbarem Sattelzeug, mit Smaragden und Rubinen reich verziert und diamanten besetztem Pferdegeschirr. Er hat auch unserem Fanfanik heute durch seinen gentilhomme de chambre einen diamantenbesetzten Degen übersandt, gar nicht übel; dem ich ein paar Zobel geben ließ, worüber er sehr erfreut war. Heute habe ich auch dem Fürsten von Anhalt, meinem alten Freund, den ich nur für einen Moment in Wien gesehen hatte, ein Pferd samt Sattelzeug geschickt; da das aber erst der Anfang ist, werde ich wohl, so Gott will, zu dir, mein Herz, auf Büffeln oder Kamelen zurückkehren.«
Jakub berichtet übrigens, daß am 18. die Nachricht eingetroffen sei, daß die Türken Raab belagerten; doch hat er auch für das Land, durch das sie reiten, offene Augen.
»Am 20. nach Anhören der Messe zum Gedenken der Toten, zogen wir weiter (von Hainburg) und sahen unterwegs ein wunderschönes Schloß mit Namen Petronel, ähnlich wie das von Ujazdow, aber viel schöner als jenes mit seinen Gemächern und Malereien; besonders schön sind die unteren Zimmer, deren Fußböden ausgelegt und ähnlich wie Grotten mit Mosaiken und Muscheln verziert sind. Nach Besichtigung des Schlosses bestiegen wir einen Berg, von dem man einen überaus wunderbaren Ausblick hatte; nachher aßen wir am Ufer der Donau gegenüber von Preßburg zu Mittag, und nur 100 Schritte entfernt von jenem Platz schlugen wir das Lager auf.«
Dennoch hängt Jan mit seinen Gedanken immer noch an Wien und am dortigen Hof. »Padre d'Aviano, der gleich von Wien nach Linz abreiste und von dort nach Italien zurückkehren sollte«, schreibt er am 24. September aus Preßburg, »hat sehr über die schweren Sünden der Stadt Wien und des dortigen Hofes geklagt, wie er solche nirgendwo anders sah; über die kaiserlichen Minister, den

Hochmut, die Ungerechtigkeit, die argen Ausschweifungen der Stadt und des Hofes; über den Kaiser und dessen Unterlassungssünden und daß er diese Ungerechtigkeit der Minister zulasse und sich nicht darum kümmere. Mit mir zu sprechen, hatte er nur sehr wenig Zeit. Er hatte freilich den Sieg verheißen, wenn auch manchmal quasi nur durch die zusammengebissenen Zähne. Nach dem Sieg umarmte und küßte er mich und seufzte, und bat, nur ja fortzusetzen, ohne Zeit zu verlieren. Er klagte über die Faulheit der anderen, über die Saumseligkeit; er sagte, was sich gehörte, aber dann konnte er es nicht mehr mitansehen und reiste ab.«
Es ist nicht uninteressant, daß Jan immer wieder Pater d'Aviano zitiert – und sich vielleicht auch auf ihn ausredet, seinen eigenen Groll durch den angeblichen Groll d'Avianos rechtfertigt, dabei jedoch allzu wörtlich die pathetischen Anklagen des Padres nehmend, so daß man fast annehmen muß, daß seine Rolle zwischen Kaiser und König nicht gerade die glücklichste war und möglicherweise sogar Jans Ressentiments gegenüber Wien und Leopold noch vertieft hat. Doch auch andere kamen, die laut ihrer Unzufriedenheit Ausdruck gaben. »Gestern war mit großen Klagen, Weinen und Unzufriedensein der Herzog von Sachsen-Lauenburg bei mir, ein sehr anständiger Mensch, ein großer Herr und der Älteste in seinem Haus, der am Tage der Schlacht den rechten Flügel der Kaiserlichen kommandierte und stets bei mir war, und zwar deshalb, weil der Kaiser zum Dank, daß er die Stadt bis zu unserem Kommen gehalten hat, dem Kommandanten Wiens, Herrn Staremberk / Starhemberg / hunderttausend Taler und toison d'or / das goldene Vlies / gegeben und ihn zum Feldmarschall erhoben hat, wobei er diesen sächsischen Herzog, Caprara und Leslie, die alle viel älter sind und ihn eigentlich kommandieren müßten, übergangen hat. Der Herzog höchlichst beleidigt darüber, zog mit seinen Truppen ab.« Aber auch andere waren unzufrieden, »sie beschimpfen uns sogar schon, daß wir ihn / den Kaiser / gerettet haben, besser dieser ganze Hochmut wäre mit Stumpf und Stiel ausgerottet worden«. All das war Wasser auf Jans Mühle.
Und wie verhielt sich der Papst? »Gestern habe ich erst vom

Kardinal Buonvisi einen Brief erhalten, aber nur ein Kompliment, über irgendeine Gnade oder Belohnung für unser krepierendes Heer kein Wort. Die Malkontenten-Generäle haben sehr recht. Daß sich der Kommandant gut gewehrt hat, das anerkennen wir; aber er hätte sich nicht erwehrt, wenn wir ihm nicht zur Hilfe gekommen wären.«

Aus diesen Worten spricht nun schon ganz deutlich die Eifersucht auf Starhemberg, auf den sich offensichtlich die Gnade und Dankbarkeit des Kaisers konzentriert hatte.

Und wie sehr kränkte es dann erst Jan, als er erfuhr, daß der Papst eine große Dankesprozession in Rom abgehalten hatte und ihm dabei eine Fahne vorangetragen wurde, auf dem die Bildnisse von Kaiser Leopold I. und Papst Innozenz XI. prangten, nicht jedoch das des »Salvators« Jan Sobieski. Kein Wunder, daß sich Jan wieder gesundheitlich schlechter fühlt und zur Medizin greifen muß. Wobei es sowieso an ein Wunder grenzt, daß der doch schon fast aufgegebene kranke König so gut die Strapazen des Feldzuges überstand, während seine Soldaten immer häufiger erkrankten und wie die Fliegen dahinstarben. Auch Max Emanuel war krank und hatte sich deshalb längere Zeit nicht sehen lassen, was Jan und Jakub bedauern, denn mit diesem jungen Wittelsbacher hatten sie sich am besten verstanden und angefreundet, war er doch in jeder Hinsicht nach dem Herzen Jans.

»Der Bayernfürst mag dreiundzwanzig oder vierundzwanzig Jahre alt sein. Er reitet ohne Sattel, schwimmt in der Donau; er ist fort vigoureus in allem; Fanfanik erzählte er, daß er eine um zehn Jahre jüngere Schwester habe, die viel hübscher sei als die Madame Dauphine; Fanfanik hat ihm einen türkischen Knaben geschenkt und noch einige Kleinigkeiten, worüber er unsagbar kontent war; ich habe ihm einige Gefangene und einige türkische Fahnen geschenkt.«

Verärgert ist Jan auch über den Erzbischof von Wien Sinelli, der es versäumt hatte, ihm zu dem Sieg zu gratulieren, weshalb er ihm nun von sich aus schreibt und ihm gratuliert, daß er zu seinen schon fast verlorenen Schäflein zurückkehren konnte. »Aber ich habe auch darauf bis heute keine Antwort erhalten. Vom Kaiser

ebenfalls nichts, auch kein Wort über das toison« – also das Goldene Vlies, das Jan offensichtlich erwartete.[370]
Indessen waren auch nach Polen die Siegesmeldungen – und viele andere Gerüchte gedrungen. Obwohl Jan selbst so fleißig an Marysieńka schrieb, hatten seine Briefe kein Glück, sie wurden abgefangen oder blieben irgendwo unterwegs hängen, kurz und gut, andere hatten früher Post aus Wien als Marysieńka. Zwei ihrer Briefe sind erhalten.
Am 24. September schreibt sie aus Krakau, in entsetzlichem Polnisch die Überschrift und Anrede, das andere in französischer Sprache: »Mein schöner herzlich geliebter Jachniczek, einzige Freude der Seele!« – also ganz ähnlich ihre Anrede, wie Jan sie selbst stets anredet. Der erste Satz ist jedoch sofort eine Anklage: »Wahrscheinlich passieren nur mir so unangenehme Geschichten! Alle Neuigkeiten von dir sind meine größte Freude und nicht wenig habe ich gelitten, bis ich den 14. dieses Monats erwartete – und da kommt nun heute die Post an, Briefe über Briefe, aber kein einziges für mich bestimmtes Paket dabei. Alle Briefe von der Armee kamen unangetastet an, und nur ich habe keinen einzigen erhalten, weder von dir noch von meinem Sohn, von dem ich noch kein Wort seit der Schlacht bekam: Eine andere an meiner Stelle würde das zur Verzweiflung treiben, aber ich glaube daran, was du mir schriebst, und bin sicher, daß ihm nichts passiert ist.«

5
»... dann wählen wir uns eben einen anderen König«

In Jans Briefen taucht immer wieder der Name Tököly auf, und es ist nicht klar ersichtlich, wie er wirklich zu ihm steht, was auch zu Mißtrauen auf österreichischer Seite geführt hatte, denn nicht nur unter den Polen kursierten Gerüchte, die Dyakowski unumwunden in seinem Diarium beim Namen nennt: »Als der Kaiser den König verabschiedet hatte, kehrte er nach Wien zurück, aber der König setzte seinen Marsch mit den Truppen fort, denen, wie die Fama sagte, der Kaiser Mähren zum Winterquartier bestimmt hatte, 300 Tynfe pro Pferd. Aber der König soll dies nicht akzeptiert haben, angeblich deshalb, weil, wie man sagte, heimlich von Tököly, der gegen den Kaiser rebelliert, Boten zu ihm gekommen waren, um ihn aufzufordern, eiligst nach Kaschau zu ziehen, wo sie versprachen, den Prinzen Jakub zum König von Ungarn zu krönen; woran sich unser Herr, ganz erfüllt von seinem Sieg, klammerte und diesen Märchen Glauben schenkte; deshalb auch soll er das kaiserliche Heer von sich abgeschüttelt haben, das ihn bis Gran begleiten sollte. In der Hoffnung dieser künftigen Krönung des Prinzen zog er, wie die fama ferebat, nach Preßburg mit dem Heer... Und von dort gegen Komorn, eine Festung, allgemein genannt Intacta Virgo, da in ihr noch niemals ein Feind war... Von Komorn zogen wir gegen Parkany, nachdem wir einen Donauarm auf einer Brücke überschritten hatten...«

Daß dies nicht im Sinne des Kaisers sein konnte, der selbst König von Ungarn war, liegt auf der Hand.

In seinem Antwortbrief vom 6. Oktober, »unmittelbar vor dem Vorrücken gegen Parkany, das am Ende der Brücke gegenüber Strygenium alias Gran auf dieser Donauseite liegt«, verteidigt sich Jan gegen Marysieńkas diverse Vorwürfe, geht dann aber zur

Attacke über: »Was die Beute betrifft, so hat es mich fürchterlich aufgeregt, daß das, was ich geheimgehalten wissen wollte, auf polnisch gedruckt und noch dazu ein Excerpt aus meinem Brief an dich, meine Seele, gemacht wurde und außerdem noch einige dumme Sachen hinzugefügt wurden. Um Gottes willen, laß das alles aufkaufen und verbrennen, denn das macht mir unaussprechliche Sorgen!« Da hatte also Marysieńka übers Ziel geschossen und des Guten zuviel getan. Und Jan stand als der Blamierte vor aller Welt da. Das trug nicht gerade zur Verbesserung des gespannten Verhältnisses zwischen ihm und dem Kaiser bei.

Auch hatte es natürlich böses Blut gegeben wegen der Beute, auf die Jan immer wieder in seinen Briefen zu sprechen kommt und die Marysieńka besonders interessierte.

Am 7. Oktober zog Jan mit seinem Heer, obwohl ihn Karl von Lothringen gewarnt hatte, sich allein so weit vorzuwagen, auf Parkany zu. »Merkwürdig«, schreibt Jan am 10., nachdem er mit Mühe dem Tod entronnen war, »als wir dem Feind entgegengingen, da lief uns immerzu ein schwarzer Hund ohne Ohren über den Weg, der sich nicht verjagen ließ; auch ein schwarzer Adler flog niedrig über uns hinweg und entfernte sich nach rückwärts.« Doch Jan, der Abergläubische, achtete diesmal nicht auf das warnende Vorzeichen und lief prompt in eine solche Niederlage hinein, die ihn um ein Haar fast den eigenen Kopf gekostet hätte.

Früh hatte man Gefangene gebracht und ausgehorcht, wie groß die Besatzung in Parkany sei. Die Gefangenen schilderten sie als klein, weshalb der König den Befehl zum Vorrücken gab; er wußte jedoch nicht, daß in der Nacht 40 000 Türken unter dem Pascha von Silistrien nachgerückt waren. Es kam sofort zu einem Gefecht mit der Vorhut, diese schickte um Hilfe zum König, der eilte nach, doch da war die Konfusion schon so groß, daß es kein Halten mehr gab. Herr Pasek schildert sehr lebendig, was sich da zugetragen hatte: »Der König kam also mit dem Heer auf gleiche Höhe mit jenen Leichen der Vorhut, gleich verließ die Unseren der Mut. Und da sprangen uns die Türken wie die Rasenden an. Man begann zuerst, ihnen einen schwachen Widerstand zu leisten. Als sie aber der Eskadron des ruthenischen Wojewoden (Jabłonowski), des

Kronhetmans, in den Rücken gekommen waren, da begann die Husareneskadron davonzulaufen, eine zweite nach, eine dritte, schließlich gab das ganze Heer Fersengeld, mit dem König und allen Hetmanen, alle zu ihrer großen Schande und zum Gelächter für die Deutschen. Schimpflich flohen sie eine gute Meile, bis sie sich auf die Kaiserlichen stützen konnten.«[371]
In dieser Schlacht war der Wojewode von Pomerellen, Dönhoff, gefallen, der in Statur und Körperfülle dem König ähnelte. Ein Türke schlug ihm den Kopf ab, brachte ihn vor den Pascha und behauptete, dies sei der Kopf des polnischen Königs. Das Gerücht von Jans Tod verbreitete sich wie ein Lauffeuer im Heer – und später bis nach Polen –, so daß die Konfusion noch größer wurde, Dyakowski, der aus nächster Nähe alles miterlebte, schildert es so: »Außer jenem Wojewoden sind noch viele andere von uns gefallen, denn am hinderlichsten war es beim Salvieren, daß wir auf einen Acker gekommen waren, der am Morgen gefroren und nachher aufgeweicht war, wo um ein Haar der König höchstpersönlich seinen Kopf gelassen hätte, wenn ihn nicht von beiden Seiten Matczyński, der Kronstallmeister, und ein gewisser Czerkas gestützt hätten, und der Kronstallmeister schrie allen zu, die am König vorbeiflohen: ›Meine Herren, ihr seht doch, wer hier ist, haltet eure Pferde an und salviert ihn, es wird euch gedankt werden‹, aber jeder, der vorbeikam, sagte etwas Freches und flüchtete weiter. Ich schreibe hier nicht fremde Worte auf, sondern meine Ohren haben es selbst gehört und meine Augen es gesehen.«
Dyakowski genierte sich jedoch niederzuschreiben, was die Herren Polen ihrem in Not geratenen König zuriefen; der Abbé Coyer hat es uns überliefert: »Sie riefen nämlich zurück, daß ihr eigenes Leben ihnen jetzt am wichtigsten wäre, und ›wenn der König umkommt oder in Gefangenschaft gerät, dann wählen wir eben an seiner Stelle einen anderen‹.«[372]
Hier nun hatte Jan von seinen eigenen Landsleuten und Untertanen zu schmecken bekommen, was es heißt, Wahlkönig zu sein, durch die Gunst oder die Laune der Herren Brüder Szlachta auf den Thron gehoben zu werden – von dem man nur gar zu leicht wieder heruntergestoßen werden konnte.

Auch Jakub berichtete darüber: »Da begannen alle auf einmal zu fliehen und ließen den König im Stich und dachten nur an ihre eigene Rettung. Ich folgte in einem kleinen Abstand dem König, aber dann ließ ich dem Pferd die Zügel, und es trug mich links zur Seite. Man sagt, daß der König zweimal in Lebensgefahr war, wir flohen so beinahe eine Meile; als wir die kaiserliche Reiterei erblickten – denn die Infanterie war noch vier Meilen weit entfernt –, hielten wir an.«
Und wie beschreibt Jan selbst diese schmähliche Niederlage? »Der gestrige Tag«, schreibt er am 8. Oktober, »war nicht sehr glücklich für uns.« Er schildert dann ausführlich, wie es dazu kam, daß sie auf Parkany losmarschierten. Doch dann gibt er ehrlich zu: »Mich ließen alle im Stich und liefen davon, obwohl ich rief und schrie, so laut ich nur konnte. Fanfanik befahl ich, nach vorn zu fliehen, nachher hatte ich solche Sorgen um ihn, denn ich konnte nicht gleich etwas über ihn erfahren, so daß ich fast gestorben wäre vor Angst. Ich bin mit nur acht Mann vom Heer entkommen.« Er zählt sie auf und nennt auch einen unbekannten deutschen Reiter, der ihn von rückwärts deckte und diese Tat mit seinem Leben bezahlte. »In unserem ganzen Heer und dem der Kaiserlichen wurde verbreitet, daß ich auf dem Platze geblieben wäre; daß dies nicht geschah, ist ein Wunder über Wunder, wofür Gott dem Herrn Lob und Preis sei, denn keine lebende Seele wollte bei mir bleiben. Die Herren Wojewoden der Rus, von Lublin und andere suchten mich bereits als einen Toten, wie man erzählt. Damit daß nun nicht auch dorthin nach Polen dringt, schreibe ich und erkläre, daß ich durch Gottes Gnade wohlauf bin.
Wir zweifeln nicht, daß dies dem Feind Mut gemacht hat, auch soll angeblich der Wesir hierher kommen wollen; aber wir werden, so Gott will, morgen, sowie nur die kaiserliche Infanterie und die Geschütze angekommen sind, dennoch dieses Parkany und die Brücke attackieren, und wir nehmen das, was uns zustieß, als gerechte Strafe von Gott an für die Plünderungen der Kirchen, für die Gaunereien, das Ehebrechen, wofür bisher noch keiner auch nur die geringste Strafe erhalten hatte. Ich habe das alles wie im Spiegel vorausgesehen und habe oft gedroht, daß ich abreisen

würde, daß ich bei einem solchen Heer nicht bleiben könne, über dem die Strafe Gottes hänge. Und es kam dazu, daß alles aus dem Leim geraten ist: kein Exerzieren, die Offiziere sind Dummköpfe, nachlässig, faul, es klagen selbst über sie die Soldaten und schimpfen über sie, vor allem die Dragoner, von denen wir sehr viele verloren haben, denn sie hatten ja nicht einmal die Lunten gezündet. Ich habe noch gestern dem Herzog von Lothringen geraten, daß wir sie verfolgen sollen, die Türken, obwohl ich mich kaum mehr auf dem Pferd zu halten vermochte vor großer Müdigkeit und unvergleichlicher Anstrengung. Die Hände, die Seiten haben sie mir mit ihren Waffen und Armschienen beim Fliehen grün und blau geschlagen; und dann die Gräben, die Leichen, die Trommeln, die Waffen, die weggeworfenen Lanzen, über die man hinwegspringen mußte.«
Armer Jan. Es muß tatsächlich schrecklich gewesen sein, denn Dyakowski erzählt, daß am Ende dieses Tages jedermann Gott dafür dankte, noch am Leben zu sein, und alle begrüßten einander so, als ob sie aus dem Jenseits zurückgekommen wären.
Jan, grün und blau geschlagen, zu Tode erschöpft, hatte in der Nacht Zeit genug, über sein Mißgeschick nachzudenken; auf Heu liegend, von Schmerzen geplagt, wird er wohl nicht viel geschlafen haben.
Wie war es zu dem Debakel gekommen?
Jan war bekanntlich mit seinen Truppen vorausgeeilt, und als ihn endlich die Kaiserlichen einholten, gab es auch bald Zwistigkeiten zwischen ihnen und dem polnischen König. Max Emanuel war noch nicht dabei, er war krank; Johann Georg von Sachsen, der Herzog von Sachsen-Lauenburg und Fürst Waldeck waren mit ihren Truppen bereits abgezogen; so waren jetzt Jans Hauptpartner der Herzog von Lothringen und Graf Starhemberg, der die kaiserliche Infanterie, befehligte, dieser von Kaiser Leopold so offensichtlich bevorzugte und am meisten ausgezeichnete Held von Wien, während Karl von Lothringen, laut Jan, weder von der Beute noch von der Gnade des Kaisers etwas zu sehen bekommen hatte. Karl von Lothringen versuchte zwar weiterhin, ein mög-

lichst gutes Verhältnis mit Jan aufrechtzuerhalten, doch Starhemberg war oftmals nicht mit den Vorschlägen oder gar Anordnungen des polnischen Königs einverstanden. Das gab Anlaß zu andauernden Spannungen. Hinzu kam, daß Tököly über Jan Verhandlungen mit dem Kaiser suchte, aber auf seinen Forderungen beharrte, die Starhemberg brüsk zurückwies. Jan gab zu verstehen, daß man mehr Respekt den Vermittlungen desjenigen, der das Kaiserreich gerettet habe, entgegenbringen solle, worauf die kaiserlichen Generale erwiderten, sie hätten an jenem Tag auch nicht nur zugeschaut. Von diesem Augenblick an ritt Jan wieder einmal die Eitelkeit: er wollte es ihnen zeigen, daß er auch ohne sie zu siegen imstande war, ohne sie für sie. Deshalb eilte er voraus, denn er wollte Parkany ohne die Deutschen erobern; ja, er verbarg sogar vor ihnen seine Absicht. Seine Spione hatten ihn zwar gewarnt, daß der Feind in großer Anzahl in der Nähe sei, doch Jan schlug diese Warnungen in den Wind, er ließ angreifen, und zunächst waren es ja auch nur wenige, bis dann die Türken in so großer Übermacht über ihn hereinbrachen.[373]

Am nächsten Morgen berief, nach Dyakowski, der König sofort das Consilium bellicum, jedoch nur seine polnischen Generale und Offiziere, nicht jedoch die Kaiserlichen, an die er eine ausgezeichnete Rede hielt und für den weiteren Kampf plädierte. Aber sofort widersprach ihm der Kronfeldschreiber Stefan Czarniecki, der noch immer sein großer Widersacher aus der Zeit König Michał Wiśniowieckis war, als Jan auf der Seite der Malkontenten stand und mit denen die Dethronisation betrieb, während Czarniecki zum König hielt. Hier nun, vor Parkany, widersprach Czarniecki heftig dem gegenwärtigen König, Jan Sobieski, und führte in etwa aus: »Wer sich rächen will, wird zweimal geschlagen werden. Du weißt es sehr wohl, Ew. K. M., daß hier, indem wir Seiner Majestät assistieren, die flos unserer Jugend entblättert wurde und alle ordines außerhalb der Grenzen stehen. Und wer blieb in Polen zurück? Weiber und Kinder. Gott verhüte, daß wir nicht eine zweite solche Niederlage erleiden wie in Warna (1444), wo König Władysław das Heer beider Nationen, der Polen und der Ungarn, ins Verderben führte und selbst umkam, so daß nur zwei Polen entkamen. Wir haben durch Gottes Gnade schon genug Ruhm durch den Sieg von Wien errungen.«

Andere stimmten ihm sofort bei, aber der König sprang auf, schlug mit den Fäusten auf den Tisch und schrie: »Was soll das, meine Herren? Wo ist euer altpolnischer Mut geblieben? Wo die Ehre des Vaterlandes, die wir von unseren Vorfahren ererbt haben? Ich habe es mit meinem prophetischen Geist vorausgefühlt, daß ich niemanden von den Ausländern hierher bat. Oh, was hätte das für einen Anstoß erregt! Was für eine ewige Konfusion bei diesen euren Sentimenten! Ich nehme es nicht zur Kenntnis; wer sich von Anstand und Pflichterfüllung im Militärdienst leiten läßt, dem sage ich: morgen liefere ich eine Bataille!« Darauf begab sich der König, »sehr malkontent, sofort zu den kaiserlichen Generalen und hielt mit denen ein zweites Consilium bellicum ab, und dabei wurde sofort auf Papier, so wie es der Kriegsbrauch ist, die Schlachtordnung aufgestellt; denn so ist es der Brauch, daß sie zuerst auf dem Papier die Schlachtordnung aufstellen, und dann tun sie es genau nach dem Plan im Feld.«

Jans Furor behielt recht. Der nächste Tag brachte einen großen Sieg. Schon am Morgen hatte es mit einem guten Vorzeichen begonnen, wie Jan glücklich mitteilt: »Zuerst ging eine weiße Taube ein paarmal vor unseren Fahnen nieder, und dann flog ein wunderschöner weißer Adler ganz niedrig über mir und führte mich zum Feind.«

Jubelnd beginnt der Brief, den Jan am 10. Oktober bei Parkany, vis-à-vis von Gran, frühmorgens an Marysieńka schreibt:

»Oh, wie gut ist der Herrgott, meine einzig geliebte Marysieńka! Nach einer kleinen Konfusion schenkte er uns nun einen größeren Sieg als vor Wien. Bei meiner Liebe bitte also nicht aufhören, Ihm zu danken, und nicht aufhören, Ihn zu bitten, damit er auch weiterhin Seine Gnade über Seinem Volke walten lasse. Für die Gefallenen soll Ossowski wieder Exequien in Krakau halten, für all die, die in diesen beiden Schlachten gefallen sind. Wie alles vor sich ging, habe ich mit eigener Hand in französischer Sprache niedergeschrieben und von Dupont umschreiben lassen. Diese Darstellung soll überallhin versandt werden, denn so war es.«

Jan ist vorsichtig geworden, er setzt nun selbst den Text in französischer Sprache auf, denn so grotesk es klingt, aber Marysieńka, die nun schon ein Leben lang in Polen weilte und seit fast zehn Jahren polnische Königin war, beherrschte diese Sprache immer noch nicht, und oftmals entstanden Irrtümer unter den beiden Eheleuten, weil sie einander einfach nicht verstanden, da Jans Französisch auch nicht so perfekt war, worüber er sich des öfteren beklagte.
»Ich bin durch Gottes Gnade gesund«, fährt Jan fort, »und nach dem gestrigen Sieg wie um zwanzig Jahre verjüngt. Aber die beiden vorhergehenden Nächte haben mir zu schaffen gemacht, vor allem tat es mir wegen des Ruhmes unseres Volkes leid. Aber das hat sich nun Gott sei Dank wieder alles gewendet, und die Deutschen sind wieder voll des Lobes, obwohl sie schon zu sprechen begonnen hatten: ›Ach, ihr Polen, ihr Polen, ihr seid solch einen König gar nicht wert! So habt ihr ihn im Stiche gelassen!‹ Und die Soldaten gar, die vom Fußvolk, die Ärmsten, als sie erfuhren, daß ich tot sei, da haben sie ihre Offiziere angeschrien: ›Was liegt schon an uns, wenn wir den Vater verloren haben! Führt uns, sollen wir doch alle dort zugrunde gehen!‹«
Jetzt, wo alles vorbei ist, gesteht Jan auch ein: »Jetzt, da ich durch Gottes Gnade gesund bin, gestehe ich dir, mein Herz, daß mich die Flüchtenden derart mit ihren Waffen und Armschienen gestoßen und zerschlagen haben, daß mein Körper an manchen Stellen schwärzer als schwärzestes Tuch war.«
Dennoch hatte er kraft seiner Fähigkeit, die Menschen für seine Vorhaben zu begeistern, am nächsten Tag die widerspenstigen Polen so weit gehabt, daß sie am Samstag tapfer kämpften. Er hatte, als sie so kleinmütig waren »und der größte Teil wollte, daß wir uns zurückziehen und nach Polen mit dieser Schande zurückkehren«, zu ihnen gesagt: »Diesen Rat gibt euch nur die Angst ein«, und »obwohl gestern das Heer versagt hat, so wird es sich morgen bessern; hört nur auf die Deutschen, die sind nicht angstvoll, so wird auch ihr consilium nicht ängstlich sein«, und schließlich setzte er noch selbstsicher hinzu: »Was ihr da vom Glück redet, ich zertrample es, wie einen Affen, und wenn wir Gott um Vergebung

bitten, so werdet ihr schon morgen sehen, daß alles anders sein wird.« Gerade in seinem Unglück bewährt sich Jan, und er gewinnt sympathische Züge. Seine Offenheit, mit der er sein Mißgeschick zugibt, mit der er auch den deutschen Fürsten eingesteht: »Ich gestehe es, ich wollte ohne euch siegen um des Ruhmes meiner Nation willen, ich bin dafür bestraft worden, aber ich werde mich zusammen mit euch rächen«,[374] zeugt von Ritterlichkeit und menschlicher Größe.

Über den Hergang der Schlacht schreibt Jan nicht viel, doch etwas sehr Wesentliches über die Tataren: »Tataren waren in dieser Schlacht nicht mit dabei, nur einige hundert; warum, kann man sich kaum vorstellen, obwohl sie nur einige Meilen weit von uns entfernt waren. Ich sehe, daß der neue Chan nicht mit uns kämpfen will, genauso wie der alte. Ich werde einen gefangenen Tataren zu ihm schicken und ihm mein Kompliment dafür sagen lassen, daß er so diskret ist und die Freundschaft mit uns nicht brechen will.«[375] Nachdem er über die Verluste des vor Wien so erfolgreichen und jetzt so unglücklichen Fähnleins Alexanders berichtet, schließt er seinen Bericht folgendermaßen: »Ich schwöre, daß wir den Dienst, den wir dem Kaiser und der ganzen Christenheit erwiesen, gut mit unserem adeligen Blut begossen haben; und ihre Truppen sind so glücklich, daß sie nicht dergleichen Verluste erlitten haben. Vom bayrischen Fürst hört man, daß er uns nachkommen will; auch neue Leute vom Schwäbischen Kreis, wie Gałecki aus Preßburg mitteilt, wo er dort beim kranken Herrn von Kijew sitzt. Er schreibt, der Kaiser habe dankbar die ihm von mir geschenkten Pferde angenommen, und weiter nichts.«

Kein goldenes Vlies also für Jan. Oder würde es noch kommen? Dabei war der Sieg bei Parkany tatsächlich groß. Herr Pasek gab folgendes Bild: Ludwig Wilhelm von Baden hatte die Festung erstürmt und wurde daher vom Kaiser zum General der Kavallerie erhoben. In einem Brief erwähnt Lubomirski, wie beeindruckt Jan von dieser bravourösen Tat des jungen Markgrafen von Baden, der bei dieser Schlacht den rechten Flügel der Kaiserlichen Reiterei kommandiert hatte, war. Merkwürdigerweise nennt Sobieski diesen Namen in seinen Briefen an Marysieńka kein einziges Mal.

»Welch unaussprechliche Freude war es für die Ritterschaft«, schreibt Pasek, »als der gnädige Vater, der uns gedroht hatte, das Auge seiner Barmherzigkeit uns wieder zuwandte, in triduo den Ruhm der polnischen Nation redintegrierte, der Rache für das Bruderblut freien Lauf ließ, das Schlachtfeld reichlich mit türkischen Leichen bedeckte und die raschen Fluten und furtlosen Tiefen der Donau mit ihnen füllte. Es ist für Gott nichts Neues, für ein Volk zu sorgen, das in seiner heiligen Protektion verharrt. Was für ein der Christenheit wohlgefälliges spectaculum gab es dort, wo man so viele Feinde Gottes und eigene Erzfeinde erschlagen konnte, soviel man nur wollte, bis einem die Hände müde wurden, dabei konnte man auch das Auge ergötzen an dem Untergang der vindici manu Dei Gebändigten, als einer nach dem anderen griff, einer den anderen ertränkte, die einen schwammen lange, um sich zu retten, die anderen sanken wie ein Stein auf den Grund, und die Turbane schwammen wie eine Herde von Enten auf der Donau.« Die Türken hatten sich nämlich über die Brücke retten wollen, doch die Brücke brach, so daß die Flüchtenden ins Wasser fielen. »Nun mußten die Herren Osmanen schwimmen, nun gingen sie unter. Auch die, die weiter oben bei Parkany ertrunken waren, wurden vom Wasser angeschwemmt, so daß die Donau von jenen Menschen und Pferden sich so verstopfte, das das Wasser um eine Elle und mehr über die Ufer stieg.« Zufrieden meint Herr Pasek: »Die sich am Donnerstag für Sieger hielten, wurden am Samstag besiegt, die am Donnerstag nach einem fremden Kopf griffen, konnten am Samstag den eigenen vor dem polnischen Säbel nicht in Sicherheit bringen; die am Donnerstag mit großem Appetit nach Christenblut dürsteten, konnten sich am Samstag am eigenen reichlich satt trinken.«
Übrigens wurden keine Gefangenen gemacht, sondern alle niedergemetzelt, nachdem es die Türken mit den Christen früher ebenso gemacht hatten, wie aus Jans Brief an Marysieńka ersichtlich. Jans Siegesfreude wird durch einen Brief Marysieńkas, datiert vom 5. Oktober, vergällt, berichtet sie ihm doch darin von der wachsenden Unzufriedenheit in Polen. »Wenn diese Leute nur eine halbe Stunde hier wären, würde ihnen all ihr Räsonieren vergehen«,

antwortete er. Doch er muß zugeben, daß auch in seiner Umgebung, jetzt, wo der Herbst mit Macht einsetzt, Unzufriedenheit herrscht; jeder will nach Hause, an den eigenen Herd, zum heimischen Bier zurück, obwohl Jan sie hier »in ein gutes Land führt«, ziehen sie es vor, »zurück nach Polen, zu ihren schwarzen Öfen und ihrem schlechten Bier« zurückzukehren, anstatt hierzubleiben, »in Palästen und bei allerbestem Tokaierwein«.
Was Jan jedoch am meisten trifft: Marysieńka beendet ihren Brief, indem sie ihn wissen läßt, daß sie sehr unzufrieden mit ihm ist. »Das ist nun mal schon so mein Glück und meine Freude«, meint er bitter.
Natürlich hat ihm Marysieńka auch tüchtig eingeheizt wegen des angeblichen Affronts des Kaisers gegenüber dem lieben Fanfanik, nämlich Jakub. Auch da muß sich Jan wehren, indem er erklärt, daß er und seine Leute auch nicht solche Dummköpfe und fahrlässige Leute seien, wie sie meint, sondern sie hätten natürlich wegen des Nichtabnehmens des Hutes reklamiert und nachgefragt, warum dies geschehen sei, der Kaiser habe sich jedoch darauf ausgeredet, daß er sich gerade vor dem König verneigt und die Hände ausgestreckt hatte, weshalb er nicht so schnell den Hut abnehmen konnte; aber er bitte sehr darum, den Prinzen an den Kaiserhof zu schicken, dort würde man ihn für alles entschädigen und ihm große Ehre erweisen.[376]
Das klingt vernünftig und deutet auf keine Ressentiments von seiten Jans hin, wie die Gegner des Wien-Entsatzes und Jans Widersacher immer behaupteten und damit diesen kleinen Vorfall absichtlich hochspielten.
Aber Jan macht hier in Ungarn auch interessante Beobachtungen, die völlig mit dem übereinstimmen, was er von Kindheit an gehört hatte und was er als höchste Aufgabe für sich selbst erachtete: Die Christen auf dem Balkan von den Türken zu befreien. Hier in Ungarn, wo man ursprünglich fälschlich die Nachricht ausgestreut hatte, die Polen und die Kaiserlichen kämen nur her, um die Kalvinisten zu bekämpfen, erhoben sie nun die Hände zu Gott und legten ihre ganze Hoffnung in den polnischen König. Seine Bemühungen, Tököly mit dem Herzog von Lothringen ins

Gespräch zu bringen, scheiterten allerdings; Jan mußte einsehen, daß zwischen den beiden Nationen »eine heftige Antipathie« bestand. Die Ungarn meinten: »Wenn ihr wollt, daß wir die türkische Protektion aufgeben, so wollen wir uns unter die polnische begeben, mögen wir zusammen eins sein.« Jan wäre nicht Jan, wenn er nicht auf alles Wundersame und Prophetische besonders einginge. So schildert er, wie die gefangenen türkischen Paschas mit dem Starosten von Kulm, Michał Rzewuski, diskutierten und ihn fragten, was nun werden solle, denn sie hatten angenommen, daß die Polen nach dem Sieg von Wien in ihr Land zurückkehren würden. Darauf antwortete der Starost, daß sie so lange den Kampf fortsetzen würden, bis sie die Länder, die die Türken den Christen entrissen hatten, wieder zurückgewonnen haben würden. Darauf die Türken: »Wir sehen es, daß der Herrgott diesen euren König über unser Volk geschickt hat. Aber was steht denn in euren Büchern? Was passiert hier für ein Irrtum? Denn wir sollten doch zuerst alle christlichen Völker beherrschen und danach erst ihr. Wozu beeilt ihr euch so? Wünscht ihr euch schon so sehr den Jüngsten Tag herbei? Denn bei uns in unseren Büchern steht geschrieben, daß dann, wenn die Christen Glück haben und die Türken besiegen, sofort das Jüngste Gericht anbrechen werde. Wünscht ihr euch denn so rasch das Jüngste Gericht?« Worauf der Starost antwortete, daß sie das Jüngste Gericht nicht fürchteten und die Türken weiterhin bekriegen würden.
Das hinderte jedoch die Herren Christen nicht, sich nun türkisch zu kleiden.
Jan selbst wird bald diese Mode mit Begeisterung mitmachen, und sein Hof wird einem orientalischen kaum an Prunk und Gepränge nachstehen.
Doch mittlerweile hat er wieder einmal Magenbeschwerden und muß Medizin schlucken; kein Wunder, wenn er an das denkt, was ihm Marysieńka geschrieben hat: daß in Polen bereits alle genug von diesem Feldzug haben, daß »in unseren Zeiten ein großmütiges Vorgehen einen Menschen nur zum Gespött der anderen macht«, daß das Heer unzufrieden sei, daß Jans Feinde daheim nur darauf lauern, ihm eins auszuwischen, daß er doch an seine eigenen

Vorteile denken solle, daß sie eine Zeitung habe zusammenstellen lassen, »wie eine solche eben auszusehen habe«; sie hatte großzügig nach eigenem Gutdünken die Tatsachen verdreht und verfälscht, hatte von sich hinzugefügt: »obwohl der König die Erbschaft des Großwesirs angetreten hatte und sich sehr große Reichtümer in seinen Zelten befanden, haben nur die Soldaten den Nutzen davon gehabt; nur Kleinigkeiten, die übrigblieben, hat der König unter die Fürsten und Kurfürsten verteilt, die sich bei der Armee befanden; ihnen wie auch dem Kaiser hat der König Pferde samt Sattelzeug geschenkt, die er aus Polen mitgebracht hatte; für sich selbst habe der König für viel Geld von seinen Soldaten und Untergebenen Pferde und kostbare Gegenstände erworben, die er dann den Fürsten, Kurfürsten und Generalen zum Geschenk machte.«

Wie stand er, Jan, nun da, wo doch alle die Wahrheit kannten? Wo alle wußten, daß er den Hauptanteil der Beute für sich beansprucht und sofort an sich gerissen hatte? O diese Marysieńka! Im gleichen Brief jammerte sie: »Ich kann es nicht verwinden, daß dieser Schurke Gałecki sich so viel von den kostbarsten Beutestücken angeeignet hat. Erlaube mir, daß ich mich der Sache annehme, ich werde ihm schon beibringen, was Gerechtigkeit ist... Szembek und auch andere sagen, daß sich nichts mit dem vergleichen läßt, was er an sich gerissen hat. Ich muß gestehen, daß ich alle Mittel anwenden würde, um nur die Kostbarkeiten in meine Hände zu bekommen, die er sich angeeignet hat. Sie würden doch unseren Kindern zunutze kommen, zumal wir doch Söhne haben, ohne königliche Titel.« Und als Nachsatz: »Man muß von den Soldaten aufkaufen, was nur geht, zum billigsten Preis.«[377]

O diese Marysieńka!

Selbst in militärische Dinge mischt sie sich ein, und man bewundert Jans Langmütigkeit, wenn er ihr auch das auseinandersetzt: »Ein schöner Rat das, nachdem wir Ungarn befreit haben, zum Winter dann abziehen und das Brot einem anderen überlassen (worüber man hier sehr froh wäre) und unsere Armee nach Polen führen und sie dort zunichte machen oder in die Ukraine, wo eine Wüstenei und blanke Erde ist! Was soll denn das für ein Unrecht sein, was für

Unbequemlichkeit, was für Gefahr, das Heer hier überwintern und das Brot essen zu lassen, das es sich mit dem Säbel erobert hat! Gestern schon hat mir der Ablegat vorgeschlagen, von Ungarn abzuziehen und nach Siebenbürgen, in die Walachei und Moldau weiterzuziehen; man sieht, daß ihm schon jemand diesen polnischen Rat mitgeteilt hat.« Jan ist der Meinung, das Heer stehe hier besser als bei Sieradz oder Posen, auch wäre es eine Katastrophe, wenn die Litauer wieder nach Polen zurückzögen und dort alles verwüsteten, so wie sie es hier in Ungarn getan hatten, um dann im Frühling wieder zurückzumarschieren.
»Meine Meinung ist und war immer, daß es besser ist, überhaupt nicht in den Krieg zu ziehen, als zu zeitig zurückzukommen, denn das ist nicht, wie nach einem Hasen in den Wald oder nach Fischen zum Teich zu gehen; jetzt vor dem Feind um eine Handbreit zurückweichen, würde bedeuten, daß er im Frühjahr uns um eine Elle weit nachfolgt. Die Alten haben gesagt: ›Man muß den Bast abrinden, wenn abgerindet wird.‹
Sie sollen keinen Unsinn schwätzen. Wenn im Krieg die Menschen nicht sterben und Hunger leiden müßten, dann wäre der Krieg ja nichts anderes als der Friede, und dann würde man auch jetzt hier an nichts anderes denken als an Bälle, Ballette, Komödien, Geschenke, ruelles etc. Aber der Herrgott wollte diese Sachen getrennt wissen, und so hat er auch die Menschen danach eingeteilt, den einen diesseitige Pläsiere zugeteilt, den anderen ewigen Ruhm.«[378]
Inzwischen waren endlich auch die Brandenburger Hilfstruppen eingetroffen; Jan hatte schon früher an Marysieńka geschrieben, daß keinerlei Intrigen in Polen ihn mit dem Kurfürsten von Brandenburg zu entzweien vermöchten. Mit Befriedigung stellte Jan fest, daß immer mehr frische deutsche Truppen nachkamen und auch der Kurfürst von Bayern nach seiner Genesung bereits wieder auf dem Wege zu ihm war.
Nun beginnt alles immer schneller abzurollen; auch Jakubs Aufzeichnungen werden immer kürzer; man merkt, daß alles dem Ende zugeht. Jakub notiert nur noch von Tag zu Tag mit einem Satz die wichtigsten Ereignisse, daß am 12. Oktober die Branden-

burger eingetroffen seien, daß am 17. Gesandte von Tököly ankamen, mit denen der König am 18. eine Konferenz abhielt, doch ohne Erfolg, weil alles erst Tököly zur Begutachtung vorgelegt werden müsse; daß die Türken einige Polen gefangengenommen haben; daß am 19. eine Brücke geschlagen wurde und der König an das andere Ufer hinüberritt und wieder zurückkam; daß am 20. und 21. das deutsche Heer übersetzte und an diesem Tag Daleyrac mit sämtlichen Briefen des Königs von den Türken gefangen wurde; daß am 23. die Deutschen ihre Geschütze aufzubauen begannen, daß am 24. die Deutschen bereits große Breschen in die Mauern von Gran vom St.-Thomas-Berg aus geschossen hatten und nun ihre Batterien auf dem St.-Georgs-Berg aufstellten; daß am 25. die Polen die Stadt Gran einnahmen und Ludwig Wilhelm von Baden dieses Schloß stürmte; daß am 26. frühmorgens der König bereits nach Parkany zog und die polnischen Geschütze abfeuern ließ; daß am 27. dann das Schloß von Gran kapitulierte und der Kurfürst von Bayern eintraf; daß am 28. alle Türken das Schloß verließen und der König dabei zusah und daß sie nachher das Schloß und die Fortifikation besichtigt hätten.

Natürlich berichtet Jan über die Erfolge an Marysieńka. Am 28. Oktober schreibt er direkt aus Gran einen sehr langen Brief, der jubelnd beginnt:

»Der Herrgott sei gelobt in Ewigkeit, der uns täglich so unaussprechlich große Gnade in seiner Güte beweist! Über alle Meinungen und Imaginationen der anderen haben wir uns entschlossen gehabt, bei dieser Kälte, bei diesem Regen, ohne Futter für die Pferde und Lebensmittel für uns zu haben, die Festung anzugreifen; Gott wirkte das große Wunder, daß der Feind, der dort drei Moscheen hatte, sich heute nacht ergab, das ist am vierten Tag der Belagerung, und zwar auf meinen Namen hin, obwohl unsere Truppen, außer den Brandenburgern, daran nicht teilhatten wegen Schwäche und Krankheiten. In dieser Festung befanden sich fünftausend Türken, zwei Paschas (Kommandant war der Pascha von Aleppo, einer der bedeutendsten unter den Paschas), denen der Wesir befohlen hatte, diese Festung bis zum letzten Blutstropfen zu verteidigen, während er selbst aus Buda floh, worüber alle Türken

sehr erzürnt sind.« Und er fährt frohlockend fort, was bei Jan selten ist: »Oh, wie fröhlich heute hier alle sind, das läßt sich gar nicht beschreiben; und vor einigen Tagen gab es noch keinen Menschen, der daran geglaubt hätte. Das ist nämlich die beste Festung des ganzen Königreiches Ungarn, ein Erzbischofssitz; das Schloß ist sehr groß und befindet sich auf einem hohen Berg und Felsen, die Stadt hingegen ist unten zu Füßen rund um das Schloß. Im August waren es hundertvierzig Jahre, daß es sich in den Händen der Türken befand. Hier ist der Sammelpunkt aller ritterlichen Leute aus den Grenzgebieten, so wie bei uns früher in Kudak; hier tobten immerzu Kämpfe, so daß, wenn man eine Handvoll Erde von hier nehmen und zusammenpressen wollte, Blut daraus hervorträufeln würde. Jetzt erst habe ich mir so richtig die Freundschaft der Türken zugezogen, sie nennen mich nur noch den Henker der Türken, denn durch mich seien so viele ihrer Leute umgekommen; und dennoch ziehen sie es vor, sich auf mein Wort zu verlassen denn auf dasjenige von anderen. So also werden wir heutigentages ruhmreich und nutzbringend diese so schwierige, blutige und tödliche Kampagne beenden. Morgen wird der Beschluß gefaßt werden, wo jeder die Winterquartiere zugeteilt bekommt.«
Sehr interessant ist, was Jan immer wieder so zwischendurch über Tököly sagt, z. B.: »Ein verrückter Mensch, er wird durch diese ständigen Verzögerungen sein Unheil herbeiführen, denn wieder hat er gebeten, ihm einen Schutzkonvoi für neuerliche Kommissare zu schicken, wir aber ziehen jetzt direkt auf ihn und sein Land zu, d. h. geradenwegs zur polnischen Grenze.«
Vom litauischen Heer fehlen weiterhin Nachrichten, dem Wesir prophezeien alle ein böses Ende. »Gib acht, wie veränderlich die Welt doch ist: Wie dieser Feldzug begann, und wie er jetzt endet; wie im Juli und August die Lage des Kaisers war, und wie anders jetzt im September und Oktober.«
Dennoch scheint Jan zu diesem Zeitpunkt bereits ziemlich wenig Kontakt mit den Kaiserlichen gehabt zu haben, außer mit dem Lothringer, denn nicht einmal Max Emanuel eilte, so wie früher, sogleich zu Jan und Jakub, sondern es verstrichen Tage, bis sie einander sahen und sprachen, und zwar nur ein einziges Mal. »Mit

uns redet hier niemand über irgend etwas: Der Herrgott und der Ruhm, das ist unser Lohn.«

Aber die Eroberung von Gran befriedigt Jan zutiefst: »Eine Kirche, die vom hl. Adalbert begründet wurde, der hier König Stefan, den ersten Christen, taufte, war in eine Moschee umgewandelt worden.« In diesem Brief vom 28. Oktober aus Gran nimmt Jan auch Stellung zu verschiedenen unguten Entwicklungen in Polen, und da diese Äußerungen so wichtig sind und ein helleres Licht auf ihn werfen als jedes Wort, das ein anderer über ihn sagen könnte, seien sie hier zitiert:

»Nach Herrn Daleyracs Fortgang begann ich die Chiffren, die ich von dir, mein Herz, erhalten hatte, zu entschlüsseln und bin fast vor Gram darüber gestorben. Um Gottes willen, was ist denn das für ein unvorsichtiger Mensch, der dir, mein Herz, solche Flausen in den Kopf setzt und dich damit durcheinanderbringt und aufregt! Ich soll mir in Polen Unannehmlichkeiten einhandeln, weil ich zuerst die Substanz und dann meine Gesundheit aufs Spiel gesetzt habe? Sie wollten die Liga – ich habe es erlaubt. Ich habe das Heer ohne Geld und Unkosten der Rzeczpospolita herausgeführt; ich bringe ihnen nicht das Heer zum Winter (wovor sie doch am meisten Angst hatten) nach Polen zurück; ich habe die Nation mit Ruhm und Reichtum gefüttert. Daß die Leute sterben? Dazu werden sie geboren! Konservieren muß man das Heer, und nichts ist sicherer als das, aber für den Krieg, nicht für den Frühling, denn der Frühling kann auch ohne Krieg sein, aber solche Kriegsangelegenheiten, wie die jetzige, gibt es vielleicht in tausend Jahren nicht wieder. In der Chiffre heißt es, daß andere weggegangen seien, warum nicht auch ich, comme avec des troupes auxiliares. Oh, es ist ein großer Unterschied zwischen mir und den anderen. Zuerst einmal, es ist unser ureigenstes Interesse, mit diesem Feind Krieg zu führen, der uns sonst in Polen bekriegen würde, wenn er nicht hier abgelenkt würde. Zweitens, daß niemand außer mir einen solchen feierlichen Schwur in die Hand des hl. Vaters über die Kardinal-Protektoren geleistet hat, daß keiner den anderen verlassen werde. Drittens, daß der Kaiser jetzt sehr froh darüber wäre, denn jetzt würde er sich zu seinem Vorteil mit den Türken einigen

können. Viertens, daß mich die christlichen Armeen zu ihrem generalissime gemacht haben, und selbst wenn das polnische Heer abgezogen wäre, hätte ich ganz gewiß mit den kaiserlichen, bayrischen und anderen Truppen den Feldzug beendet: so wie jetzt, als hier auf dieser Seite unser Heer stand, da baten mich alle Generale, daß ich mich nur in meiner Person zu ihnen hinüberbegeben solle, ohne mein polnisches Heer erst zu stören. Oh, wie schlecht doch die Menschen sind, sie wollen, daß man das Heer zum Winter zurückführt, kein Mensch weiß wozu, als ob man es nicht auch in Ungarn neu rekrutieren könnte, Hauptsache man bezahlt ihm den Sold. Dieser Feind ist zuerst einmal unser eigener, dann der des Vaterlandes und des heiligen Glaubens, der mit solchen Sachen dir den Kopf verdreht, mein Herz, und mir damit so schweren Kummer bereitet. Ich werde das Heer nicht nach Polen führen (das wird bald ein anderer tun – dann können sie sich nach Herzenslust darüber freuen und damit tun, was sie wollen), denn ich will mir jetzt endlich Ruhe verschaffen, denn kein Feind hat mir jemals so zugesetzt, wie solche Sachen, die sie am Kamin da diskurieren, und wenn man auch hundertmal im Rat spotten sollte, so darf man auch einmal etwas verleugnen. Ich werde der Liga, dem Kommando und allen Interessen der Welt abschwören. Mir noch dafür zu drohen, wo ich hier beinahe meine Gesundheit eingebüßt habe, Tag und Nacht, nicht essend, nicht genügend schlafend, wo ich mir den Kopf zerbreche, mich plage, mich abrackere, wo ich mit meiner Gesundheit für das Wohl meines Vaterlandes bezahle! Sollen doch die dort regieren, die so schön daherreden, und ich will keine Sorgen mehr haben wegen meiner Fürsorge, wenn doch alles in ihren Augen schlecht ist, was ich tue, obwohl die ganze Welt da ganz anderer Meinung ist. Soll doch alles so geschehen, wie die es wollen. Ich werde mich, wenn Gott will, schnell alles dessen bei diesen Nationen entledigen, wenn nicht bei jenen Ratgebern.«
Und nun folgt die schon fast obligate Klage, das Gejammer: »Und ich armer Kerl, ich plage mich mit dem Dechiffrieren, um etwas Liebes, etwas Freundliches, etwas Tröstliches zu meiner Freude und Entspannung, wenigstens in der Imagination, heraus-

zulesen, aber wie man begonnen, so hat man auch geendet, alles was man tut, das tut man oder wird es auch weiterhin schlecht tun, alles das wird dort keine Zustimmung finden.«
Das sind wieder einmal bittere Worte, und ausgerechnet nach der freudigen Euphorie des Siegers von Gran.
Dennoch schreibt Jan unverdrossen weiter seine Briefe. Am 30. Oktober, bei Gran: »Wir stehen noch immer hier am Ort und warten den Übergang des kaiserlichen Heeres über die Donau ab; morgen jedoch werden wir, so der Herrgott will, weiterziehen. Der Fürst von Bayern reitet heute schon ab, mit dem wir uns nur einmal sahen; Herr Staremberk kehrt auch zu seinem Kommando nach Wien zurück.«
Am 31. Oktober setzten sich auch die polnischen Truppen in Bewegung, überschritten die Gran. »Dort hörten wir oftmaligen Kanonendonner«, notiert Jakub in seinem Diarium, »sie begrüßten den Kurfürsten (Max Emanuel) in Komorn und machten halt zwischen den Dörfern Pasthoha und Mikolaä. Am 2. November zogen wir weiter.« An diesem 2. November feierte Jakub seinen sechzehnten Geburtstag; vielmehr – er feierte ihn keineswegs; nicht einmal eine Notiz findet sich in seinen Aufzeichnungen, ebensowenig bei Jan im folgenden Brief. So wie Jan und Marek während ihrer Kavalierstour in fremde Länder unterwegs irgendwo in Europa auf dem Pferderücken in ein neues Lebensjahr einritten, so auch Jakub, dieser echteste Sobieski von allen Kindern Jans.
»Am 3. fand eine Beratung mit dem Herzog von Lothringen statt, der beim König zu Mittag speiste; nach dem Mittagessen bekam er beim Abschied vom König zwei Pferde zum Geschenk, wir blieben diesen Tag noch dort.«
Und so geht es in Jakubs Diarium weiter, Tag um Tag wird die Route verzeichnet, nur am 9. heißt es: »Ich ritt aus, um Szeteny zu erkunden«, und am 10.: »Das belagerte Szetseny ergab sich nach drei Stunden.« Jakub macht kein Aufheben von seinem Erkundungsritt, er ist bescheiden, wie man sieht, und versucht objektiv alles festzuhalten. Gewiß ein sympathischer und beachtlicher Charakterzug an ihm.

6

Die Heimkehr

Am 5. November 1683, nachdem die Kaiserlichen bereits abgezogen sind und auch der Herzog von Lothringen sich verabschiedet hat, sind nun die polnischen Truppen plötzlich allein mitten im fremden Land. Dazu setzen Herbstregen, Fröste und auch der erste Schnee ein, die dem Feldzug eher ein Ende bereitet haben als geplant. Jan beneidet wohl ein bißchen die Kaiserlichen, die ganz in der Nähe, außerhalb des türkischen Gebietes, ihre Winterquartiere beziehen können, während er mit seinen Leuten noch »sieben Meilen entlang der türkischen Grenze« marschieren und unterwegs auch noch an einer türkischen Festung vorbei muß.

»Bevor wir aus dem türkischen Grenzbereich heraus sind, müssen wir irgendwo ein paar Tage unsere Pferde ausruhen lassen, die sehr übermüdet sind, angefangen bei mir selbst; und dabei haben wir oft Flüsse auf unserem Weg, die die Pferde und die armen Schlucker von Infanteristen durchwaten müssen, wobei sie fast absaufen, und nirgendwo finden wir Brücken.« Jan gibt die genaue Route an, die sie vor sich haben; und nachdem sie eine Woche Ruhepause eingeschaltet haben würden, »gehen wir von dort gradenwegs nach Polen, wenn der Schnee, der jetzt immer häufiger im Gebirge fällt, es uns erlaubt«. Das klingt einigermaßen bedrückt; Jan dürfte sogar im höchsten Maße niedergeschlagen gewesen sein, nicht nur aus dem Grunde, daß sie hier von der Welt wie abgeschnitten waren und keine Postverbindungen mehr aufrechterhalten werden konnten, sondern weil der letzte Brief Marysieńkas ihn aus der Fassung gebracht hatte. Zwar hatte er zusammen mit dem Brief eine warme Mütze, Zobelfelle für den Hals und Wodka erhalten, wofür er dankt, doch er meint: »Ich gestehe, nicht so sollte die Lockung, rasch nach Polen zurückzukommen, aussehen.« Und dann schlägt Jan einen Ton an, der neu ist bei ihm: »Zuerst schriebst du mir, que je me ferai des affaires, worauf ich schon ausführlich geantwortet habe; jetzt jedoch, daß die Verwandten sich beschweren, daß sie hier ihre Angehörigen verloren haben, nicht im Dienste des Vaterlandes, sondern wegen irgendwelcher meiner Privatinteressen. Was könnte wohl schwerer und unerträglicher sein, als jemanden zuerst in den Krieg zu schicken, sein Leben, die Gesundheit und die ganze Substanz aufs Spiel zu setzen, und ihn nachher dafür verantwortlich zu machen, daß einer stirbt oder vom Pferde fällt, und dazu noch mit Verleumdungen gegen die Redlichkeit des Betreffenden vorzugehen und ihm Privatinteressen vorzuwerfen, die es niemals gab und niemals geben wird, was die Welt sieht und immer sehen wird! Oder aber jemand will mich verhöhnen angesichts dessen, was ich tat, und dessen, was man für mich tat! Aber, Gott helfe mir, ich gedenke dem allen und mir selbst ein solches Ende zu setzen und Ruhe zu verschaffen, wie es wohl noch niemals die menschliche Imagination sich ausgedacht hat. Was soll man tun, es ist schwer, gegen den Strom zu schwimmen; aber dies alles sich nicht weiter ausbreiten zu lassen, darauf wird man bestehen müssen.«

Was Jan damit meint, gibt Rätsel auf. Soll es eine Drohung sein? Oder denkt er, der sonnige und fröhliche Jan von einst, gar daran, seinem Leben selbst ein Ende zu setzen, da ihm nicht das Glück seiner Vorfahren beschieden war, in einer Schlacht gefallen zu sein?

Ziemlich kühl endet dieser Brief, mit den obligaten Grüßen zwar an alle Verwandten und die Kinder und dem »Küssen aller Schönheiten meines einzigen Herzens«, doch selbst diese Floskel klingt routinemäßig.

Dann aber, am 11. November, nachdem sich ihm, wie schon Jakub festgehalten hatte, nach nur vierstündiger Belagerung die Festung Szétsény ergeben hatte, plötzlich wieder frohlockend: »Lob und Dank unserem Herrgott für das gestrige Geschenk, das er uns in seiner großen Güte und Barmherzigkeit zuteil werden ließ, über unsere und jede menschliche Erwartung hinaus.« Es folgt ein umständlicher Bericht, angefangen von dem Erkundungsritt Jakubs mit dem Wojewoden von Lublin, dem kaiserlichen General

Dünewald und dem brandenburgischen General Truxa, bis zur Einnahme der Stadt, »die nicht klein ist«, zwei Moscheen besitzt, Türmchen, ganz nach türkischer Manier alles, dabei eine mächtige Festung, wehrhaft und in gutem Zustand, mit Mauern und Gräben umgeben. Umso mehr sei es ein wahres Wunder gewesen, daß sich die Besatzung so rasch ergeben und die weiße Fahne gehißt habe. Und nachher wieder die erhebenden Szenen mit der Bevölkerung: alle wollen ihn, Jan, den polnischen König, den sagenhaften »Löwen von Lechistan« sehen, sein Gewand befühlen, seine Hände küssen. Wie das doch dem verwundeten Herzen des liebebedürftigen Jachniczek wohltut! Und: »Morgen lassen wir, so Gott will, in beiden Moscheen das Te Deum singen, schon fünf haben wir in diesem Jahr den Heiden abgenommen; wofür Gott dem Herrn Lob und Dank sei in Ewigkeit!«
Dafür ist jemand anderer weniger glücklich: »Tököly, der arme Kerl, weicht gegen Muchaczow zurück, er ist sehr krank und in Gefahr. Beinahe alle sind schon von ihm abgefallen.« Im vorigen Brief hatte er angedeutet, daß Tököly darum gebeten hatte, daß sie, die Polen, ihn in ihr Terrain, wo sie die Winterquartiere aufschlagen würden, miteinbeziehen mögen. »Denn der Vertrag ist noch nicht mit ihm abgeschlossen, denn jetzt nimmt Österreich einen sehr harten Standpunkt ein; daran ist nur die lange Verzögerung schuld, und Tököly ist sich selbst daran schuld. Obwohl beide Seiten kein Herz zueinander haben, werden wir uns doch weiterhin bemühen, um sie zu einer Einigung zu bringen, weil sich dies zum Nutzen der ganzen Christenheit auswirken würde.«
Aus Jans Briefen spricht immer wieder die Verantwortung eines aufrichtigen Christen, der sich für die ganze Christenheit mitverantwortlich fühlt. Und so abergläubisch, bigott und oberflächlich fromm er auch gewesen sein mag, die durch und durch christliche Gesinnung, die er aus seinem Vaterhause mitbekommen hatte, die kann ihm weder Feind noch Freund absprechen.
»Wir sind hier in solch einem Lande, wo wir keinerlei Nachrichten erhalten. Ich werde, so Gott will, aus Eperies an den Kaiser einen Brief schreiben, mich von ihm verabschieden und ihm aufzeigen, daß ihm unser Bündnis durch meine Person Wien, Österreich und

das Königreich Ungarn wieder zurückgegeben hat. Man soll mir doch zeigen, ob so etwas jemand für einen anderen, noch dazu in so kurzer Zeit, getan hat. Wir haben uns hier nicht um Schlachten und das Erstürmen gestritten, wie es bei der Eroberung von Kazimierz bei Krakau gegen die Schweden der Fall war, noch hat man uns dafür Städte und Erzbergwerke als Pfand gegeben, so wie wir damals die Salinen von Wieliczka geben mußten. Hier will übrigens niemand französisch sprechen; alle sind jetzt ›guter dajczer‹ (ein guter Deutscher), und sie schreiben nicht und antworten auch nicht einmal, und bedanken sich auch nicht.« Und nach dieser Siegesnachricht plötzlich wieder einmal, in französischer Sprache, Vertraulichkeiten persönlichster Art: daß man sich nicht genug wundern könne, daß weder in Chiffren noch unchiffriert jemals die duchesse du pont noch die comtesse de potin erwähnt werde und ob diese denn gar nicht mehr an ihren favori denke et comme il se porte; et le pauvre galant attendait ça avec tant d'impatience – und der arme Galant warte doch darauf mit so großer Ungeduld.

Und je weiter sie marschieren, desto schlimmer wird es. Herr Pasek gibt eine eindrucksvolle Schilderung in seinen »Denkwürdigkeiten« über den Rückzug des polnischen Heeres: »Dann kam der Herbstmatsch, eine Menge Pferde ging ein, und viele Wagen mit jener Wiener Beute wurden stehengelassen, andere verbrannten sie lieber als damit die ungarischen Rebellen zu bereichern. Genug damit, mancher machte es so: Wenn ihm ein Wagen bei der Überfuhr steckenblieb, dann lud er das schöne türkische Beutezelt ab, breitete es vor die Pferde aus, damit sie rascher aus dem Sumpf herauskämen, und wenn er den Wagen so flottgemacht hatte, ließ er das in den Kot getretene Zelt liegen, das ein paar Tausender wert war. Zinn, Kupfer, Kästchen, Lederschläuche und andere türkische Kostbarkeiten, wieviel davon wurde in die Sümpfe geworfen, in die Flüsse, wenn jemandem die Pferde müde wurden! Der Kaiser hatte zwar gewollt, daß das Heer geradewegs über Schlesien nach Polen zurückkehre, nachdem es sich in Mähren ausgeruht hätte, wir selbst aber waren auf Ungarn versessen, hofften, dort etwas zu zeigen. Man hätte sich für so etwas einen ganzen Sommer lang Zeit nehmen sollen, nicht, als der Winter vor der Tür stand, dabei war

wohl der Wille Gottes nicht mit unserer Intention; deshalb liefen die Dinge auch nicht so, wie wir es wünschten.«[379]
Ja, wie hätten denn die Dinge laufen sollen? Waren da am Ende doch private Interessen im Spiel, wie böse Zungen in Polen ätzten? Und war Marysieńkas Sorge am Ende nicht unbegründet? Und wurde Jachniczek vielleicht nur deshalb so zornig, weil man ihm auf seine Schliche gekommen war? So wie bei der Beute und der Zeitung, über die er sich so sehr ärgerte?
Hatte er am Ende wirklich die Krone Ungarns für Jakub im Sinn, wie Dyakowski meinte und wie es die Gerüchte kolportierten? Ach, diese Gerüchte! Auch jetzt, wo sie sich in einem Lande befinden, wo man aus und über Polen nichts hört, dringen Gerüchte an sein Ohr, daß sich Frankreich mit Schweden geeinigt habe und »Millionen anderer Märchen«. Und da »die Zeitungen über uns erzunwahre Dinge schreiben, habe ich selbst en mechant français eine konzipiert, die du, mein Herz, verbessern und zur Freude unserer Feinde überallhin versenden lassen mögest«. Mit der reinen Wahrheit? Oder einer »frisierten«? Viel Phantasie, aber auch poetischen Sinn und eine poetische Ausdrucksweise kann man dem siegreich heimkehrenden König nicht absprechen, wenn er zum Beispiel am 27. November aus Koszyce schreibt: »Wenn Polen eine Insel wäre, würden wir es für jene insula im Ozean halten, über die Historiker berichten, daß sie flottante gewesen sei, daß sie sich also einmal zeigte, dann wieder vor den Augen der Menschen verbarg.« Es geht darum, daß überhaupt keine Post ankommt, und zwar deshalb, weil Marysieńka Berater hat, die, seiner Meinung nach, ihm alles zum Trotz genau umgekehrt machen, die alles besser wissen wollen und ihr den Kopf verdrehen. Bissig meint er: »Und diese Herren besitzen nicht einmal so viel Mitleid mit uns, daß sie uns wenigstens damit (mit Briefen) bei ihren Freuden und Bequemlichkeiten erfreuen als Lohn für unsere hiesige Not, wo wir nicht einmal mehr im Zelt, sondern nur unterm blanken Himmel übernachten und weiterwandern müssen, da durch die starken Fröste und Schneemengen sich keine Pfosten mehr in die Erde einschlagen lassen.«
Dazu kommt eine neuerliche große Enttäuschung: Ausgerechnet

am Nikolaustag, also am 6. Dezember, 1683 schreibt Jan aus der Gegend von Preszow an Marysieńka: »Wie sehr ich durch den Kaiser und Tököly getäuscht wurde, läßt sich gar nicht beschreiben. Ich habe dem Kaiser so viele Male einzureden versucht (wobei ich überhaupt kein Privatinteresse dabei hatte), er möge endlich Ungarn wenigstens durch eine Amnestie beruhigen, und dann durch das Versprechen, daß sie die Freiheiten beibehalten werden, die ihnen der Kaiser bei seiner Krönung beschworen hatte, daß er Tököly durch irgend etwas zufriedenstellen möge, und ich zeigte ihm auf, daß man anders Ungarn nicht befrieden könne. Und wenn sie schon nichts für Tököly tun wollen, daß sie, ob sie nun etwas tun oder nicht, mich wenigstens davon in Kenntnis setzen mögen. Auf all dies konnte ich bisher keine Antwort erbitten. Die kaiserlichen Truppen haben ihre Winterquartiere nahe der Grenze bezogen; die Offiziere sind entweder an den Hof oder zu sich nach Hause zurückgekehrt, uns aber haben sie hier die Orte angezeigt, in denen die ganze Macht bei Tököly liegt. Der aber beging folgenden Verrat an uns: Zuerst bat er, daß Koszyce frei bleiben möge, in dem ursprünglich das Präsidium des Kaiserlichen sein sollte. Ich hatte deswegen an den Kaiser geschrieben und ihm geraten, diese Stadt bis zum Abschluß des Traktates freizulassen, darauf erhielt ich auch keine Antwort. Indessen ging Tököly, der nirgends auf mich warten wollte (obwohl ich ihm Sicherheit und Geiseln versprochen hatte), von Debreczyn aus zu den Türken hinüber und nahm auch seine Frau und alle seine Sachen mit, schickte sein Heer zurück und hieß sie, sich hier, wo wir Quartier beziehen sollten, sich festsetzen, und zwar mit dem Befehl, uns überall wie Feinde zu behandeln, wovon er uns nicht in Kenntnis gesetzt hatte, ebenso nicht seine Abgesandten, die bei uns sind. Und so kam es, daß wir, kaum daß wir dans la supérieure Hongrie einmarschiert waren, wo wir keinerlei Feinde vermuteten, nun alles feindlich vorfinden, angefangen vom Schloß Satwar, neun Meilen von hier, bis auf jeden Strauch, hinter dem man auf uns schießt, und aus allen Städten und Dörfern schreien alle, Bauern, Adelige und Soldaten: ›Schlagt sie tot! Schlagt sie tot!‹, als ob wir Wölfe wären. Die zurückgebliebenen Kranken morden sie schrecklich, viel schlimmer als die

Türken; weshalb wir Tag und Nacht auf der Hut sein müssen und nur sehr langsam vorgehen können, um nicht Leute zu verlieren.« Das Heer ist müde, die Krankheiten hören nicht auf, der Hunger plagt sie, Jan muß seinen Truppen Ruhe gönnen, er kann den Angriff nicht wagen, dafür werden sie andauernd beschossen, die ganze Nacht findet niemand Schlaf. »Das ist also unsere Ruhe, das ist also unser Lohn, das ist also die Winterruhe nach so vielen Arbeiten! Es ist schon wahr, daß die Deutschen mit diesem Volk anders hätten umgehen müssen, aber es ist auch wahr, daß dies Volk sehr schändlich und überaus grausam ist. Jene, an den türkischen Grenzen, sind anständig; aber die hiesigen sind lauter Galgenstricke.« Hat Jan schon Ärger genug mit den Ungarn, so nicht weniger mit seinen Polen: »Heute werden wir ein consilium abhalten, was weiter tun und wo die Truppen unterbringen, dabei aber auch tausend Gerüchte, Tratschereien, die böse Menschen verbreiten, so, als ob ich sie hier ins Verderben bringen wollte.« Dabei hat er schon so große Sehnsucht nach seiner Marysieńka, und er überlegt, wo sie einander unterwegs treffen könnten. Doch wegen der schlechten Witterung und Wege wagt er nicht, sie nach Lubowla zu bestellen, wohin er jedoch unbedingt wegen erwarteter wichtiger Post aus Linz – also vom Kaiser – zuerst muß, denn ansonsten wäre die ganze Arbeit der letzten Monate umsonst gewesen. Und er seufzt: »Man kann mich jetzt ruhig einen Moses nennen, denn genau so führe ich dies Heer hier heraus, wie er einst das Volk Gottes«. Zu Maria Empfängnis hat dann der geplagte König und Feldherr endlich wieder Glück: Es gelingt ihm, vier Meilen von Lubowla entfernt eine Stadt einzunehmen und die Soldaten in die Winterquartiere zu schicken. »Die Soldaten nehmen den Dienst an und schwören auf den Kaiser, ich gebe ihnen Geld, damit sie auch andere gewinnen. Wir sind hier alle sehr froh über die Einnahme der Stadt, wo ein Teil unseres Heeres Platz findet, denn was Beine hatte, ist nach diesem unglückseligen Polen davongelaufen, obwohl wir hier in ein sehr gutes und fruchtbares Land gekommen sind. Aber absichtlich haben einige Schurken hier nicht nur das Getreide, Dörfer und Städte niedergebrannt, sondern auch katholische Kirchen, um nur ja nicht hier zu bleiben, was sie aber nicht wissen, ist, daß der Feind, wenn er sich nur ein Herz faßte, ihnen nachfolgen würde nach Polen und ihnen ihre Mordbrennereien vergelten würde.«

Am Tag darauf, am 10. November, »erhielten wir die Nachricht, daß uns Tököly diese Nacht überfallen will«, notiert Jakub. Die beiden nächsten Tage wird weitermarschiert. »Am 12. kamen wir nach Paloczy, wo sich der König vom Heer trennte. Am 13., nachdem der König sich vom Heer verabschiedet hatte, kamen wir nach Lubowla; auf dem Weg dorthin sahen wir in der Ebene einen Stein in Form einer Säule, den, wie man hier sagt, der Teufel herabgeworfen hat; die ungarischen Herren kamen uns entgegengeritten. Am 14. blieben wir ebenfalls dort.«

Und an diesem 14. November schreibt Jan aus Lubowla seinen letzten Brief an Marysieńka, der uns überhaupt erhalten ist.

Es ist ein Dienstag, man ist schon ganz nahe der polnischen Grenze. Aber der Teufelsstein muß kein gutes Omen gewesen sein. Die Stimmung ist desperat, Jan schreibt:

»Wahrscheinlich ist der Feind von Leib und Seele in den eingefahren, der dich, mein Herz, dazu überredet hat, die Straße nach Sącz zu nehmen. Es ist wahr, daß es der nähere Weg ist, aber entsetzlich schlecht und nur zu Pferd oder zu Fuß zu bewältigen. Jene Straße jedoch, die ich vorschlug, ist zwar etwas weiter, aber gut und sehr bequem, nämlich die nach Czorsztyn und Nowy Targ. Auf diesem Weg habe ich auch gestern schon den Herrn von Livland abgesandt mit Briefen an dich, du mögest in Nowy Targ haltmachen und mich dort erwarten. Aber das ist schon so mein Unglück, daß ich niemanden überzeugen kann. Heute also, da die leichten Wagen, die mit mir gehen sollen, nach Czorsztyn abgefahren sind (denn die schweren sind entweder verlorengegangen oder sind noch Gott weiß wo), kam hier dein Brief ohne Datum aus Wieliczka an, und darin steht nicht, welchen Weg du nimmst.

Was mit mir vorgeht, läßt sich nicht beschreiben, noch kann man sich meinen Kummer vorstellen ... die Menschen machen immer das Gegenteil von dem, was ich will ...« Er hofft, daß Marysieńka dennoch inzwischen seinen Brief erhalten haben wird und daß sie in Stary Sącz auf ihn warten werde. Die Wagen mit den allerschönsten

Dingen, wohl die Geschenke für Marysieńka, jene Beute aus Wien, sind nun jedoch nicht bei ihm. Er selbst wird sich nun auch auf den Weg machen.

Sehr melancholisch, wie ein düsteres Vorspiel auf alles das, was den stolzen Sieger von Wien, den Salvator der Christenheit, in den nächsten Jahren erwartet, klingen Jans letzte Sätze:

»Hier hat heftiger Schnee die Straßen verweht; hier geht es schon auf die Nacht zu, ein steiler Berg liegt vor uns; hier gibt es nirgends wo in der Nähe ein Nachtlager für mich; hier jagt eine schlechte Nachricht die andere. Der Herr Hofmarschall (Lubomirski) ist schon gestorben, der Herr Wojewode von Wolhynien / der Feldhetman Mikołaj Sieniawski / wird ihm wohl bald nachfolgen; sie sind eine Weile zurückgeblieben. Die Briefe aus Wien, die wir hier vorfanden, haben nichts Erfreuliches an sich; dies alles dem Herrgott anheimstellend, küsse ich millionenmal alle Köstlichkeiten meines einzigen Herzens. Hier ist so viel Schnee gefallen, daß man nicht wird herauskommen können. Und wenn Tauwetter einsetzt, wird man eine Woche oder auch zwei nicht die Flüsse überqueren können; was nicht der Fall gewesen wäre über Czorsztyn nach Nowy Targ.«

Und Jakub ebenfalls zum letzten Mal: »Am 15. früh starb der Wojewode von Wolhynien; der König traf in Stary Sącz bei der Königin ein.«

Damit war der große Feldzug nach Wien beendet.

Der Löwe von Lechistan war wieder zu Hause. Ein stolzer Löwe, aber auch ein müder.

7
Gloria Mundi

Am 23. Dezember 1683 zog Jan zusammen mit Marysieńka und seiner ungeheuren und prachtvollen Beute von Wien als Salvator der Christenheit in Krakau ein, und er, der es so gut wie kaum ein anderer seiner Zeit verstand, sich in Szene zu setzen, hatte auch diesen Einzug in die alte Krönungsstadt zu einem Triumphzug ohnegleichen gestaltet.

Ganz Polen, ja ganz Europa, hallte wider vom Jubel über den historischen Sieg von Wien; die Szlachta sonnte sich stolzgeschwellt im Glanze ihres königlichen Helden, der die Heiden geschlagen und dem feige aus Wien geflüchteten stolzen Kaiser seine Hauptstadt und das Reich gerettet hatte. Sie alle, die Herren Brüder der Szlachta, waren felsenfest überzeugt, daß es, wenn ihr König, den sie mit ihren Stimmen auf den Thron erhoben hatten, nicht nach Wien gezogen wäre, heute weder einen Kaiser in Wien, noch überhaupt ein Kaiserreich gäbe, ja, die ganze Christenheit wäre ohne Jan III. elend zugrunde gegangen. St. Stephan in Wien wäre heute eine Moschee, die türkische Sturmflut hätte das Reich mitsamt allen seinen Fürsten hinweggefegt, und vielleicht stünden die Rosse des Sultans heute sogar schon in St. Peter in Rom. Welch ein unvergleichlicher Held war doch ihr König Jan! Wahrhaftig, ein Messias war er, ein polnischer Messias, dem der Allerhöchste das Schicksal der gesamten Christenheit anvertraut, den er zur Beglückung und Rettung der ganzen Menschheit berufen hatte.

»Gott, was wir mit unseren Ohren gehört, worüber die Väter erzählten, das haben jetzt die Augen Deines Volkes voll Freude gesehen« – jubelt Wespazyan Kochowski in seinem 26. Psalm, dem »Dankgesang für den Sieg vor Wien«. »Der Sieger, in Deinem Namen der Stärkere, hat ihren Händen das Schwert entwunden; es zerbrachen die Bogen, es fielen die Pfeile zu Boden. – Die aufgehende Sonne sah ihren Hochmut, die sinkende ihren schmählichen Untergang. Es schämte sich der Mond seines Makels und verweigerte den Flüchtenden sein Licht. Es half ihnen nicht in ihrer Angst der falsche Prophet... Sie lagen im Feld wie hingeschlachtetes Vieh, und der Sieger ließ Erde aus Mitleid über sie schütten...«[380]

Wespazyan Kochowski, den Jan auf den Feldzug gegen die Türken nach Wien mitgenommen hatte, damit er authentisch für die Nachwelt aufzeichne, was Polens König und seine Armee für die gesamte Christenheit und den Kaiser vollbracht hatten, begann sogleich getreu seiner Stellung als »historiographus privilegiatus« mit der Niederschrift seines »Commentarius belli adverus Turcas ad Viennam et in Hungaria« in lateinischer und polnischer Sprache – »Das Werk Gottes oder Gesänge über das gerettete Wien und andere Transaktionen im türkischen Krieg, im Jahre 1683 glücklich begonnen«. Beide erschienen bereits 1684 in Krakau im Druck. Eine Flut von panegyrischen Lobeshymnen entquoll den Federn der polnischen Dichter und Schreiberlinge, in denen Jan die Dimensionen eines Auserwählten Gottes annahm und zum Inbegriff aller ritterlichen Tugenden abgestempelt wurde.

Aber im gleichen Maße, wie Jan Sobieski als edle Lichtgestalt umjubelt und bewundert wurde, so wurde Kaiser Leopold I. als Feigling, der fluchtartig seine Hauptstadt im Stich gelassen hatte, verhöhnt, aber nicht nur Feigheit, sondern auch Undankbarkeit wurde ihm angehängt. Jan, der ihm so edelmütig Reich und Krone gerettet hatte, diesem edlen und selbstlosen Ritter, trat nun der Kaiser hochmütig, stolz, kalt und undankbar gegenüber, indem er seinem Sohn einen fürchterlichen Affront bereitete, indem er nicht einmal den Hut vor ihm zog.

Damals schon wurden diese beiden Attribute zementiert: Jan Sobieski, der Edle, der Heldenhafte; Leopold I., der Feige, der Hochmütige, der Undankbare. Und diese Attribute wurden und werden leider vor allem von der polnischen Geschichtsschreibung oder solcher, die sich dafür hält, nun schon seit über dreihundert Jahren als Ballaststoff mitgeschleppt und mit diesen jede heranwachsende Jugend gefüttert, bis auf den heutigen Tag.[381]

*Die Rose der Tugend.
Ein Geschenk des Papstes
an die polnische Königin.*

Jan Chryzostom Pasek, der unvergleichliche Memoirenschreiber des ausgehenden 17. Jahrhunderts, der alle Denkwürdigkeiten festhielt, hatte natürlich auch über den Entsatz von Wien ausführlich berichtet, obwohl er nicht persönlich daran teilgenommen hatte. Umso mehr spiegeln seine Aufzeichnungen und Kommentare die Meinung der Herren Brüder der Szlachta wider, aus deren Munde er ja alles, was er dann niederschrieb, zuerst einmal mündlich erfahren hatte. »Dieser Sieg ereignete sich am 12. September. Er brachte der ganzen Christenheit Freude, erfreute den desperaten Kaiser, der sich nur noch dem Schutze Gottes empfohlen hatte. Er erfreute das ganze Deutsche Reich, besonders aber die incolas der Stadt Wien, deren Buckel diese Geißel am nächsten war. Unserem Volk hat er ewigen Ruhm eingebracht, was die anderen Nationen auch jetzt anerkennen. Ich hörte aus dem Munde eines angesehenen Herrn aus dem Französischen: ›Poloni sunt genitores Germaniae‹. Denn das ist sicher, daß Wien keine drei Tage länger ausgehalten hätte, und wenn es untergegangen wäre, so mit ihm alle ditiones Imperii et consequenter auch die übrigen

christlichen Staaten. Dem König, unserem Herrn, muß man schon dafür danken, daß er sich selbst in persona diesem Feldzug nicht entzogen hat, denn dieser sein guter Wille hat der Christenheit viel Gutes gebracht.
Besonders den einen Nutzen brachte er, daß alle polnischen jungen Adeligen und Herren selbst personaliter zu Felde zogen, sich dem Könige akkommodierend, und dank jenes Zuzuges ergab sich ein unvergleichlich größeres und stattlicheres Heer. Ein weiterer Nutzen war, daß den Feind größere Angst befiel und verwirrte, als er erfuhr, der König selbst sei in persona da, weil man von ihm wußte, er sei ein kriegerischer und glücklicher Herr, und weil man die Abreibung noch nicht vergessen hatte, die er ihnen anno 1673 bei Chocim am Dnjestr bereitet hatte.«

Am 11. Januar 1684 veranstaltete die Stadt Danzig ein Feuerwerk zu Ehren des siegreich von Wien heimgekehrten Königs, und ein Anonymus schrieb in deutscher Sprache ein großes Lobgedicht:

»Mach nun die Tore weit auf, du edles Polenland!
Auf, edles Krakau, auf, richt jetzt auf deinen Wegen
Die Ehren-Pforten zu verehren Gottes Hand,
Die dein König ist, eil Gott und Ihm entgegen! . . .
Drum auf Sarmatien, auf wehrte Christenheit,
Streu Siegespalmen aus, des Erbfeinds Hochmut lieget . . .
Nimm diesen Atlas an, der Dich anjetzt gestürzt,
Denk, wie der Kaiser selbst den großen Held begrüßet,
Jan den gleich tapfren Sohn, der dich mit hat beschützt,
Mit Fürstenschmuck geziert und angenehm geküsset,
Was Herkules gethan zu jener alten Zeit;
Was von des Perseus Tun Poeten Witz gedichtet,
Das hat mit wahrem Ruhm, da Wien durch ihn befreit,
Hie unser Herkules durch Gottes Kraft verrichtet.
Er hat ein größer Tier vor Wien jetzt umgebracht,
Den großen Helden-Trieb vermochte nichts zu hemmen,
Kein Schrecken, keine Müh, auch nicht die größte Macht,
So wie ein Wasser fließt bei aufgebrochnen Dämmen,
Der Himmel selbst gab ihm die Waffen in die Hand;

Des poln'schen Adlers Blitz vom Himmel angezündet,
Erfreut in einem Nu das hoch betrübte Land,
So wie die Schatten weicht, wenn sich die Sonne findet,
Hie unsres Helden Schuld halt ab und deckt zugleich
So hat er die Gefahr anjetzo abgetrieben,
So hat er dich bedeckt, berühmtes Österreich,
Daß Wien durch diesen Schutz des Reiches Hauptstadt blieben,
Des Türken wilder Mond verlor hier seinen Schein,
Da diese Sonne kam, die Schatten mußten weichen
Der Mond, der war an Licht, und Kraften viel zu klein,
Und unser Sonnen-Glanz bei weitem nicht zu gleiche.
Drum jauchze Polen-Land dein König triumfiert,
Jauchz' edle Christenheit, du hast in ihm gewonnen,
Gott hat durch ihn sein Werk ganz herrlich ausgeführt,
Dein Licht geht wieder auf in dieser güldnen Sonnen,
Das treu Danzig läßt auch seine Freude sehn,
Ehrt seines Königs Sieg, läßt seine Stücke knallen,
Läßt seine Freuden-Feuer bis an die Wolken gehn,
Denn unsres Königs Ruhm muß überall erschallen.«

Und doch gab es auch Stimmen, vor allem in den protestantischen Ländern, die ganz andere Saiten anschlugen.

Wiederum ist es Herr Pasek, der einen drastischen Zwischenfall aus eben jenem Danzig erzählt, das mit Jubel, Trubel und einem Riesenfeuerwerk den Sieg von Wien und des Königs Rückkehr nach Krakau feierte.

Pasek, der ja bekanntlich nicht den Wien-Feldzug mitgemacht hatte, befand sich zu der Zeit gerade in Danzig, um sein Korn zu verkaufen. »Alle Leute katholischer Religion waren und sind also mit diesem Entschluß unseres Herrn Königs zufrieden, ausgenommen die Lutheraner und Calviner«, schreibt Pasek und berichtet, daß diese in ihren Bethäusern statt für den Kaiser und für den König vielmehr für Tököly gebetet haben, der ihr Abgott war. Man verkaufte in den Straßen Bilder Tökölys hoch zu Roß und in voller Rüstung, »da bat man den Herrgott in den Bethäusern, er möge den Türken den Sieg über den Kaiser gewähren«, da sagte jemand und schaute dabei auf das Wasser der Mottlau: »Ha, geb's Gott, daß dort vor Wien das Katholikenblut auch so in Strömen fließe wie das Wasser da«, und ein anderer ließ sich sogar zur Majestätsbeleidigung hinreißen, indem er über den König sagte: »Aber dieses Matschwein, wozu ist er dort hinuntergezogen? Was hat er dort verloren? Gott geb's, daß sie beide, er und der Kaiser, dort das Klirren mit den Fesseln lernen!«

Herr Pasek wäre nicht Herr Pasek gewesen, wenn er nicht zum Säbel gegriffen hätte, um seines Königs und der ganzen Christenheit Ehre zu verteidigen; um Tököly eins auszuwischen, ließ er sich etwas anderes einfallen: er kaufte solch ein Flugblatt, gab einem Bauern einen Gulden und hieß ihn, sich mit diesem Tököly hoch zu Roß den nackten Hintern auszuwischen, was dieser auch unter dem grölenden Lachen der einen und dem wüstem Geschimpfe der anderen tat.

Man lebte im Zeitalter des Barock; Herr Pasek paßte hinein wie kein anderer, und er meint höchst realistisch: »Der Krieg gegen den Türken sollte deshalb bei jedermann lieb und gern gesehen sein, es soll einem nicht leid tun, seine Haut ehrlich zu Markte zu tragen, weil man ja weiß, daß man sich als Sieger ein Pflästerchen kaufen kann und die Wunden mit etwas zu verbinden hat.«[383]

So war also die Szlachta auch durchaus zufrieden, daß die Türkenkriege weitergeführt werden sollten, was Jan sehr am Herzen lag, hoffte er doch, seine alten Traumziele zu erreichen: die christlichen Balkanvölker vom Joch des Islams und der türkischen Sultane zu befreien und die Moldau und Walachei für Jakub als Herzogtümer zu gewinnen, um damit dessen Nachfolge auf den Thron zu unterstützen.

Jan entwickelte alsbald eine rege diplomatische Korrespondenz bezüglich einer großen Liga gegen die Türken; wieder schickte er Briefe an alle christlichen Herrscher, aber auch nach Persien zum Schah, nach Indien, Arabien und Äthiopien, dem er vorschlug, gegen das von Türken besetzte Ägypten vorzugehen. Endlich wurde am 5. März 1684 in Linz die »Heilige Liga« unterzeichnet, der Österreich, Polen, Venedig und der Papst angehörten. Es wurden die Interessensphären streng abgegrenzt:

Österreich beanspruchte Ungarn; Polen die Moldau und Walachei und Venedig Kreta sowie Morea. Der Papst unterstützte allesamt mit finanziellen Mitteln.

Zum vorletzten Mal sei nochmals Jan Chryzostom Pasek zitiert, dessen Meinung ja die Szlachta so ausgezeichnet widerspiegelt: »Anno Domini 1684. In diesem Jahr vereinigten sich unsere Truppen nicht mehr cum Caesarianis, denn diese konnten schon selbst subsistieren, da sie nach dem vorjährigen Siege ein Herz gefaßt hatten. Wie man so sagt: ein gestriegelts und zugerittenes Pferd kann bald jemand besteigen, ein stolzes und schnelles non item... Unser König wieder zog personaliter mit dem Heer der Krone über den Dnjestr und verheerte longe lateque die dortigen Gebiete, wobei er die Hauptmacht des türkischen Reiches band, durch die jenes Imperium potissimum floret, nämlich die Krimtataren, die nogaischen, die belgoroder und die bessarabischen, dazu noch die Walachei und die Moldau, die wohl alle gegen die Deutschen gezogen wären ohne jene Gegenwirkung.«

Auch die Venezianer waren in den Krieg eingetreten und hatten »die Morlakei« eingenommen. »Kurz gesagt, die Dinge liefen wie geschmiert, wenn sich eben zwei gegen einen verbünden. Dennoch sind unsere Polen durch die Gnade Gottes die Hauptursache für dieses Kriegsglück, et praecipue der König, der sich entschlossen hatte, sich auf diesen der ganzen Welt fürchterlichen Feind zu stürzen, und selbst personaliter mit dem Heer zu Feld zog. Er stellte das Kriegsglück und wendete es, sie aber, wie faule Jagdhunde den flinken, entrissen das gestellte und waidwunde Wild, ließen es nicht mehr los und hetzten es zu Tode, machten auch eher Beute als wir, die das Tier gestellt hatten... Unsere Verbündeten haben sich überhaupt den besseren Teil gewählt, wie eine gut mit Zimt und süßen Zutaten zubereitete Portion, uns haben sie etwas mit Kren oder Scharfgepffertes überlassen. Geb's Gott, daß die Zähne davon nicht stumpf würden.«

8
Sic transit gloria mundi

Sie sind sogar sehr bald stumpf geworden, die Zähne bzw. die Begeisterung für den Kampf. Was Pasek nicht beschreibt, trat nach den ersten Siegen, nachdem man in die Moldau einmarschiert und Chocim zurückerobert hatte, ein: Die beiden Großhetmane, Jabłonowski von der Krone und Sapieha von Litauen, verweigerten dem König die Gefolgschaft ins Innere der Moldau. Es herrschten große Hitze und Dürre, Pferde und Menschen litten Hunger und wurden von Krankheiten heimgesucht. Der König mußte nachgeben. Der polnische Feldzug war gescheitert. »Währenddessen schlugen die Deutschen«, so Pasek, »die Türken tüchtig, sie vertrieben sie in diesem Jahr zweimal offensiv vom Schlachtfeld, nahmen Städte und Festungen, Neuhäusl und Buda und andere superioris et inferioris Hungariae längst von den Türken eroberte und besetzte Gebiete.«

Das tat weh. Jans Humor wird entsprechend gewesen sein. Der Feldzug von 1685 verlief nicht besser. Doch ereignete sich in diesem Jahr etwas mehr als Aufsehenerregendes: Während des in Warschau tagenden Sejms war Paweł Michał Pac gegen den König aufgestanden und hatte ihn unflätig beschimpft. Jan, nicht mehr Herr seiner Empörung, ließ sich von seinem Jähzorn hinreißen, sprang auf, riß den Säbel aus der Scheide und stürzte sich auf Pac. Nur mit Mühe konnten die Senatoren die beiden Wütenden voneinander trennen. Was wohl anderswo undenkbar gewesen wäre: Pac ging straflos aus.

Der Heiligen Liga trat endlich im Jahr 1686 auch Moskau bei. Schon am 28. Oktober 1683 hatte Jan nach dem Siege bei Gran an Marysieńka berichtet: »Herr Zierowski, der Ablegat (des Kaisers) wird in einer Woche von hier mit einer Legation nach Moskau reisen.« Seit damals wurde der Zar umworben, dem Bündnis gegen die Türken beizutreten. Doch Moskau zierte sich. Da war ja noch der Vertrag von Andruszow, der vorerst nur ein vorläufiger und auf Zeit begrenzter Friedensvertrag war; ehe der nicht endgültig unter Dach und Fach gebracht war, wollte Moskau nicht mit Polen gemeinsame Sache machen. Jan schickte seinen Vertrauten, Krzysztof Grzymułtowski, den Wojewoden von Posen, der so eifrig bei der Wahl hinter den Kulissen für Jan intrigiert hatte, als seinen Abgesandten nach Moskau zu Verhandlungen.

Er selbst konzentrierte im Juli dieses Jahres 1686 eine Armee von über 35 000 Mann und 88 Geschützen und zog damit in die Moldau, deren Geschick man damit als entschieden glaubte. Doch wiederum kam es anders. Sah während der Konzentrierung der Truppen noch alles großartig aus, vor allem imponierend im Hinblick auf die Tatkraft des Königs, so daß der venetianische Gesandte kopfschüttelnd sagte: »Es ist doch eine Schande, daß in Polen der König sozusagen dem Soldat vorangehen muß ins Lager, denn der verläßt nicht sein Haus, ehe er nicht die Hetmane im Zelt sieht, und das ist eben der Triumph der ungezähmten Freiheit in Polen, wo alle befehlen und nur wenige gehorchen«, so kam das Debakel bald in Form von Feuer diesmal.

Die Türken und Tataren konnten der polnischen Übermacht, die ja größer war als seinerzeit die polnischen Truppen vor Wien oder Chocim, nichts Gleichwertiges gegenüberstellen, deshalb wichen sie einer offenen Feldschlacht aus. Dafür führten sie einen zermürbenden Kleinkrieg. Wieder herrschte unerträgliche Hitze, und da zündeten die Tataren die trockene Steppe an. Die Polen mußten vor dem Feuermeer weichen. Nachdem sie, laut Coyer, der den türkischen Geschichtsschreiber Kantemir zitiert, zuvor Jassy eingenommen und dort entsetzlich gehaust hatten, da der König die Stadt zum Plündern freigegeben hatte, kehrten die polnischen Truppen mit ihrem König am 12. Oktober nach Polen zurück; sie führten eine besonders kostbare Beute mit sich: die Gebeine des hl. Joan von Suceava. Diese Reliquie samt einigen Mönchen brachte Jan nach Żółkiew.

Zu der Enttäuschung über den mißlungenen Feldzug kam noch die Enttäuschung über den »Friedensvertrag des Grzymułtowski«.

Dieser hatte seine Sache in Moskau nicht gut gemacht; er mußte alle Gebiete, die Polen an Moskau in den Kriegen zwischen 1648 und 1667 verloren hatte, endgültig an dieses abtreten.

Als Jan beim nächsten Sejm diesen Friedensvertrag zur Sprache brachte, sagte er: »Daß mir doch die Zunge eher vertrocknete, bevor ich so schwere Bedingungen beschwören muß, die so viele Ländereien von Polen losreißen. Die Nachwelt wird mich anklagen, aber die harte Notwendigkeit zwingt mich, es zu tun.« Und er weinte bitterlich. Und alle Senatoren weinten mit.

Doch auch für diese Tränen gab es ein Pflästerchen: Zwar verlor Polen endgültig Kiew, Smoleńsk, Czernihow und Sewerien, und die Magnaten gingen damit auch ihrer riesigen Latifundien in jenen Ländern verlustig, auch Jan der von Żółkiewski ererbten Güter, doch Moskau zahlte dafür die enorme Summe von einer Million Goldzłoty; Jan allein erhielt vierzigtausend.

Mit diesem Friedensvertrag des Grzymułtowski war der jahrhundertelangen polnischen Expansion nach dem Osten endgültig ein Riegel vorgeschoben. Von diesem Zeitpunkt an befand sich die Krone Polens in der Defensive und schrumpfte immer mehr zusammen.

Jan, der unbedingt seinem Sohne Jakub die Thronfolge sichern wollte, hatte beim Empfang der Moskauer Gesandten einen Präzedenzfall schaffen wollen, indem er Jakub neben sich auf dem Throne Platz nehmen ließ, ihn damit gleichsam als seinen Nachfolger deklarierend. Das nahmen ihm die polnische Szlachta und vor allem die Magnaten äußerst übel; sie betrachteten sein Vorgehen als einen Anschlag auf die goldene Freiheit und die freie Königswahl.

Doch es gab noch mehr Kummer und Ärger. Alle Bemühungen Jans, für Jakub die Hand der Erzherzogin Maria Antonia zu erlangen, waren fehlgeschlagen; 1685 heiratete sie den Kurfürsten von Bayern, den charmanten jungen Max Emanuel. Kaiser Leopold I., Sohn und Ehegatte einer Spanierin, beanspruchte das spanische Erbe für sich und sein Haus und verlangte von Max Emanuel und Maria Antonia, die an sich die legitime Erbin gewesen wäre, eine Verzichtserklärung, die auch beide unterzeichneten. Es war vorauszusehen, daß es eines Tages, wenn der kinderlose spanische König Karl II., der letzte der spanischen Habsburger, die Augen schloß, zwischen Leopold und Ludwig XIV., der ebenfalls Sohn und Gatte einer Spanierin war – die beiden Monarchen waren sowohl Vettern als auch Schwäger! –, zu einem Streit um das spanische Erbe kommen würde.

Vielleicht noch mehr als die fehlgeschlagene Ehe waren es die großen militärischen Erfolge, die Österreich nun errang, die an Jan nagten. Während ein polnischer Feldzug nach dem anderen mißlang, erfochten Österreichs Feldherren, Karl von Lothringen, Max Emanuel von Bayern und Ludwig Wilhelm von Baden, einen Erfolg nach dem anderen für den »undankbaren« Kaiser Leopold, der jedoch, ganz im Gegensatz zu Jan, ein außerordentlich gutes Gespür hatte, sich fähige und zuverlässige Mitarbeiter auszuwählen.

Jan hatte im eigenen Lande eine sehr starke Opposition, vor allem in Litauen die Sapieha und Pac, in der Krone den Krongroßmarschall Stanisław Herakliusz Lubomirski, den Wojewoden von Posen, Rafał Leszczynski, denen sich auch Jans früherer bester Feund, der Krongroßhetman Stanisław Jabłonowski, anschloß. Auch der päpstliche Nuntius, Opicio Pallavicini, zählte nicht mehr zu Jans Freunden.

Dafür umwarb Frankreich wieder seinen ehemaligen treuesten Parteigänger, und Jan dachte tatsächlich in seiner Verärgerung über Habsburg daran, die Fronten zu wechseln. Doch das war bei der augenblicklichen europäischen Situation nicht so leicht.

All die Aufregungen, der Ärger, die Disharmonie rund um ihn machten Jan wieder krank; man munkelte bereits, daß der König im Sterben liege. Worauf die Magnaten beschlossen, sofort daranzugehen, ein Gesetz auszuarbeiten, das einen »Piast« von der Königswahl automatisch ausschloß, das sich aber in Wirklichkeit vor allem gegen Jakub richtete. Es war offenes Geheimnis, daß Jan seit 1686 nur mehr von einem Gedanken besessen war: seiner Familie den Thron zu erhalten, eine Dynastie zu gründen; Polen, die Rzeczpospolita, waren für ihn nur noch insofern interessant, als sie seinem Sohn Jakub die Nachfolge auf dem Thron sichern sollte. Die Opposition einigte sich abermals auf Karl von

Lothringen als Kandidaten auf den, wie man meinte, bald vakanten Thron; wie zum Trotz genas der König wieder, und sofort ging er mit alter Tatkraft daran, einen neuen Feldzug gegen die Türken zu organisieren. Im Herbst 1687 schickte er eine Armee von siebenundzwanzigtausend Mann aus, um Kamieniec zurückzuerobern. Den Oberbefehl übertrug er Jakub und unterstellte dem jungen Prinzen beide Großhetmane, was offen gegen das Gesetz verstieß und Jans Feinde nur noch mehr erbitterte. Jan hoffte jedoch, daß ein Sieg seines Sohnes diesem die Sympathien der Szlachta erobern und somit seine Kandidatur möglich machen würde. Doch Jakub siegte nicht. Die Kronarmee war zu klein, schlecht ausgerüstet, die Hetmane leisteten passiven Widerstand, und Jakub war kein Feldherrngenie wie sein Vater. Nach kurzer Belagerung mußten die Polen abziehen, und Jakub kehrte kleinlaut zum mißvergnügten Vater Jan zurück. 1688 schickte Jan abermals eine achtzehntausendköpfige Armee unter Stanisław Jabłonowski nach Kamieniec; aber auch ihm gelang nicht die Eroberung der Festung. Er mußte sich zurückziehen, unablässig verfolgt und angegriffen von den Tataren, die bis weit nach Polen eindrangen und es wieder einmal ganz besonders auf Jans Privatbesitzungen abgesehen hatten und diese arg verwüsteten. Dieses Jahr 1688 hatte es überhaupt in sich. Der im Jänner zusammengetretene Sejm stand unter dem Zeichen der Opposition und des Gezänkes. Noch ehe ein Marschall gewählt war, wurde der Sejm zerrissen. Die Oppositionellen waren bereits auf dem Weg, zu Malkontenten zu werden; sie warfen Jan vor, ein »Herodes« zu sein; sie verletzten seine heiligsten Gefühle, machten seine Familie lächerlich, kratzten sogar am Familienidol Stanisław Żółkiewski und mäßigten sich erst, als aus Sandomierz die Nachricht eintraf, dort beginne die Szlachta, sich zum Schutze des Königs zu einer Konföderation zusammenzuschließen.

Jans Plänen mit Jakub kam ein unerwarteter Todesfall zu Hilfe. Jan hatte schon vor längerer Zeit sein Auge auf die einzige Erbin des riesigen Radziwiłł-Erbes, Luise Charlotte, die in Königsberg und Berlin erzogen wurde, geworfen; er wollte sie für Jakub zur Frau und mit ihr das große Erbe, das Jakub ein beachtliches Instrument der Macht in die Hand gegeben hätte. Doch jener frühe

Plan war fehlgeschlagen, denn Luise Charlotte war dem jungen Hohenzollernsohn Ludwig angetraut worden. Nun aber starb dieser Ludwig plötzlich im Jahre 1687, und die einundzwanzigjährige Luise war eine der begehrtesten Witwen. Außerdem starb im folgenden Jahr 1688 auch Friedrich Wilhelm, der große Kurfürst. Seine Nachfolge trat Friedrich III. an. Jan glaubte, das alles zusammen würde eine Werbung Jakubs begünstigen. Und so schickte er Jakub im Sommer 1688 nach Berlin. Wohlausgerüstet mit kostbaren Geschenken und guten Ratschlägen der Eltern, die so weit gingen, daß Marysieńka ihrem Fanfanik sogar auftrug, ja auf seinen Mund zu achten, nämlich auf Sauberkeit und Hygiene; dem polnischen Prinzen, der wohlgebildet war, ebenso wie sein Vater viele Sprachen gelernt hatte und fließend deutsch sprach, gelang es, Luise Charlotte für sich als Braut zu gewinnen. Schon jubelte man in Polen am Königshof; dem dicken, kranken Jan, der von Steinleiden geplagt wurde, fiel nun wenigstens ein psychischer Stein vom Herzen. Doch da kam aus heiterem Himmel ein ganz besonders schmerzhafter Schlag: Luise Charlotte hatte, obwohl mit dem polnischen Königssohn verlobt, in aller Heimlichkeit den Pfalzgrafen Philipp von Neuburg, den wunderschönen »Paris von Neuburg«, einen Bruder der österreichischen Kaiserin, geheiratet. Jan schäumte vor Wut, Marysieńka zeterte, Jakub weinte und kehrte enttäuscht über so viel Bosheit der Welt nach Warschau zurück. Der Kurfürst entschuldigte sich, ihm war es peinlich, angeblich hatte er von dem coup der jungen Leute nichts gewußt. Ganz Europa lachte.
Jan fühlte sich gedemütigt; das konnte er nicht ertragen. Er verlangte vom Sejm im Dezember 1688, die Güter der Radziwiłł-Erbin in Litauen durch die Republik konfiszieren zu lassen und eine königliche Besatzung hinzuschicken.
Dem Kurfürsten wurde sofort alles hintertragen. Er gewann die Sapiehas für sich, angeblich um die Summe von 60 000 Talern; sie kamen den königlichen Truppen zuvor und besetzten mit ihren eigenen Truppen die Radziwiłł-Güter.
Im Lande gärte es, Pro und Kontra prallten hart gegeneinander; ein Teil der Szlachta hielt zum König und verlangte, er möge in

Preußen einmarschieren; der andere Teil vereitelte jede Unternehmung, warf dem König vor, die goldene Freiheit mit Füßen zu treten, und der Bischof von Kulm schleuderte dem König während des Sejms ins Gesicht: »Entweder regiere gerecht, oder hör auf zu regieren!«

Die Königspartei klirrte mit den Säbeln und schrie zurück, man solle dem Bischof den Kopf abschlagen und ihn dem König vor die Füße werfen.

Der Sejm wurde zerrissen.

Das Land stand knapp vor einem Bürgerkrieg. Man beschwor Jan, das Schiff dieser verrückt gewordenen Rzeczpospolita zu steuern. Doch das war leichter gesagt als getan. Das polnische Staatsschiff war praktisch unlenkbar geworden.

Jan hätte gern einen Kurswechsel außenpolitisch vollzogen, sich von den hemmenden Fesseln der Heiligen Liga befreit, einen Separatfrieden mit der Türkei geschlossen. Doch diese dachte nicht daran, jetzt, wo sie sah, wie schwach und hilflos das einstmals imposante polnische Staatsschiff durch die hochgehenden Wogen der Zeit dahinschlingerte, Kamieniec und Podolien herauszugeben, sondern führte den Krieg weiter.

Wäre Polen in diesem Augenblick wieder in das französische Lager übergewechselt, hätte es ihm passieren können, daß es in dessen Schlepptau mit ganz Europa zu tun bekommen hätte, denn des Sonnenkönigs Glück hatte sich inzwischen auch gewendet. Einen Krieg mit Österreich, wozu manche Hitzköpfe Jan rieten, wagte er nicht, denn dann hätte er automatisch auch Krieg mit Brandenburg, Schweden, Dänemark und wahrscheinlich auch Moskau bekommen. Das konnte und durfte er nicht riskieren.

Da Jan pathetische Reden liebte und mit Erfolg an den Mann zu bringen verstand, bediente er sich ihrer, wenn er schon die Waffen schweigen lassen mußte:

»Die ganze Welt staunt, und mit Recht, über uns und unsere Regierung, es staunt Rom zusammen mit dem Haupt der Christenheit, es staunen unsere Verbündeten, es staunt die Heidenwelt, aber es staunt sogar die Natur, die doch jedem kleinsten und unscheinbarsten Tier eine Möglichkeit zur Verteidigung gegeben hat, nur uns wurde sie genommen, nicht durch irgendeine Übermacht oder das unentrinnbare Fatum, sondern gleichsam durch irgendeine implantierte Bosheit. Oh, und die Nachwelt wird erst staunen, daß nach solchen Siegen und Triumphen, nach so weltweitem Ruhme uns nun, ach, Gott sei es geklagt, ewige Schande und unwiederbringlicher Schaden trifft, da wir uns, ohne Möglichkeit und beinahe ratlos oder unfähig zu regieren, sehen.« Und da er es außerdem liebte, den Propheten zu spielen, endete er mit der biblischen Drohung: »Noch vierzig Tage, und Ninive wird zerstört!«[384]

Warnend erhoben allmählich auch wieder die Dichter ihre Stimmen, nachdem die Euphorie über die historische Tat des Salvators von Wien verrauscht war.

Natürlich blieben die polnischen Zustände dem Ausland nicht verborgen; jeder Hof unterhielt an jedem Hofe seine Spione. So war es auch Kaiser Leopold kein Geheimnis, daß Jan Sobieski aus der Heiligen Liga am liebsten ausgebrochen wäre. Um den Grimm des »Löwen von Lechistan« zu besänftigen, um aber auch des Kaisers Versprechen einzuhalten, das er nach dem Entsatz Wiens Jan gegeben hatte, man werde am Kaiserhof den Prinzen Jakub mit allen Ehren aufnehmen, er möge ihn nur hinschicken – was Jan jedoch nicht getan hatte –, kam vom Wiener Hof der Vorschlag zu einer Mariage zwischen Jakub und Hedwig Elisabeth von Pfalz-Neuburg, der jüngeren Schwester der Kaiserin Eleonore, so daß Jakub nun statt Schwiegersohn Schwager Kaiser Leopolds wurde. Man kalkulierte in Wien richtig, daß die Verbindung mit einem so bedeutenden Hause, das halb Europa mit Königinnen versorgt hatte, das auf Prestige-Zuwachs erpichte Haus Sobieski locken würde. So war es auch. Ein kleiner Schönheitsfehler an der ganzen Sache war nur, daß Kaiserin Eleonores Bruder ausgerechnet jener schöner Adonis vom Rhein war, nämlich Karl Philipp, der Jakub die Prinzessin Luise Charlotte Hohenzollern, geborene Radziwiłł, vor der Nase weggeschnappt hatte. Doch darüber sah man hinweg. Sie wurde nun statt seiner Frau eben seine Schwägerin; allerdings nicht für lange, denn 1695 segnete sie bereits das Zeitliche.

Der Heiratsvertrag wurde aufgestellt, als Wohnsitz die Herrschaft

Ohlau in Schlesien, nahe Breslau, bestimmt, was Jan sehr recht war. Im Februar 1691 trat Hedwig Elisabeth die Reise nach Polen an, am 12. März reiste ihr Jakub inkognito entgegen, doch durchschaute Hedwig das Manöver. Die Begrüßung war freudig, die jungen Leute fanden spontan Gefallen aneinander; sie war siebzehn, er dreiundzwanzig.

Am 15. März fand die offizielle Begrüßung in Kępno statt, während der Graf Wallenstein im Namen Kaiser Leopolds I. Jakub das Goldene Vlies überreichte und ihn damit in die Gemeinschaft dieses alten und hochangesehenen Ritterordens aufnahm.[385]

Auch diesen Umstand wird Jan mit Befriedigung zur Kenntnis genommen haben; wenn schon nicht er selbst dieser großen Ehre teilhaftig geworden war – was eine große Enttäuschung für ihn bedeutet hatte –, so doch wenigstens sein erstgeborener Sohn. Er befand sich damit nicht nur in allerbester internationaler Gesellschaft, sondern auch in der illustren zahlreicher polnischer Könige, von denen folgende Träger des Goldenen Vlieses waren: Zygmunt I, Zygmunt III., Władysław IV., Jan Kazimierz, Michał Wiśniowiecki; als sechster nun er, Prinz Jakub Sobieski. Und um es vorwegzunehmen: Nach Jakub erhielten das Goldene Vlies nur noch August II. und August III. Doch gerade wegen dieses »Erstgeborenen« gab es einigen Ärger in Polen, weil er ja »nur« der Sohn des Hetmans war, während Alexander der Erstgeborene der Königssöhne war. Nicht nur die Feinde des Hauses Sobieski, sondern sogar Marysieńka, die eigene Mutter, zog Alexander Jakub immer stärker vor. Da Jakub von eher unscheinbarem Äußeren war, schmächtig von Statur, dazu noch mit einer schiefen Schulter behaftet, wahrscheinlich durch irgendeine Unachtsamkeit in frühester Kindheit, als Marysieńka ihn auf ihren beschwerlichen Reisen mitgeschleppt hatte, und dazu noch eine hohe Stimme besaß, versuchten böse Zungen, ihm, ähnlich wie König Michał Wiśniowiecki, päderastische Neigungen oder überhaupt Impotenz anzuhängen. Doch sehr bald stopfte Jakub mit dem Beweis seiner Männlichkeit diese Mäuler: er führte eine ausgesprochen glückliche Ehe mit der bald in Polen sehr beliebten Hedwig Elisabeth und hatte sechs Kinder mit ihr.

Doch vorerst wurde einmal Hochzeit gefeiert. Am 24. März gegen Abend hielt das junge Paar mit großem Gefolge Einzug in Warschau, nachdem es zuvor dem königlichen Elternpaar in Wilanów einen Besuch abgestattet hatte. In der Hauptstadt empfingen die Bürger das Brautpaar mit einem großen Triumphbogen bei der Bernhardiner-Kirche, dazu wurden Posaunen geblasen. Die Trauung wurde am 25. März in der St.-Johannis-Kathedrale vom Primas, Kardinal Michał Radziejowski, vollzogen. Das Hochzeitsmahl war prachtvoll, die höchsten Würdenträger des Reiches nahmen daran teil. Das Beilager fand unter dem begeisterten Beifall des ganzen Hofes statt. Wie in Polen üblich, dauerten die Festivitäten mehrere Tage, die Tische bogen sich, der Wein floß in Strömen. Am 29. März wurde auf der Weichsel ein Riesenfeuerwerk abgebrannt, anschließend wurde im Theatersaal des Schlosses die italienische Oper »Ein Liebender bedarf der Beständigkeit« von Giovanni Battista Lampugnani aufgeführt. Der ganze Prunk und Aufwand sollte darauf hinweisen, daß hier ein Königssohn und Thronfolger Hochzeit hielt. Im großen Triumphbogen waren übrigens sämtliche Herrscher Europas im Konterfei zu sehen; für Jakub und Hedwig Elisabeth waren zwei Plätze unter ihnen freigehalten worden.[386]

Jans Inszenierung hatte auch diesmal wieder geklappt. Er war zufrieden. Bald darauf wurde zwischen Österreich und Polen ein neuer Vertrag abgeschlossen, in dem nochmals die Rechte Polens auf die Moldau und Walachei ausdrücklich bestätigt wurden. Damit war auch wieder die Heilige Liga in Ordnung gekommen und gerettet. Zwar hatte der französische Botschafter Gravelle den polnischen Abgeordneten Głogowski bestochen, den Sejm, der alle diese Dinge behandelte, zu zerreißen, was er auch tat und nach seinem Veto sofort abreiste. Doch Jan, bestens vertraut mit allen Schlichen und Möglichkeiten, schickte seine Leute Głogowski nach; diese schleppten ihn gewaltsam in den Sejm zurück, und nachdem ihm der König die erste vakant werdende Starostei feierlichst zugesagt hatte, zog der Herr Starost in spe sein Veto zurück, und Jan erreichte vom Sejm, was er wollte. Dafür wurde der französische Botschafter des Landes verwiesen. Das war noch vor der Eheschließung im Zuge der Vorverhandlungen 1690 geschehen.

Dies war Jans letzter politischer Erfolg und auch der letzte Sejm während Sobieskis Regierungszeit, der ordnungsgemäß zu Ende geführt wurde und Entschlüsse verabschiedete. Alles, was nachkam, war eigentlich nur noch ein Trauerspiel.

Dennoch ging Jan noch einmal selbst voller Energie an die Vorbereitung seines vierten Moldaukriegszuges. Mit achtundzwanzigtausend Mann, begleitet von seinen Söhnen Jakub und Alexander, überschritt er die Grenze Polens, nahm sofort Soroka und Suczawa ein; am 13. August 1691 kam es zur Begegnung mit Türken und Tataren, die Lebensmittel nach Kamieniec transportierten, und auch diese letzte Schlacht im Leben Sobieskis verlief siegreich. Doch dann wendete sich Jans Glück. Geben wir noch einmal Dyakowski das Wort über diesen Kriegszug: »Obwohl unter persönlicher Anwesenheit des Königs, verlief er sehr unglücklich, denn ohne Feinde ging das Heer zugrunde, denn Tag und Nacht schüttete es und gingen Schneestürme über uns nieder. Von Suczawa gingen wir in die Bukowina, wo in den Tälern jeder Bach zu einer Donau wurde; man konnte weder Feuer anzünden noch irgendwo einen Unterschlupf finden; von oben gießt es, unter den Füßen schwappt es, an Futter für die Pferde nicht einmal zu denken, mit einem Wort, die Not war unsäglich; was aber das Schlimmste war, die Pferde krepierten uns vor Hunger und Kälte, kaum einer kehrte mehr hoch zu Roß zurück; und wenn einer das seine doch noch irgendwie bis nach Hause trieb, so hatte er doch nichts mehr davon, denn es krepierte bald vor Erschöpfung.« Es war so schlimm, daß Kanonen und Munition nicht mehr zurücktransportiert werden konnten; sie wurden vergraben und später erst mit frischen Pferden abgeholt. »Sogar vor die Kutsche des Königs mußten Ochsen gespannt werden, bis man frische Gespanne herbeigeholt hatte.«

Das war nun wahrlich ein trauriger Abschluß der einstmals so glanzvoll begonnenen Heldenkarriere: der maßlos dicke, von Krankheit aufgeschwemmte Jan in einer von Ochsen gezogenen Kutsche über die aufgeweichten, entsetzlich schlechten Wege dahinschaukelnd, fast fluchtartig jenes Land verlassend, das er als erbliches Herzogtum für seinen ältesten Sohn Jakub zu erobern gehofft hatte.

Jakub begab sich nach der Hochzeit an den Wiener Hof und wurde dort mit allen Ehren und sehr freundlich empfangen. Von nun an war er überzeugter Anhänger der österreichischen Partei in Polen und geriet noch zusätzlich neben vielem anderen auch dadurch in Gegensatz zu seiner Mutter Marysieńka, die plötzlich wieder auf die französische Linie umschwenkte, weil sie hoffte, mit Hilfe Frankreichs die Krone Polens ihrem Liebling Alexander zuschanzen zu können. Jakub, der von allen Kindern am meisten Jan und dessen Familie ähnelte, wurde von Österreich unterstützt, doch hatte man dort auch bald erkennen müssen, daß Jakub zu schwach sein würde, sich der französischen Partei gegenüber zu behaupten. In Polen mehrten sich fortan alle Anzeichen für eine erschreckende Anarchie, die das Staatsschiff völlig unmanövrierbar machte. »Den Zustand des Landes sollte man lieber mit Tränen als mit der Feder beschreiben«, äußerte sich Bischof Andrzej Załuski, einer der wenigen Vertrauten Jans.

Ein anonymer Autor schrieb: »Es nähert sich die Zeit, wo ihr auf diesem breiten Wege in die Schar der untergegangenen Reiche und Völker einmünden werdet.«

Die Korruption im Lande wuchs und wuchs. Marysieńka schacherte mit Ämtern und Würden. Der König selbst war geizig und hielt jeden Groschen zusammen, ob aus Altersknausrigkeit oder aus Berechnung bleibe dahingestellt, schließlich wußte er aus ureigenster Erfahrung, daß man mit Geld alles kaufen konnte. So munkelte man in Polen, daß Jakub über den Weg, der Armee für acht Jahre den ausstehenden Sold nachzuzahlen, König werden solle, was die Opposition gleich wieder auf den Plan rief.

Das einzige Vergnügen in Jans Leben war nunmehr fast ausschließlich sein Lieblingsschloß Wilanów, an dem er immer weitere Ausbauten und Verschönerungen vornehmen ließ und dessen Garten er liebte, hatte er ihn doch nach eigenen Angaben anlegen lassen und so manchen Baum mit eigener Hand in die Erde gesetzt. Von allen Kindern liebte er nun am allermeisten seine einzige

Tochter, Teresa Kunegunda, die er zärtlich Pupusieńka nannte, wobei man weder vom Etymologischen noch vom Wesen Jans her genau definieren könnte, woher das Wort kommt, ob von Puppe, Püppchen oder, was Jan zuzutrauen wäre, von Popscherl. Sein 1680 letztgeborener Sohn Jan war 1685 gestorben, und es berührt eigenartig, daß man über den Tod dieses Sohnes, der doch den Namen Jans weitertragen sollte, nichts hört, nichts verzeichnet findet, wie Jan und Marysieńka die Trennung von diesem Kinde aufgenommen haben.

Marysieńka hatte sich ja niemals durch übergroßes Gefühl ausgezeichnet, aber Jan, der so Sensible, vielleicht trauerte er wenigstens ein bißchen in seinem Wilanów, während Marysieńka immer mehr und mehr mit der ihr eigenen eisernen Energie die Zügel der Regierung an sich riß, was Jan geschehen ließ, vielleicht sogar froh, seine Ruhe zu haben.

Ausgerechnet in die letzten Jahre seiner Regierung fiel noch ein mehr als peinlicher Prozeß, nämlich ein Ketzerprozeß, wie zum Hohne, denn Polen, die Adelsrepublik, hielt sich doch so viel darauf zugute, der toleranteste Staat Europas zu sein. Der Prozeß gegen den Szlachcic Łyszczyński, der wegen Atheismus vor Gericht stand, endete mit der Verurteilung zum Feuertod. Jan intervenierte und »begnadigte« den armen Delinquenten dahingehend, daß er zunächst geköpft und dann erst verbrannt werden sollte. Geschehen im Jahre 1689.

Die Unzufriedenheit im Lande wurde so groß – und von Jans Gegnern bewußt geschürt –, daß unter Führung der in Litauen so mächtigen Familie Sapieha abermals das Projekt der Dethronisation laut wurde und man bereits Kazimierz Sapieha als zukünftigen König hochleben ließ. Gerüchte gingen in Polen um, daß sich Marysieńka bereits mit dem künftigen Kandidaten geeinigt habe, ihn später zu heiraten. Verwunderte das Jan, stürzte es ihn in Verzweiflung? Er kannte inzwischen seine Marysieńka in- und auswendig, er liebte sie nun wohl illusionslos, aber er liebte sie weiterhin. Sie spielte nun einmal die Hauptrolle in seinem Leben. Aber das Herz erwärmte ihm in den letzten Jahren seines Lebens mehr die Tochter als die Ehegattin.

Doch auch diese Freude wurde dem alternden und schwerkranken König genommen: Der inzwischen verwitwete Max Emanuel von Bayern, der charmante Kurfürst, hielt um Teresa Kunegúndas Hand an – und erhielt sie natürlich, denn die Verbindung mit dem Hause Wittelsbach war für das junge Haus Sobieski ebenfalls höchst ehrenvoll.

Am 2. Jänner 1695 wurde Pupusieńka per procuram – Jakub führte die Schwester zum Altar in den St.-Johannis-Kathedrale in Warschau – dem Kurfürsten angetraut. Als Aussteuer gab Jan der Tochter eine halbe Million Złoty mit, dazu viele kostbare Dinge. Die Trennung fiel ihm entsetzlich schwer. Aus Trauer über den Verlust seines Herzenstrostes »fühlte sich heute S. M. der König den ganzen Tag über sehr schwach, und er klagte über Kopfschmerzen, er trug den ganzen Tag über den Kopf eingebunden. Er aß wenig und saß schrecklich melancholisch bei Tisch«, notierte Kazimierz Sarnecki, der Resident des Unterkanzlers Karol Stanisław Radziwiłł, dessen Diarium aus jener Zeit wertvolle Aufschlüsse über die letzten Lebensjahre Jans gibt.[387]

Marysieńka hatte Teresa – wie die Tochter zu Hause genannt wurde – genau instruiert, wie sie sich in der neuen Heimat zu verhalten habe, und verlangt, daß sie ihr über alles berichte. Doch da hatte sich Marysieńka einmal gründlich verrechnet. Es gelang ihr keineswegs, Pupusieńka zum Werkzeug ihrer Politik und ihrer Intrigen zu machen. Pupusieńka nämlich war, nachdem der erste »Schrecken« verflogen war, mit Haut und Haar ihrem »Max« verfallen, sie schrieb ellenlange Briefe an ihren Lieblingsbruder Alexander und schwärmte ihm von ihrem Liebesglück vor. Rein äußerlich war Teresa Kunegunda wohl ihrem Vater am ähnlichsten, mit den hübschen runden Formen und ihrer sehr starken Sinnlichkeit; immerhin hatte sie mit Max Emanuel im Laufe der Zeit zehn Kinder, und dabei kann man die Ehe keineswegs als so glücklich bezeichnen wie die von Jakub mit Hedwig Elisabeth, hatte der lebenslustige Max Emanuel, seit Ende des Jahres 1691 Statthalter der Niederlande mit Wohnsitz in Brüssel, doch auch zahlreiche Liaisons nebenbei. Er war inzwischen zu einer hochpolitischen Person im Spiel der Kräfte Europas geworden. Sein Sohn

Joseph Ferdinand, den er aus der Ehe mit Maria Antonia hatte, war als Kaiser Leopolds Enkel ebenfalls ein Kandidat auf das spanische Erbe, und Max Emanuel meldete sehr energisch die Ansprüche seines Sohnes an; ihn selbst hatte Maria Antonia, die er weder geliebt noch freundlich behandelt hatte, ausdrücklich als Erben ausgeschlossen.

Es ist für Jan bezeichnend, daß er sich auch über die spanischen Angelegenheiten seines künftigen Schwiegersohns Gedanken machte und ihm während der Eheverhandlungen, die Bischof Załuski führte, ein eigenhändig entworfenes und niedergeschriebenes diesbezügliches Memorandum[388] überreichen ließ. Weil es wahrscheinlich nicht ohne Einfluß auf Max Emanuels verhängnisvolle Rolle blieb, die er im Spanischen Erbfolgekrieg spielte, sei es hier zitiert:

»1. Da Carl II. von Spanien keine Nachkommen besitzt, noch wahrscheinlich besitzen wird, liegt es dem Kurfürsten ob, die Rechte seines Sohnes auf die Erbfolge wahrzunehmen. 2. Zwei Mitbewerber hat er zu bekämpfen, den Kaiser und den König von Frankreich, und da er sich ihnen zu widersetzen nicht Kraft genug besitzt, muß er sich des Einen gegen den anderen bedienen. 3. Da der Kaiser die Erbschaft ganz begehrt, wird es ihm sicher nicht beständig sein, und wenn er es auch wollte, er könnte es nicht, weder zu Wasser noch zu Land. Auf dem ersten würde Frankreich ihm den Weg verschließen, für das Zweite mangeln Häfen und Flotten. 4. Der Kurfürst muß sich demnach Frankreich zuneigen, damit er, einem Theile entsagend, den anderen gewinnt. 5. Weder England noch Holland, noch auch das augsburgische Bündnis dürften den Kurfürsten von diesen Maßregeln abhalten. Frankreich ist von Feinden umringt, doch ist es wahrlich nicht besorgt, und man kann für die Dauer des Augsburger Bündnisses nicht einstehen. 6. Frankreich von allen Seiten angegriffen, bietet jetzt den richtigen Zeitpunkt der Unterhandlung dar; und wird einmal der Friede geschlossen, so dürfte es sich schwierig zeigen. Noch ein anderer Grund muß diesen Theilungsversuch beschleunigen; das Leben eines Kindes ist eine zu schwankende Versuchung, und sein Tod würde das, was jetzt bei diesem Vergleiche dem Vater zugesprochen wird, ihm auf immer und unbedingt bleiben, wäre der Sohn auch nicht mehr am Leben.« Vielleicht war Jan Sobieskis Interesse, für seine Kinder um jeden Preis möglichst Königreiche oder selbständige Fürstentümer zu erringen, mit ein Grund dafür, daß Kaiser Leopold I. so abweisend einer Heirat zwischen Jakub und Maria Antonia gegenüberstand; vielleicht stand damals schon das spanische Erbe im Hintergrund und Jan hätte wahrscheinlich Jakub nicht ein solches Verzichtsdokument unterzeichnen lassen, wie es Max Emanuel tat.

Der Rat, sich zusammen mit Frankreich gegen den Kaiser zu stellen, war Jans erster und letzter an den bayrischen Kurfürsten. Allerdings ging ein paar Jahre später, als der »Löwe von Lechistan« längst den Schlaf der Gerechten schlief, dieser Same zum Unheil des Reiches auf.

Vorerst schlug Max Emanuel jedoch den Rat seines künftigen Schwiegervaters in den Wind, führte an der Seite des Kaisers Krieg gegen Frankreich und ergötzte sich an der jungen Kurfürstin *Therese Kunigunde,* die wohl ursprünglich gehofft hatte, auch so eine leidenschaftliche Liebesehe wie ihr Vater führen zu können. Es ist köstlich, in den Briefen der beiden jungen Eheleute nachzulesen, wie sich Therese Kunigunde bemüht, ihrem Max zumindest die verliebten Wendungen und Anredefloskeln in polnischer Sprache beizubringen, wie sie Jan an seine Marysieńka zu schreiben pflegte. »Du meiner Seele und meines Herzens einzige Freude« etc., etc.; und Max Emanuel zerbricht sich fast die Zunge und die Feder, versucht ein gelehriger Schüler seiner charmanten Eheliebsten zu sein, auch unterschreibt er stets »votre fidèl Epouse«, obwohl er alles andere als treu war.[388]

So erfreulich diese beiden Mariagen anfangs an sich waren, sie brachten dennoch nur kurze Augenblicke der Freude in das sich immer mehr verdüsternde Leben Jans. In den letzten Jahren litt er an Wassersucht, Steine und Rheumatismus plagten ihn, und seine alten Übel, Kopfschmerzen und Schlaflosigkeit, setzten ihm zu; in der Folge stellten sich Griesgrämigkeit oder manchmal auch Tobsuchtsanfälle ein.

Der französische Agent Baluze berichtete nach Paris: »Der König

hat sehr schlechte Laune. Niemand wagt es, ihm zu widersprechen, denn er beschimpft alle ohne Unterschied... Große Herren beklagen sich, daß sie, wenn sie etwas beim König zu tun haben, von ihm schlechter behandelt werden als Stallknechte... Der König wird wegen dieser seiner Tyrannei von allen gehaßt... Er selbst prügelt und läßt wegen der geringsten Kleinigkeit grausam verprügeln, deshalb hat er stets in seinem Zimmer acht bis neun kleine Kosaken, Walachen und Tataren.«[389]
Kein Wunder, daß sich nicht die Schlechtesten im Lande darüber Gedanken machten, ob es nicht an der Zeit wäre, einen würdigeren König auf den Thron zu setzen.
Jan, der ursprünglich so sonnige und heitere, von seinen Soldaten geliebte und verehrte Haudegen, der sie mit seinen begeisternden Reden zu großen Taten hinzureißen vermochte, war zum gehaßten und gefürchteten Tyrannen geworden. Und Marysieńka, die Fremde, die Französin, die Hochnäsige und Hochfahrende, die ebenso grausam wie ihr königlicher Gemahl ihre Mägde auspeitschen ließ, war noch verhaßter als er. Und dennoch war sie zu diesem Zeitpunkt die einzige, die noch so halbwegs die Zügel der Regierung in der Hand hielt und durch ihre Intrigen und geschickten Ränke noch immer eine Rolle im öffentlichen Leben spielte, wenn sie sich auch durch ihre ungerechte und beleidigende Bevorzugung Alexanders den eigenen erstgeborenen Sohn Jakub zum Todfeind gemacht hatte. Was aber weit schlimmer war: Je kränker Jan wurde, je mehr man sein baldiges Ende voraussehen konnte, desto eifriger war Marysieńka bedacht, für sich selbst zu sorgen, nach altbewährter Weise für sich »Brot« und »ein Dach über dem Kopf« zu suchen, natürlich ein königliches. Deshalb ließ sie immer lauter verlauten, keiner ihrer Söhne wäre einer Nachfolge des Vaters würdig, was natürlich das Ausland gern registrierte.
Es fügte sich, daß zu jenem Zeitpunkt Stanisław Jabłonowski, der Krongroßhetman, verwitwete; und sofort wurde kolportiert, daß Marysieńka ihre Pläne spinne, an der Seite Jabłonowskis weiterhin Königin von Polen zu bleiben.
Noch bevor Jan seine Augen schloß, begann das Feilschen um die

polnische Königskrone, und es sollte eines der entwürdigendsten Interregnen folgen, die die Geschichte Polens sah.

Österreichs Kandidat war Jakub; dem widersetzte sich mit aller Heftigkeit Frankreich; und am meisten schadete die eigene Mutter dem Sohne. Die polnische Geschichte tut Jakub Unrecht, wenn sie ihn als »unwürdig der edlen Eltern« und »undankbaren Sohn« darzustellen versucht. Solche Apostrophierungen sollte man mit sehr großer Vorsicht betrachten, denn meistens standen irgendwelche Gegenparteien dahinter, bei Jakub ganz gewiß, so wie auch bei Michał Wiśniowiecki, die französische Propaganda, die am geschicktesten und perfidesten arbeitete.

1695 war es wieder einmal fast so weit, daß ein Bürgerkrieg ausgebrochen wäre, diesmal in Litauen, wo ein heftiger Streit zwischen dem litauischen Großhetman Kazimierz Jan Sapieha und dem Bischof Brzostowski von Wilna tobte; doch sogar der Blitzstrahl des Bannes, den der erzürnte Bischof auf die aufsässigen Magnaten schleuderte, quittierten diese nur mit Achselzucken. Zu jenem Zeitpunkt waren die Magnaten oft mächtiger als der König. Dieser hätte, wenn er jung, gesund und nicht so schwankend gewesen wäre, das Steuer von Polens Staatsschiff vielleicht noch einmal herumreißen und es in ruhigere Gewässer lenken können, aber Jan war jetzt bereits zu schwach dazu und auch zu ängstlich, denn noch immer schwelte der Türkenkrieg. Wolhynien und die Ukraine waren gefährdet, 1695 waren Türken und Tataren wieder einmal bis in die Gegend von Lemberg vorgedrungen und hatten die Stadt sogar ernstlich bedroht. Und was das Beschämendste war: Kamieniec war noch immer in türkischer Hand. Jan, der »Salvator«, der »größte Feldherr seiner Zeit«, er hatte es nicht fertiggebracht, die eigene Festung Kamieniec zurückzuerobern. Dafür erfochten Österreichs Feldherrn einen Sieg immer größer als den anderen. Das tat weh.

Inzwischen machte Jans Krankheit immer raschere Fortschritte. Nach einem heftigen Anfall verbreitete sich sogar schon das Gerücht von seinem Tode. Marysieńka steckte sich hinter den Bischof Załuski und bearbeitete ihn, den todkranken König zu veranlassen, endlich sein Testament zu verfassen. Immerhin schätzte man Jans Vermögen auf 8,3 Millionen Złoty. Jan, der längst das ganze Intrigenspiel um sich durchschaut hatte – schließlich hatte er ja ein Leben lang in dieser Richtung zu lernen gehabt –, antwortete dem Bischof, der mit großer Diplomatie das Gespräch auf den »Letzten Willen« zu bringen versucht hatte: »Um Gottes willen, lassen wir doch das! Kann man denn irgend etwas Gutes erhoffen von den Zeiten, in denen wir leben? Sieh doch nur auf den Sturzfall der Verbrechen, auf die Pest des Bösen. Können wir denn hoffen, daß unser letzter Wille befolgt wird? Lebend befehlen wir, und niemand folgt uns, werden sie dem Toten mehr folgen?« Und dann zitierte er ein ukrainisches Sprichwort: »Mag doch das Feuer die Erde verbrennen und der Ochs die Saat abgrasen, was kümmert's mich, wenn ich tot bin?« Das war Jans Testament.

Am 27. Juni 1696 war das Wetter herrlich. Jan aß am Morgen mit Genuß seine Morgensuppe, dann ließ er sich in seinen geliebten Garten von Wilanów hinaustragen, wo er bis zu Mittag blieb. Er nahm ein reichliches Mittagsmahl ein – »was uns auf dieser Welt bleibt, ist doch nur, gut und schmackhaft zu essen«, hatte der durch Marysieńka so bitter enttäuschte Herr Großhetman schon früher einmal geschrieben –, plauderte ein wenig mit Marysieńka und dem französischen Botschafter Polignac, der ihm nicht von der Seite wich. Gegen Abend fühlte er sich schwach. Er ließ sich in sein Schlafzimmer tragen und auf das Bett legen – ein kostbares, prunkvolles Himmelbett.

Um 18 Uhr bekam er Krämpfe und rutschte bewußtlos vom Bett auf den Fußboden. Eine aufgeschreckte Dienerschar und seine Leibärzte bemühten sich um den Patienten, »wie in jener Zeit eben: man flößte ihm Wein ein, rieb ihm Mund und Nasenlöcher mit Salz ein, schüttete kaltes Wasser auf die Brust, versuchte über eine Stunde lang mit Schnaps den hohen Herrn wieder ins Leben zurückzurufen.«

Und er tat ihnen den Gefallen.

Marysieńkas einzige Sorge war, man möge ihm die Letzte Ölung geben. Auch das schaffte man gerade noch. Der König fühlte sich sogar besser und plauderte wieder mit den ihn Umgebenden.

Katafalk Jan Sobieskis

Beruhigt zog sich Marysieńka zurück und ging schlafen. Jakub aber ritt vorsorglich nach Warschau, ließ sich von der Leibgarde schwören und besetzte das Königsschloß, um es vor dem Zugriff der herrschsüchtigen Mutter, der Königin, und deren möglichen Gefährten für den Thron zu sichern.

Alexander und Constantin, die beiden »königlichen Prinzen«, über die sich Jan oft so heftig geärgert hatte, daß es bis zu Therese Kunigunde nach Brüssel oder München gedrungen war und sie auf den Vater beschwichtigend einwirken mußte, damit er den beiden, die leider nichtssagende, verwöhnte Schlingel waren, wieder verzieh,[390] knieten allein am Bett des sterbenden Vaters.

Der treue Bischof von Płock, Andrzej Załuski, schrieb über den Tod des einstmals so gefeierten »Löwen von Lechistan«: »Er nahm den Tod freudiger an als vor dreiundzwanzig Jahren den Thron.« In den Klang der düsteren Trauerglocken mischten sich drohende Warnungen[391] der beiden bedeutendsten Dichter jener Zeit. Wespazyan Kochowski, der Hofdichter Jans, der seinen König nur um vier Jahre überlebte und der in seinem 26. Psalm den Sieg von Wien so emphatisch verherrlicht hatte, schlug immer ernstere Töne an: Er sah mit offenen Augen das Unglück, in das Polen durch seine eigene Schuld hineintaumelte, er sah die Sünden, für die die hochfahrenden Herren Brüder der polnischen Szlachta von Gott gestraft wurden, und er nennt diese Sünden beim Namen: Aufrührertum, das Zerreißen des Sejms, die schreckliche »Prywata«, d. h. die Privatinteressen, die jedem einzelnen viel wichtiger waren als das allgemeine Staatswohl, und auch die schreiende Ungerechtigkeit: »Die Richter sind vom Weg der Wahrheit abgewichen«, »Sejm und Senat – nichts als Schall und tönend Erz«, »die Ritterschaft ist heruntergekommen und niederträchtig geworden, einen tapferen Mann sucht man vergeblich«, »wer hat das Geld verfälscht? Wer zieht ungerechte Steuern ein und bereichert sich am Blut, das aus den Armen herausgepreßt wird?« Dies alles waren die Sünden Polens, um derentwillen der Herrgott sie strafte. Polen litt wegen seiner eigenen Sünden. Gott ist zwar gnädig, er verzeiht immer wieder, aber erst dann, wenn Polen wieder den Weg der Besserung betreten haben wird. Das sind die Grundgedanken von

Kochowskis »Psalmodia«, den »Psalmen«, die ein Jahr vor Jans Tod im Druck erschienen waren.

Und Wacław Potocki, der im gleichen Jahr wie der König starb, er hatte sich selbst mit einem alten Hund verglichen, der vergeblich bellt:

»Gib acht! Der alte Hund bellt.« Der Untergang lauert, während der Hausherr schläft und das Bellen seines Hundes überhört; schon dringen die Diebe, die Räuber, die Mörder in die Kammer ein, reißen die Wände nieder. »Raff dich auf, weißer Adler! Gib acht auf dich, Lache!« Diese Diebe und Räuber sind jedoch nicht nur böse Nachbarn, die von außen eindringen – also die Grenzen Polens verletzen –, sondern auch die eigenen Hausleute, die Herren und die Beamten, die die Bauern unterdrücken, die Geistlichen, die habgierig sind und ein unmoralisches Leben führen, die Bürger, die sich ihres Standes schämen und mit Gewalt in die Reihen der Szlachta einzudringen versuchen, die Kaufleute, die den armen Bauern übervorteilen, gegen sie alle, alle bellt und bellt der alte Hund, d. h. der Dichter, aber was hilft es, »der alte Hund bellt vergeblich: zum Dank wird er mit Steinen beworfen. Alle schlafen auf beiden Ohren, niemand kommt heraus, niemand schaut heraus: der Hund bellt, der Wind verweht's.« Was bleibt dem armen »Hund«, dem Rufer in der Wüste, übrig, als zu resignieren: »Soll doch die versoffene Welt schlafen...« – und die versoffene Welt schläft tatsächlich. Der Teufel steht Wache, damit sie nicht geweckt werde, er steht, er droht mit dem Finger, sogar die Hunde macht er betrunken, damit sie auch einschlafen. Niemand bellt mehr vom Katheder herab – oder doch nur mit unverständlicher Stimme. Und will jemand sein Maul aufreißen, gleich wird ihm ein Bissen Brot in den Rachen geworfen. Möge einer auch noch so laut bellen, wie ein Stöberhund im Wald – man bellt zurück: »Häretiker! Lebendig im Kloster begraben oder köpfen oder verbrennen! Wie denn der Welt den süßen Schlaf etwa stören? Er richte sein Gekläff nach dem Henker!«

Patriotische Verzweiflung spricht aus diesen Zeilen des Dichters, der vergeblich schrie: »Polen brennt, es brennt das Haus... die Wände stürzen ein...«, der prophetisch seinen Landsleuten zurief:

»Durch die Anarchie geht Polen zugrunde, es geht aus dem Leim, es löst sich auf unter seinen Nachbarn!«

Hatte Jan das alles kommen gesehen, hatte er es mit seinem »prophetischen Sinn« vorausgeahnt? Hatte er gebellt, wie sein Zeitgenosse, der Dichter? Oder hatte er, wie alle anderen, geschlafen und sich die Ohren zugehalten?

Auf jeden Fall mag er, wie das von ihm zitierte ukrainische Sprichwort beweist, gedacht haben, was Wacław Potocki aussprach:

»Und glücklich diejenigen, die das Alter in die Grube stößt, damit sie nicht mitansehen müssen die Asche des lieben Vaterlandes.«

Nachwort

Jan wurde zunächst in der Kirche der Kapuziner in Warschau beigesetzt. Am 29. August 1696 trat bereits der Konvokationssejm zusammen, der unter noch größeren Turbulenzen vor sich ging als sonst. Das Tauziehen um einen neuen König glich schon fast einer Lizitation.
Ludwig XIV., geschwächt durch die vielen Kriege, die Unsummen verschlungen hatten, war nicht mehr sonderlich an Polen interessiert. Sein Kandidat war Prinz Conti, den der französische Botschafter Polignac mit allen Mitteln der polnischen Szlachta schmackhaft machen wollte.
Österreich unterstützte Jakub, doch dessen Ansehen untergrub seine eigene Mutter, Marysieńka, die angeblich gesagt haben soll: »Wählt niemanden aus der Königsfamilie, ich kenne mein Blut besser als ihr. Sollte eure Wahl auf meinen Sohn Jakub fallen, so werdet ihr untergehen.«[392]
Der Schaden war nicht mehr gutzumachen. Alle späteren Bemühungen, Jakub auf den Thron zu hieven, waren vergeblich. Marysieńka, die so tatkräftig Jan zur Krone verholfen hatte, zerstörte in jenen Tagen die Dynastie Sobieski.
Endlich wurde vom Sejm sogar der Beschluß gefaßt, einen »Piasten«, also einen Polen, überhaupt von der Wahl auszuschließen, was einen ausländischen Beobachter zu der Bemerkung hinriß: »Jeder Mensch ist zwar ein seltsames Geschöpf, aber am allerseltsamsten sind die Polen, denn sie wollen keinen Polen über sich dulden, sondern nur einen Ausländer.«
Damit waren Jakubs Chancen auf den Nullpunkt gesunken, und Kaiser Leopold favorisierte nun an seiner Statt den jungen Leopold von Lothringen, den Sohn seiner Schwester Eleonore und Karls von Lothringen, an zweiter Stelle den Pfalzgrafen Karl Philipp.

Der wichtigste Bewerber war jedoch Ludwig Wilhelm von Baden, der große Sieger von Szlankamen. Noch bevor Jan die Augen geschlossen hatte, war der Name Ludwig Wilhelms unter dem kriegerisch gesinnten Teil der Szlachta als der eines Nachfolgers für den polnischen Thron genannt worden. Wer, wenn nicht er, der sich als Türkensieger den Beinamen »Türkenlouis« erworben hatte, wäre mehr dazu berufen gewesen, Polens Ruhm und Ehre auf den Schlachtfeldern wieder herzustellen, Kamieniec zurückzugewinnen und die Rzeczpospolita als kluger und unabhängiger Fürst wieder zu altem Glanz zurückzuführen?[393]
Daß er trotzdem nicht die polnische Königskrone errang, lag weniger daran, daß »er nicht genug Geld hatte, die Szlachta zu bestechen«, sondern daran, daß sein geradliniger Charakter sich nicht mit dem polnischen Chaos vertrug.
So kam es, daß im letzten Augenblick der siebenundzwanzigjährige Kurfürst Friedrich August I. von Sachsen, jener August, der zum Leidwesen seines Vaters nicht beim Entsatz von Wien anwesend war, das Rennen machte und als August II. der Starke den polnischen Königsthron bestieg. Am 15. September 1697 wurde er auf dem Wawel gekrönt.
Die Familie Sobieski war nicht dabei. Nach vielem Gefeilsche entschädigte August der Starke den ältesten Sobieski-Sohn Jakub mit 200 000 Talern für den Verlust des Thrones.
Im Jahr darauf teilte die Familie das gesamte Vermögen unter sich auf. Jakub erhielt Pielaskowice, die Güter in Pomerellen, Litauen und andere mehr; Alexander bekam u. a. Pomorzany. Constantin wurden Wilanów, Żółkiew, Jaworów, Złoczów und das Kazimierz-Palais zugesprochen, Marysieńka Olesko und die meisten Güter in der Rus. Außerdem bekam jeder 200 000 Złoty in bar, Marysieńka jedoch jene fünf Millionen, die sie schon früher in Paris deponiert hatte.
Mit einem Hofstaat von 259 Personen übersiedelte Marysieńka nach Rom und nahm Wohnsitz im Palais Odescalchi, wo früher die schwedische Exkönigin Christine gewohnt hatte. Nach Innozenz XI. Tod war jener Antonio Pignatelli, der vor so vielen Jahren Jan und Marysieńka in Warschau getraut hatte, Papst geworden.

Die Witwe des »Salvators Christianitatis« genoß es sehr, als solche in der Ewigen Stadt geehrt zu werden und achtete streng darauf, daß man die königliche Etikette ihr gegenüber stets wahrte. Weniger Glück hatten ihre Söhne, die vom Vatikan nicht als Fürsten von Geblüt behandelt wurden, was besonders Jakub, der immerhin Thronkandidat gewesen war, erbitterte, so daß er es vorzog, den Audienzen beim Papst und den öffentlichen Empfängen fernzubleiben.

Jakub lebte die meiste Zeit über in Ohlau in der Nähe von Breslau, wo er zusammen mit Hedwig Elisabeth einen glänzenden Hof führte und sich die Zuneigung der Bevölkerung erwarb. Den ihm vom Kaiser angebotenen Titel eines Vizekönigs von Sizilien lehnte er ab, akzeptierte aber die Statthalterschaft von Niederösterreich. Doch vor Antritt dieser Position brach der Nordische Krieg aus. Karl XII., ein glühender Verehrer Jan Sobieskis, wollte seinem Sohn auf den polnischen Königsthron verhelfen, doch hier kam ihm wiederum August der Starke in die Quere, der Jakub und Constantin auf der Reise von Breslau nach Ohlau einfach überfiel und zunächst auf die Pleissenburg und dann auf den Königstein bringen ließ, wo er sie eineinhalb Jahre festhielt.

Nach Papst Innozenz XII. Tod freute Marysieńka das Leben in Rom nicht mehr. Der Ruhm Jans, des »Löwen von Lechistan«, war längst verblaßt und wurde von dem des »Türkenlouis« und später dem des Prinzen Eugen überstrahlt. Marysieńka geriet unter Klemens XI. immer mehr in den Schatten. Außerdem konnte sie sich die kostspielige Hofhaltung nicht mehr leisten, da ihre beiden jüngsten Söhne das Vermögen mit vollen Händen verpraßt hatten. Sie sehnte sich nach ihrer alten Heimat, und der inzwischen 76jährige Ludwig XIV. gestattete gnädigst seiner ehemaligen Untertanin eine Rückkehr, stellte ihr sogar das Schloß Blois als Wohnsitz zur Verfügung – allerdings nur unter der Bedingung, daß Madame Sobieska weder in Paris noch in Versailles auftauchen dürfe. Unerbittlich versagte der Sonnenkönig Marysieńka bis zum Tode königliche Ehren.

Am 16. Juni 1714 verließ Marysieńka Rom und ließ dort den todkranken Alexander zurück, der nur einen Monat später starb. In

Blois empfing Marysieńka am 27. Februar 1715 zum ersten Mal den Besuch ihres Schwiegersohnes, Max Emanuel, der neun Jahre lang als Geächteter im französischen Exil gelebt hatte. Die Begegnung dauerte nur eine halbe Stunde und soll recht kühl gewesen sein. Therese Kunigunde hatte die Zeit über in Venedig verbracht, während ihre Söhne auf Befehl des Kaisers in Graz und Klagenfurt erzogen wurden.

Marysieńka starb am 17. Jänner 1716 in Blois, wo sie zunächst auch bestattet wurde. Doch im gleichen Jahr wurde sie noch nach Polen überführt und an Jans Seite bei den Kapuzinern in Warschau beigesetzt. Erst als abermals ein neuer König in Krakau gekrönt wurde, nämlich August III., Augusts des Starken Sohn, sorgte Jakub dafür, daß, der alten Sitte entsprechend, zuvor die verstorbenen Könige, August II. und Jan III., dieser zusammen mit seiner Frau Marysieńka, feierlich auf dem Wawel zur letzten Ruhe bestattet wurden.

Jakubs einziger Sohn und Stammhalter der Familie Sobieski, der kleine Jan, war schon 1699, ein Jahr nach seiner Geburt, gestorben. Seine älteste Tochter, Maria Kazimiera, blieb unverheiratet; Maria Karolina heiratete einen Grafen von Bouillon, ließ sich aber bald scheiden und kehrte zum Vater zurück; die Jüngste, Maria Klementyna, heiratete unter abenteuerlichen Umständen den englischen Thronprätendenten, Jakob III. Stuart, und ihr Sohn, Karl Eduard, versuchte einen Aufstand in England zu entfachen und mit Gewalt den Thron zurückzugewinnen, was jedoch mißlang. Jakub wurde wegen zu befürchtender politischer Komplikationen von Kaiser Joseph I. aus dem schlesischen Ohlau hinauskomplimentiert. Erst als das englische Abenteuer in Vergessenheit geraten war, durfte Jakub wieder zurückkehren. Am 10. August 1722 starb Jakubs Frau Hedwig Elisabeth von Neuburg, und am 18. Mai 1723 folgte ihr die älteste Tochter, Maria Kazimiera, nach. Und am 22. Juli 1727 starb auch Constantin, von dem nun Jakub u. a. auch Żółkiew erbte.

Als endlich sein größter Widersacher, August der Starke, am 19. Dezember 1733 auch das Zeitliche segnete, übersiedelte Jakub auf das mit so vielen Familientraditionen verbundene Schloß in

Żółkiew. Das gesamte Familienarchiv ließ er in Ohlau zum späteren Abholen in Kisten verpackt liegen. Er holte es niemals mehr ab. Völlig vereinsamt und schrullig geworden, starb der letzte Sobieski der königlichen Linie am 19. Dezember 1737 inmitten seiner geliebten Bücher und kabbalistischer Zeichen und Formeln.[394] Sein Familienarchiv aber ließ Friedrich der Große nach dem Schlesischen Feldzug nach Berlin bringen, wo es bis zum Zweiten Weltkrieg im Geheimen Preußischen Staatsarchiv aufbewahrt wurde und jederzeit eingesehen werden konnte. Wegen der Bombenangriffe wurde es dann nach Merseburg verlagert und überdauerte in einer aufgelassenen Saline heil den Zweiten Weltkrieg, wurde dann jedoch von den einmarschierenden Alliierten, Russen oder Amerikanern – beide waren zeitweise dort, und auf beiden Seiten befanden sich polnische Einheiten – als Kriegsbeute mitgenommen und ist bis heute zum großen Schaden der Wissenschaft nicht mehr aufgetaucht.[395]

Einzige Erbin des noch immer sehr großen Sobieski-Vermögens war nach Jakubs Tod dessen Tochter Maria Karolina. Aber auch sie starb bald, am 8. Mai 1740. Kurz zuvor hatte sie noch alles ihrem früheren Adorator Michał Kazimierz Radziwiłł, »Rybeńka« genannt, vermacht, der ihr zum Dank ein wunderschönes Denkmal in der Kirche der Sakramentinnen setzen ließ, in dem bezeichnenderweise unten am Sockel das zersprungene Wappen Janina und eine herabstürzende Königskrone eingraviert waren.

Nur Therese Kunigundes Kinder hatten wirklich Karriere gemacht. Ihr ältester Sohn, Karl Albert, hatte sogar nach Kaiser Karls VI. Tod mit Frankreichs Hilfe die römisch-deutsche Kaiserkrone errungen und durfte sich drei Jahre lang Kaiser Karl VII. nennen. Sein Sohn, Kurfürst Max III. Joseph, ein begabter Staatsmann und Landesvater, der nach den beiden Verschwendern Max II. Emanuel und Karl VII. in Bayern wieder Ordnung geschafft hatte – er ging als »Der Vielgeliebte«, hochgeachtet und verehrt von allen, in die Geschichte ein.[396] Er war der letzte Nachkomme in gerader Linie von Jan und Marysieńka.

Anmerkungen

1 »Szlachta« wird der polnische Adel genannt; das Wort kommt von dem deutschen Wort »Geschlechter«. Vgl. dazu: Marcin Kromer, POLSKA, Lateinische Erstausgabe 1575. Neu herausgegeben; übersetzt von Stefan Kozikowski, bearbeitet und eingeleitet von Roman Marchwiński, Olsztyn 1977. S. 68 ff.
2 Der polnische Sejm entspricht etwa dem Reichstag, mit Ober- und Unterhaus; in ersterem hatten die Senatoren ihren Sitz, im zweiten die »Landboten«, die Abgeordneten der »Sejmiki«, der Landtage, Vertreter aus der Szlachta. Der König nahm seinen Platz inmitten der Senatoren ein.
3 Jan Sobieskis Horoskop, nach der eigenhändigen Eintragung der Mutter, Theophila Sobieska – Zbiory w Kurniku, Handschr. Nr. 256; zit. n. Franciszek Kluczycki, Pisma do wieku i spraw Jana Sobieskiego. Kraków 1880, S. 31. Von Dipl.-Architekt Sándor Belcsák, Präsident der Österr. Astrologischen Gesellschaft, freundlicherweise speziell für die vorliegende Arbeit berechnet, Herbst 1981; wird im Herbst 1983 in der Zeitschrift »Qualität der Zeit«, Publ. d. Österr. Astrologischen Gesellschaft, Wien, veröffentlicht.
4 Julian B., Jan Sobieski do dwudziestego roku życia. Kijów 1884, S. 31 ff.
5 Tatomir, Ślady króla Jana, Lwów 1882, S. 85.
6 Siemieński, Dzieła, S. 132.
7 Der spätere König Michał Korybut Wiśniowiecki.
8 Fr. Kluczycki, Pisma do wieku i spraw Jana Sobieskiego. Kraków 1880, S. 1–9.
9 Leszek Podhorodecki, Sobiescy Herbu Janina. Warszawa 1981, S. 42.
10 Fr. Kluczycki, op. cit. S. 10. Die beiden ersten Eintragungen lauten: »Im Jahre 1627 am 16. 5. heiratete ich. – Mein Sohn Marek wurde mir im Jahre 1628 am 24. 5. um 22 Uhr an einem Mittwoch geboren, sieben Tage nach dem Vollmond, vor dem letzten Viertel, in Złoczów.«

11 So gibt Otto Forst de Battaglia in »Jan Sobieski, König von Polen«, Einsiedeln 1946, fälschlich den 27. 8. als Geburtstag an; dieses Datum wird auch in der Neuauflage dieses Werkes unter dem geänderten Titel »Jan Sobieski, Mit Habsburg gegen die Türken«, Graz 1982, beibehalten. Es ist anzunehmen, daß sich der Autor auf die Matrikeleintragung bezog, vgl. dazu Jan Sobieski, Listy do Marysieńki, S. 454, 455, die den 27. 8. 1629 als Geburtsdatum angab und wahrscheinlich von einem griechisch-katholischen Beamten nach Julianischem Kalender eingetragen worden war, ohne die Eintragung der Mutter zu berücksichtigen, die als Römisch-Katholische natürlich bereits den Gregorianischen Kalender benützte, der unter den Katholiken in Polen und der Ukraine bereits seit 1582 im Gebrauch war. Die Eintragungen der Mutter sind so genau, daß sie sogar den Wochentag, den Mondstand und die Uhrzeit angibt, so daß danach – unter Berücksichtigung, daß die Uhrzeit dazumal einer anderen Tageseinteilung entsprach, worüber es jedoch genaue Anhaltspunkte gibt – Sándor Belcsák fast minutengenau das Horoskop Sobieskis errechnen konnte. Der 27. 8. könnte aber evtl. der Tauftag gewesen sein.
12 Wacław Sobieski, Trybun Ludu szlacheckiego. Warszawa 1905.
13 Vgl. dazu Podhorodecki, Sobiescy Herbu Janina, op. cit. S. 14 ff.
14 Jakub Sobieski, Diariusz ekspedycji moskiewskiej dwuletniej Królewicza Władysława. Biblioteka Czartoryskich, Krakau, Handschr. Nr. 3915.
15 Podhorodecki, op. cit. S. 28.
16 Podhorodecki, op. cit. S. 31.
17 Forst-Battaglia, op. cit. S. 11, behauptet, die Familie Herburt stamme aus »dem fernen Niedersachsen«. Leider gibt er keine Quelle an. Über die Familie Herburt siehe »Polski Słownik Biograficzny«, Band IX, S. 439–454, Wrocław, 1960–1961. Es wäre reizvoll, den Spuren dieser Familie in Deutschland nachzugehen, ob evtl. eine Verbindung zu dem deutschen Pädagogen Johann Friedrich Herbart, 1776–1841, Prof. in Göttingen, besteht, dem Begründer der Erziehungswissenschaft und der Seelenforschung.
18 Fr. Kluczycki, Pisma do wieku i spraw Jana Sobieskiego. Kraków 1880. S. 1–9: Excerpt z manuscriptu Własnej ręki Najjaśniejszego Króla J. Mci ś. p. Jana Trzeciego. Z odpisu 18. w.
19 Die Henricianischen Artikel – Articuli Henriciani – bezogen sich auf die Verfassung Polens und bildeten gleichsam, indem sie die

wichtigsten Privilegien zusammenfaßten und neue Bestimmungen hinzufügten, das Grundgesetz der Adelsrepublik und schränkten die königliche Gewalt folgendermaßen ein: Garantie der weiteren freien Königswahl; Einberufung des Allgemeinen Aufgebotes nur mit Zustimmung des Reichstages; zeitlich eingeschränkte Verfügungsgewalt über das Aufgebot; dem König wird auf jedem Reichstag bis zur nächsten Session ein Rat aus 16 Senatoren, von denen jeweils ein Bischof, ein Wojewode und zwei Kastellane ein halbes Jahr am Hof weilen müssen, beigegeben; neue Steuern und Zölle und Monopole nur mit Zustimmung des Reichstags; Eheschließung nur mit Wissen und Zustimmung des Reichstags; kein Gebrauch eines eigenen königlichen Siegels, sondern nur der von den Kanzlern verwalteten Staatssiegel; das königliche Versprechen, den religiösen Frieden zu wahren und der Warschauer Generalkonföderation zu folgen; der Artikel de non praestanda oboedientia von 1501 wurde ebenfalls wieder in dieses Grundgesetz aufgenommen, d. h., der Senat behielt sich das Recht vor, dem König den Gehorsam zu verweigern, falls dieser sich einer Ungerechtigkeit oder schädlichen Handlung der Rzeczpospolita gegenüber schuldig machen sollte; damit war mit einem Schlag die Herrschaft der Magnaten in Polen hergestellt worden. (Vgl. dazu Gotthold Rhode, Geschichte Polens, Darmstadt 1966, S. 248 und 176, 177.)

20 Die Pacta conventa mußte jeder König beschwören, sie variierten von Wahl zu Wahl und enthielten die jeweiligen Verpflichtungen, die vom König verlangt wurden, wie z. B. Flottenbau, Festungsbau, Bezahlung der Schulden seines Vorgängers aus der eigenen Tasche etc.
21 Mskr. Bibl. Ossolineum 2284 f. 28. Zit. n. Wacław Sobieski, Żółkiewski na Kremlu, S. 5–6, Anm. 1.
22 Mskr. Bibl. Raczyńskich, Nr. 33 f. 41.
23 Wacław Sobieski, Żółkiewski, op. cit. S. 18, 22, 23.
24 Mskr. Bibl. Zamoyski, 944 f. 81. W. Sobieski, op. cit. S. 124, 127.
25 Mskr. Bibl. Raczyńskich, Poznań, 33 f. 173.
26 W. Sobieski, op. cit. 6. 191 f.
27 Ostrowski Danejkowicz, Swada Polska. Mowy pogrzebowe. S. 25–27.
28 Polski Słownik Biograficzny, Bd. IV, S. 414–419.
29 Władysław Łoziński, Życie polskie w dawnych wiekach. Warszawa 1934, 5. Illustr. Ausgabe, S. 8.

30 Władysław Łoziński, Życie polskie w dawnych wiekach. Warszawa 1934, 5. Illustr. Ausgabe, S. 8.
31 Julian B., op. cit. S. 23, Anm. 23.
32 Sańdor Belczák berechnete ebenfalls das Horoskop Mareks nach den Aufzeichnungen der Mutter.
33 X. Coyer, Historya Jana Sobieskiego. Hrsg. von Wł. Syrokomla, Wilno 1852, Bd. I, S. 73.
34 Tadeusz Korzon, Dola i niedola Jana Sobieskiego, op. cit. S. 8.
35 Julian B., op. cit. S. 32, Anm. 15.
36 Instrukcya Imć Pana Jakuba Sobieskiego, woiewody Belskiego, Starosty Krasnostawskiego, dana Imć Panu Orchowskiemu, iako Dyrektorowy Imć Pana Marka, Jana, Sobieskich, Wojewodziców Bełskich, gdy ich na studia do Krakowa oddawał, przez punkta pisane. Diese Instruktion wurde zum ersten Mal 1784 herausgegeben, an einigen Stellen verbessert nach einer Handschrift des XVIII. Jhds. Archiv des Fürsten Czartoryski. Sign. Handschr. Nr. 2214. Abgedruckt bei Fr. Kluczycki, op. cit. S. 11–29.
37 Seit der Gegenreformation wurde kurzer Haarschnitt alla Polacca getragen. Vgl. Łozinski, op. cit. S. 92, und Julian B., op. cit. S. 104, Anm. 17.
38 Tadeusz Korzon, op. cit. S. 9–11.
39 T. Korzon, op. cit. S. 10.
40 Julian B., op. cit S. 27–28.
41 L. Siemieński, Dzieła, VII, S. 133.
42 Tatomir, Ślady Króla Jana, S. 53, 54.
43 Leszek Podhorodecki, Sobiescy Herbu Janina, op. cit. S. 53–54.
44 Vgl. dazu Zbigniew Kuchowicz, Obyczaje staropolskie XVII–XVIIIw., Łódź 1975; J. S. Bystroń, Dzieje obyczajów w dawnej Polsce, Warszawa 1960; Aleksander Brückner, Dzieje kultury polskiej, Warszawa 1957 (Neuauflage); Z. Kaczkowski, Kobieta w Polsce, Petersburg 1895.
45 Instrukcya Synom moim do Paryża. Zit. n. Fr. Kluczycki, op. cit. S. 29–37.
46 Stanisław Boy-Żeleński, Marysieńka Sobieska, Lwów-Warszawa 1938.
47 Paweł Orchowski, der die Sobieski-Söhne bereits als »Direktor« während der Schulzeit in Krakau betreut und Jakub Sobieski auf der Kavalierstour begleitet hatte.
48 Vgl. Boy-Żeleński, Marysieńka, op. cit. S. 43.

49 Dyariusz drogi krótko opisany przez mnie Sebastyana Gawareckiego. Zit. n. Fr. Kluczycki, op. cit. S. 38–131.
50 Bei K. Waliszewski und Leszek Podhorodecki wird fälschlich das Datum vom 15. 3. 1645 angegeben.
51 Boy-Żeleński, Marysieńka, op. cit. S. 44.
52 Boy-Żeleński, op. cit. S. 46.
53 Gawarecki schrieb oft phonetisch die Städtenamen. In Klammer steht die richtige Schreibweise.
54 Fr. Kluczycki, op. cit. S. 131; Kochowski, I, S. 117, 125.
55 X. Coyer, op. cit. I, S. 76.
56 Fr. Kluczycki, op. cit. S. 131; T. Korzon, op. cit. S. 23; Kochowski, op. cit. S. 254, 258, 277.
57 L. Podhorodecki, op. cit. S. 66; T. Korzon, op. cit. S. 23, 24.
58 Fr. Kluczycki, op. cit. S. 9.
59 Joseph von Hammer-Purgstall, Geschichte des Osmanischen Reiches, Pesth 1840, S. 420. Hammer-Purgstall schreibt, daß bei Bieganowskis Zweiter Gesandtschaft sich beide Sobieski-Söhne in dessen Gefolge befunden hätten, erwähnt jedoch nicht, daß Jan ebenfalls bei Bieganowskis Dritter Gesandtschaft dabei war, vom 29. 3. bis 31. 5. 1654. Forst-Battaglia und Podhorodecki erwähnen nur Jans Aufenthalt im Frühjahr 1654 in Konstantinopel.
60 Forst-Battaglia, op. cit. S. 16, leider ohne Quellenangabe.
61 Gotthold Rhode, op. cit. S. 276.
62 Pierre Des Noyers, Lettres.
63 Bożena Fabiani, Warszawski Dwór Ludwiki Marii, Warszawa 1976, S. 20 ff.
64 Philippe Erlanger, Richelieu, Frankfurt 1977, S. 557 ff.
65 Philippe Erlanger, op. cit. S. 484, 506, 522, 536, 558.
66 T. Korzon, op. cit. S. 82–84.
67 Philippe Erlanger, op. cit. S. 560.
68 Forst-Battaglia, op. cit. S. 17, 18, schreibt über Marysieńkas Erziehung in Frankreich, gibt jedoch keine Quelle an.
69 »Die Sintflut« – »Potop« heißt der sehr populäre historische Roman des polnischen Nobelpreisträgers Henryk Sienkiewicz.
70 Boy-Żeleński, op. cit. S. 59.
71 Pufendorf, Hist. Car. Gust., S. 75.
72 Fr. Kluczycki, op. cit. S. 145, Wortlaut der Ernennung zum Kronbannerträger.
73 Fr. Kluczycki, op. cit. S. 149.

74 Jan Chryzostom Pasek, Pamiętniki, 1656–1688. Hrsg. von Dr. Zygmunt Węclewski, Poznań 1926. Deutsche Ausgabe: »Die goldene Freiheit der Polen.« Aus den Denkwürdigkeiten Sr. Wohlgeboren des Herrn Jan Chryzostom Pasek. Ausgewählt, übersetzt und erläutert von Günther Wytrzens. Graz 1967, S. 36. Wir zitieren hier stets diese Übersetzung.
75 Gotthold Rhode, op. cit. S. 278.
76 Listy do Jana Sobieskiego, bearb. von Leszek Kukulski, Warszawa 1966, S. 52, 53; 64, 67. Unter Benützung des Zamoyski-Archivs.
77 Jan Sobieski, Listy do Marysieńki. Bearb. und hrsg. von Leszek Kukulski, Warszawa 1962, S. 279. Die Originale dieser Briefe gibt es nicht mehr. Diese Ausgabe basiert auf einer Abschrift vom Ende des 18. und Beginn des 19. Jahrhunderts durch Jerzy Samuel Bandtkie. Diese Abschrift befindet sich in der Bibliothek der Polnischen Akademie der Wissenschaften in Krakau, Handschr. Nr. 82 und 83. Aufgrund dieser Handschrift gab A. Z. Helcel im Jahre 1860 in Krakau die Briefe im Druck heraus. Sobieskis Briefe an Marysieńka vom Feldzug nach Wien hatte Eduard Graf Raczyński im Jahre 1823 in Warschau gesondert publiziert; Graf Plater übersetzte sie ins Französische, und Narcisse Achille de Salvandy gab sie 1826 in Paris heraus. Ein Jahr später, 1827, erschien die deutsche Übersetzung Ferdinand Friedrich Oechsles in Heilbronn unter dem Titel »Briefe des Königs von Polen Johann Sobiesky an die Königin Marie Kasimira während des Feldzuges von Wien«. Eine Neuübersetzung dieser Briefe vom Feldzug nach Wien durch Joachim Zeller erschien in Ostberlin 1981. Außer diesem kleinen Block der Briefe – die den Zeitraum vom 12. 9. 1683 (bzw. in der letztgenannten Ausgabe vom 23. 8. 1683) bis 13. 12. 1683 umfassen – sind Sobieskis Briefe an Marysieńka und Marysieńkas Briefe an Jan noch niemals im Deutschen erschienen. Hammer-Purgstall zitiert die französische Ausgabe der Briefe vom Wiener Feldzug bzw. überhaupt nur den einen vom 13. September, der allein eine größere Verbreitung als »Zeitung« erlebt hatte.
78 Listy do Jana Sobieskiego, op. cit. S. 57.
79 Op. cit. S. 61.
80 Op. cit. S. 70–81.
81 Listy do Marysieńki, op. cit. S. 277. Brief vom 16. 3. 1668.
82 Listy do Jana Sobieskiego, op. cit. S. 100 ff.
83 Op. cit. S. 103 ff.

84 Op. cit. S. 109.
85 T. Korzon, op. cit. S. 28; Fr. Kluczycki, op. cit. S. 163.
86 Listy do Jana Sobieskiego, op. cit. S. 116 f. Marysieńka spielt hier auf den Segen der Mutter an.
87 Listy do Jana Sobieskiego, op. cit. S. 177 ff. Brief vom 3. 9. 1660.
88 Zu diesem Zeitpunkt besuchte das Königspaar das Ehepaar Zamoyski in Zamość. In Warschau grassierte eine Epidemie, der man ausweichen wollte, deshalb begab man sich weiter nach Südosten, um auch dem Kriegsschauplatz gegen die Moskowiter und Kosaken näher zu sein. Im Norden herrschte seit dem Vertrag von Oliva vom 3. 5. 1660 Ruhe. Der Kurfürst Friedrich Wilhelm hatte dort auch endgültig die Souveränität über Ostpreußen bestätigt erhalten, nachdem ihn Jan Kazimierz, zwar schweren Herzens, aber der Notwendigkeit gehorchend, bei einem Treffen in Bromberg aus der Verpflichtung entlassen hatte, im Namen Ostpreußens Polen zu huldigen. Königin Ludwika Maria hatte hierbei Gelegenheit, Friedrich Wilhelm, mit dem sie bereits seit längerer Zeit korrespondiert hatte, persönlich kennenzulernen, und diese beiden klugen Menschen verstanden einander auf Anhieb. Friedrich Wilhelm machte Ludwika Maria Komplimente und meinte, wenn sie sich eines Tages um die Kaiserkrone bewerben wollte, könnte sie auf seine Stimme zählen. Ludwika andererseits bewunderte den klugen Staatsmann und umsichtigen Regenten Friedrich Wilhelm, den sie eine Zeitlang ins Kalkül für eine Thronfolge in Polen zog. Sie erwiderte auch Friedrich Wilhelms und seiner Gattin, Luise Henriettes, Besuch und reiste nach Berlin. Zu jener Zeit herrschten also durchaus freundliche Beziehungen zwischen Polen und Brandenburg-Preußen. Vgl. dazu auch Barbara Beuys, Der große Kurfürst, S. 179–191, und Tadeusz Nowakowski, Die Radziwills, München 1966, S. 146 ff.
89 Potrzeba z Szeremethem, Hetmanem Moskiewskim y kozakami w Roku Pańskim MDCLX od Polaków wygrana, a przez Żołnierza jednego, boku hetmanskiego bliskiego i w okazyach wszystkich wojennych przytomnego, wydana R. P. MDCLXI. w Krakowie w drukarni dziedziców Stanisława Lenczewskiego. Eine gereimte Chronik über die Schlacht bei Słobodyszcze gegen Szeremietjew.
90 T. Korzon, op. cit. S. 65.
91 Listy do Jana Sobieskiego, op. cit. S. 124 ff., Brief vom 20. 11. 1660 aus Zamość.

92 Listy do Jana Sobieskiego, op. cit. S. 129 ff., Brief von Ende März 1661 sowie zwei Briefe vom 7. 4. 1661.
93 T. Korzon, op. cit. S. 67.
94 Listy do Jana Sobieskiego, op. cit. S. 186, Brief vom 8. 10. 1662.
95 Fr. Kluczycki, op. cit. S. 187, 188.
96 T. Korzon, op. cit. S. 71, Bd. I.
97 T. Korzon, op. cit. S. 72, Bd. I.
98 Rudomicz, Diarium privatum Zamosci, S. 136, 138; T. Korzon, S. 73.
99 K. Wł. Wójcicki, II, 163 (Jerlicz Latopisiec).
100 Fr. Kluczycki hat in op. cit. viele dieser Briefe in originalfranzösisch veröffentlicht.
101 T. Korzon, op. cit., Bd. I, S. 79.
102 Rudomicz, vgl. Listy do Jana Sobieskiego, op. cit. S. 190.
103 Listy do Jana Sobieskiego, op. cit. S. 184, Brief vom 8. 10. 1662.
104 Op. cit. S. 191.
105 Op. cit. S. 197, vom 20. 7. 1663.
106 Op. cit. S. 196, Brief Sobieskis an Jan Zamoyski vom 13. 3. 1663. Arch. Zamoyski 1136.
107 Listy do Jana Sobieskiego, op. cit. S. 200 (Rudomicz), am 11. 11. 1663.
108 Op. cit. S. 206, Brief vom 11. 2. 1664.
109 Op. cit. S. 207, Rudomicz am 15. 2. 1664.
110 Listy do Marysieńki, op. cit. S. 30 und 239.
111 T. Korzon, op. cit. S. 90, 91 – Instruktion für den franz. Botschafter de Lumbres in Warschau vom 20. 9. 1660.
112 Mémoires de Louis XIV. écrits par lui-même composés pour le grand dauphin, publiés par J. L. M. de Gain-Montagnac, I. partie, Paris Garnery, 1866, S. 27, 74, 159. Vgl. auch T. Korzon, op. cit. S. 90, 92.
113 Portofolio K. Maryi Ludwiki. Hrsg. von Edward Graf Raczyński, Posen 1844, S. 42. Die Urkunde wurde am 6. 8. 1649 in Compiègne ratifiziert. Siehe dazu auch T. Korzon, op. cit. S. 84.
114 Rapport Caillets an Condé vom 2. 12. 1661, vgl. T. Korzon, op. cit. S. 101, und K. Waliszewski, op. cit. S. 250.
115 Farges, Instruktionen für Forbin-Janson vom 30. 3. 1674; T. Korzon, op. cit. S. 108.
116 T. Korzon, op. cit. S. 111.
117 Listy do Jana Sobieskiego, op. cit. S. 217, Brief vom 6. 8. 1664.
118 Op. cit. S. 213; Condé in französischer Sprache an Chantilly vom 31. 10. 1664, Handschr. Nr. 3005 im Ossolineum.
119 Listy do Jana Sobieskiego, op. cit. S. 224 ff., Brief vom 27. 12. 1664.

120 Op. cit. S. 222; Ossolineum, Brief Condés.
121 De Lumbres an de Lionne am 2. 1. 1665 und Millet an Lionne am 31. 1. 1665. Handschr. Ossolineum Nr. 2985.
122 Listy do Jana Sobieskiego, op. cit. S. 227 f., Brief vom Jänner 1665.
123 Antoine de Lumbres am 26. 2. 1665. Handschr. Ossolineum 2985, S. 48.
124 Ludwig XIV. an Pierre de Bonzy vom 3. 4. 1665, vgl. Listy do J. S., S. 228, 229.
125 Listy do Jana Sobieskiego, S. 229–234. Brief vom 27. 2. 1665; Helcel, op. cit. S. 175, Brief Nr. 143, Brief vom 6. 5. 1668.
126 De Lumbres an Ludwig XIV. vom 17. 4. 1665, 23. 4. 1665, Ossolineum, 119 f.
127 Stefan Niemirycz an Kurfürst Friedrich Wilhelm am 3. 6. 1655. Preuß. Geh. Staatsarchiv, Sig. rep. 9 16 q; T. Korzon, op. cit. S. 289; Listy do J. S., op. cit. S. 236.
128 P. de Bonzy an Ludwig XIV. am 15. 5. 1665, Ossol. Hdschr. 2985; Listy do J. S., op. cit. S. 236.
129 Listy do Marysieńki, op. cit. S. 308, Brief vom 30. 6. 1668.
130 Listy do Jana Sobieskiego, op. cit. S. 192, Rudomicz am 3. 5. 1668.
131 Op. cit. S. 293, Rudomicz am 3. 6. 1665.
132 Sobek / Egoist, Selbstsüchtiger, so wurde manchmal Sobieski genannt; Sobkowa ist die weibliche Form von Sobek, d. h. die Frau des Sobek.
133 Listy do Marysieńki, op. cit. S. 28, 29, Brief vom 9. 6. 1665.
134 Tante Dorota.
135 Listy do Marysieńki, op. cit. S. 29, Brief v. 14. 6. 1665.
136 Rapport de Bonzys vom 15. 5. 1665; T. Korzon, S. 287.
136 Leszek Podhorodecki, op. cit. S. 67, nach Herbarz Polski, op. cit. (von Kasper Niesiecki).
137 Listy do Marysieńki, op. cit. S. 37, Brief vom 19. 6. 1665.
138 Sobieski hatte seinen Silberschatz verpfändet und die 12 000 Livres von Ludwig XIV. (seine Pension) zur Ausrüstung der Soldaten verwendet.
139 Listy do Marysieńki, op. cit. Brief vom 27. 6. 665, S. 38 f.
140 Frühere Editoren wie Helcel hatten die erotischen Stellen in Sobieskis Briefen durch Pünktchen ersetzt, erst die letzte Edition von Kukulski beließ die Briefe unverstümmelt.
141 Salvandy, Jan Sobieski, I. S. 224, 228; Gazette de France vom 14. 8. 1665, S. 785; Kluczycki, op. cit. Nr. 65; Rapport de Bonzys vom 10. 7. 1665; T. Korzon, op. cit. S. 311–313.

142 Listy do Marysieńki, op. cit. S. 49, Brief vom 23. 7. 1665.
143 Op. cit. S. 55, Brief vom 5. 8. 1665.
144 Listy do Marysieńki, op. cit. S. 45, Brief vom 22. 7. 1665.
145 Pasek, Denkwürdigkeiten, op. cit. S. 288.
146 Listy do Marysieńki, op. cit. S. 59, Brief vom 12. 8. 1665.
147 »Jachniczek« nannte Marysieńka Jan; es ist ein Diminuitiv von Jaś-Hans, Hänschen; halb französisch, halb polnisch, dürfte aus ihrem Munde etwa wie »Jaschnitschek« geklungen haben.
148 Listy do Marysieńki, op. cit. S. 102, Brief vom 8. 4. 1666.
149 Pasek, Denkwürdigkeiten, op. cit. S. 293/4.
150 Op. cit. S. 278–283.
151 Listy do Marysieńki, op. cit. S. 141 f., Brief vom 23. 7. 1666.
152 Op. cit. S. 144, 145, Brief vom 23. 7. 1666.
153 Op. cit. S. 146, 147, Brief vom 24. 7. 1666.
154 Op. cit. S. 148, 149, Brief vom 28. 7. 1666.
155 Pasek, Denkwürdigkeiten, op. cit. S. 164 und 122.
156 Op. cit. S. 147.
157 Op. cit. S. 148, 149.
158 Op. cit. S. 152.
159 Op. cit. S. 130.
160 G. Rhode, Gesch. Polens, op. cit. S. 282, 283.
161 Pasek, Denkwürdigkeiten, op. cit. S. 296.
162 Bożena Fabiani, Dwór Ludwiki Marii, op. cit. S. 88; Bibl. PAN, Gdańsk, Handschr. 1025, K. 62–63.
163 Listy do Marysieńki, op. cit. S. 176–178, Brief vom 5. 5. 1667.
164 Op. cit. S. 180 f., Brief vom 5. 6. 1667.
165 Op. cit. S. 180, Brief vom 17. 6. 1667.
166 Op. cit. S. 187, Brief vom 13. 6. 1667.
167 Op. cit. S. 19, 194, Brief vom 17. 6. 1667.
168 Op. cit. S. 202, 203, Briefe vom 6. bis 17. 8. 1667.
169 Op. cit. S. 204, 205, Brief vom 17. 8. 1667.
170 Op. cit. S. 217, Brief vom 21. 9. 1667.
171 Op. cit. S. 218, Brief vom 28. 9. 1667.
172 Op. cit. S. 221, 222, Brief vom 21. 10. 1667.
173 Op. cit. S. 224, Brief vom 22. 10. 1667.
174 Op. cit. S. 226, 230, Briefe vom 3. und 10. 11. 1667.
175 Op. cit. S. 237–241, Brief vom 9. 12. 1667.
176 Op. cit. S. 243, Brief vom 15. 12. 1667.
177 Op. cit. S. 247, Brief vom 30. 12. 1667.

178 Op. cit. S. 251–255, Brief vom 6. 1. 1668.
179 Op. cit. S. 242, 243, Brief vom 15. 12. 1667.
180 Leszek Podhorodecki, Sobiescy, op. cit. S. 93.
181 Listy do Marysieńki, op. cit. S. 272, Brief vom 8. 3. 1668.
182 Op. cit. S. 276–278, Brief vom 16. 3. 1668.
183 Höhepunkt einer Geschlechtskrankheit, wahrsch. Syphilis.
184 Listy do Marysieńki, op. cit. S. 284, 285, Brief vom 28. 3. 1668.
185 Op. cit. S. 287, 288, Brief vom 10. 4. 1668.
186 Op. cit. S. 293, Brief vom 30. 4. 1668.
187 Op. cit. S. 299, Brief vom 6. 5. 1668.
188 Op. cit. S. 306, Brief vom 30. 5. 1668.
189 Op. cit. S. 299, Brief vom 6. 5. 1668.
190 Op. cit. S. 300, 301, Brief vom 11. 5. 1668. »Das Recht des Tabouretts«, um das Marysieńka kämpfte, stand nur den französischen Fürstinnen zu, d. h., sie durften in Anwesenheit des Königs auf dem Tabourett sitzen.
191 Listy do Marysieńki, op. cit. S. 302, Brief vom 18. 5. 1668.
192 Op. cit. S. 311, Brief vom 7. 6. 1668.
193 Correspondenz Hoverbecks mit Jerzy Lubomirski, Urkunden und Aktenstücke zur Gesch. d. Kurf. Friedrich Wilhelm von Brandenburg, Berlin 1892.
194 T. Korzon, op. cit. II, S. 124–126.
195 Specimen demonstrationum politicarum pro eligendo Rege Polonorum, novo scribendi genere ad claram certitudinem exactum, auctore Georgio Ulicovio Lithuano. Vilnae 1659; T. Korzon, II, S. 128.
196 Stobert an den Rat von Danzig vom 6. 12. 1668, in Zeitschrift d. Westpreußisch. Geschichtsvereins, Heft XXV, Danzig 1889. Zur Gesch. d. Königswahl, hrsg. v. Hirsch, S. 102; T. Korzon, II, S. 155.
197 T. Korzon, op. cit. II, S. 155.
198 Pasek, Denkwürdigkeiten, op. cit. S. 334, 335.
199 De Bonzy an Lionne am 21. 6. 1669; Chavagnac, Memoires, S. 303; T. Korzon, II., S. 232.
200 T. Korzon, II, S. 255; de Bonzy verließ Warschau um den 15. 8. 1669.
201 T. Korzon, II, S. 262.
202 Pasek, Denkwürdigkeiten, op. cit. S. 337.
203 Listy do Marysieńki, op. cit. S. 331, Brief vom 27. 8. 1670.
204 Op. cit. S. 324, 325, Brief vom 9. 7. 1670.
205 Op. cit. S. 333, 334, Brief vom 9. 9. 1670.
206 Op. cit. S. 340, 341, Brief vom 22. 10. 1670.

207 Op. cit. S. 346, Brief vom 19. 11. 1670.
208 Op. cit. S. 349, Brief vom 18. 12. 1670.
209 Op. cit. S. 347, Brief vom 12. 1. 1671.
210 Op. cit. S. 361, Brief vom 30. 1. 1671.
211 Op. cit. S. 362, Brief vom 31. 1. 1671.
212 Op. cit. S. 363, Brief vom 6. 2. 1671.
213 Op. cit. S. 368, Brief vom 6. 3. 1671.
214 Op. cit. S. 370, 371, Brief vom 20. 3. 1671.
215 D. h. König von Polen in diesem Falle.
216 Listy do Marysieńki, op. cit. S. 375, 377, Brief vom 15. 5. 1671.
217 Op. cit. S. 378, Brief vom 21. 5. 1671.
218 Op. cit. S. 378, 379, Brief vom 29. 5. 1671.
219 Op. cit. S. 380, Brief vom 2. 6. 1671.
220 Op. cit. S. 385–391, Brief vom 16. 7. 1671.
221 Op. cit. S. 394, Brief vom 3. 8. 1671.
222 Op. cit. S. 395–397, Brief vom 28. 8. 1671.
223 Op. cit. S. 398, Brief vom 15. 9. 1671.
224 Doroszeńko, Kosakenhetman, schloß sich dem Tatarenchan an; Haneńko, der Gegenhetman, hielt zu den Polen.
225 Listy do Marysieńki, op. cit. S. 399, 400, Brief vom 3. 10. 1671.
226 Op. cit. S. 402, Brief vom 31. 10. 1671.
227 Op. cit. S. 406, Brief vom 30. 11. 1671.
228 T. Korzon, op. cit. III, S. 94.
229 T. Korzon, op. cit. S. 94–102.
230 Liski, Cudzoziemcy w Polsce. Werdum. S. 122; T. Korzon, III, 111.
231 Briefe Kaiser Leopolds I. an Lobkowitz 1675–1674, hrsg. von Max Dworak im Archiv f. österr. Gesch. LXXX (1894), S. 499; T. Korzon, III, S. 118.
232 Puncta conferentiae bey J. F. H. v. Lobkowitz in den polnischen Sachen vom 4. 4. Polonica 1672 April. H. H. u. St. Archiv Wien; T. Korzon, III, S. 120, 121.
233 T. Korzon, op. cit. III, S. 123.
234 T. Korzon, op. cit. III, S. 176–179.
235 T. Korzon, op. cit. III, S. 215.
236 Sobieskis Antwort an den Hospodar Mulaniens vom 28. 8. 1672; Kluczycki, op. cit. Nr. 414, S. 1077; T. Korzon, III, S. 239.
237 T. Korzon, op. cit. III, S. 242–258, über den 9-Tage-Feldzug Sobieskis.
238 Pasek, Denkwürdigkeiten, op. cit. S. 354.

239 T. Korzon, op. cit. III, S. 151, 152; Fr. Kluczycki, op. cit. S. 969.
240 Pasek, Denkwürdigkeiten, op. cit. S. 355–357.
241 T. Korzon, op. cit. III, S. 282, 283.
242 Antwortschreiben Sobieskis an Bischof Trzebicki vom 17. 11. 1672; Fr. Kluczycki, Nr. 431, S. 1134 ff.; T. Korzon, III, S. 283.
243 Im Heer kursierende Satiren. Handschr. Univ. Bibl. Warschau, Nr. 1⁴/28, S. 524, 525, 427, und 1⁵/26, S. 569; T. Korzon, III, S. 287.
244 T. Korzon, III, S. 298.
245 T. Korzon, III, S. 301, 302.
246 Droysen, Gesch. d. preußischen Politik, III, 3, 1865, Leipzig, S. 399; T. Korzon, III, S. 258; Fr. Kluczycki, S. 1057, Nr. 401.
247 Brief Bischof Trzebickis an Baron Stom vom 1. 10. 1672, H. H. u. St. Archiv Wien; über Paulmiers in »Dzieła« von Szujski, S. 281, Bd. IV; T. Korzon, III, S. 299.
248 Informatio an den Herrn Marschall vom 17. 11. 1672. Fr. Kluczycki, S. 1132–1134, Nr. 430; T. Korzon, III, S. 299, 300.
249 Listy do Marysieńki, op. cit. S. 417–421, vom 26. 11. 1672. Diese Stelle des Briefes erhärtet die Annahme, daß Sobieski Marysieńka mit »Du« anredete, wenngleich er auch zwischendurch stets die übliche und gebräuchliche Abkürzung »Wć« einflicht, was allgemein im Deutschen mit »Sie« wiedergegeben wird – das es zu jener Zeit jedoch noch nicht gab; besser die von Günther Wytrzens konsequent in Paseks »Denkwürdigkeiten« benützte Floskel »Euer Wohlgeboren«, wobei jedoch das »Du« beibehalten wird, was dem Polnischen am nächsten kommt. Völlig verfehlt scheint mir die von Joachim Zeller in der Neuübersetzung der Briefe Jans aus Wien an Marysieńka, »Briefe an die Königin« (Berlin 1981), gewählte Anrede »Euer Liebden«. Undenkbar, daß Jan Marysieńka so angesprochen hat, dieser Anredefloskel bediente sich z. B. Königin Ludwika Maria Jan Sobieski und Jan Zamoyski gegenüber (»Wasza Uprzejmość«) oder Kaiser Leopold seinen Feldherren und Fürsten gegenüber; Jan behält selbst dann, als er König und Marysieńka Königin ist, nur das unzeremonielle »Wć« bei.
250 Listy do Marysieńki, op. cit. S. 421–425, Brief vom 1. 12. 1672.
251 Listy do Marysieńki, op. cit. S. 428, Brief vom 11. 12. 1672.
252 T. Korzon, op. cit. S. 303, 304, Bd. III.
253 Fr. Kluczycki, op. cit. S. 1189, Nr. 413, S. 1236–1241; T. Korzon, III, S. 324–331.

254 Fabian Birkowski, 1566–1636, Dominikaner; siehe dazu: Ignacy Chrzanowski, Historya Literatury Niepoldległej Polski, Warszawa, ohne Datum, S. 266–270.
255 Szymon Starowolski, dazu Chrzanowski, op. cit. S. 270–277.
256 Ignacy Chrzanowski, Historya, op. cit. S. 298–308.
257 Fr. Kluczycki, op. cit. S. 1264, Nr. 471, S. 1267, Nr. 473; T. Korzon, op. cit. III, S. 358, 359.
258 Kluczycki, S. 1281, Nr. 483, Brief Sobieskis an Bischof Trzebicki vom 22. 7. 1673; T. Korzon, III, S. 359.
259 Kluczycki, S. 1294; T. Korzon, III, S. 369.
260 Aus der Korrespondenz vom 13. 10. 1673; Grabowski, III, S. 268; T. Korzon, III, S. 385.
261 In diesem Falle geht es um den Historiker Tadeusz Korzon, der an sich ausgezeichnet ist, jedoch, meiner Meinung nach, gerade bei Michał Wiśniowiecki allzu sehr seine Abneigung gegen diesen König durchblicken läßt, während er für Sobieski, trotz mancher Kritik an ihm, enthusiastische Begeisterung empfindet und auf den Leser zu übertragen versucht. Durch derlei vorgefaßte Meinungen kommt es dann häufig zu Klischeebildungen, die durch die Jahrhunderte kritiklos weitergeschleppt werden.
262 T. Korzon, op. cit. III, S. 386, 387.
263 Jede Feuerstelle, jeder Kamin also, wurde besteuert und davon Soldaten ausgerüstet.
264 Diese Rede Sobieskis ist in drei Sprachen erhalten, in polnisch, lateinisch und italienisch; Fr. Kluczycki, S. 1317, 1393, Nr. 504; T. Korzon, III, S. 392.
265 Horoskop Jan Sobieskis von Dipl.-Arch. Sándor Belcsák, Österr. Astrologische Gesellschaft, veröffentlicht in der Zeitschrift »Qualität der Zeit« 1983.
266 Josef von Hammer-Purgstall, Geschichte des Osmanischen Reiches, 3. Band, S. 655, Pesth 1840.
267 T. Korzon, III, S. 411, 412.
268 Pasek, Denkwürdigkeiten, op. cit. S. 359.
269 Tadeusz Korzon hat insbesondere die Epitheta »der unfähige« Michał Wiśniowiecki und der »edle« Sobieski geprägt.
270 Fr. Kluczycki, op. cit. S. 1391, 1366, 1381; Korzon, III, S. 425.
271 Pasek, Denkwürdigkeiten, op. cit. S. 360.
272 Kluczycki, op. cit. S. 1353, 1354, Nr. 51.
273 Kluczycki, op. cit. S. 1355, Nr. 54, 55.

274 Rapport Baron Stoms an Kaiser Leopold I. vom 10. 11. 1673, H. H. u. St. Archiv Wien, Polonica 1673, November.
275 »Utrum Dominus meus absolute coronam vacantem ambiat, nihil certi.« Beigefügter, unsignierter Brief zu Stoms Rapport vom 3. 1. 1674; T. Korzon, III, S. 430.
276 Relatione del Bar. de Lisola sopra la successione del Regno di Polonia, H. H. u. St. Archiv Wien, Polonica aus den Varia Hispanica 1669–1694, Frasc. 52, Conv. D.; T. Korzon, III, S. 430.
277 In: Hauptrelationen des Wolff Graffen von Oettingen von seiner Verrichtung in Pohlen. Vom 1. 1. 1674 in Wien, sowie Rapport Baron Stoms vom 20. 1. 1674, H. H. u. St. Archiv Wien.
278 Kluczycki, op. cit. S. 1342, Nr. 505; T. Korzon, III, S. 458.
279 T. Korzon, III, S. 458; ein Exemplar dieser Rede »Oratio ad Sanctissimum D. N. D. Clementem X. Pont. Max. nomine Illustr-mi et Excell-mi Joannis Sobieski Supremi Regni Poloniae Marescali Anno 1674« befindet sich in der Bibl. des polnischen Museums in Rapperswil in der Schweiz.
280 Ign. Chrzanowski, Historya Literatury, op. cit., über Wacław Potocki, S. 320 f.
281 Diarium Europaeum, 29. Theil, S. 233; T. Korzon, III, S. 460.
282 Załuski, Epist. Hist. Familiares, I, S. 554; T. Korzon, III, S. 460; Przegląd Polski 1878, Bd. XIII, S. 338, 339.
283 Kluczycki, op. cit. S. 1415, Nr. 528; T. Korzon, III, S. 472.
284 Waliszewski, Marysieńka, op. cit. S. 16, 9, 4.
285 Baron Stom an Kaiser Leopold I. am 2. 5. 1674. H. H. u. St. Archiv Wien, Polonica 1674.
286 Kluczycki, op. cit. S. 1432, Rapport Forbin-Jansons vom 2. 5. 1674; Waliszewski, op. cit. S. 27; Salvandy, II, S. 119, 120.
287 Kluczycki, op. cit. Nr. 443, S. 1435 – Rede Graf Schaffgotschs.
288 Kluczycki, Nr. 544. Text dieser Rede in Rapperswil, Schweiz.
289 Bericht Forbin-Jansons vom 11. 5. 1674 an Ludwig XIV. bei Waliszewski, op. cit. S. 50; T. Korzon, III, S. 491.
290 Berichte Forbin-Jansons nach Paris, Hoverbecks nach Berlin und Buonvisis nach Rom.
291 Buonvisi, Römische Mappe, Akademie Umiejętnośći, vom 16. 5. 1674; Rapport Forbin-Jansons; T. Korzon, III, S. 495.
292 Rapport Forbin-Jansons vom 19., 20. und 21. 5. 1674; T. Korzon, III, S. 498; Waliszewski, S. 37.
293 Rapport Forbin-Jansons; T. Korzon, III, S. 500.

294 Załuski, I, 557, 558; Diarium, bei Kluczycki, S. 1422, 1423; T. Korzon, III, S. 501; Hoverbecks Bericht vom 21. 5. 1674.
295 Kluczycki, S. 1444, Diariusz; T. Korzon, III, S. 508.
296 Ausführliche Beschreibung. Vgl. T. Korzon, III, S. 508.
297 Oration, welche von dem Durchleuchtigsten und Grossmächtigen Herrn Hn. Joannes dem III König in Pohlen, Gross-Herzogen in Litauen etc. nach geschener Wahl in der General Reichs-Versammlunge gehalten worden. Aus dem Lateinischen ins Teutsche übersetzt. Gedrückt im Jahr 1674. Bibl. des Polnischen Museums in Rapperswil, Schweiz, Sign. B, I. 230, C; 1883 eine polnische Übers. im Tygodnik Illustrowany, Bd. II, S. 127; von T. Korzon verbessert, in op. cit. III, S. 509–512. Danach von mir aus dem Polnischen ins Deutsche übersetzt.
298 Marie Kasimire an Ludwig XIV. am 7. 6. 1674; T. Korzon, III, S. 519.
299 Buonvisi am 6. 6. 1674: »La nuova Regina è abborita all'estremo, e si parla, e si scrive di Lei con poco rispetto.« Teki Rzymskie, Akad. Umiejętności, S. 93.
300 Pamphlet »In Regem Poloniae noviter electum«. Mskr. Nr. 1218, Bl. 239, abgedruckt bei T. Korzon, op. cit. III, S. 514, 515.
301 Wacław Potocki, Najjaśniejszemu Królowi Panu swemu Miłościwemu Życzliwy i wierny Poddany, przy niskim do nóg upadzie, tę lichą praesentuie Pocztę. In: »Muza Polska«; T. Korzon, III, S. 523, 524.
302 Pasek, Denkwürdigkeiten, op. cit. S. 361.
303 Hammer-Purgstall, Gesch. d. Osman. Reiches, op. cit. III, S. 670.
304 Coyer, Historya Jana Sobieskiego, op. cit. S. 215, 220, Wilno 1852.
305 Listy do Marysieńki, op. cit. S. 431–455, Briefe vom 18. 7. bis 15. 8. 1675.
306 Michał Rożek, Uroczystości w barokwym Krakowie, Kraków 1976.
307 Pasek, Denkwürdigkeiten, op. cit. S. 363.
308 D. h. nach den religiösen Verrichtungen, also nach der Beichte und der Kommunion.
309 Listy do Marysieńki, op. cit. S. 467–470, Brief vom 27. 9. 1676.
310 Coyer, op. cit. S. 254.
311 Listy do Marysieńki, op. cit. S. 473, Brief vom 30. 9. 1676. »Il n'y a rien à monde de si superbe, que leur camp. Un million de tentes; et il faut avouer, que c'est une très grande armée et très belle, et très leste. Ceux qui ont dit que leur armée n'était pas grands sont dans la dernière confusion.«

312 Coyer, op. cit. I, S. 260–263.
313 Vgl. Arthur Ungnad, Die Deutung der Zukunft bei Babyloniern und Assyrern, Leipzig 1909, S. 32.
314 Kantemir T. II–K. 74; Coyer, I, S. 268, 269.
315 Ludwig XIV. an Béthune; Podhorodecki, op. cit. S. 149.
316 Coyer, I, S. 278 ff.
317 Wojciech Fiałkowski, Wilanów, Pałac i ogród, Warszawa 1954, S. 5–9.
318 Pasek, Denkwürdigkeiten, S. 370–379.
319 Podhorodecki, op. cit. S. 155.
320 Listy do Marysieńki, op. cit. S. 475; Jan spielt hier auf die französische Mode an, auf Türkenköpfe zu schießen, »aux carrousels«; bei Turnieren dienten Türkenköpfe als Ziel.
321 Scriptum ad Archivum vom Sejm 1675; Fr. Kluczycki, König Johann III. vor Wien, Krakau 1883, S. 13.
322 Fr. Kluczycki, König Johann III., op. cit. S. 18–20.
323 Podhorodecki, Sobiescy, op. cit. S. 158.
324 Fr. Kluczycki, König Johann III., op. cit. S. 22.
325 Theatrum Europaeum – Theatri Europaei continuati, Zwölfter Theil. Matthaei Merians Sel. Erben, Frankfurt am Mayn 1691, S. 524 ff.
326 Podhorodecki, Sobiescy, op. cit. S. 157.
327 Mikołaj Dyakowski, Dyariusz Wiedeńskiej okazyi Roku 1683, Pokojowca Króla Jana III. Warszawa 1883. Dies ist die in Polen populärste Beschreibung des Entsatzes von Wien.
328 Coyer, op. cit. II, S. 23.
329 Jakub zählte, da am 2. 11. 1667 geboren, im Juli 1683 15 Jahre, nicht, wie oft fälschlich behauptet, 17 Jahre.
330 Serenissimi Jacobi Sobieski Principis Regii Poloniae diarium obsidionis Viennae. Das Original befand sich in der Sammlung der Fürsten Czartoryski in Krakau, eine Kopie davon in der Załuski-Bibliothek in Petersburg; eine Kopie dieser Kopie kam über Auftrag M. Ossolinskis zu Beginn des 19. Jh.s an die Handschriftensammlung Ossolineum in Lemberg. Danach wurde eine polnische Übersetzung angefertigt, die zum 200. Geburtstag des Entsatzes von Wien mit Bewilligung der russischen Zensur 1883 erschien. Nach dieser polnischen Übersetzung übersetzte ich ins Deutsche.
331 Listy do Marysieńki, op. cit. S. 496–598.
332 Walter Sturminger, Die Türken vor Wien, in Augenzeugenberichten, Düsseldorf 1968, S. 38.

333 Sturminger, Die Türken, op. cit. S. 238.
334 Sturminger, Die Türken, op. cit. S. 277–279.
335 »Polacken« war die übliche Bezeichnung für »Polen«, kam vom polnischen »Polak« = »der Pole«, hängte also nur die deutsche Endung an, hatte nichts Ehrenrühriges an sich.
336 Listy do Marysieńki, op. cit. S. 497 ff., Brief vom 25. 8. 1683.
337 Sturminger, Die Türken, op. cit. S. 281.
338 Evlyâ Çelebis des türkischen Weltenbummlers denkwürdige Reise in das Giaurenland und die Stadt und Festung Wien anno 1665. »Im Reiche des goldenen Apfels«, übers., eingeleitet und erklärt von Richard F. Kreutel, Graz, Wien 1957, S. 77.
339 Zygmunt Abrahamowicz, Kara Mustafa przed Wiedniem. Muselmanische Quellen zur Geschichte des Wiener Feldzuges. Aus dem Türkischen ins Polnische übersetzt und bearbeitet von Zygmunt Abrahamowicz. S. 316–318. Dieser Komet war vom 21. 6. 1681 bis zum 30. 12. 1682 zu sehen. Darüber in Mehmed Gerej »Historie«, über den Wiener Feldzug und spätere Ereignisse im Osmanischen Reiche und auf der Krim, bis zum Juni 1684.
340 Abrahamowicz, Kara Mustafa, op. cit. S. 86. Aus der »Chronik des Silihdar Mehmed Aga«.
341 Çelebi, Im Reich des goldenen Apfels, op. cit. S. 81; Karl Teply, Türkische Sagen und Legenden um die Kaiserstadt Wien. Wien 1980, S. 21.
342 Kaiser Leopolds I. Horoskop, in »Qualität der Zeit«, Zeitschrift der Österr. Astrolog. Ges. Wien, März 1978, Nr. 37, S. 39, durch Sándor Belcsák errechnet.
343 Pasek, Denkwürdigkeiten, op. cit. S. 397.
344 Listy do Marysieńki, op. cit. S. 503–505, Brief Nr. 5, vom 31. 8. 1683, aus Heiligenbronn.
345 Sturminger, Die Türken, op. cit. S. 285.
346 Sturminger, Die Türken, op. cit. S. 330, 331.
347 Dyakowski, Diariusz, op. cit. S. 9, 10.
348 Sturminger, Die Türken, op. cit. S. 295.
349 Sturminger, Die Türken, op. cit. S. 334, 335, Brief Starhembergs an Kaiser Leopold I. vom 1. 9. 1683.
350 Sturminger, Die Türken, op. cit. S. 336, 337.
351 Listy do Marysieńki, op. cit S. 511–515, Briefe vom 9. 9. 1683.
352 Paul Wentzke, Feldherr des Kaisers – Leben und Taten Herzog Karls V. von Lothringen, Leipzig 1943, S. 374.
353 Sturminger, Die Türken, op. cit. S. 337.

354 Sturminger, Die Türken, op. cit. S. 318; Abrahamowicz, Kara Mustafa, op. cit. S. 157, 158.
355 Sturminger, Die Türken, op. cit. S. 339; vgl. Harrach-Mencik Ferd., Ein Tagebuch während der Belagerung von Wien im Jahre 1683. Wien 1898, Archiv f. österr. Gesch. Bd. XXXVI, 1. Hälfte, S. 205–252. – Graf Ferdinand Bonaventura Harrach war im Jahre 1683 Oberstallmeister Kaiser Leopolds I. Sein Tagebuch umfaßt den Zeitraum vom 1.7. bis zum 13.9.1683. Er war in diesem Zeitraum ständiger Begleiter des Kaisers.
356 Dyakowski, Diariusz, op. cit. S. 15.
357 Michał Rożek, Kahlenberg 1683–1983, Wien 1982, S. 6.
358 Dyakowski, Diariusz, op. cit. S. 16 ff.
359 Coyer, Historya, op. cit. S. 28, Bd. II.
360 Dyakowski erzählt von drei Kammerdienern des Wesirs, ehemaligen Polen, die gleich am Morgen des 13.9. zu den Polen überliefen. Sie hatten große Mengen Geldes bei sich, da Kara Mustafa alle aufgefordert hatte, so viel zu nehmen, wie nur jeder schleppen konnte.
361 Philipp Röder von Diersburg, Des Markgrafen Ludwig Wilhelm von Baden Feldzüge wider die Türken, Carlsruhe 1839; und Otto Flake, Türkenlouis, Berlin 1937.
362 Eine typisch Sobieskische Übertreibung, mit dem in seiner Begeisterung die Phantasie durchging, denn zu diesem Zeitpunkt dürften sich kaum mehr als einhunderttausend Türken vor Wien befunden haben.
363 Sturminger, Die Türken, op. cit. S. 358.
364 Sturminger, Die Türken, op. cit. S. 371, 372.
365 Röder von Diersburg, Ludwig Wilhelm, op. cit. S. 62, 63. Diese Denkmünze befand sich in der Münzsammlung des Markgrafen Wilhelm von Baden in Karlsruhe; S. 53: von Hermann von Baden eigenhändig aufgesetzt. G. H. Archiv.
366 Sturminger, Die Türken, op. cit. S. 387–390.
367 Ivan Zogler, Der Hofstaat des Hauses Österreich, Wien 1917; Eustachius Gottlieb Rinck, Leopolds des Grossen Röm. Kaysers wunderwürdiges Leben und Thaten, Leipzig 1709, S. 147.
368 Otto von Habsburg, Karl V., Wien, München 1967.
369 Sturminger, Die Türken, op. cit. S. 383.
370 Listy do Marysieńki, op. cit. S. 543, Brief vom 28.9.1683.
371 Pasek, Denkwürdigkeiten, op. cit. S. 398.
372 Coyer, Historya, op. cit. II, S. 57 f.
373 Coyer, Historya, op. cit. II, S. 54–56.

374 Coyer, Historya, op. cit. S. 60.
375 Murad Girej, der Tatarenchan, der vor Wien derart versagt hatte, wurde von Kara Mustafa abgesetzt und durch Hadschi Girej ersetzt.
376 Listy do Marysieńki, op. cit. S. 562, Brief vom 15. 10. 1683.
377 Listy do Jana Sobieskiego, op. cit. S. 246–254, Brief vom 3. 10. 1683.
378 Listy do Marysieńki, op. cit. S. 569–572, Brief vom 21. 10. 1683.
379 Pasek, Denkwürdigkeiten, op. cit. S. 406.
380 Chrzanowski, Historya Literatury, op. cit. S. 349 f; aus der »Psalmodia«, 26. Psalm, 1695 im Druck erschienen.
381 Jerzy Śliziński, Jan III Sobieski w literaturze narodów Europy, Warszawa 1979, S. 55: »Der Kaiser, der schändlich aus seiner Hauptstadt geflohen war, kehrte sofort nach der Befreiung dorthin zurück. Grimmig neidete er Sobieski den wohlverdienten Triumph; und während seiner Begegnung mit dem König in Schwechat bei Wien fügte der Habsburger, anstatt seine Dankbarkeit für die Errettung der Hauptstadt und seiner Krone zu bekunden, Sobieski einen ungerechten Affront zu, indem er dessen Sohn, den ihm Jan III. vorstellte, nicht einmal begrüßte. Er behandelte auch das polnische Heer von oben herab.« Śliziński zitiert dann auch Jans Brief an Marysieńka vom 19. 9., wodurch eine einseitige und verzerrte Darstellung jener »Affäre« wiederum weiter kolportiert wird, denn Śliziński zitiert natürlich weder die Briefe Kaiser Leopolds I. an Pater d'Aviano noch gar die Tagebuchaufzeichnungen des Grafen Harrach, nicht einmal das Diarium Dyakowskis. In den zeitgenössischen Quellen ist über diesen »Affront« nichts zu lesen, im Gegenteil, manche, wie Rinck, betonen sogar die besonders herzliche Atmosphäre während dieser Begegnung: »da denn diese grossen Potentaten für den augen zweier in bataille gestelten armeen einander brüderlich umarmeten und sich mit einander eine halbe stunde lang unterredeten.«; da der Kaiser, wie Rinck ausdrücklich schreibt, nur vor Fürsten den Hut zog, Jakub aber als Sohn des Hetmans Jan Sobieski kein Fürst war und wohl auch als Sohn des Wahlkönigs nicht als echter Prinz galt, jedenfalls nicht als Prinz von Geblüt, war es für den Kaiser selbstverständlich, nur zu nicken und den Hut nicht zu ziehen. Diese Feinheiten des Zeremoniells verstand aber Jan Sobieski nicht, deshalb seine Bemerkung darüber Marysieńka gegenüber in seinem Briefe. Die französische Propaganda und vielleicht auch andere Gegner des österreichisch-polnischen Bündnisses griffen rasch dieses kleine Mißverständnis auf, spielten es hoch und machten einen »Affront« des

Kaisers gegenüber dem »Salvator Österreichs« daraus, was, wie gesagt, gedankenlos bis heute kolportiert wird.

382 »Eigentliche Erklärung des Feuerwerks, so wegen geschehener höchst glücklichen Entsetzung der Stadt Wien auch andern sehr heroischen Schlachten und Taten so nunmero der ganzen Welt kündigt und von Sr. Königl. Maj. in Polen Johann dem III sind verrichtet worden. Auch da Ihre Königliche Majestet den 23. Dezember 1683 aus solchen Siegen durch Gottes Gnaden sind wieder in Krakau glücklich angelangt. Von der königl. Stadt Danzig aus untertänigster Pflicht und beziehmender Devotion, den 11. Januar Anno 1684 ist verbraucht worden. So ins Werk gerichtet und verfertiget von dem über dero Artillerie bestalten Hauptmann Ernst Braun, Danzig. Gedruckt durch Johann Friedrich Grafen.« Zit. nach Śliziński, Jan III w literaturze, op. cit. S. 27 ff; der Sieg von Wien wurde natürlich nicht nur in Polen gefeiert. Rinck, der Zeitgenosse, berichtet: »In gantz Teutschland / fürnehmlich aber in Österreich / war die freude unaussprechlich / welche man über die befreyung dieser vormauer der gantzen Christenheit / bezeugte. Selbst die auswärtigen Königreiche erwiesen hierüber ein sonderbares vergnügen.« Sogar Ludwig XIV. mußte Freude heucheln und dem Kaiser gratulieren, was ihn sauer ankam, hatte er doch gehofft, nach dem Falle Wiens der Christenheit mit seiner starken Armee zu Hilfe zu eilen und als Lohn dafür den deutschen Kaiserthron zu erringen. Nun war dieser Plan »ins Wasser gefallen«, wie sich Rinck ausdrückt. Der Papst hatte während der ganzen Zeit der Belagerung auf den Knien gelegen und gebetet und mit seinen Tränen die Erde benetzt. »Alles volck in Rom gab zeichen seiner inniglichen vergnügung von sich / und moquirte sich dabey über die Frantzosen / von denen sie wußten / daß sie den entsatz nicht gerne gesehen. Daher auch die kleinen kinder auff der gassen rieffen: Viva! l'Imperatore Leopoldo, viva! il Conte di Starrenberg, al dispetto dei Franc si. Es lebe der Kayser! Es lebe der Graf von Stahrenberg, denen Frantzosen zum verdruß und zur schande. Denn der Graf von Stahrenberg war in solcher hochachtung, daß man ihn vor den ersten helden der welt hielt.« Rinck, Leopolds des Grossen Leben und Thaten, op. cit. S. 857 f. Kaiser Leopold hatte übrigens einzig und allein Starhemberg besonders ausgezeichnet und somit dessen Verdienst um die Errettung Wiens über das aller Entsatzer gestellt, was deren Neid, besonders den Sobieskis, hervorrief.

383 Pasek, Denkwürdigkeiten, op. cit. S. 393 f und 391.
384 Podhorodecki, Sobiescy, op. cit. S. 200; Zbigniew Wójcik, Jan III. Sobieski, Warszawa 1978.
385 Nach polnischen Angaben erhielt Jakub Sobieski das Goldene Vlies am 15. 3. 1691 verliehen. Laut »Liste Nominale des Chevaliers l'ordre illustre de la Toison d'or depuis son Institution jusqu'a nos jours« vom Jahre 1955 hätte Jakub es aber bereits am 7. 12. 1682 erhalten (Nr. 517/54), während 1683 nur Graf Starhemberg als Empfänger dieser hohen Auszeichnung aufscheint, und zwar unter dem 6. 12. 1683, Nr. 518/55. Jan wußte davon allerdings bereits sehr bald nach dem Entsatze Wiens, wie aus seinen Briefen an Marysieńka hervorgeht.
386 Kazimierz Sarnecki, Pamiętnik z czasów Jana Sobieskiego. Diariusz i relacje z lat 1691–1696. Hrsg. von Janusz Woliński, Wrocław 1958.
387 Georg Rieder, Johann III. König von Polen, Wien 1882, S. 307 (leider ohne Quellenangabe).
388 München, Geheimes Hausarchiv der Wittelsbacher MGHA, Konv. 752, 1–12, Briefe Max Emanuels an Therese Kunigunde; vgl. auch Ludwig Hüttl, Das Haus Wittelsbach, München 1980; Ludwig Hüttl, Max Emanuel, der Blaue Kurfürst, München 1976; K. Th. Heigel, Korrespondenz, S. 169–196; Ausstellungskatalog, Kurfürst Max Emanuel, Bayern und Europa um 1700, II. Bände, hrsg. von Hubert Glaser, München 1976.
389 Podhorodecki, Sobiescy, op. cit. S. 211.
390 München, Geheimes Staatsarchiv, Briefe Therese Kunigundes (in polnischer Sprache) an ihre Brüder und ihre Mutter sowie zahlreiche Briefe ihrer Brüder Jakub, Alexander und Constantin an sie.
391 Ign. Chrzanowski, Historya Literatury, op. cit. S. 347, 349, 337, 338.
392 Vgl. Podhorodecki, op. cit. S. 225 ff.
393 Aloys Schulte, Markgraf Ludwig Wilhelm von Baden und der Reichskrieg gegen Frankreich. Karlsruhe 1892. S. 471 ff. sowie Anhang 102.
Es ist interessant, daß nur zwei Namen in der Volksüberlieferung direkt mit den Türken verbunden wurden: der des Markgrafen Ludwig von Wilhelm von Baden als »Türkenlouis« und der Kaiser Leopolds I. als »Türkenpoldl«. Jan Sobieskis Name wies nicht eine derartige Verbindung auf, er lebte in der Erinnerung als »Löwe von Lechistan« weiter, welchen Namen er sich hauptsächlich in den Kämpfen mit den Tataren erworben hatte.

394 Wanda Roszkowska, Oława Królewiczów Sobieskich, Wrocław 1968; Kazimierz Piwarski, Królewicz Jakób Sobieski w Oławie. Kraków 1939.
395 Wanda Roszkowska schreibt noch in ihrem Vorwort zu ihrem Buch über die Königssöhne Sobieski in Ohlau, daß man hoffe, daß das Sobieski-Familienarchiv nach der Sortierung und Neuaufstellung des Geheimen Preußischen Staatsarchives nach den Kriegswirren des Zweiten Weltkrieges wieder auftauchen würde. Diese Hoffnung hat sich leider nicht erfüllt. Tatsache ist, daß dieses bisher noch niemals ganz ausgewertete Archiv von den Alliierten als Beute mitgenommen wurde, wobei es nicht geklärt ist, ob es Russen oder Amerikaner waren (Polen gab es auf beiden Seiten). Wo sich das Archiv auch befindet, sofern es nicht der Vernichtung unterlag – an dieser Stelle möchte ich die Bitte aussprechen, man möge es doch wieder der Forschung zugänglich machen!
396 Ludwig Hüttl, Das Haus Wittelsbach. München 1980. S. 222 f.

Bildnachweis

Stiche-Kabinett der Universität Warschau: 5
Galerie Świętokrazyskie Warschau: 6
Museum Narbonne: 7
Privatbesitz: 8, 38, 49, 50
Schloßmuseum Wilanów: 9, 19, 21, 22, 23, 25–28, 30–32, 47, 53, 55
Archiv für Kunst und Geschichte Berlin: 11
Nationalmuseum Warschau: 13
Kunsthistorisches Museum Wien: 15
Albertina Wien: 17
Bildarchiv Preußischer Kulturbesitz Berlin: 18
Nationalmuseum Breslau: 24
Bildarchiv der Österreichischen Nationalbibliothek: 33–35, 37, 40, 43, 54
Kupferstichkabinett Dresden: 39
Bayer. Hauptstaatsarchiv München: 41, 42
Die folgenden Abbildungen wurden div. Publikationen entnommen; der Verbleib der Originale ist unbekannt: 1–4, 10, 12, 14, 16, 20, 29, 36, 44–46, 48, 51, 52 sowie alle im Text aufgenommenen Bilder.

Namenregister

A
Adalbert, hl.   545
Ahmed, Aga   492
Aleksy, Zar   335
Aleppo, Pascha von   543
Altomonte, Martin   412
Alexander der Große   451
Anna Jagiellonka   34
Anna von Habsburg   120
Anna von Österreich   139, 140, 141, 230
Apaffi, Michael   358, 466
d'Arquien, Henri   87, 407, 433
Auersperg, Graf   407
August II. (Friedrich August I. von Sachsen)   471
Aviano, P. Marco d'   447, 460, 464, 465, 467, 470, 476, 487, 503, 506, 508, 509, 521, 522, 525, 526

B
Baden, Hermann, Markgraf von   354, 457, 460, 463, 464, 469, 477, 498, 499, 508
Baden, Ludwig Wilhelm, Markgraf von   272, 354, 457, 477, 498, 499, 507, 537, 543, 567
Baluze, franz. Agent   282, 579
Barberini, Kardinal   431
Bathory, Stefan, König von Polen   33, 34, 98
Bellotto   413
Bethlen, Gabriel   39
Béthune, franz. Botschafter   358, 404, 407, 433

Birkowski, Fabian   329
Bolesław, König von Polen   392
Bonzy, Pierre de   199, 204, 214, 228, 257, 269, 271, 274, 276
Boyneburg, Baron   273
Breza, Wojciech   353
Brzostowski, Bischof   581
Buonvisi, Nuntius   327, 334, 335, 355, 357, 370, 377, 440, 520, 522, 527
Burattini, Titus Livius   134, 135

C
Cäcilie Renate (Habsburg), Königin von Polen   69, 113, 120
Callot, Claude   412
Calvin   104
Caprara   526
Caraffa, Graf   474
Casaubon, Isaak   23
Chmielnicki, Bogdan   113, 122, 123, 124, 125, 126, 127, 130, 131, 132, 159, 161, 384
Chmielnicki, Jurko   159, 170, 384
Chodkiewicz, Jan Karol, Großhetman   28, 29, 328, 343
Chrapowicki   326, 327
Christine von Schweden   73
Chrzanowski, Samuel und Anna Dorota   387
Cibo, Kardinal   441
Cinq-Mars   74, 87, 137, 138, 139, 140

Condé 74, 87, 102, 107, 140, 195,
219, 257, 269, 274, 276, 351, 352,
354, 358, 366, 369, 417
Constantia (Konstancja), Königin
von Polen 30, 121
Conti 359, 371, 456
Coyer, Abbé 49, 389, 390, 531,
565
Croy, de 467, 509
Cynerski, Jan 63
Czarniecki, Stefan 132, 143, 145,
194, 197, 199, 220, 230, 272, 317,
320, 333, 343, 369, 406, 478, 534
Czartoryski, Florian, Primas von
Polen 349, 354, 359, 366, 372,
379

D
Dąbrowski, Professor der
Rhetorik 64, 65
Dalayrac 543
Daniłowicz, Dorota 41, 44, 45,
212, 213, 250, 261, 264, 319, 324,
418
Daniłowicz, Jan 16, 41
Daniłowicz, Sophia, geb.
Żółkiewska 15, 17, 20, 31, 41,
43, 44, 46
Daniłowicz, Stanisław 41, 45, 46,
65
Daniłowicz, Theophila, siehe
Sobieski
Dawisson, Arzt 203
Demetrius, der falsche 35
Dönhoff (Denhoff) 255, 261, 531
Doroszeńko, Piotr 243, 244, 245,
246, 280, 301–303, 314, 328, 355
Dorstenson (Torstenson) 90–92
Dünewald, General 457, 467, 550
Dyakowski, Mikołaj 435, 436,
439, 455, 462, 473, 478–480, 482,
487, 488–491, 493, 494, 497, 503,
531

E
Elisabeth Stuart 111
Enghien, d' 184, 190, 191
Evliya Çelebi 452, 453

F
Forbin-Janson, Toussaint
361–363, 366, 368, 371, 372, 388,
393
Formont, Bankhaus 240, 265
Fredro, Andrzej Maxymilian 133,
369, 370
Friedrich Wilhelm von Brandenburg 113, 147, 169, 204, 272,
321, 322, 325, 335, 358, 363, 364,
370, 404, 406, 408, 542
Friedrich V., »Winterkönig« 111
Füllstein, von, siehe Herburt

G
Gameren, Tylman (Gamerski)
412, 414
Gawarecki, Sebastyan 88–95,
102–104, 106–108, 111, 112, 115,
441
Gika, Gregor 343
Girej, Islam 122, 123
Girej, Krim 243, 244, 245, 273
Girej, Mehmet 144
Girej, Murad 468, 473, 474, 488,
509, 537
Girej, Selim 313, 488
Gliński 442
Głogwski 573
Gniński, Jan 400, 401, 466
Gonzaga, Louise Marie, s. Lud-
wika Maria
Gordon, Katarzyna 157, 427
Gravelle, franz. Botschafter 573
Grzymała-Bieganowski,
Mikołaj 131
Grzymułtowski 228, 283, 423,
565, 566

Gustav Adolf, König von Schweden 15, 30, 31, 73, 92, 94, 142, 424

H

Habsburg
Cäcilie Renate, verh. m. Władysław IV., König von Polen 69, 113, 120
Constantia, verh. m. Zygmunt III., König v. Polen 30, 121
Eleonore, verh. m. Michał, König von Polen 276, 277, 283, 285–287, 292, 293, 295, 305, 308–310, 318, 327, 332, 347, 352, 353, 355, 359, 361, 364, 366, 367, 372, 377, 378, 460
Eleonore, Kaiserinwitwe 287, 310
Eleonore, Kaiserin 464
Ferdinand II., Kaiser 69, 111
Ferdinand III., Kaiser 69, 70, 71, 148, 424
Karl II., König von Spanien 578
Leopold I., Kaiser 190, 223, 276, 309, 310, 314, 322, 325, 328, 334, 352, 353, 358, 361, 366, 377, 378, 384, 404, 407, 418, 421, 422, 424–426, 429, 432, 434–436, 438–440, 444–447, 449, 451–453, 456–458, 463–466, 468, 470, 472, 474–478, 497, 498, 501, 506–511, 513–515, 519–521, 524–527, 529, 537, 541, 544, 545, 550, 551, 553, 554, 558, 561, 566, 567, 571, 578, 579
Maria Antonia, verh. m. Kurfürst Max Emanuel 458, 566, 578, 579

Haneńko 302, 303
Hardegg, Graf 460
Harrach, Graf 440, 444, 445, 457, 460, 464, 465, 472, 474, 475, 507, 508
Heißler, Oberst 467, 507
Henriette, Königin v. England 269
Herburt von Füllstein 31, 448
Herburt, Anna 31
Herburt, Jan 31, 32
Herburt, Jan Felix 32
Herburt, Stanisław 96
Hermann, Markgraf von Baden, s. Baden
Hevelius, Johannes 135, 403
Heyking, Major 314
Hocke, Dr. 503, 504
Hohenzollern, Heinrich von 354
Hoverbeck 358, 364, 367, 369, 370, 406
Hussein, Pascha 341, 342, 345, 346, 390

I

Ibrahim Pascha 380, 386, 387, 397, 399, 400
Ibrahim Pascha Szejtan 399
Ibrahim Pascha Szyszman 382, 393
Innozenz XI 214, 421, 422, 434, 446, 454, 467, 497, 520, 522, 526, 527, 545, 563
Islam Girej 122, 123

J

Jabłonowski, Stanisław 168, 192, 200, 245, 266, 331, 343, 365, 368, 380, 393, 423, 425, 427, 428, 436, 442, 478, 490, 502, 518, 530, 564, 567, 568, 580
Jahan, Schah von Persien 364
Jakszan, Jan St. 63
Jan Kazimierz, König von Polen 69, 119, 121–123, 134, 136, 144,

145, 147, 149, 150, 152, 161, 168, 169, 180, 183, 184, 185, 187–193, 195, 196, 201, 209–212, 216, 218, 220, 222, 224, 228, 229, 241–243, 247, 248, 255–258, 261, 269–271, 317, 327, 389, 390, 449, 572
Johann Georg III. von Sachsen 443, 456, 460–462, 467, 470–472, 475, 477, 479, 483, 488, 500, 501, 504, 510, 511, 516, 518, 532
Joseph Ferdinand 578

K
Kalinowski, Marcin, Hetman 126, 127
Kara Mustafa, Großwesir 363, 379, 398, 400, 401, 436, 449, 450, 452, 453, 467, 473, 474, 485, 488–493, 495, 497, 499, 509, 524, 544
Karl X. Gustav von Schweden 142, 143, 145, 148, 281
Karl XI., König von Schweden 406
Karl I. Stuart 108, 109, 112
Karl V. von Lothringen 122, 272, 274, 275, 277, 310, 314, 358–369, 371, 377, 441–447, 453, 456–461, 465–467, 469, 470, 475, 477, 479, 487, 488, 490, 492, 498, 500–507, 511, 514, 519, 521–524, 532, 533, 539, 547, 548, 567
Katharina die Große 404
Kazimierz, König von Polen 105
Khevenhüller, Graf 476
Klainfeld, Rudolf 95
Klemens X., Papst 305, 334–337, 355
Kochowski, Wespazyan 448, 455, 558, 584, 585
Kollonitsch, Bischof 511
Koniecpolski, Stanisław 28, 40, 145, 343

Köprölü, Ahmed 331, 342, 379
Korzon, Tadeusz 307
Krasinski, Jan Kazimierz 146
Krzycki, Stanisław 408

L
Lampugnani, Giovanni Battista 309, 573
Lanckoroński, Stanisław 132
Langeron, Amata de 146
Lascaris-Mailly, Klara de 146
Laz Mustapha 450, 451
Leibniz, Gottfried 273, 402
Leszczyński, Jan 406
Leszczyński, Rafał 467
Lewonicz, Dr. 102
Lionne, de 276, 282
Lisola, Baron 353
Locci, August 408
Lothringen, s. Karl V. von Lothringen
Lubomirski, Aleksander 351
Lubomirski, Helena 182
Lubomirski, Hieronim 407, 441, 445, 459, 490–492, 500, 522, 556
Lubomirski, Jerzy 143, 148, 167, 180, 192–198, 200–202, 208–210, 215–220, 224, 225, 228, 229, 252, 272, 331
Lubomirski, Stanisław Herakliusz 372, 413, 423, 425, 537, 567
Ludwig XIII. 136, 138–140
Ludwig XIV. 74, 96, 97, 107, 122, 140, 190–195, 203, 204, 216, 223, 230, 259, 261, 263, 269, 270, 276, 277, 286, 291, 309, 311, 314, 321, 323, 325, 404–408, 421–425, 433, 435, 470, 510, 567, 570, 578
Ludwika Maria, Königin v. Polen 73, 74, 79, 86–89, 98, 99, 106, 113, 120–122, 134, 135, 138–142, 144–150, 152, 157–159, 161–163,

167–171, 173, 174, 179, 180, 181,
184, 185, 188, 190–199, 204–208,
210–214, 216–224, 229, 230, 233,
234, 242, 261, 263, 275, 291, 310,
427
Lumbres, Antoine de   193, 195,
197, 198, 203, 204
Luther, Martin D.   21, 92, 104
Łyszczynski   576

M
Magni, Nuntius   100
Magni, P. Valerian   134
Maligny, Conte de   515, 483
Mansfeld, Graf   426
Marysieńka, s. Sobieska Marysieńka
Matczynski, Marek   213, 408, 480,
481, 531
Max Emanuel von Bayern   456,
458, 462, 464, 471, 475, 477, 479,
482, 483, 490, 491, 499–503, 510,
511, 518, 520, 527, 532, 537, 544,
547, 566, 567, 577, 579
Mayer, Domprobst   504
Mazarin, Kardinal   73, 135, 141,
173, 190
Mehmed IV., Sultan   305, 306,
314–316, 341, 346, 379, 381, 382,
398, 423, 450
Melanchthon, Philipp   91
Modrzewski, Andrzej   400
Morin, Jean Baptist   135
Morsztyn, Jan Andrzej   136, 146,
153, 157, 164, 276, 282, 331, 351,
362, 366, 413, 423, 424, 426, 427
Mumtaz Mahal   385

N
Natsza Murza   45, 46
Neuburg, Hedwig Elisabeth
von   472, 571, 572, 577

Neuburg, Philipp Wilhelm   269,
272, 354, 362, 364, 367, 370, 479,
569
Niemirycz, Stefan   205
Noyers, Pierre Des   150, 361, 363

O
Oettingen, Wolff, Graf von   353
Olszowski, Andrzej, Primas von
Polen   276, 391
Olszowski, Jan, Kanzler   257,
218, 331, 341, 347, 370
Opaliński, Krzysztof   74, 328
Opatovius, P. 64
Oranien, Wilhelm von   111
Orchowski, Sebastyan   23, 53–55,
57–60, 86, 102, 105, 111, 128,
265, 438
Orléans, Gaston   73
Osman II., Sultan   27, 29, 30, 40

P
Pac, Klara   151, 367, 408
Pac, Krzysztof   146, 228, 355, 367,
369, 371, 382
Pac, Michał   128, 233, 295, 327,
336, 339, 340, 343, 348, 355, 369,
371, 372, 379, 382, 392, 406, 408,
424, 443
Pac, Pawel Michał   564
Pallavicini, Opigius, Nuntius
(Innozenz XII.)   443, 528, 567
Palloni, Michelangelo   412
Pascal, Blaise   135
Pasek, Jan Chryzostom   147, 217,
222–224, 229, 231, 272–275, 305,
309, 313, 318, 332, 346, 349, 390,
400, 410, 411, 414, 423, 450, 454,
530, 537, 538, 551, 559, 561, 562,
563, 564
Paulmiers   308, 314, 326
Petreczejko, Stefan   342
Pignatelli, Nuntius   214

Polignac 582
Połubiński, Hilary 372
Pompone, franz. Außenminister 357
Potocki-Rewera 221, 233
Potocki, Stanisław 489, 490, 509
Potocki, Wacław 316, 330, 331, 356, 357, 378, 448, 585, 586
Prażmowski, Primas 270, 274, 276, 277, 281, 283, 305, 306, 308–312, 317, 318, 321–325, 327, 328, 332
Proski 423, 425, 436, 509
Przyjemski 415
Puschkin, Alexander 39

R
Radziejowski, Hieronymus 143
Radziejowski, Michał, Kardinal 573
Radziwiłł, Bischof von Ermland 425
Radziwiłł, Bogusław 272, 291
Radziwiłł, Dominik 416
Radziwiłł, Janusz 443
Radziwiłł, Karol Stanisław 577
Radziwiłł, Katarzyna, geb. Sobieska 65, 123, 152, 164, 171, 183, 304, 456, 523
Radziwiłł, Luise Charlotte 569, 571
Radziwiłł, Michał 150, 174, 287, 336, 343, 348, 365, 369, 382, 389, 459
Rakoczy 358, 417
Richelieu, Kardinal 73, 103, 137–140
Romanow, Michail, Zar 25, 98
Ronquillo, span. Botschafter 364, 466, 520
Rozrażewski 89
Rudomicz, Rektor 172
Rzewuski, Michał 540

S
Sachsen-Lauenburg, Herzog von 490, 526, 532
Sapieha, Hetman 382, 406, 424, 443, 564, 567, 569
Sapieha, Benedikt 359
Sapieha, Jan 143, 166, 168, 169, 179, 185, 192
Sapieha, Kazimierz 576, 581
Sapieha, Krzysztof 143
Sarnecki, Kazimierz 577
Schaffgotsch, Graf 361, 364, 366, 369, 445, 447, 463, 464, 466, 472, 474, 508, 517, 519, 520
Savoyen-Soissons, Eugen 456, 467, 498
Schlüter, Andreas 412
Sem'ûn-i Sâfa 450
Sieniawski, Mikołaj 338, 349, 393, 442, 489, 556
Silihdar 473, 488
Silistrien, Pascha von 530
Sinelli, Erzbischof von Wien 527
Skarga, Piotr 329

Sobieski
Anna 65, 130
Jakub (Vater) 15, 16, 20, 22–32, 41–43, 51–58, 62–85, 89, 91, 95, 100–103, 106, 111, 120, 129, 130, 170, 183, 191, 211, 219, 255, 261, 289, 291, 316, 329, 343, 356, 372, 438
Jakub (Jakubek, Fanfan, Fanfanik) 249–251, 254, 260, 261, 263, 269, 271, 274, 283, 304, 388, 403–407, 416, 433, 438, 439, 441, 442, 445, 447, 454, 456–458, 461, 466, 467, 471, 472, 477, 478, 483, 486–492, 497–499, 501–504, 514, 518, 524, 525, 527, 529, 532, 539, 542, 547, 549, 552, 555, 556, 562, 566–569, 571, 574, 575, 580, 584

Katarzyna, s. Radziwiłł
Marek (Großvater) 22–24, 43, 70, 104, 255, 289
Marek (Bruder) 15, 20, 46–54, 60–65, 72–81, 88, 91, 95, 101, 104, 105, 107, 110, 114, 116, 119, 122, 123, 125–127, 129, 317, 418, 438, 547
Marianna, geb. Wiśniowiecka 26, 30, 41
Marysieńka (Marie-Casimire d'Arquien, verehel. Zamoyska) ist wegen der Häufigkeit des Vorkommens nicht in das Register aufgenommen.
Sophia 20, 25
Theophila, geb. Daniłowicz 15, 17, 18, 20, 31, 41–46, 52, 65, 66, 102, 114, 116, 119, 123, 126–130, 152, 167, 177, 182, 183, 211, 212, 219, 227, 242, 346, 418, 575

Solski, Pfarrer 250
Stanisław August, letzter König von Polen 413
Stanisław, Bischof von Krakau 392
Starhemberg, Ernst Rüdiger Graf von 453, 457, 463, 470, 480, 485, 493, 498, 500–503, 508, 521, 526, 527, 532, 533, 547
Starowolski, Szymon 329
Stom, Baron 308–310, 322, 347, 354, 360, 370, 377
Stuart, Jakob 354
Süleyman der Prächtige 450
Szeremietjew 170
Szujski, Zar 35, 37, 39
Szymonowicz-Sieminigowski, Jerzy Eleuter 412
Szymonowicz, Szymon 322

T
Taaffe, Graf 361, 443, 505
Titius, Danziger Dichter 394
Tököly, Emmerich 407, 423, 447, 466, 522, 523, 529, 533, 539, 543, 544, 550, 553, 555, 561, 562
Truxa, General 550
Trzebicki, Bischof 216, 313, 315, 319, 322, 326, 365, 367, 368, 369, 372, 406, 408
Turenne 358
Twardowski, Samuel 330

U
Ulikowski, Georg, s. Leibniz Gottfried

V
Valois, Heinrich III. (Henryk Walezy) 96, 108, 109
Valois, Heinrich IV. 24
Verdum (Werdum) 308
Villars, Marquis de 470
Vitry, de 415, 423–427, 436, 437, 480
Vota, P. 411

W
Waldeck, Fürst 444, 456–460, 479, 491, 492, 500, 532
Waldstein, Graf 424, 426, 440
Wallenstein 460, 572
Wiśniowiecki, Dymitr 143, 229, 255, 275, 276, 283, 287, 290, 295, 298, 301, 343, 345, 371, 382, 393, 406, 417
Wiśniowiecki, Gryzelda 171, 172, 180, 181, 194, 206, 207, 232, 264, 275, 276, 283
Wiśniowiecki, Jeremi 122, 273
Wiśniowiecki, Michał Korybut (König v. Polen) 192, 206, 273,

275–277, 281, 283, 285, 287–289,
292, 293, 298, 301–323, 325, 327,
328, 331–338, 341, 346–349, 351,
352, 360, 378, 380, 385, 389, 391,
427, 454, 460, 499, 534, 572, 581
Wittenberg, Arwid   143, 144, 155
Władysław IV., König v. Polen
(Wasa) 24–26, 29, 34, 36–38, 52,
57, 69, 70, 71, 73, 87, 89, 98–101,
111, 115, 120, 121, 124, 125, 134,
135, 168, 231, 336, 438, 518, 534,
572
Wrangel   90

Z
Załuski, Andrzej   256, 575, 578,
581, 582, 584
Zamoyski, Jan (I), Hetman   22,
23, 70, 81, 147, 150
Zamoyski, Jan (II)   147–157,
159–161, 163–166, 170, 180–185,
200–207, 219, 229, 254, 260, 275,
279, 298, 461

Zamoyska, Kasia   254
Zamoyski, Marcin   490
Zamoyska, Maria Kazimiera, s.
Sobieska Marysieńka
Zierowski, Resident   416, 417,
523, 564
Zygmunt III., König von Polen
16, 24, 25, 27, 30, 36, 37, 39, 57,
69, 98, 121, 132, 572
Zygmunt August, König von
Polen   34
Żółkiewski, Jan   40, 45, 127
Żółkiewski, Regina, geb. Herburt
32, 40, 41, 43, 47, 292
Żółkiewski, Sophia, verh. Daniło-
wicz   15, 292
Żółkiewski, Stanisław, Krongroß-
hetman   19, 25, 27, 28, 31–41,
43, 45, 47–49, 66, 69, 70, 72, 73,
81, 119, 127, 132, 183, 211, 231,
317, 329, 343, 346, 568

STAMMTAFEL
Familie
ŻÓŁKIEWSKI

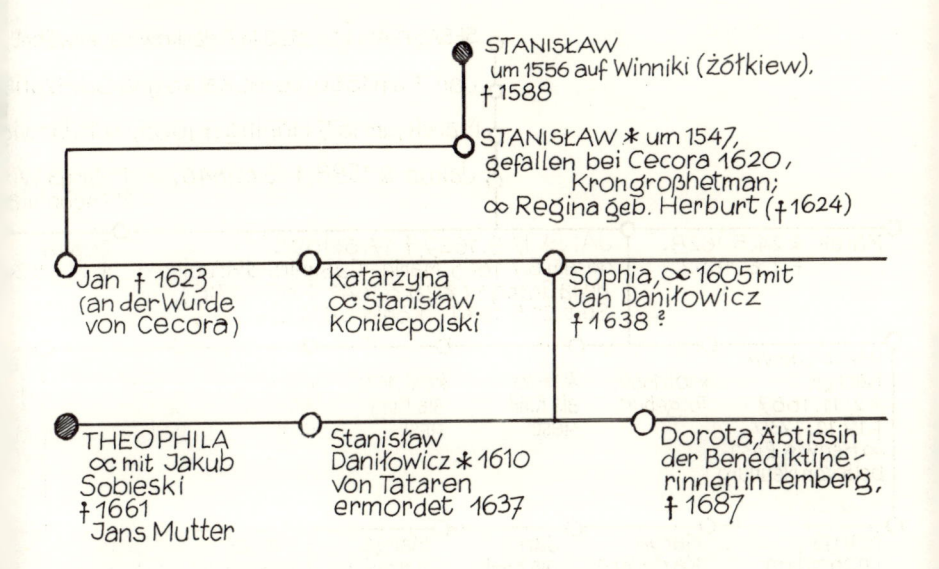

● STANISŁAW
um 1556 auf Winniki (Żółkiew),
† 1588

○ STANISŁAW * um 1547,
gefallen bei Cecora 1620,
Krongroßhetman;
∞ Regina geb. Herburt († 1624)

○ Jan † 1623
(an der Wunde
von Cecora)

○ Katarzyna
∞ Stanisław
Koniecpolski

○ Sophia, ∞ 1605 mit
Jan Daniłowicz
† 1638 ?

● THEOPHILA
∞ mit Jakub
Sobieski
† 1661
Jans Mutter

○ Stanisław
Daniłowicz * 1610
von Tataren
ermordet 1637

○ Dorota, Äbtissin
der Benediktine-
rinnen in Lemberg,
† 1687

STAMMTAFEL Familie ZÓŁKIEWSKI

- SEBASTYAN (I) 1523 in Pielaskowice erwähnt,
- Jan † um 1566, ∞ mit Katarzyna Gdeszyńs
- Marek, um 1577 Höfling, † 1605, ∞ 1° Jadwi
- Jakub * 1588, † 13.6.1646, ∞ 1° Marya Wi
  2° Theophila

Marek * 24.5.1628, † 2.6.1652

JAN * 17.8.1629, † 17.6.1696
∞ am 6.7.1665 Marie-Casimire d'Arquien de la Grange (* 28.6.1641, † 30.1.1716).
Seit 21.5.1674, König JAN III.

Zophia * 19.3.163

Jakub Ludwik Henryk * 2.11.1667, † 19.12.1739, ∞ Hedwig Elisabeth von Neuburg

* 10.5.1669, Totgeburt

* 1670 als Kind gest.

* Okt. 1672 als Kind gest.

* 18.10.1673 als Kind gest.

* 1674 als Kind gest.

Te * † M v

Marya Leopoldina * 30.5.1693, † 14.12.1695

Marya Kazimiera * 20.1.1695, † 18.5.1723

Jan als Kind gest.

Marya Karolina * 21.10.1699, † 8.5.1740, ∞ Graf von Bouillon

Marya Klementyna * 17.7.1701, †..., ∞ Jakob Stuart engl. Thronprätendent

Marya Magdalena * u. † 3.8.1704

Karl Eduard

Marie Antonie * 1724, † 1780, ∞ Friedrich Christia von Sachsen

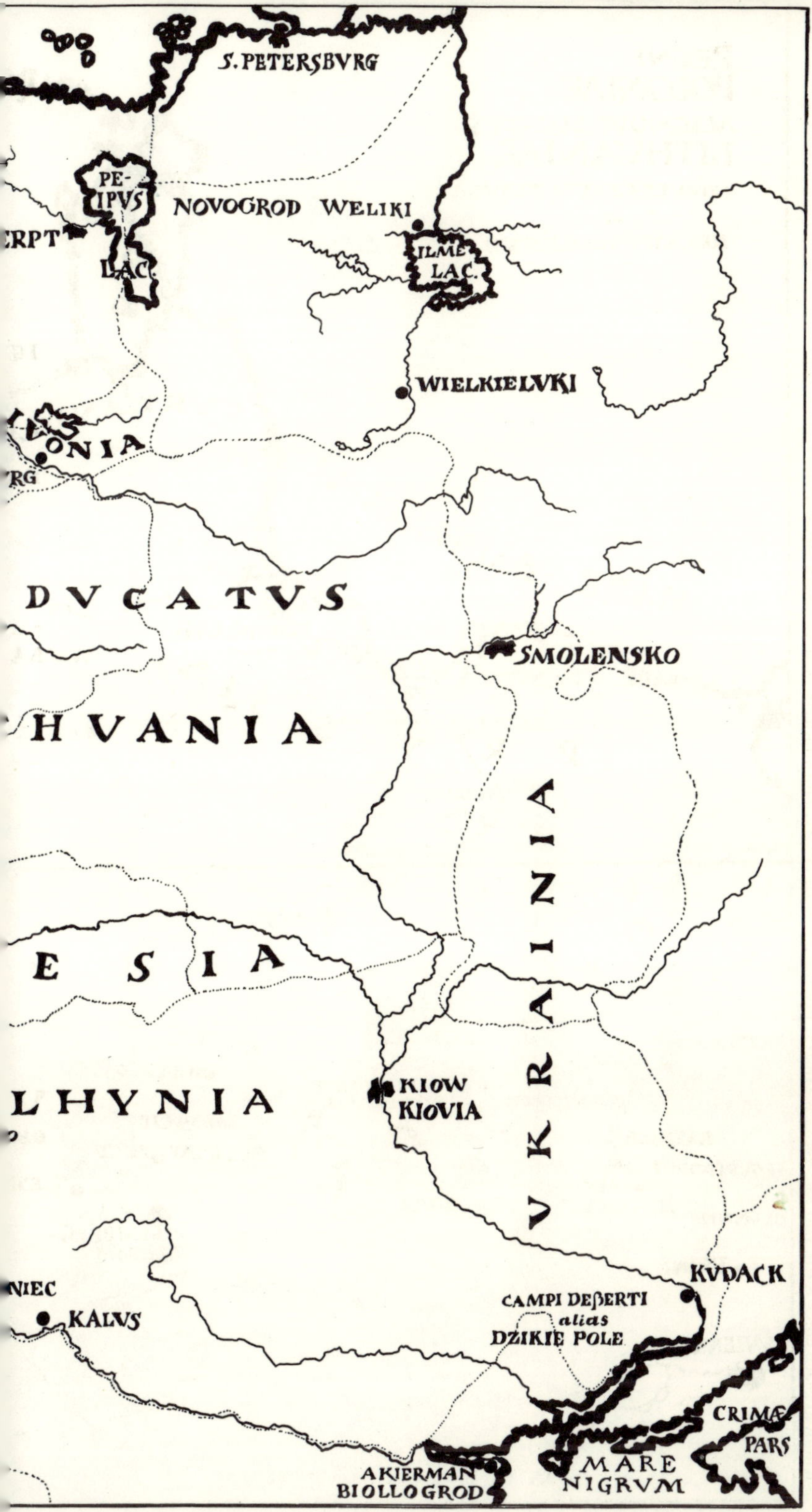
S. PETERSBVRG
PE-IPVS LAC.
NOVOGROD WELIKI
RPT
ILME LAC.
WIELKIELVKI
VONIA
RG
DVCATVS
SMOLENSKO
HVANIA
VKRAINIA
ESIA
KIOW
KIOVIA
LHYNIA
NIEC
KALVS
KVDACK
CAMPI DEßERTI
alias
DZIKIE POLE
CRIMÆ
PARS
AKIERMAN
BIOLLOGROD
MARE
NIGRVM

Gerda Hagenau
JAN SOBIESKI